9780394333915

WARNER MEMORIAL LIBRARY
EASTERN COLLEGE
ST. DAVIDS, PA. 19087

SECOND FRENCH

LE FRANÇAIS NON SANS PEINE

PAUL BARRETTE, *University of Illinois*

THEODORE BRAUN, *University of Wisconsin-Milwaukee*

SCOTT, FORESMAN AND COMPANY

ACKNOWLEDGMENTS

«Le Malentendu» from *Le Malentendu* by Albert Camus, © Editions Gallimard, 1947

«La Cantatrice chauve» from *La Cantatrice chauve* by Eugène Ionesco, © Editions Gallimard, 1954

«Topaze» from *Topaze* by Marcel Pagnol, reprinted with the kind permission of the author, Marcel Pagnol, and Fasquelle Editeurs

«Knock ou le triomphe de la médecine» from *Knock ou le triomphe de la médecine* by Jules Romains, Edited by Albert Douglas Menut and Dwight Ingersoll Chapman. Revised Edition, copyright © 1958 by Appleton-Century-Crofts, Inc. Reprinted by permission. Also from *Knock ou le triomphe de la médecine* by Jules Romains, © Editions Gallimard, 1924

«Huit Chevaux, quatre cylindres . . . et pas de truites!» *Huit Chevaux, quatre cylindres . . . et pas de truites!* by Jean-Jacques Bernard, reprinted with the permission of Editions Albin Michel

«L'Anglais tel qu'on le parle» from *Rires et sourires* by Tristan Bernard, published by Librairie Ernest Flammarion

«Les Environs de Paris» from the Guide du pneu Michelin *Environs de Paris*, 1963 edition

«Le Dompteur ou L'Anglais tel qu'on le mange» from *La Fuite en avant* by Alfred Savoir, © Editions Gallimard, 1930

«Le Français tel qu'on le parle» from *Les Carnets du Major Thompson* by Pierre Daninos, published by Librairie Hachette

«L'Oeuvre du sixième jour» *L'Oeuvre du sixième jour* by Marie Noël, published by Editions Stock

«Les Médecins spécialistes» from *Rires et sourires* by Tristan Bernard, published by Librairie Ernest Flammarion

«Confessions» from *Confessions* by Jean-Jacques Rousseau, édition de la Bibliothèque de la Pléiade, © Editions Gallimard, 1959

«Le Petit Prince» from *Le Petit Prince* by Antoine de Saint-Exupéry, copyright 1943, by Harcourt, Brace & World, Inc. and reprinted with their permission

«La Vie en France au Moyen Âge» from *La Vie en France au Moyen Âge* by Geneviève d'Haucourt, Presses Universitaires de France, collection «Que sais-je» No. 132

«La Symphonie pastorale» from *La Symphonie pastorale* by André Gide, published by George G. Harrap & Company and reprinted with their permission

«Émile ou De l'éducation» by Jean-Jacques Rousseau and «De l'Esprit des lois» from *The Age of Enlightenment, An Anthology of 18th Century French Literature*, Edited by Otis E. Fellows and Norman L. Torrey. Copyright 1942 by F. S. Crofts & Co., Inc. Reprinted by permission of Appleton-Century-Crofts

«Le Livre de mon ami» from *Le Livre de mon ami* by Anatole France, reprinted with the permission of Calmann-Lévy, Editeurs

«Le Nœud de vipères» from *Le Nœud de vipères* by François Mauriac, published by Editions Bernard Grasset

«Germinal» from *Germinal* by Émile Zola and edited by Elliott M. Grant, reprinted with the permission of Charles Scribner's Sons

«La Chute» from *La Chute* by Albert Camus, © Editions Gallimard, 1956

L.C. Catalog Number 68-12943

Copyright © 1968 by Scott, Foresman and Company, Glenview, Illinois 60025.

All rights reserved. Printed in the United States of America. Regional offices of Scott, Foresman and Company are located in Atlanta, Dallas, Glenview, Palo Alto, and Oakland, N.J.

PREFACE

Second French is an intermediate college textbook that is designed to develop a student's ability in listening, speaking, reading, and writing. We adhere to the pedagogical philosophy developed in **First French,** feeling that the four basic language skills have equal importance and that no one of them should be sacrificed to another. Specifically, every lesson is designed to develop each of these skills, as follows:

Speaking: Two questionnaires, to be done in class, are provided after each reading passage. The first of these asks for factual information on the passage itself: the answers can be drawn almost literally from the reading selection, and the student is allowed very little freedom in structuring his responses. As a result, he will necessarily be using correct French when answering these questions. This helps build up his confidence and provides him an opportunity to use newly acquired vocabulary, while at the same time allowing the instructor to concentrate primarily on listening to the student's pronunciation and intonation. The second questionnaire is inspired from the reading selection, but relates directly to the student's own experience; consequently, it requires more personal and more creative responses. But because most of the vocabulary and constructions have been used in the first questionnaire, there is relatively little possibility of error. The student can concentrate on speaking with some freedom of expression, even though he does so within a restricted framework.

Listening: The listening skill is closely intertwined with speaking and cannot readily be presented as a separate, isolated skill. Needless to say, the student's book should be closed for the questionnaire, and even if he has prepared written answers to the questions he should not be allowed access to these notes. We recommend additional drill in listening and suggest to the instructor that he devote a few minutes of the period to reading all or portions of the **lecture** to the students, and give them a dictation drawn from the reading assignments.

Reading: All reading selections in **Second French** are drawn from the works of well-known authors. Sixteen out of the twenty-five are from the twentieth century and the others are taken from important literary figures that the student is most likely to come into contact with in his later studies. Each of the four lessons preceding the review or "frame" lesson has been carefully chosen to expose the student to the principal vocabulary and structural problems presented in the longer reading selection of the review lesson. This is a double departure from most intermediate texts, which often provide the student with fabricated readings, and which place little emphasis on systematically developing the student's reading ability.

Writing: This often-neglected skill, which once was based almost entirely on translation and which nowadays often consists of little more than transcribing memorized sentences, is revitalized in **Second French** by means of directed compositions. These compositions lead the student by stages from closely controlled transformation (direct to indirect discourse; present to past tenses, etc.) through more complex forms of written drills, to free composition. The **thème**

d'imitation in each lesson provides the student with further practice in writing French and closely follows the vocabulary and structure of the reading selection.

* * * * * * * * * * * *

Our method is, therefore, an eclectic one, of the type receiving increasingly favorable attention in pedagogical reviews and articles, a method developed in **First French** and elaborated here. This method consists in an assimilation of the better features of the various approaches to language teaching and learning. From the audio-lingual approaches we have taken structural drills, some for classroom use and others for the language laboratory. There are abundant drills and exercises entirely in French (some of which are original with us in their application to specific points of language study); in addition, there is ample opportunity for extensive oral practice. From the more traditional approaches, we have taken analytical presentation of the grammar materials studied, the natural inclusion of cultural content, and the considerable practice in reading and writing.

As we have indicated, the book consists of five "frame" lessons, to each of which a series of four regular lessons point in terms of vocabulary and grammar studied, and in thematic material. The frame lessons serve as reviews; the student should be able to read the review lesson's longer prose selection very easily once he has been exposed to much of its vocabulary in the previous shorter selections. Since each of the twenty-five lessons can be mastered in about a week, **Second French,** supplemented by a reader, can serve as the basic textbook for the intermediate course of two semesters or three quarters.

With the wealth of material which has to be presented in the second-year text, no organizational system is perfect. Ours resulted from our feeling that the two most important parts of speech the student has to learn are verbs and pronouns; consequently, we have stressed verb study in the first eight lessons and pronouns in the next four. Early in the second semester (or at the end of the second quarter), therefore, the student should have these basic elements of language well in hand. In addition to the intensive verb study, a portion of each lesson (including the reviews) is devoted to the study of the principal so-called irregular verbs.

Much reference material ordinarily found in an appendix is included within the lessons: lists of verb stems in various tenses, lists of verbs with infinitive objects preceded by **à** or **de,** vocabulary expansion sections (not intended to be memorized by the students), and aids of similar nature. The reason for this is that students seldom study material presented only in an appendix. We realize that our decision to eliminate the usual grammatical appendix makes some of the lessons appear unusually long; however, it is our hope that by including these reference sections in context, the students will learn their lessons more thoroughly. Regular use of the index, as a reference, is also encouraged.

We have chosen not to include an end vocabulary because we think that the student should be encouraged to use a dictionary. Using a dictionary should not place an excessive demand on his time since most of the new items in any lesson are given in special vocabulary sections and difficult expressions or unusual references are explained in footnotes. The instructor is free to choose any of the inexpensive dictionaries available in college bookstores. Although there are many bilingual dictionaries, we recommend the *Larousse de Poche* or any other French monolingual dictionary. The use of such a dictionary is an excellent way to get the student to think in French and to expand his vocabulary in a meaningful context without reference to English. We realize, however, that many instructors may prefer to have their students use a bilingual dictionary.

****

We have designed the book to be flexible enough to fit into the program of any college or university. The instructor can adapt the text to the needs of his institution and of his class. He can make use of all the exercises if he so chooses, or he can eliminate parts of every lesson. He may prefer to omit the second questionnaire, for instance, and the first vocabulary section, as well as less important grammatical points (indicated as "Other"). He can also bypass any exercises judged unnecessary for the class, if the class seems to be especially strong; wherever feasible, exercises are placed directly after the grammatical section they drill. Certain chapters (such as those on literary tenses, points of style, and the like) might also be omitted. We have purposely provided an extraordinary richness of material in order to allow the instructor to concentrate on those points he deems most necessary for his particular class.

Second French could conceivably serve as both reader and grammar, although most instructors will probably want to augment it with a novel or a play, or perhaps a book of short stories.

If the student has worked reasonably well (and particularly if he has studied the sections on style in the seventeenth and twentieth lessons) he should be able to do the following at the conclusion of the course: 1) enroll in an advanced course in which he has to speak the language passably well; 2) understand a lecture given in French; 3) write a paper in French on a literary or cultural topic (as in a civilization course); and 4) read books and articles in French, either for his further work in French or in connection with another subject.

Because the student is expected to use actively everything he learns, these are not merely ideal goals, but attainable ones.

****

Each lesson is accompanied by a fifteen-minute tape recording of structural drills that is based on the main points of the lesson and designed to give the student further practice in the oral use of the language. Since no written transcription of these drills is provided for the student, these tapes will also afford him an additional opportunity for developing his listening ability.

****

We welcome this opportunity to express our gratitude to our colleagues for their encouragement, for the time they have devoted to reading the manuscript or portions of it, for their welcomed advice, and for the many invaluable and constructive suggestions which they have made. We would especially like to thank Miss Tamara Goldstein and Miss Marian Warburton who have used a preliminary edition of the text in their classes at the University of Illinois and who offered much valuable criticism; the French Department of the University of Illinois and the Department of French and Italian at the University of Wisconsin, Milwaukee, for their cooperation; and Mrs. Anne Braun for the many patient hours she has spent in proofreading the manuscript.

P.B.
T.B.

TABLE OF CONTENTS

iii   Preface

1   **PREMIÈRE LEÇON:** *Le Malentendu (extrait)*   Albert Camus

3   *Expressions à étudier: Le Monde*
§1 uses of the present indicative   §2 forms of the present indicative   §3 **tu** and **vous**   §4 interrogation   §5 **être** and **avoir**

18   **DEUXIÈME LEÇON:** *La Cantatrice chauve (extrait)*   Eugène Ionesco

21   *Expressions à étudier: Les Repas*
§6 formation of the **passé composé** (or **passé indéfini**)   §7 agreement of the past participle with the **passé composé** and other compound tenses   §8 uses of the **passé composé**   §9 reflexive verbs   §10 **passé composé** of reflexive verbs and agreement of past participles   §11 negation and restriction

40   **TROISIÈME LEÇON:** *Topaze (extrait)*   Marcel Pagnol

44   *Expressions à étudier: L'Enseignement aux Etats-Unis et en France*
§12 future and conditional: formation   §13 future perfect and conditional perfect   §14 principal uses of the future and the conditional   §15 additional uses of the future and the conditional   §16 orthographical changing verbs in the **-er** conjugation

60   **QUATRIÈME LEÇON:** *Knock ou le triomphe de la médecine (extrait)*   Jules Romains

64   *Expressions à étudier: Les Moyens de transport et les voyages*
§17 formation of the imperfect indicative   §18 uses of the imperfect indicative   §19 pluperfect (a past form of the imperfect)   §20 **passé surcomposé**   §21 formation of the gerund, present participle, and verbal adjective   §22 uses of the gerund and present participle   §23 the verbal adjective

80   **PREMIÈRE RÉVISION:** *Huit Chevaux, quatre cylindres . . . et pas de truites!*   Jean-Jacques Bernard
§24 **répondre** and **vivre**

96   CINQUIÈME LEÇON: *L'Anglais tel qu'on le parle (extrait)*
         Tristan Bernard

100   *Expressions à étudier: En ville*
         §25 form of the present subjunctive   §26 form of the perfect subjunctive   §27 uses of the subjunctive   §28 antecedents of volition or sentiment that signal the subjunctive   §29 antecedents expressing possibility, supposition, or outcome that signal the subjunctive   §30 antecedents of negation or doubt that signal the subjunctive   §31 **aller** and **dire**

118   SIXIÈME LEÇON: *Les Environs de Paris*   Guide du pneu Michelin

121   *Expressions à étudier: Provinces françaises*
         §32 uses of the **passé simple**   §33 formation of the **passé simple**   §34 uses of the **passé antérieur**   §35 formation of the **passé antérieur**   §36 **faire** and **venir**

140   SEPTIÈME LEÇON: *Le Dompteur ou L'Anglais tel qu'on le mange (extrait)*
         Alfred Savoir

143   *Expressions à étudier: Les Sports, Les Divertissements*
         §37 uses of the subjunctive (continued)   §38 subjunctive used without antecedent   §39 the imperative mood   §40 expressing the imperative   §41 **vouloir** and **pouvoir**

160   HUITIÈME LEÇON: *La Princesse de Clèves (extrait)*
         Mme de La Fayette

162   *Expressions à étudier: La Maison*
         §42 form of the imperfect and pluperfect subjunctive   §43 tense sequence   §44 special use of the pluperfect subjunctive   §45 **savoir** and **connaître**

178   DEUXIÈME RÉVISION: *Le Français tel qu'on le parle (extrait)*
         Pierre Daninos
         §46 **mettre** and **prendre**

192   NEUVIÈME LEÇON: *L'Oeuvre du sixième jour*   Marie Noël

194   *Expressions à étudier: Les Animaux, Les Oiseaux, Les Poissons, Les Insectes*
         §47 meaning and forms of personal pronouns   §48 personal pronouns used as subjects of the verb   §49 personal pronouns used as direct objects of the verb   §50 personal pronouns used as indirect objects of the verb   §51 interrogative pronouns   §52 interrogative adjectives   §53 **voir** and **croire**

vii

212 DIXIÈME LEÇON: *De la naissance de l'amour (extrait)*   Stendhal

215 *Expressions à étudier*
§54 relative pronouns   §55 simple forms of the relative pronoun   §56 compound forms of the relative pronoun   §57 the relative pronoun **dont**   §58 the relative pronoun **où**   §59 résumé of the forms of the relative pronoun   §60 **devoir** and **falloir**

238 ONZIÈME LEÇON: *Les Médecins spécialistes*   Tristan Bernard

241 *Expressions à étudier: Les Parties du corps*
§61 stressed forms of the personal pronouns   §62 demonstrative pronouns and adjectives: meaning   §63 demonstrative pronouns   §64 demonstrative adjectives   §65 **lire** and **écrire**

258 DOUZIÈME LEÇON: *Confessions (extrait)*   Jean-Jacques Rousseau

261 *Expressions à étudier: La Végétation*
§66 indefinite adjectives and indefinite pronouns: meaning   §67 indefinite adjectives and indefinite pronouns: forms and uses   §68 possessive adjectives and possessive pronouns: meaning   §69 possessive adjectives   §70 possessive pronouns   §71 **recevoir** and **boire**

282 TROISIÈME RÉVISION: *Le Petit Prince (extrait)*
Antoine de Saint-Exupéry
§72 **mentir** and **valoir**

298 TREIZIÈME LEÇON: *La Vie en France au Moyen Âge (extrait)*
Geneviève d'Haucourt

301 *Expressions à étudier: Les Vêtements*
§73 the articles   §74 the definite article   §75 the indefinite article   §76 the partitive article   §77 indefinite and partitive **en**   §78 omission of articles   §79 numbers   §80 **battre** and **ouvrir**

322 QUATORZIÈME LEÇON: *La Symphonie pastorale (extrait)*
André Gide

325 *Expressions à étudier: La Vie religieuse*
§81 gender of nouns   §82 gender of compound nouns   §83 feminine of nouns designating persons or animals   §84 plural of nouns   §85 plural of compound nouns   §86 plural of proper names   §87 **s'asseoir** and **cueillir**

viii

344 QUINZIÈME LEÇON: *Candide (extrait)*   Voltaire

347 *Expressions à étudier: Les Beaux-Arts*
§88 adjectives, continued §89 feminine of adjectives §90 plural of adjectives §91 some difficulties in agreement of adjectives §92 position of adjectives §93 some problems with the position of adjectives §94 **envoyer** and **fuir**

366 SEIZIÈME LEÇON: *Émile ou De l'éducation (extrait)*
Jean-Jacques Rousseau

369 *Expressions à étudier: La Profession*
§95 comparison of adjectives §96 absolute comparison §97 relative comparison §98 adjectives used as nouns §99 nouns derived from adjectives §100 **naître** and **mourir**

386 QUATRIÈME RÉVISION: *Le Livre de mon ami (extrait)*
Anatole France
§101 **suivre** and **vaincre**

398 DIX-SEPTIÈME LEÇON: *De l'Esprit des lois (extrait)*   Montesquieu

401 *Expressions à étudier: Le Gouvernement, La Politique, Le Système judiciaire*
§102 passive voice: meaning §103 form of the passive voice §104 passive voice and state of being §105 remarks on the use of the passive §106 inversion of subject and verb §107 inversion as a point of style §108 improper use of inversion §109 **craindre** and **rire**

414 DIX-HUITIÈME LEÇON: *Le Nœud de vipères (extrait)*
François Mauriac

417 *Expressions à étudier: La Famille*
§110 meaning and classification of adverbs §111 form of adverbs of manner §112 position of adverbs §113 comparison of adverbs: comparative degree §114 comparison of adverbs: superlative degree §115 **tout** as an adjective, pronoun, and adverb §116 **conclure** and **haïr**

434 DIX-NEUVIÈME LEÇON: *Germinal (extrait)*   Émile Zola

437 *Expressions à étudier: La Vie économique, Les Poids, Les Mesures*
§117 **que** as a conjunction §118 conjunctions formed from prepositions §119 conjunctions formed from adverbs §120 infinitives as objects of verbs and verbal expressions §121 infinitives as complements of nouns and adjectives §122 **conduire** and **plaire**

ix

456 VINGTIÈME LEÇON: *L'Arlésienne*   Alphonse Daudet

460 *Expressions à étudier: Les Etats de santé et les maladies*
§123 clarity as an element of style   §124 careful speech and elegant writing   §125 rhythm as an element of style   §126 conciseness as an element of style   §127 further helps in speaking and writing good French   §128 miscellaneous types of expressions idiomatically different in French and English   §129 **courir** and **résoudre**

480 CINQUIÈME RÉVISION: *La Chute (extrait)*   Albert Camus
§130 **acquérir** and **vêtir**

497 Index

PREMIÈRE LEÇON

Le Malentendu   Albert Camus

(La scène se passe dans une auberge. Jan s'assied. Entre Martha.)

Jan   Bonjour. Je viens pour la chambre.
Martha   Je sais. On la prépare. Il faut que je vous inscrive sur notre livre. *(Elle va chercher son livre et revient.)*
Jan   Vous avez un domestique bizarre.
Martha   C'est la première fois qu'on nous reproche quelque chose à son sujet. Il fait toujours très exactement ce qu'il doit faire.
Jan   Oh! ce n'est pas un reproche. Il ne ressemble pas à tout le monde, voilà tout. Est-il muet?
Martha   Ce n'est pas cela.
Jan   Il parle donc?
Martha   Le moins possible et seulement pour l'essentiel.
Jan   En tout cas, il n'a pas l'air d'entendre ce qu'on lui dit.
Martha   On ne peut pas dire qu'il n'entende pas. C'est seulement qu'il entend mal. Mais je dois vous demander votre nom et vos prénoms.
Jan   Hasek, Karl.
Martha   Karl, c'est tout?
Jan   C'est tout.
Martha   Date et lieu de naissance?
Jan   J'ai trente-huit ans.
Martha   Oui, mais où êtes-vous né?
Jan, il hésite.   En Bohême.
Martha   Profession?
Jan   Sans profession.
Martha   Il faut être très riche ou très pauvre pour vivre sans un métier.
Jan, il sourit.   Je ne suis pas très pauvre et, pour bien des raisons, j'en suis content.

Martha, sur un autre ton. Vous êtes Tchèque, naturellement?
Jan Naturellement.
Martha Domicile habituel?
Jan La Bohême.
Martha Vous en venez?
Jan Non, je viens du Sud. *(Elle a l'air de ne pas comprendre.)* De l'autre côté de la mer.
Martha Je sais. *(Un temps.)* Vous y allez souvent?
Jan Assez souvent.
Martha, elle rêve un moment, mais reprend[1]. Quelle est votre destination?
Jan Je ne sais pas. Cela dépendra de beaucoup de choses.
Martha Vous voulez vous fixer ici?
Jan Je ne sais pas. C'est selon[2] ce que j'y trouverai.
Martha Cela ne fait rien. Mais personne ne vous attend?
Jan Non, personne, en principe.
Martha Je suppose que vous avez une pièce d'identité?
Jan Oui, je puis vous la montrer.
Martha Ce n'est pas la peine. Il suffit que j'indique si c'est un passeport ou une carte d'identité.
Jan, insistant. C'est un passeport. Le voilà. Voulez-vous le voir? *(Elle l'a pris dans ses mains, mais pense visiblement à autre chose. Elle semble le soupeser*[3], *puis le lui rend.)*
Martha Non, gardez-le. Quand vous allez là-bas, vous habitez près de la mer?
Jan Oui. *(Elle se lève, fait mine de ranger son cahier, puis se ravise et le tient ouvert devant elle.)*
Martha, avec une dureté soudaine. Ah, j'oubliais! Vous avez de la famille?
Jan C'est-à-dire que j'en avais. Mais il y a longtemps que je l'ai quittée.
Martha Non, je veux dire: «Etes-vous marié?»
Jan Pourquoi me demandez-vous cela? On ne m'a posé cette question dans aucun autre hôtel.
Martha Elle figure dans le questionnaire que nous donne l'administration du canton.
Jan C'est bizarre. Oui, je suis marié. D'ailleurs, vous avez dû voir mon alliance[4].
Martha Je ne l'ai pas vue. Je ne suis pas là pour regarder vos mains, je suis là pour remplir votre fiche. Pouvez-vous me donner l'adresse de votre femme?
Jan Non, c'est-à-dire, elle est restée dans son pays.
Martha Ah! parfait. *(Elle ferme son livre.)* Dois-je vous servir à boire, en attendant que votre chambre soit prête?
Jan Non, j'attendrai ici. J'espère que je ne vous gênerai pas.

---

[1] reprendre = continuer [2] c'est selon = cela dépend de [3] soupeser *to weigh*
[4] l'alliance (f) *wedding ring*

Questionnaire I

1. Pourquoi Jan est-il venu à l'auberge?   2. Qu'est-ce que Martha lui dit qu'il faut faire?   3. Qu'est-ce que Jan pense du domestique?   4. Qu'est-ce que Martha lui dit de son domestique?   5. Le domestique est-il muet?   6. Quel nom Jan donne-t-il? Quel prénom?   7. Quel âge a-t-il?   8. Où est-il né?   9. Quelle est sa profession?   10. Est-il riche ou pauvre?   11. Quelle est sa nationalité?   12. Quel est son domicile habituel?   13. Vient-il de la Bohême?   14. Quelle est sa destination?   15. Où va-t-il se fixer?   16. Qui l'attend?   17. Jan a-t-il une pièce d'identité?   18. Qu'est-ce que Jan donne à Martha?   19. Qu'est-ce que Martha fait de la pièce d'identité?   20. Jan a-t-il de la famille?   21. Est-il marié?   22. Pourquoi Martha demande-t-elle si Jan est marié?   23. Pourquoi Martha n'a-t-elle pas vu l'alliance de Jan?   24. Quelle est l'adresse de la femme de Jan?   25. Martha va-t-elle servir à boire à Jan?

Questionnaire II

1. Etes-vous jamais allé à une auberge?   2. Vous a-t-on demandé d'inscrire votre nom sur un livre?   3. Quel est votre nom? votre prénom?   4. Quelle est la date de votre naissance?   5. Où êtes-vous né?   6. Quelle est votre profession?   7. Avez-vous un métier?   8. Etes-vous riche ou pauvre? En êtes-vous content?   9. Quelle est votre nationalité?   10. Quel est votre domicile habituel?   11. Voyagez-vous souvent? Où allez-vous?   12. D'où venez-vous?   13. Où comptez-vous vous fixer?   14. Avez-vous une pièce d'identité?   15. Habitez-vous près de la mer?   16. Avez-vous de la famille?   17. Etes-vous marié?   18. Avez-vous une alliance?   19. Pouvez-vous me donner l'adresse de votre femme? de vos parents? d'un ami?   20. Puis-je vous servir à boire?

A. *Expressions à étudier: Le Monde* [world]

les continents
l'Europe *(f)*, l'Asie *(f)*, l'Amérique du Nord *(f)*, l'Amérique du Sud *(f)*, l'Antarctique *(m)* l'Australie *(f)*

le globe terrestre [earth]
L'hémisphère nord (ou septentrional) est séparé de l'hémisphère sud (ou méridional) par l'équateur.

les points cardinaux
le nord, le sud, l'est, l'ouest

la mer [sea]
l'océan *(m)*, l'océan Atlantique, l'océan Glacial du Nord (ou Arctique), l'océan Glacial du Sud (ou Antarctique), l'océan Indien, l'océan Pacifique; le lac [lake], l'étang *(m)* [pond], le fleuve [river, esp. one flowing into the sea], la rivière [river], le ruisseau [stream]

la terre [*earth*]
la montagne [*mountain*], la colline [*hill*], la vallée [*valley*], la prairie, le pré [*meadow*], le désert [*desert, deserted place*]
divisions politiques ou géographiques
le pays [*country*], la nation, la province, l'état *(m)* [*state*], la ville [*city*], le village

les pays de l'Europe	***l'habitant du pays***	***la langue qu'on y parle***
l'Albanie *(f)*	un Albanais	l'albanais *(m)*
l'Allemagne *(f)*	un Allemand	l'allemand *(m)*
l'Angleterre *(f)*	un Anglais	l'anglais *(m)*
l'Autriche *(f)*	un Autrichien	l'allemand *(m)*
la Belgique	un Belge	le français, le flamand
la Bulgarie	un Bulgare	le bulgare
le Danemark	un Danois	le danois
l'Ecosse *(f)*	un Ecossais	l'écossais *(m)*, l'anglais
l'Espagne *(f)*	un Espagnol	l'espagnol *(m)*
la Grande-Bretagne	un Finlandais, un Finnois	le finnois
la France	un Français	le français
le pays de Galles	un Gallois	le gallois, l'anglais
la Grande-Bretagne	un Britannique, un Anglais	l'anglais *(m)*
la Grèce	un Grec	le grec
la Hongrie	un Hongrois	le hongrois
l'Irlande *(f)*	un Irlandais	l'irlandais *(m)*, l'anglais
l'Italie *(f)*	un Italien	l'italien *(m)*
le Luxembourg	un Luxembourgeois	le luxembourgeois
la Norvège	un Norvégien	le norvégien
les Pays-Bas (la Hollande)	un Hollandais	le hollandais
la Pologne	un Polonais	le polonais
le Portugal	un Portugais	le portugais
la Roumanie	un Roumain	le roumain
la Russie	un Russe	le russe
la Suède	un Suédois	le suédois
la Suisse	un Suisse	l'allemand, le français, l'italien, le romanche
la Tchécoslovaquie	un Tchécoslovaque	le tchèque
la Yougoslavie	un Yougoslave	le serbo-croate (etc.)
les pays de l'Amérique du Nord	***l'habitant***	***la langue***
le Canada	un Canadien	l'anglais, le français
le Mexique	un Mexicain	l'espagnol
les Etats-Unis	un Américain	l'anglais

En général, les états dont les noms sont d'origine latine sont féminins: la Californie, la Floride, la Caroline du Nord, la Caroline du Sud, la Louisiane, la Georgie, la Virginie, la Virginie occidentale, la Pennsylvanie. Les autres sont masculins: l'Arizona, l'Ohio, le Texas, le Nouveau-Mexique, l'Illinois.

quelques pays de l'Amérique centrale et de l'Amérique du Sud	*l'habitant*	*la langue*
l'Argentine *(f)*	un Argentin	l'espagnol
le Brésil	un Brésilien	le portugais
la Colombie	un Colombien	l'espagnol
le Panama	un Panamien	l'espagnol
le Pérou	un Péruvien	l'espagnol
le Vénézuéla	un Vénézuélien	l'espagnol

quelques pays de l'Afrique	*l'habitant*	*la langue*
l'Algérie *(f)*	un Algérien	l'arabe *(m)*, le français
le Congo	un Congolais	le français
l'Egypte *(f)*	un Egyptien	l'arabe
le Maroc	un Marocain	l'arabe, le français

quelques pays de l'Asie	*l'habitant*	*la langue*
la Chine	un Chinois	le chinois
la Corée	un Coréen	le coréen
l'Inde *(f)*	un Hindou, un Indien	l'hindou *(m)*, etc.
l'Indochine *(f)*	un Indochinois	l'indochinois *(m)*
le Japon	un Japonais	le japonais

quelques pays de l'Océanie	*l'habitant*	*la langue*
l'Australie *(f)*	un Australien	l'anglais
la Nouvelle-Zélande	un Néo-Zélandais	l'anglais

Jan va **en** France, **en** Californie, **en** Europe, **au** Portugal, **aux** Etats-Unis, **à** Paris, **à** Londres, **à** New York, **à la** Nouvelle-Orléans, **au** Havre.

Il revient **de** France, **de** Californie, **d'**Europe, **du** Portugal, **des** Etats-Unis, **de** Paris, **de** Londres, **de** New York, **de la** Nouvelle-Orléans, **du** Havre.

Il se promène **à** pied, **à** bicyclette, **à** cheval. Il va **par le** train, **en** auto, **en** autobus, **en** avion, **en** bateau.

Questionnaire

1. Aimez-vous voyager? 2. Avez-vous fait un voyage l'été passé? 3. Où êtes-vous allé? 4. Aimeriez-vous faire un voyage l'été prochain? 5. Où

aimereiz-vous aller? 6. Faites-vous des voyages pendant le week-end? 7. Où allez-vous? Comment y allez-vous? 8. Quel pays de l'Europe vous intéresse le plus? 9. Quel pays de l'Amérique du Sud vous intéresse le plus? de l'Asie? de l'Océanie? 10. Où se trouve l'Argentine? l'Angleterre? le Japon? 11. Où se trouve le Mexique? l'Algérie? le Luxembourg? 12. Où se trouve le Congo? le Colorado? la Floride? la Louisiane? 13. Madrid est le capitale de quel pays? Rio de Janeiro? Rome? 14. Buenos Aires est la capitale de quel pays? Tokyo? Moscou? 15. Pierre est la capitale de quel état? Bâton Rouge? Harrisburg? Columbia? 16. Allez-vous souvent à la mer? 17. Préférez-vous les montagnes? le désert? 18. Aimez-vous faire des promenades à bicyclette? 19. Où allez-vous? 20. Voyagez-vous souvent en bateau? 21. Avez-vous jamais voyagé en avion? Où êtes-vous allé? 22. Aimez-vous les promenades à pied?

B. *Etudiez les expressions suivantes; consultez la leçon pour l'emploi de ces expressions:* **se passer**=avoir lieu **à son sujet**=à propos de lui (d'elle) **tout le monde**=la plupart des hommes **en tout cas**=de toute façon **avoir l'air**=paraître **autre chose**=quelque chose d'autre **faire mine**=faire semblant **de l'autre côté**=*on the other side* **ce n'est pas la peine**=*it's not worth the trouble*

Exercice. *Employez ces expressions dans les phrases suivantes:*

1. _____ de vous asseoir, nous partons. 2. Qu'est-ce qui _____ pendant mon absence? 3. Vous _____ de ne pas comprendre l'anglais. 4. Je vais vous raconter beaucoup de choses bizarres _____. 5. Je n'aime pas du tout ces foulards. N'avez-vous pas _____? 6. Oh, vous savez, Théodore n'est pas un homme qui ressemble à _____. 7. _____, je vais vous demander votre nom. 8. J'ai acheté une charmante petite maison _____ de la rivière. 9. Je sais bien ce qu'il fait quand il _____ de travailler. 10. _____ est venu lui porter secours.

§1 USES OF THE PRESENT INDICATIVE (LE PRÉSENT DE L'INDICATIF)

A. Principal uses of the present indicative

1. to express an action or state of being or becoming which takes place at the same time the words are spoken or written:

Je ne suis pas très pauvre.
  I'm not very poor.
Pourquoi me demandez-vous cela?
  Why do you ask me that?

French often uses alternate expressions to emphasize or to stress that the action is going on as the words are being pronounced:

Ah! voici M. de Pompignan qui arrive.
Ah! M. de Pompignan is arriving. Ah! Here's M. de Pompignan arriving now.

Marie est en train de préparer le dîner.
Marie is (in the act or process of) preparing dinner.

2. to express habit:
Il n'a pas l'air d'entendre ce qu'on lui dit.
He doesn't seem to understand what he's told.

Vous habitez près de la mer?
Do you live near the sea?

3. to express idiomatically, when used with **depuis (il y a ... que, voilà ...que)**, an event which, having begun in the past, is continuing in the present:

Il y a (Voilà) trois ans qu'il monte à cheval.
Il monte à cheval depuis trois ans.
He has been riding for three years. (i.e., He began to ride a horse three years ago, and he still does. By using the present tense, French insists on his continuing to do so.)

For questions, **depuis quand** and **depuis combien de [temps]** are used:

Depuis quand êtes-vous là?
How long have you been waiting?

Depuis combien d'années habitez-vous cette ville?
How many years have you been living in this city?

Note: In negative sentences, if the continuity of the act has been broken, French uses the *passé composé*:

Il n'a pas habité à Paris depuis trois ans.
He hasn't lived in Paris for three years.

4. a future event in a subordinate clause introduced by **si**:
S'il ne pleut pas, nous ferons une promenade.
If it doesn't rain, we'll go for a walk.

B. *Other uses of the present indicative*

1. to express a general truth:
Qui se ressemble, s'assemble.
Birds of a feather flock together.

Deux et deux font quatre.
Two and two are four.

Il faut être très riche ou très pauvre pour vivre sans un métier.
You have to be very rich or very poor to live without working.

2. to express an event which took place in the past but which is seen or presented as if it were now going on:
> Sur la fin du repas, «mon fils» était assis à la gauche de Mme de Charmoi . . . Il lui prend la main, il veut voir le bras, il relève les manchettes. [Diderot, Lettre à Sophie Volland, 10 août 1759]
> *Near the end of the meal, "my son" was sitting at Mme de Charmoi's left . . . He took her hand, he wanted to see her arm, he rolled up her cuffs.*

French authors make frequent use of this device (called the "historical present") to give more life to their narrative.

3. to express an event taking place in the immediate future or having taken place in the immediate past; the act or state must be felt as actually going on or taking place at the time the words are pronounced or written:

> *a.* immediate future:
> **Tu sors déjà? Je te suis dans cinq minutes!**
> *Are you going already? I'll be with you* (lit., *I'll follow you*) *in five minutes!*
> **Il la retrouve à huit heures.**
> *He's meeting her at eight o'clock.*

This concept is often expressed by the use of **aller** in the present tense as an auxiliary verb, followed by an infinitive:
> **Ils vont partir lundi.**
> *They're leaving Monday.*

> *b.* immediate past:

The immediate past is most frequently rendered in French by using the present tense of **venir de** as an auxiliary verb, followed by an infinitive:
> **Anne vient de sortir.**
> *Anne has just left.*

Exercice 1. *Indiquez le passé immédiat en transformant le verbe en italique en un infinitif précédé de* **venir de.** *Faites tous les changements nécessaires; imitez le modèle:*
> **On la *prépare*.**
> *On vient de la préparer.*

1. Je vous *inscris* sur notre livre.   2. On nous *reproche* quelque chose à son sujet.   3. Je lui *parle*.   4. Vous y *allez?*   5. Je vous la *montre*.   6. Elle *remplit* votre fiche.   7. Tu le *vois*.   8. Ils le *gardent*.   9. Elle *fait* mine de ranger son cahier.   10. Il lui *donne* l'adresse de sa femme.

§2 FORMS OF THE PRESENT INDICATIVE

A. Verbs ending in -er (except aller)
To form the present tense of all **-er** verbs (except **aller**), determine the stem by dropping **-er** from the infinitive: **admirer, admir-;** to this stem[1] add the following endings:

singular	plural
-e	-ons
-es	-ez
-e	-ent

B. All other verbs
To form the present tense of almost all other verbs[2], add the following endings to the stems: (You can find the stems of the verbs you are unsure of in the conjugation summary.)

singular	plural
-s	-ons
-s	-ez
-(t)	-ent

The **-t** of the third person singular is omitted if the stem ends in **-d** or **-t**, as: **il prend, il met.** Otherwise, it is used: **il croit, il finit, il dort.**

Notes:
*(1) Exceptional forms in this conjugation (including those of **avoir**, **être**, and **aller**, which are studied in note 2) are:*

	(singular) first person	second person	third person
aller			il va
avoir			il a
pouvoir	je peux[3]	tu peux	
valoir	je vaux	tu vaux	
vouloir	je veux	tu veux	
vaincre			il vainc

	(plural) first person	second person	third person
aller			ils vont
avoir			ils ont
dire		vous dites	
être	nous sommes	vous êtes	ils sont
faire		vous faites	ils font

---
[1]See Lesson 3 for verbs with two stems.
[2]See Lessons 13 and 14 (**ouvrir** and **cueillir**) for exceptions to this rule.
[3]**Pouvoir** has an alternate form for the first person singular: **je puis**, which is used primarily in the negative and interrogative: **je ne puis** and **puis-je?**

*(2) Present tense of **avoir**, **être**, and **aller**:*

avoir	**être**	**aller**
j'ai	je suis	je vais
tu as	tu es	tu vas
il a	il est	il va
nous avons	nous sommes	nous allons
vous avez	vous êtes	vous allez
ils ont	ils sont	ils vont

*(3) Some classify -ir verbs (for example, **finir**) in a special conjugation. There are about 300 verbs in this category, with present stems ending in -i- in the singular (**fini-**), and -iss- in the plural (**finiss-**). If you find it convenient, you might make a special conjugation of such verbs. But bear in mind that there are a number of exceptions which will be taken up in future lessons.*

§3 TU AND VOUS

Young people tend to say **tu** to each other shortly after their first meeting. Others are more cautious, reserving **tu** for members of the family, for all children up to the age of ten or twelve, for fairly close friends, and occasionally, for acquaintances on the same social level. **Tu** is also used in addressing animals. Remember that the plural of **tu** is **vous**.

—Bonjour, papa. Comment vas-tu? —Bien, mes enfants. Avez-vous passé une bonne journée?
Dis donc, tu suis le cours du prof' Guertin?
Apprends donc à conduire, espèce de salaud!

Vous is used in all other cases. It is both singular and plural.
Eh bien, M. Dumaine, qu'est-ce que vous allez faire?
Voilà, Messieurs et Mesdames, ce que j'avais à vous dire.

Exercice 2. Mettez au singulier:
1. elles sortent 2. nous arrivons 3. vous croyez 4. ils mettent 5. ils finissent 6. nous sommes 7. nous pouvons 8. ils vainquent 9. vous valez 10. vous allez 11. nous savons 12. ils sont 13. nous devons 14. elles restent 15. vous pouvez 16. ils ferment 17. vous voulez 18. vous remplissez 19. elles viennent 20. nous voulons

Exercice 3. Mettez au pluriel:
1. tu sembles 2. je crois 3. il pense 4. je suis 5. elle rougit 6. tu es 7. elle veut 8. je puis 9. il fait 10. tu dis 11. elle figure 12. il a 13. tu demandes 14. j'ai 15. elle va 16. tu ressembles 17. j'arrive 18. elle est 19. je vais 20. tu fais

Exercice 4. *Formez une phrase des éléments suivants en faisant tous les changements nécessaires. Mettez le verbe au présent de l'indicatif. Imitez le modèle:*
   Pierre et Jean / voyager / à / Etats-Unis.
   Pierre et Jean voyagent aux Etats-Unis.

1. Ma femme et moi / arriver / de / Brésil.   2. Elles / venir de / s'embarquer / pour / Angleterre.   3. Je / partir / demain / de / Canada.   4. Tu / aller / à / Italie.   5. Voltaire / faire un voyage / à / Allemagne.   6. Anne / revenir / de / France.   7. Vous / aller / débarquer / à / Le Havre.   8. Il / vouloir / aller / à / Chine.   9. Jan / être né / à / Bohême.   10. Je / habiter / France / depuis huit mois.

§4   INTERROGATION (L'INTERROGATION)

In French, there are four ways of asking a question:

A. *Inversion of subject and verb*

Il est muet.	*Est-il muet?*
Vous voulez le voir.	*Voulez-vous le voir?*
On vous a posé la question.	*Vous a-t-on posé la question?*

Notes:
(1) In the third person singular form in any tense, **-t-** is inserted between the verb (if it ends in a vowel) and the inverted pronoun **il, elle,** or **on:**

Il parle.	*Parle-t-il?*
Elle va.	*Va-t-elle?*
On vous a posé la question.	*Vous a-t-on posé la question?*

(2) To make a question of a statement containing a noun subject, a pronoun of the same number and gender as the noun must follow the verb:

Jan a de la famille.	*Jan a-t-il de la famille?*
Martha va lui servir à boire.	*Martha va-t-elle lui servir à boire?*
Les Dupont sont arrivés.	*Les Dupont sont-ils arrivés?*

If the question begins with **combien, où, que,** or **quel,** however, the noun itself is ordinarily placed after the verb:
   Où se trouve l'Argentine?
   Combien coûte le biftek?
   Que font les gens sans profession?
   Dans quel pays se trouve l'Ohio?

(3) Most first person singular **(je)** forms are not inverted, and questions are asked by using the expression **est-ce que.** There are several exceptions[4] to this rule, however, among which are:

---
[4]If the verb ends in a mute *e*, an acute accent is placed on the *e*, but it is pronounced open: **parlé-je?** [parlɛʒ], **pensé-je?** [pãsɛʒ], etc. This usage is very rare in modern French.

    puis-je?   *or,* **est-ce que je peux?**
    suis-je?   *or,* **est-ce que je suis?**
    ai-je?   *or,* **est-ce que j'ai?**
    dois-je?   *or,* **est-ce que je dois?**
    vais-je?   *or,* **est-ce que je vais?**
    dis-je?   *or,* **est-ce que je dis?**

B. **Use of** *est-ce que* **before a statement**
   Jean s'assied.   *Est-ce que Jean s'assied?*
   On la prépare.   *Est-ce qu'on la prépare?*
   Il faut être riche.   *Est-ce qu'il faut être riche?*

Although **qu'est-ce que** and related forms are regularly used in French, **est-ce que** used with an adverb such as **pourquoi, quand, où,** etc., is seldom used in careful or elegant speech or writing. Nevertheless, these forms can and do occur frequently in conversation among less careful speakers.
   careful speech: **Pourquoi Martha n'a-t-elle pas vu l'alliance de Jan?**
   informal speech: **Pourquoi est-ce que Martha n'a pas vu l'alliance de Jan?**

C. **Placing** *n'est-ce pas?* **at the end of a statement**
This expression calls for an affirmative reply:
   Tu aimes les montagnes, *n'est-ce pas?*
     You like the mountains, don't you?
   Je vous accompagne, *n'est-ce pas?*
     I'll be going with you, won't I?
   C'est aujourd'hui que les Smith reviennent de France, *n'est-ce pas?*
     The Smiths are returning from France today, aren't they?

D. *Intonation*
In speech, a question calling for a short answer may be asked by raising the pitch of the voice at the end of a sentence:
   Karl, c'est tout?   *Karl, nothing more?*
   Vous y allez souvent?   *You go there often?*
   Vous habitez près de la mer?   *You live near the sea?*

Exercice 5.   *Changez les questions suivantes en questions employant l'inversion. Imitez le modèle:*
   Est-ce que vous venez pour la chambre?
    Venez-vous pour la chambre?

1. Est-ce que vous êtes né en Bohême?   2. Est-ce que c'est tout?   3. Est-ce qu'il est muet?   4. Est-ce que vous voulez le voir?   5. Est-ce que Jan est riche ou pauvre?   6. Est-ce que je peux vous servir à boire?   7. D'où est-ce que

Jan vient? 8. Est-ce que la Russie est en Europe ou en Asie? 9. Est-ce que je dois préparer votre chambre? 10. Est-ce que le voyageur s'appelle Jan? 11. Est-ce que Martha est là pour regarder les mains de Jan? 12. Combien de prénoms est-ce que Jan lui donne? 13. Est-ce qu'on vous a demandé de vous inscrire? 14. Qu'est-ce que le domestique entend? 15. Dans quel pays est-ce que la Californie se trouve?

Exercice 6. *Lisez les phrases suivantes comme une question, et puis comme une question exigeant une réponse affirmative (c'est-à-dire, employez **n'est-ce pas?**). Imitez le modèle:*
  Pierre voyage en Bretagne à bicyclette.
    Pierre voyage en Bretagne à bicyclette?
    Pierre voyage en Bretagne à bicyclette, n'est-ce pas?

1. Paris est la capitale de la France. 2. Il ne ressemble pas à tout le monde. 3. Vous voulez vous fixer ici. 4. Il faut être très riche ou très pauvre pour vivre sans un métier. 5. Le Canada est un pays de l'Amérique du Nord. 6. Il y a déjà longtemps que Jan l'a quittée. 7. Henri va en Espagne et au Portugal. 8. Jean-Jacques aime faire des promenades à pied. 9. Tu vas en auto jusqu'à Montauban, et puis tu prends le train. 10. Nous pouvons nous arrêter.

Exercice 7. *Demandez à quelqu'un . . . (faites l'inversion sauf indication contraire) Imitez le modèle:*
  si Marie est partie hier soir
    Marie est-elle partie hier soir?
  si son frère est venu le voir (n'est-ce pas?)
    Votre frère est venu vous voir, n'est-ce pas?

1. si Jan va louer une chambre 2. ce qu'il fait pour s'occuper depuis un mois 3. s'il habite près de la mer (est-ce que) 4. où ses parents ont passé leurs vacances 5. pourquoi le domestique est si bizarre 6. s'il va vous retrouver à huit heures (n'est-ce pas?) 7. dans quel état sa sœur est née 8. si son père est aubergiste (n'est-ce pas?) 9. combien de langues sa mère parle 10. si Madrid est la capitale de l'Espagne (est-ce que)

§5. ÊTRE AND AVOIR

These verbs, the most frequently used in the French language, present a variety of unusual forms and are used in a large number of idiomatic expressions. The charts accompanying each of these verbs contain all the forms necessary for inferring or for forming the stem of every simple tense and mood, according to the presentations in Lessons 1-8.

A. Être
  1. Summary of conjugations:

present indicative	je suis	nous sommes
	tu es	vous êtes
	il est	ils sont
future and conditional	je serai,	
	je serais	
imperfect indicative	j'étais	
passé composé	j'ai été	
passé simple	je fus	
present subjunctive	je sois	nous soyons
	tu sois	vous soyez
	il soit	ils soient

2. Some expressions with **être**:

    a. **être à**   *to belong to, to be* _____*'s:*
        A qui est cette auto?—Elle est à Robert.
        Whose car is that?—It's Robert's.

    b. **être en train de**   *to be [in the act or process of] (doing something):*
        Il est en train de faire sa malle.
        He is packing his trunk.

    c. **être sur le point de**   *to be about to:*
        Marie est sur le point de formuler une réponse.
        Marie is about to draw up a reply.

    d. **c'est que** [**c'est parce que, le fait est que**]   *it's because, the reason is that:*
        S'il parle lentement, c'est qu'il ne veut rien dire d'imprécis.
        If he's speaking slowly, it's because he doesn't want to say anything imprecise.

B. Avoir

1. Summary of conjugations:

present indicative	j'ai	nous avons
	tu as	vous avez
	il a	ils ont
future and conditional	j'aurai,	
	j'aurais	
passé composé	j'ai eu	
present subjunctive	j'aie	nous ayons
	tu aies	vous ayez
	il ait	ils aient
present participle	ayant	

2. Some expressions with **avoir**:

    a. **avoir (quelque chose)**   *to be the matter with, to ache, etc.:*
        Qu'est-ce que vous avez? —Je n'ai rien.
            What's the matter with you? —Nothing's the matter with me.
        J'ai mal à la tête (aux dents, etc.).
            I have a headache (toothache, etc.).

    b. **avoir _____ ans**   *to be _____ (years old):*
        Quel âge a-t-il? —Il a vingt ans.
            How old is he? —He is twenty.

    c. **avoir beau (faire quelque chose)**   *to waste one's effort (doing something):*
        J'ai eu beau l'appeler, il est parti en un clin d'œil.
            I wasted my breath calling him; he was gone quick as a wink.
            It was useless calling him; he was gone quick as a wink.
            Although I called him, I wasted my effort; he was gone quick as a wink.
            I called him in vain; he was gone quick as a wink.

(As the above example indicates, this expression is capable of numerous renderings in English.)

    d. **avoir besoin (de quelque chose ou de faire quelque chose)**   *to need (something or to do something):*
        J'ai besoin de papier à lettres.
            I need some stationery.
        J'ai besoin d'aller acheter une nouvelle robe.
            I need to go and buy a new dress.

    e. **avoir envie (honte, peur) de**   *to be eager, desirous (ashamed, afraid) to; to feel like:*
        Il a envie de vendre la voiture.
            He is eager to sell the car.
        N'avez-vous pas honte de votre vie irrégulière?
            Aren't you ashamed of your irregular life?
        Robert a peur de parler français en classe.
            Robert is afraid to speak French in class.

    f. **avoir chaud (froid, faim, soif)**   *to be warm (cold, hungry, thirsty):*
        Si tu as froid, mets un pullover.
            If you're cold, put on a sweater.
        Quand on a faim, on a besoin de manger quelque chose.
            When you're hungry, you need to eat something.

>   *g.* **avoir la parole**   *to have the floor (i.e., to be entitled to speak at an assembly, etc.):*
>
>   > **Le sénateur du Wisconsin a la parole : les autres n'ont pas le droit de parler.**
>   >
>   > *The senator from Wisconsin has the floor; the others do not have the right to speak.*
>
>   *h.* **avoir raison (tort)**   *to be right (wrong)*
>
>   > **Vous avez tort, mon ami : Berlin ne se trouve point sur le Rhin.**
>   >
>   > *You're wrong, my friend, Berlin is not on the Rhine.*
>
>   *i.* **y avoir** [verbe impersonnel]   *to be, to exist,* [impersonal verb]:
>
>   > **Il y a un grand café dans la rue de la Paix.**
>   >
>   > *There is a big café on the rue de la Paix.*

Note the following uses of **y avoir**:
> **Il n'y a pas de quoi.**
>> *You're welcome, don't mention it, etc.*
>
> **Il y a trois ans ...**
>> *Three years ago ...*
>
> **Il y a trois ans que je reste à Paris.**
>> *I have been in Paris for three years.* (See §1A, 3 for a closer examination of this construction.)
>
> **Qu'est-ce qu'il y a?**
>> *What's going on?*

Exercice 8.   *Mettez le verbe en italique à la personne et au temps indiqués. Faites tous les changements nécessaires:*

1. Il *a* mal aux dents. (prés. ind.: je, vous, tu, ils)   2. J'*ai* beau l'appeler, il part vite. (prés. ind.: elle, nous, tu, vous)   3. Qu'est-ce que tu *es* sur le point de faire? (prés. ind.: elle, vous, ils, on)   4. Je ne veux pas qu'ils *aient* faim. (prés. subj.: tu, vous, elle, elles)   5. Il *a* raison de douter. (passé composé: je, vous, nous, ils)   6. J'*ai été* blessé dans l'accident. (passé composé: tu, nous, elles, ils)   7. Il faut que vous *soyez* là à six heures. (prés. subj.: je, tu, elle, nous)   8. De quoi *as*-tu besoin? (prés. ind.: il, ils, vous, on)   9. Il *est* sur le point de tout rejeter. (prés. ind.: je, nous, ils, vous)   10. Il n'*a* pas soixante-quinze ans. (prés. ind.: je, vous, nous, tu)

Exercice 9.   ***Composition.*** *Transformez en dialogue la conversation suivante, en rejetant tous les mots inutiles. Imitez le modèle:*

> **Jean-Paul dit bonjour à l'aubergiste. Il ajoute qu'il est venu pour la chambre qu'il avait louée.**
>
> **L'aubergiste lui demande comment il s'appelle.**

Jean-Paul —*Bonjour, Madame. Je suis venu pour la chambre que j'avais louée.*
L'Aubergiste —*Comment vous appelez-vous, Monsieur?*

Jean-Paul dit bonjour à l'aubergiste. Il ajoute qu'il est venu pour la chambre qu'il avait louée.

L'aubergiste lui demande comment il s'appelle.

Il lui répond qu'il s'appelle Jean-Paul Trocard.

L'aubergiste lui dit qu'en effet lui a réservé une chambre. Elle ajoute qu'il faut qu'elle l'inscrive sur son livre.

Jean-Paul lui demande si la chambre est grande.

Elle répond que non, mais que, par contre, il y a de la chambre une belle vue de la rue.

Jean-Paul se dit donc content, car la rue est bien pittoresque.

L'aubergiste lui demande où et quand il est né. Il répond qu'il est né à Londres le 26 septembre 1945 mais qu'il habite Lyon depuis plusieurs années, et qu'il est français.

L'aubergiste lui dit: Bon. Puis, elle lui demande sa profession.

Jean-Paul se dit professeur de lycée. Il lui offre sa carte d'identité.

Elle l'en remercie et lui dit que c'est tout.

Il lui demande si elle voudrait bien lui faire voir la chambre.

Elle répond que certainement et lui dit de la suivre.

Exercice 10. *Traduisez les phrases suivantes:*

1. I am an American. I come from New York. [§1A, 1]   2. I'm cold. [§1A, 1]   3. He always says that he is from Chicago, but it's not true. [§1A, 2]   4. Sylvia is studying her Spanish. [§1A, 1]   5. She's been sick since last night. [§1A, 3]   6. We've been in Paris for three weeks. [§1A, 3]   7. You're not going to Cuba, are you? [§4C]   8. Did he tell you why he left Toulouse? [§4A, note 1]   9. How much does this book cost? [§4A, note 2]   10. How long have you known him? [§1A, 3]   11. If she sees him she'll give him the book. [§1A, 4]   12. Why didn't she tell you that she is sick? [§4B; §1A, 1]   13. He has not seen his parents since last year. [§1A, 3]   14. She is (in the process of) getting dressed. [§1A, 1]   15. Have you been waiting for a long time? [§1A, 3]

Exercice 11. *Thème d'imitation. Traduisez en un français idiomatique:*

—In what country does your young friend Georges Rousseau live?
—In Switzerland—more exactly, in Geneva *(Genève).*
—Geneva is the capital of Switzerland, isn't it?
—Why *(Mais)* no! Don't you know that it's Bern *(Berne)*?
—Oh yes, you're right.
—Rousseau wants to travel to France, to Spain, and to Portugal. He's been dreaming of leaving Switzerland for two or three years; he wants to live near the sea.
—He is quite *(bien)* different from Jean-Jacques Rousseau, isn't he? Jean-Jacques loved the mountains and the lakes of Switzerland.

DEUXIÈME LEÇON

La Cantatrice chauve   Eugène Ionesco

Scène I

Intérieur bourgeois anglais, avec des fauteuils anglais. Soirée anglaise. M. Smith, Anglais, dans son fauteuil et ses pantoufles anglais, fume sa pipe anglaise et lit un journal anglais, près d'un feu anglais. Il a des lunettes anglaises, une petite moustache grise, anglaise. A côté de lui, dans un autre fauteuil anglais, Mme *Smith, Anglaise, raccommode des chaussettes anglaises. Un long moment de silence anglais. La pendule anglaise frappe dix-sept coups anglais.*

Mme *Smith*   Tiens, il est neuf heures. Nous avons mangé de la soupe, du poisson, des pommes de terre au lard, de la salade anglaise. Les enfants ont bu de l'eau anglaise. Nous avons bien mangé, ce soir. C'est parce que nous habitons dans les environs de Londres et que notre nom est Smith.

M. *Smith, continuant sa lecture*[1], *fait claquer*[2] *sa langue.*

Mme *Smith*   Les pommes de terre sont très bonnes avec le lard, l'huile de la salade n'était pas rance[3]. L'huile de l'épicier du coin est de bien meilleure qualité que l'huile de l'épicier d'en face, elle est même meilleure que l'huile de l'épicier du bas de la côte. Mais je ne veux pas dire que leur huile à eux soit mauvaise.

M. *Smith, continuant sa lecture, fait claquer sa langue.*

Mme *Smith*   Pourtant, c'est toujours l'huile de l'épicier du coin qui est la meilleure . . .

[1]la lecture   *reading*   [2]fait claquer   *clicks*   [3]rance   *rancid*

M. Smith, continuant sa lecture, fait claquer sa langue.

Mme *Smith* Mary a bien cuit les pommes de terre, cette fois-ci. La dernière fois elle ne les avait pas bien fait cuire. Je ne les aime que lorsqu'elles sont bien cuites.

M. Smith, continuant sa lecture, fait claquer sa langue.

Mme *Smith* Le poisson était frais. Je m'en suis léché les babines[4]. J'en ai prix deux fois. Non, trois fois. Ça me fait aller aux cabinets. Toi aussi tu en as pris trois fois. Cependant la troisième fois, tu en as pris moins que les deux premières fois, tandis que moi j'en ai pris beaucoup plus. J'ai mieux mangé que toi, ce soir. Comment ça se fait? D'habitude, c'est toi qui mange le plus. Ce n'est pas l'appétit qui te manque.

M. Smith, continuant sa lecture, fait claquer sa langue.

Mme *Smith* Cependant, la soupe était peut-être un peu trop salée. Elle avait plus de sel que toi. Ah, ah, ah! Elle avait aussi trop de poireaux[5] et pas assez d'oignons. Je regrette de ne pas avoir conseillé à Mary d'y ajouter un peu d'anis étoilé[6]. La prochaine fois, je saurai m'y prendre[7].

M. Smith, continuant sa lecture, fait claquer sa langue.

Mme *Smith* Notre petit garçon aurait bien voulu boire de la bière, il aimera s'en mettre plein la lampe[8], il te ressemble. Tu as vu à table, comme il visait la bouteille? Mais moi, j'ai versé dans son verre de l'eau de la carafe. Il avait soif et il l'a bue. Hélène me ressemble: elle est bonne ménagère, économe, joue du piano. Elle ne demande jamais à boire de la bière anglaise. C'est comme notre petite fille qui ne boit que du lait et ne mange que de la bouillie[9]. Ça se voit qu'elle n'a que deux ans. Elle s'appelle Peggy. La tarte aux coings[10] et aux haricots a été formidable. On aurait bien fait peut-être de prendre, au dessert, un petit verre de vin de Bourgogne australien mais je n'ai pas apporté le vin à table afin de ne pas donner aux enfants une mauvaise preuve de gourmandise. Il faut leur apprendre à être sobre et mesuré dans la vie.

M. Smith, continuant sa lecture, fait claquer sa langue.

Mme *Smith* Mrs. Parker connaît un épicier roumain, nommé Popesco Rosenfeld, qui vient d'arriver de Constantinople. C'est un grand spécialiste en yaourt. Il est diplômé de l'école des fabricants de yaourt d'Andrinople. J'irai demain lui acheter une grande marmite[11] de yaourt roumain folklorique. On n'a pas souvent des choses pareilles ici, dans les environs de Londres.

M. Smith, continuant sa lecture, fait claquer sa langue.

Mme *Smith* Le yaourt est excellent pour l'estomac, les reins[12], l'appendicite et l'apothéose. C'est ce que m'a dit le docteur Mackenzie-King qui soigne les enfants de nos voisins, les Johns. C'est un bon médecin. On peut avoir confiance

---

[4]se lécher les babines *to lick one's lips*   [5]le poireau *leek*   [6]l'anis étoilé (m) *star anise*   [7]je saurai m'y prendre *I'll know how to go about it, how to manage it*   [8]s'en mettre plein la lampe *to get tight, very high*   [9]la bouillie *gruel (food with the consistency of cream of wheat)*   [10]la tarte aux coings *quince pie*   [11]la marmite *pot*   [12]les reins (m) *kidneys*

en lui. Il ne recommande jamais d'autres médicaments que ceux dont il a fait l'expérience sur lui-même. Avant de faire opérer Parker, c'est lui d'abord qui s'est fait opérer du foie[13], sans être aucunement malade.

M. Smith Mais alors comment se fait-il que le docteur s'en soit tiré et que Parker en soit mort?

Mme Smith Parce que l'opération a réussi chez le docteur et n'a pas réussi chez Parker.

M. Smith Alors Mackenzie n'est pas un bon docteur. L'opération aurait dû réussir chez tous les deux ou alors tous les deux auraient dû succomber.

Mme Smith Pourquoi?

M. Smith Un médecin consciencieux doit mourir avec le malade s'ils ne peuvent pas guérir ensemble. Le commandant d'un bateau périt avec le bateau, dans les vagues. Il ne lui survit pas.

Mme Smith On ne peut comparer un malade à un bateau.

M. Smith Pourquoi pas? Le bateau a aussi ses maladies; d'ailleurs ton docteur est aussi sain qu'un vaisseau; voilà pourquoi encore il devait périr en même temps que le malade comme le docteur et son bateau.

Mme Smith Ah! Je n'y avais pas pensé . . . C'est peut-être juste . . . et alors, quelle conclusion en tires-tu?

M. Smith C'est que tous les docteurs ne sont que des charlatans. Et tous les malades aussi. Seule la marine est honnête en Angleterre.

Mme Smith Mais pas les marins.

M. Smith Naturellement.

Questionnaire I

1. Quels meubles y a-t-il sur la scène? 2. Quelle est la nationalité de M. Smith? 3. Que fait M. Smith au début de la scène? 4. Quelle sorte de lunettes a-t-il? 5. Qui est assis dans l'autre fauteuil? 6. Que fait Mme Smith? 7. Qu'est-ce qu'on entend au début de la scène? 8. Quelle heure est-il? 9. Qu'est-ce que les Smith viennent de manger? 10. Qu'est-ce que les enfants ont bu? 11. Pourquoi les Smith ont-ils bien mangé? 12. Que répond M. Smith aux constatations de Mme Smith? 13. Que dit Mme Smith au sujet des pommes de terre? 14. Que pense Mme Smith de l'huile de l'épicier du coin? 15. Est-ce que l'huile de l'épicier d'en face et celle de l'épicier du bas de la côte sont mauvaises? 16. Quelle différence y a-t-il entre les pommes de terre de cette fois-ci et celles de la dernière fois? 17. Comment faut-il que les pommes de terre soient préparées pour que Mme Smith les aime? 18. Combien de fois Mme Smith a-t-elle pris du poisson? 19. Des deux, qui a mangé le mieux? 20. Qui mange le plus d'habitude? 21. Est-ce que la soupe était bonne? 22. Qu'est-ce qui manquait à la soupe? 23. Qu'est-ce que le petit Smith aurait bien voulu faire pendant le repas? 24. Qu'est-ce que Mme Smith a versé dans son

---

[13]s'est fait opérer du foie *had his liver operated on*

verre? 25. A qui ressemble Hélène? 26. En quoi lui ressemble-t-elle? 27. Qu'est-ce qu'elle ne demande jamais à boire? 28. Que fait la petite fille des Smith? 29. Quel âge a-t-elle? 30. Comment s'appelle-t-elle? 31. Comment peut-on voir qu'elle n'a que deux ans? 32. Comment Mme Smith a-t-elle trouvé la tarte aux coings et aux haricots? 33. Pourquoi Mme Smith n'a-t-elle pas apporté le vin à table? 34. De quelle sorte de vin s'agit-il? 35. Qui est Popesco Rosenfeld? 36. Quelle est sa nationalité? 37. Quelle est sa spécialité? 38. Quelle sorte de yaourt Mme Smith a-t-elle l'intention de lui acheter? 39. Pourquoi le yaourt est-il excellent, selon Mme Smith? 40. Comment le sait-elle? 41. Comment s'appelle le docteur des Johns? 42. Pourquoi peut-on avoir confiance en lui? 43. Qu'a-t-il fait avant de faire opérer Parker? 44. Pourquoi M. Smith pense-t-il que Mackenzie n'est pas un bon docteur? 45. Selon M. Smith, que doit faire le médecin consciencieux? 46. Que fait le commandant d'un bateau? 47. Selon Mme Smith, peut-on comparer un malade à un bateau? 48. Quelle conclusion M. Smith tire-t-il de ses raisonnements? 49. Quelle est la seule honnête chose anglaise? 50. Comment se fait-il que la marine soit honnête, mais pas les marins?

Questionnaire II

1. Qu'avez-vous mangé hier soir? 2. Qu'avez-vous bu? 3. Avez-vous bien mangé? 4. Prenez-vous votre salade avec de l'huile? 5. Où achetez-vous votre huile? 6. Y a-t-il un épicier près de chez vous? 7. Aimez-vous les pommes de terre? 8. Comment aimez-vous que vos pommes de terre soient préparées? 9. Chez vous qui mange le plus d'habitude? 10. Avez-vous une bonne à la maison? 11. Qui fait la cuisine chez vous? 12. Qu'est-ce que vous buvez quand vous avez soif? 13. Qu'est-ce que vous buvez pendant le repas? 14. Aimez-vous la tarte aux coings et aux haricots? 15. Les parents doivent-ils apprendre à leurs enfants à être sobres et mesurés dans la vie? 16. Aimez-vous le yaourt? 17. Est-ce que le yaourt et le fromage sont la même chose? 18. Peut-on acheter du yaourt roumain folklorique chez vous? 19. Le yaourt est-il bon pour la santé? 20. Avez-vous confiance en votre docteur? 21. Votre docteur se fait-il opérer avant de faire opérer ses clients? 22. Le médecin consciencieux doit-il mourir avec le malade? 23. Les docteurs sont-ils des charlatans? 24. Et les malades? 25. Est-ce que seule la marine est honnête aux Etats-Unis?

A. Expressions à étudier: Les Repas [meals]

le petit déjeuner

En France le petit déjeuner est simple. En général on prend: du pain, du beurre, de la confiture [jam], une tartine [slice of bread with butter]. Comme boisson on prend ou du café au lait, ou du chocolat, ou du thé. Aux Etats-Unis, le petit déjeuner est un vrai repas. On peut prendre: du jus de fruit, un pamplemousse [*grapefruit*], un melon; des œufs *(m)* durs [*hard-boiled*], à la coque [*soft-boiled*], sur le plat [*fried*], brouillés [*scrambled*]; des céréales *(f)*, des crêpes *(f)* [*pancakes*] (avec du beurre et du sirop); du bacon, du jambon [*ham*], des saucisses *(f)*; du pain grillé [*toast*]; du lait, du café.

le déjeuner

En France le déjeuner est un vrai repas. Aux Etats-Unis on prend souvent un sandwich et une boisson [*drink, beverage*].

le dîner

Dans les deux pays le dîner peut être un repas copieux. On peut prendre un apéritif (aux Etats-Unis, un cocktail), et puis:

hors-d'œuvre

des anchois *(m)* [*anchovies*], des escargots *(m)* [*snails*], des huîtres *(f)* [*oysters*], une macédoine [*vegetable salad*], du pâté [*liver pâté*], des radis *(m)* [*radishes*] au beurre, une salade de tomates *(f)* ou de concombres *(m)* [*cucumbers*], des sardines *(f)* à l'huile, du saucisson [*large sausage, cold cut*]

soupe *(f)* et potage *(m)*

soupe à l'oignon [*onion soup*], aux choux [*cabbage*], aux champignons [*mushroom*]; le bouillon [*broth, stock*]

entrée *(f)*

une carpe [*carp*], une sole, une truite [*trout*], un homard [*lobster*]

viande *(f)* [*meat*]

un bifteck [*steak*], bien cuit [*well-done*], saignant [*rare*], à point [*medium*]; une côtelette de porc [*pork chop*], de veau [*veal*], d'agneau [*lamb*]; du rosbif [*roast beef*], du rôti [*roast*] de porc ou de veau; du jambon, un gigot d'agneau [*leg of lamb*]; le ragoût [*stew*]

légume *(m)* [*vegetable*]

un artichaut [*artichoke*], des asperges *(f)* [*asparagus*], une aubergine [*eggplant*], des carottes *(f)* [*carrots*], un chou [*cabbage*], un chou-fleur [*cauliflower*], des épinards *(m)* [*spinach*], des haricots verts *(m)* [*green beans*], des petits pois *(m)* [*green peas*], des pommes de terre *(f)* [*potatoes*], des pommes frites *(f)* [*french fries*], la ratatouille [*vegetable stew*], le ragoût [*stew*]

salade *(f)* [*salad*]

assaisonnée [*seasoned*] à l'huile [*oil*], au vinaigre [*vinegar*], au sel [*salt*], et au poivre [*pepper*]

fromages *(m)* [*cheeses*]

camembert, gruyère, port-salut, roquefort

fruits *(m)*

un ananas [*pineapple*], une banane, des cerises *(f)* [*cherries*], des fraises *(f)* [*strawberries*], une orange, une pêche [*peach*], une poire [*pear*], une pomme *(f)* [*apple*]

dessert *(m)*

de la pâtisserie [*pastry*], du gâteau [*cake*], des gâteaux secs [*cookies*], de la glace [*ice cream*], de la mousse [*mousse, whipped chocolate or vanilla ice cream*], des noix *(f)* [*nuts*]

boissons *(f)*

de la bière [*beer*], du cidre [*cider*], de l'eau minérale *(f)* [*mineral water*], du lait [*milk*]; du vin [*wine*]: ordinaire [*regular table wine*], rouge, blanc, rosé, mousseux [*sparkling*]

café *(m)*

filtre, avec crême ou sucre

liqueurs

Cointreau, Calvados, cognac

addition *(f)* [*bill*]

astronomique

Questionnaire

1. A quelle heure avez-vous mangé ce matin? 2. A quelle heure prenez-vous le petit déjeuner d'habitude? 3. Prenez-vous le dîner à la même heure tous les jours? 4. Qu'est-ce que vous prenez pour le petit déjeuner d'habitude? 5. Aimez-vous les crêpes? 6. Qu'est-ce que vous mettez sur vos crêpes? 7. Aimez-vous les œufs? Comment les aimez-vous? 8. Aimez-vous le jus de fruit? Quelle sorte? 9. Préférez-vous les œufs à la coque ou les œufs sur le plat? 10. Préférez-vous le café ou le thé? 11. Qu'est-ce que vous prenez d'habitude pour votre déjeuner? 12. Qu'est-ce que vous prenez d'habitude comme hors-d'œuvre? 13. Aimez-vous la soupe? 14. Quelle est votre soupe préférée? 15. Aimez-vous le poisson? En mangez-vous souvent? 16. Quel est votre poisson préféré? 17. Qu'est-ce que vous prenez comme viande d'habitude? 18. Aimez-vous les légumes? 19. Quels légumes mangez-vous le plus souvent? 20. Aimez-vous la salade? 21. Comment l'assaisonnez-vous? 22. Prenez-vous votre salade avant ou après le repas? 23. Avez-vous un fromage préférée?

Lequel est-ce? 24. Aimez-vous les fruits? Y a-t-il un fruit que vous mangez plus fréquemment que les autres? 25. Qu'est-ce que vous prenez d'habitude comme dessert? 26. Aimez-vous le café? 27. Les liqueurs sont-elles bonnes pour la santé? 28. Mangez-vous toujours en modération? 29. Avez-vous toujours faim? 30. Avez-vous soif?

B. *Etudiez les expressions suivantes; consultez la leçon pour l'emploi de ces expressions:*

près de=à peu de distance de   **à côté de**=auprès de   **en face de**=vis-à-vis de   **Comment ça se fait?**=Comment se fait-il?, d'où vient?   **d'habitude**=ordinairement   **la prochaine fois**=la première fois après celle-ci   **ça se voit**=cela est évident   **avoir confiance en qqn**=être assuré de la probité de qqn   **se tirer de . . .** =sortir de qqch. sain et sauf, sans mal   **en même temps**=ensemble

Exercice. Employez ces expressions dans les phrases suivantes:

1. _____ que vous ne voulez pas le voir? 2. Ils sont sortis _____. 3. _____, je me lève à six heures du matin. 4. Le restaurant dont vous parlez se trouve _____ l'épicerie. 5. _____ que vous n'aimez pas les haricots verts? 6. Pourquoi Marie _____ en lui? Parce qu'il a toujours fait ce qu'elle lui a demandé de faire. 7. Et n'oublie pas ton sac de couchage _____. 8. Laisse-moi le faire. Je saurai _____. 9. Il y avait un bel arbre _____ lac. 10. Une vieille dame curieuse était assise _____ moi.

§6 FORMATION OF THE PASSÉ COMPOSÉ (OR PASSÉ INDÉFINI)

1. The **passé composé** is formed by using **avoir** (or, with some verbs, **être**) as an auxiliary to the main verb, which is put in the past participle:

>Nous *avons mangé* de la soupe.
>Il *a publié* un livre.
>Il *est parti.*
>Le médecin *s'est fait* opérer.

2. The past participle in French is formed as follows:
>*a.* **-er** verbs: replace **-er** by **-é:**
>>**manger:** *mangé*
>>**publier:** *publié*

>*b.* most **-ir** verbs: replace **-ir** by **-i:**
>>**partir:** *parti*
>>**remplir:** *rempli*

But note that some large families of **-ir** verbs do not conform to this rule, e.g.:

courir: *couru*   **tenir:** *tenu*
mourir: *mort*   **venir:** *venu*
ouvrir: *ouvert*   **vêtir:** *vêtu*

c. For all other verbs, the past participle should be learned individually. All these past participles (except **être: été**) end in **-i (-is, -it)**, **-u (-û)**, or **-eint (-aint, -oint),** as the following reference list demonstrates:

apercevoir: *aperçu*	**mouvoir:** *mû*
apprendre: *appris*	**naître:** *né*
asseoir: *assis*	**paraître:** *paru*
atteindre: *atteint*	**peindre:** *peint*
attendre: *attendu*	**plaindre:** *plaint*
avoir: *eu*	**plaire:** *plu*
boire: *bu*	**pleuvoir:** *plu*
concevoir: *conçu*	**poursuivre:** *poursuivi*
conduire: *conduit*	**pouvoir:** *pu*
connaître: *connu*	**prendre:** *pris*
construire: *construit*	**recevoir:** *reçu*
convaincre: *convaincu*	**reconnaître:** *reconnu*
craindre: *craint*	**rendre:** *rendu*
croire: *cru*	**rire:** *ri*
défendre: *défendu*	**savoir:** *su*
devoir: *dû*	**sourire:** *souri*
dire: *dit*	**suffire:** *suffi*
disparaître: *disparu*	**suivre:** *suivi*
écrire: *écrit*	**survivre:** *survécu*
éteindre: *éteint*	**taire:** *tu*
étendre: *étendu*	**tendre:** *tendu*
être: *été*	**tordre:** *tordu*
étreindre: *étreint*	**traduire:** *traduit*
faire: *fait*	**vaincre:** *vaincu*
falloir: *fallu*	**valoir:** *valu*
joindre: *joint*	**vendre:** *vendu*
lire: *lu*	**vivre:** *vécu*
maudire: *maudit*	**voir:** *vu*
mettre: *mis*	**vouloir:** *voulu*
mordre: *mordu*	

3. Verbs using **être** as an auxiliary in the **passé composé**[1].
Intransitive verbs (i.e., verbs not taking a direct object) of motion and those which describe a change of condition use **être** as their auxiliary when forming the **passé composé** and other compound tenses. These are the most common of these verbs:

aller *(to go)*
venir *(to come)*

[1]Reflexive verbs also use **être** as their auxiliary in the **passé composé** and other compound tenses. They are a different category of verbs, however, and are accordingly treated separately in §9.

arriver   *(to arrive)*
parvenir   *(to arrive, to reach, to succeed [à] in)*
partir   *(to leave)*
entrer   *(to enter)*
sortir   *(to go out, to leave)*
monter   *(to go up)*
descendre   *(to go down)*
tomber   *(to fall)*
mourir   *(to die)*
naître   *(to be born)*
devenir   *(to become)*
rester   *(to remain, to stay)*
rentrer   *(to come back, to come home, to go home)*
retourner   *(to go back, to return [to a place from which one has started])*
survenir   *(to come upon, to happen upon)*

Note: *Used transitively (i.e., with a direct object), the compound tenses of* ***descendre, entrer, monter, sortir,*** *and* ***tomber*** *are conjugated with* ***avoir*** *as the auxiliary verb:*

Il *a monté (descendu)* l'escalier.
   He went up (down) the stairs.
Il *a monté (descendu)* le tableau.
   He put (took, brought) the painting up (down).
Il *a sorti* un mouchoir de sa poche.
   He took a handkerchief out of his pocket.
Nous *avons entré* cette commode par la fenêtre.
   We brought this chest in through the window.
Le gangster *a tombé* l'agent.
   The gangster knocked the policeman down.

§7 AGREEMENT OF THE PAST PARTICIPLE WITH THE PASSÉ COMPOSÉ AND OTHER COMPOUND TENSES

1. The past participle agrees in number and gender with a *preceding direct object* if:

   a. the auxiliary is **avoir,** or
   b. the verb is reflexive:

   Les poires? Mais il *les* a déjà apport**ées** chez lui.
   Combien de *livres* as-tu lu**s**?
   Ah! Voilà la nouvelle *robe* qu'a command**ée** Marie.
   Margot s'est enfu**ie** sans jeter un regard derrière elle.

But:

   Il leur a parlé. (**Leur** is an indirect object; no agreement.)
   Elle s'est rappellé cela tout de suite. (Here, **se** is an indirect object; no agreement.)

Note: ***En*** *has the value of a neuter singular; therefore, the past participle never changes form to agree with it:*

Avez-vous trouvé des champignons? —J'*en* ai trouvé de bien beaux!
Combien de livres as-tu lus? —J'*en* ai lu trois depuis lundi.

2. The past participle agrees in number and gender with the *subject* of intransitive verbs expressing motion or change of state or condition (i.e., the verbs studied in §6, 3):

Elle **est venue me voir.**
Ils **sont montés tout en haut.**
Nous **sommes tombés dans l'erreur.**

Exercice 1. *Mettez au passé composé les verbes en italique. Faites tous les changements nécessaires:*

1. Il *publie* un nouveau roman.   2. Je *fais* de mon mieux.   3. Elle *court* plus vite que moi.   4. Ils *partent* à dix heures.   5. Nous *attendons* les résultats de l'examen.   6. Vous *conduisez* bien.   7. Elles *suivent* des cours de mathématiques.   8. Il *boit* à l'excès.   9. Cela lui *plaît*.   10. Il *faut* aller à pied.   11. Nous nous *parlons* français.   12. Elle s'*assied* près de son mari.   13. Je *tombe* des nues.   14. Tu *arrives* déjà?   15. Je *sais* qu'elle t'aime.   16. Il *tient* sa fourchette à la main.   17. Vous *croyez* en Dieu, n'est-ce pas?   18. Elle *meurt* d'amour non partagé.   19. Ils *connaissent* les Barrette.   20. Il *craint* la puissance de la police.

Exercice 2. *Mettez au passé composé à la personne indiquée entre parenthèses. Imitez le modèle:*

(nous) croire = nous avons cru

1. (vous) dire   2. (elles) joindre   3. (je) devoir   4. (nous) vivre   5. (elle) naître   6. (tu) recevoir   7. (je) prendre   8. (nous) se parler   9. (vous) lire   10. (il) s'offrir   11. (ils) écrire   12. (nous) mettre   13. (tu) entrer   14. (vous) peindre   15. (ils) se porter   16. (nous) devenir   17. (vous) voir   18. (il) pleuvoir   19. (elle) se souvenir   20. (nous) descendre   21. (elle) entrer   22. (nous) rester   23. (je) aller   24. (il) parvenir   25. (elles) monter

Exercice 3. *Mettez au présent les verbes en italique. Faites tous les changements nécessaires:*

1. Il *a pu* lire son journal.   2. Nous *sommes arrivés* un peu en retard.   3. Ils *ont menti*.   4. Je ne sais pas si cela vous *a plu*.   5. *Est*-il *parvenu* à le convaincre?   6. César *a vaincu* les Gaulois.   7. Elles *ont valu* autant que des pendules nouvelles.   8. J'*ai voulu* vous expliquer tout.   9. Ils *sont allés* en France.   10. Vous *avez écrit* une fort belle lettre.

§8 USES OF THE PASSÉ COMPOSÉ

The **passé composé** is used to express:

1. an action in the recent past:
    J'ai donné un coup de fil (i.e., **de téléphone) à Marie; elle nous retrouve dans dix minutes.**
    I gave Marie a call; she'll join us within ten minutes.
    Il est parti ce matin pour Naples.
    He left this morning for Naples.

2. a past action whose effect still remains in the present:
    Nous avons fait la conquête de l'espace.
    We have conquered space.
    Vous n'avez jamais mangé de yaourt?
    You've never eaten yogurt?

3. a past action which has been entirely completed[2]:
    Il a publié un livre sur la musique de Vivaldi.
    He published a book on Vivaldi's music.
    Elles sont enfin arrivées en Italie, fatiguées mais heureuses.
    At last they arrived in Italy, tired but happy.

4. an action in the remote past[2]:
    Christophe Colomb a découvert le Nouveau Monde.
    Christopher Columbus discovered the New World.

5. the cause or the result of a condition or state, as expressed by a descriptive verb:
    Elle a su cela chez Marie.
    She found out about (i.e., learned) that at Marie's.

However, when descriptive verbs describe a past action or state or condition, they are used in the *imperfect* tense. Contrast the meaning of **avoir peur** in the imperfect and **passé composé** in the following sentences:

L'agent passait; il regardait de mon côté; j'avais peur qu'il ne me vît.
The policeman was passing by; he was looking my way; I was afraid he'd see me (I was afraid he saw me).
L'agent passait; il regardait de mon côté; j'ai eu peur qu'il ne me vît.
The policeman was passing by; he was looking my way; I was afraid [for a moment] he'd see me (he saw me).

---

[2]In this sense, the **passé composé** replaces the **passé simple** in speech. For the **passé simple**, see Lesson 6, §32.

J'avais peur describes the state or condition of fear existing in the past. **J'ai eu peur** expresses an act of fearing in the past; the act is relatively short-lived, whereas the state or condition lasts a considerably longer time.

Common descriptive verbs are: **avoir, avoir honte (peur, faim, etc.), y avoir, être, se trouver, se sentir, devoir, falloir, vouloir, savoir, connaître, pouvoir.** Descriptive verbs may have special meanings in the **passé composé**:

 connaître: il a connu=il a fait la connaissance de
 falloir: il a fallu=il est devenu nécessaire
 savoir: il a su=il a appris
 vouloir: il a voulu=il a insisté, il a essayé de; il n'a pas voulu=il a refusé de

Exercice 4. Formez des phrases en vous servant des mots suivants et en faisant tous les changements nécessaires. Mettez les verbes au passé composé. Imitez le modèle:

 M. Smith / lire / son journal.
 M. Smith a lu son journal.

1. Mme Smith / raccommoder / de / chaussettes. 2. M. Smith / fumer / son / pipe. 3. Ils / manger / de / soupe. 4. Elle / faire / cuire / de / pommes de terre. 5. Quand / connaître / -il / ton frère? 6. Voilà la pendule qu'il / acheter. 7. Hélène / arriver / de / Italie. 8. Nous / apprendre / à écrire. 9. Nous / descendre / l'escalier. 10. Nous / descendre / lentement. 11. Ils / ne pas vouloir / boire / vin. 12. Mackenzie / se faire / opérer. 13. Le commandant / périr / avec le bateau. 14. Je lui / acheter / yaourt roumain folklorique. 15. Vous / la / comparer / à un bateau.

§9 REFLEXIVE VERBS (VERBES PRONOMINAUX)

Reflexive verbs may be classified as follows:

A. *True reflexive verbs*

In this case, the subject and direct or indirect reflexive object[3] are the same person or persons; the subject (or subjects) perform(s) the action on itself (or themselves).

 Je me mets à travailler.
 I am beginning to work (lit., *I put myself to work*).

---

[3]Reflexive pronouns can be *direct objects* (je me crois intelligent(e), tu te crois intelligent(e), il se croit intelligent, elle se croit intelligente, on se croit intelligent, **nous nous croyons intelligent(e)s, vous vous croyez intelligent(e)(s), ils se croient intelligents, elles se croient intelligentes**) or they can be *indirect objects* (Elle s'est imaginé que Louis l'aime; Vous rappelez-vous son nom?).

Elle s'assied sur la banquette.
She sits down (lit., *She seats herself*) *on the bench.*
Vous rappelez-vous le nom de son médecin?
Do you remember his doctor's name (lit., *Do you recall to yourself...*)?
Nous nous sommes fait une idée de votre problème.
We have gotten an idea of (the nature of) your problem.

B. Reciprocal verbs

The subjects of these verbs perform the action on each other:
Ils se disent bonjour.
They greet (lit., *say hello to*) *each other.*
René et Atala s'adorent mutuellement.
René and Atala love one another.

For clarity or stress, add **l'un l'autre** (**l'un à l'autre**, etc.) to the verb:
Nous nous aimons *l'un l'autre*.
We love each other.
Ils se regardent *les uns les autres*.
They are looking at one another.
Elles ne se parlent plus *les unes aux autres*.
They no longer speak to one another.

The older language appended **entre** to some verbs used reciprocally; this usage is rather old-fashioned now, but is still encountered in literature:
Ils s'entretuent.
They are killing each other.
Ils s'entraident.
They are helping one another.

C. Essentially reflexive verbs

The function of the reflexive pronoun cannot be analyzed with these verbs. Among them are:

s'en aller   *to go away*
s'apercevoir (de)   *to notice, to take notice of*
s'attendre (à)   *to expect*
se douter de   *to suspect*
s'échapper (à)   *to escape (from)*
s'endormir   *to fall asleep*
s'enfuir (de)   *to flee*
s'étonner (de)   *to be surprised (at)*
se méfier de   *to distrust*
se moquer de   *to make fun of*
se plaindre (de)   *to complain (about)*

se repentir (de)   *to regret, to repent, to be sorry (for)*
se servir (de)   *to use, to make use of*
se souvenir (de)   *to remember*
se tromper   *to be mistaken*

Je ne me souviens pas de lui.
Elle s'est enfuie.
Vous ne vous êtes pas attendu à ce coup d'état, je suppose.

Note: The reflexive pronoun is considered to be a direct object with these verbs.

D. *Reflexive verbs with a passive meaning*

Often verbs are constructed in the reflexive form, but have a passive meaning. Be careful to avoid using this construction, except in cases you have observed, such as the following:

Le rideau se lève. (Le rideau est en train d'être levé.)
Tous les journaux se vendent ici. (Tous les journaux sont vendus ici.)
Ça se comprend. (Cela est compris, cela peut être compris.)

Notes:

(1) Some verbs may have two, three, or all four of these functions, depending on the sentence:

   reflexive: **Elles se servent.**
   reciprocal: **Elles se servent (l'une l'autre).**
   essentially reflexive: **Elles se servent d'une cuiller.**
   passive meaning: **La bouillabaisse se sert bien chaude.**

(2) If the subject of the main clause and the subject of the subordinate clause are identical, and if the verb of the subordinate clause is être, the main verb is made reflexive and être is suppressed:

   Il croit qu'il est aimé du peuple.
   Becomes: **Il se croit aimé du peuple.**
   Il proclame qu'il est roi.
   Becomes: **Il se proclame roi.**

Often verbs other than être are suppressed if their meaning can be carried over by an adjective:

   Il dit qu'il peut tout faire.
   Becomes: **Il se dit capable de tout faire.**
   Il croit qu'il doit vous parler.
   Becomes: **Il se croit obligé de vous parler.**

§10 PASSÉ COMPOSÉ OF REFLEXIVE VERBS AND AGREEMENT OF PAST PARTICIPLES

Reflexive verbs form their **passé composé** (and all other compound tenses) with **être**. The past participle agrees in number and gender with the *preceding direct object*, which is often the reflexive pronoun itself:

Elle s'en est aperçue.
She noticed it (took notice of it).
Ils se sont souvenus de moi.
They remembered me.
Nous nous sommes crus assez forts; nous nous sommes trompés.
We thought we were strong enough; we were mistaken.

But:

Vous ne vous êtes pas parlé depuis huit jours?
You haven't spoken to each other for a week?
Toinette s'est lavé les mains.
Toinette washed her hands.

Exercice 5. *Mettez au passé composé:*
1. il s'en doute   2. ils se parlent bas   3. nous nous levons   4. elle s'en va   5. vous vous entretuez   6. tu te crois fort   7. nous nous en apercevons   8. ils s'admirent   9. elle s'embarque   10. ils se trompent   11. elles se moquent   12. vous vous couchez   13. ils s'assayent   14. vous *(pl)* vous méfiez d'elle   15. nous nous retrouvons   16. ils se rapellent   17. tu *(f)* t'en plains   18. elles se dressent   19. vous vous regardez   20. je m'échappe à eux

Exercice 6. *Insérez dans la phrase le verbe entre parenthèses, d'abord au présent, puis au passé composé. Imitez le modèle:*

Jeanne (s'excuser) d'être arrivée en retard.
Jeanne s'excuse d'être arrivée en retard.
Jeanne s'est excusée d'être arrivée en retard.

1. Je (s'endormir) à onze heures.   2. La gare (se trouver) de l'autre côté de la ville.   3. Elle (se sentir) malade.   4. Tu (se méfier) de tout le monde.   5. Nous (s'étonner) de votre pensée.   6. On (ne pas se faire) une idée bien claire de sa critique.   7. De quoi Marie (se servir) pour manger de la salade?   8. Alors, elles (se mettre) à rire de plus belle!   9. Mes enfants, vous (se repentir) de vos péchés?   10. Tu (f) (s'asseoir) souvent ici?   11. Ma femme (ne pas se souvenir) de lui.   12. Je (se le demander)!   13. Vous (s'enfuir) de la police!   14. Paul (s'arrêter) tout à coup.   15. A quoi Louis (s'attendre)?

§11 NEGATION AND RESTRICTION (LA NÉGATION ET LA RESTRICTION)

Negation is expressed in French by a variety of adverbs, pronouns, and conjunction, the most important of which are discussed in this section. In all cases, **ne** precedes the conjugated form of the verb. **Pas, jamais, plus, guère,** and **rien** follow it, except when **rien** is the subject. **Personne** is placed in the normal position of a noun. The other negative elements and the restrictive elements directly precede the word or words to which they refer.

A. *Principal negative elements*

1. **ne . . . pas**
   Il n'a pas fait cela.
      He didn't do that.
   N'a-t-il pas fait cela?
      Didn't he do that?
   Ne faites pas cela!
      Don't do that!

Ne . . . pas is often reinforced by the use of such modifiers as **du tout, certainement, même,** and, colloquially, **seulement:**
   Il n'a pas du tout fait cela.
      He didn't do that at all.
   Il n'a même pas fait cela. (Il n'a seulement pas fait cela.)
      He didn't do even that.

Up to the mid-eighteenth century, **ne . . . point** was more common than **ne . . . pas.** Today its use is considered classical or somewhat archaic:
   Il n'a point fait cela.
      He did not do that.

2. **ne . . . jamais**
   Il n'a jamais fait cela.
      He never did that.
   Jamais il n'a fait cela.
      Never did he do that.

However, **jamais** has an affirmative value *(ever)* when used without **ne** in questions:
   A-t-il jamais fait cela?
      Did he ever do that?

3. **ne . . . plus**
This expression has two meanings, the one temporal (dealing with time), and the other quantitative:
   Après son accident, il n'a plus fait cela. [temporal usage]
      After his accident, he no longer did that.
   Il n'a plus d'argent. [quantitative usage]
      He doesn't have any more money. (He has no more money.)

Often, **jamais** and **plus** are used together:
> **Il n'a plus jamais fait cela.**
> *He never did that again* (lit., *any more*).

4. ne ... guère
This expression is seldom used in modern French except in combination with other negative and restrictive elements, especially **que** (for examples see below). It is usually replaced in conversation by such expressions as **C'est à peine si ...**:
> **Tu ne parles guère.**
> *You hardly (scarcely) (ever) speak.*
>
> **C'est à peine si tu parles.**
> *You hardly (scarcely) (ever) speak.*

5. ne ... rien
Rien (from an Old French word meaning "thing") functions as a pronoun: it can be subject or object of a verb, or object of a preposition. When used as object of a verb, **rien** is placed directly after the conjugated form of the verb:
> **Rien ne l'arrête.** [subject of a verb]
> *Nothing stops him. (Nothing can stop him.)*
>
> **Il n'a rien fait.** [object of a verb]
> *He didn't do anything. (He did nothing.)*
>
> **Je ne pense à rien.** [object of a preposition]
> *I'm not thinking about anything.*

Rien is often used with **plus**:
> **Il ne dit plus rien.**
> *He doesn't say anything any more.*

6. ne ... personne
Personne can be the subject or the object of a verb, or the object of a preposition. It is placed in the normal position of nouns and demonstrative pronouns.
> **Personne n'a dit cela.** [subject of a verb]
> *Nobody (No one) said that.*
>
> **Il n'a vu personne.** [object of a verb]
> *He didn't see anyone. (He saw no one.)*
>
> **Je ne pense à personne.** [object of a preposition]
> *I'm not thinking about anybody.*

7. ne ... aucun (aucune) and ne ... nul (nulle)
Restricted to usage in the singular, **aucun** functions either as an adjective (in which case it must modify a noun or pronoun), or as a pronoun (in which case it stands alone). In literary style, it is often replaced by **nul,** although this practice is somewhat old-fashioned. **Nul** can be used in place of **aucun** in all the following examples:

    a. used as an adjective:
> **Aucune femme n'est arrivée.**
> *Not one woman has arrived.*
> **Je n'ai vu aucun livre intéressant.**
> *I haven't seen a single interesting book.*
> **Il n'a parlé à aucun agent de police.**
> *He did not speak to any policeman at all.*

    b. used as a pronoun:
> **Aucune n'est arrivée.**
> *Not one has arrived.*
> **Je n'en ai vu aucun[4].**
> *I didn't see a single one.*
> **Il n'en a parlé à aucun[4].**
> *He didn't speak to any at all.*

8. **ne . . . ni . . . ni**

Observe the position of **ne** and **ni** in the following sentences:
> **Ni l'un ni l'autre n'ont fait cela[5].**
> *Neither the one nor the other did that.*
> **Je ne veux ni ceux-ci ni ceux-là.**
> *I want neither these nor those. (I don't want either these or those.)*
> **N'avez-vous parlé ni à Jean-Paul ni à Marie?**
> *Haven't you spoken either to Jean-Paul or to Marie? (Have you spoken neither to Jean-Paul nor to Marie?)*
> **Il n'a ni abordé ni vu le criminel.**
> *He neither approached nor saw the criminal.*
> **Il ne chante ni ne joue bien.**
> *He neither sings nor plays well.*

The partitive is omitted after **ni**:
> **Il n'a mangé ni salade ni pommes de terre.**
> *He didn't eat either salad or potatoes.*

B. *Negation before infinitives*

Ne pas (or another negative element) is placed as a unit before the infinitive. Direct or indirect object pronouns are placed after **ne pas**.
> **Elle a peur de ne pas arriver à l'heure.**
> *She is afraid not to arrive on time.*

---

[4]When *aucun* is used as the object of a verb or of a preposition following the verb, **en** *(of it or them)* must be placed before the verb.
[5]Notice the French use of a plural verb when **ni . . . ni** qualifies a compound subject.

Enfin il commence à ne pas nous servir de lait.
At last he's beginning not to serve us milk.
Il prétend ne pas vous avoir vu chez Paul.
He claims not to have seen you at Paul's.

C. Restriction

Restriction is usually expressed in French by **ne . . . que** (which is often combined with **rien, plus, jamais,** etc.[6]). It is the strong sense of *only,* meaning "nothing else but."
Il n'a fait que cela.
He only did that. (He did nothing else but that.)
Il ne mange que du bifteck.
He only eats steak.
Il n'a parlé qu'avec elle.
He only spoke with her. (He spoke with no one but her.)
Il n'a (plus) rien fait que cela.
He has done nothing but that (since).
Il n'a (plus) jamais fait que cela.
He has never done anything but that (since).
Il ne fait (plus) guère que cela.
He hardly does anything but that (anymore).

To express restriction with a verb, use **ne faire que** with the infinitive:
Il ne fait que chanter et (que) rire.
He only sings and laughs. (He doesn't do anything but sing and laugh.)
Nous n'avons fait que travailler toute la journée.
All day long, we've done nothing but work.

*Exercice 7. Mettez au négatif en employant **ne . . . pas,** puis **ne . . . pas du tout:***

1. Il lit le journal. 2. Il a lu le journal. 3. Les enfants ont bu de l'eau anglaise. 4. Nous habitons dans les environs de Londres. 5. L'huile de la salade était rance.

*Exercice 8. Mettez au négatif en employant **ne . . . même pas,** puis **ne . . . seulement pas:***

1. Je veux dire que leur huile est mauvaise. 2. Marie a bien cuit les pommes de terre. 3. La pendule anglaise frappe dix-sept coups anglais. 4. Je me croyais obligé de vous défendre. 5. Mme Smith raccommode des chaussettes.

---

[6]When **ne . . . que** is used in combination with these words, the order is: **ne . . . plus . . . jamais . . . rien . . . personne . . . que.**

*Exercice 9. Mettez au négatif en employant **ne . . . jamais**, puis **ne . . . plus jamais**:*
1. M. Smith fait claquer sa langue.   2. Il a commencé à faire claquer sa langue.
3. Ça me fait aller aux cabinets.   4. J'en ai pris beaucoup.   5. Notre petit garçon aurait bien voulu boire de la bière.

*Exercice 10. Mettez au négatif en employant **ne . . . plus**:*
1. J'ai versé de l'eau dans son verre.   2. Elle est économe.   3. Elle demande à boire de la bière anglaise.   4. La soupe était trop salée.   5. Elle y met trop de poireaux.

*Exercice 11. Mettez au négatif en remplaçant les mots en italique par **ne . . . personne**:*
1. *Il* avait soif.   2. Mme Parker connaît *un épicier roumain*.   3. L'opération a réussi chez *le docteur*.   4. *Le commandant d'un bateau* périt avec le bateau.
5. *M. Smith* fume sa pipe anglaise.

*Exercice 12. Mettez au négatif en remplaçant les mots en italique par **ne . . . rien**:*
1. Le bateau a *ses maladies*.   2. *Seule la marine* est honnête en Angleterre.
3. Il a *des lunettes anglaises*.   4. C'est un grand spécialiste en *yaourt*.   5. Nous avons mangé *des pommes de terre au lard*.

*Exercice 13. Mettez au négatif en employant comme adjectif qualifiant le nom en italique **ne . . . aucun**, puis **ne . . . nul**. Faites tous les changements nécessaires:*
1. *Un médecin* consciencieux doit périr avec le bateau.   2. *Le commandant* d'un bateau périt avec le bateau.   3. Nous avons mangé *de la salade*.   4. M. Smith lit *un journal anglais*.   5. Je ne veux pas dire que *leur huile* soit mauvaise.

*Exercice 14. Mettez au négatif en employant **ne . . . guère**, puis le tour c'est à peine si:*
1. M. Smith fait claquer sa langue.   2. Je saurai m'y prendre.   3. La soupe était trop salée.   4. Je regrette de ne rien avoir conseillé à Mary.   5. Elle est bonne ménagère.

*Exercice 15. Mettez au négatif en insérant **ne . . . ni . . . ni** dans la phrase devant les mots en italique. Faites tous les changements nécessaires:*
1. C'est toi qui *manges* et *bois* trop.   2. Nous avons mangé *de la salade* et *des pommes de terre*.   3. Elle est *bonne ménagère* et *économe*.   4. *Paul* et *Virginie* aiment la tarte aux coings et aux haricots.   5. Elle l'a servi *à son mari* et *à ses enfants*.

Exercice 16. *Faites la restriction des mots en italique en insérant* **ne ... que** *dans la phrase:*

1. Elle a *deux ans.* 2. La petite fille boit *du lait* et mange *de la bouillie.* 3. Nous aimons *le vin de Bourgogne australien.* 4. C'est *l'appétit* qui te manque. 5. Le yaourt est excellent pour *l'appendicite* et *l'apothéose.*

Exercice 17. Composition. *Mettez la conversation suivante au discours direct. Eliminez tous les mots inutiles au discours direct. Ne changez pas le temps des verbes. Imitez le modèle:*

M. Smith demande à sa femme (il la tutoie) si elle ne connaît pas un bon épicier.
—*Ne connais-tu pas un bon épicier?*
Mme Smith demande à son mari s'il a lu son journal.
—*As-tu lu ton journal?*

Ma femme me dit qu'il est neuf heures. Elle croit que nous avons bien mangé ce soir.

Je lui réponds que les pommes de terre au lard et la salade m'ont beaucoup plu.

Elle me demande si je ne crois pas que les pommes de terre sont très bonnes avec le lard. (Nous nous tutoyons.)

Je réponds que oui, en effet, et je lui demande à mon tour si elle connaît un bon épicier.

Elle me dit que depuis plusieurs mois il n'y a plus de bon épicier à Londres.

Je lui demande si elle n'a pas entendu parler d'un certain épicier roumain, grand spécialiste en yaourt. J'ajoute que les Smith m'avaient dit qu'ils ne connaissaient jamais avant lui aucun épicier diplômé.

Ma femme veut savoir si le yaourt est bon pour la santé. S'il est bon, elle en achètera chez mon épicier roumain diplômé.

Je lui réponds que je croyais qu'elle savait déjà que depuis qu'ils mangent du yaourt les Smith n'ont plus de maladie de foie.

Elle remarque que moi non plus je n'ai jamais eu de maladie de foie et que, sans jamais avoir mangé de yaourt, je me porte bien. D'ailleurs, elle croit que c'est plutôt le nouveau médecin des Smith qui les garde de maladies: le yaourt ne compte, d'après elle, pour rien.

Je conclus qu'elle se trompe, et j'ajoute que nul médecin ne garde personne de tomber malade: car je trouve que tous les médecins sont des charlatans.

Exercice 18. *Traduisez les phrases suivantes:*

1. She arrived for supper at six. [§6, 3; §7, 2] 2. Where are the oranges you bought? [§7, 1] 3. Did you say that he wanted to speak to me? [§8, 1; §8, 5] 4. They made fun of him. [§9C] 5. He took the newspaper downstairs. [§6, 3, note] 6. The king believes his subjects love him. [§9D, note 2] 7. We left

without seeing him. [§*6, 3;* §*7, 2*]   8. They did not remember me. [§*10*]   9. The child knew he wasn't supposed *(devoir)* to go out. [§*8, 5*]   10. She saw herself in the mirror *(le miroir)*. [§*7, 1*]   11. The boys began to hit one another. [§*9B*]   12. He didn't want to see her any more. [§*8, 5;* §*11A, 3*]   13. Did you see many girls? Yes, I saw many. [§*7, 1, note*]   14. I told her not to go out. [§*8, 1;* §*11B*]   15. The girls sat down to rest. [§*9A*]   16. He never does anything. [§*11A, 2;* §*11A, 5*]   17. I want neither radishes nor tomatoes. [§*11A, 8*]   18. She never returned to Paris. [§*6, 3;* §*11A, 2*]   19. That's not what I said at all. [§*11A, 1*]   20. Don't distrust everybody. [§*9C*]

Exercice 19. Thème d'imitation. *Dites, puis écrivez en français:*

It is nine o'clock. Mr. Smith enters the room in *(en)* slippers. He is smoking a pipe. He sits down and reads a newspaper. Mrs. Smith has already sat down; she is darning socks.

"Yogurt is good for the kidneys and the stomach," she says[1].

"Maybe," he answers, "but Mr. Parker, who died only a week ago, ate *(imperfect)* some every day of the year."

She tells him that he is mistaken: it is Mrs. Parker who liked *(imperfect)* yogurt. "Her husband," she says, "never ate any."

Mr. Smith gets up. He says that he is falling asleep and that he is going to bed.

---

[1]**dit-elle:** In reporting conversation, French inverts subject and verb.

TROISIÈME LEÇON

Topaze   Marcel Pagnol

Une salle de classe à la pension Muche. (...) Quand le rideau se lève, M. Topaze fait faire une dictée à un élève. M. Topaze a trente ans environ. (...) L'Elève est un petit garçon de douze ans. (...) Topaze dicte et, de temps à autre, se penche sur l'épaule du petit garçon pour lire ce qu'il écrit.

Topaze, il dicte en se promenant. «Des . . . moutons . . . Des moutons . . . étaient en sûreté . . . dans un parc; dans un parc. *(Il se penche sur l'épaule de l'Elève et reprend.)* Des moutons . . . moutonss . . . *(L'Elève le regarde, ahuri.*[1]*)* Voyons, mon enfant, faites un effort. Je dis *moutonsse.* Etaient *(il reprend avec finesse) étai-eunnt.* C'est-à-dire qu'il n'y avait pas qu'un *moutonne.* Il y avait plusieurs *moutonsse.*»

(L'Elève le regarde, perdu. A ce moment, par une porte qui s'ouvre à droite au milieu du décor[2]*, entre Ernestine Muche. C'est une jeune fille de vingt-deux ans, petite bourgeoise vêtue avec une élégance bon marché. Elle porte une serviette sous le bras.)*

    Ernestine   Bonjour, monsieur Topaze.
    Topaze   Bonjour, mademoiselle Muche.
    Ernestine   Vous n'avez pas vu mon père?
    Topaze   Non, monsieur le directeur ne s'est point montré ce matin.
    Ernestine   Quelle heure est-il donc?

[1]ahuri   *bewildered, confused*   [2]le décor   *stage set*

Topaze, il tire sa montre qui est énorme et presque sphérique. Huit heures moins dix, mademoiselle. Le tambour va rouler dans trente-cinq minutes exactement... Vous êtes bien en avance pour votre classe...

Ernestine Tant mieux, car j'ai du travail. Voulez-vous me prêter votre encre rouge?

Topaze Avec le plus grand plaisir, mademoiselle... Je viens tout justement d'acheter ce flacon[3], et je vais le déboucher[4] pour vous.

Ernestine Vous êtes fort aimable... *(Topaze quitte son livre et prend sur le bureau un petit flacon qu'il va déboucher avec la pointe d'un canif pendant les répliques suivantes.)*

Topaze Vous allez corriger des devoirs?

Ernestine Oui, et je n'aime pas beaucoup ce genre d'exercices...

Topaze Pour moi, c'est curieux, j'ai toujours eu un penchant naturel à corriger des devoirs... Au point que[5] je me suis parfois surpris à rectifier l'orthographe des affiches dans les tramways ou sur les prospectus[6] que des gens cachés au coin des rues vous mettent dans les mains à l'improviste... *(Il a réussi à ôter le bouchon.)* Voici, mademoiselle. *(Il tend le flacon à Ernestine.)* Et je vous prie de garder ce flacon aussi longtemps qu'il vous sera nécessaire.

Ernestine Merci, monsieur Topaze.

Topaze Tout à votre service, mademoiselle...

Ernestine, elle allait sortir, elle s'arrête. Tout à mon service? C'est une phrase toute faite[7], mais vous la dites bien!

Topaze Je la dis de mon mieux et très sincèrement...

Ernestine Il y a quinze jours, vous ne la disiez pas, mais vous étiez beaucoup plus aimable.

Topaze, ému. En quoi, mademoiselle?

Ernestine Vous m'apportiez des boîtes de craie de couleur ou des calendriers perpétuels et vous veniez jusque dans ma classe corriger les devoirs de mes élèves... Aujourd'hui, vous ne m'offrez plus de m'aider...

Topaze Vous aider? Mais si j'avais sollicité cette faveur, me l'eussiez-vous accordée?

Ernestine Je ne sais pas. Je dis seulement que vous ne l'avez pas sollicitée. *(Elle montre le flacon et elle dit assez sèchement.)* Merci tout de même... *(Elle fait mine de se retirer.)*

Topaze, très ému. Mademoiselle, permettez-moi...

Ernestine, sèchement. J'ai beaucoup de travail, monsieur Topaze... *(Elle va sortir. Topaze, très ému, la rejoint.)*

Topaze, pathétique. Mademoiselle Muche, mon cher collègue, je vous en supplie: ne me quittez pas sur un malentendu aussi complet.

Ernestine, elle s'arrête. Quel malentendu?

---

[3]le flacon *(stoppered) flask*   [4]déboucher *to unstop, to open*   [5]au point que *so much so that*   [6]le prospectus *handbill*   [7]tout fait *ready-made*

Topaze Il est exact que depuis plus d'une semaine je ne vous ai pas offert mes services; n'en cherchez point une autre cause que ma discrétion. Je craignais d'abuser de votre complaisance[8] et je redoutais un refus qui m'eût été d'autant plus pénible que[9] le plaisir que je m'en promettais était plus grand. Voilà toute la vérité.

Ernestine Ah? Vous présentez fort bien les choses . . . Vous êtes beau parleur, monsieur Topaze . . . *(Elle rit.)*

Topaze, il fait un pas en avant. Faites-moi la grâce de me confier ces devoirs.

Ernestine Non, non, je ne veux pas vous imposer une corvée . . .

Topaze, lyrique. N'appelez point une corvée ce qui est une joie . . . Faut-il vous le dire: quand je suis seul, le soir, dans ma petite chambre, penché sur ces devoirs que vous avez dictés, ces problèmes que vous avez choisis et ces pièges orthographiques si délicatement féminins, il me semble . . . *(Il hésite, puis, hardiment.)* que je suis encore près de vous.

Ernestine Monsieur Topaze, soyez correct, je vous prie.

Topaze, avec ardeur. Mademoiselle, je vous demande pardon; mais considérez que ce débat s'est engagé de telle sorte que[10] vous ne pouvez plus me refuser cette faveur sans me laisser sous le coup d'une impression pénible et m'infliger un chagrin que je n'ai pas mérité.

Ernestine, après un petit temps. Allons, je veux bien céder encore une fois . . . *(Elle ouvre sa serviette et en tire plusieurs liasses de devoirs, l'une après l'autre.)* Topaze les prend avec joie. A chaque liasse, il répète avec ferveur. Merci, merci, merci, merci, merci . . .

Ernestine Il me les faut pour demain matin.

Topaze Vous les aurez.

Ernestine Et surtout, ne mettez pas trop d'annotations dans les marges . . . Si l'un de ces devoirs tombait sous les yeux de mon père, il reconnaîtrait votre écriture au premier coup d'œil.

Topaze, inquiet et charmé. Et vous croyez que M. le directeur en serait fâché?

Ernestine M. le directeur ferait de violents reproches à sa fille.

Topaze J'ai une petite émotion quand je pense que nous faisons ensemble quelque chose de défendu.

Ernestine Ah! taisez-vous . . .

Topaze Nous avons un secret . . . C'est délicieux d'avoir un secret. Une sorte de complicité . . .

Ernestine Si vous employez de pareils termes, je vais vous demander de me rendre mes devoirs.

Topaze N'en faites rien, mademoiselle, je serais capable de vous désobéir . . . Vous les aurez demain matin.

---

[8]*la complaisance* kindness   [9]*d'autant plus . . . que* all the more . . . because   [10]*de telle sorte que* in such a way that

Ernestine Soit. Demain matin, à 8 heures et demie . . . Au revoir et pas un mot.

Topaze, mystérieux. Pas un mot. *(Ernestine sort par là où elle était venue. Topaze, resté seul, rit de plaisir et lisse[11] sa barbe. Il met les liasses de devoirs dans son tiroir. Enfin, il reprend son livre et revient vers l'Elève.)* Allons, revenons à nos *moutonsse.*

Questionnaire I

1. Où se trouve la salle de classe de Topaze?   2. Que fait Topaze quand le rideau se lève?   3. A qui Topaze fait-il faire une dictée?   4. Quel âge a Topaze?   5. Quel âge a le petit garçon?   6. Pourquoi Topaze dit-il «moutonss» au lieu de moutons?   7. Pourquoi Topaze se penche-t-il de temps à autre sur l'épaule du petit garçon?   8. Qui est Ernestine Muche?   9. Quel âge a-t-elle?   10. Comment est-elle habillée?   11. Qu'est-ce qu'elle porte sous le bras?   12. Qui est-ce que mademoiselle Muche cherche?   13. Quelle heure est-il au moment où elle pose la question?   14. S'il est huit heures moins dix et que le tambour roule dans trente-cinq minutes, à quelle heure commencent les classes?   15. Qu'est-ce que Mlle Muche demande à Topaze de lui prêter?   16. Que va faire Topaze pour Mlle Muche?   17. Est-ce que Mlle Muche aime corriger les devoirs?   18. Est-ce que Topaze aime corriger les devoirs?   19. Qu'est-ce qui montre que Topaze a un penchant naturel à corriger les devoirs?   20. Mlle Muche allait sortir. Pourquoi s'arrête-t-elle?   21. Que faisait Topaze il y a quinze jours?   22. Comment a-t-il changé?   23. Pourquoi Topaze demande-t-il à Mlle Muche de lui confier ses devoirs?   24. Pourquoi Topaze aime-t-il corriger les devoirs de Mlle Muche?   25. Pourquoi Mlle Muche ne pourrait-elle pas refuser de donner les devoirs à Topaze?   26. Qu'est-ce que Mlle Muche a dans sa serviette?   27. Qu'est-ce que Mlle Muche conseille à Topaze de faire?   28. Que ferait le directeur s'il voyait que Topaze avait corrigé les devoirs?   29. Pourquoi Topaze est-il heureux d'entendre dire cela?   30. Que ferait Topaze si Mlle Muche lui demandait de lui rendre les devoirs?   31. Quand est-ce que Topaze rendra les devoirs à Mlle Muche?   32. Que fait Topaze quand il se trouve seul?   33. Que fait-il des liasses de devoirs?   34. Que dit-il à l'Elève?

Questionnaire II

1. Votre professeur vous donne-t-il des dictées?   2. Aimez-vous les dictées?   3. Votre professeur prononce-t-il les *s* à la fin des mots?   4. Est-ce que vous avez une serviette?   5. Qu'est-ce que vous avez dans votre serviette?   6. Quelle heure est-il?   7. A quelle heure commence votre classe de français?   8. Est-ce que le tambour indique le commencement de la classe?   9. Arrivez-vous en avance à votre classe de français?   10. Avez-vous de l'encre rouge?   11. Votre professeur semble-t-il aimer corriger les devoirs?   12. Vous surprenez-vous à

[11]lisser *to smooth*

rectifier les affiches dans les tramways? 13. Y a-t-il de la craie dans votre salle de classe? 14. De quelle couleur est la craie? 15. Voit-on un calendrier dans votre salle de classe? 16. Trouvez-vous que votre professeur vous impose parfois une corvée? 17. Que faites-vous, seul, le soir, dans votre petite chambre? 18. Vos professeurs mettent-ils des annotations dans les marges de vos devoirs? 19. Quel est votre devoir pour demain?

A. *Expressions à étudier: L'enseignement aux Etats-Unis et en France*

L'enseignement aux Etats-Unis se divise en enseignement primaire (l'école), secondaire (le lycée), supérieur (le «collège», l'université).

l'université (f)

En France, l'université comprend: la faculté des lettres, la faculté des sciences, la faculté de droit, la faculté de médecine. Aux Etats-Unis, les «collèges» correspondent aux facultés françaises. A la tête de l'université américaine se trouve le président. Sous lui sont les doyens, les chefs de département, les professeurs, les assistants, les étudiants.

l'étudiant (m)

L'étudiant américain peut suivre toutes sortes de cours, dont quelques-uns sont obligatoires, d'autres facultatifs. Pour sa spécialité, il peut choisir: l'anthropologie *(f)*, l'art *(m)*, l'astronomie *(f)*, la biologie, la chimie, l'économie politique *(f)*, la géographie, la géologie, l'histoire *(f)*, les langues *(f)*, la littérature, les mathématiques *(f)*, la microbiologie, la minéralogie, la musique, la philosophie, la physique, la zoologie, etc.

l'année scolaire (f)

L'année scolaire américaine est divisée en semestres ou trimestres et la plupart des universités américaines ont aussi des cours de vacances ou d'été. D'habitude il y a des vacances à Noël et à Pâques.

les épreuves (f)

L'étudiant américain peut subir plusieurs épreuves pendant le semestre: l'examen écrit, l'examen oral, la dictée. Pour tous les cours, il faut passer un examen final. Pour avoir une bonne note, l'étudiant doit étudier beaucoup et apprendre beaucoup de choses par cœur.

le diplôme

Après quatre années, l'étudiant qui a bien travaillé, c'est-à-dire, qui a réussi (n'a pas échoué) à tous ses examens, reçoit son diplôme. A ce moment, il peut décider de finir ses études, ou bien de continuer pour la licence ou le doctorat.

les frais (m)

En général, les frais d'immatriculation sont raisonnables dans les écoles d'état.

Dans les écoles libres [*private schools*] ils sont un peu plus élevés. Certains étudiants reçoivent des bourses.

le campus

Sur le campus américain se trouvent: les dortoirs *(m)*, les réfectoires *(m)*, le restaurant universitaire, la bibliothèque, la librairie.

le laboratoire

Pour les cours de sciences et de langues, l'étudiant doit s'inscrire pour des heures de laboratoire. Dans le laboratoire de langues, l'étudiant trouvera: des magnétophones *(m)*, des bandes magnétiques *(f)*, (sur lesquelles il pourra enregistrer sa voix) et des écouteurs *(m)*.

le bagage de l'étudiant

Pour bien faire son travail, à part les livres, l'étudiant a besoin de papier *(m)*, de crayons *(m)*, de stylos *(m)*, d'encre *(f)*, d'une gomme (pour effacer ses fautes quand il se trompe), de plusieurs carnets *(m)*, et cahiers *(m)*, et d'une serviette ou d'un sac. S'il suit un cours de français, il lui faudra un bon dictionnaire.

Questionnaire

1. Quel est le nom de votre université?   2. Où êtes-vous allé à l'école primaire?   3. Quel est le nom de votre lycée?   4. Combien d'étudiants y a-t-il à votre université?   5. Dans quel «collège» êtes-vous inscrit?   6. Comment s'appelle le président de votre université?   7. Quel est le nom du doyen de votre «collège»?   8. Comment s'appelle votre professeur?   9. Combien d'étudiants y a-t-il dans votre classe de français?   10. Nommez quelques cours obligatoires.   11. Nommez quelques cours facultatifs.   12. Avez-vous une spécialité?   13. Quels cours suivez-vous cette année?   14. Suivez-vous un cours de science?   15. Est-ce que votre année scolaire est divisé en semestres ou en trimestres?   16. Est-ce que votre université offre des cours d'été?   17. Suivez-vous des cours pendant l'été?   18. Quand commenceront les vacances de Noël?   19. Quand commenceront les vacances de Pâques?   20. Profitez-vous de vos vacances pour étudier?   21. Aimez-vous mieux l'examen écrit ou l'examen oral?   22. Votre professeur vous fait-il faire souvent une dictée?   23. Obtenez-vous toujours de bonnes notes?   24. Faut-il apprendre beaucoup de choses par cœur pour avoir une bonne note?   25. Qu'est-ce que vous ferez quand vous aurez fini vos études?   26. Est-ce que les frais d'immatriculation sont raisonnables à votre université?   27. Allez-vous à une école d'état ou à une école libre?   28. Avez-vous une bourse?   29. Est-ce que vous avez une chambre dans un dortoir?   30. Où prenez-vous vos repas?   31. Les prix au restaurant universitaire sont-ils raisonnables?   32. Est-ce que votre bibliothèque est grande?   33. Où se trouve la librairie?   34. Allez-vous souvent au laboratoire?   35. Qu'est-ce que vous y faites?   36. Combien de crayons avez-vous?   37. Avez-vous une gomme? Vous en servez-vous

souvent? 38. Avez-vous une serviette ou un sac? 39. Avez-vous un bon dictionnaire?

B. *Etudiez les expressions suivantes; consultez la leçon pour l'emploi de ces expressions:*

valoir mieux=être préférable, avoir plus de valeur **de temps à autre**=parfois **être en avance**=arriver avant l'heure **tant mieux**=ant. tant pis **à l'improviste**=d'une façon inattendue **de son mieux**=aussi bien qu'on peut **un beau parleur**=une personne qui s'exprime d'une manière séduisante **imposer une corvée**=imposer un travail fait avec peine et sans profit **coup d'œil**=regard rapide **faire des reproches à qqn**=exprimer son mécontentement à qqn

Exercice. *Employez ces expressions dans les phrases suivantes:*

1. Ne me regardez pas de la sorte, et ne me ———; je ne l'ai pas fait exprès. 2. Bonne renommée ——— que ceinture dorée. 3. Comment? Je suis toujours charmante? Monsieur, vous êtes ———. 4. Il n'y a pas de devoirs à faire ce soir? ———! 5. ——— je fais une petite promenade à pied dans les environs de la ville. 6. Il n'est que cinq heures et demie du matin. Vous êtes un peu ———. 7. Ne me faites pas de reproches. J'ai fait ———. 8. Jetez ——— sur ce livre. N'est-il pas intéressant? 9. Je ne voudrais pas vous ———, mais pourriez-vous lire ces trois livres avant demain? 10. Quel type curieux! Et il arrive toujours ———.

§12 FUTURE AND CONDITIONAL: FORMATION (LE FUTUR ET LE CONDITIONNEL)

A. Future and conditional endings

The future and the conditional[1] are formed by adding the following endings to the stem:

future	conditional
-ai	-ais
-as	-ais
-a	-ait
-ons	-ions
-ez	-iez
-ont	-aient

B. Future and conditional stem

The stem of the future and the conditional is the infinitive or a modified form of the infinitive.

---

[1]See Lesson 8 for the imperfect subjunctive used as an alternate form of the conditional.

1. **-er** conjugation
The future and conditional stem is usually the infinitive:
rencontrer:	je rencontrerai	je rencontrerais
cacher:	on cachera	on cacherait
monter:	vous monterez	vous monteriez

Exceptions:
aller:	tu iras	tu irais	
envoyer:	nous enverrons	nous enverrions	*also see* §16
jeter:	ils jetteront	ils jetteraient	

2. **-s** conjugation
    a. Most verbs with infinitives ending in **-ir** use the infinitive to form their future and conditional stem:
servir:	tu serviras	tu servirais
embellir:	elle embellira	elle embellirait
remplir:	nous remplirons	nous remplirions

Exceptions:
cueillir:	vous cueillerez	vous cueilleriez
tenir:	ils tiendront	ils tiendraient
venir:	je viendrai	je viendrais
acquérir:	nous acquerrons	nous acquerrions
courir:	je courrai	je courrais
mourir:	il mourra	il mourrait

    b. Verbs with infinitives ending in **-re** (**mettre, prendre, dire,** etc.) form their future and conditional stems by dropping the **-e** from the infinitive:
connaître:	il connaîtra	il connaîtrait
croire:	nous croirons	nous croirions
rire:	elles riront	elles riraient

Exceptions:
être:	je serai	je serais
faire:	vous ferez	vous feriez

    c. Verbs with infinitives ending in **-oir** form their future and conditional stem by altering the infinitive in one manner or another:
devoir: dev(oi)r	nous devrons	nous devrions
mouvoir: mouv(oi)r	il mouvra	il mouvrait
recevoir: recev(oi)r	tu recevras	tu recevrais
avoir: av(oi)r	vous aurez	vous auriez
savoir: sav(oi)r	je saurai	je saurais

pouvoir: pouv(oi)r	ils pourront	ils pourraient
voir: v(oi)r	je verrai	je verrais
falloir: fall(oi)r	il faudra	il faudrait
valoir: val(oi)r	ils vaudront	ils vaudraient
vouloir: voul(oi)r	vous voudrez	vous voudriez
s'asseoir: s'ass(eoi)r	tu t'assiéras	tu t'assiérais

Exercice 1. *Mettez au futur, puis au conditionnel:*

1. je cache   2. tu embellis   3. il court   4. elle va   5. nous osons   6. vous recevez   7. ils jettent   8. elles envoient   9. on a   10. je m'échappe   11. tu sais   12. ils peuvent   13. il faut   14. nous mourons   15. vous remplissez   16. on vient   17. nous voulons   18. je m'assieds   19. tu es   20. vous voyez   21. elle sort   22. nous tenons   23. tu te souviens   24. il monte   25. vous suivez   26. je connais

§13 FUTURE PERFECT AND CONDITIONAL PERFECT (LE FUTUR ANTÉRIEUR ET LE CONDITIONNEL ANTÉRIEUR)

The future perfect and the conditional perfect are formed by using the future or the conditional of the auxiliary verb and the past participle of the main verb:

infinitive	*future perfect*	*conditional perfect*
dire	j'aurai dit	j'aurais dit
recevoir	j'aurai reçu	j'aurais reçu
se servir	je me serai servi(e)	je me serais servi(e)
sortir	je serai sorti(e)	je serais sorti(e)

Exercice 2. *Mettez au futur antérieur avec* **quand** *les propositions en italique. Imitez les modèles:*

  Il chantera, puis il sortira.
   Quand il aura chanté, il sortira.
  Il ira au café, puis il verra sa fiancée.
   Quand il sera allé au café, il verra sa fiancée.

1. *Tu prendras un verre de bière, puis* tu rentreras.   2. *Je la verrai, puis* je serai heureux.   3. *Nous jouerons au football, puis* nous nous en irons danser.   4. *On fera une promenade, puis* on mangera en ville.   5. *Topaze corrigera les devoirs, puis* il les rendra à Ernestine.   6. *Le directeur verra un de ces devoirs, puis* il en sera fâché.   7. *Nous aurons soif, puis* nous boirons.   8. *Vous recevrez les Dupont, puis* vous reviendrez chez moi.   9. *Ils viendront nous rendre visite, puis* ils voyageront en Espagne.   10. *Tu entreras dans l'hôtel, puis* tu loueras une chambre.

§14 PRINCIPAL USES OF THE FUTURE AND THE CONDITIONAL

The future and the conditional have similar meanings. The conditional functions as a future in the past; and in those cases where the future expresses probability or near certainty, the conditional expresses doubt or hesitation.

A. *Expressing an act or state yet to occur*

1. The future expresses an act or state yet to occur or to be accomplished:
    Vous les aurez demain matin.
      You'll have them tomorrow morning.
    Ils finiront avant ton arrivée.
      They'll finish before you arrive.
    Inutile de venir si tard: ils seront partis dès cinq heures.
      It's useless to come so late; they'll have left by five o'clock.

2. The conditional expresses an act or state yet to occur or to be accomplished with reference to some point in the past. It serves as a future in the past. Compare the following examples with those in §14A, 1:
    Il a dit que vous les auriez le lendemain matin.
      He said that you would have them the following morning.
    Elle croyait qu'ils finiraient avant ton arrivée.
      She thought that they'd finish before you arrived.
    Je savais qu'il serait inutile de venir si tard et qu'ils seraient partis dès cinq heures.
      I knew it would be useless to come so late and that they would have left by five o'clock.

Exercice 3. Mettez au futur le verbe entre parenthèses. Faites tous les changements nécessaires; imitez le modèle:
   Je (avoir) assez de temps pour faire cela.
     J'aurai assez de temps pour faire cela.

1. Demain Marie (voir) sa tante. 2. Vous (honorer) votre père et votre mère. 3. Ton ami ne (savoir) pas conduire, je te dis. 4. L'étudiant (être invité) à consulter les appendices. 5. Ma femme et moi, on (se ressembler). 6. Paul (s'en aller) bientôt à la campagne. 7. Je (me pencher) dehors pour voir la rue. 8. Tu (pouvoir) m'aider. 9. Hélène et Sylvie (se faire) professeurs de russe. 10. Il vous (croire).

Exercice 4. Commencez les phrases suivantes par les mots entre parenthèses. Faites tous les changements nécessaires. Imitez le modèle:
   J'aurai assez de temps pour faire cela. (Il a prétendu que . . .)
     Il a prétendu que j'aurais assez de temps pour faire cela.

1. Demain Marie verra sa tante. (Il a dit que . . .) 2. Vous honorerez votre père et votre mère. (Vous avez promis que . . .) 3. Ton ami ne saura pas con-

duire. (J'ai dit que . . .) 4. L'étudiant sera invité à consulter les appendices. (On a dit que . . .) 5. Ma femme et moi, on se ressemblera. (Elle a prétendu que . . .) 6. Paul s'en ira bientôt à la campagne. (Nous avons cru que . . .) 7. Je me pencherai dehors pour voir la rue. (Je t'ai dit que . . .) 8. Tu pourras m'aider. (Tu as déclaré que . . .) 9. Hélène et Sylvie se feront professeurs de russe. (Il a prédit que . . .) 10. Ils vous croiront. (Vous m'avez assuré que . . .)

B. Use in a subordinate time clause or adjective clause

1. The future is used in a subordinate time clause (with **quand, aussitôt que, tant que,** etc.) or in an adjective clause when the verb in the main clause is in (or implies) a future or an imperative:

>**Le chêne tombera quand (lorsque) l'orage éclatera.**
>*The oak will fall when the storm breaks.*
>**Tant qu'il aura peur d'elle, il sera malheureux.**
>*As long as he's afraid of her, he'll be unhappy.*
>**Elle quittera la France aussitôt (dès) qu'elle aura vendu la maison.**
>*She'll leave France as soon as she has sold the house.*
>**Je vous prie de garder (=gardez, s'il vous plaît) ce flacon aussi longtemps qu'il vous sera nécessaire.**
>*Please keep this bottle as long as you need it.*
>**Fais ce que tu voudras.**
>*Do as you wish (lit., Do what you want [to do]).*

2. The conditional is used in a subordinate time clause or in an adjective clause when the entire sentence is dependent on a verb in a past tense:

>**Il a prédit que le chêne tomberait quand l'orage éclaterait.**
>*He predicted that the oak would fall when the storm broke.*
>**N'ai-je pas souvent dit qu'il serait malheureux tant qu'il aurait peur d'elle?**
>*Haven't I often said that he'd be unhappy as long as he was afraid of her?*
>**Vous aviez raison de croire qu'elle quitterait la France dès qu'elle aurait vendu la maison.**
>*You were right in thinking that she'd leave France as soon as she sold the house.*
>**Je vous ai prié de garder ce flacon aussi longtemps qu'il vous serait nécessaire.**
>*I asked you to keep this bottle as long as you needed it.*
>**Il m'a dit de faire ce que je voudrais.**
>*He told me to do what I wanted to do.*

Note: *English often uses a present or a simple past in the subordinate clause, where French uses a future or a conditional:*

Il m'a dit de faire ce que je voudrais.   conditional
    [main clause]   [subordinate clause]
He told me to do whatever I wanted.   simple past
    [main clause]   [subordinate clause]

Exercice 5. Combinez les mots suivants pour en faire des phrases complètes. Mettez au futur le verbe de la proposition principale. Faites tous les changements nécessaires; imitez le modèle:

Elle / répondre / quand / vous / lui / parler.

Elle répondra quand vous lui parlerez.

1. Tant que / elle / être / ici, / ils / essayer / de la gagner.   2. Lorsque / je / vous / voir, / nous / commencer / à travailler.   3. Topaze / le / faire / dès que / le / rideau / se lever.   4. Il / venir / aussitôt que / elle / vouloir / le voir.   5. Nous / avoir / un / secret / quand / elles / nous le / dire.

C. Use with *si* clauses

1. Note the correspondence of present and future tenses with **si** clauses:

    S'il fait beau, je sortirai.
        If it's nice out, I'll go out.
    La guerre éclatera si nous poursuivons notre politique actuelle.
        War will break out if we continue our present policies.
    Si ton mari sait ça, Isabelle, tu n'auras plus jamais droit à son amour.
        If your husband knows that, Isabelle, you'll never again have a claim on his love.
    Si tu n'as pas fini tes devoirs dans vingt minutes, tes fesses en parleront!
        If you've not finished your homework in twenty minutes, your behind will hear about it!

In these sentences, the condition expressed in the **si** clause is thought of as really existing, being factual, or likely to be true or to become true.

2. Note the correspondence of imperfect and conditional tenses with **si** clauses:

    S'il faisait beau, je sortirais.
        If it were nice out, I'd go out.
    La guerre éclaterait si nous poursuivions notre politique actuelle.
        War would break out if we continued our present policies.
    Si ton mari savait ça, Isabelle, tu n'aurais plus jamais droit à son amour.
        If your husband knew that, Isabelle, you'd never again have a claim on his love.

Si tu n'avais pas fini tes devoirs dans vingt minutes, ce que tes fesses en auraient parlé!
If you hadn't finished your homework in twenty minutes, would your behind ever have heard about it!

In these sentences, the condition expressed in the **si** clause is thought of as hypothetical, as contrary to fact, or as not likely to be true or to become true.

Note: *The condition might be understood without being actually expressed:*
Par un jour ensoleillé, je sortirais.
I'd go out on a sunny day.
Ce garçon est sage. Autrement [Sans cela] (s'il ne l'était pas) il se serait perdu dans cette cohue.
That boy is well-behaved. Otherwise (if he weren't) he would have gotten lost in that crowd.
Et vous croyez que M. le directeur en serait fâché?
And you think that the director would be angry because of that?

Exercice 6. *Mettez au conditionnel le verbe entre parenthèses. Faites tous les changements nécessaires; imitez le modèle:*
Si je finissais mes devoirs, je (avoir) assez de temps pour faire cela.
Si je finissais mes devoirs, j'aurais assez de temps pour faire cela.

1. S'il voyait un de ces devoirs, il (reconnaître) votre écriture. 2. S'il voyait un de ces devoirs, il (faire) de violents reproches à sa fille. 3. Si cela arrivait, il (être) fâché. 4. Si vous faisiez cela, je (pouvoir) vous désobéir. 5. Si nous faisions ensemble quelque chose de défendu, je (avoir) une petite émotion. 6. Si le rideau se levait, on (voir) Topaze sur la scène. 7. Nous (cueillir) des roses dès aujourd'hui, si nous avions le temps. 8. Le père Blanc (être) fâché si Pierre coupait la barbe à Louis! 9. Vous (se souvenir) de moi longtemps, si vous ne m'obéissiez pas. 10. Il (vaut) mieux rester chez soi, si on ne faisait rien d'intéressant.

§15 ADDITIONAL USES OF THE FUTURE AND THE CONDITIONAL

A. *Expressing a supposition or a probability*

1. The future expresses a supposition or a probability:
Le père d'Antoine sera (=est probablement) médecin.
Antoine's father is probably a doctor.
Il aura dit (=Il est presque certain qu'il a dit) qu'il se moque de tout le monde.
He's supposed to have said that he scoffs at everyone.

Elles auront oublié (=ont probablement oublié) **votre adresse.**
They've probably forgotten your address.

2. The conditional expresses a supposition or a probability about which there is some doubt in the speaker's mind, especially if he is not willing to vouch for the truth of the statement:

Quoi! Le père d'Antoine serait médecin! (sous-entendu: Je ne crois pas qu'il le soit.)
What? Antoine's father is a doctor?
Il aurait dit qu'il se moque de tout le monde (sous-entendu: mais j'en doute).
He's supposed to have said that he scoffs at everyone.
Auraient-elles oublié votre adresse? (sous-entendu: Je crois que non.)
Could they possibly have forgotten your address?

B. Expressing an imperative

1. The future can be used as an imperative:

Vous irez chez Laurent à six heures et vous lui demanderez de vous donner à manger.
Go to Laurent's at six o'clock and ask him to give you something to eat.
Ton père et ta mère tu honoreras.
Honor thy father and thy mother.
Le candidat s'adressera au professeur Guy.
The candidate is to see Professor Guy.

2. The conditional is used to soften or to attenuate a command or an affirmation (especially with **vouloir, savoir,** and **pouvoir**):

Je voudrais (=je veux) **acheter un foulard.**
I'd like (=I want) to buy a scarf.
Je ne saurais (= je ne puis) **vous le dire.**[2]
I couldn't (=can't) tell you.
Pourriez-vous m'en fournir quelques détails?
Could you give me some details?
Auriez-vous la bonté de me raconter (Racontez-moi, s'il vous plaît) ce qui est arrivé?
Would you be so kind as to tell me what happened?

C. Expressing indignation or rejection

1. The future is sometimes used to express indignation over or rejection of an idea or occurrence:

---
[2]In this construction, **pas** is never used.

> Quoi! Il osera vous dire cela? C'est inouï!
> *What! He dared to tell you that? It's unheard of!*
> Mais non et non! Ils se moqueront de vous de la sorte?
> *Is it possible? Can they be making fun of you like that?*

2. The conditional is more frequently used in this sense:
> Quoi! Il oserait vous dire cela? C'est inouï!
> *What! He'd dare tell you that? It's unheard of!*
> Mais non et non! Ils se moqueraient de vous de la sorte?
> *Oh! Could they possibly make fun of you like that?*
> Moi! J'aurais frappé mon enfant!
> *What! Me strike my child? (What! I've struck my child!)*

Note: Sometimes the conditional is used both after **quand** and in the main clause, with a meaning similar to a conditional sentence constructed with **si**:
> Quand je vivrais encore cent ans, jamais je n'oublierais le tour que Pierre m'a joué.
> *Even were I to live another hundred years, I would never forget the trick Pierre played on me.*

In this construction, the main clause is usually put in the negative.

§16 ORTHOGRAPHICAL CHANGING VERBS IN THE -ER CONJUGATION

The spelling of some **-er** verbs changes slightly in some tenses and persons, to indicate the correct pronunciation of a consonant or a change in the pronunciation of a vowel.

A. *Verbs in* -cer *and* -ger

1. Whenever the stem of verbs ending in **-cer** in the infinitive is followed by **a** or **o,** the **c** becomes **ç:**

placer:

pres. ind.	je place	*but* nous plaçons
imperfect	vous placiez	*but* tu plaçais
passé simple	ils placèrent	*but* il plaça
imp. subj.		je plaçasse
pres. part.		plaçant

The reason for this change is that **c** before **e** or **i** is pronounced like an **s,** whereas before **a, o,** or **u,** it is pronounced like a **k;** to indicate that the **s** sound is maintained before **a, o,** or **u, c** must be written **ç.**

Note: For the same reason, we write **recevoir, nous recevons, je recevrai,** *etc., but:* **je reçois, j'ai reçu, je reçus,** *etc.*

2. Whenever the stem of verbs ending in **-ger** in the infinitive is followed by **a** or **o,** the **g** becomes **ge:**
corriger:

pres. ind.	je corrige	*but* nous corrigeons
imperfect	vous corrigiez	*but* tu corrigeais
passé simple	ils corrigèrent	*but* il corrigea
imp. subj.		je corrigeasse
pres. part.		corrigeant

B. *Verbs in* -yer

Before an unpronounced ending, verbs ending in **-yer** in the infinitive change the stem **y** to **i:**

employer:	nous employons	*but* j'emploie
appuyer:	vous appuyez	*but* j'appuie
payer:	nous payons	*but* je paie[3]

The only cases where this spelling change occurs are:
    1) present indicative: **je, tu, il,** and **ils** forms:
        il emploie, il appuie, il paie
    2) present subjunctive: **je, tu, il,** and **ils** forms:
        il emploie, il appuie, il paie
    3) future and conditional stem:
        il emploiera, il appuiera, il paiera

Notes:

(1) Similarly, the stem i of verbs like **croire, voir,** *and* **fuir** *becomes* **y** *when it is followed by a pronounced vowel. This occurs in the* **nous** *and* **vous** *forms of the present indicative and present subjunctive, in the stem of the imperfect indicative, and in the present participle:*

croire:	croyant
	je croyais, etc.
	nous croyons, vous croyez
	nous croyions, vous croyiez
voir:	voyant
	je voyais, etc.
	nous voyons, vous voyez
	nous voyions, vous voyiez
fuir:	fuyant
	je fuyais, etc.
	nous fuyons, vous fuyez
	nous fuyions, vous fuyiez

---

[3]Verbs in **-ayer** may, however, keep the **y** in all cases. The spelling **paie** represents the sound [pɛ], whereas the spelling **paye** represents the sound [pɛ:j], i.e., the **y** is pronounced.

*(2) **Envoyer** has an irregular future and conditional stem derived by analogy to that of **voir**. Otherwise, it is conjugated like **employer**:*
   il envoie, nous envoyons, etc. *but* **il enverra, il enverrait.**

C. *Verbs in -e (consonant) er*

   1. The stem consonant of verbs ending in **-e(consonant)er** in the infinitive is doubled or the stem **e** takes a grave accent whenever the vowel following it is a mute **e**. It would not be possible to pronounce **je jete** or **je menerai**: in the case of **je jete,** the stress of the word would fall on a mute **e**, which is impossible, since by its very nature, mute **e** is unstressed; in the case of **je menerai,** there is a French phonetic rule which prohibits the occurrence of two successive mute **e**'s in the same word (with a few rare exceptions, like **recevoir**).

Note that when the stem is followed by a syllable containing a pronounced vowel (**nous jetons, vous avez jeté, il jetait, jetant,** etc.), no spelling change is recorded, and the stem **e** is pronounced mute, as in **ne, me,** etc.

The following reference lists will tell you whether to double the stem consonant or change **e** to **è**.

   a. double the stem consonant:

appeler:	*to call*	**j'appelle**
s'appeler:	*to be named*	**je m'appelle**
chanceler:	*to stagger*	**je chancelle**
épeler:	*to spell*	**j'épelle**
étinceler:	*to sparkle, to glitter*	**j'étincelle**
ficeler:	*to tie, to bind*	**je ficelle**
grommeler:	*to grumble*	**je grommelle**
renouveler:	*to renew*	**je renouvelle**
épousseter:	*to dust*	**j'époussette**
feuilleter:	*to flip through*	**je feuillette**
jeter:	*to throw*	**je jette**

(Compounds of these verbs [e.g., **se rappeler, rejeter**] are conjugated in the same manner.)

   b. change **e** to **è**:

geler:	*to freeze*	**je gèle**
marteler:	*to hammer, to hammer out*	**je martèle**
peler:	*to peel (fruit or vegetable); to take hair off (an animal)*	**je pèle**
semer:	*to sow*	**je sème**

mener:	*to lead*	**je mène**
acheter:	*to buy*	**j'achète**
lever:	*to raise*	**je lève**
se lever:	*to get up*	**je me lève**

Compounds of these verbs [e.g., **se promener, parsemer**] are conjugated in the same manner.

The only cases where such changes are made are:
    1) present indicative: **je, tu, il,** and **ils** forms:
        je jette, je mène
    2) present subjunctive: **je, tu, il,** and **ils** forms:
        je jette, je mène
    3) future and conditional stem:
        je jetterai, je mènerai

    2. Similarly, verbs with infinitives ending in **é(consonant)er** change the **é** to **è** (to mark a change in pronunciation), as above, except in the future and conditional stem. Stem **é** becomes **è**, then, in the **je, tu, il,** and **ils** forms of the present indicative and the present subjunctive:

céder:	je cède	*but* nous cédons, il cédera
répéter:	je répète	*but* nous répétons, il répétera

Common verbs in this category include:
altérer:	*to alter, to change*
céder:	*to yield*
espérer:	*to hope (for)*
persévérer:	*to persevere*
révéler:	*to reveal*
répéter:	*to repeat*

Exercice 7.   *Mettez au singulier:*

1. nous commençons 2. ils se lèvent 3. vous répétez 4. vous chancelez 5. nous employons 6. ils mangeaient 7. nous recevons 8. vous appuierez 9. nous feuilletons 10. ils paient 11. nous nous appelons 12. vous fuyez 13. nous corrigions 14. elles étincellent 15. vous croyez 16. nous nous promenons 17. vous espérez 18. ils voient 19. nous altérons 20. vous songiez 21. ils envoient 22. vous jetez 23. nous gelons 24. ils cèdent 25. nous corrigeons 26. ils persévèrent 27. nous semons 28. vous pigez (comprenez) 29. elles achèteraient 30. ils grommellent

Exercice 8.   *Mettez au pluriel:*

1. il paie 2. je renouvelle 3. tu rejettes 4. je commençais 5. elle s'appuiera 6. je vois 7. tu reçois 8. elle espère 9. tu places 10. je m'avançais 11. elle époussette 12. je cède 13. il chancellerait 14. tu te lèveras

15. tu envoies   16. je mangeais   17. elle renouvellera   18. je pèle   19. tu ficelles   20. il achète

Exercice 9. Composition. *Transformez le dialogue suivant en discours indirect. Faites tous les changements nécessaires. Mettez au passé le dialogue ainsi transformé; imitez le modèle:*

  Ernestine Vous ne verrez pas mon père?
  Topaze Non. M. le directeur ne se montrera point ce matin. *(Puis il ajoute:)*

   Ernestine a demandé à Topaze s'il ne verrait pas son père.
   Il lui a répondu que M. le directeur ne se montrerait point ce matin, et il a ajouté que . . .

  Ernestine Vous ne verrez pas mon père?
  Topaze Non. M. le directeur ne se montrera point ce matin. *(Puis il ajoute:)* Le tambour roulera dans trente-cinq minutes . . . vous serez très en avance pour votre classe.
  Ernestine Voudriez-vous me prêter votre encre rouge?
  Topaze Mais, oui. Je vous prie de prendre ce flacon; j'en achèterai un autre. Si vous voulez, je le déboucherai pour vous.
  Ernestine Qui corrigera mes devoirs?
  Topaze Je ne saurais vous répondre. Moi, vous savez, j'ai un penchant naturel à corriger des devoirs. Si donc j'ai le temps, je le ferai pour vous.
  Ernestine Merci, M. Topaze. Dans cinq minutes il me faudra donner une dictée à un élève. Je déteste ce genre d'exercices.
  Topaze Moi, au contraire, je l'aime: tant qu'il me restera cinq minutes de vie, je les donnerai volontiers pour éduquer la jeunesse . . . et pour vous aider. Serez-vous fâchée si je les corrige?
  Ernestine Moi, je serai fâchée! Mais non et non, j'en serai bien flattée, vous me rendrez bien heureuse. Mais mon père reconnaîtra votre écriture si l'un de ces devoirs . . .
  Topaze Et vous croyez qu'il sera fâché?
  Ernestine Il fera de violents reproches à sa fille.
  Topaze J'aurai une petite émotion si nous faisons ainsi ensemble quelque chose de défendu.
  Ernestine Comment! Je ferai quelque chose de défendu! Taisez-vous, M. Topaze!

Exercice 10. *Traduisez les phrases suivantes:*

1. I'll give you my answer tomorrow morning. [§*14A, 1*]   2. I'll do my homework tonight when I'm alone in my little room. [§*14B, 1*]   3. Let's eat at six tonight. [§*16A, 2*]   4. Come before ten o'clock; they will not have left yet. [§*13*]   5. If you hadn't stopped him he would have given us a dictation. [§*14C, 2*]   6. If you wish I will call him. [§*14C, 1*]   7. The dean said that he

would not be in his office on Tuesday. [§*14A, 2*]   8. If he does that again I'll stop him. [§*14C, 1*]   9. Why are you leaning against the wall? [§*16B*]   10. Stay in bed *(garder le lit)* as long as you are sick. [§*14B, 1*]   11. I will throw five stones into the water. [§*16C, 1*]   12. Do you think he would help us if we asked him? [§*14C, 2*]   13. That's what I'll do when I see him. [§*14B, 1*]   14. I'd correct your papers if you were nice to me. [§*14C, 2*]   15. He promised to help her as soon as she needed him. §[*14B, 2*]

Exercice 11. Thème d'imitation.

—Do you think that Topaze and Ernestine love each other?

—No, but they will love each other if they continue to teach at the Pension Muche!

—As long as they do that, Topaze will correct her homework.

—Will he send her a love letter *(billet doux)*?

—You'll have to read the play to find that out *(apprendre)*.

—Would you be so kind as to lend me the book?

—I'd gladly do so. Here it is. I hope that you like it *(construct: that it will please you)*.

—I'll sit down right away and begin *(what tense should be used?)* to read it, or at least, I'll flip through it. When I'm finished *(tense?)*, I'll get up and give it back to you.

—Would you bring it to my room? I'll be waiting for you.

QUATRIÈME LEÇON

Knock
ou le triomphe de la médecine   Jules Romains

L'action se passe à l'intérieur ou autour d'une automobile très ancienne, type 1900-1902. Carrosserie[1] énorme (double phaéton arrangé sur le tard en similitorpédo, grâce à des tôles rapportées[2]). (...) Petit capot en forme de chaufferette[3]. (...)

On part des abords d'une petite gare pour s'élever ensuite le long d'une route de montagne.

    Le Docteur Parpalaid   Tous vos bagages sont là, mon cher confrère?
    Knock   Tous, docteur Parpalaid.
    Le Docteur   Jean les casera[4] près de lui. Nous tiendrons très bien tous les trois à l'arrière de la voiture. La carrosserie en est si spacieuse, les strapontins[5] si confortables! Ah! ce n'est pas la construction étriquée[6] de maintenant!
    Knock (A Jean, au moment où il place la caisse)   Je vous recommande cette caisse. J'y ai logé quelques appareils[7], qui sont fragiles. *(Jean commence à empiler les bagages de Knock.)*

---

[1]la carrosserie *body*   [2]double phaéton . . . rapportées *double phaeton (automobile) made to look like a roadster by attaching pieces of sheet metal*   [3]petit . . . chaufferette *small hood shaped like a chafing dish*   [4]caser *to place*   [5]les strapontins (m) *jump seats*   [6]étriqué *skimpy*   [7]les appareils (m) *instruments*

Madame Parpalaid Voilà une torpédo que je regretterais longtemps si nous faisions la sottise de la vendre. *(Knock regarde le véhicule avec surprise.)*
Le Docteur Car c'est, en somme, une torpédo avec les avantages de l'ancien double-phaéton.
Knock Oui, oui. *(Toute la banquette d'avant disparaît sous l'amas.)*
Le Docteur Voyez comme vos valises se logent facilement! Jean ne sera pas gêné du tout. Il est même dommage que vous n'en ayez pas plus. Vous vous seriez mieux rendu compte des commodités de ma voiture.
Knock Saint-Maurice est loin?
Le Docteur Onze kilomètres. (...)
Jean (Au docteur.) Je mets en marche?
Le Docteur Oui, commencez à mettre en marche, mon ami. *(Jean entreprend toute une série de manœuvres: ouverture du capot, dévissage[8] des bougies, injection d'essence, etc.)*
Madame Parpalaid (A Knock.) Sur le parcours[9] le paysage est délicieux. Zénaïde Fleuriot l'a décrit dans un de ses plus beaux romans, dont j'ai oublié le titre. *(Elle monte en voiture. A son mari.)* Tu prends le strapontin, n'est-ce pas? Le docteur Knock se placera près de moi pour bien jouir de la vue. *(Knock s'assied à la gauche de Mme Parpalaid.)*
Le Docteur La carrosserie est assez vaste pour que trois personnes se sentent à l'aise sur la banquette d'arrière. Mais il faut pouvoir s'étaler lorsqu'on contemple un panorama. *(Il s'approche de Jean.)* Tout va bien? L'injection d'essence est terminée? Dans les deux cylindres? Avez-vous pensé à essuyer un peu les bougies? C'eût été prudent après une étape de onze kilomètres. Enveloppez bien le carburateur. Un vieux foulard vaudrait mieux que ce chiffon[10]. *(Pendant qu'il revient vers l'arrière.)* Parfait! parfait! *(Il monte en voiture.)* Je m'assois—pardon, cher confrère—je m'assois sur ce large strapontin, qui est plutôt un fauteuil pliant.
Madame Parpalaid La route ne cesse de s'élever jusqu'à Saint-Maurice. A pied, avec tous ces bagages, le trajet serait terrible. En auto, c'est un enchantement.
Le Docteur Jadis, mon cher confrère, il m'arrivait de taquiner[11] la muse. J'avais composé un sonnet, de quatorze vers, sur les magnificences naturelles qui vont s'offrir à nous. Du diable[12] si je me le rappelle encore. «Profondeurs des vallons, retraites pastorales . . .» *(Jean tourne désespérément la manivelle[13].)*
Madame Parpalaid Albert, depuis quelques années, tu t'obstines à dire «Profondeurs». C'est «Abîmes[14] des vallons» qu'il y avait dans les premiers temps.
Le Docteur Juste! Juste! *(On entend une explosion.)* Ecoutez, mon cher confrère, comme le moteur part bien. A peine quelques tours de manivelle pour appeler les gaz, et tenez . . . une explosion . . . une autre . . . voilà . . . voilà! Nous

---

[8]le dévissage *unscrewing*   [9]le parcours *trip*   [10]le chiffon *rag*   [11]taquiner *to tease;* taquiner la muse *to give poetry a try*   [12]du diable *I'll be darned*   [13]la manivelle *crank*   [14]l'abîme (m) *abyss*

marchons. *(Jean s'installe. Le véhicule s'ébranle. Le paysage peu à peu se déroule.)* (...)

  Madame Parpalaid Regardez, docteur, comme le point de vue est ravissant. On se croirait en Suisse. *(Pétarades[15] accentuées.)*

  Jean (A l'oreille du docteur Parpalaid.) Monsieur, monsieur. Il y a quelque chose qui ne marche pas. Il faut que je démonte le tuyau d'essence[16].

  Le Docteur (A Jean.) Bien, bien!... *(Aux autres.)* Précisément, je voulais vous proposer un petit arrêt ici.

  Madame Parpalaid Pourquoi?

  Le Docteur (Lui faisant des regards expressifs.) Le panorama... hum!... n'en vaut-il pas la peine?

  Madame Parpalaid Mais, si tu veux t'arrêter, c'est encore plus joli un peu plus haut. *(La voiture stoppe. Mme Parpalaid comprend.)*

  Le Docteur Eh bien! nous nous arrêterons aussi un peu plus haut. Nous nous arrêterons deux fois, trois fois, quatre fois, si le cœur nous en dit. Dieu merci, nous ne sommes pas des chauffards[17]. *(A Knock.)* Observez, mon cher confrère, avec quelle douceur cette voiture vient de stopper. Et comme là-dessus vous restez constamment maître de votre vitesse. Point capital dans un pays montagneux. *(Pendant qu'ils descendent.)* Vous vous convertirez à la traction mécanique, mon cher confrère, et plus tôt que vous ne pensez. Mais gardez-vous de la camelote actuelle[18]. Les aciers, les aciers, je vous le demande, montrez-nous vos aciers. (...)

  Le Docteur (A Jean.) Profitez donc de notre halte pour purger un peu le tuyau d'essence. (...) *(Jean se couche sous la voiture.)* (...) *(De temps en temps il surveille du coin de l'œil le travail du chauffeur.)* (...)

  Knock Mon cher confrère, vous m'avez cédé—pour quelques billets de mille, que je vous dois encore—une clientèle de tous points assimilable à cette voiture *(il la tapote affectueusement)*, dont on peut dire qu'à dix-neuf francs elle ne serait pas chère, mais qu'à vingt-cinq elle est au-dessus de son prix. *(Il la regarde en amateur[19].)* Tenez! Comme j'aime à faire les choses largement[20], je vous en donne trente.

  Le Docteur Trente francs? De ma torpédo? Je ne la lâcherais pas pour six mille.

  Knock (L'air navré[21].) Je m'y attendais! *(Il contemple de nouveau la guimbarde[22].)* Je ne pourrai donc pas acheter cette voiture. (...)

  Jean Monsieur, monsieur... *(Le docteur Parpalaid va vers lui.)* Je crois que je ferais bien de démonter aussi le carburateur.

  Le Docteur Faites, faites. *(Il revient.)* Comme notre conversation se prolonge, j'ai dit à ce garçon d'effectuer son nettoyage mensuel[23] de carburateur. (...)

---

[15]la pétarade *backfire*   [16]démonter le tuyau d'essence *to disconnect the gas pipe*   [17]nous ... chauffards *we're not trying to set speed records*   [18]la camelote actuelle *the junk they're selling nowadays*   [19]l'amateur (m) *car lover*   [20]largement *generously*   [21]l'air navré (m) *downcast look*   [22]la guimbarde *jalopy*   [23]le nettoyage mensuel *monthly cleaning*

Le Docteur (A Jean, timidement.) Vous êtes prêt?
Jean (A mi-voix.) Oh! moi, je serais bien prêt. Mais cette fois-ci, je ne crois pas que nous arriverons tout seuls à la mettre en marche.
Le Docteur (Même jeu.) Comment cela?
Jean (Hochant la tête.) Il faudrait des hommes plus forts.
Le Docteur Et si on essayait de la pousser?
Jean (Sans conviction.) Peut-être.
Le Docteur Mais oui. Il y a vingt mètres en plaine. Je prendrai le volant. Vous pousserez.
Jean Oui.
Le Docteur Et ensuite, vous tâcherez de sauter sur le marchepied[24] au bon moment, n'est-ce pas? *(Le docteur revient vers les autres.)* Donc, en voiture, mon cher confrère, en voiture. C'est moi qui vais conduire. Jean, qui est un hercule, veut s'amuser à nous mettre en marche sans le secours de la manivelle, par une espèce de démarrage[25] qu'on pourrait appeler automatique ... bien que l'énergie électrique y soit remplacée par celle des muscles, qui est un peu de même nature, il est vrai. *(Jean s'arc-boute[26] contre la caisse de la voiture.)*

Questionnaire I

1. Où se passe l'action de cette scène? 2. En quelle année l'auto a-t-elle été fabriquée? 3. Est-ce que la voiture est grande ou petite? 4. Qu'est-ce que c'est qu'une gare? 5. En général, pourquoi va-t-on à une gare? 6. Pourquoi le docteur Parpalaid est-il allé à la gare? 7. Qu'est-ce qu'on va faire des bagages de Knock? 8. Le docteur Parpalaid appelle Knock «cher confrère». Quelle pourrait donc être la profession de Knock? 9. Où est-ce que le docteur, sa femme et Knock s'asseyent? 10. Que pense le docteur des voitures modernes? 11. Qu'est-ce qui se trouve dans la caisse de Knock? 12. Qu'est-ce que Mme Parpalaid pense de sa voiture? 13. Pourquoi, selon le docteur Parpalaid, est-ce dommage que Knock n'ait pas plus de bagages? 14. A quelle distance est Saint-Maurice de la gare? 15. Que fait Jean avant de mettre la voiture en marche? 16. Pourquoi Mme Parpalaid parle-t-elle de Zénaïde Fleuriot? 17. Qu'est-ce que Zénaïde Fleuriot a fait? 18. A côté de qui Knock s'assied-il? 19. Combien de personnes peuvent se mettre à l'aise sur la banquette arrière? 20. Pourquoi le docteur dit-il à Jean que ce serait une bonne idée d'essuyer les bougies? 21. Est-ce que le trajet est difficile à faire à pied? Pourquoi? 22. Qu'est-ce que c'est que «taquiner la muse»? 23. A propos de quoi le docteur Parpalaid a-t-il composé un sonnet de quatorze vers? 24. A quel paysage Mme Parpalaid compare-t-elle le paysage qu'elle voit le long de la route? 25. Pourquoi le docteur Parpalaid dit-il qu'il voulait proposer un petit arrêt? 26. Que pense Mme Parpalaid de son idée? 27. Qu'est-ce que le docteur Parpalaid demande à Knock d'observer? 28. Qu'est-ce qui est un point capital dans un

[24]le marchepied *running board*   [25]le démarrage *starting*   [26]s'arc-bouter *to lean*

pays montagneux? Pourquoi?   29. Qu'est-ce que le docteur conseille à Jean de faire pendant qu'ils sont arrêtés?   30. Qu'est-ce que Knock pense de la voiture du docteur Parpalaid?   31. Combien d'argent Knock voudrait-il donner pour la voiture?   32. Combien d'argent le docteur Parpalaid aimerait-il avoir?   33. Lorsque le docteur Parpalaid voit que la conversation se prolonge, qu'est-ce qu'il dit à Jean de faire?   34. Pourquoi Jean parle-t-il au docteur à mi-voix?   35. Pourquoi Jean pousse-t-il la voiture?   36. Comment le docteur Parpalaid explique-t-il à Knock que Jean va pousser la voiture?   37. Qu'est-ce qu'on pourrait appeler un démarrage automatique?

Questionnaire II

1. Avez-vous une voiture?   2. En quelle année votre voiture a-t-elle été fabriquée?   3. Y a-t-il une gare près de chez vous?   4. A quelle distance de chez vous se trouve la gare?   5. Y allez-vous souvent?   6. Pour quoi faire?   7. Vous asseyez-vous à l'avant ou à l'arrière quand vous faites une promenade en auto?   8. Y a-t-il des strapontins dans votre voiture?   9. A quoi servent les strapontins?   10. Est-ce que vous dévissez les bougies avant de mettre votre voiture en marche?   11. Combien de cylindres a votre voiture?   12. De quoi enveloppe-t-on le carburateur d'habitude?   13. Avez-vous jamais écrit un sonnet? de combien de vers?   14. Est-ce que votre voiture est munie d'une manivelle?   15. Est-ce que votre voiture s'arrête avec douceur?   16. Est-ce que vous purgez souvent le tuyau d'essence?   17. Combien coûte une voiture aux Etats-Unis?   18. Est-ce que vous faites un nettoyage mensuel du carburateur de votre voiture?   19. Qu'est-ce que vous faites quand vous ne pouvez pas mettre votre voiture en marche?

A. *Expressions à étudier: Les Moyens de transport et Les Voyages*

1. pour circuler en ville:

la bicyclette, le vélo [bicycle], **le scooter**

le guidon [handlebars], la selle [seat]

la voiture [car], **l'auto (f), le taxi, le camion, la charrette** [cart]

marques: une Ford, une Cadillac, une Citroën, une Renault, une Peugeot; l'essence *(f)* [gas], l'huile *(f)* [oil], le moteur, le carburateur, le radiateur, les roues *(f)* [wheels], les pneus *(m)* [tires], le volant [steering wheel], les phares *(m)* [headlights], gonfler un pneu [to inflate a tire], corner [to honk the horn], la panne de moteur [motor breakdown], démarrer [to start], ralentir [to slow down], stationner [to park], la crevaison [puncture], le permis de conduire [driver's license], le chauffeur, la circulation [traffic], doubler [to pass]

le métro

la station, les heures d'affluence [rush hours]

l'autobus (m), **le tramway** [*streetcar*]

monter dans l'autobus, descendre de l'autobus, le ticket, poinçonner [*to punch*], le conducteur, le contrôleur [*ticket collector*], un arrêt

2. pour voyager hors de la ville:

On fait un voyage pour voir un pays, une ville, des monuments historiques [*public, historical buildings*] (ce qui s'appelle «faire du tourisme»), ou pour faire des affaires. On peut partir en avance, à temps, en retard.

le voyageur

une agence de voyages, un itinéraire, faire des préparatifs, les renseignements *(m)* [*information*], la douane [*custom house*], la destination, la provenance [*origin*], l'arrivée *(f)*, le départ, le passager

les bagages

le colis [*package*], la valise, la malle [*trunk*], peser [*to weigh*]

le train

la gare, le billet aller et retour [*round-trip ticket*], la salle d'attente, un horaire [*schedule*], le quai, le compartiment, le wagon

le bateau

la gare maritime, le port, s'embarquer, faire une traversée, débarquer, monter à bord, descendre à terre, le paquebot [*steamer*]

l'avion *(m)*

un aéroport, la gare aérienne, le vol [*flight*], voler, survoler, décoller [*to take off*], le décollage, atterrir [*to land*], un atterrissage

Questionnaire

1. Allez-vous souvent en voyage? Pour quelle raison?   2. Qu'est-ce que vous pensez des promenades à bicyclette?   3. Les scooters sont-ils dangereux?   4. Combien coûte l'essence chez vous?   5. Combien de boîtes d'huile mettez-vous dans votre voiture? En mettez-vous souvent?   6. Combien de roues a la voiture ordinaire (sans compter la roue de secours)?   7. Combien de phares a la voiture ordinaire?   8. Qu'est-ce que vous faites quand vous avez une panne de moteur?   9. Qu'est-ce que vous faites quand vous avez une crevaison?   10. Est-il difficile de stationner près de l'université?   11. A quel âge peut-on obtenir un permis de conduire aux Etats-Unis?   12. Pour être chauffeur de taxi, faut-il connaître toutes les rues d'une ville?   13. Lequel est moins cher, avoir sa propre voiture ou prendre un taxi quand on a besoin de sortir?   14. Est-ce qu'on double à gauche ou à droite aux Etats-Unis? et en Angleterre?   15. Y a-t-il des auto-

bus dans votre quartier? des tramways? 16. Lequel préférez-vous, l'autobus ou le tramway? 17. Y a-t-il un métro dans votre ville? 18. Aimeriez-vous en avoir un? 19. Des deux, l'autobus et le métro, lequel préférez-vous? Pourquoi? 20. Qu'est-ce qu'on fait dans une agence de voyages? 21. Lorsque vous voyagez, avez-vous beaucoup de bagages? 22. Vous servez-vous souvent d'une malle? 23. Avez-vous jamais fait un voyage par le train? L'avez-vous trouvé aussi agréable qu'un voyage en voiture? 24. Habitez-vous près d'un port? 25. A quelle distance de chez vous se trouve le port? 26. Est-ce qu'on y voit des paquebots? 27. Y a-t-il un aéroport près de chez vous? 28. Si vous alliez en France, choisiriez-vous le bateau ou l'avion? 29. Quelle distance y a-t-il de New York à San Francisco? de New York à Chicago? de Los Angeles à Miami? de Seattle à Boston? de New York à Paris? 30. Combien de temps vous faut-il pour aller à New York? à Chicago? à Détroit? à Saint Louis?

B. *Etudiez les expressions suivantes; consultez la leçon pour l'emploi de ces expressions:*

en somme=enfin, en résumé   **se rendre compte**=concevoir nettement   **mettre en marche**=commencer   **se sentir à l'aise**=se sentir dans un état de contentement, un état agréable   **valoir la peine**=être assez important   **si le cœur vous en dit**=si vous en avez envie   **faire les choses largement**= agir d'une manière libérale, sans contrainte   **les premiers temps**=à l'origine, au début   **grâce à**=*thanks to*

Exercice. *Employez ces expressions dans les phrases suivantes:*

1. J'ai visité Paris, Lyon, Marseille, _____ toutes les grandes villes de France. 2. _____ vous, il ne me reste plus d'argent! 3. J'aime à _____ ; voilà pourquoi je vous donne mon crayon. 4. Dans _____, tu me disais que tu m'aimais plus souvent que ça. 5. Si cela _____ d'être fait, cela _____ d'être bien fait. 6. Prenez un bonbon, deux bonbons même, _____. 7. Que je _____ dans ce fauteuil pliant! 8. Sans le secours de la manivelle, je n'arriverai pas à _____ la voiture _____. 9. Je _____ maintenant qu'il avait tort et que j'avais raison. 10. _____ Dieu, j'ai toujours mon dictionnaire.

§17 FORMATION OF THE IMPERFECT INDICATIVE (L'IMPARFAIT DE L'INDICATIF)

The stem of the imperfect may be found by dropping the ending **-ons** from the **nous** form of the present indicative:

infinitive	present indicative	imperfect stem
courir	nous courons	**cour-**
croire	nous croyons	**croy-**
regarder	nous regardons	**regard-**
vouloir	nous voulons	**voul-**

Exceptions: verbs without a **nous** form, such as **falloir;** and, also, **être:**

| falloir | (il fallait) | **fall-** |
| être | (j'étais) | **ét-** |

To the stem, the following endings are added:

(je)	**-ais**	(nous)	**-ions**
(tu)	**-ais**	(vous)	**-iez**
(il)	**-ait**	(ils)	**-aient**

Exercice 1. *Mettez le verbe en italique à l'imparfait et à la personne indiquée entre parenthèses. Faites tous les changements nécessaires:*

1. Pierre *parle* français. (je, il, vous, elles) 2. Nous nous *enfuyons* à travers les bois. (tu, elle, ils, je) 3. Vous *recevez* un paquet tous les jours. (il, nous, elles, tu) 4. Quand vous êtes entré, j'*étais* en train de lire *Knock*. (elle, Pierre, ils, nous) 5. Elle *a* des pensionnaires charmants. (je, tu, vous, elles) 6. Enfants, nous *obéissons* à nos parents. (on, il, je, vous) 7. On *prend* le train de banlieue chaque soir à six heures. (je, nous, tu, vous) 8. Que *disiez*-vous l'autre jour? (nous, ils, tu, il) 9. Nous *faisons* notre voyage d'été habituel. (je, on, vous, elles) 10. La neige *tombe*. (ils, je, vous, nous) 11. Nous *habitions* Paris autrefois. (tu, elle, vous, ils) 12. On n'*entend* rien. (je, tu, nous, elle) 13. Mon oncle *travaille* douze heures par jour. (ils, tu, Robert, nous) 14. L'étang *gèle*. (je, il, nous, ils) 15. Ils *mangent* des tartes aux haricots et aux coings. (je, nous, tu, les Smith) 16. Tu me *dois* trois dollars depuis huit jours. (il, vous, elle, tu) 17. Qu'est-ce que vous *étudiez?* (il, je, vous, ils) 18. Voilà cinq ans qu'il *reste* sans profession. (il, je, vous, ils) 19. Que *sais*-je? (je, vous, elles, tu) 20. Il *vient* souvent voir sa mère. (vous, nous, tu, il)

§18 USES OF THE IMPERFECT INDICATIVE

In general, the imperfect tense expresses:
a past action or ⎫ which was going on or ⎧ in relation to another
a state of being or becoming ⎭ which was not yet completed ⎨ act or state in the past.

Specifically, some of the uses of the imperfect are:

1) to express duration in the past
2) to mark habit or repetition in the past (including continued or continuous actions, possession, states of being, etc.)
3) to describe persons, objects, or settings in the past
4) to indicate that one past act or state was simultaneous with another one
5) to indicate, in a subordinate clause beginning with **si**, that the condition expressed is improbable, hypothetical, or contrary to fact; in this case, the conditional is used in the main clause, which expresses the result of the condition
6) to express a wish, a regret, or a suggestion in an exclamatory sentence beginning with **si**

7) to express a kind of pluperfect with **venir de** and with such expressions as **depuis** and **il y avait . . . que**

A. Principal uses

1. The imperfect is used to express duration in the past:
M. Smith faisait claquer sa langue, lorsque sa femme a commencé à parler.
Mr. Smith was clicking his tongue, when his wife began to speak.
Que mangiez-vous avant notre arrivée?
What were you eating before we arrived?
Le voleur s'enfuyait avec notre argenterie; mais voilà qu'un homme s'est tout à coup dressé devant lui: c'était Martin, armé d'une grosse massue.
The thief was fleeing with our silver; but suddenly a man loomed before him: it was Martin, armed with a heavy club.

2. The imperfect is used to mark habit or repetition in the past (including continued or continuous actions, possession, states of being, etc.):
Tous les jours il achetait un journal au bureau de tabac.
He used to buy a newspaper at the tobacconist's every day.
Voltaire habitait un château près de Genève.
Voltaire lived in a castle near Geneva.
Nous allions à l'église le dimanche.
We would (used to) go to church on Sunday.

3. The imperfect is used to describe persons, objects, or settings in the past:
Le paysage était délicieux.
The landscape was delightful.
Il avait le nez déjà long, mais sa petite moustache le rendait presque ridicule.
His nose was long enough as it was, but his little mustache made it almost ridiculous.
La maison se trouvait tout près d'un beau lac.
The house was (located) very close to a lovely lake.

Notes:
(1) *The following are among the verbs which usually use the imperfect as their normal past tense, since they describe or express continuous possession, or state of being or becoming:*

avoir	avoir peur (honte, faim, chaud, etc.)		
être	se trouver	se sentir	y avoir
devoir	falloir		
pouvoir	vouloir		
savoir	connaître		

*For the use and meaning of these verbs in the **passé composé**, see Lesson 2, §8, 5.*

(2) *Contrast the use of the imperfect with that of the **passé composé** in the following paragraph. Consult Lesson 2, §8 for the **passé composé** (**pc**), and this section for the imperfect (**imp**) dealing with the uses of these tenses as indicated below:*

pc 3	J'**ai vu** dans la littérature grecque la beauté dans sa
pc 3; pc 5	simplicité magnifique. J'**ai compris** Homère: il m'**a été** impossible, pendant six mois, de sortir de l'*Odyssée*.
imp 1 and 3	J'**étais** avec Ulysse sur la mer violette! Pourtant, je
imp 3	**manquais** de goût, d'après mon professeur, quand je **suis**
pc 3; imp 1	**entré** en rhétorique; mais celui-ci ne me **paraissait** pas
imp 2	un bon lettré. Il nous **enseignait** des hérésies littéraires.
imp 2; imp 2	Il ne **tolérait** pas les anciennes idées, il nous en **offrait**
pc 3	de nouvelles. J'**ai fini** par apprendre davantage de mes lectures que de ses conférences.

The imperfect describes a state or condition or habit and is therefore suitable for description. The **passé composé** tells what happened at a specific time and is therefore suitable for narration.

Exercice 2. Faites des phrases en vous servant des mots suivants. Faites tous les changements nécessaires. Mettez les verbes au passé; imitez le modèle:
   Ils / jouer / à / football.
   Ils jouaient au football.

1. Il / y avoir, / près / le parc, / de / grand / maison / blanc. 2. Il / falloir / parler / à / président / de / Université. 3. Où / se trouver / la porte d'entrée / de / château? 4. Je / ne pas savoir / ce que je / vouloir. 5. Elle nous / connaître / avant / faire / son / connaissance. 6. Elles / prendre / de / thé / quand nous leur / téléphoner. 7. Nous / partir / toujours / de Rio. 8. Je le / voir / tout le jour *(pl)*. 9. Autrefois, vous / visiter / le musée *(pl)* / et / l'église *(pl)* / le jeudi. 10. Tu / se promener / avec / ton / famille / chaque soir.

Exercice 3. Mettez les verbes en italique au temps convenable du passé (i.e., au passé composé, à l'imparfait, au conditionnel, etc.). Faites tous les changements nécessaires:

   Je *me promène* en auto à Paris un jour l'été passé. Il *fait* beau et clair: le soleil *brille*, il n'y *a* pas de nuage au ciel. Cependant, la chaussée *est* glissante, car il *a plu* ce matin-là. Tout à coup j'*aperçois* une voiture qui *descend* l'avenue de Wagram à une vitesse ahurissante: elle *semble* me viser. J'*essaie* de l'éviter, j'*ai* beau faire, elle frappe le côté gauche de mon auto. Heureusement, je *suis* à peine blessé par l'accident; mais l'auto en *est* presque détruite. Le chauffeur de la voiture qui *entre* en collision avec moi en *meurt*. On me *dit* qu'il *boit* souvent. Je n'*apprends* jamais si c'est bien la vérité, mais je *suis* sans auto pendant quinze jours, avant d'en acheter une nouvelle.

4. The imperfect is used to indicate that one past act or state was simultaneous with another one:

    Quand on se penchait un peu de la fenêtre, on voyait la mer.
      When you leaned a bit out of the window, you could see the sea.
    Topaze dictait pendant que l'élève le regardait, ahuri.
      Topaze was giving a dictation while the pupil looked at him, bewildered.
    On m'a dit que le roi jouait de la flûte.
      I was told that the king was playing the flute.

Exercice 4. *Mettez au discours indirect en commençant chaque phrase par:* **On m'a dit que.** *Faites tous les changements nécessaires; imitez le modèle:*
    Il pleure.
      On m'a dit qu'il pleurait.

1. Tu ressembles à ta mère. 2. Ils vont acheter une nouvelle voiture. 3. Jean part pour l'Amérique. 4. Vous fermez la porte. 5. Elles sont anglaises toutes deux. 6. Il ne comprend pas ce qu'elle dit. 7. Elle ne rougit jamais. 8. Le Rhône se jette dans la Méditerranée. 9. Martha lui sert à boire. 10. Le bifteck coûte onze francs le kilo.

5. The imperfect is used to indicate, in a subordinate clause beginning with **si**, that the condition expressed is improbable, hypothetical, or contrary to fact. In this case, the conditional is used in the main clause, which expresses the result of the condition. (See Lesson 3, §14C for fuller treatment of this point.)

    Voilà une torpédo que je regretterais longtemps si nous faisions la sottise de la vendre.
      That's a roadster I'd miss for a long time if we were silly enough to sell it.
    Si vous voyiez mon auto, vous auriez envie de la conduire.
      If you saw my car, you'd want to drive it.
    Si j'avais mon passeport sur moi, je vous le ferais voir.
      If I had my passport with me, I'd show it to you.

Note: *If* **si** *means* **quand**, *the same tense is used in both clauses. If habit or repetition is expressed, the imperfect is used in both clauses. (See §18A, 2)*
    S'il sortait, il mettait un pullover noir.
      Whenever he went out, he would put on a black sweater.

Exercice 5. *Faites des phrases en vous servant des mots suivants. Faites tous les changements nécessaires. Mettez les verbes au passé; imitez le modèle:*

Si / tu / commencer / lire, / je / pouvoir / s'occuper / mon / affaires.
Si tu commençais à lire, je pourrais m'occuper de mes affaires.
1. Si / il / neiger, / la forêt / devenir / impénétrable. 2. Il / vous / téléphoner / si / vous / pouvoir / le / aider. 3. Tu / pouvoir / le / attraper / si / tu / oser / sortir / avant cinq heures. 4. Si / Rousseau / être / bon / Suisse, avoir / -il / habité / Paris? 5. Si / vous / ne pas acheter / de / pommes de terre, / nous / ne pas manger / de / ragoût. 6. Le docteur / regretter / son / voiture / si / il / la / vendre. 7. Même si / nous / leur / écrire, / ils / ne pas nous répondre. 8. Vous / pouvoir / faire cela / si vous / vouloir bien / me rendre service. 9. Si je lui / demander / venir / me voir, / me / rendre / -il / visite? 10. Que je / être malheureux, / si tu / venir / à me quitter!

B. *Other uses*

1. The imperfect is used to express a wish, a regret, or a suggestion in an exclamatory sentence beginning with **si**:

Regarde cette nouvelle auto! Si je pouvais m'en acheter une!
Look at that new car! If I could only buy myself one!
Hélas! on se fait vieux. Si nous n'avions que vingt ans!
Alas, we're getting old. If we were only twenty again!
Il fait chaud. Si nous prenions un demi?
It's hot out. Suppose we have a glass of beer! (Let's go have a glass of beer.)

2. The imperfect is also used in the following cases to express a kind of pluperfect:

a. immediate pluperfect with **venir de** and an infinitive (the action expressed by the infinitive took place just before another past act):

Je venais de lui écrire un billet quand je l'ai vue.
I had just written her a note when I saw her.
Nous venions de sortir de la maison lorsqu'une bombe l'a détruite entièrement.
We had just gone out of the house when a bomb completely destroyed it.

b. progressive pluperfect with **depuis** or **il y avait**: (See Lesson 1, §1A, 3 for the use of the present tense in this construction.)

Depuis quand travaillait-il chez Gallimard?
How long had he been working at Gallimard?
Il travaillait chez Gallimard depuis trois ans. Il y avait trois ans qu'il travaillait chez Gallimard.
He had been working at Gallimard for three years.

§19 PLUPERFECT (A PAST FORM OF THE IMPERFECT) (LE PLUS-QUE-PARFAIT)

A. Formation

The pluperfect is formed by using the imperfect of the auxiliary verb and the past participle of the main verb:

    demander: j'avais demandé
    répondre: j'avais répondu
    aller: j'étais allé
    s'enfuir: je m'étais enfui

B. Principal uses

1. to express an act (or a state or condition) occurring before another act or period of time:

> **Déjà à cinq ans le jeune Mozart avait écrit des morceaux de musique.**
> *At the age of five, young Mozart had already written some pieces of music.*
> **Avant de démolir l'ancien théâtre, ils en avaient fait construire un nouveau.**
> *Before destroying the old theater, they had a new one built.*

2. to express habit or repetition in the past, occurring before another past act:

> **Toutes les fois qu'il s'était mis en colère sans cause, il en rougissait de honte.**
> *Whenever he had become unjustly angry, he blushed for shame.*
> **Le soir, si nous avions gagné de l'argent, nous avions peur d'être volés.**
> *In the evening, if we had earned some money, we were afraid of being robbed.*

3. to express prior action or state in a subordinate clause when the tense of the verb in the main clause is either the **passé simple** or the imperfect:

> **Elle oubliait déjà le projet qu'elle avait si gaillardement mis en chantier.**
> *She was already forgetting the project she had so boldly set to work on.*
> **Elle oublia le projet qu'elle avait entrepris.**
> *She forgot the project she had undertaken.*

4. to express regret, when used after **si** in an exclamatory sentence:

> **Si j'avais su cela!**
> *If I had only known that!*

Si vous aviez pu lui parler!
If you could only have spoken to him!

 5. to express an unfulfilled or impossible condition after **si**; the verb of the main clause is in the conditional or past conditional:
  Si mes camarades m'avaient aidé, j'aurais réussi à l'examen.
  If my friends had helped me, I would have passed the exam.
  Si César avait perdu cette bataille, tout serait différent maintenant.
  If Caesar had lost that battle, everything would be different now.

Exercice 6.   Mettez au plus-que-parfait:

1. on a parlé   2. j'ai composé   3. nous avons fini   4. elle a couru   5. vous avez perdu   6. tu as su   7. il est arrivé   8. ils sont montés   9. elles sont parvenues   10. j'ai eu   11. vous avez fait   12. il a fallu   13. elles ont été   14. nous sommes allés   15. est-elle sortie?   16. a-t-on vu?   17. tu as voulu   18. il a écrit   19. nous avons tenu   20. il est tombé   21. elle a dicté   22. ils sont morts   23. j'ai commencé   24. vous avez fermé   25. il est né

§20 PASSÉ SURCOMPOSÉ

A. Formation

The **passé surcomposé** is formed by using the **passé composé** of the auxiliary verb and the past participle of the main verb:

demander:	j'ai eu demandé
répondre:	j'ai eu répondu
aller:	j'ai été allé
s'enfuir:	je me suis eu enfui[1]

B. Uses

The **passé surcomposé** is used only in conversation or in written works which imitate conversation (for example, plays and dialogues in novels and short stories).

 1. It expresses prior action in a clause beginning with **quand, lorsque, après que, dès que, aussitôt que,** etc., if the verb of the main clause is in the **passé composé**:
  Quand il a eu fermé la porte, il est sorti.
  When he had closed the door, he went out.
  Dès que nous avons eu vu l'accident, nous avons téléphoné à un hôpital.
  As soon as we had seen the accident, we telephoned a hospital.

---

[1]The **passé surcomposé** of the reflexive verb, formed in a rather unusual manner, is given here for reference only.

> **Après que j'ai eu parlé à Marie, elle s'est excusée auprès de Jean-Paul.**
> *After I had spoken to Marie, she apologized to Jean-Paul.*

Note: *If the subjects are the same in both clauses (as in the first two examples, above), it is better to use a phrase rather than a clause containing a* **passé surcomposé:**
> **Ayant fermé la porte, il est sorti.**
> *When he had closed the door, ... (lit., Having closed the door, ...)*
>
> **Immédiatement après avoir vu l'accident, nous avons téléphoné à un hôpital.**
> *As soon as we had seen the accident, ... (lit., Immediately after having seen the accident, ...)*

2. It may express an action quickly completed (and replace the **passé composé**) when, in the principal clause, it is accompanied by a word or expression indicating a rapid passage of time (e.g., **vite, bientôt, en un clin d'œil, en un moment,** etc.):
> **Il a eu vite fermé la porte.**
> *He quickly closed the door.*
>
> **J'ai eu beau l'appeler, en un clin d'œil il a été parti.**
> *I wasted my breath calling him, he was gone quick as a wink.*
>
> **Le temps de faire: ouf! et tu as eu fini de le faire.**
> *You finished doing it in less time than it takes to say Jack Robinson.*

Exercice 7. *Mettez au passé surcomposé:*

1. on a parlé 2. j'ai composé 3. nous avons fini 4. elle a couru 5. vous avez perdu 6. tu as su 7. il est arrivé 8. ils sont montés 9. elles sont parvenues 10. j'ai dit 11. vous avez fait 12. il a fallu 13. elles ont été 14. nous sommes allés 15. est-elle sortie? 16. a-t-on vu? 17. tu as voulu 18. il a écrit 19. nous avons tenu 20. il est tombé 21. elle a dicté 22. ils sont morts 23. j'ai commencé 24. vous avez fermé 25. il est né

Exercice 8. *Transformez la première phrase en une proposition qui commence par* **quand, après que** *ou* **dès que.** *Si le verbe de la proposition est au passé composé, mettez le verbe de la proposition subordonnée au passé surcomposé; s'il est à l'imparfait, le verbe de la proposition subordonnée doit être au plus-que-parfait. Imitez les modèles:*
> **Il m'a parlé. Puis, j'ai commencé à travailler.**
> *Après qu'il m'a eu parlé, j'ai commencé à travailler.*
>
> **Il achetait un journal. Alors, la marchande lui disait merci.**
> *Dès qu'il avait acheté un journal, la marchande lui disait merci.*

1. Anne m'a donné un baiser. Puis, je suis sorti heureux. 2. Il a fini son travail. Alors, je l'ai payé. 3. Ils sont venus le voir. Puis, il a découvert qu'ils étaient cousins. 4. Le garçon apportait la carte. Puis, nous commandions le repas. 5. Il buvait un peu trop. Puis, il était de mauvaise humeur. 6. Nous sommes arrivés. Alors, on a commencé à discuter le problème. 7. Vous passiez devant ma boutique. Alors, la fleuriste vous vendait des roses. 8. Les feuilles sont tombées. Puis il a neigé. 9. Il recevait de mauvaises notes. Alors, nous savions qu'il étudierait plus sérieusement. 10. Elle pensait à toi. Puis, comme par miracle, tu lui écrivais.

Exercice 9. *Mettez le verbe de la proposition principale au conditionnel passé, et celui de la proposition subordonnée au plus-que-parfait. Faites tous les changements nécessaires. Imitez le modèle:*

S'il voyait un de ces devoirs, il ferait de violents reproches à sa fille.

S'il avait vu un de ces devoirs, il aurait fait de violents reproches à sa fille.

1. S'il voyait un de ces devoirs, il reconnaîtrait votre écriture. 2. Si cela arrivait, il serait fâché. 3. Si vous faisiez cela, je pourrais vous désobéir. 4. Si nous faisions ensemble quelque chose de défendu, j'aurais une petite émotion. 5. Si le rideau se levait, on verrait Topaze sur la scène. 6. Nous cueillerions des roses dès aujourd'hui, si nous avions le temps. 7. Il faudrait rester à Chartres, si on manquait le train. 8. Vous vous souviendriez longtemps de moi, si vous ne m'obéissiez pas. 9. Il vaudrait mieux rester chez soi, si on ne mangeait que ça. 10. Si tu la voyais, tu l'accompagnerais au match de football.

§21 FORMATION OF THE GERUND, PRESENT PARTICIPLE, AND VERBAL ADJECTIVE (LE GÉRONDIF, LE PARTICIPE PRÉSENT ET L'ADJECTIF VERBAL)

These three forms ending in **-ant** are almost always spelled alike and have related meanings, although the gerund has a different historical derivation and development from the present participle and the verbal adjective. The present participle and the gerund are invariable, whereas the verbal adjective, like other adjectives, agrees in number and gender with the noun or pronoun it modifies or qualifies.

The stem of these words is usually identical to the stem of the imperfect. To this stem, **-ant** is added:

regarder:	je regardais	**regardant**
finir:	je finissais	**finissant**
prendre:	je prenais	**prenant**
être:	j'étais	**étant**

Some verbs have a different stem for these forms. The most important are:
avoir: **ayant**
savoir: **sachant**

§22 USES OF THE GERUND AND PRESENT PARTICIPLE

In modern French, these verbal forms are distinguished only by their usage: the present participle qualifies or refers to the noun or pronoun nearest it, whereas the gerund, which is usually preceded by **en**, refers to the verb nearest it. The present participle is therefore equivalent to an adjective clause, and the gerund is equivalent to an adverbial clause. The form of both the present participle and the gerund is invariable, that is, it never changes.

A. The gerund

The gerund shows the time, manner, means, etc., by which the action of the main verb is accomplished:

Il la regardait en pleurant. (manner)
He looked at her, weeping.
En sortant de l'épicerie, je l'ai vue. (time) (=**pendant que je sortais de l'épicerie . . .**)
Going out of the grocery store, I saw her.
Pompignan s'est fait de puissants ennemis en s'attaquant aux philosophes. (means)
Pompignan made powerful enemies in attacking the philosophers.

Note: The gerund is often preceded by **tout en** for the following reasons:
(1) to stress the fact that two acts or states are simultaneous:
Elle me soufflait des mots de tendresse tout en me caressant d'une main tremblante.
She breathed sweet words to me while caressing me with a trembling hand.
Tout en faisant la vaisselle, Yvonne racontait ses aventures à sa tante.
While doing the dishes, Yvonne told her adventures to her aunt.

(2) to express concession (i.e., a clause beginning with although, even though, etc.):
Tout en étant un petit pays, Cuba n'en est pas moins important. (=**Quoi qu'il soit un petit pays . . .**)
Even though it is a small country, Cuba is nonetheless important.
Tout en voulant l'éviter, je suis entré en collision avec le camion. (=**Bien que j'aie voulu l'éviter . . .**)
Although I tried to avoid it, I collided with the truck.

B. The present participle

The present participle expresses an act or state simultaneous to the action of the main verb; it refers to the nearest preceding noun or pronoun:

Je la rencontre sortant de l'épicerie (=qui sort . . .).
I meet her going out of the grocery store.

Je l'ai rencontrée sortant de l'épicerie (=qui sortait . . .).
I met her going out of the grocery store.

Je la rencontrerai sortant de l'épicerie (=qui sortira . . .).
I'll meet her going out of the grocery store.

Ils ont trouvé des enfants tremblant de froid (=qui tremblaient . . .).
They found children trembling with cold.

§23 THE VERBAL ADJECTIVE

The verbal adjective, like other adjectives, agrees in number and gender with the noun or pronoun it modifies or qualifies:

Vous avez présenté des arguments convaincants.
You have presented convincing arguments.

Il s'est fait des ennemis puissants.
He made powerful enemies for himself.

Beaucoup d'hommes n'aiment pas les femmes savantes.
Many men do not like learned women.

Exercice 10. *Mettez l'infinitif entre parenthèses à la forme convenable du participle présent, du gérondif (gerund) ou de l'adjectif verbal. Faites tous les changements nécessaires. Imitez les modèles:*

Je l'ai rencontrée (sortir) de la boutique.
Je l'ai rencontrée sortant de la boutique.

J'ai lu des articles (savoir) sur la bombe atomique.
J'ai lu des articles savants sur la bombe atomique.

J'ai discuté la politique avec elle, (ne rien savoir) de précis.
J'ai discuté la politique avec elle, (tout) en ne rien sachant de précis.

1. (Se battre) et (se déchirer) sans cesse, ils se sont appauvris. 2. Elle l'a surpris (lire) un roman défendu. 3. Je trouve cette situation bien (embarrasser). 4. (Etre reconnaissant), j'ai des observations à vous faire. 5. Les réfugiés, (trembler) de peur et de faim, nous regardaient. 6. J'ai saisi ses mains (trembler). 7. C'est (trembler) moi-même d'émotion que je lui ai baisé les mains. 8. Topaze a surpris le grand élève (frapper) le petit garçon. 9. Hélas! il trouve les vices (stimuler) et la vertu (endormir). 10. Pierre est un chasseur (savoir) chasser. 11. Hélène est enfermée dans sa chambre (étudier) sa leçon de français. 12. (Manger) il s'est stimulé l'appétit. 13. C'était une grande pancarte (marquer) le prix de toutes les fleurs. 14. (Épouser) une

Française, j'ai cherché à partager ses mots.   15. (S'enfuir) l'ennemi saccageait notre ville.

Exercice 11. *Transformez le dialogue suivant en discours indirect. Mettez au passé le dialogue ainsi transformé. Faites tous les changements nécessaires. Imitez le modèle:*

    Parpalaid   Tous vos bagages sont là, mon cher confrère?
    Knock   Tous, docteur Parpalaid.
    Parpalaid   Jean les casera près de lui; nous nous assiérons à l'arrière.
    Le Docteur Parpalaid a demandé à Knock si tous ses bagages étaient là; ce dernier a répondu que oui. Parpalaid a dit alors que Jean les caserait près de lui, et qu'ils s'assiéraient à l'arrière.

    Parpalaid   Tous vos bagages sont là, mon cher confrère?
    Knock   Tous, docteur Parpalaid.
    Parpalaid   Jean les casera près de lui. Nous tiendrons très bien tous les trois à l'arrière de la voiture. La carrosserie en est si spacieuse, les strapontins si confortables!
    Knock (à Jean)   Je vous recommande cette caisse. J'y ai logé quelques appareils, qui sont fragiles.
    Mme Parpalaid   Voilà une torpédo que je regretterais longtemps si nous faisions la sottise de la vendre. (...) Sur le parcours le paysage est délicieux. Zénaïde Fleuriot l'a décrit dans un de ses plus beaux romans, dont j'ai oublié le titre. *(Elle se tourne vers son mari et lui dit:)* Tu prends le strapontin, n'est-ce pas? Le docteur Knock se placera près de moi pour bien jouir de la vue.
    Parpalaid   Il faut pouvoir s'étaler lorsqu'on contemple un panorama.
    Mme Parpalaid   Le route ne cesse de s'élever jusqu'à Saint-Maurice. A pied, avec tous ces bagages, le trajet serait terrible. En auto, c'est un enchantement.
    Parpalaid   Observez mon cher confrère, avec quelle douceur cette voiture vient de stopper.
    Knock   Mon cher confrère, vous m'avez cédé—pour quelques billets de mille, que je vous dois encore—une clientèle de tous points assimilable à cette voiture *(en disant ceci il la tapote affectueusement)*, dont on peut dire qu'à dix-neuf francs elle ne serait pas chère, mais qu'à vingt-cinq elle est au-dessus de son prix. Tenez! Comme j'aime à faire les choses largement, je vous en donne trente.

Exercice 12. *Traduisez les phrases suivantes:*

1. **M.** Dupont was pushing the car when I arrived. [§*18A, 1*]   2. Each time she saw him she would ask him how his mother was. [§*18A, 2*]   3. If only he had spoken sooner! [§*19B, 4*]   4. By thinking about it I understand what it was about. [§*22A*]   5. He could never get his car started. [§*18A, 2*]   6. We were hungry and thirsty, but we were afraid to go in. [§*18A, 3, note 1*]   7. After they had

finished the work, he left. [§20B, 1]   8. I met her (as she was) going out of the library. [§22B]   9. His house was small. [§18A, 3]   10. That's what I call a striking dress. [§23]   11. Whenever I read *Émile* I fell asleep. [§18A, 4]   12. He knew that he would soon be seeing her. [§18A, 3, note 1]   13. He had already learned to read before going to school. [§19B, 1]   14. If you saw Paris, you would want to live there. [§18A, 5]   15. If you saw my car, you would want to buy it. [§18A, 5]

Exercice 13.   *Thème d'imitation.*

—Jules Romains wrote *Knock*, didn't he?

—Yes. The extract *(extrait, m.)* we have just read is taken from the first act *(acte, m.)*. Oh! and please pronounce the first "k" of Knock.

—I didn't know it should be pronounced (construct: *"that one should pronounce it"*). How many acts are there in *Knock:* five, as in Molière's *Don Juan?*

—No. Modern French comedies have only three acts. Did you notice that Doctor Parpalaid, probably not having succeeded as a businessman *(homme d'affaires)*, is rather poor?

—My father used to know a doctor *(médecin, m.)* who had succeeded. He called him a charlatan *(charlatan, m.)*. But I think all doctors are charlatans.

—You're beginning to speak like Mr. Smith in Ionesco's *La Cantatrice chauve!* All doctor-businessmen are not charlatans—and not all charlatans resemble Knock! He convinces himself in the end (use *finir par* and infinitive) that he was right. You'd like to see the play; it would make you laugh.

—If I only could see it! But perhaps, reading it in French, I'll find it interesting.

PREMIÈRE RÉVISION

I. LECTURE

Huit Chevaux, quatre cylindres ... et pas des truites! Jean-Jacques Bernard

Personnages: Lui, Elle
(Dans une auto, sur la route)

    Elle   Tu n'entends rien?
    Lui   Quoi?
    Elle   Ce bruit.
    Lui   Quel bruit?
    Elle   Enfin, la voiture fait un bruit. Ecoute.
    Lui   Je n'entends rien.
    Elle   Pourtant, je t'assure ...
10   *Lui*   Eh bien, c'est le moteur.
    Elle   Comment, le moteur?
    Lui   Enfin, les soupapes[1].
    Elle   Je connais bien le bruit des soupapes. Je t'assure qu'il y a autre chose ...
    Lui   Ah! ... Cui, cui, cui ... c'est ça?

[1]les soupapes (f) *valves*

Elle Oui, qu'est-ce que c'est?
Lui C'est un bruit de carrosserie.
Elle Bien entendu.
Lui Pourquoi bien entendu?
Elle Tu dis que c'est un bruit de carrosserie parce que ça t'ennuie.
Lui Pourquoi veux-tu que ça m'ennuie?
Elle Ça t'ennuie de t'arrêter.
Lui S'arrêter pour ça . . . D'ailleurs on n'entend plus rien.
Elle Vraiment, tu ne veux pas regarder?
Lui Regarder quoi?
Elle Ce bruit . . .
Lui Tu n'es pas folle?
Elle Je t'assure que je serai plus tranquille.
Lui C'est fini . . .
Elle Ce n'est pas fini. Ça augmente. Tu es sûr de ta direction?
Lui Qu'est-ce que la direction? . . . Ça n'a rien à voir[2] . . .
Elle Alors, ça vient d'une roue. Je suis sûre que c'est une roue avant. Un roulement à billes[3]!
Lui Quoi?
Elle Nous allons perdre une roue avant.
Lui Je veux bien m'arrêter pour te faire plaisir. *(Il s'arrête)*
Elle Ce n'est pas pour me faire plaisir. C'est pour ne pas nous casser la figure.
Lui Oh! des grands mots tout de suite. Vraiment, tu as une imagination . . .
Elle Regarde toujours. Tu vas trouver ça en deux minutes.
Lui C'est facile à dire . . .
Elle Personne ne connaît la mécanique comme toi . . .
Lui Heu!
Elle Ce n'est pas vrai?
Lui Si tu veux . . .
Elle Tu vois quelque chose?
Lui Attends . . . Tiens! Je remue la roue . . . Ça ne fait aucun bruit . . . L'autre? . . . L'autre non plus . . .
Elle Tu es sûr?
Lui Je remue de toutes mes forces.
Elle Ah! je suis plus tranquille, mon chéri. Mais alors qu'est-ce que c'est?
Lui Peut-être la courroie du ventilateur[4] . . . Tiens!
Elle Quoi?
Lui Le capot n'était pas fermé.
Elle Ça venait de là?
Lui Sûrement . . .

[2] ça n'a rien à voir *it has nothing to do* [3] le roulement à billes *ball bearing* [4] la courroie du ventilateur *fan belt*

Elle   Oh! quel soulagement!
Lui   ... Tu vois, j'ai trouvé tout de suite. *(Il repart)*
Elle   Vraiment, mon chéri, tu es épatant. Avec toi, au moins, on est tranquille... Attention!
Lui   Quoi! Tu m'as fait peur.
Elle   Une poule!... Tu ne l'avais pas vue!
Lui   Mais si, je l'avais vue. Il ne faut pas me faire des coups comme ça. C'est très dangereux.
Elle   Excuse-moi... Un tournant!...
Lui   Je le vois.
Elle   Pourquoi n'as-tu pas corné?
Lui   Je t'en prie... Je t'ai déjà dit qu'il n'y avait rien de plus agaçant pour un conducteur...
Elle   Je ne dirai plus rien.
Lui   Je ne t'en demande pas tant.
Elle   Mais au moins corne aux tournants.
Lui   Je peux même corner tout le temps, si tu veux.
Elle   Alors, on ne peut plus te parler.
Lui   Tu voudrais nous faire avoir un accident que...
Elle   Bon, bon...
Lui   Tu ferais mieux de chercher le guide... Où veux-tu déjeuner?
Elle   Le guide?... Déjeuner?
Lui   Qu'est-ce que tu fais?
Elle   Je cherche le guide.
Lui   Mais où le cherches-tu?
Elle   Attends... Je crois que je l'ai oublié.
Lui   Allons, bon!
Elle   Maintenant, je suis sûre: c'est toi qui l'as oublié.
Lui   Moi?
Elle   Tu me l'avais repris justement pour regarder où nous pouvions déjeuner.
Lui   Je te l'ai rendu.
Elle   Non, tu l'as posé sur la table de notre chambre.
Lui   Tu es sûre?
Elle   Je le vois.
Lui   Tu le vois?
Elle   Je le vois sur la table.
Lui   Pourquoi ne l'as-tu pas repris?
Elle   Tu sais, j'avais autre chose en tête. Tu me bousculais. Tu avais peur d'être en retard. C'est maintenant que j'y repense.
Lui   Eh bien, c'est gai! Un voyage sans guide! Qu'est-ce que nous allons faire?
Elle   Tu vas en racheter un.
Lui   Vingt-cinq francs.

Elle Qu'est-ce que c'est que ça?
Lui C'est vingt-cinq francs.
Elle Ça passera dans tes frais de voyage. Tu ne t'en apercevras même pas.
Lui Je ne suis pas avare. Mais quand on pouvait s'en dispenser...
Elle Enfin, ce n'est pas ma faute.
Lui Mettons...
Elle C'est toi qui l'as posé sur la table.
Lui Tu es bien sûre de ce que tu dis. Tu sûre qu'il est resté sur la table.
Elle Mais je le vois, je te dis. Je le vois comme si j'y étais encore. J'en suis sûre comme de la lumière du jour... Tiens, le voilà!
Lui Quoi?
Elle Le guide.
Lui Le guide? Tu l'as retrouvé? Où ça?
Elle Il avait glissé entre les deux fauteuils!
Lui Tu vois bien.
Elle Je vois quoi? Je pensais bien qu'il ne pouvait pas être perdu...
Lui Mais tu disais...
Elle Qu'est-ce que tu veux que je cherche?
Lui Tu disais...
Elle N'ergote donc pas. Tu es toujours le même. Tu passes ton temps à courir après les choses et quand tu les as trouvées...
Lui Mais je ne dis rien...
Elle Qu'est-ce que tu veux que je cherche?
Lui Mouilly-la-Vallée.
Elle Mou... Mou... Attends.
Lui Tiens! Mais c'est ici.
Elle Ici quoi?
Lui Mouilly-la-Vallée.
Elle Tu es sûr? Ce petit patelin[5]?
Lui La poste, tu n'as pas vu? C'était écrit: Mouilly-la-Vallée, Postes et Télégraphes.
Elle Alors, ralentis.
Lui Si tu veux.
Elle Tu accélères. Pourquoi?
Lui J'accélère?
Elle Ça t'ennuie de t'arrêter ici?
Lui Pourquoi veux-tu?...
Elle Je te connais, ça t'ennuie toujours de t'arrêter.
Lui Moi?
Elle Pourtant, il faut bien déjeuner.
Lui Évidemment.
Elle Alors?

[5]le patelin *little village*

Lui Tu as déjà faim?
Elle Un peu, oui; pas toi?...
Lui Heu!... pas beaucoup...
Elle Il est une heure dix...
Lui On pourrait aller un peu plus loin.
Elle Naturellement.
Lui Qu'est-ce que tu dis?
Elle C'est toujours la même histoire. On passe devant les bons restaurants et, sous prétexte de faire une longue étape dans la matinée, on arrive déjeuner à deux heures dans des auberges où il n'y a plus rien.
Lui Tu exagères.
Elle Ou bien on s'empoisonne et tu te plains de l'estomac jusqu'au lendemain.
Lui Je veux bien m'arrêter ici, si je dois m'exposer à des reproches.
Elle Eh bien, arrêtons-nous. Voici un hôtel.
Lui Ça?
Elle Hôtel des Trois-Anes. Ça n'a pas l'air mal...
Lui Tu trouves?
Elle Comme aspect, ce n'est pas vilain.
Lui Comment peux-tu juger d'un hôtel sur l'aspect?
Elle Alors, pourquoi juges-tu qu'il est mal?
Lui Mais je n'ai jamais dit ça...
Elle Va, allons plus loin, tu n'as pas l'air d'y tenir.
Lui Moi? Je veux bien m'arrêter si tu en prends la responsabilité.
Elle Ah! non, mon ami, je ne prendrai jamais une responsabilité pareille. C'est pour le coup que tu aurais mal à l'estomac.
Lui Oh! comme si j'avais si mauvais caractère.
Elle D'ailleurs, maintenant, il est trop tard. Nous sortons de la ville.
Lui Bon! Le sort en est jeté[6]! Allons plus loin...
Elle ... Allons plus loin...
Lui Vraiment, ma chérie, ça ne te fait rien...
Elle Mais non.
Lui Tu n'as pas trop faim?
Elle ... Mais non.
Lui Vraiment?
Elle Je crève de faim.
Lui Non! Tu plaisantes?
Elle Je n'ai pas le cœur à plaisanter.
Lui Prends du chocolat.
Elle Pour me couper l'appétit, maintenant, ce serait malin.
Lui Un petit bout.
Elle Même un petit bout. D'ailleurs, il n'y en a plus. Tu l'as fini.

---

[6]Le sort en est jeté! *The die is cast!*

Lui   Moi!... Ah! oui, c'est vrai...
Elle   C'est pour ça que tu n'as pas faim.
Lui   Ma pauvre petite, je te promets que nous nous arrêterons au premier hôtel possible.
Elle   Mais quand... Maintenant?
Lui   Cherche dans le guide.
Elle   Attends!... Mouilly... Tiens!... Oh!
Lui   Quoi?
Elle   Mouilly-la-Vallée: hôtel des Trois-Anes, deux astérisques, cuisine renommée, spécialité de truites... Oh!
Lui   Tu es sûre?
Elle   Regarde!... Attention, tu vas dans le fossé[7]... Je vais te relire, si tu veux...
Lui   Non, ne relis pas...
Elle   ... Des truites!...
Lui   Alors?
Elle   Alors?
Lui   Tu veux... peut-être... retourner...
Elle   ... Qu'est-ce que tu en penses?
Lui   Oh!... si tu y tiens... retournons.
Elle   C'est ça, retournons...
Lui   Bien... retournons...
Elle   Pourquoi accélères-tu?
Lui   Moi, non... C'est machinal... Mais... Ecoute, est-ce que tu trouves ça bien raisonnable?
Elle   Si on ne faisait jamais que ce qui est raisonnable...
Lui   Oui, mais réfléchis... Nous avons bien fait cinq, six kilomètres... huit peut-être.
Elle   Eh bien, continuons...
Lui   Je ne veux pas, si ça t'ennuie...
Elle   Oh! moi ça m'est égal.
Lui   Vraiment?
Elle   Vraiment!
Lui   D'ailleurs, en principe, quand on est en auto, retourner c'est toujours mauvais, n'est-ce pas?
Elle   Bien sûr...
Lui   Pour la moyenne[8], tu comprends...
Elle   Allons! ne raisonne pas, puisque je suis d'accord.
Lui   Tiens! vois comme la voiture rend bien[9]... Je suis sûr que nous allons faire un très bon déjeuner. Je me sens d'une humeur d'ange...
Elle   ... Des truites...

---

[7]tu vas dans le fossé   *you're running off the road*   [8]la moyenne   *average speed*   [9]rendre bien   *to run well*

Lui   Qu'est-ce que tu dis?
Elle   Rien...
Lui   Allons, cherche dans le guide où nous pourrons le faire, ce bon déjeuner.
Elle   Ça m'est égal...
Lui   Voyons, ma chérie, tu as l'air ennuyée. Il n'y a pas de quoi. Regarde comme je suis de bonne humeur, moi. Ce pays est plein d'auberges fines. Est-ce que tu as trouvé?
Elle   Je cherche... Est-ce que tu savais qu'avant d'arriver à Mouilly-la-Vallée on traversait la forêt de Mouilly?
Lui   La forêt de Mouilly?
Elle   La forêt de Mouilly.
Lui   Où vois-tu ça?
Elle   Dans le guide...
Lui   ... En effet... en effet...
Elle   Quoi! Tu l'as vue, la forêt de Mouilly?
Lui   Heu!
Elle   Papa nous a dit que c'était une des plus belles forêts de France.
Lui   Eh bien, nous l'avons traversée.
Elle   Tu l'as vue...
Lui   Je l'ai vue... Enfin, je l'ai vue dans la mesure où tu ne m'en as pas empêché. Tu n'étais préoccupée que de ce bruit imaginaire.
Elle   Ça, alors!
Lui   Quoi?
Elle   Rien! J'aime mieux ne rien dire...
Lui   Tu as l'air...
Elle   Non, tais-toi, je n'ai pas envie de me disputer à une heure pareille avec l'estomac vide.
Lui   Moi non plus, ma chérie, moi non plus, je t'assure. D'ailleurs, quoi! nous l'avons vue, cette forêt de Mouilly... assez pour voir que c'était très beau...
Elle   Ah!
Lui   Ces grands arbres... C'était imposant.
Elle   Il y a des grands arbres dans toutes les forêts...
Lui   Pas comme ceux-là... Plus j'y pense, plus ça me frappe...
Elle   Heureusement.
Lui   Pourquoi, heureusement?
Elle   Tout plutôt que de retourner, n'est-ce pas?
Lui   Je t'assure que ce n'est pas nécessaire.
Elle   Le seul avantage, ce serait l'hôtel des Trois-Anes.
Lui   Allons! Ne plaisantons pas. Est-ce que tu as trouvé quelque chose?
Elle   Mon pauvre ami, la première ville où il y ait un hôtel potable[10] est à 80 kilomètres.

[10]potable *half decent*

Lui Ce n'est pas possible!
Elle Regarde toi-même.
Lui Tu dois te tromper. Je vais m'arrêter un instant . . . en haut de cette côte . . .
Elle Je doute que tu trouves mieux . . .
Lui Ça me paraît invraisemblable.
Elle . . . Eh bien, tu ne t'arrêtes pas?
Lui Nous sommes dans la descente. Je m'arrêterai en bas.
Elle J'aime mieux que tu cherches toi-même et que tu prennes tes responsabilités . . . Eh bien, nous sommes en bas de la descente.
Lui Ça tourne, je ne peux pas m'arrêter ici.
Elle Qu'est-ce que je donnerais pour un bout de pain!
Lui Et j'ai mangé tout le chocolat, ma pauvre petite!
Elle Un village!
Lui Eh bien, nous allons déjeuner là.
Elle Tu n'y songes pas!
Lui Tu meurs de faim.
Elle Au point où j'en suis, je peux encore attendre.
Lui Mais je ne veux pas, mais je ne veux pas que tu tombes malade.
Elle Tu as faim, toi?
Lui Oh! à un point! . . . Enfin, c'est-à-dire . . . Pas tellement . . . mais c'est pour toi . . .
Elle C'est bien dommage que tu n'aies pas eu cette sollicitude il y a une demi-heure.
Lui Allons, pas de reproches! Tu vas voir, c'est quelquefois dans les petits villages qu'on trouve les meilleures cuisines. Et, au moins, on est sûr de manger des choses simples, pas falsifiées. Chailley! Ça s'appelle Chailley. Que dit le guide?
Elle Chailley! . . . Non, Chailley n'est pas dans le guide.
Lui Ça ne fait rien. En tout cas, ce ne sera pas un coup de fusil.
Elle J'imagine.
Lui Voici un hôtel . . . Hôtel de la Gare . . . C'est charmant . . .
Elle La gare, en effet . . .
Lui Allons! Tu n'es pas contente? Pourquoi? Voyons, fais comme moi: il faut prendre les choses par le bon côté.
Elle Je fais ce que je peux.
Lui J'arrête . . . Au fond, il vaut mieux que tu aies un peu d'appréhension, car je suis sûr que tu auras une bonne surprise.
Elle Peut-être.
Lui Mais oui, mais oui . . . Bonjour, madame. On peut déjeuner? Veux-tu que nous restions ici, sous cette tonnelle?
Elle Si tu veux.
Lui Donnez-moi le menu, madame, s'il vous plaît?
Elle Je vais me laver les mains.
Lui Je t'attends pour commander . . . Merci, Madame . . . J'attends ma

femme pour voir le menu avec elle. Mais vous pouvez toujours nous envoyer les
hors d'œuvre. Nous sommes pressés ... Tiens, te voilà déjà ...
 Elle Oui ...
 Lui Veux-tu voir si le menu te plaît?
 Elle Oh! ça me plaît ...
 Lui Tu n'as même pas regardé.
 Elle Tu sais ... je n'ai pas très faim ...
 Lui Il y a un quart d'heure tu mourais ...
 Elle Oui, mais ...
 Lui Quoi? Tu n'es pas malade?
 Elle Non ... je suis allée au lavabo.
 Lui Eh bien?
 Elle Eh bien, n'y va pas.
 Lui Ah! Ah! ...
 Elle Excuse-moi ... Lis-moi le menu.
 Lui Pâté maison.
 Elle ... Pâté maison ...
 Lui On ne sait pas, ça peut être bon.
 Elle ... Des truites ...
 Lui Tu dis?
 Elle Rien.

Questionnaire

1. Où se passe l'action? 2. Combien de personnages y a-t-il? 3. Qu'est-ce que la dame entend? 4. Est-ce que le monsieur l'entend aussi? 5. Qu'est-ce qui fait «cui, cui»? 6. Pourquoi, selon la dame, le monsieur dit-il que c'est un bruit de carrosserie? 7. Qu'est-ce qui rendrait la dame tranquille? 8. Selon la dame, qu'est-ce que la voiture va perdre? 9. Comment la dame réussit-elle à faire arrêter le monsieur? 10. Quelle sorte de bruit le monsieur entend-il quand il remue la roue? 11. Qu'est-ce qui faisait le bruit? 12. Pourquoi la dame dit-elle que le monsieur est épatant? 13. Qu'est-ce qui agace le plus un conducteur, selon le monsieur? 14. Où est le guide? 15. Pourquoi cherche-t-on dans un guide quand on a envie de manger? 16. Combien coûte le guide? 17. Que dit la dame pour faire penser au monsieur que le prix d'un guide ne sera pas excessif? 18. Comment le monsieur sait-il que la ville qu'ils traversent s'appelle Mouilly-la-Vallée? 19. Est-ce que le monsieur s'arrête à Mouilly-la-Vallée? pourquoi pas? 20. Est-ce que la dame a faim? 21. Est-ce que le monsieur a faim? 22. Qu'est-ce que la dame accuse le monsieur de faire tout le temps? 23. Qu'est-ce que le monsieur pense de l'Hôtel des Trois-Anes? 24. Pourquoi la dame ne veut-elle pas prendre la responsabilité de s'arrêter à l'Hôtel des Trois-Anes? 25. Pourquoi la dame ne veut-elle pas prendre un petit bout de chocolat? 26. Selon la dame, pourquoi le monsieur n'a-t-il pas faim? 27. Quelle est la spécialité de l'Hôtel des Trois-Anes? 28. Pourquoi

le monsieur hésite-t-il à retourner à Mouilly-la-Vallée? 29. Pourquoi, selon lui, est-il toujours mauvais de retourner quand on est en auto? 30. Qu'est-ce qu'ils ont traversé avant d'arriver à Mouilly-la-Vallée? 31. Le monsieur a-t-il vu la forêt? 32. Qu'est-ce qu'il pensait des arbres? 33. A quelle distance se trouve la première ville où il y ait un hôtel potable? 34. Pourquoi le monsieur ne s'arrête-t-il pas en haut de la côte? 35. Pourquoi ne s'arrête-t-il pas en bas? 36. Que dit le guide au sujet de Chailley? 37. Pourquoi le monsieur attend-il pour commander à l'Hôtel de la Gare? 38. Pourquoi la dame n'a-t-elle plus faim?

RÉVISION DES QUESTIONNAIRES

Questionnaire I *Demandez à un autre étudiant:*

1. son nom et son prénom   2. la date de sa naissance   3. où il est né   4. sa profession   5. sa nationalité   6. d'où il vient   7. s'il voyage souvent   8. s'il a une pièce d'identité   9. s'il est marié   10. de vous donner son adresse   11. s'il aime faire des promenades à bicyclette   12. de quel pays Paris est la capitale   13. ce qu'il a mangé hier soir   14. s'il y a un épicier près de chez lui   15. s'il a une bonne à la maison   16. s'il aime le yaourt   17. s'il a confiance en son docteur   18. ce qu'il prend d'habitude pour le petit déjeuner   19. s'il aime le poisson et s'il en mange souvent   20. s'il prend de la salade avant ou après le repas   21. si les légumes sont bons pour la santé   22. quelle sorte de soupe il aime   23. comment il assaisonne sa salade   24. s'il aime les crêpes   25. combien de fenêtres il y a dans la salle de classe   26. ce qu'il a dans sa serviette   27. s'il arrive en avance à la classe de français   28. s'il trouve que le professeur lui impose une corvée   29. quel est le devoir pour demain   30. comment s'appelle son professeur de français   31. combien d'étudiants il y a dans la classe   32. s'il a une spécialisation   33. s'il suit un cours de sciences naturelles   34. s'il profitera de ses vacances pour étudier   35. ce qu'il fera quand il aura fini ses études   36. où la bibliothèque se trouve   37. s'il a une voiture   38. combien de bougies a sa voiture   39. combien une voiture coûte aux Etats-Unis   40. si, à son avis, les scooters sont dangereux   41. ce qu'il fait quand il a une panne de moteur   42. à quel âge on peut obtenir un permis de conduire   43. ce qu'on fait dans une agence de voyages   44. s'il a jamais fait un voyage par le train   45. s'il aimerait voir un métro dans la ville   46. s'il y a un aéroport près de chez lui   47. quelle distance il y a de Los Angeles à Miami   48. s'il habite près d'un port   49. combien de temps il faut pour aller de Chicago à la Nouvelle-Orléans   50. s'il aime voyager

Questionnaire II *Dites à un autre étudiant:*

1. que vous avez une pièce d'identité   2. d'où vous venez   3. où vous avez voyagé l'été passé   4. quel pays de l'Amérique du Sud vous intéresse le plus   5. que vous voyagez souvent en bateau   6. que vous aimez les promenades à

pied   7. que vous prenez votre salade avec de l'huile   8. comment vous aimez que vos pommes de terre soient préparées   9. ce que vous buvez quand vous avez soif   10. que vous aimez beaucoup les œufs à la coque   11. ce que vous prenez d'habitude comme dessert   12. que vous avez soif   13. à quelle heure commence la classe de français   14. où vous êtes allé à l'école primaire   15. dans quel «collège» vous êtes inscrit   16. de vous nommer quelques cours obligatoires   17. quels cours vous suivez   18. où la librairie se trouve   19. pourquoi vous allez à la gare   20. ce que vous faites quand vous ne pouvez pas mettre votre voiture en marche   21. ce que vous faites quand vous avez une crevaison   22. quelle distance il y a de New York à San Francisco   23. pourquoi vous aimez les voitures   24. combien de temps il faut pour aller à Milwaukee   25. comment vous avez fait votre dernier voyage.

Exercice   *Ecrivez des phrases avec les expressions suivantes:*
1. tout le monde   2. faire mine   3. avoir l'air   4. ce n'est pas la peine   5. ça se voit   6. se tirer de   7. comment ça se fait   8. en face de   9. de temps à autre   10. à l'improviste   11. coup d'œil   12. faire des reproches à quelqu'un   13. se sentir à l'aise   14. grâce à   15. se rendre compte

II. ÉTUDE DE VERBES

§24   RÉPONDRE AND VIVRE

A. Répondre

1. Summary of conjugations:

present indicative:	je réponds	nous répondons
passé composé:	j'ai répondu	
passé simple:	je répondis	

2. Like **répondre:**
   attendre (s'attendre à qqch., à ce que + subjonctif)
   défendre
   descendre
   entendre (s'entendre)
   étendre
   mordre
   perdre (se perdre)
   rendre (se rendre)
   rompre
   tendre
   tordre
   vendre

3. In the **il** form of the present indicative, these verbs end with the stem **d**: **il attend, il répond, il vend.** In inversions (e.g., **répond-il, attend-il, vend-il**), this **d** is pronounced like a **t.**

Notice that **rompre** does not have a stem **d** and that it therefore requires a **t** in the **il** form of the present indicative: **il rompt.** This **t** is pronounced only in inversion: **rompt-il.**

B. Vivre

1. Summary of conjugations:

present indicative:	je vis	nous vivons
passé composé:	j'ai vécu	
passé simple:	je vécus	

2. Like **vivre: survivre (à qqn ou à qqch.)**

Note: Vivre means "to live" *in the sense of* "to be alive, to carry on." *Use* **habiter** *or* **demeurer** *to express* "to live" *in the sense of* "to inhabit" *or* "to dwell," *respectively.*

III. EXERCICES

Exercice 1. *Mettez à la personne et au temps indiqués entre parenthèses:*

1. entendre (prés. de l'indic.: je, elle, ils) 2. vivre (prés. de l'indic.: tu, nous, elles) 3. se rendre (futur: il, vous, je) 4. rompre (prés. de l'indic.: elle, ils, tu) 5. survivre (conditionnel: nous, elles, il) 6. répondre (passé composé: vous, je, elle) 7. s'attendre (imparfait: elles, il, vous) 8. survivre (passé composé: ils, tu, nous) 9. se perdre (passé composé: je, il, nous) 10. vivre (imparfait: ils, tu, vous)

Exercice 2. *Mettez au passé d'après le schéma suivant:*

    présent → passé composé ou imparfait, selon le sens
    passé composé → plus-que-parfait
    imparfait → plus-que-parfait
    futur → conditionnel

Faites tous les changements nécessaires; imitez les modèles:
    Est-ce que tu crois qu'il en sera content?
        Est-ce que tu croyais qu'il en serait content?
    J'étais ici avant toi.
        J'avais été ici avant toi.
    Il a parlé à ma tante hier.
        Il avait parlé à ma tante hier.

1. Tu as l'air ennuyée. 2. Tu l'as vue? 3. Qu'est-ce que je donnerai pour un bout de pain! 4. J'ai mangé tout le chocolat. 5. Nous allons déjeuner là. 6. Tu n'y songes pas! (Mettez à l'imparfait) 7. Ce ne sera pas un coup de fusil. 8. Je suis allée au lavabo. 9. Le capot n'était pas fermé. 10. Tu voulais nous faire avoir un accident. 11. Si tu paies vingt-cinq francs, tu ne t'en apercevras seulement pas. 12. Je le vois comme si j'y étais encore. 13. S'il a peur, c'est que sa femme lui donne un coup. 14. S'il doit s'exposer à des insultes, il voudra bien s'arrêter. 15. On ne sait pas, ça peut être bon.

Exercice 3. *Mettez le verbe en italique au passé surcomposé. Faites tous les changements nécessaires. Imitez le modèle:*
Dès qu'il *a dit* cela, elle s'est mise à pleurer.
Dès qu'il a eu dit cela, elle s'est mise à pleurer.

1. J'ai vite *vidé* mon sac. 2. Il s'est fâché lorsque je *suis rentré* bien tard. 3. Après *avoir fait* un grand voyage, nous nous sommes installés ici. 4. Le temps de faire: ouf! et tu *as réparé* l'auto. 5. Il a accéléré aussitôt qu'elle lui *a demandé* de ralentir.

Exercice 4. *Mettez le verbe en italique au futur, puis au présent. Faites tous les changements nécessaires; imitez le modèle:*
Elle *est venue* vous voir.
Elle viendra vous voir.
Elle vient vous voir.

1. Il *a parlé* français à mon ami belge. 2. *Est*-il *allé* au Brésil? 3. Tu *t'es promené* en auto, n'est-ce pas? 4. *Avez*-vous jamais *voyagé* en Russie? 5. Qu'est-ce qui *s'est passé*? 6. Marie n'*a* jamais *eu* confiance en Marc. 7. Nous *avons mangé* des sardines à l'huile. 8. Vous *avez pris* votre salade après le repas. 9. Elle *s'est levée* à onze heures, pensez-y! 10. Mon ami n'*a pu* suivre que des cours de civilisation. 11. N'*avez*-vous pas *passé* l'examen oral? 12. Tu *as* bien *fait* ton travail. 13. Nous *avons commencé* à étudier le russe. 14. C'*était* un beau parleur que Michel! 15. Tu *as jeté* un coup d'œil sur la fiche, puis tu t'en *es allé*. 16. On vous *a envoyé* la selle de votre bicyclette. 17. Vous *êtes descendus* à Quatre-Septembre? 18. J'*ai préféré* ne rien lui dire. 19. Le bruit du scooter *ennuyait* son père. 20. Tu ne *savais* pas la date de sa naissance.

Exercice 5. *Mettez au négatif en employant la négation indiquée entre parenthèses; en même temps, mettez le verbe au passé composé ou à l'imparfait, selon le sens. Faites tous les changements nécessaires; imitez le modèle:*
Tu entends un bruit. (rien)
Tu n'as rien entendu.

1. La voiture fait un bruit. (aucun) 2. Je connais le bruit des soupapes. (seulement pas) 3. Tu es sûr de ta direction. (plus) 4. Quelqu'un connaît un

mécanique. (personne)   5. Je remue la roue de toutes mes forces. (jamais)
6. C'est un bruit de carrosserie. (que)   7. Le capot est fermé. (point)   8. Ça vient de là? (pas)   9. Je vois le mari et la femme. (ni...ni)   10. Je le trouve tout de suite. (pas)   11. Il faut lui faire des coups comme ça. (jamais)   12. Il arrive à l'improviste. (pas du tout)   13. Tu gèles depuis trois jours. (plus)   14. Vous trouvez quelque chose d'intéressant. (plus rien)   15. Il emploie toute son intelligence à s'échapper. (jamais)

Exercice 6. Mettez la proposition principale au négatif en employant la négation indiquée entre parenthèses; en même temps, mettez toutes les deux propositions au passé. Faites tous les changements nécessaires; imitez le modèle:
Je t'assure qu'il y a quelque chose. (pas)
Je ne t'ai pas assuré qu'il y avait quelque chose.

1. Papa nous dit que c'est une des plus belles forêts de France. (pas)   2. Jean voudra s'arrêter là si Anne-Marie en prend la responsabilité. (pas du tout)   3. Quand il s'arrête, nous sommes contents. (plus)   4. Pourquoi accélère-t-il dès qu'elle lui en parle? (pas)   5. Quelqu'un est venu le voir quand j'étais chez vous. (personne)   6. Il lui dit qu'on en fera autant. (jamais)   7. Le mari entend un bruit lorsque sa femme dort. (aucun)   8. On y parle trop haut lorsque les autres essaient d'étudier. (personne)   9. Je sais bien que tu auras mal à l'estomac. (pas du tout)   10. Il pense à ce que ça peut vouloir dire. (guère)

Exercice 7. Mettez à l'interrogatif par inversion au temps indiqué entre parenthèses. Faites tous les changements nécessaires; imitez le modèle:
Pierre / se promener / en ville. (présent)
Pierre se promène-t-il en ville?

1. Théodore / ressembler à / tout le monde. (présent)   2. Il / aller / nous raconter / de / choses bizarres. (présent)   3. Je / pouvoir / passer / mon / vacances / dans / Europe. (présent)   4. Thérèse et Cécile / être / bien / gentil. (présent)   5. Votre / camarades / ne pas prendre / d'apéritif. (passé composé)   6. Ton / femme / savoir / faire / soupe à l'oignon. (présent)   7. Leur / clients / choisir / camembert / ou / roquefort. (passé composé)   8. Paul et Virginie / ne pas s'en tirer. (passé composé)   9. Tu / ne pas oublier / ton / sac / de couchage / encore une fois. (conditionnel)   10. Comment /s'appeler / chef /département / français? (présent)   11. Paul / suivre / de / cours / minéralogie. (passé composé)   12. Il / ne pas devoir / subir plusieurs épreuves / pendant / semestre. (futur)   13. Quand / y avoir / de / vacances. (présent)   14. Votre / professeur / mathématiques / vous imposer / un vrai / corvée. (futur)   15. Ton / sœur / ne seulement pas aller / chez lui. (passé composé)   16. Où / se trouver / les pneus? (imparfait)   17. Comment! / vous / ne jamais avoir / de panne de moteur. (passé composé)   18. Paulette / partir / toujours / en retard. (imparfait)   19. Le chauffeur de taxi / ne pas démarrer / encore. (passé composé)   20. La traversée / être / particulièrement / difficile. (passé composé)

Exercice 8. *Mettez les verbes en italique au passé composé ou à l'imparfait, selon le contexte. Faites tous les changements nécessaires:*

Nous *habitons* une petite ville de province. La ville *est* assez petite pour permettre à tout le monde d'aller toujours à pied. Cependant, ma sœur et moi nous nous *promenons* partout à vélo. Un jour, en traversant la Grand'Rue aux heures d'affluence, ma sœur *tombe* de sa bicyclette devant une voiture qui, heureusement, *a* de bons freins. Rien n'*arrive* à Bernardine (c'est comme ça que s'appelle ma sœur), mais cela nous *fait* peur. L'incident nous *apprend* à aller avec plus de prudence. C'est par des expériences pareilles que nous *commençons* à connaître la vie; celle-là nous *vaut* mieux que toutes les leçons dans les livres que nous *lisons* en classe. Cette sorte de chose ne se passe-t-elle pas tous les jours dans votre vie?

Exercice 9. *Transformez le dialogue suivant en discours indirect. Mettez au passé le dialogue ainsi transformé. Faites tous les changements nécessaires; imitez le modèle:*

Elle **Tu n'entends rien? La voiture fait un bruit. Ecoute.**
> *Elle lui a demandé s'il n'entendait rien. Elle croyait que la voiture faisait un bruit et lui a demandé d'écouter.*

Lui C'est le moteur . . . enfin, les soupapes.

Elle Je connais bien le bruit des soupapes. Je t'assure qu'il y a autre chose.

Lui C'est un bruit de carrosserie.

Elle Tu dis que c'est un bruit de carrosserie parce que ça t'ennuie de t'arrêter.

Lui S'arrêter pour ça? D'ailleurs, on n'entend plus rien.

Elle Vraiment, tu ne veux pas regarder? Je t'assure que je serai plus tranquille.

Lui Ah, quelle folle imagination que la tienne!

Elle Regarde toujours. Tu vas trouver ça en deux minutes. Personne ne connaît la mécanique comme toi. . . . Ah! Tu trouves quelque chose?

Lui Je ne vois rien. Les roues ne font aucun bruit. Mais voilà que le capot est ouvert depuis ce matin!

Elle Ça venait de là? Oh! quel soulagement! Vraiment, mon chéri, tu es épatant. Avec toi, au moins, on est tranquille . . . Attention!

Lui Quoi! Tu m'as fait peur.

Elle Une poule. Tu ne l'avais pas vue.

Lui Mais si, je l'ai vue. Il ne faut pas me donner des coups comme ça. C'est très dangereux.

Elle Excuse-moi . . . Un tournant! . . . Pourquoi n'as-tu pas corné?

Lui Je t'en prie . . . Je t'ai déjà dit qu'il n'y avait rien de plus agaçant pour un conducteur . . .

Elle Je ne dirai plus rien.

Lui Je ne t'en demande pas tant.

Elle   Mais au moins, corne aux tournants.

Lui   Je peux même corner tout le temps, si tu veux . . .

Exercice 10. *Traduisez les phrases suivantes:*
1. Do you want to know how many lobsters I've eaten? Three. How many have you eaten? [§7, 1a]   2. As soon as he begins to fall asleep, tell him to go to the blackboard. [§14B, 1]   3. She told herself that she would never again eat so many carrots. [§7, 1b; §10; §14A, 2]   4. At the age of five he had already learned to speak. [§19B, 1]   5. How long have you known him?—I've just met him. [§1A, 3; §1B, 3b]   6. He thinks he's intelligent. I didn't expect that. [§9D, note 2; §9C]   7. The sun was shining, the birds were singing, and it was time to go to work, so he turned in his bed and went back to sleep *(se rendormir)*. [§18A, 3; §8, 1]   8. She got up at five-thirty, dressed quickly and went rapidly down the stairs. [§6, 3; §7, 1b; §10]   9. What would you do if my dog asked you to go for a walk? [§14C, 2]   10. He would hardly ever eat oysters if you didn't give them to him. [§11A, 4; §11A, 1]   11. Well, *(Eh bien!)* if he won't go to Africa I won't go to South America. [§1A, 4]   12. Day and night I shall await your return. [§14A, 1]   13. No more cheese, please; I've already ordered dessert. [§11A, 3; §8, 1]   14. He always claimed *(prétendre)* that he would never be a college professor, but look at him now. [§14B, 2]   15. What do people without a profession do? Nothing! [§4A, note 2; §11A, 5]

Exercice 11.   **Thème d'imitation.**

—Suppose we go for a drive to Rouen?

—Rouen is a little far from Paris, you know; it's in Normandy *(la Normandie)*

—Why do we *(on)* have vacations if we don't travel? Besides, we can learn a lot while traveling.

—I won't go if you frighten *(faire peur)* me all the time. I still remember the day when *(où)* we *(nous)* were going to Nîmes and Arles. You thought you had heard a noise. I finally stopped; the hood had not been closed since the morning. Then you thought I had not seen a hen on the road *(la route)*, and I almost hit *(se heurter contre)* a truck doing at least one hundred kilometers!

—Why do you always talk about that incident? The trip was very pleasant, wasn't it?

—You didn't think so *(le)* when you found out I had eaten all the chocolate, and that there wasn't a good restaurant within *(dans)* eighty kilometers! You were hungry then, and you were angry.

—Well, we saw a great deal. The south *(le Midi)* of France pleased me. I'd like to go back there again.

—If only we had the money and the time!

—It wouldn't matter if we had them; you still wouldn't go to the provinces *(en province)* if I didn't beg you to go there.

—You're exaggerating, as usual!

CINQUIÈME LEÇON

L'Anglais tel qu'on le parle Tristan Bernard

La scène est à Paris, dans le vestibule d'un hôtel.
Personnages: Eugène, La Caissière, Hogson, L'Inspecteur

Eugène, qui ne parle que le français, a accepté un poste d'interprète pour une journée. Pour ne pas être reconnu, il a mis à l'envers sa casquette qui porte l'inscription «Interpreter». Naturellement, il désire vivement qu'il ne vienne pas d'Anglais.

Eugène (se glisse sur la scène en entrant premier plan[1] *à gauche)* Plus personne! . . . Et il n'est que dix heures et demie. J'en ai jusqu'à ce soir à minuit. *(Allant au fond consulter une affiche en couleur)* Il n'arrive pas de train
10 de Londres avant sept heures. Je vais être à peu près tranquille jusque-là.
La Caissière (entrant par le deuxième plan[2] *droite)* Interprète! Où étiez-vous donc tout à l'heure?
Eugène Tout à l'heure?
La Caissière Oui, je vous avais dit de ne pas quitter d'ici.
Eugène J'étais parti précipitamment . . . j'avais entendu crier au secours! . . . en espagnol . . . mais je m'étais trompé, ce n'était pas ici.
La Caissière Vous étiez parti si précipitamment que vous aviez mis votre casquette à l'envers.

---

[1] le premier plan *downstage*   [2] le deuxième plan *middle stage*

Eugène (touchant sa casquette)   Oui! Oui!

La Caissière   Qu'est-ce que vous attendez pour la remettre à l'endroit . . . Remettez-la . . . Tâchez de ne plus bouger maintenant. *(Il s'assied devant le comptoir, où la caissière regagne sa place)*   Il va venir un Anglais qui ne sait pas un mot de français . . . Il a demandé un inspecteur de police . . . Je ne sais pas ce qu'il lui veut . . .

Eugène (à lui-même)   Moi non plus. Il y a des chances pour que je ne le sache jamais!

Voix de Hogson (à la cantonade³)   Looke here, waiter! . . . waiter! . . . Give us a good polish on my patent leather boots and bring us a bottle of soda water!

Eugène   Oh! quel jargon! quel jargon! Où est le temps où la langue française était universellement connue à la surface de la terre? Il y a pourtant une société pour la propagation de la langue française! Qu'est-ce qu'elle fait donc?

Hogson (entre par la droite, premier plan, en même temps que l'inspecteur entre par le fond)   Well, what about that Inspector?

L'Inspecteur   Hein? Qu'est-ce qu'il y a? C'est ce monsieur qui me demande? Eh bien! vous n'avez pas peur! Vous ne pourriez pas vous déranger pour venir jusqu'au commissariat?

Hogson   Yes!

L'Inspecteur   Il n'y a pas de yes! C'est l'usage.

Hogson   Yes!

L'Inspecteur   Je vois que vous êtes un homme bien élevé⁴. Il faudra voir une autre fois à vous conformer aux habitudes du pays.

Hogson   Yes!

L'Inspecteur   Allons⁵! il est de bonne composition⁶.

La Caissière   Il ne sait pas un mot de français.

L'Inspecteur   Et moi, je ne sais pas un mot d'anglais . . . Nous sommes faits pour nous entendre.

La Caissière (à Eugène qui a gagné insensiblement le fond)   Interprète!

L'Inspecteur   Faites-lui raconter son affaire.

(Eugène s'approche de Hogson)

Hogson (regardant la casquette d'Eugène) (Avec satisfaction)   Oh! Interpreter!

Eugène   Yes! Yes!

Hogson   Tell him I am James Hogson, from Newcastle on Tyne . . . Tell him! . . . I have five daughters. My second daughter, Betty, ran away from home in a company with a young gentleman, master Cicandel . . . Tell him. *(Eugène continue à le regarder sans bouger)*   Tell him! . . . *(Se montant⁷)* Tell him, I say!

L'Inspecteur   Qu'est-ce qu'il dit?

---

³à la cantonade   *offstage*   ⁴bien élevé   *well-bred*   ⁵Allons! *Well!*   ⁶il est de bonne composition   *he is easy to deal with*   ⁷se montant   *becoming insistent, excited*

Eugène   Voilà . . . c'est très compliqué . . . c'est toute une histoire! . . . Monsieur que voici est Anglais! . . .

L'Inspecteur   Je le sais.

Eugène   Moi aussi! Il vient pour visiter Paris comme tous les Anglais . . .

L'Inspecteur   Et c'est pour ça qu'il fait chercher le commissaire?

Eugène   Non . . . attendez! attendez! Laissez-moi le temps de traduire! . . .

Hogson   Oh! tell him also this young man is a frenchman and a clerk in a bankinghouse of Saint-James street.

Eugène   Justement . . . *(A l'inspecteur)*   Pourquoi un Anglais à peine
10   arrivé à Paris peut-il avoir besoin du commissaire?   *(Embarrassé)* Pour un vol de bijoux . . . de portefeuille . . . *(Illuminé d'une idée subite)* Voilà. Monsieur descend du rapide . . .

Hogson   Tell him that the young gentleman . . .

Eugène (à Hogson, en abaissant la main avec le geste de lui fermer la bouche) Ferme! *(A l'inspecteur)* Monsieur descend du rapide à la gare du Nord, quand un individu se précipite sur lui et lui prend son portefeuille. *(L'inspecteur s'écarte à gauche pour prendre des notes.)*

Hogson (approuvant le récit d'Eugène)   Yes! . . . Very well . . . yes! . . .

Eugène (étonné)   Yes? . . . . Eh bien, mon vieux, tu n'es pas dur! . . .
20   *(Il s'éloigne vers le fond. Hogson s'approche de l'inspecteur en tirant son portefeuille)*

L'Inspecteur (étonné)   Vous aviez donc deux portefeuilles? *(A l'interprète)* Il avait donc deux portefeuilles?

Eugène   Toujours! toujours! . . . les Anglais.

Hogson (tendant son portefeuille à l'inspecteur)   That is the likeness, the . . . young man's . . . photo . . . photograph!

L'Inspecteur (étonné)   La photographie de votre voleur?

Hogson   Yes!

L'Inspecteur   Ils sont étonnants, ces Anglais! Un inconnu les bouscule dans
30   la rue et les vole. Ils ont déjà la photographie! . . . *(Après réflexion)* Mais comment a-t-il fait?

Eugène   Je ne vous ai pas dit que l'homme qui l'a bousculé était un homme qu'il connaissait très bien?

L'Inspecteur   Non! Comment s'appelle-t-il? Demandez-le-lui.

Eugène   Il faut que je le lui demande? Il m'a déjà dit son nom . . . Il s'appelle . . . John . . . John . . . *(Il pousse une sorte de gloussement*[8]*)* Lroukx!

l'Inspecteur   Comment ça s'écrit-il?

Eugène   Comment ça s'écrit? . . . W . . . K . . . M . . . X . . .

L'Inspecteur   Comment diable prononcez-vous cela?
40   *Eugène (poussant un autre gloussement)*   Crouic!

L'Inspecteur   Enfin! J'ai pas mal de renseignements. Je vais commencer des recherches actives.

[8]le gloussement   *gurgle*

Eugène Oui! oui! allez! *(Montrant l'Anglais)* Il est très fatigué! Je crois qu'il va aller se coucher!

L'Inspecteur Je m'en vais. *(A l'Anglais)* Je vais commencer d'actives recherches. *(Il sort)*

Questionnaire I

1. Où se passe l'action de la scène?   2. Combien de langues parle Eugène?
3. Quelle sorte d'inscription y a-t-il sur sa casquette?   4. Qu'a-t-il fait pour ne pas être reconnu?   5. Pourquoi désire-t-il qu'il ne vienne pas d'Anglais?   6. Pourquoi dit-il qu'il va être tranquille jusqu'à sept heures?   7. Qu'est-ce que la caissière demande à Eugène?   8. Où était-il tout à l'heure?   9. Pourquoi la caissière ne veut-elle pas qu'Eugène quitte l'hôtel?   10. Qui est Hogson?   11. Qu'est-ce qu'il dit au garçon?   12. Pourquoi Eugène parle-t-il de la société pour la propagation de la langue française?   13. Pourquoi l'inspecteur est-il venu à l'hôtel?   14. Pourquoi Eugène a-t-il gagné le fond?   15. D'où vient Hogson?   16. Combien de filles a-t-il?   17. Qu'a fait Betty?   18. Pourquoi, selon Eugène, Hogson est-il venu à Paris?   19. Quelle est la nationalité du jeune Cicandel?   20. Quelle est sa profession?   21. Selon Eugène, pourquoi un Anglais à peine arrivé à Paris aurait-il besoin du commissaire?   22. Pourquoi l'inspecteur est-il étonné de voir le portefeuille de Hogson?   23. Selon Eugène, pourquoi est-ce que ce n'est pas surprenant?   24. Qu'est-ce que Hogson montre à l'inspecteur?   25. Selon Eugène, comment Hogson peut-il avoir une photographie du voleur?   26. Comment s'appelle l'homme qui a bousculé Hogson?   27. Comment Eugène sait-il qu'il s'appelle ainsi?   28. Comment le nom du voleur s'écrit-il?   29. Qu'est-ce que l'inspecteur dit qu'il va faire à la fin de la scène?   30. Selon Eugène, qu'est-ce que Hogson veut faire?

Questionnaire II

1. Aimeriez-vous être interprète? Pourquoi?   2. Est-ce que parfois vous entendez crier au secours?   3. Que feriez-vous si on vous demandait de parler à une personne qui ne parlait pas votre langue?   4. Y a-t-il une société pour la propagation de la langue anglaise?   5. Devrait-il y avoir une société pareille?
6. D'habitude est-ce que vous allez au commissariat ou est-ce que l'agent va chez vous?   7. Peut-on s'entendre avec une personne qui ne parle pas votre langue?
8. Combien d'enfants y a-t-il dans votre famille?   9. Y a-t-il une ville aux Etats-Unis que la plupart des Américains aimeraient visiter?   10. Pourquoi un Américain peut-il avoir besoin d'un agent?   11. Avez-vous un portefeuille?
12. Qu'est-ce qu'il y a dans votre portefeuille?   13. Combien de portefeuilles avez-vous?   14. Avez-vous une photographie dans votre portefeuille? de qui?
15. Vous arrive-t-il souvent d'être fatigué?   16. Que faites-vous quand vous êtes fatigué?

A. Expressions à étudier: En Ville

pour trouver son chemin

demander son chemin [*to ask for one's way*], perdre son chemin [*to lose one's way*], se perdre [*to get lost*], s'égarer [*to lose one's way*], aller tout droit [*to go straight ahead*], tourner à droite ou à gauche [*to turn to the right or to the left*], traverser (une rue, une rivière) [*to cross (a street, a river)*]

la rue

le trottoir [*sidewalk*], le pavé [*pavement*], une avenue, le boulevard, la rue [*street*], la ruelle [*lane*], la route [*road*], la bifurcation [*fork in the road*], le carrefour [*crossroads*], le croisement des rues [*crossing, intersection*], une impasse [*dead end*], la place [*square*], le pont [*bridge*], le piéton [*pedestrian*], le feu rouge [*red light, stoplight*], une affiche [*poster*], une enseigne [*(shop)sign*], la lumière [*light*], le réverbère [*street light*], la plaque indicatrice [*street sign*]

les édifices publics (m), les monuments (m)

les bains publics (m) [*public baths*], la banque [*bank*], le banquier [*banker*], un bar, le bâtiment [*building*], un édifice, un immeuble [*apartment building*], le bureau de poste [*post office*], le commissariat de police [*police station*], un agent de police [*policeman*], le préfet de police [*chief of police*], une église [*church*], le temple [*Protestant church*], la synagogue, le prêtre [*priest*], le pasteur [*minister*], le rabbin [*rabbi*], un hôpital [*hospital*], le médecin [*doctor*], un interne [*intern*], une infirmière [*nurse*], un hôtel, un hôtelier [*hotelkeeper*], un hôtel de ville [*town hall*], la mairie [*city hall*], le maire [*mayor*], le marché [*market*], le marchand [*merchant*], le musée [*museum*], le conservateur du musée [*curator*], le palais de justice [*courthouse*], le juge [*judge*], un avocat [*lawyer*], la piscine municipale [*city pool*], le poste d'incendie (de pompiers) [*firehouse*], le pompier [*fireman*], le syndicat d'initiative [*tourist office, information bureau*], le théâtre [*theater*], le cinéma [*movie theater*]

les magasins (m), les boutiques (f)

un grand magasin [*department store*], la boutique [*shop*], une boucherie [*butcher's shop*], le boucher [*butcher*], la viande [*meat*], une boulangerie [*bakery*], le boulanger [*baker*], le pain [*bread*], un bureau de tabac [*tobacco shop*], le tabac [*tobacco*], le journal [*newspaper*], les cabarets (m) [*taverns*], une charcuterie [*pork butcher's shop*], le charcutier [*pork butcher*], la chair de porc [*pork*], une cordonnerie [*shoe repair shop*], le cordonnier [*shoemaker*], les chaussures (f) [*shoes*], une épicerie [*grocery store*], un épicier [*grocer*], les comestibles (m) [*food, edibles*], les estaminets (m) [*hotel bars*], un fruitier [*greengrocer*], le fruit, une laiterie [*dairy*], le laitier [*milk dealer*], le lait [*milk*], une librairie [*bookstore*], le libraire [*book dealer*], le livre [*book*], un marchand de vin [*wine dealer*], le vin [*wine*], la modiste [*milliner*], le chapeau [*hat*], une papeterie [*stationery shop*], le papetier [*stationer*], le papier [*paper, stationery*], une pâtisserie [*pastry shop*], le pâtissier [*pastry maker*], la pâtisserie [*pastry*], une pharmacie [*drugstore*], le pharmacien [*druggist*], les médicaments *(m)* [*medicine*], une quincaillerie [*hardware store*], le quincaillier [*hardware dealer*], la quincaillerie [*hardware*], le tailleur [*tailor*], les vêtements d'hommes *(m)* [*men's clothing*]

Questionnaire

1. Où se trouve la mairie?   2. Y a-t-il une église près de chez vous? Où se trouve-t-elle?   3. Où est le bureau de poste?   4. Y a-t-il un musée dans votre ville? Où se trouve le musée?   5. Où se trouve l'hôpital?   6. Où se trouve le palais de justice?   7. Où se trouve le jardin public?   8. Où est le jardin zoologique?   9. Y a-t-il une place dans votre ville?   10. Où se trouve le syndicat d'initiative?   11. Y a-t-il des bains publics dans votre ville?   12. Y a-t-il une piscine municipale dans votre ville?   13. Où se trouve le poste d'incendie?   14. Y a-t-il un bureau de tabac près de l'université? Qu'est-ce qu'on y vend?   15. Où est la librairie?   16. Quel est le plus grand bâtiment de la ville?   17. Où est la banque?   18. Qu'est-ce qu'on vend dans une boulangerie? dans une charcuterie? dans une quincaillerie?   19. Où est la pharmacie? Qu'est-ce qu'on y vend?   20. Peut-on acheter un journal dans une papeterie? dans une librairie? dans un bureau de tabac?   21. Y a-t-il une épicerie près de chez vous? une pâtisserie? Qu'est-ce qu'on y vend?   22. Où peut-on acheter des fruits? de la viande? des chaussures? des chapeaux? du lait? du linge?   23. Comment s'appelle le propriétaire d'une boucherie? d'une épicerie? d'une librairie? d'une pharmacie?

B. *Etudiez les expressions suivantes; consultez la leçon pour l'emploi de ces expressions:*

à l'envers=dans le sens contraire à ce qu'il faut   **à peu près**=presque, il s'en faut de peu   **tout à l'heure**=dans un moment, il y a un moment   **«au secours»**=ce qu'on crie quand on a besoin d'assistance   **à l'endroit**=du bon côté (ant. à l'envers)   **avoir peur**=craindre   **avoir besoin de**=être dans la nécessité de se servir d'(une aide)   **pas mal de . . .** =une quantité suffisante de . . . , beaucoup de . . .

Exercice. *Employez ces expressions dans les phrases suivantes:*

1. Le bon roi Dagobert a mis sa culotte _____.   2. Quand vous le verrez _____, dites-lui bonjour de ma part.   3. J'ai _____ devoirs à faire ce soir.   4. Encore une mauvaise note! Peut-être _____ d'un bon dictionnaire.   5. Il y a _____ vingt-cinq élèves dans la salle de classe.   6. Sentant que quelqu'un la suivait, elle s'est mise à crier _____.   7. On n'a pas l'air distingué si on ne porte pas son chapeau _____.   8. Comment? Déjà minuit et il n'est pas encore là? J'_____ que quelque chose de grave ne soit arrivé.

§25 FORM OF THE PRESENT SUBJUNCTIVE (LE PRÉSENT DU SUBJONCTIF)

1. The stem of the present subjunctive of almost all French verbs is derived by dropping the ending from the **nous** and **ils** forms of the present indicative; the **nous** stem is used for **nous** and **vous** in the present subjunctive, and the **ils** form is used for all other persons (i.e., **je, tu, il, ils**):

infinitive	indicative forms	present subjunctive stems
jeter	nous jetons	**jet-**
	ils jettent	**jett-**
prendre	nous prenons	**pren-**
	ils prennent	**prenn-**
venir	nous venons	**ven-**
	ils viennent	**vienn-**
voir	nous voyons	**voy-**
	ils voient	**voi-**
désirer	nous désirons	**désir-**
	ils désirent	**désir-**
finir	nous finissons	**finiss-**
	ils finissent	**finiss-**
dormir	nous dormons	**dorm-**
	ils dorment	**dorm-**

To these stems (which are often identical), the following endings are added:

(je) **-e**	(ils) **-ions**
(tu) **-es**	(nous) **-iez**
(il) **-e**	(vous) **-ent**

je jette	nous jetions
tu jettes	vous jetiez
il jette	ils jettent

je vienne	nous venions
tu viennes	vous veniez
il vienne	ils viennent

je finisse	nous finissions
tu finisses	vous finissiez
il finisse	ils finissent

2. For a very few verbs, the stem cannot be derived in the above manner. Some have one, others have two stems, and all but **avoir** and **être** use the endings given above.

a. verbs with one stem

The principal verbs are:

faire	(**fass-**)
pouvoir	(**puiss-**)
savoir	(**sach-**)

je fasse	nous fassions
tu fasses	vous fassiez
il fasse	ils fassent

Note also: falloir (**il faille**) *and* pleuvoir (**il pleuve**).

b. verbs with two stems

The principal verbs are:

aller	(**aill-, all-**)
valoir	(**vaill-, val-**)
vouloir	(**veuill-, voul-**)

j'aille	nous allions
tu ailles	vous alliez
il aille	ils aillent

3. The present subjunctive of **avoir** and **être** is irregular:

être:	je sois	nous soyons
	tu sois	vous soyez
	il soit	ils soient

avoir:	j'aie	nous ayons
	tu aies	vous ayez
	il ait	ils aient

§26 FORM OF THE PERFECT SUBJUNCTIVE (LE PARFAIT DU SUBJONCTIF)

This is the **passé composé** of the subjunctive, insofar as form is concerned. The auxiliary verb (**avoir** or **être**) is put in the present subjunctive; the main verb is put in the past participle:

il ait pris
nous ayons vu
ils se soient levés
je sois rentré

Note: *The present subjunctive might be better named the "simultaneous and future subjunctive." It is used when the action or state of the subjunctive verb* *occurs at the same time as the action or state of the indicative verb, or will occur in the future:*

J'étais content que tu fasses cela.
I was glad that you did (were doing) that.
Il reste là jusqu'à ce que sa femme arrive.
He is staying there until his wife arrives.

The perfect subjunctive might be better named the "preceding action (or state) subjunctive." It is used when the state or action of the subjunctive verb takes place before the state or action of the indicative verb:

Comment se fait-il que Parker en soit mort?
How is it that Parker died of it?
Il n'a guère rencontré d'homme qui ait réalisé ses rêves de félicité.
He hardly ever met a man who had fulfilled his dreams of happiness.

The perfect subjunctive is called for after **avant que** (. . . [ne])[1], **quoique**, and **bien que** when preceding action is implied, or when the indicative verb is in the past tense (and completed, thereby implying preceding action):

Avant qu'elle [ne] soit arrivée, nous avons tout fait.
Before she arrived, we did everything.

but

Avant qu'elle [n'] arrive, nous ferons tout.
Before she arrives, we will do everything.

Bien qu'Anne en ait eu peur, rien ne s'est passé.
Although Anne had been (was) afraid of it, nothing happened.

but

Bien qu'Anne en ait peur, rien ne se passe.
Although Anne is afraid of it, nothing is happening.

Exercice 1. *Donnez le présent et le parfait du subjonctif des verbes suivants à la personne indiquée entre parenthèses; imitez le modèle:*

finir (je, tu, nous)
je finisse, tu finisses, nous finissions
j'aie fini, tu aies fini, nous ayons fini

1. avoir (je, il, vous)   2. jeter (elles, tu, on)   3. être (nous, ils, elle)   4. prendre (je, elle, vous)   5. se moquer (tu, on, ils)   6. falloir (il)   7. venir (il, nous, elles)   8. dormir (je, il, nous)   9. vouloir (tu, vous, ils)   10. se rappeler (elle, elles, on)   11. répondre (je, il, vous)   12. valoir (elles, tu, on)   13. dire (nous, ils, elle)   14. emmener (je, elle, vous)   15. savoir (tu, on, ils)

---

[1]**Ne** is often used in a purely expletive and non-negative sense with a verb following **avant que, de peur** (or **crainte**) **que, à moins que,** and **avoir peur** (or **craindre**) **que.** It is seldom used in conversation but is usually required in serious writing.

16. espérer (il, nous, elles)   17. arriver (je, il, nous)   18. faire (elle, elles, on)   19. vendre (tu, vous, ils)   20. se servir (je, il, vous)   21. prononcer (il, nous, elles)   22. rompre (elles, tu, on)   23. voir (nous, ils, elle)   24. aller (je, elle, vous)   25. s'enfuir (tu, on, ils)   26. devoir (il, nous, elles)   27. pouvoir (je, il, vous)   28. connaître (nous, il, elle)   29. employer (elles, tu, on)   30. se méfier (je, elle, vous)

§27 USES OF THE SUBJUNCTIVE

In modern French the subjunctive is almost always used *with* a word or group of words which comes before it, usually in the main clause of a sentence. This word or group of words preceding the subjunctive (being *antecedent* to it) either suggests in advance that a subjunctive is to follow or might follow, or, more frequently, requires a subjunctive to follow. The principal uses of the subjunctive are stated below and in lesson 7, §37 and §38.

§28 ANTECEDENTS OF VOLITION OR SENTIMENT THAT SIGNAL THE SUBJUNCTIVE

The subjunctive is used with an antecedent expressing volition (i.e., will, intention, desire, wish) or sentiment (i.e., emotion, judgment, appreciation). The antecedent might take the form of:

1. a noun or substantive + a relative pronoun:
Le moyen le plus sûr d'accréditer une opinion ... est d'inventer quelques phrases que tous les sots *puissent* répéter. (Diderot)
The surest way to give support to an opinion ... is to invent some slogans which any fool can repeat. (The slogans are only desired, wished for—and have therefore not yet been made up.)
Nous cherchons *un représentant qui sache* parler français.
We are looking for a representative who can speak French. (Such a person is desirable, but none has yet been found.)
Des pièces *qui aient* un commencement, un milieu et une fin, voilà ce qui est rare chez certains écrivains.
Plays that have a beginning, a middle, and an ending are rare with some writers. (These plays are desirable but only rarely forthcoming.)
Il vous faut *un ami qui soit* honnête et véridique.
You need a friend who is honest and truthful. (You do not yet have such a friend.)

Note that the group of words making up the antecedent is always begun by an indefinite word: **quelques, des, un.** In this case, the idea of desired result is implied in the antecedent itself: the person or thing sought is perceived as not yet existing.

2. a verb or verbal expression of sentiment, emotion, judgment, or appreciation:

Il faut que je vous *inscrive* sur notre livre.
I have to enter your name in our book.
Veux-tu que nous *restions* ici?
Do you want us to stay here?
Il désire vivement qu'il ne *vienne* pas d'Anglais.
He ardently wishes that no Englishman will come.
Il est même dommage que vous n'*ayez* pas plus de valises.
It's even too bad that you don't have more valises.
Il vaut mieux que tu *aies* un peu d'appréhension.
It's better for you to have a little apprehension.

Verbs in this category are: **vouloir, désirer, souhaiter, ordonner, défendre, permettre, demander, insister pour que, tenir à ce que, s'opposer à ce que, aimer mieux, préférer, regretter, craindre, admirer, apprécier.** Verbal expressions in this category are: **avoir peur que; être heureux (content, triste, désolé, étonné, surpris,** etc.**) que; il est bon (utile, nécessaire, dommage, temps,** etc.**) que; il vaut mieux que;** and **il faut que.**

Notes:
(1) *When the subject of the main clause would be the same as the subject of the subjunctive clause, the subjunctive clause is usually replaced by an infinitive phrase:*

Elle a peur de vous déranger. (instead of: **Elle a peur qu'elle ne vous dérange.**)
She's afraid she'll disturb you.

(2) *Verbal expressions of sentiment, such as* **être content,** *are used with the indicative when followed by* **de ce que:**

Je suis fâché que Sylvie sorte avec lui.
Je suis fâché de ce que Sylvie sort avec lui.
I am angry that Sylvie is going out with him.
Elle est désolée que tu ne viennes pas.
Elle est désolée de ce que tu ne viens pas.
She is sad that you're not coming.

(3) **Espérer** *takes the indicative, since it is considered to be a verb of probability (i.e., of near certainty):*

J'espère que je ne vous gênerai pas.
I hope I won't bother you.
Nous espérons que vous allez mieux.
We hope you're feeling better.

3. a conjunction expressing will, desire, or emotion:
   Il a dit cela *pour que* **vous ne** *soyez* **pas choqué plus tard.**
   He said that so that you would not be shocked later.
   Il agit *de sorte que* **personne ne** *sache* **ce qu'il fait.**
   He acts in such a way as to prevent people from knowing what he is doing.
   Ton père a *assez de* **soucis** *sans que* **tu lui en** *donnes* **encore un autre.**
   Your father has enough worries without your giving him one more.
   Parlez *qu'***on vous** *comprenne.*
   Speak so that you can be understood.

Conjunctions in this category include: **pour que, afin que, de sorte que**[2], **de façon que**[2]**, assez (trop) ... pour que; que** (= **afin que**) following an imperative; and **de peur que [... ne].**

Exercice 2. *Combinez les deux phrases de chaque groupe et faites-en une contenant un subjonctif. Eliminez les mots inutiles. Faites tous les changements nécessaires; imitez le modèle:*
   Savez-vous où je peux trouver un homme? Cet homme doit savoir parler russe.
   Savez-vous où je peux trouver un homme qui sache parler russe?

1. Je veux trouver quelques phrases. Tous les sots doivent pouvoir les répéter.　2. On veut écrire un livre. Ce livre doit discuter l'Hôtel de Paris.　3. Je cherche une épicerie. Dans cette épicerie on doit trouver du yaourt. (...où...)　4. Il me faudrait un ami. Cet ami doit me dire la vérité.　5. Nous voulons inventer des machines. Ces machines doivent faire toutes sortes de choses.　6. Je n'ai pas encore trouvé un homme. L'homme que je cherche doit vouloir passer un an au Danemark.　7. Connaissez-vous quelques histoires? Ces histoires ne doivent pas ennuyer tout le monde.　8. Il a eu beau chercher des châteaux. Ces châteaux doivent plaire aux Martin.　9. Il n'a pas trouvé de tel pays. Dans le pays qu'il cherche, il doit pleuvoir tout le temps. (...où...)　10. Ne voudrait-on pas avoir un tel client? On lui vend des cigarettes 5F le paquet. (...à qui...)

Exercice 3. *Mettez au début de chaque phrase l'expression en italique, en faisant tous les changements nécessaires. Imitez le modèle:*
   Elle a peur que ... ne ... **Je m'en vais.**
   Elle a peur que je ne m'en aille.

(a) *Voulez-vous que ...?*
1. Nous visitons le musée de Cluny.　2. Il prend son déjeuner chez Le Franc.

---

[2]The indicative is possible with these expressions if the result is certain or if the fact has been accomplished. Compare the following sentence with the second example in § 28, 3:
   Il agit *de sorte que* **personne ne** *sait* **ce qu'il fait.**
   He acts in such a way that no one knows what he's doing.

3. Marie paie le repas.   4. Je répète ce que je viens de dire.   5. Nous nous asseyons sur ce large strapontin.

(b) *Je regrette que* ...
1. Charles va mal.   2. La carrosserie n'est pas spacieuse.   3. La préfecture de police se trouve si loin de chez vous.   4. Anne doit y aller sans vous.   5. Le docteur ne s'en rend pas compte.

(c) *Elle a peur que* ... *ne* ...
1. Tu dors mal.   2. Il reçoit les Arouet, qu'elle déteste.   3. Les Laforgue s'en vont.   4. Je viens trop souvent lui rendre visite.   5. Vous faites des fautes bien plus graves que cela.

(d) *Il est content que* ...
1. Vous croyez que tout s'est bien passé.   2. Pierre a enfin fini ses devoirs.   3. Tu sais t'en tirer.   4. Il fait beau aujourd'hui.   5. Ils veulent nous accompagner.

Exercice 4.   *Combinez les mots suivants et faites-en des phrases complètes. Faites tous les changements nécessaires; imitez le modèle:*

Il / ne rien / dire (passé composé) **/ afin que / personne / savoir / ce qu'il / en / penser.**

Il n'a rien dit afin que personne ne sache ce qu'il en pensait.

1. Pour que / tu / savoir / ce que je / vouloir / dire, / je / te / expliquer (futur) / tout.   2. Il faut que / on / agir / toujours de façon que / tout le monde / le / croire / innocent.   3. Lever (impératif) / le doigt / que / je / voir / ce que / tu / écrire (passé composé).   4. Je / avoir / trop de choses / faire / pour que / tu / venir / te plaindre de ton frère.   5. Le professeur / commencer (imparfait) / faire / de / recherches / afin que / son / étudiants / profiter / de / son / connaissances.

§29 ANTECEDENTS EXPRESSING POSSIBILITY, SUPPOSITION, OR OUTCOME THAT SIGNAL THE SUBJUNCTIVE

The subjunctive is used with an antecedent expressing possibility, supposition, or outcome. The antecedent might take the form of:

1. a noun or substantive + a relative pronoun *if* the antecedent is accompanied by **seul** (or **ne ... que**), **unique, premier,** or **dernier**:

C'est *la première fois* qu'on nous *reproche* quelque chose à son sujet.
This is the first time anyone has complained about him to us.
La première ville où il y *ait* un hôtel potable est à 80 kilomètres.

The first town where there is a decent hotel is eighty kilometers from here.
Jean-Luc est *le dernier élève dont* M. Duchamp *ait dit* du bien.
Jean-Luc is the last student M. Duchamp had anything good to say about (lit., of whom M. Duchamp said something good).

Note: *The indicative can be used in this type of construction provided that the speaker does not intend to express the notion of possibility or outcome:*
La première ville *que* nous *avons* vu en Europe, c'était Paris.
Paris was the first city we saw in Europe.
En effet, Jean-Luc est *le dernier élève que* M. Duchamp *a interrogé* ce matin.
As a matter of fact, Jean-Luc is the last student M. Duchamp questioned this morning.

2. a verb or a verbal expression:
Comment se fait-il que le docteur s'en soit tiré et que Parker en soit mort?
How is it that (How come) the doctor recovered from it and Parker died of it?
Il y a des chances pour que je ne le sache jamais!
There's still a chance (i.e., a possibility) that I'll never know!
Il se peut [Il est possible] que j'aie tort.
I might be wrong (lit., It's possible for me to be wrong).

Verbs and verbal expressions in this category include: **attendre que, s'attendre à ce que, vouloir bien que, concevoir, il se peut que, il est possible que, comment se fait-il que (?)**.

Notes:

(1) **Comprendre,** *when it means* **concevoir** *or* **pouvoir comprendre qu'il est possible que,** *is used with a subjunctive:*
Enfin, *je comprends* que quelques-uns *puissent* détester le travail.
In the end, I understand that some of them might hate work.

(2) **Supposer** *has two meanings:*
   (a) **présumer, considérer comme admis:** (In this case it is used with an indicative.)
   Bon. *Je suppose qu'il dit* la vérité. Et puis alors?
   Fine. I admit that he's telling the truth. So?

   (b) **faire une hypothèse:** (In this case it is used with a subjunctive.)
   ***Supposons** même **qu'il dise** la vérité: s'est-il bien conduit à votre avis?*

Even if we suppose that he's telling the truth, do you think he behaved himself well?

(3) **Il est probable** is regularly used with an indicative, probability being considered as near certainty:
   Il est probable que Marc a raison.
   It is probable that Marc is right.

3. a conjunction expressing supposition or outcome:
   Vous aimerez le yaourt, *pourvu que* vous en *achetiez* chez un bon crémier.
   You'll like yogurt, providing that you buy it at a good dairy.
   Si tu fais attention et *que* tu me *croies*, je t'enseignerai des merveilles, dit-elle.
   If you pay attention and if you believe me, I'll teach you wonders, she said.
   Jusqu'à ce qu'elle lui *dise* oui, il la poursuivra.
   Until she says yes to him, he'll pursue her.

Expressions in this category include: **supposé que, pourvu que, à condition que; avant que, jusqu'à ce que**[3], **d'ici que, en attendant que** and **que** replacing **si** in a conditional sentence.

Exercice 5. *Mettez le verbe entre parenthèses au temps convenable de l'indicatif ou du subjonctif. Faites tous les changements nécessaires; imitez le modèle:*
   Jusqu'à ce qu'elle lui (dire) oui, il la poursuivra.
   Jusqu'à ce qu'elle lui dise oui, il la poursuivra.

1. Il se peut que Robert (finir) ses devoirs avant six heures, n'est-ce pas?   2. Oh! c'est bien le dernier garçon à qui je (vouloir) parler!   3. Je veux bien que vous (rester) chez moi ce soir.   4. Supposez qu'il (être) honnête, aurait-il pu dire cela?   5. Il attendait patiemment jusqu'à ce que je (arriver).   6. Est-il possible que vous ne (employer) pas votre superflu à aider les pauvres?   7. Je te pardonnerai à condition que tu (renouveler) publiquement tes vœux de mariage.   8. Comment se fait-il que vous (avoir) toujours très froid?   9. La première ville où il (y avoir) une bonne bibliothèque est bien loin d'ici.   10.

---

[3]In past tenses, **jusqu'à ce que** usually governs the indicative in modern French, if the event following it has actually taken place:
   Il l'a poursuivie *jusqu'à ce qu*'elle lui *a dit* oui.
   He pursued her until she said yes to him.
But the subjunctive is used if the event has not taken place:
   Il attendait *jusqu'à ce que* j'arrive.
   He was waiting for me to arrive (but I didn't).

S'il a confiance en elle et qu'il (savoir) qu'elle veut tout faire pour lui, il profitera de ce qu'elle lui dit.   11. Il ne s'attend pas à ce que vous (pouvoir) lui faire un tel tour.   12. Ils resteront là à boire jusqu'à ce qu'il (falloir) rentrer.   13. Pourvu que tu (se promener) avec moi jusqu'à la mairie, je te donnerai un bonbon.   14. Marie est la seule jeune fille qui vous (croire) honorable.   15. Peut-on seulement concevoir qu'il (s'en aller) à Montevideo?

Exercice 6. Mettez le verbe entre parenthèses au temps convenable de l'indicatif ou du subjonctif. Faites tous les changements nécessaires; imitez le modèle:
   Jusqu'à ce qu'elle lui (dire) oui, il la poursuivra.
   Jusqu'à ce qu'elle lui dise oui, il la poursuivra.

1. Il a faim; d'ici qu'il (prendre) son déjeuner, il sera intolérable.   2. Il est probable que vous (voir) Pierre demain.   3. En attendant que ses tableaux lui (valoir) quelque chose, il crèvera de faim.   4. Avant qu'il [ne] (pleuvoir), promenons-nous le long du lac.   5. Je comprends qu'il (devenir) de plus en plus difficile: vous l'agacez sans cesse.   6. Il n'y a que toi qui (dire) de telles choses!   7. Supposons que le Président (appuyer) notre politique; que fera-t-il pour rehausser les prix agricoles?   8. Il accepte d'être ainsi contraint, à condition toutefois qu'il (faire) autrement ce qui lui plaira.   9. C'est le seul enfant que je (connaître) qui parle trois langues.   10. J'attends ici qu'il (sortir) de prison, dit sa femme.

§30 ANTECEDENTS OF NEGATION OR DOUBT THAT SIGNAL THE SUBJUNCTIVE

The subjunctive is used with a more or less energetic negation, or with an expression of doubt. The antecedent might take the form of:

1. a noun, substantive, or pronoun + relative pronoun:
   On *ne* trouve *que* bien rarement un *chef d'œuvre de l'esprit qui soit* l'ouvrage de plusieurs personnes.
   A masterpiece of the intellect which is the work of several people can very seldom be found.
   Il *n'existe personne qui sache* lui plaire, tellement il est difficile!
   No one exists whom he likes, he's so hard to please!

2. a verb or a verbal expression of doubt (**douter, il est douteux que**) or of negation (such as **nier, contester, ignorer, démentir**):
   Je *doute que* tu *trouves* mieux.
   I doubt you'll find anything better.
   Il *nie que* les hommes *soient* parfaits.
   He denies that man is perfect.

Je *ne veux pas dire que* leur huile à eux *soit* mauvaise.
I don't mean that their oil is bad.
On *ne peut pas dire qu'*il *n'entende* pas.
It can't be said that he doesn't hear.

Note: *The subjunctive is sometimes used with a verb of opinion (such as* **penser** *and* **croire***) used in the negative or interrogative, but the indicative is also possible in such a case. The subjunctive usually suggests that the speaker expects a negative reply to his question or has some doubts concerning the fact he is commenting on. The indicative suggests that he expects an affirmative reply or that he is stating a fact:*

Je ne crois pas que ma femme m'attende (or: m'attend) **à la mairie.**
I don't think that my wife is waiting for me at the town hall.
Pensez-vous qu'elle soit (or: est) **dans la cathédrale?**
Do you think that she's in the cathedral?

3. A conjunction or adverb expressing or suggesting doubt, negation, or concession such as **quoique, loin que, quelque** [or **pour,** or **si**] + adjective + ... **que:**

Non (pas) que je *veuille* dire non: mais je ne puis dire oui non plus.
Not that I want to say no, but I can't say yes either.
Sans qu'elle le *sache*, il la regardait lorsqu'elle promenait son chien.
Without her knowing it, he would watch her when she walked her dog.
Malgré que vous *preniez* mal les choses, tout finira par s'arranger.
Despite the fact that you see everything in a bad light, everything will come out all right in the end.
Si [or **quelque**[4], or **pour**] **prudents qu'ils *soient*, ils courent bien des risques dans cette affaire.**
However prudent they might be, they are taking many chances in this matter.

Expressions in this category include: **non que, non pas que, sans que;** and **bien que, encore que, malgré que, à moins que (... ne); loin que;** and **quelque** [or **pour** or **si**] + adjective + ... **que.**

Note: *The subjunctive is being used more and more frequently with* **tout** + *noun* + **que:**

---

[4]**Quelque** is invariable (i.e., it never changes form) in this construction, since it is used as an adverb.

Tout ami du commerçant qu'il soit, l'actuel ministre des finances a fâché beaucoup d'hommes d'affaires.
However great a friend of the businessman he may be, the present minister of finances has angered a good many of them.

The indicative, although still possible, was far more frequently used with this construction in classical times than it is in modern French.

Exercice 7. Utilisez les mots suivants pour en faire des phrases complètes. Faites tous les changements nécessaires. Mettez les verbes au présent sauf indication contraire; imitez le modèle:
    Elle / ne pas contester (passé composé) **/ qu'il / agir** (parfait) **/ honnêtement.**
    Elle n'a pas contesté qu'il ait agi honnêtement.

1. Je / ne pas vouloir / que Luc / venir nous aider, / mais il / se tenir au courant. 2. Douter / -vous / qu'il / être / honnête? 3. Bien que / Jean-Paul / se dire / philosophe, / certain / personnes / le / trouver / assez sot. 4. Nous / nier / que / charcutier / vendre / pain. 5. Loin que / nous / croire / tout ce que vous / dire, / il nous / reste / doutes. 6. Je ne veux pas dire que / vous / avoir /raison. 7. Quoique / pleuvoir, elle / s'en aller / la joie au cœur. 8. Il est douteux que / vous / aller / à Cuba. 9. Il / faire (futur) / cela / à moins que . . . ne / vous / changer / d'avis. 10. Tu / ignorer (imparfait) / qu'elle / venir / le voir tous les jours? 11. Il ne pas penser / que / vous / sortir / ce soir. 12. Sans que / il me / voir, / je / entrer (passé composé) / chez lui. 13. Je / douter / qu'ils / apprendre / parler russe. 14. Croire / -vous / que / falloir / tout lui dire? 15. Je / parler (passé composé) / ainsi / de lui / malgré que / tu le connaître.

Exercice 8. Transformez la proposition en italique, en imitant le modèle, en proposition de concession contenant un subjonctif. Employez le mot entre parenthèses et faites tous les changements nécessaires:
    Ils ont beau être prudents, ils courent bien des risques dans cette affaire. (quelque)
    Quelque prudents qu'ils soient, ils courent bien des risques dans cette affaire.

1. *Elle a beau être travailleuse,* elle ne gagne rien. (quelque) 2. *Il est vrai que Jules est un homme politique,* mais il ne sait pas s'adresser au peuple. (tout) 3. *Même s'il se croit fort,* son adversaire va le knockouter. (quelque) 4. *Vous avez raison de le trouver intelligent,* mais il ne sait pas tout. (quelque) 5. *J'ai beau avoir de bonnes excuses,* vous ne me croiriez jamais. (si)

§31 ALLER AND DIRE

A. Aller

1. Summary of conjugations:

present indicative:	je vais	nous allons
	tu vas	vous allez
	il va	ils vont
future and conditional:	j'irai, j'irais	
passé composé:	je suis allé	
passé simple:	j'allai	
present subjunctive:	j'aille	nous allions
	tu ailles	vous alliez
	il aille	ils aillent

2. Some expressions with **aller**:

    a. **aller** = se porter en bonne ou mauvaise santé
        Comment allez-vous? —Pas mal, merci.
        How are you? —Not bad, thanks.
        Ça va? —Oui, ça va. (colloquial)
        How are things? —Pretty good.

    b. **aller** = convenir
        Cette robe lui *va* bien.
        That dress is becoming to her.

    c. **aller** + infinitive = être sur le point de
        Je *vais passer* quelques heures à la bibliothèque.
        I'm going to spend a few hours in the library.

    d. ça va = d'accord, entendu
        Ça va pour samedi? —Oui, ça va.
        O.K. for Saturday? —Yes, O.K.

    e. **s'en aller** = se retirer, partir
        Il s'en est allé.
        He went away.

    f. **billet aller et retour**   *round-trip ticket*
        Donnez-moi *un billet aller et retour* pour La Haye, s'il vous plaît.
        Please give me a round-trip ticket for The Hague.

B. Dire

1. Summary of conjugations:

present indicative:	je dis	nous disons
		vous dites
		ils disent
passé composé:	j'ai dit	
passé simple:	je dis	

Exercice 9. Mettez le verbe entre parenthèses à la personne et au temps indiqués. Faites tous les changements nécessaires; imitez le modèle:

Comment (aller) -tu? (présent de l'indicatif; tu, il, vous)

Comment vas-tu? Comment va-t-il? Comment allez-vous?

1. Ils (aller) à Chicago demain. (futur; ils, il, nous)   2. Elle (s'en aller). (présent de l'indicatif; elle, ils, je)   3. Que (dire) -tu? (passé composé; tu, vous, elles)   4. Pourquoi voulez-vous qu'ils (s'en aller)? (présent du subjonctif; ils, elle, nous)   5. Il faut que je leur (dire) cela. (prés. du subj.; je, nous, il)   6. Je (dire) qu'on viendrait. (imparfait; je, tu, ils)   7. Ils doutent que vous (aller) au Maroc. (prés. du subj.; vous, je, elle)   8. Qu'en (dire) -tu? (futur; tu, on, ils)   9. Il (aller) prendre le métro. (prés. de l'indic.; il, tu, nous)   10. Je (aller) vous voir lorsqu'il a commencé à pleuvoir. (imparfait; je, nous, ils)

Exercice 10. Composition. Répondez aux questions suivantes en gardant le temps du verbe. Ecrivez des phrases complètes et des paragraphes unis. Autant que possible, employez les mots de la question. Faites tous les changements nécessaires. Les éléments d'une réponse vous sont donnés entre parenthèses. Imitez le modèle:

Que veut faire Eugène? (se cacher) Qu'est-ce qu'il désire vivement? (aucun / Anglais / venir)

Eugène veut se cacher. Il désire vivement qu'aucun Anglais ne vienne.

Que veut faire Eugène (se cacher) et pourquoi (il / être / interprète mais / ne pas savoir / un mot d'anglais)? Qu'est-ce qu'il désire vivement (aucun / Anglais / venir)? Que comprend-on qu'il fasse (craindre / en rencontrer un)? Qu'a-t-il fait de sa casquette (mettre à l'envers)?

Que fait la caissière (l'appeler / et lui demander / ou / aller (passé composé) / tout à l'heure)? Que doute-t-elle (Eugène / être parti / précipitamment / pour aider quelqu'un)? Cependant, qu'est-ce qu'elle ne veut pas dire (il / mentir)? Que lui dit-elle de faire (ne plus sortir / et / remettre / casquette / à l'endroit)?

Qui va venir (un Anglais qui / ne pas savoir / un mot de français)? La caissière sait-elle ce qu'il veut (non)? De quoi y a-t-il des chances (Eugène / ne jamais le savoir)? A qui l'Anglais veut-il parler (un inspecteur / police)?

Enfin, l'Anglais et l'inspecteur arrivent-ils (oui)? Qu'est-ce que l'inspecteur veut qu'Eugène fasse (lui dire / ce que / désirer / l'Anglais)? Qu'est-ce que l'interprète lui dit (on / venir de / voler / son portefeuille / à l'Anglais)? Qu'est-il besoin qu'Eugène fasse (or, / falloir / Eugène / savoir / bien mentir)? Pourquoi l'inspecteur est-il étonné (que l'Anglais / avoir / deux portefeuilles: car / il lui / en montrer un)? Pourquoi l'inspecteur est-il encore plus étonné (qu'un homme / pouvoir / photographier son voleur)?

Le mensonge d'Eugène est-il découvert (bien qu'Eugène / avoir bien joué, / on / finir par / découvrir / mensonge)? Comment (Voilà comment: Eugène / ne pas être / premier homme / qui / avoir voulu / tromper l'inspecteur; / celui-ci / connaître / ces types-là)? A quelles conditions va-t-il pardonner à Eugène (Eugène / trouver / un homme / qui / savoir / parler anglais / et qu'il / lui faire traduire / la plainte de l'Anglais)?

Exercice 11. *Traduisez les phrases suivantes:*

1. Did he ask you to do that? [§28, 2]   2. You can go to the theater, provided that you go to the butcher's first. [§29, 3]   3. It is good that you are doing your work before going out. [§28, 2]   4. I doubt that you'll be able to do the work alone. [§30, 2]   5. I'm looking for a car which is big enough for my whole family. [§28, 1]   6. She is giving you an apple so that you will be nice to her. [§28, 3]   7. I think that you will pass your French exam. [§14A, 1]   8. I hope that you will go to the city pool. [§28, 2, *note 3*]   9. This is the best book I've ever read. [§29, 1]   10. He's expecting you to speak to him. [§29, 2]   11. I'm surprised that he asked you to do that. [§28, 2]   12. I'll do it until she tells me to stop. [§29, 3]   13. Without his knowing it, she took the road to Berlin. [§30, 3]   14. He says that he will not be able to come tonight. [§14A, 1]   15. It is possible that he won't arrive before midnight. [§29, 2]

Exercice 12. Thème d'imitation.

—It's too bad that the first Frenchman you spoke to was a liar *(menteur)!*

—Yes. I'm sorry I didn't meet an honorable man then.

—Until you return *(rentrer)* to England, will you expect all Frenchmen to be liars?

—Certainly not. Let's suppose you go abroad *(à l'étranger)* and that you speak only to hardware dealers, bakers, and butchers. Would it be possible for you to think (construct:" . . . that you believe") that no foreigner was a mayor or a judge? However good the people of a country may be, there are always enough thieves and liars for you *(on)* to get the wrong idea *(s'en faire une mauvaise idée).*

—I'm glad you feel that way (construct: ". . . that you think like that").

SIXIÈME LEÇON

Les Environs de Paris Guide du pneu Michelin

Le Parisien, en quête de promenades dominicales hors des murs de sa bonne ville, voit s'ouvrir devant lui l'Ile-de-France: un beau nom et une réalité plus belle encore!

L'amateur de nature aura sous les yeux des paysages très variés.

Le trait le plus typique des environs de Paris est la ceinture boisée qui entoure la capitale. Elle est composée de grands massifs: Fontainebleau, Compiègne, Rambouillet . . . ou de plus modestes, comme les bois de Fausse-Repose et de St-Cucufa, aux jolis sites.

Autre caractéristique de cette région: ses nombreuses vallées. Trois grandes
10 rivières se présentent: la Seine majestueuse, la Marne capricieuse, l'Oise tranquille, toutes sinuant en méandres au pied des plateaux qu'elles ont entaillés[1]. Comme leurs affluents, elles coulent parmi des prairies piquetées de saules et de peupliers, entre des versants le plus souvent boisés. Les routes qui les suivent atteignent rarement au grand pittoresque, mais elles ont un charme discret et reposant . . .

L'amateur d'histoire pourra évoquer, sur les lieux mêmes où ils se sont déroulés, des événements qui remplissent plus de 2.000 années de notre passé.

Dans ces arènes de Senlis, on met ses pas dans ceux des foules galloromaines; dans cette abbaye St-Médard à Soissons fut élu Pépin le Bref; Noyon vit le sacre
20 de Charlemagne; dans ce réfectoire de Royaumont, saint Louis servit les moines de ses royales mains; près de ce pont de Compiègne, Jeanne d'Arc fut faite prisonnière; dans ce lit de Versailles, Louis XIV coucha; dans cette salle du Jeu

[1] entaillé *cut into*

de Paume, à Versailles, la Révolution prit son essor; sur cette pelouse de Malmaison, Bonaparte joua aux barres[2]...

Les environs de Paris forment le centre d'une vaste région, dit «Bassin Parisien», qui communique par la Flandre avec la plaine du Nord de l'Europe, par le seuil de Bourgogne avec le bassin du Rhône et par la vallée de la Loire avec l'Atlantique.

Le Bassin Parisien est au centre d'une vaste cuvette[3] dont les rebords[4] extrêmes sont les massifs anciens des Ardennes, des Vosges, du Morvan, du Nord du Massif Central et de la Bretagne. Des auréoles[5] de côtes de calcaires[6] durs séparent le centre du Bassin Parisien de ces massifs primaires. En gros, on pourrait comparer cette région à une série de plats, de plus en plus petits, emboîtés les uns dans les autres, l'ancienneté des plats diminuant avec leur taille. L'on aurait ainsi une série de rebords de moins en moins hauts et de plus en plus jeunes vers le centre...

Homogène dans sa structure: un bas plateau calcaire entaillé par des vallées limoneuses[7] et plaqué[8] çà et là de bandes sableuses[9], région soumise dans son ensemble au climat atlantique: humide aux saisons intermédiaires, orageux en été, avec des hivers aux froids assez modérés, l'Ile-de-France est caractérisée par trois types principaux de paysages: les plateaux agricoles, les vallées verdoyantes, la forêt.

Pour le touriste, la traversée des plateaux couverts de riches champs de blé ou de betterave[10] à perte de vue, aux agglomérations espacées, ne va pas sans monotonie. Le parcours des vallées où se pressent cultures maraîchères[11], vergers[12] et villages est, en général, très pittoresque...

Un dernier aspect de l'Ile-de-France, d'un intérêt très particulier, pourrait être encore envisagé, celui des centres industriels et des installations tendant à satisfaire les besoins sans cesse croissants d'énergie. Fort heureusement pour la sauvegarde[13] de la beauté de ses sites, les usines et leurs dépendances, entrepôts[14], quais et voies ferrées[15], se sont rassemblées dans trois secteurs principaux: un anneau compact autour de Paris qui s'étire le long de la Seine en amont et en aval, la vallée du Thérain entre Beauvais et Creil-Montataire, la région de Melun.

Quant aux installations productrices d'énergie, certaines sont invisibles comme le réservoir souterrain de Beynes, situé au Nord de Neauphle-le-Château, où le gaz des cokeries lorraines est stocké dans une sorte de gazomètre souterrain constitué par une couche de sable que protège une couche étanche[16], d'argile[17] par exemple. D'autres utilisent des bâtiments familiers à nos yeux et n'offrant aucun caractère spécial. Ainsi l'énergie thermonucléaire abrite ses centres de

---

[2]joua aux barres *played prisoners' base (a type of game)*   [3]la cuvette *basin*   [4]les rebords (m) *edges*   [5]les auréoles (f) *circular formations*   [6]les côtes (f) de calcaires *limestone slopes*   [7]limoneux *alluvial*   [8]plaqué *patched*   [9]les bandes sableuses (f) *sandy stretches*   [10]la betterave *beet*   [11]maraîcher *market-gardening* (adj)   [12]le verger *orchard*   [13]la sauvegarde *protection*   [14]l'entrepôt (m) *warehouse*   [15]les voies ferrées (f) *railroad tracks*   [16]étanche *tight, impervious*   [17]l'argile (f) *clay*

recherches au fort de Châtillon, près de Fontenay-aux-Roses, et à Saclay. Et c'est à la poudrerie du Bouchet, dans la vallée de l'Essonne, au Sud-Ouest de Corbeil, qu'est extrait, du minerai[18], l'uranium pur alimentant les piles G 1 et G 2 de Marcoule.

Questionnaire I

1. Qu'est-ce que le Parisien cherche parfois le dimanche? 2. Pourquoi serait-il en quête de promenades le dimanche? 3. Qu'est-ce que le Parisien voit quand il sort des murs de sa bonne ville? 4. Qu'est-ce que l'amateur de nature peut voir en dehors de la ville? 5. Quel est le trait le plus typique des environs de Paris? 6. De quoi est composée la ceinture boisée qui entoure la capitale? 7. Où se trouvent quelques-uns des jolis sites autour de Paris? 8. Quelle est une des caractéristiques de cette région? 9. Combien de rivières coulent dans cette région? 10. Quelles sortes d'arbres se trouvent dans les environs de Paris? 11. Les routes qui suivent les rivières sont-elles belles? 12. Qu'est-ce que l'amateur d'histoire pourra évoquer? 13. Où est-ce que les Gallo-Romains sont passés? 14. Où est-ce que Pépin le Bref a été élu? 15. Où est-ce que Charlemagne a été sacré? 16. Qu'est-ce que saint Louis a fait dans le réfectoire de Royaumont? 17. Où est-ce qu'on a emprisonné Jeanne d'Arc? 18. Pourquoi le lit de Versailles est-il intéressant? 19. Qu'est-ce qui s'est passé dans la salle du Jeu de Paume, à Versailles? 20. Où est-ce que Bonaparte a joué aux barres? 21. Qu'est-ce que c'est que le «Bassin Parisien»? 22. Pourquoi l'appelle-t-on ainsi? 23. Par quel pays le Bassin Parisien communique-t-il avec la plaine du Nord de l'Europe? 24. Comment communique-t-il avec le bassin du Rhône? avec l'Atlantique? 25. De quoi le Bassin Parisien est-il le centre? 26. Qu'est-ce qui sépare le Bassin Parisien des massifs primaires? 27. A quoi cette région pourrait-elle être comparée? 28. Quelle sorte de climat cette région a-t-elle en été? en hiver? en automne? au printemps? 29. Quels sont les trois types de paysages qui caractérisent l'Ile-de-France? 30. Cette région est-elle intéressante? 31. Que voit le touriste dans les vallées? 32. Quel autre aspect de l'Ile-de-France pourrait encore intéresser le touriste? 33. Où est-ce que les usines et leurs dépendances se sont rassemblées? 34. Où sont les installations productrices d'énergie? 35. Qu'est-ce qui se trouve dans le réservoir souterrain de Beynes? 36. Qu'est-ce qui se trouve au fort de Châtillon? 37. D'où vient l'uranium qui alimente les piles G 1 et G 2 de Marcoule?

Questionnaire II

1. Faites-vous parfois des promenades dans les environs de votre ville? 2. Quel jour de la semaine choisissez-vous pour vos promenades? 3. Est-ce que votre ville est entourée de forêts? 4. Est-ce qu'il y a des vallées où vous habitez? 5. Y a-t-il des rivières près de votre ville? 6. Est-ce que les routes de votre

---

[18]le minerai *ore*

région suivent les rivières?   7. Le paysage autour de votre ville est-il pittoresque?   8. Quels sont les événements les plus importants de l'histoire de votre ville?   9. Peut-on voir des monuments historiques dans votre ville?   10. Pour quelles raisons votre ville est-elle célèbre?   11. La région que vous habitez est-elle une région de plaines? de montagnes?   12. Quel temps fait-il chez vous au printemps? en été? en automne? en hiver?   13. Le climat chez vous est-il souvent désagréable?   14. Qu'est-ce que le touriste peut voir dans les environs de votre ville?   15. Y a-t-il des centres industriels dans votre région?   16. Est-ce que les usines sont belles?   17. Sont-elles cachées?   18. Est-ce que les usines se trouvent rassemblées dans une partie de votre ville?   19. Ont-elles toutes été contruites près d'une rivière?   20. Est-ce qu'il y a des installations productrices d'énergie dans votre région?

A. *Expressions à étudier: Provinces françaises*

L'Alsace et la Lorraine

   1. **villes principales:** Metz (Messins), Nancy (Nancéiens), Strasbourg (Strasbourgeois)

   2. **climat:** hiver—rude; été—chaud; pluies d'orage en été et en automne, neige en hiver

   3. **physionomie:** (La Lorraine) à l'Est—plateau lorrain; à l'Ouest—pays de côtes   (L'Alsace) la plaine et un versant [*slope*] qui domine cette plaine

   4. **vie économique:** (La Lorraine) les eaux minérales *(f)*, la poterie [*pottery*], le fer, la houille [*coal*], l'industrie métallurgique *(f)*   (L'Alsace) le blé [*corn, wheat*], l'orge *(f)* [*barley*]; la vigne [*vineyard*]; les fruits *(m)*: les cerises *(f)* [*cherries*], les prunes *(f)* [*plums*]; les vaches laitières *(f)* les moutons *(m)*, la volaille[1] [*poultry*]; la sucrerie [*sugar refining*], le vin, la bière, les fromages *(m)*, les filatures *(f)* [*spinning mills*], le tissage de coton [*cotton weaving*]; les mines *(f)* de potasse et de pétrole

L'Auvergne

   1. **ville principale:** Clermont-Ferrand (Clermontois)

   2. **climat:** hiver—rude; été—chaud; pluie et neige en hiver, pluies d'orage en été

   3. **physionomie:** la haute Auvergne: les monts volcaniques *(m)*, les vallées *(f)*; la basse Auvergne: une série de plaines

   4. **vie économique:** les bœufs *(m)*, les vaches, les fromages, le blé, la betterave [*beet*], les fruits, les confits *(m)* [*preserves*], les pâtes alimentaires *(f)* [*fancy pastes, macaroni, noodles, spaghetti*], l'industrie du caoutchouc

---

[1]See Lesson 11 for plants and Lesson 9 for animals.

La Bretagne

1. **villes principales:** Brest (Brestois), Nantes (Nantais), Rennes (Rennais)

2. **climat:** hiver—brouillard et pluie; printemps—doux; été—chaleur modérée: automne—pluie

3. **physionomie:** plateaux ondulés de faible altitude

4. **vie économique:** le blé, les pommes *(f)*, les pommes de terre *(f)*, les choux-fleurs *(m)*; les vaches, les chevaux *(m)*; la morue [*cod*], le thon [*tuna*], les crustacés *(m)* [*shellfish*], la sardine, les huîtres *(f)* [*oysters*], le maquereau [*mackerel*]; les conserves *(f)* de poissons et de légumes, les constructions navales, la poterie, le carton, les meubles *(m)*, les chaussures *(f)*, l'imprimerie *(f)*

La Guyenne et la Gascogne

1. **ville principale:** Bordeaux (Bordelais)

2. **climat:** comme celui de la Bretagne, un peu moins d'humidité, un peu plus de chaleur

3. **physionomie:** coteaux et plaines

4. **vie économique:** le bois, les vins rouges et blancs, les eaux-de-vie *(f)*; les constructions métalliques (mécaniques, navales); les produits chimiques *(m)*

La Normandie

1. **villes principales:** Caen (Caennais), Rouen (Rouennais)

2. **climat:** climat maritime, humide et doux

3. **physionomie:** Haute Normandie: série de plateaux; Basse Normandie: plaines et collines

4. **vie économique:** le froment [*wheat*], l'orge *(f)*, la betterave, le colza [*coleseed*]; les moutons, les bœufs, les vaches, les chevaux; les pommes, le cidre, le lin [*flax*]; le pétrole et ses sous-produits

La Provence

1. **villes principales:** Avignon (Avignonnais), Marseille (Marseillais)

2. **climat:** hiver—tiède avec coups de vents froids; printemps—pluies d'orage; été—chaud et sec; automne—pluies d'orage

3. **physionomie:** à l'Ouest, Petites Alpes de Provence; à l'Est, Grandes Alpes de Provence; plaines

4. **vie économique:** les soieries *(f)* [*silk factories*], les vins, les ocres *(f)* [*ochre*], l'huile *(f)*, la réglisse [*licorice*], les savons *(m)*, les produits chimiques

Le Val de Loire

1. **villes principales:** Angers (Angevins), Blois (Blésois), Orléans (Orléanais), Tours (Tourangeaux)

2. **climat:** tempéré; été—fortes chaleurs

3. **physionomie:** vallées et coteaux

4. vie économique: les asperges *(f)*, les melons *(m)*, les tomates *(f)*, les choux *(m)*, les abricots *(m)*, les pêches *(f)*, les cerises *(f)*; le vin, les eaux-de-vie, les liqueurs *(f)*; les ardoisières *(f)* [*slate quarries*]; les vinaigreries *(f)* [*vinegar factories*], les soieries; les toiles *(f)*, les chaussures, les confections *(f)*, les fruits secs, la cire [*wax*], le tapis, les meubles; l'imprimerie *(f)*, la fonderie

Questionnaire

1. Quelles sont les grandes régions naturelles des Etats-Unis? 2. Quelles sont les plus grandes villes des Etats-Unis? 3. Quelle est la plus grande ville de l'Illinois? du Missouri? de la Floride? de la Californie? du Wisconsin? de l'Ohio? 4. De quelle sorte de climat jouit le Texas? le Montana? la Floride? le Vermont? le Colorado? l'Iowa? 5. Quel temps fait-il chez vous en hiver? au printemps? en été? en automne? 6. Quelle saison préférez-vous? Pourquoi? 7. Pouvez-vous nommer quelques-unes des régions montagneuses des Etats-Unis? des régions de plaines? de vallées? de coteaux? de forêts? 8. Où est le centre de l'industrie métallurgique aux Etats-Unis? 9. Dans quel état trouve-t-on beaucoup de vaches laitières? de moutons? de chevaux? 10. De quels états vient le vin? la bière? l'eau-de-vie? 11. Où est-ce qu'il y a des mines aux Etats-Unis? 12. Quels états sont connus pour les pêches? les poires? les cerises? les pommes? le blé? l'orge? les asperges? les melons? 13. Où se trouve le centre de l'industrie du caoutchouc aux Etats-Unis? 14. Quels sont les grands ports de pêche aux Etats-Unis? 15. Quel état est connu pour le fromage? la construction navale? les chaussures? la poterie? les produits chimiques? 16. Où trouve-t-on le fer? l'huile? le pétrole? 17. Quelles sortes d'usines se trouvent dans votre état? 18. Quels sont les principaux produits agricoles de votre région?

Exercice. *Consultez le dictionnaire ou l'encyclopédie et donnez des détails sur:* la ville principale, le climat, la physionomie, et la vie économique d'une des régions suivantes: la Bourgogne, les Provinces du centre (le Bourbonnais, le Berri, le Nivernais), la Champagne, la Franche-Comté, le Languedoc, le Limousin et la Marche, le Lyonnais, le Maine et le Perche, les Provinces du Nord (surtout la Picardie), les Provinces de l'Ouest (le Poitou, l'Aunis, l'Angoumois, la Saintonge), les Pyrénées, La Savoie et le Dauphiné.

B. *Etudiez les expressions suivantes; consultez la leçon pour l'emploi de ces expressions:*

en quête de=à la recherche de   **au pied de**=du côté où le niveau est le plus bas   **de plus en plus**=avec progrès (ant. de moins en moins)   **en amont**= au dessus de   **en aval**=après, en descendant vers l'embouchure   **quant à**= pour ce qui est de

Exercice. *Employez ces expressions dans les phrases suivantes:*

1. La Nouvelle-Orléans est ——— Saint Louis. 2. Il a construit sa maison ——— une colline. 3. ——— toi, tu peux rester à la maison et étudier ce

soir.   4. Je suis sûr qu'il ne me déteste pas. Il vient me voir _____.   5. Saint Louis est _____ la Nouvelle-Orléans.   6. Si vous êtes _____ de jolis sites, visitez la Nouvelle-Angleterre.

§32   USES OF THE PASSÉ SIMPLE

The **passé simple** is one of the four verb tenses used almost exclusively in what might be termed *formal writing;* the others are the **passé antérieur**, which is presented in this lesson, and the imperfect and pluperfect subjunctive tenses, which you will study in Lesson 8. By formal writing, we mean all written work which is not an attempt to imitate spoken French. Formal writing includes such varied items as newspaper or magazine articles; essays and non-fictional writings of all sorts (biographies, memoires, poetry, etc.); and narrative portions of novels and short stories.

*Note: In conversation and in informal writing (writing which attempts to imitate spoken French), the **passé simple** is usually replaced by the **passé composé**.*

   1. The *passé simple* is used to express an act entirely completed at a particular moment of the remote or historical past, without referring to duration or continuity or simultaneity (all of which are expressed by the imperfect), nor to the contact between this past act and the present (which is expressed by the **passé composé**).

Noyon vit le sacre de Charlemagne.
   Noyon saw the crowning of Charlemagne.
Jeanne d'Arc fut faite prisonnière.
   Joan of Arc was taken (lit., *made) prisoner.*
Dans ce lit de Versailles, Louis XIV coucha.
   Louis XIV slept in this Versailles bed.

*Note: The action involved may have been rather long, but the **passé simple** can be used providing the act is seen as a single point in time, and that the sentence contains a word or phrase limiting the time more or less precisely (**toujours, souvent, longtemps, etc.**):*

Longtemps il contempla la beauté de l'Oise tranquille.
   For a long time he contemplated the beauty of the tranquil Oise.
Ils errèrent cinq jours au fond de la forêt.
   They wandered deep in the forest for five days.

   2. The **passé simple** is used (especially in newspapers) to express a recent past:
Hier soir, Salle Wagram, Carlot fut knock-out.
   Carlot was knocked out last night at the Salle Wagram.
J'entrai, je le cherchai dans la foule, je l'aperçus enfin.
   I entered, I looked for him in the crowd, I saw him at last.

3. In narratives, the **passé simple** expresses successive acts; the imperfect describes persons, things, or acts, or expresses repetition, habit, duration, or simultaneity:

Il me *dit* d'entrer. Je *franchis* le seuil de son bureau, en tremblant. Je m'*assis*—ou plutôt je *tombai*—dans un fauteuil qu'il m'*offrit*. Il *était* grand et fort, et il me *fit* d'autant plus peur qu'il *avait* bien des raisons pour se fâcher contre moi. Pendant que je *tremblais* à claquer les dents, il me *fixa,* *fronça* les sourcils, et *commença* enfin de parler.

He told me to enter. I crossed the threshold of his office, trembling. I sat down in an armchair which he offered me—or, rather, I fell into it. He was big and strong, and he frightened me all the more because he had many reasons to be angry with me. While I was trembling so hard I could hear my teeth chatter, he stared at me, scowled, and began at last to speak.

4. The **passé simple** of descriptive verbs expresses the action which caused or which resulted from the condition or state. (In this respect, see the **passé composé** in Lesson 2, §8, 5, and the imperfect in Lesson 4, §18A, 3, notes 1 and 2.)

Nous nous vîmes entourés; il *fallut* nous battre ou nous rendre.

We saw that we were surrounded; we had to (i.e., it became necessary for us to) fight or surrender.

§33 FORMATION OF THE PASSÉ SIMPLE

1. All verbs with infinitives ending in **-er** drop the **-er** and add the following endings:

(je)	**-ai**	(nous)	**-âmes**
(tu)	**-as**	(vous)	**-âtes**
(il)	**-a**	(ils)	**-èrent**

Examples:

	aller	(stem: **all-**)
j'allai		nous allâmes
tu allas		vous allâtes
il alla		ils allèrent

	entrer	(stem: **entr-**)
j'entrai		nous entrâmes
tu entras		vous entrâtes
il entra		ils entrèrent

envoyer (stem: **envoy-**)

j'envoyai   nous envoyâmes
tu envoyas   vous envoyâtes
il envoya   ils envoyèrent

manger (stem: **mang(e)-**)

je mangeai   nous mangeâmes
tu mangeas   vous mangeâtes
il mangea   ils mangèrent

2. All other verbs add the following endings to the stem:

(je)	-s	(nous)	-^mes
(tu)	-s	(vous)	-^tes
(il)	-t	(ils)	-rent

a. Most verbs with infinitives ending in **-ir** form the stem by dropping the final **r**:

finir (stem: **fini-**)

je finis   nous finîmes
tu finis   vous finîtes
il finit   ils finirent

dormir (stem: **dormi-**)

je dormis   nous dormîmes
tu dormis   vous dormîtes
il dormit   ils dormirent

ouvrir (stem: **ouvri-**)

j'ouvris   nous ouvrîmes
tu ouvris   vous ouvrîtes
il ouvrit   ils ouvrirent

Exceptions:

acquérir (stem: **acqui-**)
j'acquis, etc.

courir (stem: **couru-**)
je courus, etc.

mourir (stem: **mouru-**)
je mourus, etc.

	tenir	(stem: **tin-**)
je tins		nous tînmes
tu tins		vous tîntes
il tint		ils tinrent

	venir	(stem: **vin-**)
je vins		nous vînmes
tu vins		vous vîntes
il vint		ils vinrent

b. For all other verbs, the stem should be learned separately or by "families" and small groupings. There is no one rule that covers all cases, but notice that all stems end in **-i** (**-in**) or **-u**. Often, the stem of the **passé simple** can be inferred from the past participle:

recevoir:	reçu	je reçus, tu reçus, etc.
devoir:	dû	je dus, tu dus, etc.
s'asseoir:	assis	je m'assis, tu t'assis, etc.
dire:	dit	je dis, tu dis, etc.

Keep in mind, however, that this rule of thumb does not apply to all verbs. In the following reference list, verbs that do not follow this rule of thumb are indicated by capital letters:

apercevoir:	aperçu	j'aperçus, tu aperçus, etc.
apprendre:	appris	j'appris, tu appris, etc.
s'asseoir:	assis	je m'assis, tu t'assis, etc.
ATTEINDRE:	atteint	j'atteignis, tu atteignis, etc.
ATTENDRE:	attendu	j'attendis, tu attendis, etc.
avoir:	eu	j'eus, tu eus, etc.
boire:	bu	je bus, tu bus, etc.
comprendre:	compris	je compris, tu compris, etc.
concevoir:	conçu	je conçus, tu conçus, etc.
CONDUIRE:	conduit	je conduisis, tu conduisis, etc.
connaître:	connu	je connus, tu connus, etc.
CONSTRUIRE:	construit	je construisis, tu construisis, etc.
CONVAINCRE:	convaincu	je convainquis, tu convainquis, etc.
CRAINDRE:	craint	je craignis, tu craignis, etc.
croire:	cru	je crus, tu crus, etc.
DÉFENDRE:	défendu	je défendis, tu défendis, etc.
DÉTRUIRE:	détruit	je détruisis, tu détruisis, etc.
devoir:	dû	je dus, tu dus, etc.
disparaître:	disparu	je disparus, tu disparus, etc.
dire:	dit	je dis, tu dis, etc.

ÉCRIRE:	écrit	j'écrivis, tu écrivis, etc.
ENTENDRE:	entendu	j'entendis, tu entendis, etc.
ÉTEINDRE:	éteint	j'éteignis, tu éteignis, etc.
ÉTENDRE:	étendu	j'étendis, tu étendis, etc.
ÊTRE:	été	je fus, tu fus, etc.
ÉTREINDRE:	étreint	j'étreignis, tu étreignis, etc.
FAIRE:	fait	je fis, tu fis, etc.
falloir:	fallu	il fallut
JOINDRE:	joint	je joignis, tu joignis, etc.
lire:	lu	je lus, tu lus, etc.
maudire:	maudit	je maudis, tu maudis, etc.
mettre:	mis	je mis, tu mis, etc.
MORDRE:	mordu	je mordis, tu mordis, etc.
mouvoir:	mû	je mus, tu mus, etc.
NAÎTRE:	né	je naquis, tu naquis, etc.
paraître:	paru	je parus, tu parus, etc.
PEINDRE:	peint	je peignis, tu peignis, etc.
PLAINDRE:	plaint	je plaignis, tu plaignis, etc.
plaire:	plu	je plus, tu plus, etc.
pleuvoir:	plu	il plut, ils plurent
poursuivre:	poursuivi	je poursuivis, tu poursuivis, etc.
pouvoir:	pu	je pus, tu pus, etc.
prendre:	pris	je pris, tu pris, etc.
recevoir:	reçu	je reçus, tu reçus, etc.
reconnaître:	reconnu	je reconnus, tu reconnus, etc.
RENDRE:	rendu	je rendis, tu rendis, etc.
RÉPONDRE:	répondu	je répondis, tu répondis, etc.
rire:	ri	je ris, tu ris, etc.
ROMPRE:	rompu	je rompis, tu rompis, etc.
savoir:	su	je sus, tu sus, etc.
sourire:	souri	je souris, tu souris, etc.
suffire:	suffi	je suffis, tu suffis, etc.
suivre:	suivi	je suivis, tu suivis, etc.
survivre:	survécu	je survécus, tu survécus, etc.
taire:	tu	je tus, tu tus, etc.
TENDRE:	tendu	je tendis, tu tendis, etc.
TRADUIRE:	traduit	je traduisis, tu traduisis, etc.
TORDRE:	tordu	je tordis, tu tordis, etc.
VAINCRE:	vaincu	je vainquis, tu vainquis, etc.
valoir:	valu	je valus, tu valus, etc.
VENDRE:	vendu	je vendis, tu vendis, etc.
vivre:	vécu	je vécus, tu vécus, etc.
VOIR:	vu	je vis, tu vis, etc.
vouloir:	voulu	je voulus, tu voulus, etc.

Exercice 1. *Mettez au passé simple:*

1. j'ai envoyé   2. tu as terminé   3. il est allé   4. elle a fini   5. on s'est endormi   6. nous avons aperçu   7. vous vous êtes assis   8. ils ont bu   9. elles ont eu   10. j'ai été   11. je suis venu   12. elle a souri   13. vous avez peint   14. on a suivi   15. ils se sont tus   16. il a attendu   17. nous avons entendu   18. vous avez pris   19. on a dû   20. elles sont nées   21. elle a lu   22. ils se sont plaints   23. tu as reçu   24. il a fallu   25. nous avons pu   26. tu as tordu   27. nous avons rendu   28. j'ai traduit   29. elles ont vu   30. il a voulu

Exercice 2. *Mettez au passé simple à la personne indiquée entre parenthèses. Faites tous les changements nécessaires; imitez le modèle:*
   Il le voit tous les jours. (je, nous, ils)
   Je le vis tous les jours. Nous le vîmes tous les jours. Ils le virent tous les jours.

1. Il a mangé une pomme. (nous, elles, il)   2. Elle ouvre la fenêtre. (ils, vous, elle)   3. Tu vivras longtemps. (on, il, ils)   4. J'essuierai la glace. (tu, vous, elles)   5. Elle fuit la violence de la guerre. (nous, je, elle)   6. Il n'a rien vendu. (on, ils, nous)   7. Vous prononcez bien le français. (elle, elles, nous)   8. Elle cueille les roses de la vie. (je, il, elles)   9. Nous espérons vous voir. (je, on, ils)   10. Vous ne valez pas grand-chose. (il, ils, vous)   11. César a vaincu les Gaulois (nous, je, il)   12. Il rejette toute idée neuve. (tu, il, ils)   13. Il pleut à verse. (il)   14. Nous ne pouvons vous aider. (elle, ils, vous)   15. Ils t'ont donné un stylo. (il, ils, je)

Exercice 3. *Mettez au futur:*

1. il apprit   2. elle mit   3. nous rîmes   4. vous craignîtes   5. il défendit   6. nous pûmes   7. elle sembla   8. on construisit   9. ils connurent   10. elles dirent   11. il écrivit   12. vous voulûtes   13. ils furent   14. on eut   15. elles firent

Exercice 4. *Formez des phrases complètes en vous servant des mots suivants. Faites tous les changements nécessaires. Mettez les verbes au passé simple, sauf indication contraire. Imitez le modèle:*
   Napoléon / jouer / à / barres.
   Napoléon joua aux barres.

1. il / falloir / lui dire (inf.) / de se taire (inf.)   2. je / faire / ce que je / pouvoir   3. on / voir / tomber (inf.) la bombe   4. nous / ne pas / être étonné   5. Anne et Catherine / passer / leur / examen / hier   6. qui / traduire / en français / *le Château* de Kafka   7. ils / disparaître / il y a dix ans   8. vous / ne pas / avoir peur / parler (inf.)   9. Marie / vouloir / voir (inf.) / son / mère   10. elles / devoir / étudier (inf.) à / bibliothèque   11. Pierre / ne pas / lire / son journal   12. ils / mourir / à l'étranger   13.

Antoine / se taire / subitement / lorsque / professeur / entrer / salle de classe
14. il / tenir / un bâton / à la main   15. nous / ne aucun / remplir / fiche

Exercice 5. *Dans le paragraphe suivant, mettez les verbes entre parenthèses au passé simple ou à l'imparfait, selon le contexte. Faites tous les changements nécessaires:*

Je (arriver) aux Délices [château de Voltaire près de Genève] à dix heures du matin; je (trouver) M. de Voltaire qui (lire) ses papiers. Il me (dire) qu'il (vouloir) faire imprimer un petit discours sur la bravoure. Il me (faire) l'honneur de me le lire. Nous (parler) ensuite de nouvelles. Je lui (dire) que la veille un officier français qui (venir) de Paris s'était beaucoup informé de lui. Quelle (être) ma surprise de le voir tout d'un coup tomber dans un fauteuil! Les mains et les genoux lui (trembler) d'une façon effrayante. Je (appeler) du secours; Mme Denis [la nièce de Voltaire] et deux valets (venir). «Qu'on ferme vite toutes les portes!» (s'écrier)-il. Rentré à Genève, je (faire) courir le bruit de sa mort. Aussitôt plusieurs personnes (envoyer) aux Délices; et comme l'on n'y (répondre) qu'au travers de la porte, on (achever) de se persuader que sa belle âme (être) à présent devant Dieu.

—*d'après Fréron, un ennemi de Voltaire*

§34 USES OF THE PASSÉ ANTÉRIEUR

In formal writing, the **passé antérieur** corresponds to the **passé surcomposé**, which is used in speaking and in writing which imitates spoken French. The **passé antérieur** is used mainly to express:

1. prior action in a clause beginning with such conjunctions as **quand, lorsque, après que, dès que, aussitôt que,** and **à peine** (with inversion of subject) ... **que,** providing that the verb in the main clause is in the **passé simple:**

Après qu'elle *eut vu* cela, elle s'évanouit.
   (Immediately) after she had seen that, she fainted.
A peine *eut*-elle *vu* cela qu'elle s'évanouit.
   Scarcely had she seen that when she fainted.
Dès que Napoléon III *eut usurpé* le pouvoir, Hugo s'exila.
   As soon as Napoleon III usurped the power, Hugo went into exile.
Quand les académiciens *furent assis*, Le Franc de Pompignan leur adressa son discours de réception.
   When (i.e., right after) the academicians had been seated, Le Franc de Pompignan delivered his acceptance speech.

2. an action quickly completed in a principal clause, and accompanied by a word or expression indicating a rapid passage of time (e.g., **vite, bientôt, en un instant,** etc.); in these cases, it can replace the **passé simple:**

Il eut *vite* fermé la porte.
He quickly closed the door.

J'eus beau crier, *en un clin d'œil* il eut avalé le verre de poison.
I cried out, but to no avail: he swallowed the glass of poison in the twinkling of an eye.

§35 FORMATION OF THE PASSÉ ANTÉRIEUR

The **passé antérieur** is composed of the **passé simple** of the auxiliary verb and the past participle of the main verb:

demander:	*il eut demandé*
répondre:	*il eut répondu*
aller:	*il fut allé*
se souvenir:	*il se fut souvenu*

Exercice 6. Mettez au passé antérieur:
1. il eut beau   2. elles parlèrent   3. nous voyageâmes   4. je vis   5. elle s'écria   6. ils vécurent   7. ils voulurent   8. il put   9. on dut   10. nous fîmes   11. il quitta   12. elle fut   13. ils écrivirent   14. elles crurent   15. vous aperçûtes   16. il alla   17. vous jugeâtes   18. elle rendit   19. il s'agit   20. j'essayai

Exercice 7. Combinez les phrases suivantes en utilisant la conjonction fournie entre parenthèses et en mettant le verbe de la première phrase au passé antérieur. Faites tous les changements nécessaires; imitez le modèle:

Rousseau écrivit La Nouvelle Héloïse. Puis les Genevois le chassèrent. (lorsque)

Lorsque Rousseau eut écrit **La Nouvelle Héloïse,** *les Genevois le chassèrent.*

1. Marie entra dans la salle. Puis, la conversation tomba. (quand)   2. Le roi lut le nouveau livre de François. Puis, celui-ci dut s'évader. (après que)   3. Il ouvrit la bouche. Puis, on se mit à se moquer de lui. (dès que)   4. Il vit ce qui arrivait. Puis, il fit son possible pour secourir les blessés. (à peine ... que)   5. Vous arrivâtes à Orly. Je vins à votre rencontre pour vous emmener à Paris. (aussitôt que)   6. Ils envoyèrent chercher le médecin. Puis, le malade les remercia. (lorsque)   7. Jeanne d'Arc perdit la bataille. Puis les Anglais la brulèrent vive. (après que)   8. Nous ne pûmes rien voir de plus. Puis nous quittâmes la place. (dès que)   9. Nous crûmes le reconnaître. Puis, nous le suivîmes. (après que)   10. Julien sortit de prison. Puis, il alla chez la comtesse. (à peine ... que)

Exercice 8. Mettez au passé antérieur le verbe en italique tout en introduisant le mot ou l'expression entre parenthèses. Faites tous les changements nécessaires; imitez le modèle:

Hélène *acheva* le tableau. (vite)
Hélène eut vite achevé le tableau.

1. Il *remplit* les sacs de bonbons. (vite)   2. Elle *comprit* son manque de finesse. (tout de suite)   3. Il *quitta* la salle. (avant qu'on ne pût s'en apercevoir)   4. Le champion *vainquit* son adversaire. (vite)   5. Il *finit* de l'assommer de coups. (bientôt)

§36 FAIRE AND VENIR

A. *Faire*

1. Summary of conjugations:

present indicative:	je fais	nous faisons
		vous faites
		ils font
future and conditional:	je ferai	je ferais
passé composé:	j'ai fait	
passé simple:	je fis	
present subjunctive:	je fasse	

2. Some expressions with **faire**:

  a. **faire beau (mauvais, du soleil, du vent, froid, frais, chaud,** etc.)   *to be nice (unpleasant or nasty, sunny, windy, cold, cool, warm or hot, etc.)* [*out*]

   Quel temps fait-il? —Il fait beau mais un peu frais.
    What's the weather like? (How is it outside? etc.) —It's nice, but a little cool.

  b. **faire le clown (l'important, le sot,** etc.)   *to act as though one were a clown (an important person, dumb, etc.), to play the . . . , to pretend to be . . .*

   Il eut beau faire l'innocent, nous le savions coupable.
    Even though he pretended to be innocent, we knew he was guilty.

  c. **faire une promenade (du ski, une partie de bridge,** etc.)   *to go for a walk (to go skiing, to play a game of bridge, etc.;* **faire** *has in this case the sense of to participate in, to play, etc.)*

   Tous les dimanches les Martin faisaient une promenade au bord de la mer.
    Every Sunday the Martins would go for a walk along the seashore.

d. **ne faire que** (+ infinitive)   *not to do anything but* (+ infinitive)
   Il ne fait que parler du matin au soir.
   He does nothing but talk from morning till night.
But: **ne faire que de** (+ infinitive) =venir de (+ infinitive):
   Il ne fait que d'arriver.=Il vient d'arriver.
   He has just arrived.

e. **faire**=importer:
   Ça ne fait rien.
   It doesn't matter.

f. **faire**=dire:
   Je ne comprends pas ce qu'on écrit, fit-il.
   "I don't understand what's being written," he said.

g. **faire**=a verb already expressed:
   Elle ne comptait pas chanter, et elle ne l'a pas fait.
   She didn't intend to sing, and she didn't.

3. Some expressions with **se faire**:

   a. **comment se fait-il que...** (+ subjunctive)?   *how is it that...,   how come...?*
   Comment se fait-il que le docteur n'en soit pas mort?
   How is it that (How come) the doctor didn't die of it?

   b. **se faire**+adjective   *to become, to grow, to get, etc.*
   Ils se font bien rusés, n'est-ce pas?
   They're getting very clever, aren't they?
   On se fait vieux.
   We're growing old.

   c. **se faire** + infinitive   *to be, make or have oneself* + past participle
   Ils se font tuer de travail.
   They're killing themselves (i.e., having themselves killed) with work.
   Est-ce que tu t'es fait comprendre?
   Did you make yourself understood (i.e., did you make them understand you)?

4. **faire faire** (causal **faire**)   *to make, have, cause to do or to be done*

   a. with agent (i.e., the person doing the action of the verb following **faire**) used alone:
   Il fait chanter Marie.
   He has Marie sing.

Il la fait chanter.
He has her sing.

b. with direct object of infinitive used alone:
Il fait chanter la chanson.
He has the song sung.
Il la fait chanter.
He has it sung.

c. with indirect object of the infinitive:
Il fait chanter la chanson à Pierre.
He has the song sung to Pierre.
Il la fait chanter à Pierre.
He has it sung to Pierre.
Il lui fait chanter la chanson.
He has the song sung to him.
Il la lui fait chanter.
He has it sung to him.

d. with direct object of infinitive and agent:
Il fait chanter la chanson par Marie.
He has Marie sing the song.
Il la fait chanter par Marie.
He has Marie sing it.
Il lui fait chanter la chanson.
He has her sing the song.
Il la lui fait chanter.
He has her sing it.

e. direct and indirect objects of the infinitive, and the agent:
Il fait chanter la chanson à Pierre par Marie.
He has Marie sing the song to Pierre.
Il la lui fait chanter par elle.
He has her sing it to him.

Notes:

(1) All personal pronoun objects are placed before **faire**.

(2) The agent is expressed as an indirect object if the infinitive following **faire** *has a direct object (see 4d); but if the infinitive already has an indirect object, the agent is preceded by* **par** *(see 4e). If the infinitive has no object at all, the agent is expressed as a direct object (see 4a).*

(3) Although there is duplication of form, in context the exact meaning of the construction is almost always very clear.

B. *Venir* and *Tenir*

1. Summary of conjugations:

present indicative:	je viens	nous venons
		vous venez
		ils viennent
	je tiens	nous tenons
		vous tenez
		ils tiennent
future and conditional:	je viendrai	je tiendrai
	je viendrais	je tiendrais
passé composé:	je suis venu	j'ai tenu
passé simple:	je vins	je tins

2. Other verbs like **venir** and **tenir**

    a. like **venir: advenir, avenir, convenir, devenir, parvenir, prévenir, revenir, se souvenir (de), survenir**; compound tenses are generally conjugated with **être**

    b. like **tenir: appartenir, contenir, détenir, entretenir, maintenir, obtenir, retenir, soutenir**; compound tenses are conjugated with **avoir**

3. **venir de** + infinitive   *to have just* + past participle

    a. used in the present to express immediate past:
        Il vient d'arriver.
            He has just arrived.

    b. used in the imperfect to express immediate pluperfect:
        Il venait d'arriver lorsque j'ai fait sa connaissance.
            He had just arrived when I met him.

4. Some expressions with **venir**:

    a. **venir à** + infinitive   *to happen to*
        Une belle dame vint à passer.
            A beautiful lady happened to pass by.

    b. **en venir à**   *to come to, to have recourse to*
        Ils en sont venus aux mains.
            They came to blows.

5. Some expressions with **tenir**:

   a. **tenir à**   *to be anxious, to like, to care about*
   Je suis désolé d'avoir perdu mon Guide Michelin, car j'y tiens beaucoup.
   I'm sad at having lost my Guide Michelin, for I like it a lot.
   Il tient à la voir.
   He is anxious to see her.

   b. **tenir de**=ressembler à   *to take after*
   Pierre tient de son père.
   Pierre takes after his father.

Exercice 9. *Mettez le verbe à la personne et au temps indiqués entre parenthèses. Faites tous les changements nécessaires:*
1. **Tu fais tes devoirs.** (présent de l'indicatif: je, il, vous)   2. **Il faut que je fasse mes devoirs.** (prés. du subjonctif: tu, elle, nous)   3. **Il lui fait comprendre la leçon.** (prés. de l'ind.: on, elles, je)   4. **Nous fîmes courir le bruit de sa mort.** (passé simple: ils, il, vous)   5. **Je viens de Paris.** (prés. de l'ind.: tu, on, nous)   6. **S'il faisait beau, nous viendrions.** (conditionnel: je, elle, ils)   7. **Ont-ils bien entretenu la maison?** (passé composé: il, vous, tu)   8. **J'ai peur qu'elle n'obtienne rien.** (prés. du subj.: vous, je, tu)   9. **Voltaire fait publier son discours à Cramer.** (futur: il, nous, je)   10. **Vous vîntes frapper à sa porte.** (passé simple: ils, il, nous)

Exercice 10. *Donnez un équivalent des mots en italique tout en conservant le temps du verbe. Imitez le modèle:*
   Voltaire *veut que Cramer publie* son discours.
   Voltaire fait publier son discours à Cramer.

1. Marie *ressemble* plutôt *à* son père.   2. Elle *voulut qu'il fasse* une promenade.   3. Je ne comprends pas ce que vous écrivez, *fit*-il.   4. Il *ne fait que d'arriver*.   5. On *se fait* vieux, hélas!

Exercice 11. *Insérez **faire** dans les phrases suivantes, et faites tous les changements nécessaires. Imitez les modèles:*
   Il le chante sans cesse.
   Il le fait chanter sans cesse.
   Il lui a chanté la chanson.
   Il lui a fait chanter la chanson.

1. Je construirai un château.   2. Voyez-vous une église romane?   3. Est-ce que tu as visité Malmaison?   4. Les Parisiens ne connaissent pas assez bien leur ville.   5. Nous avons fait une promenade en Ile-de-France.   6. Elles ont décoré la salle de bal hier soir.   7. Pourquoi dit-elle de pareilles choses?   8. Voyez la vaste perspective du haut de la Tour Eiffel.   9. Charles vendra ton auto.   10. On lui coupa le bras gauche.

Exercice 12. Commencez les phrases suivantes par les mots entre parenthèses. Faites tous les changements nécessaires. Imitez les modèles:
Je le crois. (Elle fait . . .)
Elle me le fait croire.
Marie a chanté la chanson à Pierre. (Il a fait . . .)
Il a fait chanter la chanson à Pierre par Marie.

1. Il le servira comme il faut. (Le maître d'hôtel fera . . .) 2. Un élève fait une dictée. (M. Topaze fait . . .) 3. Il arrêtera la voiture. (Le docteur Parpalaid fera . . .) 4. Elle l'a perdu. (Tu as fait . . .) 5. Nous en mangeâmes. (Ils firent . . .) 6. Eugène lui a posé cette question. (Nous avons fait . . .) 7. Il la verra. (Martha fera . . .) 8. John boit un manatham. (Angelo fait . . .) 9. Ce gentilhomme le suivit toute la journée. (M. de Clèves fit . . .) 10. Est-ce que tu l'as compris? (Est-ce qu'elles ont fait . . .)

Exercice 13. Composition. Répondez par des phrases complètes aux questions suivantes tout en utilisant les mots entre parenthèses et, au besoin, les termes de la question. Ecrivez des paragraphes unis. Sauf indication contraire, mettez les verbes au passé simple ou à l'imparfait, selon le contexte. Imitez le modèle:
Que fait Jean-Jacques? (reprendre / son chemin et / parcourir / routes / qui / mener / à Toulouse)
Jean-Jacques reprit son chemin et parcourut les routes qui menaient à Toulouse.

Que fait Jean-Jacques? (reprendre / son chemin et / parcourir / routes / qui / mener / à Toulouse) Est-il tard quand il arrive? (non) Visite-t-il donc la ville? (oui) Est-elle belle? (oui) De quoi est-il enchanté? (Musée des Augustins, / basilique Saint-Sernin, / et le Capitole)

Où aboutit-il, le boulevard qui passe par la ville? (route qui / aller / à Carcassonne) Y a-t-il une abbaye près de Carcassonne? (oui) Que veut-il faire alors, et pourquoi? (s'enfuir [infinitif] / parce que / avoir peur de / moines) Que lui dit son guide? («Notre / moines / être [présent] / bon vivant») Qu'ajoute-t-il? («Si / vous / vouloir [prés.] / dîner [inf.] / on vous / faire [temps?] / bon repas») Jean-Jacques y prend-il un repas? (oui)

Où arrive-t-il enfin? (Montpellier) Qu'est-ce qu'il y voit? (Jardin des Plantes / et / Hôtel de Ville) Où vient-il ensuite, et pourquoi? (Avignon / car / vouloir / voir [inf.] / son ami Georges) A-t-il faim en arrivant? (oui) Chez qui mange-t-il? (Georges) Qu'est-ce qu'ils prennent? (huîtres / breton, / rôti de bœuf, / fruits de / Lorraine, / fromage et vins / de / pays)

Quel temps fait-il? (du vent: / le Mistral / souffler) Où vont-ils ensemble? (Nîmes) Pourquoi? (voir [inf.] / arènes (f.) / romain, / et / Maison Carrée) Quel pont veulent-ils voir, et pourquoi? (Pont du Gard / parce que / être / très beau pont) Quand les Romains le construisent-ils? (il y a / vingt / siècle) Où se trouve-t-il? (près de Nîmes) En sont-ils déçus? (non)

Poursuivent-ils enfin leur route? (oui) Quel fleuve remontent-ils? (le Rhône) et jusqu'où? (Lyon) Comment est la vallée du Rhône? (beau) Que trouvent-ils d'étrange dans cette vallée? (arbres / rangé / en rideaux / pour protéger [inf.] / villes / contre / Mistral) Est-ce la fin de leur voyage? (oui)

Exercice 14. *Traduisez les phrases suivantes. Employez le style littéraire:*

1. Marco Polo spent several years in China. [§32, 1, *note*]   2. He made me visit all the important regions of France. [32, 2; 36A, 4]   3. I saw him, I blushed, I grew pale at the sight of him. [§32, 3]   4. When he had finished his reading, the students asked him a question. [§34, 1]   5. I sat down to read, and in less than one hour I had finished the book. [§34, 2]   6. He walked to the door, opened it slowly, and entered the room. [§32, 3]   7. Did the Battle of Hastings take place in 1066? [§32, 1]   8. It was warm that day, so we took a walk. [§18A, 3; §32, 2; §36A, 2a and 2c]   9. As soon as I had read his letter, I sat down and began to weep. [§34, 1]   10. Last night at eight o'clock, the Queen of England arrived in France. [§32, 2]   11. He had just arrived when I made his acquaintance. [§36B, 3b; §32, 2]   12. When I saw him he was in the process of wiping the spark plugs. [§32, 2; §18A, 1]   13. As soon as he had finished speaking, he sat down. [§34, 1]   14. The Bastille was stormed *(prendre)* on July 14, 1789. [§32, 1]   15. Since the bridge was destroyed, we had to find another way to cross the river. [§32, 4]

Exercice 15. Thème d'imitation. *Employez le passé simple et le passé antérieur pour rendre les verbes au passé:*

Monday, in Lyons, Georges and I took a walk near the basilica Notre-Dame de Fourvière, where there are still some Roman ruins *(ruines, f.)* Lyons was the capital of Gaul *(la Gaule)* for many centuries. After the Romans had abandoned the city, it became an important trading and intellectual center *(centre commercial et intellectuel)*. Then we visited the basilica, which was constructed about 1900. A guide showed us a beautiful view of the city.

Tuesday, since we were anxious to register *(s'inscrire)* at the University of Lyons, we got up early. As soon as we had eaten our breakfast, we went out. We were the first to arrive at the university. We filled out our forms *(fiches, f.)* before noon, and we could therefore spend the afternoon *(passer . . . à +* infinitive) walking along the Rhône *(m.)* and the Saône *(f.)*.

Scarcely had we spent a few days visiting the city as *(en)* tourists, when we began to take courses at the Faculty of Sciences.

SEPTIÈME LEÇON

Le Dompteur
ou L'Anglais tel qu'on le mange   Alfred Savoir

Personnages: Lord John Londsdale, anglais; Angelo, le dompteur[1]
(Un bar dans un cirque)

 John   Qu'est-ce que je vous ai fait? Comment ai-je eu le malheur de mériter votre colère?
 Angelo   Vraiment, vous exagérez! Je ne suis pas un mari jaloux, mais je ne suis pas un mari aveugle non plus. Vous nous suivez. Vous vous arrêtez dans les mêmes hôtels que nous. Vous êtes installé dans les coulisses du cirque.
 John   Eh bien?
 Angelo   J'en ai assez, Monsieur. C'est une persécution dont je souffre. Il est évident—tout le monde a remarqué—que vous suivez mademoiselle Arabella, ma femme, et cela depuis un an!
 John   Voyons, Monsieur . . . il est concevable, à la rigueur[2], de suivre une femme pendant un après-midi quand on n'a rien à faire, mais pendant un an? Ça n'a pas le sens commun. J'ajoute, au risque de vous déplaire, que je ne me soucie nullement de mademoiselle Arabella qui, d'ailleurs, est charmante, mais qui, jusqu'ici, n'a pas arrêté mon attention.
 Angelo   Il y a trois femmes dans la troupe . . . Si ce n'est pas Arabella que vous poursuivez . . . alors, c'est? . . .
 John   Vous vous fâcherez encore?
 Angelo   Non . . . dites qui? Qui suivez-vous?

[1] le dompteur   *tamer*   [2] à la rigueur   *if it's really necessary*

John Vous.
Angelo Moi?
John Vous!
Angelo Oh!...
John Oui, monsieur Angelo.
Angelo Je vous suis bien obligé, Monsieur, mais qu'attendez-vous de moi?
John Une défaillance[3]. J'espère que vous serez mangé.
Angelo C'est?... c'est pour me voir mangé?
John Oui... Excusez-moi... ce n'est pas que je vous veuille du mal personellement...
Angelo Minute... J'ai lu dans les journaux qu'un lord anglais suivait un cirque pour voir dévorer le dompteur... Alors, c'est vous, mon Anglais?
John Et vous, mon dompteur.
Angelo (lui tendant la main) Enchanté, Milord, de vous connaître.
John (la lui donnant) Moi aussi.
Angelo Au fond, je suis très flatté... Barman, un manatham, deux manathams, vous acceptez, Milord?
John Avec plaisir.
Angelo C'est très gentil, mais pourquoi m'avez-vous choisi, de préférence à tous mes confrères?
John Parce que vous représentez parfaitement les deux choses que je hais le plus au monde: l'oppression et l'injustice.
Angelo Est-ce possible? Vous haïssez l'oppression et l'injustice? Pourquoi?
John C'est un travers[4] de famille. C'est héréditaire. Nous sommes tous des idéalistes et nous prétendons descendre de saint Jean qui fut le plus doux des apôtres. Déjà, au dix-septième siècle, mon aïeul[5] a conçu la possibilité, la nécessité, d'affranchir les noirs. Il est parti pour Saint-Domingue, il a fait de la propagande parmi les nègres, qui, ne l'ayant pas compris, l'ont écorché[6] vif, après l'avoir empalé.
Angelo Seulement? Je vois.
John Un siècle plus tard, un autre de mes aïeux a été guillotiné par la Convention qu'il avait servie loyalement. Un autre est mort pour la Grèce, trahi par les Grecs, un autre en Pologne, trahi par tout le monde. Je suis le dernier rejeton[7] des Londsdale.
Angelo Comment diable, à votre âge, êtes-vous encore vivant? Vous n'avez pas honte?
John Non, j'ai fait ce que j'ai pu... J'ai lutté pour la bonne cause. On m'a vu voler au secours des opprimés, face aux oppresseurs. Les tribunaux de mon pays m'ont condamné à mort, trois fois.
Angelo Ce n'est pas mal.

[3]la défaillance *moment of weakness*   [4]le travers *weakness*   [5]l'aïeul (m) *ancestor*
[6]écorcher *to skin*   [7]le rejeton *descendant*

John La dernière, c'était à cause d'une révolte aux Indes. *(Il offre une cigarette à Angelo.)*

Angelo La révolte a été terrible?

John Oui... pour moi... elle n'a pas eu lieu, les opprimés n'ont pas voulu se révolter. J'avais beau leur envoyer mon pied au derrière, ils n'ont rien voulu entendre. Si fortement que soit trempé l'idéalisme d'un homme, il y a là, évidemment, de quoi le décourager. Heureusement, au moment critique, au moment où ma foi allait flancher[8], je vous ai rencontré, Angelo, vous et vos bêtes.

Angelo Et alors?

John Alors, vous m'avez sauvé... Quel spectacle!

Angelo Je vous remercie, Milord.

John Le plus écœurant et le plus dégoûtant, le plus ignoble que l'on puisse voir.

Angelo Ah?

John D'un coté les bêtes, des bêtes superbes, puissantes, fières et généreuses, de l'autre côté, un homme laid, gras, habillé de rouge. Il tient un fouet à la main et les magnifiques bêtes rampent[9] et obéissent aux caprices mesquins et absurdes d'un tyran idiot.

Angelo Eh bien? Le coup est régulier.

John C'est révoltant, surtout, c'est fou. Le lion n'a qu'à étendre la patte pour que l'homme qui le tourmente et l'humilie tombe éventré et le lion ne fait pas le geste nécessaire.

Angelo Non, Monsieur... Bien entendu...

John (avec violence) Qu'est-ce qu'il attend? Pourquoi ne vous mange-t-il pas?

Angelo (calme) Il a peur.

John Ne vous y fiez pas! Mais l'heure viendra où le lion retrouvera son cœur, sa fierté native et vous serez mangé, Angelo.

Angelo N'y comptez pas... Jamais...

John Ne dites pas cela... c'est trop affreux. Vous me faites mal. Si vous n'êtes pas mangé, c'est à désespérer de tout, c'est la faillite de l'idéal. C'est que l'oppression bête régnera toujours. Mais cela ne sera pas. Dans ce cirque, comme ailleurs, la beauté et la raison finiront par triompher. Vous serez mangé, Angelo, vous serez mangé... il le faut.

Angelo Je n'en vois pas la nécessité.

John Il le faut! Si vous voulez seulement réfléchir.

Angelo Mais je ne veux pas.

John Qu'il est entêté, cet homme! Il ne veut pas comprendre.

(A la fin de la pièce, c'est Lord John qui est mangé par les lions.)

---

[8]flancher *to break down*   [9]ramper *to crawl, to grovel*

Questionnaire I

1. Où se passe l'action de la pièce?   2. Quels sont les personnages sur la scène?   3. Est-ce qu'Angelo aime John?   4. Selon Angelo, que fait John depuis un an?   5. Pourquoi, selon John, n'est-il pas concevable de suivre une femme pendant un an?   6. Qu'est-ce que John pense d'Arabella?   7. Pourquoi John suit-il Angelo depuis un an?   8. Angelo est-il fâché d'apprendre que John aimerait le voir mangé?   9. Qu'est-ce qu'Angelo demande au barman?   10. Pourquoi John a-t-il choisi Angelo de préférence à tous ses confrères?   11. Pourquoi John hait-il l'oppression et l'injustice?   12. De qui prétend descendre la famille de John?   13. Qu'est-ce que l'aïeul de John a fait au dix-septième siècle?   14. Qu'est-ce qui lui est arrivé?   15. Qu'est-il arrivé à un autre des aïeux de John au dix-huitième siècle?   16. Qu'est-il arrivé à d'autres de ses aïeux en Grèce et en Pologne?   17. Pourquoi John n'a-t-il pas honte d'être encore vivant à son âge?   18. Qu'a-t-il fait pour les opprimés?   19. Pourquoi a-t-il été condamné à mort la troisième fois?   20. Pourquoi la révolte aux Indes a-t-elle été terrible pour John?   21. Comment Angelo a-t-il sauvé John?   22. Qu'est-ce que John pense du spectacle?   23. Pourquoi les lions obéissent-ils au dompteur?   24. Pourquoi est-ce révoltant, selon John?   25. Pourquoi, selon Angelo, les lions ne le mangent-ils pas?   26. Qu'est-ce que John prédit?   27. Pourquoi est-ce affreux, selon John, si le dompteur n'est pas mangé?   28. Qu'est-ce qu'Angelo pense des sentiments de John?   29. Selon John, qu'est-ce qu'Angelo ne veut pas comprendre?   30. Qu'est-ce qui arrive à la fin de la pièce?

Questionnaire II

1. Etes-vous jamais allé à un cirque? quand? pourquoi?   2. Est-ce que le spectacle vous a plu?   3. Qu'est-ce que vous avez pensé du dompteur?   4. Aimez-vous les équilibristes *(tight-rope walkers)*?   5. Aimez-vous les acrobates? les clowns?   6. L'équilibriste mène-t-il une vie dangereuse?   7. Le dompteur mène-t-il une vie dangereuse?   8. Croyez-vous qu'il y ait des gens qui vont au cirque pour voir tomber les équilibristes? pour voir les lions manger le dompteur?   9. Aimeriez-vous être clown?   10. Aimeriez-vous être acrobate? dompteur?   11. Croyez-vous que le dompteur ait peur de ses lions?   12. Croyez-vous que les équilibristes aient peur de tomber?   13. Croyez-vous que le spectacle du dompteur et de ses animaux soit écœurant et dégoûtant?   14. Selon vous, John a-t-il raison de croire qu'un jour le lion retrouvera son cœur et mangera le dompteur?   15. Selon vous, John a-t-il raison de dire que la beauté et la raison finiront par triompher?

A. *Expressions à étudier: Les Sports, Les Divertissements*

les sports (m)

s'entraîner [*to train*], l'entraînement *(m)* [*training*], un athlète

les sports d'hiver

l'alpinisme [*mountain climbing*], faire une ascension en montagne [*to go mountain climbing*], jouer au hockey (sur glace) [*to play (ice) hockey*], faire du ski [*to ski*], faire du patinage (sur glace) [*to go (ice) skating*]

les sports d'été

le cyclisme [*bicycle riding*], faire de la bicyclette [*to go bike riding*], le coureur cycliste [*bicycle racer*]; l'équitation *(f)* [*horseback riding*], monter à cheval [*to mount*], la selle [*saddle*], la bride [*bridle*], les courses de chevaux *(f)* [*horse races*]; la natation [*swimming*], nager [*to swim*], la piscine [*pool*], la plage [*beach*], le sable [*sand*], le maillot de bain [*bathing suit*], les caleçons de bain *(m)* [*bathing trunks*]; plonger [*diving, to dive*], se faire bronzer [*to get a tan*]; la chasse [*hunting*], chasser [*to hunt*], le chasseur [*hunter*], le fusil [*gun*], la gibecière [*game bag*]; la pêche [*fishing*], pêcher [*to fish*], le pêcheur [*fisherman*]; le camping, faire du camping, le terrain de camping [*campground*], la tente [*tent*], le sac de couchage [*sleeping bag*]; le canotage [*boating*], faire du canotage [*to go boating*], ramer [*to row*], le canot [*(open) boat*]; jouer au croquet [*to play croquet*]; jouer au tennis [*to play tennis*], jouer au tennis de table [*to play table tennis, ping-pong*], un court, la raquette [*racket*], les balles [*balls*], le filet [*net*]

les sports d'équipe

le match, les matches [*match (game), matches*]; le football [*soccer*], le rugby [*football*]; le hockey [*hockey*], le basketball, le volleyball, le ballon [*ball*], l'arbitre *(m)* [*umpire, referee*], le terrain [*playing field*], la partie [*game*], le stade [*stadium*], les joueurs *(m)* [*players*]

sports divers

la boxe [*boxing*], la lutte [*wrestling*], mettre son adversaire knockout [*to knock out one's opponent*]; la course [*race*], le saut en hauteur [*high jump*], le saut en longueur [*broad jump*]; la gymnastique [*gymnastics*], la barre fixe [*horizontal bar*], les barres parallèles [*parallel bars*], le tremplin [*trampoline*]; l'escrime *(f)* [*fencing*], l'épée *(f)* [*sword, epee*], le sabre [*sabre*]; la course de taureaux [*bullfighting*]

jeux divers

jouer à cache-cache (à saute-mouton, au billard, aux cartes) [*to play hide-and-seek (leap frog, billiards, cards)*], le trèfle [*clubs*], le pique [*spades*], le carreau [*diamonds*], le cœur [*hearts*], le valet [*Jack*], la dame [*Queen*], le roi [*King*], l'as *(m)* [*Ace*]; jouer aux échecs [*to play chess*], l'échiquier *(m)* [*chessboard*]; le jeu de dames [*checkers*], le damier [*checkerboard*]; les billes *(f)* [*marbles*]; les toupies *(f)* [*tops*]

les distractions *(f)* [*amusements*], les divertissements *(m)* [*recreation, entertainment*]

la télévision (le poste de télévision) [*television, T.V. set*], l'écran *(m)* [*screen*], les boutons *(m)* [*buttons, knobs*], le programme [*program*], mettre en marche [*to start, to turn on*], régler le volume [*to adjust the volume*], réduire (augmenter) le volume [*to turn down (up) the sound*]; les réclames *(f)* [*advertisements*]; la radio (le poste de T.S.F.) [*radio*], le tourne-disque [*turntable*], un disque [*record*]; le bal [*ball*], la danse [*dance*]; faire de la photographie [*to go in for photography*], un appareil [*camera*], une photo [*photograph*], prendre un cliché [*to take a shot*]; le cinéma, le film [*motion picture*], une vedette [*star*], un metteur en scène [*director*], la mise en scène [*set, setting*]; le théâtre [*theater*], la tragédie [*tragedy*], la comédie [*comedy*]; le drame [*drama*], un acte, une scène, l'entracte *(m)* [*intermission*], la scène [*stage*], le décor [*set*], les coulisses *(f)* [*wings*], la salle ["*house*"], lever (baisser) le rideau [*to raise (to lower) the curtain*], un acteur [*actor*], une actrice [*actress*]; le concert, l'opéra *(m)*; le cirque [*circus*], le clown, un acrobate, un jongleur [*juggler*], le prestidigitateur [*magician*], le dompteur [*tamer*]; le carnaval [*carnival*].

Questionnaire

1. Aimez-vous les sports? 2. Quel est votre sport favori? 3. Participez-vous à un sport d'hiver? lequel? à un sport d'été? 4. A votre avis, quel est le sport le plus dangereux? Lequel est le plus intéressant? 5. Y a-t-il un sport qui vous intéresse moins que les autres? 6. Diriez-vous que certains sports sont immoraux? lesquels? pourquoi? 7. Y a-t-il certains jeux que vous aimeriez voir interdire? lesquels? pourquoi? 8. Que pensez-vous de l'alpinisme? 9. Avez-vous jamais fait une ascension en montagne? où? quelle montagne? 10. Avez-vous jamais fait du ski? 11. Où fait-on du ski aux Etats-Unis? 12. Aimez-vous le hockey? pourquoi? 13. Est-ce que le cyclisme est considéré comme un sport aux Etats-Unis? Comment en expliqueriez-vous la popularité en France? 14. Aimez-vous l'équitation? 15. Faites-vous souvent des promenades à cheval? Où allez-vous? 16. Y a-t-il une plage près de chez vous? Où est-elle? 17. Aimez-vous la chasse? 18. Croyez-vous que ce soit un sport cruel? 19. La pêche est-elle préférable à la chasse? 20. Peut-on faire du camping dans votre état? 21. Faites-vous du camping? En faites-vous souvent? 22. Avez-vous une tente? Est-elle grande ou petite? 23. Avez-vous un sac de couchage? 24. Peut-on faire du camping sans sac de couchage? 25. Fait-on du canotage dans votre état? où? 26. Est-ce que le croquet est un sport? le tennis de table? 27. Avec quoi joue-t-on au tennis? 28. Allez-vous souvent aux matches de football? où? en quelle saison? 29. Votre université a-t-elle une bonne équipe de rugby? 30. Une équipe de basketball se compose de combien de joueurs? une équipe de volleyball? 31. Y a-t-il un stade à votre université? à combien de places? 32. La boxe et la lutte devraient-elles faire partie d'un programme athlétique universitaire? 33. Est-ce que la gymnastique est le meilleur de tous les sports? 34. Avez-vous jamais fait de l'escrime? 35. Considérez-vous la course de taureaux comme un sport? 36. Avez-vous joué récemment à cache-cache? à saute-mouton? 37. Jouez-vous de temps en temps

aux cartes? 38. Lequel vous intéresse le plus, le jeu de dames ou le jeu d'échecs? 39. Avez-vous un poste de télévision à la maison? un poste de radio? Lequel aimez-vous le mieux? 40. Trouvez-vous qu'il y a trop de réclames à la télévision? à la radio? 41. Avez-vous un tourne-disque? des disques? 42. Combien de disques avez-vous? 43. Aimez-vous les bals? Y allez-vous souvent? 44. Avez-vous un appareil? de quelle marque? 45. Prenez-vous souvent des photos (des clichés)? 46. Allez-vous souvent au cinéma? 47. Quels films avez-vous vus récemment? 48. Allez-vous souvent au théâtre? 49. Quelle est la dernière pièce que vous avez vue? 50. Aimez-vous mieux le théâtre ou le cinéma? pourquoi? 51. Allez-vous souvent au concert? à l'opéra?

B. *Etudiez les expressions suivantes; consultez la leçon pour l'emploi de ces expressions:*

se soucier de=s'inquiéter de **j'en ai assez**=j'en ai plein le dos **n'y comptez pas!**=ne vous attendez pas à ce que cela arrive! **au risque de**=en s'exposant à **se fier à**=mettre sa confiance en **avoir honte**=se sentir humilié, déshonoré **bien entendu**=assurément **faire face à**=affronter, braver **avoir beau faire qqch.**=faire qqch. en vain

Exercice. *Employez ces expressions dans les phrases suivantes:*
1. Battre un plus petit que vous! N'avez-vous pas _____? 2. Vous croyez que ce vaurien vous donnera les 100 francs qu'il vous doit? _____. 3. _____ attirer sur moi votre inimitié, je crois devoir vous dire que vous êtes détestable. 4. Ah, non, monsieur le Professeur! Pas un autre devoir à faire! _____ 5. J'ai _____ lui donner mes conseils, il fait toujours comme bon lui semble. 6. Ah traître! Et penser que je m'étais _____ vous! 7. Je ne me _____ aucunement de vos reproches, ma chère; je sais ce que je vaux. 8. _____ j'irai voir le lion manger le dompteur. 9. Il a _____ ses oppresseurs, et ils l'ont tué.

§37 USES OF THE SUBJUNCTIVE (CONTINUED FROM §27-30)

The subjunctive is used to indicate indetermination or uncertainty, as in the following cases:

1. The subjunctive is used with an antecedent expressing indetermination or uncertainty concerning the identity of the person or thing spoken of. Such antecedents are:

   qui que *(whoever)*, **qui que se soit qui** [**que**] *(anyone who or whom, whoever, whomever)*
   quoi que *(whatever)*
   quelque [+ noun] **que** *(whichever, whatever* [adjective])[1]
   où que *(wherever)*

[1]**quelque ... que** also functions as an adverb; see Lesson 5, §30, 3.

Qui que vous soyez, écoutez-moi.
Whoever you are, listen to me.
Quoi que vous fassiez, n'oubliez jamais qu'il vous aime.
Whatever you do, don't forget that he loves you.
Dites à qui que ce soit qui vienne que je suis sorti.
Tell whoever comes that I've gone out.
Grâce à cette photo, je pense à toi où que je sois.
Thanks to this photo, I think of you wherever I am.
Quelque langue que vous parliez, il vous comprendra.
Whatever language you speak, he'll understand you.

2. The subjunctive is used with a verbal antecedent expressing an indeterminate degree of certainty.

   a. **Il semble que** is usually followed by a subjunctive:
      Il semble que vous *ayez appris* ce poème par cœur.
      It seems that you've learned that poem by heart.

However, the indicative may be used, if the speaker wishes to imply that there is no uncertainty:
      Il *semblait que* cette masse *était devenue* monstre . . .
      (Hugo)
      It seemed that that mass had become a monster.

   b. **Il me semble que** usually expresses probability rather than uncertainty, and therefore is usually followed by the indicative:
      Il me semble que vous *avez* raison.
      It seems to me that you're right.

However, the subjunctive is also used, if the speaker wishes to imply that what he is saying is more opinion than fact, and that there is, therefore, some degree of uncertainty:
      Il me semble que vous *ayez* raison.
      It seems to me that you might be right.

Note: *Frenchmen often use these two expressions interchangeably, but an American student would do better to think of* **il semble que** *as being followed by the subjunctive and* **il me semble que** *as being followed by the indicative.*

3. The subjunctive is used with certain conjunctions which express the speaker's or writer's hesitation or refusal to choose between two or more equally possible causes or circumstances. The most common of these conjunctions are: **soit que . . . soit** (or **ou**) **que, que . . . (ou) que,** and **que . . . ou non:**

> *Soit qu'il gagne, soit qu'il perde*, **jamais on n'aperçoit la moindre émotion chez lui.**
>
> *Whether he wins or loses, never can the slightest emotion be detected in him.*
>
> ***Qu'il fasse* beau, *qu'il fasse* laid, c'est mon habitude d'aller sur les cinq heures du soir me promener au Palais-Royal.** (Diderot)
>
> *Whether it is nice or nasty out, I habitually go for a walk at the Palais Royal at 5 p.m.*

Exercice 1. Combinez les phrases suivantes en employant **qui que, quoi que** ou **qui que ce soit qui** (ou **que**), selon le cas. Faites tous les changements nécessaires; imitez les modèles:

Qui êtes-vous? En tout cas, arrêtez-vous!
> *Qui que vous soyez, arrêtez-vous!*

Parlez à quelqu'un d'autre si vous voulez, vous verrez que j'ai raison.
> *A qui que ce soit que vous vouliez parler, vous verrez que j'ai raison.*

Que faites-vous? Elle vous aime malgré cela.
> *Quoi que vous fassiez, elle vous aime.*

1. Quelqu'un l'a dit, mais je ne le crois pas.   2. Qui êtes-vous? En tout cas, je veux vous parler tout de suite.   3. Qu'en dites-vous? Je ne croirai jamais cela, malgré tout.   4. Qui es-tu? Ne t'approche pas.   5. Qu'en sais-tu? Malgré cela, il pense tout savoir.   6. Quelqu'un part déjà? Cela m'est égal.   7. Que vois-tu? Ne lui en dis rien.   8. Tu vois quelqu'un? Ne lui en dis rien.

Exercice 2. Remplacez **si** ou **même si** par **que . . . ou non, que . . . ou que,** ou **quelque** [nom ou substantif] **que**, selon le cas. Faites tous les changements nécessaires; imitez les modèles:

S'il fait beau ou mauvais temps, j'y vais tous les jours.
> *Quelque temps qu'il fasse, j'y vais tous les jours.*

S'il fait beau ou non, j'y vais tous les jours.
> *Qu'il fasse beau ou non, j'y vais tous les jours.*

S'il fait beau ou s'il fait mauvais, j'y vais tous les jours.
> *Qu'il fasse beau ou qu'il fasse mauvais, j'y vais tous les jours.*

1. Même si elle a pris des mesures, il trouvera les moyens d'en venir à bout.   2. S'il part demain ou non, tu iras à Chantilly.   3. Même si je trouve les livres dont j'ai besoin, ce travail sera difficile.   4. Si John espère qu'Angelo sera mangé ou non, c'est peu poli de sa part de lui en parler.   5. Même si tu répètes des mensonges, on te croit toujours honnête.   6. Si l'oppression vous plaît ou si vous la haïssez, j'ai envie de vous voir mangé par un lion.   7. On veut toujours lui pardonner, même s'il commet des crimes atroces.   8. S'il a lutté pour la bonne cause ou s'il est mort ignominieusement, on doit respecter ses sentiments nobles.   9. Vous échouerez sans aucun doute, même si vous faites des efforts.

Exercice 3. Dans les phrases suivantes, remplacez **Je ne suis pas sûr mais je crois** par **Il semble**, et mettez le verbe au subjonctif. Imitez le modèle:
Je ne suis pas sûr mais je crois que tu as raison.
Il semble que tu aies raison.

1. Je ne suis pas sûr mais je crois qu'il est capable de dire cela. 2. Je ne suis pas sûr mais je crois que nous devons dîner en ville ce soir. 3. Je ne suis pas sûr mais je crois que notre équipe a gagné le match. 4. Je ne suis pas sûr mais je crois qu'elle veut l'épouser depuis toujours. 5. Je ne suis pas sûr mais je crois que vous êtes préoccupé tout le temps.

§38 SUBJUNCTIVE USED WITHOUT ANTECEDENT

The subjunctive is used without an antecedent in a number of situations, some of which are treated here.

A. *Principal use*

The subjunctive is used without an antecedent as a sort of imperative in the first person singular (**je**) and especially in the third person singular and plural (**il** and **ils**):
Qu'on ferme toutes les portes! s'écria-t-il.
"Have all the doors shut!" he cried.

This usage will be studied in more detail in §40B, along with the imperative.

B. *Other uses*

1. The subjunctive is used without an antecedent to express a sort of possible or wished-for outcome; the verb of the main clause (which, in this construction, is generally introduced by **et** or by a colon [:]) is in the future tense:
Qu'elle me laisse tranquille: je serai content.
If she'll only leave me alone, I'll be happy.
Que j'aille seul au concert, et on se demandera pourquoi.
If I go to the concert alone, they'll wonder why.

2. A subjunctive form of **pouvoir** is used with an infinitive to express a wish:
Puissent tous vos désirs être comblés!
May all your desires be satisfied!

But with a past infinitive which is in the negative, it expresses a regret or a wish that cannot be fulfilled:
Puissé-je ne jamais avoir rencontré cet homme!
Might I never have met (i.e., I wish I had never met) that man!

3. **Plaire** is used in the subjunctive in the constructions **plaise** or **plût à Dieu** or **au ciel que** + a clause in the subjunctive, and **à Dieu ne plaise,** which may be used alone or may be followed by a clause in the subjunctive:

Plaise à Dieu que mon fils survive à cette avalanche!
God grant that my son survive that avalanche! (The wish may or may not be granted.)

Plût² à Dieu que mon fils eût survécu² à cette avalanche!
Would to God that my son had survived that avalanche! (This is a regret: the wish cannot possibly be granted, since the son did not survive.)

A Dieu ne plaise que mon fils meure de la sorte!
God forbid that my son die in such a manner. (A sort of prayer to prevent the possibility from arising.)

4. The subjunctive is used without antecedent in religiously inspired wishes:

Dieu m'en préserve!
God spare me!

and religiously inspired curses and maledictions, often followed by a **si** clause:

Le diable m'emporte si je vous comprends.
The devil take me if I understand you.

5. The subjunctive is used without an antecedent in more or less solemn or lyrical wishes:

Vive la République!
Long live the Republic!

Honni soit qui mal y pense. (motto, Order of the Garter [English])
Evil (be) to him who evil thinks.

6. The subjunctive is used without an antecedent in certain common expressions:

Advienne que pourra, je serai prêt.
Come what may, I'll be ready.

Je n'ai trouvé âme qui vive.
I didn't find a living soul.

Achetez ce Dali, coûte que coûte.
Buy that Dali, whatever the cost may be (or, *at all costs*).

Il n'a rien fait, que je sache. (=autant que je sache)
He didn't do anything, as far as I know.

§39 THE IMPERATIVE MOOD

The imperative is the mood (or the manner of presenting an action or a state of being) which expresses a command, an exhortation, or a request; it attempts to move the person spoken to, to accomplish the action which the verb indicates.

²These verbs are in the imperfect and pluperfect subjunctive. See Lesson 8, §42-44.

§40 EXPRESSING THE IMPERATIVE

A. *Principal means of expressing the imperative*

1. For most verbs, the imperative is identical in form with the **tu, vous,** and **nous** forms of the present indicative, except that the final **-s** of the **tu** form of **-er** conjugation verbs[3] is retained only before the pronouns **en** and **y.**

aller:	**va**	*go*
	but: **vas-y**	*go there, go ahead*
	allez	*go*
	allons	*let's go*
penser:	**pense**	*think*
	but: **penses-y**	*think about it*
	pensez	*think*
	pensons	*let's think*
manger:	**mange**	*eat*
	but: **manges-en**	*eat some*
	mangez	*eat*
	mangeons	*let's eat*
finir:	**finis**	*finish*
	finissez	*finish*
	finissons	*let's finish*
partir:	**pars**	*leave*
	partez	*leave*
	partons	*let's leave*
venir:	**viens**	*come*
	venez	*come*
	venons	*let's come*
apprendre:	**apprends**	*learn*
	apprenez	*learn*
	apprenons	*let's learn*
dire:	**dis**	*say, tell*
	dites	*say, tell*
	disons	*let's say, let's tell*

[3]This is also true of **cueillir** and of **ouvrir** and its related verbs (**couvrir, offrir, souffrir**) and of their compounds. These verbs will be studied in Lessons 13 and 14.

répondre:	**réponds**	*answer*
	répondez	*answer*
	répondons	*let's answer*
croire:	**crois**	*believe*
	croyez	*believe*
	croyons	*let's believe*
voir:	**vois**	*see*
	voyez	*see*
	voyons	*let's see*

With reflexive verbs, the reflexive pronoun must be used:

s'asseoir:	**assieds-toi**	*sit down*
	asseyez-vous	*sit down*
	asseyons-nous	*let's sit down*
s'échapper:	**échappe-toi**	*escape*
	échappez-vous	*escape*
	échappons-nous	*let's escape*
s'en aller:	**va-t'en**	*go away*
	allez-vous-en	*go away*
	allons-nous-en	*let's go away*

Notes:

(1) The position of object pronouns with the imperative will be studied in Lesson 9, §49B and §50E.

(2) Some imperatives have become interjections; in this category are:

tiens!	*well!* (expresses surprise)
tenez!	*here! catch! here you are!*
voyons!	*come on! be serious!*
allons!	*come on now!* (expresses disbelief, especially when expressed as **allons donc!**)
gare!	*beware!*

2. The following verbs have slightly irregular imperatives:

avoir:	**aie**	*have*
	ayez	*have*
	ayons	*let's have* (seldom used)
être:	**sois**	*be*
	soyez	*be*
	soyons	*let's be*

savoir:	**sache**	*know, I would have you know*
	sachez	*know, I would have you know*
	sachons	*let's know* (seldom used)
vouloir:	**veuille**	*please* (seldom used)
	veuillez[4]	*please, would you kindly* (when followed by an infinitive)
	veuillons	*let's be kind enough to* (this form is almost never used)

3. A general and impersonal order is expressed by an infinitive, and is used especially in public notices, in recipes, for directions on medicine bottles, etc.:

Ne pas se pencher en dehors.
Don't lean out (i.e., *the windows*).
Cuire des pommes de terre en robe des champs.
Cook some potatoes in their jackets (i.e., *in their skins*).
Prendre deux comprimés toutes les quatre heures.
Take two tablets every four hours.

Exercice 4. *Mettez à l'impératif en employant la forme qui correspond à* **tu**, **vous** *et* **nous**; *faites tous les changements nécessaires. Imitez le modèle:*
   Ton père et ta mère tu honoreras.
      Honore ton père et ta mère. Honorez votre père et votre mère. Honorons notre père et notre mère.

1. Vous garderez votre passeport.   2. Tu feras un effort.   3. Nous considérerons ce débat terminé.   4. Vous ne mettrez pas trop de notations dans les marges.   5. Tu excuseras Charles.   6. Vous attendrez.   7. Nous serons sûrs.   8. Tu ralentiras.   9. Nous prendrons du chocolat.   10. Vous n'aurez pas peur.

B. *Expressing the imperative for* **je**, **il**, *and* **ils**

   1. For **il** and **ils**, the imperative is usually expressed by **que** and the present subjunctive in an exclamation. This construction is rather frequent:
   Qu'un sang impur abreuve nos sillons! (La Marseillaise)
      May an impure blood water our fields!
   Qu'il s'éloigne, qu'il parte! (Racine)
      Have (Make) him go away, have (make) him leave!
   Qu'elles se taisent donc! (Corneille)
      Make them be quiet!

   2. The speaker (**je**) can order himself to do things in three ways:

---

[4]Example: **Veuillez rester quelques moments.** *(Please stay for a few moments.)* [A very polite request.]

a. **Que** and the present subjunctive, usually in an exclamation, expresses a wish or an act of will:

Que je ne te revoie jamais! (Mirbeau)
Let me never see you again! May I never see you again!

Note: This construction is more common in the negative than in the affirmative, but it is commonly used in such expressions as:

Que je te dise ...
Let me tell you ...
Que je te prévienne ...
Let me warn you ...

b. The **tu** form is used, as if the speaker saw his double:

Dis, qu'as-tu fait, toi que voilà,
De ta jeunesse? (Verlaine)
Tell [me], what have you done, you over there,
With your youth?

c. The **nous** form is also used, as if the speaker considered himself to be two individuals:

... préparons-nous à montrer constamment
Ce que doit une amante à la mort d'un amant. (Corneille)
... May I be prepared to show at all times
What a lady in love owes to her lover's death.

Exercice 5. Mettez à l'impératif d'après le modèle. Faites tous les changements nécessaires; imitez le modèle:

Il sortira.
Qu'il sorte!

1. Il s'en ira.   2. Ils ne diront rien.   3. Jean sera gêné.   4. Le docteur verra son client.   5. Ils s'arrêteront un peu plus haut.   6. Il aura faim.   7. La nuit viendra, l'heure sonnera.   8. Ils feront penser que vous avez raison.   9. Sa femme saura la triste vérité.   10. Ils s'ennuieront.

Exercice 6. Mettez à l'impératif en employant **que** et le subjonctif. Imitez le modèle:

Je ne veux plus te voir.
Que je ne te voie plus!

1. Je veux oublier cet homme affreux.   2. Je ne veux pas m'exposer à des reproches.   3. Je ne veux pas prendre une responsabilité pareille.   4. Je veux te dire qu'il fait horriblement froid.   5. Je ne veux jamais la rendre malheureuse.

C. Other means of expressing the imperative

1. use of **veuillez** + infinitive [a formal and polite construction, used especially at the close of a letter]:

***Veuillez agréer,* Monsieur, l'expression de mes sentiments distingués.**
> *Sincerely yours* (lit., *Please accept, sir, the expression of my distinguished* [i.e., *easily noticeable*] *sentiments)*

2. use of **voudriez-vous (bien)** + infinitive [a formal and polite construction]:
> ***Voudriez-vous* bien *m'excuser?***
> *Would you please excuse me?*

3. use of **auriez-vous la bonté de** or **ayez la bonté de** + infinitive [formal expressions of courtesy]:
> ***Auriez-vous la bonté de* me *passer le sel?***
> *Would you be so kind as to pass me the salt?*

4. use of the interrogative form of the present indicative [a vigorous command]:
> ***Tu vas* te taire?**
> *Will you be quiet? (Be quiet!)*
> ***Vous* ne *répondrez* pas?**
> *You'll not answer? (Answer me!)*

(This construction is perhaps more frequently used for **tu** than for **vous**.)

5. The future may be used as a vigorous imperative or, on the other hand, as an attenuation of the imperative:
> ***Tu* ne *toucheras* pas à Lucette!** (Sartre)
> *Keep your hands off Lucette!* (lit., *Don't touch Lucette!)*
> ***Vous* m'excuserez, n'est-ce pas?**
> *Won't you excuse me?*

§41 VOULOIR AND POUVOIR

Proverb: **Vouloir, c'est pouvoir.** *(Where there's a will, there's a way.)*

A. *Vouloir*

1. Summary of conjugations:

present indicative:	je veux	nous voulons
		ils veulent
future and conditional:	je voudrai, je voudrais	
passé composé:	j'ai voulu	
passé simple:	je voulus	
present subjunctive:	je veuille	nous voulions
		ils veuillent
imperative:	veuille	veuillez, veuillons

Note: *Use the imperfect to express the past tense, except when an act of willing is made. (In the latter case, the verb has the meaning of* **insister** *or* **refuser;** *see 2 c, below.)*

2. Some special meanings of **vouloir**:

a. In the conditional and imperative, followed by an infinitive, **vouloir** softens or attenuates a command; see §40C, 1 and 2.

b. The conditional, used as an attenuation of the present indicative, often has the meaning of the conditional of **aimer:**
>**Je voudrais dîner en ville.**
>*I'd like to have dinner in town.*

c. In the present and the **passé composé** especially, **vouloir** can have the meaning of **insister** in the affirmative, and of **refuser** in the negative:
>**Il veut absolument vous parler.**
>*He absolutely insists on speaking to you.*
>**Il n'a pas voulu me parler.**
>*He refused to speak to me.*

3. Some expressions with **vouloir:**
>*a.* **vouloir bien**   *to be willing, to please do sth., to mind doing sth.:*
>>**Voulez-vous bien avancer un peu?**
>>*Would you mind moving forward a bit?*

>*b.* **vouloir dire**   *to mean, to signify:*
>>**Etudier veut dire: travailler pour apprendre quelque chose.**
>>*To study means to work in order to learn something.*

>*c.* **en vouloir à**=être en colère contre   *to hold sth. against s.o., to have a grudge against s.o., etc.:*
>>**Pierre t'en veut, n'en doute pas.**
>>*Pierre is mad at you, don't doubt it.*

>*d.* **Que veux-tu?** or **Qu'est-ce que tu veux?** (also in **vous** form) *What do you expect?*
>>**La vie est comme ça, que voulez-vous!**
>>*Life is like that, what do you expect!*

B. *Pouvoir*

  1. Summary of conjugations:

present indicative:	je peux	nous pouvons
		ils peuvent
future and conditional:	je pourrai, je pourrais	
passé composé:	j'ai pu	
passé simple:	je pus	
present subjunctive:	je puisse	

Notes:

(1) For the present indicative, the **je** *form has an alternative:* **je puis,** *which is a bit more elegant than* **je peux.** *In questions, say:* **Puis-je,** *or* **Est-ce que je peux?** *In negations, say:* **Je ne puis** *or* **Je ne peux (pas).** *With* **pouvoir** *and* **vouloir,** *the* **pas** *is not always expressed in formal writing; other negatives are expressed, however.*

(2) To express past tense, use the imperfect, except when you mean, for example, "At that particular moment, I could (see) . . ." or "It became possible for me (to see) . . ."

(3) **Pouvoir** *means both "can" (to be able) and "may;" that is, it expresses both physical possibility and permission:*
  Puis-je aller?
  May I go?
  Nous ne pouvons pas le faire.
  We can't do it.

  2. Some expressions with **pouvoir:**

  a. **n'en pouvoir plus** *to be done in or worn out; to be discouraged:*
  J'ai travaillé toute la journée et je n'en peux plus.
  I worked all day long and I'm worn out.
  La pauvre femme, elle n'en peut plus.
  The poor woman, she can't go on.

  b. **se pouvoir** (impersonal verb, constructed only with **il** or **cela**) = être **possible:**
  Cela se peut.
  That may be.
  Il se peut que Jean lui écrive.
  John might write him (lit., *It may be that John will write him*).

Exercice 7. *Formez des phrases complètes des mots suivants, en faisant tous les changements nécessaires. Mettez les verbes au temps indiqué entre parenthèses. Imitez le modèle:*

Je / vouloir (conditionnel) / acheter / cravates.

Je voudrais acheter des cravates.

1. Pauvre / misérables, / ils / n'en pouvoir plus (présent)! 2. Pouvoir (présent) / -je / s'asseoir / sur / ce / chaise? 3. Pierre / ne pas / vouloir (passé composé) / la / faire chanter / une chanson. 4. Nous / être fatigué (présent), / que / vouloir (présent) / -vous! 5. Il faut que / cela / vouloir dire (temps? mode?) / quelque chose. 6. Il / se pouvoir (présent) / qu'elle / partir (temps? mode?) / à temps. 7. Pouvoir (prés. du subjonctif) / tout / votre / désirs / être / comblé! 8. Elle / vouloir (futur) / te voir / si tu / être (présent) / plus gentil. 9. Pouvoir (conditionnel) / -vous / me / aider, / Monsieur? 10. Pourquoi André / en vouloir à (imparfait) / ton / sœur?

Exercise 8. Composition. *Faites une composition en répondant à la série de questions suivante. Parfois on vous donne entre parenthèses un ou plusieurs mots à incorporer dans votre réponse; parfois on vous laisse libre à répondre comme bon vous semblera, soit d'après le texte, soit d'après vos propres idées. Où que ce soit possible, employez les termes de la question dans votre réponse, et écrivez des paragraphes unis. Imitez le modèle:*

Qui est-ce qu'Angelo croit que John aime? Qui est-ce qu'il ne veut pas qui touche Arabella (Qui que ce soit)?

Angelo croit que John aime sa femme Arabella, et il ne veut pas que qui que ce soit la touche.

Qui est-ce qu'Angelo croit que John aime? Qui est-ce qu'il ne veut pas qui touche Arabella (Qui que ce soit)? Semble-t-il qu'Angelo soit un mari jaloux? Mais à qui John s'intéresse-t-il, ou plutôt à la mort de qui? Qu'est-ce qu'il espère voir arriver au dompteur? Car, si forts qu'ils soient, de qui les lions ont-ils peur?

Vous semble-t-il que la famille de John est assez bizarre? Contre quoi veut-elle lutter (l'injustice), et où (où qu'elle / la voir et dans quelque / nation / que ...)? Est-ce que cela est bon? Mais comment finissent tous les Londsdale (par être trahis, soit que / le / opprimés / ne pas / avoir confiance / en eux, soit que [donnez une autre raison])? Où l'un a-t-il été assassiné (Saint-Domingue)? Qui a été guillotiné par la Révolution? Qu'est-ce qu'ils ont fait pour mériter cela (donnez une raison d'après le texte)?

Qu'est-ce que John avait essayé de soulever aux Indes? Pourquoi la révolte n'a-t-elle pas eu lieu (Donnez deux réponses à cette question, l'une d'après le texte, l'autre d'après vos propres idées)? John avait-il été découragé? Qu'a-t-il rencontré au moment critique? Pourquoi donc veut-il qu'Angelo soit mangé par un lion (non qu'il / en vouloir / à lui personnellement / mais parce que [donnez une réponse d'après le texte])?

Exercice 9. *Traduisez les phrases suivantes:*

1. It seems that the plane didn't land in Miami. [§*37, 2a*]   2. Let him leave town. And may he never come back again. [§*40B, 1*]   3. God grant that this be my last French course. [§*38B, 3*]   4. Be so kind as to give me my coat. [§*40C, 3*]   5. Whatever he said, I'd advise you to forget it. [§*37, 1*]   6. Think about it a little more; you'll see that I'm right. [§*40A, 1*]   7. Come out, come out, wherever you are. [§*37, 1;* §*40A, 1*]   8. He didn't go into the house, as far as I know. [§*38B, 6*]   9. Either he doesn't know, or he refuses to tell me. In any case, it doesn't seem that I'll ever find out *(apprendre, savoir)* from him. [§*37, 3;* §*37, 2a*]   10. Don't stand there. Open the door, come in, and sit down. [§*40A, 1*]   11. Tell it to whoever you want; it's all the same to me. [§*37, 1*]   12. Please leave. [§*40C, 2*]   13. The devil take me if I can understand that grammar rule! [§*38B, 4*]   14. Whatever book you read, be sure that you read it carefully. [§*37, 1;* §*40A, 2*]   15. The lion finally ate him? It seems to me that he did a lot of work for nothing. [§*37, 2b*]

Exercice 10. Thème d'imitation.

John will tell whoever listens to him that he hates nothing in the world more than oppression and injustice. He has devoted himself to their destruction at all costs. It is, furthermore, a family weakness: since *(dès)* the seventeenth century, his ancestors have fought the good battle *(lutter pour la bonne cause)* whether it be in England, whether it be abroad. It seems, however, that his family's idealism is misplaced *(déplacé)*. Wherever they see oppression, they want to exterminate it: but the oppressed do not always want to free themselves. However strong a man's idealism may be, there is enough to discourage him there! Nevertheless, he hopes that one day injustice will no longer exist. May his wishes be fulfilled!

HUITIÈME LEÇON

La Princesse de Clèves   Mme de La Fayette

    M. de Nemours et M. de Clèves étaient alors chez [la] reine. Mme de Martigues, qui avait trouvé Coulommiers admirable, en conta toutes les beautés, et elle s'étendit extrêmement sur la description de ce pavillon de la forêt et sur le plaisir qu'avait Mme de Clèves de s'y promener seule une partie de la nuit. M. de Nemours, qui connaissait assez le lieu pour entendre ce qu'en disait Mme de Martigues, pensa qu'il n'était pas impossible qu'il y pût voir Mme de Clèves sans être vu que d'elle. Il fit quelques questions à Mme de Martigues pour s'en éclaircir encore ; et M. de Clèves, qui l'avait toujours regardé pendant que Mme de Martigues avait parlé, crut voir dans ce moment ce qui lui passait dans l'esprit. Les questions que fit ce prince le confirmèrent encore dans cette pensée ; en sorte qu'il ne douta point qu'il n'eût dessein d'aller voir sa femme. Il ne se trompait pas dans ses soupçons. Ce dessein entra si fortement dans l'esprit de M. le Nemours qu'après avoir passé la nuit à songer aux moyens de l'exécuter, dès le lendemain matin il demanda congé au roi pour aller à Paris sur quelque prétexte qu'il inventa.

    M. de Clèves ne douta point du sujet de ce voyage ; mais il résolut de s'éclaircir de la conduite de sa femme et de ne pas demeurer dans une cruelle incertitude. Il eut envie de partir en même temps que M. de Nemours et de venir, lui-même caché, découvrir quel succès aurait ce voyage ; mais, craignant que son départ ne parût extraordinaire, et que M. de Nemours, en étant averti, ne prît d'autres mesures, il résolut de se fier à un gentilhomme qui était à lui, dont il connaissait la fidélité et l'esprit. Il lui conta dans quel embarras il se trouvait. Il lui dit quelle avait été jusqu'alors la vertu Mme de Clèves et lui ordonna de partir sur les pas de M. de Nemours, de l'observer exactement, de voir s'il n'irait point à Coulommiers et s'il n'entrerait point la nuit dans le jardin.

Le gentilhomme, qui était très capable d'une telle commission, s'en acquitta avec toute l'exactitude imaginable. Il suivit M. de Nemours jusqu'à un village, à une demi-lieue de[1] Coulommiers, où ce prince s'arrêta, et le gentilhomme devina aisément que c'était pour y attendre la nuit. Il ne crut pas à propos de l'y attendre aussi; il passa le village et alla dans la forêt, à l'endroit par où il jugeait que M. de Nemours pouvait passer; il ne se trompa point dans tout ce qu'il avait pensé. Sitôt que la nuit fut venue, il entendit marcher, et, quoiqu'il fît obscur, il reconnut aisément M. de Nemours. Il le vit faire le tour du jardin, comme pour écouter s'il n'y entendrait personne et pour choisir le lieu par où il pourrait passer le plus aisément. Les palissades[2] étaient fort hautes, et il y en avait encore derrière, pour empêcher qu'on ne pût entrer; en sorte qu'il était assez difficile de se faire passage. M. de Nemours en vint à bout néanmoins; sitôt qu'il fut dans ce jardin, il n'eut pas de peine à démêler où était Mme de Clèves. Il vit beaucoup de lumières dans le cabinet[3]; toutes les fenêtres en étaient ouvertes et, en se glissant le long des palissades, il s'en approcha avec un trouble et une émotion qu'il est aisé de se représenter. Il se rangea derrière une des fenêtres, qui servaient de porte, pour voir ce que faisait Mme de Clèves. Il vit qu'elle était seule; mais il la vit d'une si admirable beauté qu'à peine fut-il maître du transport que lui donna cette vue. Il faisait chaud, et elle n'avait rien, sur sa tête et sur sa gorge, que ses cheveux confusément rattachés. Elle était sur un lit de repos, avec une table devant elle, où il y avait plusieurs corbeilles[4] pleines de rubans; elle en choisit quelques-uns, et M. de Nemours remarqua que c'étaient des mêmes couleurs qu'il avait portées au tournoi[5]. Il vit qu'elle faisait des nœuds à une canne des Indes, fort extraordinaire, qu'il avait portée quelque temps et qu'il avait donnée à sa sœur, à qui Mme de Clèves l'avait prise sans faire semblant de la reconnaître pour avoir été à M. de Nemours. Après qu'elle eut achevé son ouvrage avec une grâce et une douceur que répandaient sur son visage les sentiments qu'elle avait dans le cœur, elle prit un flambeau et s'en alla, proche d'une grande table, vis-à-vis du tableau du siège de Metz, où était le portrait de M. de Nemours; elle s'assit et se mit à regarder ce portrait avec une attention et une rêverie que la passion seule peut donner.

On ne peut exprimer ce que sentit M. de Nemours dans ce moment. Voir au milieu de la nuit, dans le plus beau lieu du monde, une personne qu'il adorait, la voir sans qu'elle sût qu'il la voyait, et la voir tout occupée de choses qui avaient du rapport à lui et à la passion qu'elle lui cachait, c'est ce qui n'a jamais été goûté ni imaginé par nul autre amant.

---

[1] une demi-lieue de *half a league from*   [2] la palissade *fence*   [3] le cabinet *room*
[4] la corbeille *basket*   [5] le tournoi *tourney*

Questionnaire I

1. Où se passe l'action au début de l'extrait?   2. Qu'est-ce que Mme de Martigues avait pensé de Coulommiers?   3. Qu'est-ce qu'elle a dit à propos de Mme de Clèves?   4. Pourquoi M. de Nemours pouvait-il comprendre ce que disait Mme de Martigues?   5. Pourquoi a-t-il posé des questions à Mme de Martigues?   6. Que faisait M. de Clèves pendant ce temps?   7. Qu'est-ce qu'il pensait des questions de M. de Nemours?   8. Qu'est-ce que M. de Clèves pensait que M. de Nemours allait faire?   9. Avait-il raison de penser ainsi?   10. Qu'est-ce que M. de Nemours a demandé au roi le lendemain? Pour quoi faire?   11. Pourquoi M. de Clèves voulait-il s'éclaircir de la conduite de sa femme?   12. Pourquoi n'est-il pas parti en même temps que M. de Nemours?   13. A qui M. de Clèves s'est-il fié?   14. Qu'est-ce que M. de Clèves a ordonné au gentilhomme de faire?   15. Jusqu'à quel endroit le gentilhomme a-t-il suivi M. de Nemours?   16. Après avoir passé le village, où est-ce que le gentilhomme est allé?   17. Qu'est-ce qui est arrivé après la tombée de la nuit?   18. Pourquoi était-il difficile de se faire passage jusqu'au pavillon?   19. Où est-ce que M. de Nemours s'est placé pour observer Mme de Clèves?   20. A la vue de Mme de Clèves, quel était le sentiment de M. de Nemours?   21. Quel temps faisait-il?   22. Comment Mme de Clèves était-elle habillée?   23. Qu'est-ce qu'il y avait sur la table devant Mme de Clèves?   24. Qu'est-ce que M. de Nemours a remarqué à propos des couleurs des rubans?   25. Que faisait Mme de Clèves à une canne des Indes?   26. A qui appartenait cette canne autrefois?   27. Où est allée Mme de Clèves après avoir pris le flambeau?   28. Pourquoi regarde-t-elle le tableau avec passion?   29. Qu'est-ce que M. de Nemours a senti dans ce moment? Pourquoi?

Questionnaire II

1. Si vous étiez M. de Clèves et que vous soupçonniez M. de Nemours, que feriez-vous?   2. Si vous vouliez des éclaircissements sur la conduite de votre époux, agiriez-vous comme M. de Clèves?   3. Connaissez-vous quelqu'un à qui vous confieriez une commission comme celle de M. de Clèves?   4. Vous est-il arrivé de vouloir observer quelqu'un pendant la nuit sans être vu?   5. Quand vous êtes seul, la nuit, est-ce que vous laissez les fenêtres et les portes ouvertes? Pourquoi?   6. Croyez-vous que les personnes qui s'aiment doivent porter les mêmes couleurs?   7. Avez-vous des tableaux dans votre chambre?   8. Y voit-on représentés des personnes ou des lieux que vous connaissez?   9. Quels seraient vos sentiments si vous vous trouviez dans la situation de M. de Nemours?   10. Si vous vous trouviez dans ce jardin, que feriez-vous?

A. Expressions à étudier: La Maison

l'extérieur (m)

le logis [*home, house, dwelling*], la façade [*front*], le seuil [*threshold*], la porte [*door*], la sonnette [*doorbell*], le marteau [*door knocker*], le loquet [*latch*], le verrou [*bolt*], la fenêtre [*window*], la porte-fenêtre [*French window*], le volet [*shutter*], les vitres *(f)* [*window-panes*], le toit [*roof*], la girouette [*weathervane*], la gouttière [*gutter*], la cour [*yard*], le garage, la poubelle [*garbage can*]

l'intérieur (m)

le rez-de-chaussée [*ground or first floor*], le premier (étage) [*second floor*], le plancher [*floor*], le parquet [*flooring*], le plafond [*ceiling*], le mur [*wall*], l'escalier *(m)* [*stairway*], les marches *(f)* [*steps*], la rampe [*banister*], l'ascenseur *(m)* [*elevator*], la cheminée [*fireplace*], la pièce [*room*], le vestibule, une entrée [*entrance hall*], le couloir [*hallway*], le cabinet [*small room*], la cave [*cellar*], le grenier [*attic*]

le salon [*living room*]

le meuble [*piece of furniture*], le mobilier [*furniture*], le sofa, le fauteuil [*armchair*], la chaise [*chair*], le canapé [*couch*], le guéridon [*end table*], le secrétaire [*writing desk*], la bibliothèque [*bookcase*], les rayons *(m)* [*shelves*], la lampe, le tapis [*rug*], les draperies *(f)*, la persienne [*blind*], la tapisserie [*wallpaper*]

la salle à manger [*dining room*]

la table, le buffet [*sideboard, buffet*]

la cuisine [*kitchen*]

le placard [*cupboard*], le réfrigérateur [*refrigerator*], la cuisinière [*stove*], le four [*oven*], l'évier *(m)* [*sink*], la vaisselle [*dishes*], la casserole [*saucepan*], le balai [*broom*], balayer [*to sweep*], un aspirateur [*vacuum cleaner*]

les chambres à coucher [*bedrooms*]

le lit [*bed*], le matelas [*mattress*], l'oreiller *(m)* [*pillow*], le drap [*sheet*], la couverture [*blanket*], une armoire [*clothes closet*], le miroir [*mirror*], les rideaux *(m)* [*curtains*]

la salle de bains [*bathroom*], **le cabinet de toilette** [*bathroom*]

la baignoire [*bathtub*], le bain [*bath*], la douche [*shower*], le tuyau [*pipe*], le robinet [*faucet*], le savon [*soap*], la serviette [*towel*]

le confort moderne [*modern conveniences*]

l'éclairage *(m)* [*lighting*], l'ampoule *(f)* électrique [*light bulb*], l'eau (courante) *(f)* [*running water*], le gaz [*gas*], l'électricité *(f)* [*electricity*], le fourneau [*furnace*], le chauffage central [*central heating*], le calorifère [*radiator*]

Questionnaire

1. Où habitez-vous? 2. Avez-vous une chambre? un appartement? une maison?
3. De quelle couleur est la façade de votre maison? 4. De quelle couleur en est le toit? 5. Votre maison a-t-elle des volets? de quelle couleur? 6. Combien

de fenêtres voit-on lorsqu'on regarde la façade de votre maison? combien de portes?   7. Votre maison a-t-elle une sonnette ou un marteau?   8. Qu'est-ce qu'on voit quand on entre par la porte principale de votre maison?   9. Est-ce que votre maison a plusieurs étages?   10. Votre maison a-t-elle un grenier? une cave?   11. Qu'est-ce qu'il y a dans votre grenier? dans votre cave?   12. Comment monte-t-on au premier chez vous? (l'escalier, l'ascenseur?)   13. Quels meubles y a-t-il dans votre salon?   14. De quelle couleur sont les rideaux de votre salon?   15. De quelle couleur est le tapis?   16. De quelle couleur est le plafond?   17. De quelle couleur sont les murs?   18. Combien de pièces a votre appartement? votre maison?   19. Votre maison a-t-elle une cheminée?   20. Avez-vous le chauffage central à la maison?   21. Où se trouve la salle de bains par rapport à la cave chez vous?   22. Quels meubles se trouvent dans votre chambre?   23. Avez-vous une bibliothèque dans votre chambre?   24. Avez-vous une table de travail ou un secrétaire dans votre chambre?   25. Combien d'oreillers y a-t-il dans votre chambre?   26. Combien de couvertures avez-vous sur votre lit en hiver? en été? combien de draps?   27. Y a-t-il une salle à manger chez vous?   28. Prenez-vous votre petit déjeuner dans la cuisine ou dans la salle à manger?   29. Qu'est-ce qu'il y a dans votre cuisine?

B. *Etudiez les expressions suivantes; consultez la leçon pour l'emploi de ces expressions:*

avoir envie de=avoir le désir de   **se mettre à**=commencer à   **se fier à**= mettre sa confiance en   **vis-à-vis de**=en face de   **à propos**=opportun **faire semblant de faire qqch.**=feindre   **se faire un passage**=se frayer, s'ouvrir un chemin   **servir de**=tenir lieu de, être employé comme   **le long de**=en côtoyant   **venir à bout de qqch.**=réussir

Exercice. *Employez ces expressions dans les phrases suivantes:*

1. Si vous _____ de pleurer, il ne vous grondera pas.   2. Vous voulez finir avant minuit, n'est-ce pas? Eh bien, il faut que _____ travail dès maintenant.   3. Tout _____ mur on voyait des gouttes de sang.   4. Après de longues heures de travail j'en _____.   5. Et si la porte est fermée, comment réussirez-vous à _____?   6. Voyons, mon vieux, je dormais à poings fermés. Votre coup de téléphone n'arrive pas _____.   7. Mon bras _____ rempart à toute la Castille.   8. J' _____ être seul. Ayez la bonté de partir.   9. Ne vous _____ lui. Il raconte tout à tout le monde.   10. Quelle chance! On m'avait placé _____ la présidente.

§42 FORM OF THE IMPERFECT AND PLUPERFECT SUBJUNCTIVE (L'IMPARFAIT ET LE PLUS-QUE-PARFAIT DU SUBJONCTIF)

A. Imperfect subjunctive

1. To find the stem of the imperfect subjunctive, drop the last letter of the first person singular **(je)** form of the **passé simple**:

aller:	j'allai	**alla-**
envoyer:	j'envoyai	**envoya-**
mener:	je menai	**mena-**
prononcer:	je prononçai	**prononça-**
dormir:	je dormis	**dormi-**
finir:	je finis	**fini-**
ouvrir:	j'ouvris	**ouvri-**
tenir:	je tins	**tin-**
écrire:	j'écrivis	**écrivi-**
plaindre:	je plaignis	**plaigni-**
prendre:	je pris	**pri-**
répondre:	je répondis	**répondi-**
avoir:	j'eus	**eu-**
être:	je fus	**fu-**
recevoir:	je reçus	**reçu-**
voir:	je vis	**vi-**

Note: Since impersonal verbs, like **falloir** and **pleuvoir**, have no first person forms, they cannot follow this rule. Notice how the imperfect subjunctive of these verbs differs from the **passé simple**:

falloir:	il fallut	**il fallût**
pleuvoir:	il plut	**il plût**

2. To these stems add the following endings:

je	**-sse**	nous	**-ssions**
tu	**-sses**	vous	**-ssiez**
il	**^t**	ils	**-ssent**

avoir:	**j'eusse**	**nous eussions**
	tu eusses	**vous eussiez**
	il eût	**ils eussent**
être:	**je fusse**	**nous fussions**
	tu fusses	**vous fussiez**
	il fût	**ils fussent**
prononcer:	**je prononçasse**	**nous prononçassions**
	tu prononçasses	**vous prononçassiez**
	il prononçât	**ils prononçassent**

ouvrir:	j'ouvrisse	nous ouvrissions
	tu ouvrisses	vous ouvrissiez
	il ouvrît	ils ouvrissent
tenir:	je tinsse	nous tinssions
	tu tinsses	vous tinssiez
	il tînt	ils tinssent
prendre:	je prisse	nous prissions
	tu prisses	vous prissiez
	il prît	ils prissent
recevoir:	je reçusse	nous reçussions
	tu reçusses	vous reçussiez
	il reçût	ils reçussent

B. Pluperfect subjunctive

To form the pluperfect subjunctive, use the imperfect subjunctive of **avoir** or **être,** as required, and the past participle of the main verb. The third person singular form is given in the following list of examples:

donner:	**il eût donné**
pouvoir:	**il eût pu**
remplir:	**il eût rempli**
rendre:	**il eût rendu**
aller:	**il fût allé**
sortir:	**il fût sorti**
s'enfuir:	**il se fût enfui**
se souvenir:	**il se fût souvenu**

Notes:

*(1) For about a century and a half, the use of the "formal writing" tenses (**passé simple, passé antérieur,** imperfect subjunctive, pluperfect subjunctive) has been largely restricted to the **je, il,** and **ils** forms.*

*(2) These tenses are almost never used in conversation; indeed, they are spoken only rarely, in formal situations such as university lectures. The **il** and **ils** forms of the **passé simple** of **avoir** and **être,** are, however, occasionally encountered in elegant conversation: il eut, ils eurent; il fut, ils furent.*

Exercice 1. *Mettez à l'imparfait du subjonctif aux personnes indiquées entre parenthèses:*

1. avoir (je, il, ils)   2. parler (il, tu, elles)   3. aller (on, vous, ils)   4. dire (nous, elle, ils)   5. être (je, il, ils)   6. devoir (elle, je, ils)   7. croire (on, vous, elles)   8. mettre (nous, il, elles)   9. se servir (elle, je, ils)   10. vouloir (il, tu, ils)   11. venir (on, nous, ils)   12. s'asseoir (elle, vous, elles)   13. arriver (il, je, ils)   14. se souvenir (je, il, ils)   15. descendre (je, elle, ils)

Exercice 2.   Mettez au plus-que-parfait du subjonctif:
1. il fit   2. ils sortirent   3. elle passa   4. vous étendîtes   5. ils emmenèrent   6. on arriva   7. elles remplirent   8. nous dûmes   9. je finis   10. ils craignirent   11. il cria   12. tu te fatiguas   13. ils purent   14. il dit   15. on prit   16. je mis   17. nous ordonnâmes   18. elle reçut   19. tu te trompas   20. ils portèrent   21. nous vînmes   22. il suivit   23. on mangea   24. je parus   25. vous doutâtes   26. ils surent   27. il résolut   28. elle vit   29. vous reconnûtes   30. elles voulurent

§43   TENSE SEQUENCE

In *formal* writing, the tense sequence in a sentence containing a principal clause and a subordinate clause with subjunctive verb is as follows:

Tense of verb in principal clause	*Tense of subjunctive verb in subordinate clause*	
	Action simultaneous or subsequent to main verb	Action preceding main verb or seen as completed
Present or **Future**	**Present subjunctive**	**Perfect subjunctive**
Past (all tenses, including most uses of the conditional)	**Imperfect subjunctive**	**Pluperfect subjunctive**

Examples
(I)   **Elle veut (voudra) qu'il s'en aille.**
          She wants (will want) him to go away. (subsequent action)
     Elle veut (voudra) qu'il s'en soit allé avant trois heures.
          She wants (will want) him to have gone away before three o'clock. (completed action)
     Elle voulait qu'il s'en allât.
          She wanted him to go away. (subsequent action)
     Elle était contente qu'il s'en fût allé.
          She was happy that he had gone away. (previous action)

(II)   Il ne doute point qu'il n'ait dessein d'aller voir sa femme.
He doesn't doubt that he plans to go see his wife. (simultaneous action)
Il ne doute point qu'il n'ait eu dessein d'aller voir sa femme.
He doesn't doubt that he planned to go see his wife. (previous action)
Il ne douta point qu'il n'eût dessein d'aller voir sa femme.
He didn't doubt that he planned to go see his wife. (simultaneous action)
Il ne douta point qu'il n'eût eu dessein d'aller voir sa femme.
He didn't doubt that he had planned to go see his wife. (previous action)

(III)   **Craignant que son départ ne parût extraordinaire, et que M. de Nemours . . . ne prît d'autres mesures, il résolut de se fier à un gentilhomme.**
Fearing that his departure might seem extraordinary, and that M. de Nemours . . . might take other measures, he resolved to confide in a gentleman. (His proposed departure and M. de Nemours' taking of other measures would all happen *after* the action of the main verb, [**craignant = parce qu'il craignait**], and are therefore in the category of subsequent action.)
Quoiqu'il fît obscur, il reconnut aisément M. de Nemours.
Although it was dark, he easily recognized M. de Nemours. (The action of both verbs is simultaneous.)
Il y en avait encore derrière, pour empêcher qu'on ne pût entrer.
There were yet others behind (them), to prevent anyone from being able to enter. (The action of preventing is simultaneous with the possibility of entering.)
La voir sans qu'elle sût qu'il la voyait . . .
To see her without her knowing that he was seeing her . . . (The action of his seeing is simultaneous with the action of her knowing, or not knowing.)

[examples from *La Princesse de Clèves*]

Notes:

*(1) Remember that in ordinary conversation and in informal writing the functions of the **passé simple** are usually expressed by the **passé composé**, and those of the **passé antérieur** by the **passé surcomposé**. Likewise, in conversation and in informal writing, the functions of the imperfect subjunctive are usually expressed by the present or "simultaneous—subsequent action" subjunctive, and those of the pluperfect subjunctive by the perfect or "previous—completed action" subjunctive.*

In *conversation* or in *informal* writing, the tense sequence in a sentence containing a principal clause and a subordinate clause with a subjunctive verb is as follows:

Tense of verb in principal clause	*Tense of subjunctive verb in subordinate clause*	
	Action simultaneous or subsequent to main verb	Action preceding main verb or seen as completed
Present or **Future**	**Present subjunctive**	**Perfect subjunctive**
Past	**Present subjunctive**	**Perfect subjunctive**

Accordingly, the sentences in section (III) of the preceding examples would be stated as follows in informal writing, without any change in meanings:

    Craignant que son départ ne *paraisse* extraordinaire, et que M. de Nemours . . . ne *prenne* d'autres mesures, il *a résolu* de se fier à un gentilhomme.

    Il y en avait encore derrière, pour empêcher qu'on ne *puisse* entrer.

    La voir, sans qu'elle *sache* qu'il la voyait . . .

(2) However, after the expression **quelque** [or **pour** or **si**] . . . **que**, and after a few conjunctions, the perfect subjunctive is used in informal writing to express past time, whether simultaneous to or completed before the action of the main verb. Among these conjunctions are: **bien que, quoique, avant que** . . . [**ne**], **à moins que** . . . [**ne**], **pourvu que**.

    Quoiqu'il *fît* obscur, il reconnut aisément M. de Nemours.
    Quoiqu'il *ait fait* obscur, il a aisément reconnu M. de Nemours.
        Although it was dark, he easily recognized M. de Nemours.
    Il est entré chez elle avant que son mari ne l'*ait su*.
        He entered her house before her husband found out.
    A moins qu'on n'*ait payé* argent comptant, il ne vendait rien.
        Unless you paid cash, he wouldn't sell (you) anything.
    Bien qu'Anne *ait eu* peur de ne pas partir à l'heure, tout s'est bien passé.
        Although Anne was afraid of not leaving on time, everything went all right.

Exercice 3.   Mettez au style «littéraire». Imitez le modèle:
    Il n'a pas dit que le marquis ait agi honorablement.
        Il ne dit pas que le marquis eût agi honorablement.

1. Quoiqu'elle ait été encore moins âgée que moi, elle a reçu mes politesses sans paraître embarrassée.   2. J'ai été surpris qu'elle m'appelle son cousin.   3. Quelque passionné que j'aie été pour Manon, elle ne l'était pas moins pour moi.   4. Il n'est pas possible que Manon me trahisse.   5. Ce petit couteau était la seule arme que j'aie eu sur moi.   6. Je n'avais rien à redouter, pourvu que j'aie été disposé à rentrer dans le devoir.   7. Je n'ai point douté que je n'aie la liberté de me dérober.   8. J'avais la simplicité de croire que j'aie été aimé de ma maîtresse.   9. Je suppose qu'il lui ait fallu huit jours pour faire la connaissance de Manon.   10. Des Grieux attendait que Manon se soit expliquée.   11. Il craignait que son beau-frère ne manque à sa promesse.   12. Quoiqu'elle m'ait aimé tendrement, j'étais certain que sa tendresse ne tiendrait point contre de certaines craintes.   13. Je ne doutais point qu'elle ne m'abandonne pour un nouveau B...   14. Je ne lui avais pas caché que j'aie reçu mille francs d'un ami.   15. Quelque répugnance que j'aie eu à tromper, je me suis laissé entraîner par une cruelle nécessité.

—D'après l'abbé Prévost, **Histoire du Chevalier des Grieux et de Manon Lescaut**

Exercice 4. *Faites des phrases complètes en utilisant les mots suivants. Mettez les verbes au passé, et écrivez au style «littéraire». Faites tous les changements nécessaires; imitez le modèle:*

A peine... que / il / entrer / salle, / les gens / le / apercevoir.
A peine fut-il entré dans la salle que les gens l'aperçurent.

1. Elle / vouloir / que / je / partir. (action simultanée)   2. Elle / être / content / que / je / partir. (action précédante)   3. Nous / regretter / que / vous / le faire.   4. Lorsque Pierre / écrire / à son père, / nous / pouvoir / sortir.   5. Mon père / faire réparer / la / gouttières.   6. Il / falloir / qu'il / faire / cela.   7. Il / manger / bien qu'il / être malade.   8. Elles / s'asseoir / dans / fauteuils Louis XV.   9. Il / ne pas être étonnant / que / le / anciens / être / crédule.   10. Je / avoir beau chercher / savoir, / il / ne rien / en rester.   11. Ils / ne ... aucun / trouver / homme / qui / pouvoir / faire un tel divan.   12. Le chauffage central / ne jamais fonctionner / pendant / hiver.   13. Elle / mettre / gâteaux / dans / four, / puis elle / allumer / feu.   14. Il / venir à bout / de / son / expériences / chimique.   15. Plus de / un / fois / nous / prendre / chemin / qui / mener / à Nîmes, / sans qu'ils / nous voir.

Exercice 5. *Combinez ou transformez les phrases suivantes, et faites-en une contenant un subjonctif; parfois on vous fournit d'un mot à employer. Faites tous les changements nécessaires, et écrivez au style «littéraire». Imitez le modèle:*

J'eus beau avoir de la répugnance à tromper, je me laissai entraîner par une cruelle nécessité. (quelque... que)
Quelque répugnance que j'eusse à tromper, je me laissai entraîner par une cruelle nécessité.

1. Ce que je voyais existait. Cela me semblait impossible. (quelque . . . que)
2. Elle n'avait pas un morceau de pain. Cependant, elle était heureuse. (bien que)
3. Les Jacobins voulaient remplacer la religion par la philosophie et la patrie. (il déplorait que)   4. On garderait le catholicisme. C'est ce qu'il souhaitait.
5. Il eut beau être joyeux, sa femme n'aimait pas la bonne compagnie. (quelque . . . que)   6. Il est vrai qu'elle l'aimait tendrement, mais elle lui fut encore une fois infidèle. (malgré que)   7. Ils firent des grimaces, mais elle ne s'en soucia pas. (quelque . . . que)   8. Ils reviendront. Elle lira jusqu'alors.   9. Les aéroports de Paris sont situés dans la banlieue, mais le trajet est assez court. (quoique)   10. Il pouvait leur payer un taxi, mais ils se firent un plaisir d'aller à pied chez M. de Tilly. (bien que)

§44 A SPECIAL USE OF THE PLUPERFECT SUBJUNCTIVE

The pluperfect subjunctive is frequently used, in formal writing, as an alternate form of the past conditional in all its meanings.

In addition, in sentences containing a **si** clause, it can replace the pluperfect indicative of the **si** clause, the past conditional of the main clause, or both verbs:
> **Mais si j'avais sollicité cette faveur, me l'eussiez-vous accordée (= auriez-vous accordée)?** (Pagnol)
>> *But if I had asked for this favor, would you have granted it to me?*
>
> **C'eût été (= Ç'aurait été) prudent après une étape de onze kilomètres.** (Romains)
>> *That would have been prudent after a trip of eleven kilometers.*

Exercice 7. *Mettez les verbes en italique au plus-que-parfait du subjonctif. Imitez le modèle:*
> **Si vous aviez bien expliqué cela, il l'*aurait compris*.**
>> *Si vous aviez bien expliqué cela, il l'eût compris.*

1. Si Pangloss *avait vu* Eldorado, il n'aurait plus dit que son château était le plus beau du monde.   2. Ce jeune homme *aurait assassiné* sa tante dans un an, sans vos conseils.   3. S'il *avait vécu*, son destin aurait été triste.   4. Si Dieu l'avait voulu, cette terre *aurait été* différente.   5. S'il *avait vu* un de ces devoirs, il *aurait fait* de violentes reproches à sa fille.   6. Si cela *était arrivé*, il *aurait été* attristé.   7. S'il avait vu ce papier, il *aurait reconnu* votre écriture.   8. Si l'on *avait manqué* le train, il aurait fallu rester à Chartres.   9. Il *aurait* mieux *valu* rester chez soi.   10. Ils n'*auraient* rien *vu* s'ils *étaient partis* un peu plus tôt.

§45 SAVOIR AND CONNAÎTRE

As a general rule, **savoir** means to know facts (names, dates, times, etc.); it can be followed by a clause beginning with **que**. In contrast, **connaître** has the general meaning of to know or to be acquainted with people, or to know or to be familiar with places, techniques, ideas, etc. **Connaître** cannot be followed by **que:**

Je connais Pierre, mais je ne sais pas la date de son anniversaire.
I know (i.e., am acquainted with) Pierre, but I don't know the date of his birthday.

Il connaît bien Paris et ses rues les plus pittoresques, et il sait que vous vous y intéressez.
He knows (i.e., is familiar with) Paris and its most picturesque streets, and he knows that you're interested in them.

A. *Savoir*

1. Summary of conjugations:

present indicative:	je sais	nous savons
future and conditional:	je saurai	je saurais
passé composé:	j'ai su	
passé simple:	je sus	
present subjunctive:	je sache	
imperative:	sache	sachons
		sachez
present participle:	sachant	

Note: *Use the imperfect to express past tense with* **savoir.** *See the following section for the special meaning of the* **passé composé** *of* **savoir.**

2. Some special meanings of **savoir**:

   a. Followed by an infinitive, **savoir** means to know how to, can, or to be able to (in the sense of mental ability, or of a learned skill):

   Il saura lui expliquer tout.
   He'll be able to explain everything to her.

   Il sait nager, mais il ne peut pas: il a la jambe cassée.
   He can (i.e., knows how to) swim, but he is unable to: his leg is broken.

   b. In the conditional and less frequently in the future, **savoir** often has the meaning of the present tense of **pouvoir.** This usage is elegant:

   Je ne saurais (= je ne puis) vous dire pourquoi.
   I can't tell you why.

   c. In the **passé composé, savoir** is a synonym of **apprendre** (*to learn, to find out*):

   Elle l'a su hier: le facteur lui a tout dit.
   She found out yesterday: the mailman told her everything.

d. The expression **que je sache** is used after negative statements, to indicate that if the fact reported is not true or accurate, the speaker is unaware of it:

> **Il n'a rien fait, que je sache.**
> *He didn't do a thing, as far as I know.*

3. Some expressions with **savoir**:

a. **à savoir**   *namely, to wit*

> **On n'a vendu que deux tableaux, à savoir, un Renoir et un Van Gogh.**
> *Only two paintings were sold, namely, a Renoir and a Van Gogh.*

b. **ne savoir que faire, que dire**   *not to know what to do, to say*

> **Elle ne savait que faire.**
> *She didn't know what to do.*

c. **savoir qqch. par cœur**   *to know something by heart*

> **Il sait *L'Elévation* de Baudelaire par cœur.**
> *He knows Baudelaire's* **L'Elévation** *by heart.*

d. **je ne sais quoi, un je ne sais quoi (de + adjective)**   *something or other*

> **Il a fait je ne sais quoi de ridicule.**
> *He did something or other [that was] ridiculous.*

e. **savoir-faire**   *savoir-faire, tact*

> **C'est une affaire bien délicate: vous aurez besoin de tout votre savoir-faire pour en venir à bout.**
> *It's a very delicate matter: you'll need all your tact to succeed in it.*

f. **savoir-vivre**   *savoir-vivre, good manners, knowledge of the world*

> **Cette dame élégante est bien connue pour son savoir-vivre.**
> *That elegant lady is well known for her good manners.*

g. **Savoir, c'est pouvoir.**   *Knowledge is power.*

B. Connaître

1. Summary of conjugations:

present indicative:	je connais	nous connaissons
	il connaît	
passé composé:	j'ai connu	
passé simple:	je connus	

Note: *Use the imperfect to express past tense with* **connaître**. *In the* **passé composé**, **connaître** *ordinarily means* **faire la connaissance (de qqn)**:

Il connaissait mon père.
He knew my father.
Il a connu mon père à Athènes l'année passée.
He met my father last year in Athens.

2. Some expressions with **connaître**:

    a. **gagner à être connu**   *to improve on acquaintance*
    Cet artiste gagne à être connu.
        This artist improves on acquaintance (i.e., the more you know his work, the better you like it).

    b. **s'y connaître (en qqch.)**   *to be an expert in, know sth. very well*
    Je ne m'y connais pas bien en politique.
        I'm not an expert on politics (I don't know politics very well).

3. Like **connaître: paraître** and compounds **apparaître, reparaître,** etc.

Exercice 8. *Faites des phrases complètes en employant les mots suivants; mettez les verbes au temps indiqué entre parenthèses. Faites tous les changements nécessaires; imitez le modèle:*
    Il / connaître (passé composé) / mon / parents / dans / Paris.
    Il a connu mes parents à Paris.

1. Pierre / ne aucun / savoir par cœur (présent) / poème (m). 2. Elles / ne savoir que dire (imparfait), / tellement elles / être étonné (temps?). 3. Connaître (présent) / -tu / le / rues / de / New York? 4. Nous / ne personne connaître (imparfait) / avant que ... ne / vous / nous / présenter (plus-que-parfait du subjonctif) / aux Tort. 5. Elle / ne jamais / savoir (conditionnel) / le / plaire. 6. Quoi! Henri / s'y connaître en (futur) / timbres-poste! 7. «Que / savoir (présent) / -je» / demander (passé simple) / Montaigne. 8. Ils / ne jamais rien / voler (passé composé), / que je / savoir (présent du subjonctif). 9. Je / le / connaître (passé composé) / il y a / quinzaine / années. 10. Quand / savoir (passé composé) / -tu / cela? 11. Il / ordonner (présent de l'indicatif) / que / nous / savoir (temps? mode?) / tout / liste / par cœur. 12. Il / se pouvoir (présent de l'indicatif) / que / Marie / connaître (temps? mode?) / Marc. 13. Ne pas / savoir (imparfait) / -vous / que / vie / être (présent de l'indicatif) / injuste? 14. Il / ne pas / croire (imparfait) / qu'elle / connaître (imparfait du subjonctif) / Dar Es-Salam. 15. Ils / douter (passé simple) / qu'il / savoir (temps? mode?) / le japonais.

Exercice 9. Composition. *Complétez les phrases suivantes en employant le vocabulaire de l'extrait de* **La Princesse de Clèves** *et en mettant tous les verbes aux temps du passé. Servez-vous du style «littéraire» comme si vous écriviez un roman. Imitez le modèle:*

François pense qu'il n'est pas impossible que. . . . Quoiqu'Antoine . . . et malgré . . . , il pose des questions discrètes à Sylvie.
François pensa qu'il n'était pas impossible qu'il allât voir Thérèse à la campagne. Quoiqu'Antoine fût présent et malgré sa peur d'être découvert, il posa des questions discrètes à Sylvie.

François pense qu'il n'est pas impossible que. . . . Quoiqu'il . . . et malgré . . . , il pose des questions discrètes à Sylvie. Elle lui répond que Thérèse est toute seule et qu'elle. . . . Antoine, qui est le mari de Thérèse, comprend que François veut aller. . . . Cependant, il sait que François changera de projet si . . . . C'est donc son ami Jean qui. . . , car François ne le connaît pas du tout. Antoine a peur, pourtant, que. . . .[1]

Quoiqu'il y ait des palissades autour de la maison de Thérèse pour. . . , François entre dans le jardin. Il voit Thérèse à travers les fenêtres, en train de . . . sans qu'elle. . . . Dans la chambre il y a. . . ⁻ Elle se met à regarder. . . .

Mais, quelque amoureuse de François qu'elle soit, elle. . . . Voilà pourquoi, bien qu'elle adore François, ...

A un moment donné, François. . . . Thérèse, qui est toute seule, ... Jean, heureusement caché tout près, n'hésite pas à. . . .

Exercice 10. *Traduisez les phrases suivantes:*
1. We had to find him an apartment. *(use **falloir**)* [§43, note 1]. 2. Leave the house before my father returns. [§43, note 2] 3. Although he wanted to speak to her, he decided it would be better to hide in the garden. [§43, note 2] 4. She didn't want him to put the soup in the living room. *(style littéraire)* [§43] 5. Would she have gone to the party if Theodore had not been there? *(style littéraire)* [§44] 6. He can swim extremely well, but because of his broken arm he can't do it now. [§45A, 2a] 7. He ordered that the bathtub be put in the kitchen. *(style littéraire)* [§43] 8. Would to God that my daughter had not met that man. *(style littéraire)* [§38B, 3; §43] 9. If he had given you a new stove, would you have accepted it? *(style littéraire)* [§44] 10. I'm afraid that he's already gone to his room. [§43, note 1] 11. My wife's not an expert in economics. [§45B, 2b] 12. Whatever need he may have felt to see her, he decided to put off his visit. *(style littéraire)* [§37, 1; §43] 13. Do you think he could have done that alone? [§43, note 1] 14. I'm afraid he's left without telling you about it. [§43] 15. He could go wherever he liked, provided he returned by midnight. *(style littéraire)* [§43; §43, note 2]

Exercice 11. Thème d'imitation. *Employez le style «littéraire».*
He did not think it appropriate to wait for him there; he passed by the village and went into the forest at the place where M. de Nemours would pass by. As soon as the night had come, he heard someone[2] walking. Although it was

---
[1]N'oubliez pas de mettre **ne** devant le verbe dans cette proposition.
[2]Do not express this word in French.

dark, he saw that it was M. de Nemours, who was walking around *(faire le tour de)* the garden to see how he might enter without anyone's *(sans qu'on . . .)* seeing him. The walls were high: they prevented anyone from *(empêcher qu'on . . .)* entering.

But M. de Nemours succeeded in entering; he went to an open window; he saw Mme de Clèves all alone. He wanted to look at her for a moment without her knowing he was there. He was afraid[3] that his boldness *(sa hardiesse)* might frighten her.

A lover who has never seen the person he adores all alone and in the most beautiful garden that can be imagined could not express what M. de Nemours felt in that moment.

---

[3]Do not forget to put **ne** before the next verb.

DEUXIÈME RÉVISION

I LECTURE

Le Français tel qu'on le parle   Pierre Daninos

J'ai longtemps cherché à savoir, sans jamais poser de questions trop directes, comment parler un bon français.

Il y a, d'abord, les guides de poche où: *Excusez-moi . . . . Y a-t-il quelqu'un ici qui parle anglais? . . . Je suis étranger,* se lit, pour plus de facilité: *Ekskyzemwa . . . i jatil kelkoe isi ki parle aglé? . . . ze suiz étrazé . . . .*

Ces excellents ouvrages ont enrichi mon vocabulaire d'une foule d'expressions comme: *Garçon, le jacquet*[1]*! (le zaké),* ou: *Perçoit-on un droit de péage*[2] *pour traverser ce pont? . . .* dont je ne nie pas la nécessité en cas d'urgence, mais que je serais prêt à céder, pour un prix raisonnable, à un véritable amateur.

Etant donné mes difficultés avec ces mémentos[3] remplis de *tire-boutons*[4] *(tirbutô)* et de *harengs bouffis (bufi)*[5] si difficiles à placer au bon moment, j'ai, pour un temps, et à l'instar de[6] beaucoup de mes honorables concitoyens, adopté une solution de paresse: ne pas essayer de parler français ou le parler

---

[1]le jacquet   *backgammon*   [2]perçoit . . . péage   *does one collect toll*   [3]le mémento   *notebook*   [4]le tire-bouton   *buttonhook*   [5](Les lecteurs qui estimeraient que le Major exagère peuvent, pour plus de sûreté, se rapporter à ses sources: si cela les amuse, ils trouveront un *jacquet* à la page 81 du *Mémento anglo-français* de William Savage [avec clef de prononciation et *appendices*]. Quant aux *harengs bouffis* [*bloaters*], il naviguent page 147 dans le *Traveller's Foreign Phrase Book* de J. O. Kettridge, F.S.A.A. [Note du Traducteur.])
[6]à l'instar de   *following the example of*

tellement mal que les Français qui se piquent de *spiker* l'English viennent à votre secours en faisant prendre l'air à leur anglais du lycée: *ze dineur iz raidi*[7]. Vous êtes sûr, alors, non seulement d'avoir peine à être compris, mais de ne plus comprendre personne.

Il existe, pour un sujet britannique, une troisième manière: ne pas attaquer le français de front et profiter, pour mettre son vocabulaire au point, des séjours que les missions ou les guerres lui auront permis de faire au Canada ou en Belgique. Je ne saurais trop signaler les périls d'une telle méthode.

J'avais fait confiance aux Canadiens, qui assurent être seuls aujourd'hui dans le monde à parler le vrai français: celui de Montaigne. Toutefois, je déconseille à un compatriote de demander une paire de claques[8] à un vendeur de chaussures sous prétexte qu'il a besoin de snow-boots, ou un char[9] à un groom[10] parce qu'il veut un taxi ...

L'expérience belge, si elle précède, comme la mienne, le séjour en France, n'est pas moins dangereuse. Je me rappelle l'air narquois de cet agent immobilier[11] auquel je demandai débarquant de Liège à Paris, s'il pouvait me trouver un appartement de quatre places[12].

«Dans le sens de la marche[13]?» interrogea-t-il; et son sourire me fit aussitôt sentir que j'étais arrivé au pays de la repartie, peut-être sur le point d'être envoyé à Lariboisière[14], service du Ridicule, dans un état désespéré.

Aucun doute: pour parler un vraiment bon français, il fallait l'apprendre en France. N'était-ce pas le moins qu'épousant une Française je cherchasse (merci) à partager ses mots? Une fois sur place, pourtant, les choses devinrent encore plus complexes. Je savais déjà qu'il y avait une façon de parler le français au nord des Ardennes et une autre au sud. Mais j'ai été amené très vite à constater qu'il existe aussi une façon de parler le français au nord de la Somme, une seconde au sud de la Loire, une troisième à droite du Massif Central, et (environ) cinquante-cinq autres, de telle sorte qu'en fin de compte on ne saurait dire avec exactitude qui en France parle français. Les Lyonnais se moquent des Marseillais, les Bordelais des Lillois (quand ce n'est pas des Landais), les Niçois des Toulousains, les Parisiens de toute la France, et toute la France des Parisiens.

*
* *

Décidé à me perfectionner, j'entrepris un grand voyage à travers le pays.

Certains experts m'ayant affirmé que la Touraine était le fief du beau langage, je fis une cure tourangelle. Quand je revins à Paris, ma très britannique complexion à fond rouge jaspé[15] de bleu était, par la vertu du vouvray[16], plus haute en couleur que jamais; mais lorsque à mon premier dîner je crus bon en parlant d'un bourgueil[17] de remarquer qu'il était très *gouleyant* pour dire qu'il vous

---

[7]ze dineur iz raidi   dineur *(dinner) in French is one who dines;* raidi *(ready) means "stiff" in French*   [8]la claque *slap*   [9]le char *tank*   [10]le groom = *commis d'hôtel, de restaurant, etc. chargé de faire des courses*   [11]l'agent immobilier (m) *real-estate agent*   [12](Les Belges disent «place» pour «pièce». [Note du Traducteur.])   [13]dans le sens de la marche *facing forward*   [14]Lariboisière *insane asylum*   [15]jaspé *mottled*   [16]vouvray = *une sorte de vin*   [17]bourgueil = *une sorte de vin*

tapissait agréablement la gorge, on me dévisagea comme un Huron. Plus tard, dans la soirée, ledit bourgueil ayant produit son effet, je m'enhardis jusqu'à confier à Martine qu'elle était *ameugnounante* à souhait (ce qui pour un ex-major de l'armée des Indes est simplement héroïque), mais, pour tout remerciement, je m'entendis demander *si ça n'allait pas tout à fait bien . . . non?*

Décidé à tout essayer pour me perfectionner, je poursuivis mes voyages. Pour satisfaire à une certaine logique, j'allai d'abord rendre visite aux Tiberghien, de Roubaix, que j'avais connus pendant la guerre. M. Tiberghien m'accueillit en me disant: «Mettez-vous. . . .»

Je supposai un instant qu'il allait me demander si je mettais des caleçons de toile ou de laine, mais il se contenta de répéter: «Mettez-vous . . .» en m'indiquant un fauteuil.

Je m'y mis.

Quelque temps plus tard, arrivant à Marseille, j'entendis M. Pappalardo s'écrier en me voyant: «Remettez-vous, cher major Tommepessonne!»

Je pensai qu'il allait m'apporter un cordial, mais c'était la simple façon de m'inviter à prendre un siège.

Je m'y remis.

Le français varie, en somme, avec la longitude. Encore s'agit-il là du français que les Français eux-mêmes entendent à peu près. Mais, lorsqu'un Basque se met à parler la langue du terroir (et il semble le faire avec un plaisir particulier devant un Parisien ou un étranger), on est en plein brouillard. Après un bref séjour à Bordeaux, où j'appris que mon linge, pour être repassé, avait été chez la lisseuse[18], je fus donc heureux de retrouver Paris: en présence de Martine, je me sentais plus à l'aise.

Les Parisiens savent-ils ou non parler français? A vrai dire quand, chez mes amis Daninos, j'entends le petit garçon dire à sa sœur:

«T'es pas cap[19] de faire ça!»

. . . ou chuchoter[20] en me regardant (ils doivent me croire un peu dur de la conque[21]): «T'as vu sa moustache? Drôlement au poil[22]! . . . Et son imper[23]? . . . Impecc[24]! . . .»

. . . il m'est difficile de penser que ce langage-express est celui du pays de Montesq, pardon, Montesquieu. On serait même en droit de se demander si, à cette cadence-là, dans cinquante ans, la France n'aura pas perdu la moitié de son vocabulaire. Avouez que ce serait formid[25]. . . . Mais après tout, ils en sont cap!

*
* *

Pour en revenir aux Parisiens adultes, ils seraient à peu près compréhensibles pour un Anglais si beaucoup d'entre eux ne se croyaient obligés de truffer[26] leurs

---

[18]la lisseuse = une femme qui lisse ou machine employée pour lisser les cuirs, le papier, les étoffes, etc.   [19]t'es pas cap = tu n'es pas capable   [20]chuchoter *to whisper*   [21]dur de la conque *hard of hearing*   [22]drôlement au poil! *really terrific!*   [23]imper = imperméable   [24]impecc = impeccable   [25]formid = formidable   [26]truffer *to stuff*

phrases de mots anglo-saxons qui font bien pour les Français, mais mal aux Britanniques.[27] L'autre soir, dans un salon, une dame dont les paroles semblaient s'en aller par le fume-cigarette[28] déclarait devant moi à un monsieur qui se prenait la tête dans la fumée:

«J'avais été invitée à la *previou* au *Heümarquett Ciateur* à Londres. . . . C'était *auquai* . . . Mais à la première, ici, vendredi soir, la salle était d'un moche[29]! C'est bien simple: rien que des plouks!»

Plouks? Ploucs? Plouques? Larousse ne m'a pas renseigné, mais j'ai cru comprendre qu'il s'agissait de gens de peu. En tout cas, pas des *gens bien*. (En français dans le texte.)

Le monsieur dans la fumée s'étonna (à sa façon): «Jeannot n'était pas là?—Ni Jeannot, ni Marcel, ni Jean. . . . Personne. . . . C'était mortel!»

Qui étaient ce Jeannot, ce Marcel et ce Jean dont j'entendais sans cesse parler à Paris? Un acteur, un auteur dramatique et un poète également célèbres. Ce monsieur et cette dame, sans doute, partageaient leur intimité? . . . Oui, avec deux ou trois millions de Parisiens. Il est de bon ton à Paris d'appeler les gens par leur prénom dès qu'ils ont franchi un certain stade de renommée.

Les Français sont, là encore, faits à l'inverse des Britanniques: vous pouvez les fréquenter depuis dix ans, ils continuent à vous dire «Monsieur Thompson»; mais ils désignent volontiers par son prénom quelqu'un qu'ils ne connaissent pas et ne connaîtront jamais. Nous qui n'hésitons pas, souvent, à appeler quelqu'un par son prénom au bout de quelques heures (sans pour autant devenir familiers), nous n'oserions point dire «Larry» en parlant de Sir Laurence Olivier, à moins de compter parmi ses amis.

Il existe cependant un terrain sur lequel, sans se rejoindre tout à fait, les classes les plus huppées[30] de nos deux pays combattent côte à côte: celui de l'*h*. L'Angleterre, aux yeux d'un observateur superficiel, apparaît comme une nation unie, mais elle est en réalité déchirée depuis des siècles par la guerre de l'*h*.

L'une des principales aspirations de l'élite britannique est celle des *h*. Afin de prononcer, d'aspirer comme il faut, *Her Highness the Duchess of Hamilton*, un Anglais n'hésitera pas à s'entraîner pendant vingt ans. J'en ai vu qui mouraient sans y être parvenus. Pour se venger, les gens du peuple évitent de prononcer les *h* quand il y en a *(a good otel)* et en mettent partout où il n'y en a pas *(an hangel)*. En France, la guerre de l'*h*, beaucoup moins virulente, s'accompagne comme chez nous d'une curieuse substitution: le *e* devenant *â*. *(Rather* se dit [plutôt] *rathâ*. [Note du Major.]) J'en ai eu une nouvelle preuve à Paris il y a

[27](Le Major fait allusion à des expressions telles que *footing* qui pour des Français veut dire *footing*, mais pour les Anglais rien du tout, ou *smoking* qui pour les Britanniques est «fumant» et non pas *dinner-jacket*, sans parler de ces *English tea rooms*, bien parisiens, qui, comme cela peut se voir près de la Porte Maillot, affichent: *Five o'clock à quatre heures*. On peut également citer le cas de beaucoup de Français qui, ayant demandé à Londres qu'on leur indique les *water-closets*, s'étonnent d'être conduits alors à la cuisine, au fumoir ou dans le jardin d'hiver avant de découvrir le *lavatory*. [Note du Traducteur.])   [28]le fume-cigarette *cigarette holder*   [29]d'un moche *rotten*   [30]huppé *smart*

quelques jours en entendant une précieuse dire avec un accent qu'elle espérait britannique: «J'â pris le thâ cha la Pochâ, c'étâ parfâ!»

Martine a bien voulu traduire pour moi que cette distinguée personne avait été prendre le thé chez les Pochet avec plaisir, j'allais écrire plâsir . . . Le *parfait* n'est d'ailleurs qu'une des cent formes de superlatifs très recherchés, semble-t-il, par ces *happy few* pour qualifier une soirée, un film, une pièce. Les plus employés étant *Mhârvhailleux . . . Dhivin . . . Seûblime . . .* Le fin du fin semble être de faire suivre immédiatement ces qualificatifs du mot *quoi*. D'un ballet, un enthousiaste dira: «*C'est divin-quoi?*», ce qui est une façon de vous dire: *Vous n'allez tout de même pas penser le contraire, non?* de vous entraîner dans son sillage et de vous prendre de vitesse sans attendre de ne pas avoir entendu ce que vous ne disiez pas encore.

By Jove! Comment diable un ex-major de l'armée des Indes pourrait-il saisir toutes ces damnées nuances? D'autant que, dans ce domaine comme dans les autres, les Français adorent le paradoxe. D'un moucheron[31] de Picasso perdu dans le désert d'une toile blanche, ils diront volontiers: «C'est hénaurme!» Mais, comme on discutait un jour de la tour Eiffel, j'ai entendu une dame s'écrier: «Moi, qu'est-ce que vous voulez, je la trouve trop chou[32]!»

* * *

J'étais allé l'autre soir dans un petit théâtre où l'on jouait une de ces pièces dites d'avant-garde parce qu'on ne les comprend qu'après coup[33]. Le dialogue fourmillait de perles de ce calibre: «Est-ce un fantassin[34]?—Non, c'est un hexagone.»

A chaque trouvaille de ce genre, ma voisine, une initiée sans doute, émettait un petit gloussement, un hoquet de gallinacé[35]. Je la vis à l'entracte au milieu d'un groupe de connaisseurs qui se répandaient en *extrhaordinaire* et *rhemârquhâble-quoi?* Il y a, au pays de Descartes, une petite *intelligentzia* qui ne trouve la lumière que dans l'obscurité. Quelqu'un passa cependant—quelque «plouk» obscur avide de clarté . . .—qui avoua n'y rien comprendre.

«Mais pourquoi diable, lui dit ma voisine, voulez-vous à toute force comprendre quelque chose? Vous êtes d'un bourgeois!»

Quel étrange pays! Les ouvriers vitupèrent les bourgeois. Les intellectuels les tournent en ridicule. Les aristocrates les méprisent. Mais les plus prompts à dénigrer la bourgeoisie et à se souffleter du seul mot de bourgeois, ce sont les bourgeois. Et le plus fort, c'est que, des plombiers aux marquis en passant par les explorateurs, les journalistes et les acteurs, le pays tout entier, roulé dans la vague universelle de sécurité sociale, s'embourgeoise chaque jour davantage.

La France? Une nation de bourgeois qui se défendent de l'être en attaquant les autres parce qu'ils le sont.

---

[31]le moucheron *gnat* [32]trop chou *simply darling* [33]après coup *after the event, too late* [34]un fantassin *soldier, infantryman* [35]un hoquet de gallinacé *gallinaceous hiccough*

Questionnaire

1. Comment le Major Thompson a-t-il enrichi son vocabulaire?   2. Pourquoi le Major Thompson a-t-il décidé pour un temps de ne pas parler français ou de le parler mal?   3. De quoi êtes-vous sûr quand vous adoptez cette façon de paresse?   4. Quelle est la troisième manière dont parle le Major?   5. Quelle sorte de français parlent les Canadiens?   6. Qu'est-ce que le Major déconseille à un compatriote de faire? Pourquoi?   7. Pourquoi l'expérience belge est-elle dangereuse?   8. Que faut-il faire pour parler un vraiment bon français?   9. Le Major savait qu'il y avait une façon de parler français au nord des Ardennes et une autre au sud, mais qu'est-ce qu'il ne savait pas?   10. Qu'a fait le Major quand il a eu décidé de se perfectionner?   11. Selon certains experts, quel est le fief du beau langage?   12. Qu'est-ce qui est arrivé au Major après sa cure tourangelle?   13. Qu'est-ce qui lui est arrivé chez les Tiberghien? chez M. Pappalardo?   14. Qu'est-ce que le Major dit à propos des Basques?   15. Que pense le Major quand il entend parler le petit garçon des Daninos?   16. Que faudrait-il que les Parisiens adultes fissent (merci) pour se faire comprendre?   17. Pourquoi beaucoup de Français s'étonnent-ils à Londres quand ils demandent qu'on leur indique les *water-closets?*   18. Quelle sorte de gens les Français appellent-ils par leur prénom?   19. Sur quel terrain les Français et les Anglais se rejoignent-ils?   20. Qu'est-ce qu'un Anglais n'hésiterait pas à faire pendant vingt ans?   21. Que font les gens du peuple pour se venger?   22. Qu'est-ce que le Major a à dire à propos de la guerre de l'*h* en France?   23. Que dit-il à propos du mot *quoi?*   24. Pourquoi, selon le Major, certaines pièces sont-elles appelées d'avant-garde?   25. Que dit le Major à propos des bourgeois?   26. Selon le Major, qu'est-ce que c'est que la France?

RÉVISION DES QUESTIONNAIRES

Questionnaire I   *Demandez à un autre étudiant:*

1. combien d'enfants il y a dans sa famille   2. s'il a un portefeuille   3. s'il lui arrive souvent d'être fatigué   4. où se trouve le musée   5. où se trouve l'hôpital   6. s'il y a un bureau de tabac près de l'université   7. s'il y a une épicerie près de chez lui   8. quel est le plus grand bâtiment de la ville   9. où est la librairie   10. où on peut acheter de la viande   11. s'il y a une piscine municipale dans la ville   12. comment s'appelle le propriétaire d'une épicerie   13. si le paysage autour de la ville est pittoresque   14. si on peut voir des monuments historiques dans sa ville   15. si le climat chez lui est souvent désagréable   16. de quelle sorte de climat jouit le Vermont   17. de quels états vient le vin   18. quels états sont connus pour les pêches   19. où est le centre de l'industrie métallurgique aux Etats-Unis   20. quelle saison il préfère et pourquoi   21. quelles sortes d'usines se trouvent dans votre état   22. s'il est jamais allé à un cirque   23. s'il aime les équilibristes   24. s'il aimerait être clown   25. s'il aime les sports   26. ce qu'il pense de l'alpinisme   27. s'il

fait souvent des promenades à cheval   28. s'il fait souvent du camping   29. de combien de joueurs se compose une équipe de basketball   30. s'il considère la course de taureaux comme un sport   31. s'il a un appareil   32. s'il aime mieux le théâtre ou le cinéma   33. s'il trouve qu'il y a trop de réclames à la télévision   34. s'il s'intéresse plus au jeu de dames qu'au jeu d'échecs   35. si on peut faire du camping sans sac de couchage   36. si la pêche est préférable à la chasse   37. s'il va souvent aux matches de football   38. ce qu'il a dans son grenier   39. de quelle couleur sont les murs de sa chambre   40. s'il a une bibliothèque dans sa chambre   41. de quelle couleur est le tapis de sa chambre   42. combien de pièces a son appartement   43. si sa maison a plusieurs étages   44. de quelle couleur sont les rideaux de son salon   45. s'il prend son petit déjeuner dans la cuisine ou dans la salle à manger

Questionnaire II   *Dites à un autre étudiant:*

1. ce qu'il y a dans votre portefeuille   2. où se trouve la mairie   3. ce qu'on vend dans une boulangerie   4. où est la pharmacie   5. pour quelles raisons votre ville est célèbre   6. quelles sont les grandes régions naturelles des Etats-Unis   7. quels sont les grands ports de pêche aux Etats-Unis   8. quels sont les principaux produits agricoles de votre région   9. quel est le sport le plus dangereux   10. que vous avez récemment joué à cache-cache   11. que la boxe et la lutte devraient faire partie du programme athlétique universitaire   12. quel film vous avez vu récemment   13. combien de disques vous avez   14. lequel vous aimez mieux, le théâtre ou le cinéma   15. combien de fenêtres on voit lorsqu'on regarde la façade de votre maison   16. ce qu'on voit quand on entre par la porte principale de votre maison   17. quels meubles vous avez dans votre salon   18. comment vous montez au premier chez vous   19. quels meubles se trouvent dans votre chambre   20. combien de couvertures vous avez sur votre lit

Exercice.   *Ecrivez des phrases avec les expressions suivantes:*

1. à peu près   2. pas mal de   3. tout à l'heure   4. à l'envers   5. de plus en plus   6. quant à   7. au pied de   8. n'y comptez pas!   9. avoir beau faire quelque chose   10. j'en ai assez   11. bien entendu   12. au risque de   13. avoir envie de   14. à propos   15. servir de

II ÉTUDE DE VERBES

§46   METTRE AND PRENDRE

A. *Mettre*

1. Summary of conjugations:

present indicative:	je mets	nous mettons
passé composé:	j'ai mis	
passé simple:	je mis	

Note: The third person singular of the present indicative is **il met**.

2. Like **mettre: commettre, omettre, permettre, promettre, remettre, soumettre, transmettre.**

3. Some expressions with **mettre:**

    a. **mettre la table**=placer la nappe et disposer les assiettes, etc., sur la table

        C'est à Henriette de mettre la table; je m'occuperai de la cuisine.
          It's up to Henriette to set the table; I'll take care of the cooking.

    b. **mettre en peine**=inquiéter, donner du souci à
        Cette nouvelle me met en peine.
          This news upsets me.

    c. **se mettre à**=commencer à
        Nous nous mîmes à marcher.
          We began to walk.

    d. **se mettre en colère**=se fâcher
        Que votre majesté ne se mette pas en colère. (La Fontaine)
          May your majesty not be angered.

    e. **se mettre à son aise**=agir sans gêne
        Même quand il parle à ses amis, Mongénéral ne se met jamais à son aise.
          Even when he speaks to his friends, Mongénéral is never at ease.

    f. **se mettre en tête**=s'imaginer, vouloir absolument
        Voilà l'idée ridicule qu'elle s'est mise en tête.
          That's the absurd idea she's gotten into her head.

B. *Prendre*

1. Summary of conjugations:

present indicative: je prends   nous prenons
                                                      ils prennent
passé composé: j'ai pris
passé simple: je pris

2. Like **prendre: apprendre, comprendre, entreprendre, s'éprendre (de qqch. ou de qqn), reprendre, surprendre**

3. Some expressions with **prendre**:

    a. **prendre feu**=s'enflammer; *(fig.)* s'animer
        Tu prends feu au moindre mot.
        You get excited at the slightest word.

    b. **prendre l'air**=se promener dehors
        Après dîner, j'aime prendre l'air.
        I like to get some fresh air after dinner.

    c. **prendre (qqn) au mot**=accepter du premier coup ce que dit qqn
        Je le prends au mot: il s'y connaît.
        I take him at his word: he knows what he's talking about.

    d. **prendre à cœur**=s'occuper sérieusement de qqch.
        Vous ne prenez rien à cœur, tellement vous êtes volage.
        You don't take anything seriously, you're so fickle.

    e. **prendre son vol**=s'envoler
        Ainsi que des oiseaux aux approches du chasseur, les feuilles ont pris leur vol devant le vent d'automne.
        Like birds at the hunter's approach, the leaves took their flight (flew off) before the autumn wind.

    f. **s'en prendre à qqn, à qqch.**=blâmer qqn ou qqch., en rejeter sur lui la responsabilité
        Elle a fini par s'en prendre à moi.
        She ended up by blaming me for it.

III EXERCICES

Exercice 1. *Mettez le verbe entre parenthèses au temps et à la personne indiqués. Faites tous les changements nécessaires; imitez le modèle:*
    Vous (mettre) un imperméable. (vous, je, on; futur)
        Vous mettrez un imperméable; je mettrai un imperméable; on mettra un imperméable.

1. Il (mettre) la table à sept heures. (il, tu, nous; présent) 2. Je (prendre) un apéritif tous les jours. (je, vous, ils; prés.) 3. Tu (prendre) le train de Reims, n'est-ce pas? (tu, nous, elles; imparfait) 4. Nous (prendre) l'air après dîner. (nous, vous, je; futur) 5. Ils (remettre) volontiers le travail à jeudi. (ils, je, nous; conditionnel) 6. Elle me (prendre) au mot. (elle, vous, ils; passé composé) 7. Il (se mettre) vite en colère. (il, vous, elles; imparfait) 8. Elles (se mettre) à son aise. (elles, je, il; passé simple) 9. Tu (prendre feu) à un rien. (tu, vous, ils; passé composé) 10. Elle (s'en prendre à) lui. (elle,

je, ils; passé simple) 11. Il faut que tu (se mettre à) travailler. (tu, je, nous; présent du subjonctif) 12. Je veux que vous (comprendre) cette idée. (vous, il, elles; prés. du subj.) 13. Il fallait qu'elle (apprendre) la politesse. (elle, ils, nous; imp. du subj.) 14. Il était juste qu'il lui (transmettre) vos idées. (il, elles, je; imp. du subj.) 15. Tu (s'éprendre) de toutes les filles! (tu, vous, il; prés. de l'indicatif)

Exercice 2. *Transformez chaque passé composé ou passé surcomposé en passé simple ou passé antérieur. Faites tous les changements nécessaires; imitez le modèle:*
  J'ai adopté une solution de paresse.
  J'adoptai une solution de paresse.

1. J'ai fait une cure tourangelle. 2. Quand il est revenu à Paris, sa complexion était plus haute en couleur que jamais. 3. On m'a dévisagé comme un Huron. 4. Ils ont poursuivi leurs voyages. 5. Il est allé rendre visite aux Tiberghien. 6. Dès qu'il a été arrivé à Marseille, M. Pappalardo l'a invité à dîner chez lui. 7. Il s'est contenté de répéter: «Mettez-vous . . .» 8. A Bordeaux, j'ai appris que mon linge, pour être repassé, avait été chez la lisseuse. 9. Larousse ne m'a pas renseigné. 10. Le monsieur dans la fumée s'est étonné. 11. Ils en ont vu qui sont morts sans y être parvenus. 12. Je l'ai vu à l'entracte au milieu d'un groupe de connaisseurs. 13. Personne n'a avoué n'y rien comprendre. 14. Quand il a eu avoué cela, sa voisine l'a traité de bourgeois. 15. Il n'ont pu rien comprendre.

Exercice 3. *Formez des phrases des mots suivants, en faisant tous les changements nécessaires. Employez le style «de la conversation». Imitez le modèle:*
  Il était temps que /nous /terminer / notre / discussions.
  Il était temps que nous terminions nos discussions.

1. Il fallait que / le Major / apprendre / bien parler / français. 2. Le Major / chercher (présent) / un Français / qui / savoir / parler bien / anglais. 3. Je / douter (présent) / qu'il / en trouver / un / de sitôt. 4. Nous insistons (présent) pour que / vous / venir / dîner avec nous. 5. Il se peut que / la France, dans cinquante ans, / perdre (action achevée) / le / moitié / de / son / vocabulaire. 6. Elle / ne pas / s'attendre (passé composé) à ce que / tu / arriver / avant / midi. 7. Il était utile que / l'Anglais (pluriel) / comprendre / que / le Français (pl.) / employer mal / beaucoup / mots / anglais. 8. Malgré que / M. Pappalardo / s'écrier (action précédante): / «Remettez-vous» / il / ne faire que (imparfait) / le / inviter / s'asseoir. 9. Ce / être (imparfait) / le premier Lyonnais (féminin) / qu'il / connaître (action précédante). 10. Bien que / le Major / passer (action précédante) / vingt ans / dans / France, / son français / ne pas / être parfait (présent). 11. Il est probable que / le Major / connaître bien / français. 12. A moins que . . . [ne] / on / faire attention à / ce qu'on / dire, / personne / ne / le / comprendre (futur).

13. C'est dommage que / guides de poche / être / peu utile.   14. Il vaut mieux que / ils / contenir / phrases / plus utile.   15. Attendre (impératif, vous) / que / je / revenir.

Exercice 4. *Faites du nom ou pronom entre parenthèses le sujet du verbe à l'infinitif. Faites tous les changements nécessaires, tout en suivant ce schéma:*

        infinitif présent ⟶ présent du subjonctif
        infinitif passé ⟶ passé du subjonctif

Imitez les modèles:

    Je veux aller en ville. (Antoine)
        Je veux qu'Antoine aille en ville.
    Il est content d'avoir vu ce film. (vous)
        Il est content que vous ayez vu ce film.

1. Il aimerait mieux prendre un taxi. (Marie)   2. Regrettes-tu d'y être allé? (nous)   3. Nous espérons gagner le prix. (ils)   4. J'ai acheté ce billet afin d'aller au théâtre. (vous)   5. Elles sont heureuses de savoir ce secret. (je)   6. Etes-vous sorti sans lui dire au revoir? (mon père; *lui→vous*)   7. Nous avons peur de ne pas bien parler anglais. (notre fille)   8. Il souhaiterait être chez lui. (tu)   9. Elle désire vivement faire la connaissance de Louise. (vous)   10. J'ai agi ainsi pour terminer vite ce travail. (Pierre)

Exercice 5. *Mettez à l'imparfait du subjonctif l'infinitif entre parenthèses. Faites tous les changements nécessaires; imitez le modèle:*

    Il fallait qu'il (apprendre) à bien parler français.
        Il fallait qu'il apprît à bien parler français.

1. Elle ne s'attendait pas à ce qu'il (arriver) ce jour-là.   2. Malgré que M. Pappalardo (s'écrier): «Remettez-vous!» il ne faisait que l'inviter à s'asseoir.   3. Bien que le Major (passer) vingt ans en France, son français n'était pas parfait.   4. Il voulait qu'elle (prendre) un taxi.   5. Il ne trouva personne qui (savoir) parler roumain.   6. Je faisais cela pour qu'il (faire) son travail.   7. Il voulait qu'ils (répondre) à toutes ses questions impertinentes.   8. J'eus peur qu'elles ne (vouloir) s'en aller.   9. Nous résolûmes de nous procurer cette gloire sans la partager avec qui que ce (être).   10. Nous voulions faire une rigole qui (porter) de l'eau à notre saule.

Exercice 6. *Mettez au plus-que-parfait du subjonctif l'infinitif entre parenthèses. Faites tous les changements nécessaires; imitez le modèle:*

    Si je (savoir) cela, j'aurais fait de mon mieux pour la sauver.
        Si j'eusse su cela, j'aurais fait de mon mieux pour la sauver.

1. Ce fut la première Lyonnaise que je (connaître).   2. Nous sortîmes sans qu'il nous (dire) au revoir.   3. Il aurait éclaté de rire si je lui (parler) de mon projet.   4. Ils (partir) tout de suite si vous leur (dire) ce que vous en pensiez.   5. Comment se pouvait-il que le malade en (mourir) malgré les soins du docteur Knock?

Exercice 7. *Complétez les phrases suivantes en formant une proposition au moins aussi longue que la principale, et en employant les mots et le style indiqué entre parenthèses. Faites attention à la concordance des temps, mais employez le présent ou l'imparfait du subjonctif, sauf indication contraire (i.e., «action précédante). Imitez le modèle:*
    Il fallait que Louise . . . (rendre visite à; style «littéraire»)
      Il fallait que Louise rendît visite à sa sœur.

1. Il fallait que Louise . . . (rendre visite à; style «de la conversation»)   2. Pourquoi croyez-vous que . . . (céder; style «de la conversation»; action précédante)   3. Le vieil Horace voulait que . . . (venir; style «littéraire»)   4. Je doutais qu'ils . . . (pouvoir; style «littéraire»)   5. Diogène cherche un seul homme qui . . . (savoir)   6. François fut enchanté qu'ils . . . (penser; style «littéraire»; action précédante)   7. Je sais qu'elle a raison, quoi que . . . (dire; action précédante)   8. Elle regrettait que ses enfants . . . (se promener; style «de la conversation»; action précédante)   9. Il a tout dit de peur que . . . ne . . . (torturer; style «de la conversation»)   10. Il était temps que . . . (mettre; style «littéraire»)   11. Il insistait pour que . . . (obéir; style «littéraire»)   12. Il semblait que . . . (arriver; style «de la conversation»; action précédante)   13. Il se peut que . . . (entendre)   14. Elle attendra que . . . (sortir)   15. C'est bien possible, à moins que . . . ne . . . (disparaître)

Exercice 8. *Transformez les phrases suivantes en impératifs. Faites tous les changements nécessaires; imitez les modèles:*
    Je ne l'ai jamais vu.
      Que je ne l'aie jamais vu!
    Tu répondras bien vite.
      Réponds bien vite!

1. Vous lirez ce livre ce soir.   2. Tu seras sage, Jeannot.   3. Nous irons au théâtre.   4. On ne dira rien à ce monsieur.   5. Vous saurez qu'il a tout avoué.   6. Elles auront peur de lui.   7. Nous vivrons comme bon nous semble.   8. Il met son pardessus.   9. Tu apprendras à conduire une auto.   10. Ils s'en prendront à Marc.   11. Vous ferez ce que vous voudrez.   12. Tu mangeras à ta faim.   13. Elle ne cédera pas.   14. Je te préviendrai de ce qu'il a fait.   15. Tu en mangeras.

Exercice 9. *Combinez les mots suivants, de sorte que vous en fassiez des phrases complètes. Faites tous les changements nécessaires; imitez le modèle:*
    Quelque . . . que / ridicule / ce / être, / il / vouloir (présent) / absolument / en avoir une.
      Quelque ridicule que ce soit, il veut absolument en avoir une.

1. Soit que . . . ou que / son / adversaire / venir / . . . / il / le / éviter, Jacquot / vouloir / toujours / être prêt.   2. Quelque . . . que / richesses / vous / pouvoir / avoir, / vous / ne plus / me / intéresser (futur).   3. Ne pas

/ oublier (impératif) / ton / Mariette, / où que / tu / être.   4. Je ne dis pas que / Yvonne / ne pas / te / savoir / fidèle.   5. Dire (impératif) / à qui que ce soit que / vous / voir / que / je / être parti.   6. Ne pas / il semble que (interrogatif) / France / être / pays / bourgeois?   7. Pierre / ne pas / comprendre / un seul mot / de / anglais, / que je / savoir.   8. Quelque . . . que / avide / il / être (imparfait du subjonctif), / il / ne pas / vivre (passé simple) / sans honneur.

Exercice 10. Composition. *Complétez les phrases suivantes en employant le vocabulaire de l'extrait des **Carnets du Major Thompson** et en mettant tous les verbes aux temps du passé. Servez-vous du style «littéraire», comme si vous écriviez un roman. Imitez le modèle:*

Le Major pense que pour . . . , il faut qu'un Anglais. . . . Ainsi va-t-il en Touraine, où . . .

Le Major pensait que pour parler un vraiment bon français, il fallait qu'un Anglais l'apprît en France. Ainsi alla-t-il en Touraine, où on lui dit qu'il apprendrait le français le plus pur.

Le Major pense que pour . . . , il faut qu'un Anglais. . . . Ainsi va-t-il en Touraine, où. . . . Il s'attend à ce que les Tourangeaux . . . , mais, malheureusement, ...

Cependant, il poursuit ses voyages. Il rend visite tout d'abord aux Tiberghien, qui. . . . M. Tiberghien lui dit de. . . , et le Major pense qu'il. . . , mais ce qu'il entend par là [= veut dire par cela], c'est. . . .

Puis, il voyage à Marseille, où. . . . Il ne doute pas que M. Pappalardo. . . . Que ce soit au nord de la France ou dans le Midi, le Major ne trouve nul Français qui . . . «Se peut-il que le français . . . ?» se demande-t-il.

Il passe encore quelque temps à Lyon, où. . . . Ce qui est extraordinaire, c'est que. . . .

Après avoir passé encore quelques semaines à voyager, il rentre à Paris; il est heureux que. . . . Car, même si le français des Parisiens. . . .

Exercice 11. *Traduisez les phrases suivantes:*
1. "How did you do it, Jules?" "It was easy: I came, I saw, I conquered." *(passé simple)* [§32, 2; 33, 2b]   2. Go, run, fly, and tell her that I love her. [§39; 40A, 1]   3. Whoever you may be, you can't fool me *(tromper)*. I know who you are. [§37, 1]   4. How many years will it take *(falloir)* till he knows that too many people have died? [§43]   5. Be good *(sage)* and you'll go to the circus. [§39; 40A, 2]   6. I'm going to have some shelves built in my room. [§36A, 4b]   7. Meals that have a beginning and an end, that's what's rare at my house. [§28, 1]   8. Although it was dark, he recognized her immediately. *(style littéraire)* [§43]   9. Whatever language you speak, he never understands you. [§37, 1]   10. One hardly ever finds quince and green bean pies which taste *(avoir le goût)* like Mother's. [§30, 1]   11. He had to *(falloir)* throw his manu-

script *(le manuscrit)* in the garbage can. *(style littéraire)* [§43]   12. Let them eat brioches! [§40B, 1]   13. I'm surprised you didn't hit him sooner. [§28, 2]   14. What would you have said if he had gone to the bullfight without you? *(style littéraire)* [§44]   15. When the professor finished his lecture, the students burst out laughing *(éclater de rire)*. *(style littéraire)* [§34, 1]

Exercice 12. Thème d'imitation. *Employez **tu** dans cette conversation:*

—The Major would like you to define the word *plouk*. He couldn't find it in the Larousse.

—*Plouk?* I used to think it meant the opposite of *gens bien*, but I'm no longer sure of that. Now I believe that it means something like the English word *square*: a person rejected *(rejeté)* for being conventional and unimaginative *(sans envergure)*, I mean, for having a [the] bourgeois mind *(esprit)*.

—What a strange country! Although nobody wants to be bourgeois, everyone wants to be a bourgeois!

—It's too bad that people think like that, but that's life! I doubt that Americans are very different from the French.

—You may be right. But let me tell you that I don't agree with you.

—Whether you agree with me or not, let's go to a café to continue our conversation in a more pleasant atmosphere *(ambiance, f.)*.

—Wait until I tell the Major that *plouk* means square. Then we can get some fresh air . . . and some wine.

NEUVIÈME LEÇON

L'Oeuvre du sixième jour   Marie Noël

(Racontée par Stop-chien à ses petits frères)

Dès que le Chien fut créé, il lécha la main du Bon Dieu et le Bon Dieu le flatta sur la tête :
«Que veux-tu, Chien ?
—Seigneur Bon Dieu, je voudrais loger chez toi, au ciel, sur le paillasson[1] devant la porte.
—Bien sûr que non ! dit le Bon Dieu. Je n'ai pas besoin de chien puisque je n'ai pas encore créé les voleurs.
—Quand les créeras-tu, Seigneur ?
—Jamais. Je suis fatigué. Voilà cinq jours que je travaille, il est temps que je me repose. Te voilà fait, toi, Chien, ma meilleure créature, mon chef-d'œuvre. Mieux vaut m'en tenir là. Il n'est pas bon qu'un artiste se surmène au delà de son inspiration. Si je continuais à créer, je serais bien capable de rater mon affaire. Va, Chien ! Va vite t'installer sur la terre. Va et sois heureux.»

Le Chien poussa un profond soupir :
«Que ferai-je sur la terre, Seigneur ?
—Tu mangeras, tu boiras, tu croîtras et multiplieras.»

Le Chien soupira plus tristement encore.
«Que te faut-il de plus ?

[1] le paillasson   *door mat*

—Toi, Seigneur mon Maître! Ne pourrais-tu pas, Toi aussi, t'installer sur la terre?

—Non! dit le Bon Dieu, non, Chien! je t'assure. Je ne peux pas du tout m'installer sur la terre pour te tenir compagnie. J'ai bien d'autres chats à fouetter. Ce ciel, ces anges, ces étoiles, je t'assure, c'est tout un tracas.»

Alors le Chien baissa la tête et commença à s'en aller. Mais il revint:
«Ah! si seulement, Seigneur Bon Dieu, si seulement il y avait là-bas une espèce de maître dans ton genre?
—Non, dit le Bon Dieu, il n'y en a pas.»

Le Chien se fit tout petit, tout bas et supplia plus près encore:
«Si tu voulais, Seigneur Bon Dieu . . . Tu pourrais toujours essayer . . .
—Impossible, dit le Bon Dieu. J'ai fait ce que j'ai fait. Mon œuvre est achevée. Jamais je ne créerai un être meilleur que toi. Si j'en créais un autre aujourd'hui, je le sens dans ma main droite, celui-là serait raté.
—O Seigneur Bon Dieu, dit le Chien, ça ne fait rien qu'il soit raté pourvu que je puisse le suivre partout où il va et me coucher devant lui quand il s'arrête.»

Alors le Bon Dieu fut émerveillé d'avoir créé une créature si bonne et il dit au chien:
«Va! qu'il soit fait selon ton cœur.»

Et, rentrant dans son atelier, Il créa l'homme.

*
* *

N.B. *L'Homme est raté, naturellement. Le Bon Dieu l'avait bien dit. Mais le chien est joliment content!*

Questionnaire I

1. Qui raconte cette histoire? A qui la raconte-t-il?   2. Qu'a fait le chien immédiatement après sa création? pourquoi?   3. Que demande le chien au Bon Dieu?   4. Pourquoi le Bon Dieu ne veut-il pas que le chien loge chez lui?   5. Le Bon Dieu a-t-il l'intention de créer les voleurs?   6. Depuis quand le Bon Dieu travaille-t-il?   7. Qu'est-ce que le Bon Dieu pense du chien?   8. Pourquoi ne veut-il plus travailler?   9. Qu'arriverait-il s'il créait quelque chose d'autre?   10. Pourquoi le chien pousse-t-il un profond soupir?   11. Pourquoi le chien n'est-il pas content de manger, de boire, de croître et de multiplier?   12. Qu'est-ce que le Bon Dieu sent dans sa main droite?   13. Pourquoi le Bon Dieu ne peut-il pas tenir compagnie au chien?   14. Pourquoi le Bon Dieu est-il émerveillé?   15. Pourquoi finit-il par créer l'homme?   16. Le Bon Dieu avait-il raison de croire que sa créature serait ratée?

Questionnaire II

1. Avez-vous un chien, un chat ou un autre animal favori à la maison?   2. Quelle sorte d'animal est-ce?   3. De quelle couleur est cet animal?   4. Est-il grand ou petit?   5. Aimez-vous mieux les chiens que les chats? pourquoi?   6. Aimez-vous mieux les chats que les oiseaux? pourquoi?   7. Faut-il que vous vous reposiez après cinq jours de travail?   8. Travaillez-vous parfois au delà de votre inspiration?   9. Si vous travaillez quand vous êtes épuisé, ratez-vous parfois votre affaire?   10. Pourriez-vous vous contenter de ne rien faire que de manger, boire, croître et multiplier?   11. Que vous faudrait-il encore?   12. Est-ce facile de vivre seul?   13. Est-ce agréable?   14. A votre avis, le chien est-il plus parfait que l'homme?

A. *Expressions à étudier:* Les Animaux, Les Oiseaux, Les Poissons, Les Insectes

un animal, la bête (de somme) [beast (of burden)]

un âne [ass, donkey], une antilope [antelope], le bouc (la chèvre, le chevreau) [goat], le castor [beaver], le cerf (la biche) [stag], le chameau [camel], le chat (la chatte, le chaton) [cat], le cheval (la jument, le poulain) [horse], le chien (la chienne, le jeune chien) [dog], le cochon (la truie, le porcelet) [pig], le crocodile, le daim [deer], un écureuil [squirrel], un éléphant, la gazelle, la girafe, le gorille, la grenouille [frog], un hippopotame, le lapin [rabbit], le lion (la lionne, le lionceau), le loup (la louve, le louveteau) [wolf], la mésange [titmouse], la mouffette [skunk], le mouton (la brebis, un agneau) [sheep], le mulet (la mule), un ours (une ourse) [bear], la panthère, le rat, le renard (la renarde, le renardeau) [fox], le rhinocéros, le serpent [snake], le singe [monkey], la souris [mouse], le taureau (la vache, le veau) [bull], le tigre (la tigresse), la tortue [turtle]

un oiseau [bird]

un aigle [eagle], une alouette [lark], une autruche [ostrich], le canard [duck], la colombe [dove], le coq (la poule, le poussin) [rooster], le corbeau [crow], le dindon (la dinde, le dindonneau) [turkey], le hibou [owl], une hirondelle [swallow], une oie [goose], le paon [peacock], la perdrix [partridge], le perroquet [parrot], le pigeon, la pintade [guinea fowl]

un poisson [fish]

une anguille [eel], la baleine [whale], le dauphin [dolphin], le hareng [herring], le maquereau [mackerel], la perche [perch], le requin [shark], le saumon [salmon], le thon [tuna], la truite [trout]

un insecte

une abeille [bee], une araignée [spider], la chenille [caterpillar], la fourmi [ant], la guêpe [wasp], la mouche [fly], le moustique [mosquito], le papillon [butterfly], la puce [flea], *la punaise* [(bed)bug], le ver [worm]

Questionnaire

1. Quels produits la vache fournit-elle? le cheval? la chèvre? le cochon? le mouton?   2. A votre avis, quel animal est le plus utile à l'homme? pourquoi?   3. Quels animaux aident l'homme dans son travail?   4. Lesquels sont employés comme bêtes de somme?   5. Quel animal est censé avoir une bonne mémoire?   6. Quel animal est censé savoir pleurer?   7. Quel animal selon vous est le plus intelligent?   8. Quels animaux trouve-t-on à la ferme?   9. Quels animaux sont nuisibles à l'homme?   10. Y a-t-il des animaux qui sont des ennemis naturels?   11. Dans quels pays trouve-t-on des cerfs? des crocodiles? des panthères? des girafes? des loups? des rhinocéros? des tigres?   12. Quel animal est censé être têtu?   13. Quel animal est censé être rusé?   14. Y a-t-il un jardin zoologique dans votre ville? Quels animaux y voit-on?   15. Quel est, selon vous, l'animal le plus doux? le plus féroce? le plus intelligent? le plus beau? le plus lent? le plus rapide?   16. De quels animaux obtient-on de la laine? du lait?   17. De la peau de quels animaux fait-on des manteaux? des chaussures? des portefeuilles? des gants?   18. Quel est, selon vous, l'oiseau le plus noble? le plus rapide? le plus beau? le plus succulent? le plus utile?   19. Quel oiseau peut imiter le parler humain?   20. Lequel est censé être orgueilleux?   21. Lequel a la vue longue?   22. Lequel dort le jour et se réveille la nuit?   23. Lequel nous fournit de nourriture surtout au mois de novembre?   24. Lequel nous réveille le matin?   25. Lequel a le plus joli chant?   26. Lequel décore de son nom un recueil de contes destinés aux enfants?   27. Quel est le poisson le plus grand? le plus rapide? le plus féroce?   28. Selon vous, quel poisson est le plus succulent?   29. Quels sont les insectes les plus agaçants?   30. Certains insectes témoignent-ils d'une intelligence? lesquels? comment?   31. Quels insectes sont organisés en communautés?   32. Quel insecte est le plus joli?   33. Lequel est le plus nuisible à l'homme?   34. Y en a-t-il que vous considérez comme laids? lesquels? pourquoi?   35. Si vous étiez destiné à passer une deuxième vie sur la terre changé en animal, lequel aimeriez-vous être? pourquoi?

B. *Etudiez les expressions suivantes; consultez la leçon pour l'emploi de ces expressions:*

avoir besoin de = sentir la nécessité de   **mieux vaut** = il vaut mieux, il est plus avantageux   **se tenir** = demeurer, rester   **un tracas** = un travail accompagné de peine, un désordre   **une espèce de** = une sorte de   **se faire** = devenir   **ça ne fait rien** = ce n'est pas important

Exercice. *Employez ces expressions dans les phrases suivantes:*

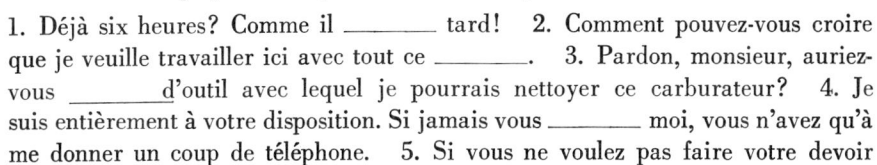

1. Déjà six heures? Comme il _____ tard!   2. Comment pouvez-vous croire que je veuille travailler ici avec tout ce _____.   3. Pardon, monsieur, auriez-vous _____ d'outil avec lequel je pourrais nettoyer ce carburateur?   4. Je suis entièrement à votre disposition. Si jamais vous _____ moi, vous n'avez qu'à me donner un coup de téléphone.   5. Si vous ne voulez pas faire votre devoir

_____. Mais soyez prêt à répéter ce cours l'année prochaine. 6. _____ souffrir que mourir. 7. Je vous ai donné mon avis, et je _____ là.

§47 MEANING AND FORMS OF PERSONAL PRONOUNS

Personal pronouns are those pronouns which designate the grammatical persons. Some designate the first person, or the person speaking (**je, me, moi; nous**); others designate the second person, or the person spoken to (**tu, te, toi; vous**); and yet others designate the third person, or the person or thing spoken about (**il, elle, le, la, lui; ils, elles, les, leur, eux**):

Je voudrais loger chez *toi*.

Il lécha la main du Bon Dieu, qui *le* flatta sur la tête.

The forms of the personal pronoun can be summarized as follows:

	FIRST PERSON		SECOND PERSON		THIRD PERSON	
	singular	*plural*	*singular*	*plural*	*singular*	*plural*
subject	je (j')	nous	tu	vous	(*m*) il (*f*) elle	ils elles
direct object	me (m')[1]	nous	te (t')[1]	vous	(*m*) le (l') (*f*) la (l')	les les
indirect object	me (m')[1]	nous	te (t')[1]	vous	lui[2]	leur
reflexive	me (m')	nous	te (t')[1]	vous	se (s')	se (s')
stressed forms	moi	nous	toi	vous	(*m*) lui (*f*) elle (*reflexive*) soi	eux elles

Notes:

(1) **Moi** *and* **toi** *are used as objects of affirmative commands when in a "stressed" position, that is, when pronounced with more force than the verb. This occurs when they immediately follow the verb or another object of the verb:*

Ecoutez-moi.	*Listen to me.*
Donnez-le-moi.	*Give it to me.*
Assieds-toi.	*Sit down.*

But if they themselves are immediately followed by **y** *or* **en,** *they lose their stress and become* **m'** *and* **t':**

Va-t'en.	*Go away.*
Donnez-m'en.	*Give me some.*
Mène-m'y.	*Take me there.*

(2) **Lui** *and* **leur** *are used for persons and animals only.* **Y** *is used for inanimate things, or ideas:*

Je vois le stylo *sur la table.*
    J'y vois le stylo.
Il s'est habitué *à cela.*
    Il s'y est habitué.
Je ne m'attendais pas *à ce qu'il vienne.*
    Je ne m'y attendais pas.

En *sometimes functions as a personal pronoun in the third person, usually referring to things or ideas. It stands for* **de** *followed by a noun or pronoun, or by a clause usually beginning with* **de ce que,** *or following a verb or expressions of emotion:*
    Tu as fumé *des cigarettes.*
        Tu en as fumé.
    Ils ne sont pas contents *de ceux-là.*
        Ils n'en sont pas contents.
    J'ai peur *qu'il ne vienne.*
        J'en ai peur.

§48 PERSONAL PRONOUNS USED AS SUBJECTS OF THE VERB

Personal pronoun subjects usually precede the verb; but they often follow it in questions, and must follow it in quotations:
    Je **suis fatigué.**
    Il **créa l'homme.**
    Voulez-*vous* **faire la connaissance de Michèle?**
    Où est-*il* **allé?**
    Je n'ai rien compris, dit-*il.*

Note: **Il** *is often a neuter pronoun ("it"), subject of an "impersonal" verb, which means a verb which must be constructed with neuter* **il** *(***il faut, il y a, il s'agit,** *etc.), or a verb which is sometimes constructed with it (***il arrive du monde,** *i.e.,* **du monde arrive; il vient d'éclater une guerre horrible,** *i.e.,* **une guerre horrible vient d'éclater***).*

Among the common impersonal verbs in French are: **il y a, il faut, il neige, il pleut, il fait froid (chaud, du vent,** *etc.),* **il suffit, il se peut, il convient, s'il vous plaît,** *and* **être** *followed by certain nouns and adjectives (***il est temps, il est trois heures, il est bon** *[***possible, dommage, heureux,** *etc.]).*

§49 PERSONAL PRONOUNS USED AS DIRECT OBJECTS OF THE VERB

A. General use

Personal pronouns used as direct objects of the verb usually precede the infinitive,

the present participle, or the conjugated form of the verb:
>   Le Bon Dieu *le* flatta sur la tête.
>   Quand *les* créeras-tu, Seigneur?
>   *Te* voilà fait, toi.
>   Je veux *me* coucher devant lui.
>   Tout en *nous* regardant, il continuait à parler.

Notice the position of the direct object in compound tenses and in negative sentences:
>   Le Bon Dieu *l'*avait bien dit.
>   *Les* a-t-il créés?
>   Il ne *l'*avait pas dit.
>   Ne *nous* a-t-il pas vus?
>   Il est impossible de ne pas *me* comprendre, dit-il.
>   Ne *vous* connaissant pas, il hésite à vous parler.

Reflexive pronouns can be direct objects of the verb:
>   Il *se* lève à six heures.
>   Nous ne *nous* installons pas dans un nouvel appartement.
>   *Vous* êtes-vous bien reposés?

B. *In commands*

In affirmative commands, the personal pronoun used as a direct object follows the verb:
>   Regardez-*moi*.
>   Asseyons-*nous*.
>   Levez-*vous*.
>   Achetez-*les*.

But in negative commands, it goes before the verb, in its usual position:
>   Ne *me* regardez pas.
>   Ne *nous* asseyons pas.
>   Ne *vous* levez pas.
>   Ne *les* achetez pas.

C. *The personal pronoun* le

Le often has a neuter value, when it refers not to a person or a thing but to an idea which would otherwise be expressed by an adjective, a phrase, or a clause:
>   Est-il généreux? —Il *l'*est. [= Il est généreux.]
>   Il m'a dit de m'asseoir. —Il m'a dit de *le* faire. [= ... de m'asseoir.]
>   L'Homme est raté, naturellement. Le Bon Dieu *l'*avait bien dit.
>   [= Il avait bien dit que l'Homme serait raté.]

Exercice 1. *Changez les mots en italique en pronoms compléments d'objet direct, et mettez-les dans les phrases en faisant tous les changements nécessaires. Imitez le modèle:*

    Il n'a pas reconnu mon frère et moi.
        Il ne **nous** *a pas reconnus.*

1. Il a invité *Martine* à danser. 2. Si j'étais préjugé auparavant, je ne suis pas *préjugé* maintenant. 3. Donna questionne *les croyances de sa religion.* 4. Le Bon Dieu a créé *le chien et les autres bêtes.* 5. Puis, il a créé *l'homme.* 6. Connaissez-vous *les rues de Denver?* 7. Depuis quand surveilles-tu *ma famille et moi?* 8. Nous voulons acheter *ce foulard et ces cravates.* 9. Il n'a jamais dit *que j'étais bête.* 10. Nous n'avons pas vu *ton frère et toi* depuis longtemps. 11. Pourquoi n'avez-vous pas raconté *cette histoire?* 12. Il se peut que ce criminel ait volé *votre père, votre mère et vous.* 13. Elles ont questionné *Louis, Charles et moi.* 14. Doutez-vous que nous n'ayons fait voir *votre portrait?* 15. Je dis *cela* franchement et sans regret.

§50 PERSONAL PRONOUNS USED AS INDIRECT OBJECTS OF THE VERB

The indirect (or secondary) objects of a verb are those which answer the questions **à qui? à quoi? de quoi?** etc.

    Il a donné l'argent *à Jean.*   Il *lui* a donné l'argent.
    Il a répondu *à ma question.*   Il *y* a répondu.[1]
    Il a parlé *de son voyage.*   Il *en* a parlé.[1]

A. Position of indirect object pronouns

Like personal pronouns used as direct objects of the verb, those used as indirect objects precede the verb, except in affirmative commands:

    Que *te* faut-il de plus? (te = à toi)
    Je ne peux pas *te* tenir compagnie. (te = à toi)
    N'y pensez pas. (y = à cela)
But:
    Pensez-y.

If there are two objects to one verb, they must be used in the following order (except in affirmative commands, which are discussed in §50E):

		(1)	(2)	(3)	(4)	(5)		
		me						
		te	le	lui				
SUBJECT	(ne)	se	la		y	en	VERB	(pas)
		nous	les	leur				
		vous						

[1]See §47, note 2 for an explanation of the meaning of **y** and **en** and for some examples of their use.

Examples:
>Mieux vaut *m'en* tenir là.
>Il n'y *en* a pas.
>Je *le lui* ai vendu.
>Elle *vous le* fera volontiers.

Notes:

(1) Words in column (1) precede all the others in combination: **me le, nous y, t'en,** *etc. Words in column (2) precede all those in columns (3), (4), or (5):* **le lui, les y, l'en,** *etc. Words in column (3) precede* **y** *or* **en: lui en,** *etc.* **Y** *precedes* **en.**

(2) Words in column (1) cannot be used with words in column (3). For all practical purposes, only the verb **présenter** *need concern us. Study the following examples:*

Il m'a présenté *à Robert.*	Il m'a présenté *à lui.*
Il vous a présenté *à Robert et à Charles.*	Il vous a présenté *à eux.*

But:

Il m'a présenté *Robert.*	Il me *l'*a présenté.
Il vous a présenté *Robert et Charles.*	Il vous *les* a présentés.

Similarly, two words cannot be used from column (1) at the same time:
>Il m'a présenté à vous.
>Il vous a présenté à nous.

B. *Reflexive object pronouns*

The reflexive pronouns (**me, te, se, nous, vous**) can be either direct objects or indirect objects, according to the sentence:
>**Elle s'est levée.** *(direct)*
>**Elle s'en est souvenue.** *(direct)*
>**Elle s'est posé cette question.** *(indirect)*
>**Elle s'est cassé la jambe.** *(indirect)*

C. *Some common verbs requiring indirect objects*

Some verbs in this category are:

dire qqch. à qqn	**poser** une question à qqn
demander qqch. à qqn	**prendre** qqch. à qqn
donner qqch. à qqn	**présenter** qqn à qqn
emprunter qqch. à qqn	**prêter** qqch. à qqn
envoyer qqch. à qqn	**réfléchir** à qqch.
obéir à qqn ou à qqch.	**ressembler** à qqn ou à qqch.
parler de qqn ou de qqch. à qqn	**survivre** à qqn ou à qqch.
penser à qqn ou à qqch.	**voler** qqch. à qqn

But notice that **penser à, être à,** and **s'intéresser à** must be used with stressed forms of the personal pronoun when the indirect object is a person:

    Cette auto est *à ma sœur.*   Cette auto est *à elle.*
    Je pense *à Michel.*   Je pense *à lui.*
    Elle s'intéresse *à Robert.*   Elle s'intéresse *à lui.*

But:
    Je pense *à mes vacances.*   J'y pense.
    Elle s'intéresse *à la boutique.*   Elle s'y intéresse.

D. *Indirect objects with possessive meaning*

Occasionally, indirect object pronouns, including reflexive pronouns, are used to indicate possession, particularly with parts of the body:

    Il *m'*a cassé un bras.
    Elle *se* lave la figure.

Possession by things is usually shown by the use of **en** *(of it, of them, its, their)*:

    Je contemple la beauté *de ce tableau.*
        J'*en* contemple la beauté.
    Il a essayé tous les nouveaux modèles *des voitures françaises.*
        Il *en* a essayé tous les nouveaux modèles.

E. *Indirect objects with affirmative commands*

As with direct objects, indirect objects follow the verb in affirmative commands:

    Parlez-*moi* d'amour.
    Réfléchissez-*y*.
    Donnez-*leur* de l'aide.

If the verb has two objects, the following word order applies:

VERB	*(1)* direct object	*(2)* indirect object	*(3)* **y**	*(4)* **en**

Examples:
    Allez-vous-en!
    Donnez-le-moi.
    Donnez-m'en.
    Empruntez-le-lui.
    Demande-le-leur.
    Envoyez-le-nous.

Exercice 2. Changez les mots en italique en **y, lui** ou **leur,** selon le cas, et insérez votre réponse dans la phrase, en faisant tous les changements nécessaires. *Imitez le modèle:*

Il ne s'attendait pas *à cela*.
  Il ne s'y attendait pas.

1. Mon frère s'intéresse *à la musique*. 2. Elle parle souvent *à mon père*. 3. As-tu répondu *à Charles et à Louis?* 4. As-tu répondu *à leurs questions?* 5. Marie a souvent fait visite *à Michèle*. 6. Chaque soir il passe des heures *à la bibliothèque*. 7. Vous n'avez pas dit cela *au juge?* 8. Tu ne vas pas raconter cette histoire *à tes amis?* 9. J'ai trouvé mon livre *dans la salle de classe*. 10. L'année passée nous sommes allés *en France*. 11. Le vendeur a envoyé le paquet *aux Smith*. 12. Le voleur a pris ses gants *à Anne*. 13. Vous ressemblez *à votre grand-mère*, à ce que je vois. 14. J'ai prêté dix dollars *aux Dupont*. 15. Ces gens-là n'ont jamais réfléchi *à la portée de leurs gestes*.

Exercice 3. *Changez les mots en italique en* **en**, *et insérez-le dans la phrase en faisant tous les changements nécessaires. Imitez le modèle:*
  Il a parlé *des émissions de télévision*.
  *Il **en** a parlé.*

1. Je m'occuperai *de la cuisine*. 2. La surface *de cette table* est bien lisse. 3. Le Bon Dieu a créé les étoiles et les planètes *de l'univers*. 4. Elle s'est rendu compte *du changement*. 5. Les Français se méfient *du fisc*. 6. Nous venons *d'Italie*. 7. On ne saurait décrire la beauté *du site*. 8. Il a respiré la fraîcheur *de ce matin printanier*. 9. Tout le monde est heureux *de ce que tu viendras*. 10. Elles ont peur *de la nuit*.

Exercice 4. *Mettez au passé composé les verbes en italique. Faites attention à l'accord du participe passé. Imitez le modèle:*
  Ils ne se *reconnaissent* pas.
  Ils ne se sont pas reconnus.

1. Vous (pl.) vous *intéressez* à la zoologie? 2. Nous nous *préparons* à étudier. 3. Ils se *parlent* français. 4. Elle s'en *va*. 5. Elles se *regardent* dans la glace. 6. Vous vous *imaginez* tous que le travail est facile. 7. Nous nous *demandons* pourquoi vous avez répondu si grossièrement. 8. Elle se *casse* le bras. 9. Simone s'*éprend* de Jean-Paul. 10. Ils se *posent* les mêmes questions.

Exercice 5. *Insérez dans la phrase le pronom correspondant à chaque mot ou groupe de mots en italique. Faites tous les changements nécessaires; imitez le modèle:*
  Avez-vous parlé *à Jean / de votre nouveau projet?*
  Lui en avez-vous parlé?

A.

1. Tu as raconté *ton histoire / à tes camarades?* 2. Vous avez vendu *de mauvaises pommes / à ma femme*. 3. Pierre a acheté *son auto / à Charles*. 4. Je te dirai *ce qui est arrivé*. 5. Je doute *de la vérité de cela*. 6. Il y a

beaucoup *d'ignorants.* 7. Marie s'intéresse *aux langues romanes.* 8. Je me rappelle *les beaux jours de notre jeunesse.* 9. J'ai emprunté ce stylo *à Anne.* 10. Le recteur nous a vus *dans le bar.* 11. J'ai parlé *de Marie / à vos parents.* 12. Ils nous ont envoyé *ce paquet.* 13. Paul vous a souvent posé *cette question.* 14. Un voleur pourra prendre *leurs dentelles / aux Leblanc.* 15. Ils offriront *le cheval / aux enfants.*

B.
1. Elle se croit *généreuse.* 2. Il accroche *son pardessus / dans le placard.* 3. Vous êtes-vous fracturé *le doigt?* 4. Nous nous souviendrons longtemps *de notre voyage de noces.* 5. Du moins, je ne t'ai pas fait *de souci.* 6. Le Bon Dieu a mis *les étoiles / dans le ciel.* 7. Elles ont donné *les bonbons / à Marie-Thérèse.* 8. Je me répète souvent *que l'amitié est un don précieux.* 9. Marie-Cécile jette *son parapluie / en l'air.* 10. Vous a-t-il prêté *de l'argent?*

***Exercice 6.** Mettez à l'impératif et substituez le pronom qui convient pour chaque mot ou groupe de mots en italique. Faites tous les changements nécessaires; imitez le modèle:*
    Tes père et mère honoreras.
    Honore-les.

1. Vous prêterez *vos chaussures / à votre sœur.* 2. Vous vous assiérez. 3. Tu enseigneras *le français / à Hélène.* 4. Tu ne diras pas *à Bertrand / que j'y suis allé.* 5. Nous n'attendrons pas *Brigitte / dans ce bar.* 6. Vous vous intéresserez donc *à la botanique.* 7. Nous ne nous arrêterons pas *dans ce village.* 8. Tu nous donneras *ces chaises.* 9. Vous ne vous méfierez pas *de sa soupe.* 10. Tu te souviendras *de mon idée.*

§51 INTERROGATIVE PRONOUNS

Interrogative pronouns are used to ask questions like *who? whom? what? which?* and *which one?*

A. In direct questions

An interrogative pronoun can be the subject or the object of a verb, or the object of a preposition; it can refer to human beings or to things.

    1. Persons
        a. subject of a verb:
            Qui vient avec Pierre?
            Qui est-ce qui vient avec Pierre?

        b. object of a verb:
            Qui ont-ils vu?
            Qui est-ce qu'ils ont vu?

   c. object of a preposition:
    A *qui* parlez-vous?
    A *qui est-ce que* vous parlez?

 2. Animals and things
   a. subject of a verb:
    ***Qu'est-ce qui* arrive?**

   b. object of a verb:
    ***Qu'en* avez-vous fait?**
    ***Qu'est-ce que* vous en avez fait?**

   c. object of a preposition:
    De *quoi* s'agit-il?
    De *quoi est-ce qu'*il s'agit?

Notes:

(1) The forms with **est-ce que** *(qui est-ce que? qu'est-ce que? etc.) and the form* **qui est-ce qui?** *are more common in conversation than the simple forms (***qui? que?*** etc.).*

(2) **Qui?** *used as object of the verb or as object of the preposition,* **que?** *and* **quoi?** *all require either the inversion of subject and verb, or the use of* **est-ce que,** *in the clause they begin.*

(3) For impersonal verbs, an alternate subject form, **que . . . il?** *is commonly used:* **Qu'arrive-t-il? Que faut-il?** *This expression is also combined with* **est-ce que: Qu'est-ce qu'il arrive? Qu'est-ce qu'il faut?**

Exercice 7. *Posez la question à laquelle répond chacune des phrases suivantes, en employant la forme convenable du pronom interrogatif. Imitez les modèles:*
  Elle sortira avec Pierre ce soir.
   Avec qui sortira-t-elle?
  Il a dit que vous sortirez avec lui ce soir.
   Qu'est-ce qu'il a dit? (Or, *Qu'a-t-il dit?*)

1. Je veux que tu t'en ailles. 2. André m'a accompagné. 3. C'est pour moi qu'elles ont fait cela. 4. Il m'a donné une cravate. 5. Nous rencontrerons des camarades au restaurant universitaire. 6. Elle s'attend à ce que revienne le beau temps. 7. Tu mangeras, tu boiras, tu croîtras et multilieras. 8. Je cherche mon petit frère. 9. Utrillo a fait ce tableau-là. 10. Il s'appuie contre un mur. 11. J'ai besoin de toi. 12. Ils pensent à leurs amis européens. 13. Elle a perdu son foulard. 14. Le chien lécha la main du Seigneur. 15. Il a tué le prefet de police.

B. In indirect questions

An interrogative pronoun can be used as the subject or the object of a verb, or the object of a preposition in indirect questions. The category "indirect questions" includes clauses following such verbs as **demander** and **se demander,** which clearly ask a question, and also clauses following such verbs as **savoir, dire, ignorer,** etc.

1. Persons

    a. subject of a verb:
      Qui vient avec Pierre?
         Je ne sais pas *qui* vient avec lui.
      Qui est-ce qui a fait cela?
         Il ne nous dira pas *qui* a fait cela.

    b. object of a verb:
      Qui ont-ils vu?
         Je me demande *qui* ils ont vu.
      Qui est-ce que Paul aime?
         Nous ignorons *qui* Paul aime.

    c. object of a preposition:
      A qui parliez-vous?
         Vous n'apprendrez jamais à *qui* je parlais.
      Sur qui peut-elle compter?
         Elle ignore sur *qui* elle peut compter.

2. Animals and things

    a. subject of a verb:
      Qu'est-ce qui a causé ce bruit?
         Nous ne savons pas *ce qui* a causé ce bruit.
      Qu'est-il arrivé?
         Nous nous demandons *ce qui* est arrivé.

    b. object of a verb:
      Qu'en avez-vous fait?
         Je veux savoir *ce que* vous en avez fait.
      Qu'est-ce que vous voyez?
         Dites-moi *ce que* vous voyez.

    c. object of a preposition:
      De quoi s'agit-il?
         Demande-lui donc de *quoi* il s'agit.
      A quoi penses-tu?
         Dis-moi à *quoi* tu penses.

Contre quoi est-ce que cet homme s'emporte?
Ne savez-vous pas contre *quoi* cet homme s'emporte?

Exercice 8. *Mettez à l'interrogation indirecte en commençant chaque phrase par* **Je ne sais pas, On ignore, Nous nous demandons,** *ou* **On [lui] demande.** *Imitez le modèle:*
    Qu'est-ce qui te prend, mon vieux?
        On te demande ce qui te prend.

1. A qui est-ce qu'Anne a raconté cette histoire?   2. Qui est-ce qui l'a épousée?   3. Qui aime-t-elle?   4. Qu'est-ce qu'il y a de nouveau?   5. Qu'est-ce qui se passe?   6. Qui est-ce que vous cherchez?   7. De quoi avez-vous besoin?   8. Qu'est-ce qui fait ce bruit?   9. En qui ont-elles confiance?   10. Que te faut-il?   11. Qui lui a appris à chanter?   12. Qu'est-ce qu'il veut faire?   13. Qui est-ce qu'il a rencontré chez elle?   14. Qu'entendez-vous par là?   15. Dans quoi a-t-il caché son argent?

C. Lequel? (laquelle? lesquels? lesquelles?)

Lequel and its other forms are used for persons or things, and can be subjects or objects of a verb or objects of a preposition. They take the number and gender of whatever noun or pronoun they replace. They ask the person spoken to to point out or to distinguish *(which? which one? which ones?):*
    Voici trois livres. *Lequel* **avez-vous lu?**
    Lesquels **de ces hommes ont été trouvés coupables?**
    De toutes les bêtes que tu as créées, Seigneur, *lesquelles* **aimes-tu le mieux?**
    Cette maison a trois portes. Par *laquelle* **est-elle sortie?**

Notice that **à** and **de** combine with **lequel, lesquels,** and **lesquelles** to form **auquel, auxquels, auxquelles,** and **duquel, desquels, desquelles,** respectively:
    Auquel **de ces garçons vas-tu donner ta main?**
    J'ai plusieurs chiens. *Desquels* **avez-vous besoin pour aller à la chasse?**

Exercice 9. *Mettez les mots en italique à la forme convenable du pronom interrogatif* **lequel.** *Faites tous les changements nécessaires; imitez les modèles:*
    Quelle idée trouve-t-il la meilleure?
        Laquelle trouve-t-il la meilleure?
    A quel garçon est-ce qu'elle pense?
        Auquel est-ce qu'elle pense?

1. *Quel animal* est-ce que le Bon Dieu a créé le premier?   2. *Quelles jeunes filles* ont été reçues à l'examen?   3. De *quel professeur* s'agit-il?   4. Avec *quelle jeune fille* est-ce qu'il est sorti?   5. A *quel homme* s'est-elle mariée?   6.

De *quels travaux* s'occupent-ils?   7. *Qui d'entre ces jeunes gens* voudraient gagner beaucoup d'argent?   8. Pour *quelles nobles causes* est-ce que John s'est battu?   9. *Quelle robe* voulez-vous mettre, Marie?   10. A *quelles professions* vous intéressez-vous?

§52   INTERROGATIVE ADJECTIVES

Interrogative adjectives are used to ask questions like *which?* and *what?* The forms of the interrogative adjectives are: **quel? quelle? quels?** and **quelles?** They agree with the noun or pronoun they refer to or modify in number (singular or plural) and in gender (masculine or feminine):

Quel animal est-ce que le Bon Dieu a créé le premier?
Quelle robe voulez-vous mettre, Marie?
Quels étudiants ont été reçus à l'examen?
A **quelles** professions vous intéressez-vous?

Notes:

(1) Be careful to distinguish between **qu'est-ce que c'est que?** *(also spoken and written in a shorter form, somewhat more formal,* **qu'est-ce que?***), which asks for a definition, and* **quel est?** *which asks for a choice, a qualification, or a statement of fact or opinion:*

Qu'est-ce que la littérature?
Qu'est-ce que c'est qu'une boulangerie?
Quelle est la coleur de votre robe?
Quels sont les jours de la semaine?

(2) **Quel** *is also used in exclamations:*
Quel drôle d'homme!
   What a curious man!
Quelle curiosité ardente!
   What a burning curiosity!

Exercice 10.   Complétez la phrase en insérant la forme convenable de **quel?** **qu'est-ce que c'est que?** *ou* **quel est?** *Imitez les modèles:*

———— la banlieue?
Qu'est-ce que c'est que la banlieue?
———— la couleur de mes cheveux?
Quelle est la couleur de mes cheveux?

1. ———— cette créature si bonne?   2. Je ne sais pas ———— modèles sont nouveaux.   3. En ———— pays êtes-vous né?   4. ———— le théâtre?   5. ———— sorte de maison préférez-vous?   6. ———— une pièce classique?   7. ———— le titre d'une tragédie de Racine?   8. ———— hypocrite!   9. ———— un hypocrite?   10. ———— votre profession?   11. ————réponse audacieuse!   12. Sur ———— principes (m.) est-ce qu'il fonde sa théorie?

13. _____ une université? 14. _____ la fonction du président? 15. _____ roi de France s'appelait le Roi-Soleil?

§53 VOIR AND CROIRE

Proverb: **Voir, c'est croire.** *(Seeing is believing.)*

A. *Voir*

1. Summary of conjugations:

present indicative:	je vois	nous voyons
		ils voient
future and conditional:	je verrai	
passé composé:	j'ai vu	
passé simple:	je vis	

2. Some expressions with **voir**:

    a. **faire voir** = montrer
        Fais voir ton Van Gogh.
        Show (me) your Van Gogh.

    b. **n'avoir rien à voir avec** = n'avoir aucun rapport à
        L'algèbre n'a rien à voir avec la politique, voyons!
        Come on now, algebra has nothing to do with politics.

    c. **voir** = comprendre
        Je ne vois pas ce qu'il veut dire.
        I don't understand what he means.

    d. **Voyons!** exclamation of impatience, opposition, incredulity, etc.
        Voyons, Marcel, soyons sérieux.
        Come on, Marcel, let's be serious.

B. *Croire*

1. Summary of conjugations:

present indicative:	je crois	nous croyons
		ils croient
passé composé:	j'ai cru	
passé simple:	je crus	

Note: Since believing is usually a state of conscience or of consciousness rather than an act, the past tense of **croire** is usually the imperfect:

    Il croyait que vous arriveriez.
        He thought you would arrive.
    Je croyais en vous: je me trompais.
        I believed in you, and I was mistaken.

But:
>**J'ai pleuré, et j'ai cru.**
>*I wept, and I believed* [i.e., *I began to believe*].

> 2. Some expressions with **croire:**
>> *a.* **croire en** = avoir la foi [en Dieu ou en une personne]
>> **Il croit en Dieu.**
>>> *He believes in God.*
>>
>> **Louise croit en Marc.**
>>> *Louise believes in Marc* [i.e., *trusts him, has faith in him*].
>
>> *b.* **croire à** = ajouter foi à [une chose, une idée, etc.]
>> **Je ne crois pas à l'astrologie.**
>>> *I don't believe in astrology.*
>
>> *c.* **croire + adjectif** = juger, s'imaginer + adjectif
>> **Il croit Roselyne aimable.**
>>> *He thinks Roselyne is nice.*
>>
>> **Il se croit plus fort qu'il n'est.**
>>> *He thinks he's stronger than he is.*
>
>> *d.* **croire** = juger, tenir pour vrai
>> **Je crois que vous avez tort.**
>>> *I think you're wrong.*

Exercice 11. Mettez les phrases suivantes à la personne et au temps indiqués entre parenthèses. Faites tous les changements nécessaires; imitez le modèle:
> **Je ne vois personne. (présent de l'indicatif: vous, ils, tu)**
>> *Vous ne voyez personne. Ils ne voient personne. Tu ne vois personne.*

1. Crois-tu en Dieu? (prés. de l'ind.: il, vous, ils)   2. J'ai cru le voir hier matin: j'avais tort. (passé composé: nous, elle, ils)   3. Elle m'a vu jeudi soir au bal. (passé composé: vous, tu, elles)   4. Nous verrons ce film demain soir. (futur: je, il, elles)   5. Elle le croyait plus vertueux. (imparfait: je, nous, ils)   6. J'y vis tous les princes de l'Europe. (passé simple: il, ils, nous)   7. Il a peur que je ne voie cela. (prés. du subjonctif: tu, ils, vous)   8. Il ne fut guère possible qu'elle vît de telles choses. (imp. du subj.: elles, vous, je)   9. Vous crûtes tout savoir. (passé simple: je, il, ils)   10. Il faut qu'il me croie. (**prés. du subj.:** tu, vous, elles)

Exercice 12. Composition. Ecrivez en forme de dialogue (150-200 mots) une petite histoire imaginaire de ce qui s'est passé dans l'Arche de Noé. Composez des questions et des réponses d'après les indications qu'on vous donne; employez des pronoms et des adjectifs interrogatifs. Tâchez d'être aussi naturel que possible. Imitez le modèle:

1. **Nommez quelques animaux qui ont accompagné Noé dans l'Arche.**

—*Quels animaux ont accompagné Noé dans son Arche?*

—*Il y en avait beaucoup: des chiens, des chats, des bœufs, des lions, des chevaux...*

—*Ça suffit, merci. Mais dites-moi...*

1. Nommez quelques animaux qui ont accompagné Noé dans l'Arche.

2. Dites ce qu'on faisait dans le bateau. (Est-ce qu'on s'y ennuyait? Les chiens et les chats jouaient-ils bien ensemble d'abord? [oui])

3. Qu'est-il arrivé un jour dans l'Arche? (grande bataille entre les chiens et les chats)

4. Nommez les alliés des chiens (loups, renards, ours . . .) et des chats (lions, tigres . . .)

5. Décrivez la bataille. (Vocabulaire suggéré: coups de pattes, coups de dents; rusé comme un renard, courageux comme un lion; déchirer la chair à une bête; faire couler le sang à une bête)

6. Dites ce qu'a fait Noé pour rétablir la tranquillité. (Vocabulaire suggéré: agir en [= comme un] dompteur; menacer de noyer les bêtes qui se battaient; séparer; mettre en cages)

Exercice 13. *Traduisez les phrases suivantes:*

1. Did you see them often while you were there? [§47, note 2; §48; §49A; §50A]   2. Do you have any money? Please give me some. [§50C and E]   3. Whom did they see? [§51A, 1b]   4. Is he smart? He is. [§49C]   5. What is happening? [§51A, 2a]   6. She introduced me to him. [§50C]   7. He told her to sell it. [§47; §48; §50A]   8. What is it about? [§51A, 2c]   9. Didn't he see you? [§47; §49A]   10. He asked me who went with you. [§51B, 1a]   11. Have you spoken to them about it? [§50C]   12. It is time to go. It is already noon. [§48, note]   13. I wonder what made him do it. [§51B, 2a]   14. I love France. Don't you think its history is interesting? [§50D]   15. Look at me. [§49B]   16. Did he ask you what it was about? [§51B, 2c]   17. Which did you choose? [§51C]   18. Give us this day our daily *(quotidien)* bread. [§50C and E]   19. Borrow it from him. [§50E]   20. Don't think about it any more. [§50A and C]   21. What are the months of the year? [§52, note 1]   22. What are you thinking about? [§51A, 2c]   23. What book are you talking about? [§52]   24. To which one did you speak? [§51C]   25. What is a squirrel? [§52, note 1]

Exercice 14.   **Thème d'imitation.**

—What did Stop-chien ask God as soon as he was created?

—He said [that] he wanted to live on the mat in front of the door.

—But God didn't allow *(permettre à)* him to *(de)* do so, did He?

—No, because He still had to create someone.

—Who did He have to create?

—Robbers . . . and other men, too.
—But don't dogs want to serve a master?
—Yes, and God finally created man.
—Dogs love men, and they always have. They still follow them wherever they go. And men like to pat them on the head. They're happy that God gave them to them.

DIXIÈME LEÇON

De la naissance de l'amour   Stendhal

Voici ce qui se passe dans l'âme:
 1° L'admiration.
 2° On se dit: Quel plaisir de lui donner des baisers, d'en recevoir, etc.!
 3° L'espérance.

On étudie les perfections; c'est à ce moment qu'une femme devrait se rendre, pour le plus grand plaisir physique possible. Même chez les femmes les plus réservées, les yeux rougissent au moment de l'espérance; la passion est si forte, le plaisir si vif qu'il se trahit par des signes frappants.
 4° L'amour est né.

Aimer, c'est avoir du plaisir à voir, toucher, sentir par tous les sens, et d'aussi près que possible, un objet aimable et qui nous aime.
 5° La première cristallisation commence.

On se plaît à orner de mille perfections une femme de l'amour de laquelle on est sûr; on se détaille tout son bonheur avec une complaisance infinie. Cela se réduit à s'exagérer une propriété superbe, qui vient de nous tomber du ciel, que l'on ne connaît pas, et de la possession de laquelle on est assuré.

Laissez travailler la tête d'un amant pendant vingt-quatre heures, et voici ce que vous trouverez:

Aux mines de sel de Salzbourg, on jette, dans les profondeurs abandonnées de la mine, un rameau d'arbre effeuillé par l'hiver; deux ou trois mois après on le retire couvert de cristallisations brillantes: les plus petites branches, celles qui ne sont pas plus grosses que la patte d'une mésange, sont garnies d'une infinité de diamants mobiles et éblouissants; on ne peut plus reconnaître le rameau primitif.

Ce que j'appelle cristallisation, c'est l'opération de l'esprit, qui tire de tout ce qui se présente la découverte que l'objet aimé a de nouvelles perfections.

Un voyageur parle de la fraîcheur des bois d'orangers à Gênes, sur le bord de la mer, durant les jours brûlants de l'été; quel plaisir de goûter cette fraîcheur avec elle !

Un de vos amis se casse le bras à la chasse; quelle douceur de recevoir les soins d'une femme qu'on aime ! Etre toujours avec elle et la voir sans cesse vous aimant ferait presque bénir la douleur; et vous partez du bras cassé de votre ami, pour ne plus douter de l'angélique bonté de votre maîtresse. En un mot, il suffit de penser à une perfection pour la voir dans ce qu'on aime.

Ce phénomène, que je me permets d'appeler la *cristallisation*, vient de la nature qui nous commande d'avoir du plaisir et qui nous envoie le sang au cerveau, du sentiment que les plaisirs augmentent avec les perfections de l'objet aimé, et de l'idée: elle est à moi. Le sauvage n'a pas le temps d'aller au-delà du premier pas. Il a du plaisir, mais l'activité de son cerveau est employée à suivre le daim qui fuit dans la forêt, et avec la chair duquel il doit réparer ses forces au plus vite, sous peine de tomber sous la hache de son ennemi.

A l'autre extrémité de la civilisation, je ne doute pas qu'une femme tendre n'arrive à ce point, de ne trouver le plaisir physique qu'auprès de l'homme qu'elle aime[1]. C'est le contraire du sauvage. Mais parmi les nations civilisées la femme a du loisir, et le sauvage est si près de ses affaires, qu'il est obligé de traiter sa femelle comme une bête de somme. Si les femelles de beaucoup d'animaux sont plus heureuses, c'est que la subsistance des mâles est plus assurée.

Mais quittons les forêts pour revenir à Paris. Un homme passionné voit toutes les perfections dans ce qu'il aime; cependant l'attention peut encore être distraite, car l'âme se rassasie de tout ce qui est uniforme, même du bonheur parfait[2].

Voici ce qui survient pour fixer l'attention :

6° Le doute naît.

Après que dix ou douze regards, ou toute autre série d'actions qui peuvent durer un moment comme plusieurs jours, ont d'abord donné et ensuite confirmé les espérances, l'amant, revenu de son premier étonnement et s'étant accoutumé à son bonheur, ou guidé par la théorie qui, toujours basée sur les cas les plus fréquents, ne doit s'occuper que des femmes faciles, l'amant, dis-je, demande des assurances plus positives, et veut pousser son bonheur.

On lui oppose de l'indifférence[3], de la froideur ou même de la colère, s'il montre

---

[1] Si cette particularité ne se présente pas chez l'homme, c'est qu'il n'a pas la pudeur à sacrifier pour un instant.   [2] Ce qui veut dire que la même nuance d'existence ne donne qu'un instant de bonheur parfait; mais la manière d'être d'un homme passionné change dix fois par jour.
[3] Ce que les romans du XVIIe siècle appelaient le coup de foudre, qui décide du destin du héros et de sa maîtresse, est un mouvement de l'âme qui, pour avoir été gâté par un nombre infini de barbouilleurs, n'en existe pas moins dans la nature; il provient de l'impossibilité de cette manœuvre défensive. La femme qui aime trouve trop de bonheur dans le sentiment qu'elle éprouve, pour pouvoir réussir à feindre; ennuyée de la prudence, elle néglige toute précaution et se livre en aveugle au bonheur d'aimer. La défiance rend le coup de foudre impossible. [*Notes de Stendhal*]

trop d'assurance; en France, une nuance d'ironie qui semble dire: «Vous vous croyez plus avancé que vous ne l'êtes.» Une femme se conduit ainsi, soit qu'elle se réveille d'un moment d'ivresse et obéisse à la pudeur, qu'elle tremble d'avoir enfreinte[4], soit simplement par prudence ou par coquetterie.

L'amant arrive à douter du bonheur qu'il se promettait; il devient sévère sur les raisons d'espérer qu'il a cru voir.

Il veut se rabattre sur les autres plaisirs de la vie, *il les trouve anéantis.* La crainte d'un affreux malheur le saisit, et avec elle l'attention profonde.

7° Seconde cristallisation.

Alors commence la seconde cristallisation produisant pour diamants des confirmations à cette idée:

Elle m'aime.

A chaque quart d'heure de la nuit qui suit la naissance des doutes, après un moment de malheur affreux, l'amant se dit: Oui, elle m'aime; et la cristallisation se tourne à découvrir de nouveaux charmes; puis le doute à l'œil hagard s'empare de lui, et l'arrête en sursaut. Sa poitrine oublie de respirer; il se dit: Mais est-ce qu'elle m'aime? Au milieu de ces alternatives déchirantes et délicieuses, le pauvre amant sent vivement: Elle me donnerait des plaisirs qu'elle seule au monde peut me donner.

C'est l'évidence de cette vérité, c'est ce chemin sur l'extrême bord d'un précipice affreux, et touchant de l'autre main le bonheur parfait, qui donne tant de supériorité à la seconde cristallisation sur la première.

L'amant erre sans cesse entre ces trois idées:

1° Elle a toutes les perfections;

2° Elle m'aime.

3° Comment faire pour obtenir d'elle la plus grande preuve d'amour possible?

Le moment le plus déchirant de l'amour jeune encore est celui où il s'aperçoit qu'il a fait un faux raisonnement et qu'il faut détruire tout un pan de cristallisation.

On entre en doute de la cristallisation elle-même.

Questionnaire I

1. Selon Stendhal, quelles sont les étapes de la naissance de l'amour?   2. Quand est-ce qu'une femme devrait se rendre, selon Stendhal? Pourquoi?   3. Qu'est-ce que c'est que l'amour, selon Stendhal?   4. Qu'est-ce que c'est que la première cristallisation?   5. Qu'est-ce qui arrive dans les mines de sel de Salzbourg?   6. Que fait l'amant lorsqu'il entend parler des bois d'orangers à Gênes?   7. Que fait l'amant quand un de ses amis se casse le bras à la chasse?   8. D'où vient ce phénomène que Stendhal appelle cristallisation?   9. Pourquoi le sauvage ne passe-t-il pas par les mêmes étapes que l'homme civilisé?   10. Que dit Stendhal à propos de la femme civilisée et le plaisir physique?   11. L'homme civilisé agit-il de même?   12. Quel est le rôle du doute dans l'amour?   13. Selon

[4]enfreindre (la pudeur)   *to transgress the laws of modesty*

Stendhal, est-ce que le *coup de foudre* existe? 14. Qu'est-ce qui rend le *coup de foudre* impossible? 15. Qu'arrive-t-il parfois à l'amant quand il demande des assurances positives? 16. Qu'arrive-t-il à l'amant quand il commence à douter du bonheur qu'il se promettait? 17. Qu'est-ce que c'est que la seconde cristallisation, selon Stendhal? 18. Pourquoi la seconde cristallisation est-elle supérieure à la première? 19. Quelles sont les trois idées entre lesquelles l'amant erre sans cesse? 20. Quel est le moment le plus déchirant de l'amour jeune? Pourquoi est-ce ainsi?

Questionnaire II

1. Est-ce que vos idées sur la naissance de l'amour ressemblent à celles de Stendhal? 2. Qu'est-ce que c'est que cette histoire d'yeux qui rougissent dont parle Stendhal? Qu'en pensez-vous? 3. Votre définition de l'amour est-elle pareille à celle de Stendhal? 4. Auriez-vous une description de la naissance de l'amour plus satisfaisante que celle de la cristallisation? 5. Vous est-il jamais arrivé d'entendre parler d'orangers et de vous mettre à penser à quelqu'un? 6. Si un de vos amis se cassait le bras à la chasse, que feriez-vous? 7. Ceux qui sont trop occupés ont-ils le temps de devenir amoureux de quelqu'un? 8. Vos idées sur le plaisir physique et l'amour correspondent-elles à celles de Stendhal? 9. Stendhal a-t-il raison de dire que l'âme se rassasie de tout ce qui est uniforme? 10. Qu'est-ce que c'est que la coquetterie? Qu'en pensez-vous?

A. Expressions à étudier:

admirer, une admiration, admirable, admirablement
adorer, une adoration, adorable, adorablement
agiter [*to agitate, excite, perturb, trouble*], une agitation
agréer [*to accept, recognize, approve of*], un agrément [*pleasure, charm*], agréable, agréablement
aimer, un amour, aimable, une amitié, amical, amicalement, un ami, un amant, amoureux (-euse)
assurer, une assurance
augmenter, une augmentation
la bonté, le bonheur, bon
blesser [*to wound, hurt*], la blessure
chagriner [*to grieve, distress*], le chagrin, chagrin (-e)
la chaleur [*warmth, ardor, zeal*], chaleureux, chaleureusement
complaire [*to please*], la complaisance [*obligingness*]
confirmer, confirmation
la coquetterie, coquet (-te), coquettement
décourager, le découragement
se défier [*to mistrust, distrust*], la défiance [*mistrust, distrust, suspicion*]
déplaire, le déplaisir
désagréable

détester, la détestation, détestable, détestablement
diminuer, la diminution
discret (-ète), discrètement
douleur [*suffering, sorrow, grief*], douloureux, douloureusement
douter, le doute
émouvoir [*to move (s.o.), to affect, to touch*], une émotion, émouvant, ému
s'empresser [*to show eagerness, zeal*], un empressement
encourager, un encouragement
s'éprendre de [*to fall in love with*], épris de [*in love with*]
éprouver [*to feel, experience*], une épreuve [*proof, test*]
espérer, un espoir, une espérance
étonner [*to astonish*], un étonnement
la fidélité, fidèle
la foi
le froid, la froideur [*cold, coldness*], froidement
froisser qqn [*to give offense to s.o., to hurt s.o.'s feelings*], le froissement
haïr, la haine
une imprudence, imprudent
une indifférence, indifférent
une indiscrétion, indiscret (-ète)
inquiéter [*to trouble, disturb*], une inquiétude, inquiet (-ète)
une ivresse [*intoxication, rapture, ecstasy*], ivre
la jalousie, jaloux (-se)
la légèreté [*flightiness, fickleness, frivolousness*], léger (-ère)
maîtriser, le maître, la maîtresse, la maîtrise
le malheur [*misfortune, bad luck*], malheureux [*unfortunate, unhappy*]
médire de qqn [*to slander, vilify s.o.*], la médisance [*slander*]
mépriser [*to despise, scorn, hold s.o. in contempt*], le mépris
la modestie, modeste
un orgueil [*pride*], orgueilleux (-euse)
se passionner, la passion
perfectionner, la perfection, parfait
perfide
plaindre [*to pity*], se plaindre [*to complain*], la plainte [*complaint*]
plaire, le plaisir
prier, la prière
la prudence, prudent (-e)
la pudeur [*modesty, sense of decency*]
reconnaître [*to recognize, acknowledge*], la reconnaissance [*recognition, acknowledgment, gratitude, gratefulness*]
refuser, le refus
réserver, la réserve [*reserve, caution*]
respecter, le respect, respectueux (-euse)
ressentir [*to feel, experience*], le ressentiment [*resentment, feeling*]

rougir [*to blush*], le rougissement
séduire [*to seduce, lead astray, beguile, fascinate, allure, charm*], la séduction [*seduction, seductiveness, charm*]
sentir, le sens, le sentiment [*feeling, sensation*], la sensation, sensible [*sensitive, susceptible, impressionable*], la sensibilité [*sensibility, sensitiveness, feeling, compassion*]
 la sévérité, sévère
 la sincérité, sincère
 se soumettre, la soumission
 soupçonner [*to suspect*], le soupçon
 supplier, la supplication
 la tendresse, tendre
 la tiédeur [*lukewarmness, half-heartedness*], tiède
 la timidité, timide
 transporter, le transport [*rapture, outburst of feeling*]
 la tristesse, triste
 troubler [*to disturb, confuse, agitate, excite, upset*], le trouble [*confusion, disorder, agitation, uneasiness*]

Exercice. *Commentez les phrases suivantes:*

1. La pruderie est une espèce d'avarice, la pire de toutes. *(Stendhal)* 2. La plupart des hommes du monde, par vanité, par méfiance, par crainte du malheur, ne se livrent à aimer une femme qu'après l'intimité. *(Stendhal)* 3. Nul doute que ce ne soit une folie pour un homme de s'exposer à l'amour passion. Quelquefois cependant le remède opère avec trop d'énergie. Les jeunes Américaines des Etats-Unis sont tellement pénétrées et fortifiées d'idées raisonnables que l'amour, cette fleur de la vie, y a déserté la jeunesse. On peut laisser en toute sûreté, à Boston, une jeune fille seule avec un bel étranger, et croire qu'elle ne songe qu'à la dot du futur. *(Stendhal)* 4. L'amour d'ordinaire est chassé de la maison par l'avarice. *(André le Chapelain [Andreas Capellanus,* **De arte honeste amandi,** *XIIIe siècle] cité par Stendhal)* 5. Le succès trop facile ôte bientôt son charme à l'amour: les obstacles lui donnent du prix. *(ibid)* 6. Par la jalousie véritable l'affection d'amour croît toujours. *(ibid)* 7. Rien n'empêche qu'une femme ne soit aimée par deux hommes, et un homme par deux femmes. *(ibid)* 8. L'on demande s'il faut aimer. Cela ne se doit pas demander, on doit le sentir; l'on ne délibère point là-dessus, l'on y est porté, et l'on a le plaisir de se tromper quand on consulte. *(Pascal)* 9. A force de parler d'amour on devient amoureux; il n'y a rien (de) si aisé: c'est la passion la plus naturelle à l'homme. *(Pascal)* 10. Un amour ferme et solide commence toujours par l'éloquence d'action; les yeux y ont la meilleure part. Néanmoins il faut deviner, mais bien deviner. *(Pascal)* 11. Il est difficile de définir l'amour: ce qu'on peut dire est que, dans l'âme, c'est une passion de régner; dans les esprits, c'est une sympathie; et, dans le corps, ce n'est qu'une envie cachée et délicate de posséder ce que l'on aime, après beaucoup de mystères. *(La Rochefoucauld)* 12. Il n'y a point de

déguisement qui puisse longtemps cacher l'amour où il est, ni le feindre où il n'est pas. *(La Rochefoucauld)* 13. Si on juge de l'amour par la plupart de ses effets, il ressemble plus à la haine qu'à l'amitié. *(La Rochefoucauld)* 14. L'amour, aussi bien que le feu, ne peut subsister sans un mouvement continuel et il cesse de vivre dès qu'il cesse d'espérer ou de craindre. *(La Rochefoucauld)* 15. L'amour naît brusquement, sans autre réflexion, par tempérament ou par faiblesse: un trait de beauté nous fixe, nous détermine. L'amitié, au contraire, se forme peu à peu, avec le temps, par la pratique, par un long commerce. Combien d'esprit, de bonté de cœur, d'attachement, de services et de complaisance dans les amis, pour faire en plusieurs années bien moins que ne fait quelquefois en un moment un beau visage ou une belle main! *(La Bruyère)* 16. Le temps, qui fortifie les amitiés, affaiblit l'amour. *(La Bruyère)* 17. L'amour et l'amitié s'excluent l'un l'autre. *(La Bruyère)* 18. Les femmes ne peuvent comprendre qu'il y ait des hommes désintéressés à leur égard. *(Vauvenargues)* 19. Il est plaisant qu'on ait fait une loi de la pudeur aux femmes, qui n'estiment dans les hommes que l'effronterie. *(Vauvenargues)* 20. Il n'y a point de perte qu'on ne sente si vivement et si peu de temps que celle d'une femme aimée. *(Vauvenargues)* 21. Il faut ne choisir pour épouse que la femme qu'on choisirait pour ami, si elle était homme. *(Joubert)* 22. On n'est, avec dignité, épouse et veuve qu'une fois. *(Joubert)* 23. Les femmes croient innocent tout ce qu'elles osent. *(Joubert)* 24. L'absence n'est-elle pas pour qui aime la plus certaine, la plus efficace, la plus vivace, la plus indestructible, la plus fidèle des présences? *(Proust)* 25. C'est nous qui avons introduit dans la création, en la chantant, en l'interprétant, en l'admirant en poètes, en l'idéalisant en artistes, en l'expliquant en savants qui se trompent mais qui trouvent aux phénomènes des raisons ingénieuses, un peu de grâce, de beauté, de charme inconnu et de mystère. Dieu n'a créé que des êtres grossiers, pleins de germes des maladies, qui, après quelques années d'épanouissement bestial, vieillissent dans les infirmités, avec toutes les laideurs et toutes les impuissances de la décrépitude humaine. Il ne les a faits, semble-t-il, que pour se reproduire salement et pour mourir ensuite, ainsi que les insectes éphémères des soirs d'été. J'ai dit «pour se reproduire salement»; j'insiste. Qu'y a-t-il, en effet, de plus ignoble, de plus répugnant que cet acte ordurier et ridicule de la reproduction des êtres, contre lequel toutes les âmes délicates sont et seront éternellement révoltées? Puisque tous les organes inventés par ce créateur économe et malveillant servent à deux fins, pourquoi n'en a-t-il pas choisi d'autres qui ne fussent point malpropres et souillés, pour leur confier cette mission sacrée, la plus noble et la plus exaltante des fonctions humaines? *(Tiré de* **L'Inutile beauté,** *Guy de Maupassant)*

B. *Etudiez les expressions suivantes; consultez la leçon pour l'emploi de ces expressions:*

au plus vite = aussi vite que possible   **manière d'être** = façon d'exister
le coup de foudre = amour à première vue, grand malheur imprévu   **se**

livrer en aveugle = s'abandonner comme un aveugle **en sursaut** = brusquement

Exercice. Employez ces expressions dans les phrases suivantes:
1. Ce n'est pas les petits bouts de papier qu'il laisse partout qui m'agacent, c'est toute sa ———. 2. Faites ce que je vous demande ——— et je serai content. 3. Il s'arrêta ———: son ombre avait disparu. 4. Paul vit Virginie; ce fut un ———. 5. Ce qui est étonnant c'est qu'après toute une vie de sagesse elle se soit ——— au premier venu.

§54 RELATIVE PRONOUNS

A relative pronoun connects a clause to a noun or pronoun it explains, qualifies, or modifies in some way.

The noun or pronoun explained, qualified, or modified by the relative clause (that is, by the clause containing and usually begun by the relative pronoun) is called the antecedent.

> **Quelle douceur de recevoir les soins d'une femme *qu*'on aime!**
> *How sweet it is to be cared for by a woman you love!*
> **On s'exagère une propriété superbe, *qui* vient de nous tomber du ciel.**
> *We exaggerate a superb possession, which has just fallen to us from heaven.*

If (1) there is no precise antecedent, or (2) the antecedent is an idea contained in a sentence, or (3) the antecedent follows the relative clause, a compound form is needed: **ce qui, ce que, ce dont,** etc.

1. no precise antecedent:
   > **Il suffit de penser à une perfection pour la voir dans *ce qu*'on aime.**
   > *Thinking about a perfection is enough to make you see it in what you love.*

2. idea contained in a sentence:
   > ***Ce qui* veut dire que la même nuance d'existence ne donne qu'un instant de bonheur parfait.**
   > *Which means that any particular way of being can give only an instant of perfect happiness.*

3. antecedent following the relative clause:
   > ***Ce que* j'appelle cristallisation, c'est une opération de l'esprit.**
   > *What I call crystallization is an operation of the mind.*

The pronoun **ce** in the last three examples provides a precise term of reference for the relative pronoun: in other words, **ce** becomes the antecedent and stands for or sums up the idea, the imprecise antecedent, and the antecedent following the relative clause.

§55 SIMPLE FORMS OF THE RELATIVE PRONOUN

A. *As subject of the verb in the relative clause:* qui

Qui is used as the subject of the verb in the relative clause. Its antecedent may be a person ("who") or a thing ("which," "that").

1. persons:

   Les hommes cherchent des femmes *qui* les aiment.
   Men look for women who love them.
   Voyez-vous les gens *qui* vous appellent?
   Do you see the people who are calling you?

2. things:

   C'est la nature *qui* nous commande d'avoir du plaisir.
   It's nature which commands us to have pleasure.
   Son cerveau est employé à suivre le daim *qui* fuit dans la forêt.
   His brain is occupied in following the buck that is fleeing into the forest.

B. *As object of the verb in the relative clause:* que

Que is used as the object of the verb in the relative clause. Its antecedent may be a person ("whom,"[1] "that") or a thing ("which," "that").

1. persons:

   Quelle douceur de recevoir les soins d'une femme *qu'*on aime!
   How sweet it is to be cared for by a woman whom you love!
   C'est mon frère *que* vous avez vu.
   It's my brother that you saw.

2. things:

   Ce phénomène, *que* j'appelle la cristallisation, vient de la nature.
   This phenomenon, which I call crystallization, comes from nature.
   L'amant arrive à douter du bonheur *qu'*il se promettait.
   The lover reaches the point of doubting the happiness that he was promising himself.

---

[1]Most Americans use "who" in this sense instead of "whom," although "whom" is the officially accepted form.

Notes:

(1) The relative pronoun has the same number and gender as its antecedent, and the verb must agree accordingly:
> **C'est moi *qui* suis arrivé.**
> **Et vous *qui* parlez ainsi, qu'est-ce que vous voulez?**
> **Stendhal parle d'actions *qui* peuvent durer un instant ou des jours.**
> **C'est elle *que* vous avez vue.**
> **C'est Pierre et moi *que* vous avez vus.**

(2) Inversion of a noun subject and the verb is very frequent after the relative pronoun **que,** *especially in written French:*
> **Voici quelques-unes des questions *que* se pose l'amant.**
> *Here are some of the questions the lover asks himself.*
> **J'ai fini par démolir la nouvelle auto *que* venait d'acheter mon pauvre père.**
> *I ended up demolishing the new car that my poor father had just bought.*

Inversion is not possible, however, if the verb has a predicate adjective:
> **Voilà Marc, *qu'*Antoinette trouve insupportable.**
> *There's Marc, whom Antoinette can't stand.*

C. *As object of a preposition*: qui, quoi, lequel

1. **qui**

As object of a preposition, *qui* refers only to persons ("who," "whom," "that"):
> **C'est elle à *qui* j'ai parlé.**
> *She's the one that I spoke to.*
> **Je vous enverrai un homme sur *qui* vous pourrez compter.**
> *I'll send you a man on whom you can count.*
> **C'est un homme en *qui* j'ai toute confiance.**
> *He's a man in whom I have complete confidence.*

2. **quoi**

As object of a preposition, **quoi** usually refers to things without antecedents, to previously stated ideas, or to words having a vague, imprecise or indeterminate meaning, such as **rien, ce, chose**:
> **Je n'ai pas de *quoi* acheter un repas.** (no antecedent)
> *I don't have what is needed to buy a meal.*
> **Vous dites qu'il a été incapable de marcher : c'est en *quoi* vous vous trompez.** (previously stated idea)
> *You say that he was incapable of walking: that's where you're wrong.*
> **Il n'y a rien sur *quoi* l'on ait tant disputé.** (antecedent with imprecise meaning)
> *There is nothing that was so much discussed.* (l'Académie française)

3. **lequel (lesquels, laquelle, lesquelles)**

As object of a preposition, **lequel** refers either to persons[2] or to things. It agrees in number and gender with its antecedent, as do all relative pronouns, but unlike the others, its form reflects this agreement:

C'est le frère de Marie, sur *lequel* vous pouvez compter.
It's Marie's brother, on whom you can count.
L'amant s'exagère une propriété superbe de la possession de *laquelle* il est assuré.
The lover exaggerates a superb belonging of whose possession he is assured.

Lequel, lesquels, and **lesquelles** combine with **à** to form **auquel, auxquels,** and **auxquelles,** and with **de** to form **duquel, desquels,** and **desquelles:**

Ça doit sembler petit après les grosses voitures *auxquelles* vous êtes habitué.
That must seem small to you after the big cars you're used to.
Le sauvage poursuit le daim, avec la chair *duquel* il doit réparer ses forces.
The savage is chasing the deer, with whose flesh he must restore his strength.

Exercice 1. *Combinez chaque groupe de phrases en employant le pronom relatif* **qui.** *Faites tous les changements nécessaires; imitez le modèle:*

Marc aime Antoinette. Antoinette le trouve insupportable.

Marc aime Antoinette, qui le trouve insupportable.

1. Nous avons eu une chute de neige. La neige a couvert la terre d'une légère couche blanche.   2. Donna porte un pull-over rouge. Le pull-over lui va bien.   3. J'ai fait la connaissance de Wolfgang. C'est un jeune compositeur.   4. Tilly était un polémiste habile. Il savait organiser ses arguments pour faire une impression sur le public.   5. Rendons justice à cet homme. Il était un ami de Chateaubriand.   6. Il entra dans un cimetière; soudain apparut la lune. Jusqu'à cet instant, la lune s'était voilée.   7. Marthe aime sa chatte. Cette bête détruit tous ses meubles.   8. Charles veut se faire poète. Il a déjà écrit deux sonnets.   9. Elle a été sauvée par l'amour. Cette émotion pardonne à presque tous les vices.   10. As-tu vu le regard égaré de ce jeune homme-là? Il doit être amoureux.

Exercice 2. *Combinez chaque groupe de phrases en employant le pronom relatif* **que** *(***qu'** *devant une voyelle ou un h muet). Faites tous les changements nécessaires; imitez le modèle:*

Marc est un garçon orgueilleux. Antoinette le trouve insupportable.

Marc est un garçon orgueilleux qu'Antoinette trouve insupportable.

---

[2] When referring to persons, therefore, both **qui** and **lequel** can be used as objects of a preposition. However, **qui** is more frequently used in this sense than **lequel**.

1. Donna porte un pull-over rouge. Sa mère a tricoté ce pull-over.   2. Léonard a fait un tableau. Il l'appelle *La Joconde*.   3. Cette idée me plaît. Vous m'avez suggéré cette idée.   4. Charlotte est une très bonne étudiante. Vous l'avez vue à la bibliothèque.   5. Comment sont les musées? Vous avez visité ces musées.   6. As-tu lu tous ces livres? Je te les avais prêtés.   7. C'était un bon roi. Le peuple l'aimait beaucoup.   8. Je me suis cassé la jambe en glissant sur de la glace. Je n'avais pas remarqué cette glace.   9. Anne-Marie a une petite sœur. Anne-Marie l'aime.   10. Tilly se vante de certaines vengeances. Valmont les aurait applaudies.

Exercice 3. Formez des phrases en utilisant les mots suivants. Faites tous les changements nécessaires. Sauf indication contraire, mettez le verbe au présent. Le symbole [**qui**] *signifie: pronom relatif (**qui** ou **que**). Imitez les modèles:*
   Marc / aimer / Marie / [qui] / le / trouver / aimable.
   Marc aime Marie qui le trouve aimable.
   Hélène / être / fille / orgueilleux, / [qui] / Henri / ne pas / aimer.
   Hélène est une fille orgueilleuse qu'Henri n'aime pas.

1. Le / petit / fille / [qui] / pleurer / être / sœur / de / Denis.   2. Ce / être / un / fils / ingrat / [qui] / ne plus . . . ni . . . ni / connaître / père / mère.   3. Elle / aimer / ce / enfant / [qui] / elle / gâter (passé composé).   4. Un / lumière / [qui] / tomber / de / une / fenêtre / ne . . . que / éclairer / son / visage.   5. Le / fille / aîné / porter / à main / un / crucifix / [qui] / elle / baiser. (Diderot)   6. Voilà / le / scène / [qui] / le / attendre.   7. Le / viande / [qui] / nous / manger (passé composé) / ne pas / être (imparfait) / bon.   8. Ce / être / ce . . . là / silence / [qui] / me / accabler.   9. Il / aller / chercher / en / elle / le / réconfort / [qui] / tu / le / refuser.   10. Le / chatte / [qui] / elle / aimer (imparfait) / mourir (passé composé).

Exercice 4. Combinez les phrases suivantes en employant le pronom relatif **qui** *comme complément de préposition. Faites tous les changements nécessaires; imitez le modèle:*
   Je vous enverrai un homme. Vous pourrez compter sur lui.
   Je vous enverrai un homme sur qui vous pourrez compter.

1. C'est une personne honnête. J'ai pleine confiance en cette personne.   2. Il aimait Lucrèce Borgia. Il a commis bien des crimes pour elle.   3. Mozart cherchait un patron. Il aurait écrit une symphonie pour ce patron.   4. Le petit Frédéric n'aime pas Jeanlin. Il se bat souvent contre lui.   5. C'est une femme adorable. Pierre voudrait lui donner des baisers.   6. Pierre est un faux ami. Vous seriez moins inquiet sans lui.   7. C'est ton père. Tu devrais lui obéir.   8. Voilà mon ami Marmontel. Tu m'as vu hier avec lui.   9. Rousseau se croyait un grand personnage. Il voyait en lui-même un nouveau César.   10. Marie est une très jolie jeune fille. Louis soupire après elle.

Exercice 5. Complétez les phrases suivantes en employant le pronom relatif **quoi** *comme complément de préposition. Utilisez les mots qu'on vous donne entre parenthèses. Imitez le modèle:*

    Ce sont des choses _____. (il / falloir / faire attention à)
        Ce sont des choses à quoi il faut faire attention.

1. Ne trouvez-vous rien _____? (vous / s'intéresser à) 2. C'est _____. (je / ne jamais / songer à [passé composé]) 3. J'ai oublié les points _____. (je / vouloir [imparfait] / le / questionner sur) —*l'Académie française* 4. Colombe croyait que le monde était rond: c'est _____. (il / avoir raison [temps?] en) 5. Elle partit sans me dire adieu, à _____. (je / être [passé simple] / très sensible) —*Bordeaux*

Exercice 6. Complétez les phrases suivantes en écrivant une proposition contenant les mots indiqués entre parenthèses et la forme convenable du pronom relatif **lequel**. *Faites tous les changements nécessaires; imitez le modèle:*

    La patrie, pour _____, **exige ce nouveau sacrifice. (devoir se sacrifier)**
        La patrie, pour laquelle on doit se sacrifier, exige ce nouveau sacrifice.
        —*l'Académie française*

1. Il n'a pas perdu la nostalgie de la religion, dans _____. (naître) 2. Avez-vous lu le nouveau livre de Martin, dans _____? (ne parler que de scandales) 3. Il s'identifie avec le méchant comte, avec _____. (faire des voyages) 4. Beaucoup d'hommes politiques, sans _____, passent pour être honnêtes. (vivre en paix) 5. Il a fait la chasse au lapin, des chairs de _____. (préparer un ragoût) 6. Jean-Jacques Rousseau, auteur de *La Nouvelle Héloïse*, et grâce à _____, détestait la civilisation. (aimer la Nature) 7. On lui apporta du papier, sur _____. (écrire un billet) 8. Elle écrit toujours des articles, à _____. (s'intéresser beaucoup) 9. Cet idéalisme, par _____, est enraciné dans son caractère. (soulever l'enthousiasme du public) 10. Il a trop d'opinions hardies, pour _____. (n'avoir que du dégoût)

§56 COMPOUND FORMS OF THE RELATIVE PRONOUN

The compound forms of the relative pronoun are **ce qui, ce que, ce à quoi, ce dont**[3]. They are used when a relative pronoun is required and (1) there is no precise antecedent, (2) the antecedent is an idea contained in a sentence, (3) the antecedent follows the relative clause, and (4) the antecedent is **voici, voilà,** or **tout**.

    A. As subject of the verb in the relative clause: **ce qui**

        C'est *ce qui* **est arrivé.**
            That's what happened.

---

[3]**Ce dont** is discussed in §57.

Ce qui veut dire que cette nuance ne donne qu'un instant de bonheur.
> Which means that this particular attitude gives only an instant of happiness.

Voici *ce qui* se passe dans l'âme: . . .
> This is what takes place in the soul: . . .

Note: When **ce qui** or **tout ce qui** begins a sentence (and when the relative clause is not the subject of the sentence), the main clause usually begins with *c'est* or *c'est que*:

Ce qui donne à soupçonner, *c'est* la présence de tant de flics.
Tout ce qui arrive alors, *c'est que* le mari désespère.

B. As object of the verb in the relative clause: *ce que*

Voici *ce que* vous trouverez: . . .
> This is what you will find: . . .

Il suffit de penser à une perfection pour la voir dans *ce qu'*on aime.
> Thinking about a perfection is enough to make you see it in what you love.

Eh bien, vous avez tort; voilà *ce que* je voulais dire.
> Very well, you're wrong; that's what I wanted to say.

Notes:

(1) When **ce que** or **tout ce que** begins a sentence, the main clause usually begins with *c'est* or *c'est que*:

Ce que je voulais dire, *c'est que* vous avez tort.
Tout ce que j'ai vu, *c'est* un gros chien qui déchirait un foulard.

(2) When the subject of the relative clause introduced by **ce que** (*tout ce que, voilà ce que, voici ce que*) is a noun, inversion of subject and verb is common:

En effet, c'est *tout ce qu'*a dit le médecin.
Etes-vous d'accord avec *ce que* pense Stendhal?

C. As object of a preposition in the relative clause: *ce à quoi, ce dont*

Il arrive très rarement qu'ils renoncent dans un moment à *ce à quoi* ils ont réfléchi pendant toute leur vie.
> It very rarely happens that they renounce in a moment what they have been thinking about all their lives. (Montesquieu)

Ce à quoi il rêve, c'est à une vie tranquille sinon médiocre.
> What he dreams about is a peaceful life, if not a mediocre one.

Ce dont il s'agit, c'est de l'existence même de cette menace.
> It's a question of the very existence of that threat.

Note that in the last two examples the main clause is begun by **c'est** and that the preposition (**à** or **de**) is expressed again after **c'est**. This usually is done when the relative clause begun by **ce à quoi** or **ce dont** starts the sentence.

Exercice 7. *Transformez les phrases suivantes en des phrases construites avec* **ce qui.** *Dans votre réponse employez les mots qu'on vous donne entre parenthèses. Faites tous les changements nécessaires; imitez le modèle:*

Il va pleuvoir. (être désagréable)
Ce qui est désagréable, c'est qu'il va pleuvoir.

1. Marie a raison. (lui déplaire)   2. Elle ne le croit plus. (être surprenant)
3. L'hiver dure trop longtemps. (être sûr)   4. Son fils est rentré. (la consoler)
5. Stendhal avait bien des idées. (sembler certain)   6. Les skieurs courent des risques. (être probable)   7. Elle se laisse convaincre peu à peu. (être vrai)

Exercice 8. *Transformez les phrases suivantes en des phrases construites avec* **ce que.** *(Notez qu'il faut faire l'inversion du sujet et du verbe lorsque le sujet est un nom.) Faites tous les changements nécessaires; imitez les modèles:*

Je sais qu'il va pleuvoir.
Ce que je sais, c'est qu'il va pleuvoir.
Voltaire réclama la justice.
Ce que réclama Voltaire, ce fut la justice.

1. Il m'a dit que vous irez sur la Côte d'Azur.   2. Denis prétend que la police est souvent injuste.   3. Elle croit que la lune va tomber.   4. Stop-chien lui demande de créer l'homme, même s'il est raté.   5. Le médecin a prétendu que je n'étais pas malade.   6. J'appelle cristallisation une certaine opération de l'esprit.   7. Il veut qu'elle l'épouse.   8. Ton frère prétend que la guerre est inévitable.

Exercice 9. *Complétez chacune des phrases suivantes en employant* **ce qui** *ou* **ce que** *(***ce qu'** *devant voyelle), selon le sens. Imitez les modèles:*

Voilà _____ m'étonne.
Voilà ce qui m'étonne.
Voilà tout _____ il m'a dit.
Voilà tout ce qu'il m'a dit.

1. _____ semble plus juste, c'est de lui faire passer une nouvelle épreuve.
2. C'est _____ je pensais.   3. _____ vous venez de dire mérite bien de l'attention.   4. Tout _____ est arrivé ici devrait être secret.   5. Voilà _____ s'est passé.   6. Tout _____ il a suggéré, c'est qu'on continue à travailler.   7. Il croit que chaque homme devrait avoir deux femmes, _____ m'étonne énormément!   8. Je ne sais pas _____ réclament tous ces grévistes.
9. Marc vient de faire _____ nul autre homme n'aurait pu faire.   10. Stendhal compare la cristallisation de l'amour à la cristallisation d'une branche, _____ m'intéresse.   11. _____ me tourmente, c'est que les nouveaux médica-

ments ne le guérissent point. 12. Voici _____ il prévoit: tout le monde aidera son voisin. 13. Il a vendu tout _____ aurait pu vous intéresser. 14. _____ elle aime en lui, c'est son attitude humble et honnête. 15. _____ me rend triste, c'est un peu, dans chaque homme, Mozart assassiné.

Exercice 10. *Ecrivez des phrases complètes en combinant les mots suivants. Notez que* **[qui]** *indique: pronom relatif* **(qui, que, lequel, ce qui,** *etc.). Sauf indication contraire, mettez les verbes au présent. Faites tous les changements nécessaires; imitez le modèle:*
   Le / hommes / [qui] / vous / voir / être / un / acteur.
      Les hommes que vous voyez sont des acteurs.

1. Marie / parler (passé composé) / Jean-Paul, / [qui] / être / ami / de / Jacques. 2. Voilà / [qui] / arriver / lorsque / on / être / imprudent. 3. Où / se trouver / homme / pour / [qui] / elle / se sacrifier (passé composé)? 4. Je / le / prêter (passé composé) / livre / dans / [qui] / il / trouver / ce / mauvais / idées. 5. Le / femme / [qui] / critiquer / trop / son / mari / être / indigne de lui. 6. Ce / être / tout / [qui] / il / connaître. 7. Ce / à / [qui] / je / penser / ce / être / mon / examens. 8. La / paroles / [qui] / prononcer (passé composé) / René / ne pas / être / fâcheux. 9. Voilà / [qui] / je / vouloir (imparfait) / dire. 10. En effet, ce / être / femme / à / [qui] / il / devoir / tout. 11. [qui] / elle / désirer (imparfait), / ce / être (imparfait) / un / nouveau / auto. 12. Quel / être / porte / par / [qui] / elle / entrer (passé composé)? 13. [qui] / être / vrai, / ce / être / que / Pierre / aller (futur) / dans / Belgique. 14. Montrer (impératif) / -me / le / nouveau / statue / [qui] / vous / venir de / finir. 15. Ce / être / mon / femme / [qui] / Marthe / voir (passé composé).

§57 THE RELATIVE PRONOUN DONT

The relative pronoun **dont** almost always replaces **de qui, duquel, de laquelle,** etc., both in conversation and in writing. **Dont** can refer to persons or to things:
   C'est une femme *dont* on admire la beauté. (. . . de qui on admire . . .)
      She's a woman whose beauty is admired.
   Cet homme, *dont* l'esprit est si vif, ne laisse jamais d'amuser. (. . . de qui l'esprit . . .)
      This man, whose wit is so sharp, never stops amusing you.
   Peu importe ce qu'ils ont dit: c'est la manière *dont* ils l'ont dit qui m'afflige. (. . . la manière de laquelle . . .)
      It's not so much what they said, it's the way (lit., *the manner in which*) *they said it that hurts me.*
   On vient de vendre la maison *dont* je vous ai parlé hier. (. . . la maison de laquelle . . .)
      The house I spoke to you about yesterday has just been sold.

Ce dont, the compound form of **dont**, is used with a vague or imprecise antecedent, and when the antecedent is an idea expressed in a sentence or a phrase. In these senses, it is widely used with verbs whose objects are constructed with **de,** some of which are **avoir besoin (de), s'agir (de),** and **avoir peur (de).**

Ce dont is also used when the antecedent follows the relative clause; in this case, the main clause begins with **c'est de** (followed by a noun or a phrase) or **c'est que** (followed by a clause).

Ce dont elle a peur, c'est de le laisser tout seul.
What she's afraid of is leaving him all alone.
Ce dont il s'agit, c'est du bonheur du peuple.
What it's a question of is the people's happiness.
Ce dont je suis content, c'est que vous soyez arrivés.
What I'm glad about is that you've arrived.
Nous n'avons pas de marteau, et c'est *ce dont* **nous avons besoin.**
We don't have any hammer, and that's what we need.

Notes:

(1) **Dont** *cannot be used when the word the relative pronoun modifies is the object of a preposition. In such a case, a form of* **lequel** *(***duquel, desquelles,** *etc.) or* **de qui** *must be used, as in these examples adapted from the reading selection:*

L'amant exagère les qualités d'une femme de la possession *de laquelle* **[de qui] il est assuré.**
Il poursuit le daim avec la chair *duquel* **il répare ses forces.**
On croit parfaite une femme de l'amour *de laquelle* **on est sûr.**

The word modified by the relative pronoun is in each case the object of a preposition (**de, avec**).

(2) **Dont** *is always the first word in the clause it introduces (except in the case of* **ce dont***), and it may be separated from the word it modifies, or precede it directly:*

C'est un homme *dont* **l'honnêteté est bien connue.**
J'ai une auto *dont* **l'aile droite a été détruite.**
C'est un homme *dont* **on admire l'honnêteté.**
J'ai une auto *dont* **je veux faire réparer l'aile droite.**

The word order in a relative clause begun by **dont** *is always:*
dont—subject—verb—object or complement

Exercice 11. Dans les phrases suivantes, remplacez **de qui, duquel (de laquelle,** *etc.) par* **dont.** *Faites tous les changements nécessaires; imitez le modèle:*

La personne *de qui* vous parlez est ma sœur.
La personne dont vous parlez est ma sœur.

1. L'homme *de qui* on a vendu les biens est maintenant pauvre. 2. Où se trouve la maison *de laquelle* vous êtes propriétaire? 3. Il a parlé à des hommes la plupart *desquels* sont des coquins. 4. La cité a dû se rendre à l'ennemi *duquel* elle était entourée. 5. Le docteur ne nous a jamais nommé la maladie *de laquelle* elle est morte. 6. Un avare est un homme *de qui* le seul intérêt est de garder ses richesses. 7. Il a écrit une vingtaine de pièces, la plupart *desquelles* on a déjà oublié. 8. J'ai lu des romans, les auteurs *desquels* ne savaient pas écrire. 9. Mes tableaux, *desquels* il restait trois, ont été volés. 10. Il a trouvé le marteau *duquel* il avait besoin.

Exercice 12. *Combinez les phrases suivantes pour en faire une contenant une proposition introduite par* **dont** *ou construite avec* **de qui, duquel,** *etc. N'employez pas* **de qui, duquel,** *etc. s'il est possible de vous servir de* **dont.** *Imitez les modèles:*

Il chasse le daim. Il veut réparer ses forces avec la chair du daim.
Il chasse le daim avec la chair duquel il veut réparer ses forces.
Il chasse le daim. Il aime beaucoup manger la chair du daim.
Il chasse le daim dont il aime beaucoup manger la chair.

1. Regardez cette femme. On est étonné de la beauté de cette femme. 2. Regardez cette femme. On admire sa beauté. 3. C'est une femme généreuse. Cet enfant pauvre a été élevé dans sa maison. 4. Cet homme est célèbre. Vous avez fait la connaissance de cet homme. 5. L'enfant est content. On peut lire le bonheur dans ses yeux. 6. Les pécheurs ont honte. L'évêque parle de la mauvaise conscience de ces pécheurs. 7. Cet homme est triste. Sa grand-mère vient de mourir. 8. On a pris ce malfaiteur. Vous aviez fait sa description. 9. J'ai trouvé un papillon. Les couleurs des ailes de ce papillon sont brillantes. 10. Le dompteur n'a pas peur de ses lions. Il met sa tête dans la gueule de ses lions.

Exercice 13. *Transformez les phrases suivantes en des phrases construites avec* **ce dont.** *Imitez le modèle:*

J'ai besoin d'un marteau.
Ce dont j'ai besoin, c'est d'un marteau.

1. Elle a peur de la nuit. 2. Marie se sert d'un couteau. 3. Il s'agit de lui répondre tout de suite. 4. Nous sommes enchantés de votre gentillesse. 5. Ils doutent de notre bonne foi.

§58 THE RELATIVE PRONOUN OÙ

Où refers only to things. It is used in place of **auquel, dans lequel, sur lequel,** etc., in expressions of *time, place,* or *condition*. It is often combined with **de, par,** and **jusque** to form **d'où, par où,** and **jusqu'où**.

A. Time

Il faisait cela jusqu'au jour *où* vous l'avez réprimandé. (*où = pendant lequel*)
He kept doing that until the day you punished him.

Nous resterons cachés jusqu'au moment *où* ils entreront dans la ville. (*où = auquel*)
We'll remain hidden until they enter the city.

Note: In time expressions of this sort, it very rarely occurs that **où** is not used.

B. Place

Donnez-moi le livre *où* vous avez lu cela. (*où = dans lequel*)
Give me the book you read that in.
Il a vendu la maison *où* il est né. (*où = dans laquelle*)
He sold the house he was born in.

Note: If the speaker or writer wants to be more specific, he will use a preposition with the appropriate form of **lequel**. The **où** in the following sentence is somewhat vague, and might represent **sur lequel** or **dans lequel**:
C'est le bureau *où* sont toutes mes affaires.

C. Condition

Dans l'état *où* tu es, tu ne peux rien faire. (*où = dans lequel*)
In the condition you're in, you can't do anything.
Si l'on n'y veille, elle [la rime] ira jusqu'*où*? (*jusqu'où = à quel excès*) —Verlaine
If you don't watch it, how far (to what excess) will it go?

Exercice 14. *Substituez* **où** *pour les mots en italique dans les phrases suivantes. Faites tous les changements nécessaires:*

1. Voilà la maison *dans laquelle* mon père est mort.   2. Vous y verrez une table *sur laquelle* il y a un vase de fleurs.   3. Dans la mauvaise santé *dans laquelle* il est, il devrait garder le lit.   4. Jusque *quel endroit* voulez-vous que je vous emmène?   5. La chaise *sur laquelle* elle est assise est une Louis XV.   6. C'est le moment *dans lequel* il doit arriver.   7. C'est *sous ce perron* qu'il a caché sa fortune. (C'est là où . . .)   8. Comment s'appelle la ville de *laquelle* vous venez?   9. C'est un fauteuil *dans lequel* tu t'assieds.   10. Voilà la fenêtre par *laquelle* le voleur est entré.

Exercice 15. *Combinez les phrases suivantes en employant* **où** *ou* **lequel** *avec la préposition convenable. S'il y a deux réponses possibles, indiquez-les toutes les deux. Faites les changements nécessaires; imitez le modèle:*

Voilà l'hôpital. Mon fils est né dans cet hôpital.
Voilà l'hôpital où mon fils est né.
Voilà l'hôpital dans lequel mon fils est né.

1. Cassandre prévoyait une guerre. Tous les Troyens devaient mourir pendant cette guerre.   2. Entrez dans le salon. Vous trouverez ma femme dans le salon.   3. Il a tout expliqué. Jusqu'à ce jour-là, je ne le comprenais pas.   4. Anne coud dans la salle de travail. Elle y est bien installée.   5. Vous êtes malade. Dans cet état, vous devriez garder le lit.   6. J'ai fini par m'éloigner de Paris. Françoise habitait à Paris.   7. Lucienne a balayé la chambre. Le chien y avait déchiré le journal.   8. Cherchez dans l'église. Vous y trouverez Chantal.   9. Voyez-vous cette corde? Vous pouvez nager jusque là.   10. Victor a refermé la fenêtre. Le voleur était entré par cette fenêtre.

§59 RÉSUMÉ OF THE FORMS OF THE RELATIVE PRONOUN

	persons	*things*	*imprecise antecedent*
subject of verb	**qui**	**qui**	**ce qui**
object of verb	**que (qu')**	**que (qu')**	**ce que (ce qu')**
object of preposition	**qui** **lequel**, etc. (**dont**)	**lequel**, etc. (**dont**) (**où**)	**quoi** **ce à quoi** **ce dont**

Dont = **de qui**, **duquel**, etc., which it usually replaces.

Où = **auquel**, **sur** (**dans**, **pendant**, etc.) **lequel**, etc., in expressions of time, place, or condition.

Exercice 16. *Complétez les phrases suivantes en employant la forme du pronom relatif qu'exige la phrase. Faites tous les changements nécessaires; imitez le modèle:*

    Comment s'appelle la ville _____ il est né?
    Comment s'appelle la ville où il est né?

1. Un buffet est un endroit _____ on vend des sandwichs.   2. Il regardait l'éléphant _____ avait la trompe longue et puissante.   3. C'est la pauvre mère _____ le fils aîné s'est égaré.   4. Ce paysage, de la beauté _____ il parle sans cesse, commence à m'ennuyer.   5. Voilà _____ aurait dit le maire.   6. Gautier, _____ tu as rencontré hier soir, est étudiant en droit.   7. Il aime Léonore _____ il admire la beauté.   8. _____ il fait allusion, c'est à l'histoire légendaire du roi Arthur.   9. Voilà des roses, de l'arôme _____ Chantal est ravie.   10. C'est ton frère Jean, dans la voiture _____ on a fait une jolie promenade, n'est-ce pas?

Exercice 17. *Ecrivez des phrases en combinant les mots suivants. Sauf indication contraire, mettez le verbe au présent. Notez que [qui] indique: pronom relatif (qui, que, ce qui, lequel, dont, où, etc.). Faites tous les changements nécessaires; imitez le modèle:*

Le / jeune fille / [qui] / on / prendre / photo (f) / s'appeler Geneviève.
La jeune fille dont on prend la photo s'appelle Geneviève.
1. Ceux / [qui] / aimer / liberté / savoir (futur) / défendre / leur / droits.
2. Le / femme / [qui] / on / aimer / ne pas / avoir / défaut. 3. Vous / voir (futur) / un / bureau, / sur / [qui] / se trouver / beaucoup / livres. 4. Personne ne / connaître / femmes / [qui] / tu / parler. 5. Il / frapper (passé composé) / mon / sœur, / de / [qui] / je / se venger (futur). 6. Ce / être / magasin / [qui] / je / acheter (passé composé) / gants. 7. [qui] / je / en / savoir, / ce / être / sans importance. 8. Claude / raconter (passé composé) / histoires / dans / [qui] / il / y avoir (imparfait) / beaucoup / méchanceté.
9. Voilà / [qui] / il / s'agir. 10. Ce / être / Mathilde / [qui] / je / voir (passé composé).

§60 DEVOIR AND FALLOIR

A. *Devoir*

1. Summary of conjugations:

présent de l'indicatif:	je dois	nous devons
		ils doivent
futur et conditionnel:	je devrai	je devrais
passé composé:	j'ai dû	
passé simple:	je dus	

2. Uses

Followed by an infinitive, **devoir** expresses:

a. duty or necessity *must* (present only), *to have to*
Je dois rentrer.
  I must (have to) go home.
Il a dû vous parler.
  He had to speak to you.
Vous devrez partir pour le Brésil tout de suite après.
  You'll have to leave for Brazil immediately afterwards.

b. unfulfilled duty (conditional and conditional perfect only) *should, ought to*
Nous devrions passer cinq heures par jour à étudier.
  We should (ought to) spend five hours a day studying.
Ils auraient dû acheter une villa.
  They ought to (should) have bought a villa.

c. probability (mainly in present, imperfect, and **passé composé**)   *must*
Ça doit être Jean qui frappe à la porte.
That must be John knocking at the door.
Il a dû croire que je ne viendrais pas.
He must have thought I wouldn't come.
Elle devait être gravement malade.
She was probably seriously ill.

d. expectation (present and imperfect only)   *to be (supposed) to*
Mon frère doit dîner avec nous ce soir.
My brother is to eat with us tonight.
Je devais m'y trouver à cinq heures précises, mais j'étais en retard.
I was supposed to be there at five o'clock sharp, but I was late.

With a noun or pronoun as a direct object, **devoir** means *to owe:*
Jeanne lui doit la santé et le bonheur.
Jeanne owes him her health and her happiness.
Donnez-lui les 1000 francs qui lui sont dus.
Give him the 1000 francs which are owed to him.

Notice that in this sense, the circumflex accent falls from the past participles in **dus, due**, and **dues**. Similarly, when the past participle is used as an adjective, the circumflex accent appears only on the masculine singular form (**dû**).
On lui a témoigné tout l'honneur dû à son rang.
We extended him all the honor due to his rank.
La somme due remonte à 1000 francs.
The sum due totals up to 1000 francs.

B. *Falloir*

Falloir is an impersonal verb, which means it is conjugated only with neuter **il**.

1. Summary of conjugations:

présent de l'indicatif:	il faut	
futur et conditionnel:	il faudra	il faudrait
imparfait:	il fallait	
passé composé:	il a fallu	
passé simple:	il fallut	
présent du subjonctif:	il faille	

2. Uses

Followed by an infinitive or a clause (whose verb is always in the subjunctive), **falloir** expresses:

a. obligation
> **Il vous faut l'aider: c'est votre fils.**
> *You have to help him: he's your son.*
> **Il faut obéir à la loi.**
> *You must obey the law.*
> **Faut pas y entrer!** (familiar for **il ne faut pas** . . .)
> *You mustn't go in!*

b. necessity
> **Il me faut aller en ville faire des courses.**
> *I have to go downtown on some errands.*
> **Il faut manger pour vivre.**
> *To live, one must eat.*

Notes:

(1) **Falloir** expresses necessity only in the affirmative. In the negative, use **Il n'est pas nécessaire (de** + infinitive or **que** + subjunctive). Thus:
> il faut partir = on doit partir; il est nécessaire de partir
> il ne faut pas partir = on ne doit pas partir

(2) The agent is expressed by an indirect object or by a subjunctive clause:
> il *leur* faut partir (literary) = il faut qu'*ils* partent

With a noun or pronoun direct object, **falloir** means *to need, to require, to take*:
> **Il m'a fallu trois heures pour préparer ce repas.**
> *It took me three hours to fix this meal.*
> **Il lui faut du courage.**
> *He needs courage.*

Note that in this sense, an infinitive must be preceded by **pour**, and that the agent is expressed by an indirect object.

C. *Devoir* and *falloir* compared

In general, **devoir** expresses a moral or personal obligation, a sense of duty, an inner compulsion to act or to be:

Je dois partir.	*I must (have to) go.*
Il devrait être plus gentil. (literary)	*He should be kinder.*

Falloir, on the other hand, expresses an exterior obligation—one imposed by somebody else:

Il me faut partir.	*I must (have to) go.*
Il lui faudrait être plus gentil.	*He should be kinder.*

Constructed with a subjunctive clause, the obligation is somewhat stronger or more explicit:
Il faut que je parte.   *I must (have to) go.*
Il faudrait qu'il soit plus gentil.   *He should be kinder.*

Exercice 18. Mettez les verbes suivants à la personne et au temps indiqués entre parenthèses. Faites tous les changements nécessaires; imitez le modèle:
Il (devoir) lire cet essai. (présent de l'indicatif: il, je, nous)
Il doit lire cet essai, je dois lire cet essai, nous devons lire cet essai.

1. Il (falloir) manger pour vivre et non pas vivre pour manger. (présent de l'indicatif: il) 2. Il (falloir) changer de dessein. (passé composé: il) 3. Tu (devoir) être en retard. (passé composé: tu, je, elles) 4. Il (falloir) qu'on y aille quand même. (futur: il) 5. Elle (devoir) travailler plus que ça. (conditionnel: elle, nous, vous) 6. Il (falloir) lui parler. (conditionnel passé: il) 7. Vous (devoir) lui rendre visite bientôt. (futur: vous, ils, je) 8. Ils (devoir) être malades pendant longtemps. (imparfait: ils, tu, elle) 9. Il (falloir) que Napoléon se rendît. (imparfait: il) 10. Il (falloir) que Marc écrivît ce que lui dictait le Seigneur. (passé simple: il)

Exercice 19. Exprimez les mots en italique en employant **devoir** ou **falloir**, comme on indique entre parenthèses. Faites tous les changements nécessaires; imitez le modèle:
***On doit** faire cela, mais on ne le fait pas.* (devoir)
On devrait faire cela.

1. *André est probablement parti* avec eux. (devoir) 2. *Il fallait* travailler pour apprendre. (devoir) 3. *Il est nécessaire de* le lire. (falloir) 4. *Il faut qu'il le fasse.* (devoir) 5. *Elle avait besoin de* cinq heures pour achever son travail. (falloir)

Exercice 20. Composition. Faites une étude de ce qui se passait dans l'âme d'un jeune homme (nommé Alexandre) qui tomba amoureux d'une jeune fille (nommée Hélène). Suivez les diverses étapes de la cristallisation de l'amour que décrivit Stendhal et dont vous utiliserez le vocabulaire. Pour votre réponse (d'environ 250 mots), répondez aux questions qu'on vous pose. Ecrivez au style «littéraire». Essayez d'employer quelques pronoms relatifs. Imitez le modèle:
1. **Où Alexandre fit-il la connaissance d'Hélène et que fit-il dès qu'il la vit?**
Alexandre, qui fit la connaissance d'Hélène chez Martine, une amie mutuelle, l'admira dès qu'il la vit; et son admiration ne diminuait pas, car il croyait plaire à la jeune fille.

1. Où Alexandre fit-il la connaissance d'Hélène et que fit-il dès qu'il la vit? 2. Que fit ensuite le jeune couple, et quelle fut la réaction d'Alexandre? 3. Quelle était l'espérance d'Alexandre? 4. Qu'arriva-t-il ensuite? Qu'est-ce qu'Alexan-

dre entendait par: aimer? 5. Décrivez la première cristallisation. 6. Quels doutes vinrent à l'esprit d'Alexandre? 7. Décrivez la seconde cristallisation.

Exercice 21. Traduisez les phrases suivantes:
1. What's interesting is that she never wears a blue hat. [§56A] 2. Where is the girl you spoke to me about? [§57] 3. This is the man who married the girl who lives in the house that Jack built. [§54] 4. That's the door he knocked at. [§55C, 3] 5. What she's afraid of is staying in that big house alone. [§57] 6. Love and crystallization, that's what he spoke about. [§55C, 2; §56C] 7. The day I saw her, she was wearing a red dress. [§58A] 8. What he told me wasn't very important. [§56B] 9. He owes me three dollars; he should give them to me. [§60A, 2b] 10. Is this the room in which the crime took place? [§58B] 11. What I mean is that I wasn't ever again coming back. [§54, 2; §56B] 12. It isn't worth worrying about what he's thinking about. [§56C] 13. What this country needs is a good five-cent cigar. [§57] 14. It was I who was sad. [§55B, note 1] 15. Is she the one to whom you spoke? [§55C, 1]

Exercice 22. Thème d'imitation.

If you *(on)* threw a leafless branch of a tree in the abandoned depths of a salt mine, and left it there for two or three months, when you took it out it would be covered with brilliant crystallizations. The smallest branches would be adorned with a great number of blinding diamonds. Who could recognize the original branch?

The crystallization of love is like the crystallization of that branch: the lover adorns his lady with all the perfections which women are capable of possessing. He blinds himself *(s'aveugler)* to what she is, and sees only what she ought to be.

But soon he begins to doubt that she really has so many perfections, and demands more positive assurances of her. However, his doubts are soon crushed *(anéanti)*; and then begins a second crystallization, which is superior to the first.

ONZIÈME LEÇON

Les Médecins spécialistes Tristan Bernard

La raillerie ne désarmera jamais[1] devant la médecine . . . Et pourtant, jamais, nous pouvons le dire, les médecins n'ont été aussi sérieux et aussi habiles qu'aujourd'hui.

Seulement on ne suit pas les traitements.

On va les voir comme des sauveurs et si l'on n'est pas guéri au bout de huit jours, on cesse d'obéir à leurs prescriptions. Alors on dit: «Un tel ne m'a rien fait . . .»

C'est que vous ne l'avez pas écouté. Si vous l'aviez écouté, il vous aurait guéri. Il fallait observer votre régime pendant quatre, huit mois, le temps nécessaire.

Vous connaissez Siméon? . . . C'est ce gros garçon barbu, avec une redingote[2]. Mais oui . . . voyons. Vous ne connaissez que ça. Siméon vient me voir il y a quatre ans. Il savait que j'ai toujours été en rapport avec les sommités[3] du monde médical, à Paris. Siméon pesait à cette époque deux cent soixante-dix livres. Il voulait maigrir . . . Je lui indique l'adresse du docteur Belarthur, rue Lafayette . . . Il y va . . . Belarthur l'examine . . . et le soumet à un régime qui lui a déjà donné d'excellents résultats, les exercices de marche prolongée. Deux heures le matin, deux heures le soir. Au bout de six semaines, Siméon avait maigri de vingt-cinq livres.

Seulement il se trouve qu'il a les chevilles[4] un peu faibles pour la masse de son corps. Il ne pouvait plus marcher. Il avait les pieds tout enflés. Il vient me voir.

---

[1] ne désarmera jamais = ne cessera jamais de faire la guerre [2] la redingote *frock coat*
[3] la sommité = le personnage distingué [4] la cheville *ankle*

Je lui indique alors le docteur Schitzmer, un docteur d'origine autrichienne qui guérit les affections de ce genre par des bains de pied dans la boue, c'est-à-dire dans de la terre glaise délayée[5]. Mon Siméon suit un traitement pendant trois mois, et au bout de trois mois il avait les pieds complètement guéris. «Ah! me dit-il alors, combien je te suis reconnaissant! Quel soulagement je ressens de n'avoir plus ces douleurs aux chevilles! Je serais bien heureux si je n'avais pas ces maux de gorge!»

Il faut vous dire, en effet, qu'à force de se tremper ainsi les pieds dans de la terre mouillée, il avait contracté une affection du larynx, qui le faisait beaucoup souffrir . . . Mais pour guérir ça, rien de plus facile. Je m'empressai de lui indiquer le docteur Cholamel. Cholamel a remarqué que beaucoup de maux de gorge étaient dus à une mauvaise circulation du sang dans le gosier. Il rend sa vitalité à cet organe au moyen d'un traitement à l'électricité. Siméon suivit ce traitement et ce fut l'affaire de quelques mois à peine. Son mal de gorge disparut complètement.

Malheureusement Siméon appartient à une famille de nerveux; il souffre d'une nervosité spéciale, qui est gravement affectée par l'électricité. Il fut pris de crises d'un caractère très grave. Il avait chaque jour trois ou quatre accès . . . Je lui dis: «Mon vieux, il ne faut pas rester comme ça. Va voir de ma part le docteur Langlevent et soumets-lui ton cas. Il te soignera ça en un tour de main.» Langlevent lui a fait prendre du bromure[6]. Le bromure est souverain dans les maladies de nerfs, si on le prend conformément aux prescriptions du médecin. Ni trop. Ni trop peu. Siméon se conforma scrupuleusement à l'ordonnance du docteur. Et au bout de très peu de temps—six mois—les accidents nerveux avaient disparu. Mon ami avait repris sa vie normale.

Mais il était d'une humeur un peu chagrine—comme toutes les personnes qui souffrent de l'estomac. Le bromure naturellement n'est pas fait pour l'estomac... Ça le délabre[7], ça l'abîme, ça donne des digestions difficiles . . . Quand on souffre de l'estomac, il ne faut pas hésiter. On va voir le professeur Biridoff. Il vous remet en une saison. J'envoyai Siméon chez le professeur, qui l'examina et le mit au régime des féculents[8]. Très peu de viande, peu de vin, de l'eau et des purées de haricots, des purées de pommes de terre, des purées de pois. Siméon fut rétabli en peu de temps.

Il en fut bien heureux. Je le rencontrai chez moi dans l'escalier, comme il venait me remercier. Il soufflait un peu . . . parce qu'il était très gros. Dame! rien que des farineux[9]! . . . Il ne pesait pas moins de trois cent vingt-deux livres . . . C'était trop . . . «Il faut surveiller ça, lui dis-je et enrayer . . . —Mais, me répondit-il, si je recommence à me faire maigrir, on va me faire marcher, mes chevilles vont enfler de nouveau, etc., etc., —Il ne s'agit pas de marche, lui dis-je.

---

[5]la terre glaise délayée *watered-down clay*   [6]le bromure *bromide*   [7]délabrer = ruiner
[8]le féculent *starchy food*   [9]le farineux *food containing flour*

Il y a d'autres moyens de se faire maigrir. Je vais aller avec toi chez un autre de mes amis, le docteur Lerenchéry.»

Lerenchéry préconise[10] surtout l'équitation, mais pas l'équitation[11] au hasard. Il ne suffit pas de prendre un canasson[12] au manège[13] et d'aller faire un petit tour au bois. Lerenchéry fit une ordonnance de douze pages, indiquant les heures de sortie, le nombre et la durée des temps de trot, des temps de galop . . . Siméon choisit un cheval très fort, très vigoureux, et commença ses exercices.

Eh bien! il a commencé il y a trois jours, et son poids a déjà diminué de trente-six kilos! C'est un résultat!

10 Il faut vous dire qu'il a fait une chute de cheval à sa première sortie et qu'on a dû lui couper la jambe gauche, qui pesait exactement trente-six kilos! Voilà donc un garçon qui a toujours suivi les ordonnances à la lettre et qui a obtenu de la médecine tout ce qu'il lui a demandé!

Questionnaire I

1. Qu'est-ce que nous pouvons dire à propos des médecins et de la médecine selon cette histoire? 2. Pourquoi cessons-nous d'obéir aux prescriptions des médecins? 3. Comment le malade aurait-il été guéri? 4. Qui est Siméon? 5. Qu'a fait Siméon il y a quatre ans? 6. Que savait Siméon? 7. Combien pesait-il à l'époque? 8. Pourquoi est-il allé voir le docteur Belarthur? 9. A quelle sorte de régime le docteur Belarthur soumet-il Siméon? 10. Qu'est-il arrivé à Siméon au bout de six semaines? 11. Qu'est-il arrivé à ses chevilles? 12. Qui est le docteur Schitzmer? 13. Pourquoi l'auteur l'a-t-il indiqué à Siméon? 14. Comment le docteur Schitzmer guérit-il les afflictions de pieds? 15. Qu'est-il arrivé aux pieds de Siméon après le traitement de trois mois? 16. Après le traitement dans la terre glaise délayée, de quoi souffrait Siméon? 17. Que fait-on quand on a une affection du larynx? 18. Qu'est-ce que le docteur Cholamel a remarqué à propos des maux de gorge? 19. Quelle sorte de traitement Siméon a-t-il suivi pour ses maux de gorge? 20. De quelle sorte de nervosité souffre Siméon? 21. Qu'est-ce que le docteur Langlevent a fait prendre à Siméon? 22. Combien de temps a-t-il fallu pour que Siméon fût guéri de sa maladie de nerfs? 23. De quelle humeur sont les personnes qui souffrent de l'estomac? 24. Que fait le bromure à l'estomac? 25. Qui va-t-on voir quand on souffre de l'estomac? 26. Combien de temps faut-il pour que le professeur Biridoff vous remette? 27. Quelle sorte de régime le professeur Biridoff a-t-il fait suivre à Siméon? 28. Après que Siméon fut rétabli de sa maladie de l'estomac, pourquoi soufflait-il? 29. Combien pesait-il? 30. Que fait le docteur Lerenchéry? 31. Quand est-ce que Siméon a commencé à faire de l'équitation? 32. De combien son poids a-t-il diminué? 33. Comment a-t-il perdu si vite trente-six kilos? 34. Qu'est-ce que Siméon a obtenu de la médecine?

---

[10]préconiser = recommander   [11]l'équitation (f) = l'art de monter à cheval   [12]le canasson = mauvais cheval   [13]le manège *riding school*

Questionnaire II

1. Vous moquez-vous parfois de la médecine? des médecins? pourquoi?   2. Lorsque vous allez voir un médecin obéissez-vous toujours à ses prescriptions?   3. Combien pesez-vous?   4. Trouvez-vous que vous pesez trop? que vous ne pesez pas assez?   5. Qu'est-ce qu'on fait quand on veut maigrir?   6. Avez-vous jamais suivi un régime? Quelle sorte de régime?   7. Est-il facile de suivre un régime? pourquoi?   8. Est-ce qu'on suit un régime seulement pour maigrir?   9. Aimeriez-vous faire des exercices de marche prolongée?   10. Vous arrive-t-il parfois d'avoir les pieds enflés?   11. Que faites-vous pour les pieds enflés?   12. Souffrez-vous parfois de maux de gorge? pourquoi?   13. Que faites-vous quand vous avez mal à la gorge?   14. Avez-vous jamais entendu parler du traitement à l'électricité?   15. Quand emploie-t-on le traitement à l'électricité?   16. Avez-vous jamais souffert d'une maladie de nerfs?   17. Que feriez-vous pour vous guérir si vous aviez une maladie de nerfs?   18. Que faites-vous quand vous souffrez de l'estomac?   19. Si vous aviez le choix, aimeriez-vous être maigre ou gras? pourquoi?

A. Expressions à étudier: Les Parties du corps [parts of the body]

le squelette [skeleton]

un os [bone], le crâne [skull], la colonne vertébrale [spine], une échine dorsale (l'échine) [spine], la côte [rib]

le corps

le muscle, la peau [skin], le système nerveux, le nerf, le sang [blood], la circulation du sang, la veine, une artère

la tête

le cerveau [brain], le visage [face], la figure [face], la chevelure [head of hair], les cheveux (m) [hair], la tempe [temple], la joue [cheek], le menton [chin], le nez [nose], un œil (les yeux) [eye, eyes], le cil [eyelash], le sourcil [eyebrow], la paupière [eyelid], le front [forehead], la bouche [mouth], la lèvre [lip], la langue [tongue], la dent [tooth], la mâchoire [jaw], une oreille [ear], le cou [neck], la nuque [nape of the neck], la gorge [throat], la pomme d'Adam

le tronc [trunk]

l'épaule (f) [shoulder], la poitrine [chest], le buste [upper part of the body], le sein [breast, bosom], le dos [back], la taille [waist], la hanche [hip], le ventre [belly], l'estomac (m) [stomach], le poil [hair of the body]

le bras [arm]

le coude [elbow], le poignet [wrist], le poing [fist], la paume [palm], le doigt [finger]

la jambe [*leg*]

la cuisse [*thigh*], le genou [*knee*], la cheville [*ankle*], le pied [*foot*], le jarret [*bend of the knee*], le mollet [*calf*], un orteil [*toe*], le talon [*heel*], la plante du pied [*sole*]

les organes *(m)*

le foie [*liver*], le cœur [*heart*], un poumon [*lung*], un rein [*kidney*]

les sens *(m)*

la vue [*sight*], l'ouïe *(f)* [*hearing*], l'odorat *(m)* [*smell*], le toucher, le goût [*taste*]

Questionnaire

1. Combien de dents avez-vous?   2. Combien de jambes? de doigts? de genoux? de foies? de poumons? de coudes? de bouches? de lèvres? de sourcils? d'orteils? d'oreilles?   3. De quelle couleur sont vos cheveux? vos yeux?   4. De quelle couleur sont les cheveux de votre voisin? de quelle couleur sont ses yeux? ses sourcils?   5. Quels sports sont bons pour les muscles du bras? pour les muscles du dos? pour ceux de la jambe?   6. Que faites-vous quand vous avez un mal de tête? un rhume *(cold)*? un mal de dents?   7. Quels sont les cinq sens?   8. Par quel sens entend-on des sons? Par quelle partie du corps les entend-on?   9. Par quel sens aperçoit-on des objets? Par quelle partie du corps les aperçoit-on?   10. Par quel sens perçoit-on les odeurs? Par quelle partie du corps les perçoit-on?   11. Par quel sens connaît-on (par le contact) la forme des choses? Quelles parties du corps entrent en jeu?   12. A quel sens la langue est-elle nécessaire?   13. Y a-t-il certaines parties du corps dont on pourrait se passer facilement? lesquelles?   14. Y a-t-il certains sens dont on pourrait se passer? lesquels?   15. Pourrait-on vivre sans certains organes? lesquels?   16. Quel est le sens que le chien a de plus développé que l'homme? Lequel est moins développé?   17. Qu'est-ce que le cerf peut faire mieux que l'homme? pourquoi?   18. Qu'est-ce que le singe peut faire que l'homme ne peut pas faire? Pourquoi le singe peut-il le faire?   19. Que peut faire le hibou que l'homme ne peut pas faire? Pourquoi peut-il le faire?   20. Quel animal ressemble le plus à l'homme? Quelle est la différence entre cet animal et l'homme?   21. Quelle partie du corps se trouve entre le mollet et la cuisse? entre le pied et le mollet? entre la main et l'épaule? entre la bouche et les yeux?   22. Quelle partie du corps se trouve au milieu du dos? dans la bouche? sur les épaules? au-dessus des yeux?   23. A quel sens se rattachent les yeux? les mains? les pieds? le nez? la langue? les oreilles?   24. Que pouvons-nous faire à l'aide de la pomme d'Adam? du jarret? de la mâchoire? du cou? du coude? des poumons?

B. *Etudiez les expressions suivantes; consultez la leçon pour l'emploi de ces expressions:*

au bout de = à la fin de   **huit jours** = une semaine   **être en rapport avec** = être en contact avec   **en effet** = réellement, en vérité   **à force de**

= par des efforts de **en un tour de main** = en un instant **au hasard** = à l'aventure **suivre à la lettre** = interpréter littéralement

Exercice. Employez ces expressions dans les phrases suivantes:

1. _____ marcher dix heures par jour, il a réussi à perdre vingt kilos. 2. Si vous _____ ce que je vous conseille, dit le docteur, vous serez remis en un mois. 3. Je vous assure, monsieur le Président, que je sais ce que je dis. Je suis _____ les citoyens de Saturne. 4. Mes vacances sont courtes cette année, par conséquent je compte faire le tour du monde en _____. 5. _____ six semaines, les rats l'avait mangé. 6. Je connais un mécanicien qui t'arrangera tout ça en _____. 7. Il jeta ses rames à l'eau et laissa errer le bateau _____. 8. _____, monsieur le Directeur, j'allais justement vous donner cette valise pleine d'argent.

§61 STRESSED FORMS OF THE PERSONAL PRONOUNS
(FORMES ACCENTUÉES DES PRONOMS PERSONNELS)

A. Forms

singular		*plural*	
unstressed subject	*stressed form*	*unstressed subject*	*stressed form*
je	moi	nous	nous
tu	toi	vous	vous
il	lui	ils	eux
elle	elle	elles	elles
on	soi		

B. Uses

The stressed forms of personal pronouns (also called "disjunctive" pronouns) are used:

1. when the pronoun stands alone:
    Qui est là? —*Moi.*
    Who's there? —Me (or I).

2. when the pronoun is the second term of a comparison:
    Tu es plus grand que *lui*.
    You're bigger than he.

3. when the pronoun is limited by *ne . . . que:*
    Je regardais, mais je ne voyais que *toi*.
    I looked, but I only saw you.

4. when the pronoun follows a preposition:
   Nous sommes partis avant *eux*.
   We left before them.
   Cette auto est à *nous*.
   That car belongs to us.

5. when the pronoun follows **c'est** or **ce sont**:
   C'est *moi*.
   I'm the one. (It is I [me].)
   C'était *elle*.
   She was the one. (It was she.)
   Ce sont *eux*. (*C'est eux*.)
   They're the ones. (It is they.)

6. when the pronoun is the antecedent of a relative pronoun:
   Il vous admire, *vous* qui êtes plus courageux que lui.
   He admires you, who are more courageous than he.

7. when the pronoun (subject or object) is to be emphasized:

   a. subject

The stressed form is added to the beginning or the end of the sentence or clause, at the speaker's discretion: this is called "duplication" because the subject is in effect repeated. Note that when the pronoun subject is separated from the verb by any word (other than **ne** or object pronouns), it is considered to be stressed:
   ***Moi* aussi j'ai fait cela.**
   I did that, too.
   ***Moi*, j'étais seul. J'étais seul, *moi*.**
   (As for me,) I was alone.
   ***Vous*, vous avez dit ça? Vous avez dit ça, *vous*?**
   *Did **you** say that?*

Lui and **eux** almost never duplicate the subject, except if they are placed at the end of the sentence or clause:
   Comment? *Lui* a fait cela? Comment? Il a fait cela, *lui*?
   *What? **He** did that?*
   ***Eux* aussi s'en sont allés. Ils s'en sont allés, *eux* aussi.**
   ***They** went away, too.*

If one of two or more subjects is a personal pronoun, it must be in the stressed form:
   Ta femme et *toi* vous avez été très aimables pour moi.
   You and your wife have been very nice to me.
   ***Lui* et sa fiancée sont charmants.**
   He and his fiancée are charming.

Notice that you usually use **nous** or **vous** to sum up a compound subject containing **moi** or **toi**.

    b. object

The stressed form usually follows the verb, or is placed at the end of the sentence or the clause:

    On m'accuse de ça, *moi*?
       They're accusing **me** *of that?*
    Je le connais bien, *lui*, tu sais.
       I know him well, you know.

Notes:

(1) The stressed forms may be strengthened by adding the word **même (mêmes)** *to them:*
    Il l'a fait *lui-même*.
       He did it himself.
    Vous devriez donc y aller *vous-même (vous-mêmes)*.
       You should go there yourself (yourselves), then.

(2) **Nous** *and* **vous** *are sometimes strengthened by the use of* **autres**:
    Eux sont riches et puissants; mais nous ne sommes que des pauvres diables, *nous autres*.
       They're rich and powerful; but **we**'*re just poor devils.*
    Vous autres[1] **Français, vous buvez trop de vin.**
       You Frenchmen drink too much wine.

Exercice 1. *Mettez au singulier les mots en italique. Faites tous les changements nécessaires; imitez le modèle:*
    C'est *nous* qui sommes arrivés.
       C'est **moi** *qui suis arrivé.*

1. L'automobile est à *eux*.   2. On vous accuse, *vous!*   3. Nous l'avons fait *nous-mêmes*.   4. Vous y êtes allés, *vous?*   5. Pierre et *elles* y sont allés.   6. Qui était-ce? —*Nous*.   7. Regarde mes frères: tu es encore plus petit qu'*eux*.   8. Je n'ai vu que *vous*.   9. Ce sont *elles* qui ont raison.   10. *Eux* qui sont courageux, qu'ils aillent donc braver la mort!

Exercice 2. *Mettez au pluriel les mots en italique. S'il en est besoin, renforcez-les (par ex., par l'emploi de* **mêmes**). *Faites tous les changements nécessaires; imitez le modèle:*
    Fais cela, *toi!*
       Faites cela vous-mêmes!

---

[1]In this construction **autres** is always used.

1. Elle ne recevra que *moi*. 2. Je suis moins fort que *lui*. 3. *Elle* seule a survécu. 4. Tu crois en Dieu, *toi?* 5. C'est à *lui* qu'il obéit. 6. Hélas! Tu ignores tout ce qu'il a fait pour *toi*. 7. Elle ne l'aime pas, *lui* dont le cœur ne bat que pour elle. 8. *Moi qui suis Français*, je n'aime pas ça. 9. *Lui* n'a rien compris non plus. 10. *Elle* et Yvonne ont fait des courses.

Exercice 3. Formez des phrases en employant les mots suivants. Mettez les mots en italique à la forme accentuée. Sauf indication contraire, mettez les verbes au présent. Faites tous les changements nécessaires; imitez le modèle:
    Pierre / et / je / aimer / jouer à / football.
    Pierre et moi nous aimons jouer au football.

1. Ce / être / le / qui / aller / le / faire. 2. *Vous* / ne jamais / croire / personne. 3. On / *les* (f.) / traiter de / léger! 4. Ce / être / pour / *te* / que / je / faire (passé composé) / cela. 5. *Ils* / et / *elles* / voyager (passé composé) / dans / Europe. 6. *Je* / le / faire (futur) / qui / savoir / en venir à bout. 7. Vous / devoir (conditionnel) / *les* (m.) / obéir. 8. *Il* / savoir / tout faire, / d'après / *la*. 9. Etre / -ce / vrai / que / tu / ne . . . que / aimer / *me?* 10. André / et / *tu* / lire / beaucoup / journal.

§62 DEMONSTRATIVE PRONOUNS AND ADJECTIVES: MEANING

Demonstrative pronouns and adjectives are those which point out, as if with a gesture:
    Je préfère ce livre-ci à celui-là.
        I prefer this book to that one.
    Cette question m'intéresse.
        That question interests me.

§63 DEMONSTRATIVE PRONOUNS (PRONOMS DÉMONSTRATIFS)

Demonstrative pronouns may be classified as (1) *simple* (standing alone) or (2) *compound* (combined with **-ci** or **-là**).

A. Simple forms of demonstrative pronouns:

	singular	plural
masculine	**celui**	**ceux**
feminine	**celle**	**celles**
neuter	**ce**	

    1. **celui, ceux, celle, celles**: principal uses
Celui and its other forms are usually followed by **de** (or, occasionally, by other prepositions, such as **à** and **sur**), or by a relative clause (usually beginning with **qui, que,** or **dont**):
    Quel est le titre du livre de Théo—*celui dont* tu m'as parlé?
        What is the title of Théo's book—the one you spoke to me about?
    Il préfère les grosses autos, *celles qui* ont tous les conforts.
        He prefers the big cars, those which have every comfort.

Notice that possession by a noun must be expressed by the correct form of **celui de** followed by the noun:

Elle rend visite à la famille de Brigitte et à *celle de* Jean-Pierre.
She is visiting Brigitte's family and Jean-Pierre's.
Il s'agit de mon frère et de *ceux de* Marc.
It's a question of my brother and Marc's (or, those of Marc [for he has more than one]).

2. **celui, ceux, celle, celles**: other uses

Celui qui is sometimes used in the sense of **quiconque** ("he who," "whoever," and similar expressions):

Béni soit *Celui qui* vient au nom du Seigneur.
Blessed is He who comes in the name of the Lord. —Catholic Mass
Ceux qui s'appliquent trop aux petites choses deviennent ordinairement incapables des grandes.
Those who give too much attention to little things ordinarily become incapable of doing big ones.

Exercice 4. *Transformez les phrases suivantes de sorte que vous vous serviez de la forme convenable de **celui** suivie de **qui** (que, etc.) ou d'une préposition (à, de, etc.). Imitez les modèles:*
Ils ont acheté ma maison. Ils ont acheté la maison de mon oncle.
Ils ont acheté ma maison et celle de mon oncle.
La personne qui a dit cela raisonnait mal.
Celui qui a dit cela raisonnait mal.

1. Je préfère ce foulard au foulard que vous m'avez montré.   2. Il a parlé à la femme de Robert. Il a parlé à la femme de Jacques.   3. Quiconque a fait cela n'a pas obéi à la loi.   4. Je donnerai un stylo à la personne qui écrira le meilleur essai.   5. J'obéis aux lois de mon pays et aux lois de ma religion.   6. J'ignore le nom des gens qui parlent là-bas et des gens à qui parle Robert.   7. Ils aiment beaucoup tous les gâteaux. Ils aiment surtout le gâteau qu'Anne a préparé.   8. Elle se sert de la vieille machine. Elle pourrait se servir de la nouvelle machine, dont je vous ai parlé.   9. Ils ont visité les cathédrales de France. Ils ont visité les cathédrales d'Espagne.   10. De toutes ces jeunes filles, tu aimes surtout la jeune fille à la robe bleue, n'est-ce pas?   11. M. Bubu habite près d'un bistro. —Près du bistro où travaille Martin?   12. On m'a montré une chambre. —Laquelle? —La chambre au septième.   13. Nous ne pardonnons pas aux gens qui nous ennuient.   14. Il combine le thème pastoral avec le thème de la mort.   15. Il faut tolérer chez autrui tous les vices, sauf les vices qui choquent les bienséances.

3. **ce**: principal uses

Ce is used as a neuter subject of the verb **être** (and of **devoir être, pouvoir être,** and **aller être**):

a. when the predicate complement *is a modified noun*[2] *or a proper name:*
   C'est un étudiant[3]**.**
    He's a student.
   C'est M. Dauthon.
    That's Mr. Dauthon.

  b. when the predicate complement *is a personal pronoun:*
   C'est moi. C'est nous. Ce sont eux.
    It's me. It's us. It's them (they).

Note: *When the complement is third person plural,* **c'est** *is more common in informal writing and in ordinary conversation (****c'est eux, elles, Jean et Martine****); but* **ce sont** *is used in formal writing (****ce sont eux, elles, Jean et Martine****).*

  c. to represent a fact, a statement or an idea, providing that the complement is an adjective, an adverb, or an adverbial phrase:
   Il est paresseux. —C'est vrai.
    He is lazy. —That's right.
   Elle est rentrée. —C'est bien.
    She's come home. —That's good.
   Cela ne coûte que 10 f. C'est pour rien.
    That only costs 10 f. It's dirt cheap.

Note: *Remember to use the personal pronoun with an adjective if the pronoun is to represent a person, as in the first sentence of the first two examples.*

  d. to sum up a subject *when the predicate complement is a clause begun by* **que***:*
   Une chose certaine, c'est que l'homme est mortel.
    One sure thing is that man is mortal.

  e. to sum up a subject *when the sentence begins with a compound relative pronoun*[4]*:*
   Ce qui me frappe le plus, c'est la beauté du site.
    What strikes me the most is the beauty of the site.
   Ce dont Siméon a besoin, c'est d'un médicament efficace.
    What Siméon needs is an efficacious medicine.

[2]accompanied by an article or an adjective.
[3]If the predicate complement is *not* modified, consider it to be an adjective, and use a personal pronoun subject: **il est étudiant, elle est protestante, nous sommes américains.** This rule applies when the complement names the occupation, religion, or nationality of the subject.
[4]See Lesson 10, §56, 1, note; §56, 2; §56, 3.

f. to sum up a subject *when the complement is an infinitive:*
> **Voir, c'est croire.**
>> *Seeing is believing.*
> **Le but de l'amant, c'est de gagner le cœur de sa bien-aimée.**
>> *The lover's goal is to win the heart of his beloved.*

g. in the Gallicism **c'est . . . qui, c'est . . . que**, which emphasizes the word following **c'est**:
> **C'est moi qui suis arrivé le premier.**
>> *I'm the one who arrived first.*
> **C'est à Marie qu'il a parlé.**
>> *Marie's the one to whom he spoke.*
> **C'est de mon portefeuille qu'il s'agit.**
>> *My wallet is what it's all about.*
> **C'est Pierre qu'il a vu.**
>> *Pierre's the one he saw.*

4. ce: other uses

a. when the logical subject *is a noun or pronoun,* usually preceded by **que**:
> **C'est une belle ville que Paris.** (= **Paris est une belle ville.**)
>> *Paris is a beautiful city.*

b. when the logical subject *is an infinitive* (which is preceded, in this construction, by **de** or **que de**):
> **C'est beau d'être la puce d'un lion.** —Hugo
>> *It's nice being a lion's louse.*
> **C'est horrible que de haïr.** —Mauriac
>> *It's horrible to hate.* (= *Hating is horrible.*)

Note: **Il** is the subject of the verb **être** used impersonally:
> **Il est trois heures.**
>> *It is three o'clock.*

The predicate adjective in such constructions is modified by a phrase or by a clause:
> **Il est juste que vous veniez à ce moment-ci.**
>> *It's just that you should arrive at this moment.*
> **Il n'était pas nécessaire d'y aller.**
>> *It was not necessary to go there.*
> **Il est besoin d'un médecin.**
>> *There is need of a doctor.*

Exercice 5. *Insérez **ce** (**c'**) ou **il**, selon le cas, dans les phrases suivantes. Imitez les modèles:*

    _____ **est trois heures.**
        Il est trois heures.
    _____ **mon père qui arrive.**
        C'est mon père qui arrive.

1. _____ est professeur. 2. _____ fut à Louis XIV qu'on obéit au 17e siècle. 3. _____ est une excellente hôtesse que Mme de Staël! 4. Que dites-vous, messire Colomb? Est-_____ vrai que la terre est ronde? 5. Oui, _____ est vrai. 6. Ce qu'il vient d'expliquer, _____ est que la politique est compliquée. 7. _____ sont eux. 8. Vouloir, _____ est pouvoir. 9. _____ est bon que vous soyez ici. 10. Une défense absolue, _____ est de fumer dans les salles de classe.

B. Compound forms of demonstrative pronouns

	singular	plural
masculine	**celui-ci**	**ceux-ci**
	celui-là	**ceux-là**
feminine	**celle-ci**	**celles-ci**
	celle-là	**celles-là**
neuter	**ceci**	
	cela, ça	

1. **celui-ci, celui-là,** etc.

Compound forms of the demonstrative pronouns are used to distinguish between two persons, objects, or groups:

    Voici deux paniers: aimez-vous mieux *celui-ci* ou *celui-là?*
        Here are two baskets: do you like this one or that one more?
    Regardez ces dames: *celle-ci* parle sans cesse, *celle-là* ne dit rien.
        Look at these ladies: the one speaks ceaselessly, the other doesn't say a thing.

Notes:

(1) **Celui-ci,** *etc. refers to the person or thing last named ("the latter");* **celui-là** *refers to the person or thing first named ("the former"):*

    Il aime et Le Mur et Le Sursis, mais il trouve celui-ci plus classique que celui-là.
        *He likes both **Le Mur** and **Le Sursis**, but he thinks that the latter is more classical than the former.*

(2) The demonstrative pronoun is ordinarily followed immediately by (a) **qui** *(***que,** *etc.), (b)* **de** *(or another preposition), or (c)* **-ci** *or* **-là.** *Do not, however, combine* **celui-ci, celui-là,** *etc., with* **qui** *or* **de:**

Celui dont vous parlez est mon frère.
De toutes ces maisons, *celle de* **Pierre est la plus vieille.**
Cette femme-ci est plus jolie que *celle-là.*

2. **ceci** and **cela**

a. **Ceci** and **cela** are often used in opposition to each other, to distinguish ideas or unnamed objects:

Vous pouvez choisir, monsieur, entre *ceci* **et** *cela.*
You may choose, sir, between this and that.

b. **Ceci** refers to what is about to be said; **cela** to what has been said:

Retenez bien *ceci:* **Le pardon léger fait recommencer en péché.**
Remember this: Easy forgiveness leads to a relapse in sin.
Comment? Je n'ai jamais dit *cela.*
What? I never said that.

Note: **Ça** *usually replaces* **cela** *in conversation or in informal writing.*

c. **Cela (ça)** is used as the neuter demonstrative pronoun subject of all verbs except **être:**

Ça **arrive tous les jours.**
That happens every day.
Qu'est-ce que *cela* **veut dire?**
What does that mean?

Occasionally, **cela (ça)** is used as the subject of **être.** When so used, it is more emphatic than **ce**[5]; **cela** is especially used as the subject of **être** as part of the group **tout ça (cela),** or when **ne,** a personal pronoun object, or a verb like **devoir, pouvoir,** or **aller** precedes **être:**

Ça **va être drôle!**
That will be funny!
Cela n'est pas vrai.
That's not true.
Ça **m'est égal.**
It's all the same to me (I don't care).

---

[5]For even greater emphasis, in formal style **cela** breaks down into its component parts:
C'est *là* **l'important.**
That's what's important.

L'amour, les copains, l'argent—*tout ça* est sans importance, dit-il.
Love, friends, money—all that is unimportant, he says.

Exercice 6. *Employez la forme convenable de* **celui-ci** *ou* **celui-là** *(représentée par le symbole* [**celui**]*), ou de* **ce, ceci** *ou* **cela** *(représentée par le symbole* [**ça**]*); complétez la phrase ou faites une nouvelle phrase selon le cas. Employez le vocabulaire de la lecture. Imitez les modèles:*
 Ces médecins-ci sont sérieux; _____. [celui]
  Ces médecins-ci sont sérieux; ceux-là ne le sont pas.
 Le bromure n'est pas fait pour l'estomac; _____. [ça]
  Le bromure n'est pas fait pour l'estomac; ça le délabre, ça l'abîme.
1. Vous connaissez Siméon? _____. [ça] 2. Il avait contracté une affection du larynx. _____. [ça] 3. Je lui ai envoyé voir le docteur Cholamel et le docteur Langlevent. _____. [celui] 4. Nous avons rencontré les Lerenchéry et les Biridoff; _____. [celui] 5. Vous voulez vous égayer? Ecoutez _____. [ça] 6. Il choisit Crin Blanc et rejeta l'Argent. «Ce cheval-ci, dit-il, _____.» [celui] 7. Les vieilles dames discutaient leurs maladies; _____. [celui] 8. Oh, non, mon vieux, tu exagères! _____. [ça] 9. On lui coupa la jambe gauche, mais il lui resta _____. [celui] 10. Il ne pesait pas moins de trois cent vingt-deux livres; _____. [ça]

§64 DEMONSTRATIVE ADJECTIVES (ADJECTIFS DÉMONSTRATIFS)

Demonstrative adjectives agree in number and gender with the nouns they modify; they precede and point out the nouns:
 C'est *ce* gros garçon barbu.
  He's that big bearded fellow.
 Allez descendre à *cet* hôtel.
  Go and stay at that hotel.
 Comment s'appelle *cette* maladie?
  What is this disease called?
 Je serais bien heureux si je n'avais pas *ces* maux de gorge!
  I'd be very happy if I didn't have these sore throats!

The forms of the demonstrative adjective are:

	singular	*plural*
before a masculine word beginning with a consonant or an aspirate h	**ce**	**ces**
before a masculine word beginning with a vowel or a mute h	**cet**	**ces**
before a feminine word	**cette**	**ces**

Notes:

*(1) Cet is also used before an adjective preceding a masculine noun and beginning with a vowel or a mute h (**cet autre organe, cet heureux garçon**).*

*(2) When it is necessary to distinguish (between a nearer or a farther person or object) or to enumerate, add **-ci** to the first noun and **-là** to the second:*
  Cette auberge-*ci* a moins de conforts que *cette* auberge-*là*.
  This inn has fewer comforts than that inn.
  Ces gens-*ci* sont gentils, *ces* gens-*là* le sont moins.
  These people are nice, those people are less so.
Such a distinction is usually unnecessary unless there are two persons or things being compared.

*(3) In time expressions, **-ci** is often added to the noun to refer to present or future time, **-là** to refer to past time:*
  Où te caches-tu *ces* jours-*ci*?
  Where have you been hiding these days?
  A *cette* époque-*là* il était heureux.
  At that time he was happy.

*Exercice 7.   Remplacez le pronom démonstratif en italique par l'adjectif démonstratif convenable; en même temps, ajoutez un nom ou un substantif du même genre et nombre. N'employez **-ci** et **-là** que quand il faut distinguer entre deux personnes ou deux choses. Imitez le modèle:*
  Il a parlé à *celle-là*.
  Il a parlé à cette jeune fille.

1. *Celui-ci* lui a donné cette ordonnance.   2. *Celui-ci* me semble plus confortable que *celui-là*.   3. *Celle-là* ne fait que chercher un mari.   4. *Ceux* dont j'ai besoin sont grands et verts.   5. Prenez donc plutôt *celles* de gauche, madame. 6. *Celle-ci* a bien de la chance, *celle-là* est toujours malheureuse.   7. Comme *celui-là*, Charles est un vrai héros, va!   8. Il a peu d'idées, mais *celles qu'il a* méritent qu'on les considère.   9. *Celui-ci* a moins de succès que *celui-là*.   10. N'écoutez pas les critiques, surtout pas *ceux* qui tournent tout en ridicule.

*Exercice 8.   Formez des phrases des mots suivants. Notez que [ce] indique un adjectif démonstratif quelconque (**ce, ces ... là**, etc.), et que [ça] indique un pronom démonstratif quelconque (**ce, celui qui, celle-là**, etc.). Sauf indication contraire, mettez les verbes au présent. Faites tous les changements nécessaires; imitez le modèle:*
  Etre / -[ça] / vrai / que / il / partir en vacances?
  Est-ce vrai qu'il part en vacances?

1. [Ce] / homme / être / gros; / [ça] / ne pas / le / être.   2. [Ce] / médecins / savoir / ce que / ils / faire.   3. En / [ce] / temps, / le prophète Isaïe / parler (passé simple).   4. [Ça] / qui / arriver / ne pas / être / mon / amis.   5. Je

/ aimer mieux / [ce] / boucherie / que / [ça]. 6. Il / perdre (passé composé) / son / pardessus; / [ça] / dont il / se servir / ne pas / être / bon. 7. Prendre (impératif) / le / rue / de Seine: / [ça] / être / [ça] / à votre gauche. 8. Ils / parler (passé composé) / de / [ça] / et / [ça]. 9. [Ce] / honnête / garçon / me / impressionner. 10. Qu'est-ce que / [ça] / vouloir dire? 11. Je / vouloir (conditionnel) / un kilo de / [ce] / pommes / et un kilo de / [ce] / oranges. 12. On / voler (passé composé) / le / livres / de Carl / et / [ça] / de Martha. 13. Se pouvoir / -il que / il / venir? —[Ça] / se pouvoir. 14. [Ce] / lettre / contenir / bien de / nouvelles. 15. Comment / se pouvoir / -il / que / elle / aimer / [ce] / drôle d'étudiant?

§65 LIRE AND ÉCRIRE

A. Lire

1. Summary of conjugations:

présent de l'indicatif:	je lis	nous lisons
passé composé:	j'ai lu	
passé simple:	je lus	

2. Like **lire: élire**

3. Some expressions with **lire**:
 C'est un livre *à lire*. (= qu'il vaut la peine de lire)
  It's a book worth reading.
 Le bonheur *se lisait* dans ses yeux. (= En regardant ses yeux, on voyait qu'il était heureux.)
  His eyes were glowing with (revealed his) happiness.

B. Écrire

1. Summary of conjugations:

présent de l'indicatif:	j'écris nous écrivons
passé composé:	j'ai écrit
passé simple:	j'écrivis

2. Like **écrire: décrire, inscrire, s'inscrire, souscrire, transcrire**

3. Some expressions with **écrire**:
 Il *a écrit* sa lettre *à la machine*. (= en employant une machine à écrire)
  He typed his letter.
 C'est *écrit sur sa figure*. (= On le voit rien qu'à regarder sa figure.)
  It's written all over his face.

Exercice 9. *Mettez le verbe en italique aux personnes indiquées entre parenthèses. Gardez le temps du verbe. Faites tous les changements nécessaires; imitez le modèle:*

Comment écrivez-vous votre nom? (tu, il, elles)

Comment écris-tu ton nom? Comment écrit-il son nom? Comment écrivent-elles leur nom?

1. Que *lis*-tu? (vous, elle, ils)   2. Il *lisait* **La Chute** hier. (je, nous, ils)   3. Vous *écriviez* cette lettre à la machine, n'est-ce pas? (tu, il, elles)   4. Elle *a décrit* son appartement. (je, vous, ils)   5. Les étudiants *se sont inscrits*. (nous, vous, je)   6. *Avez*-vous *lu* **Les Faux-Monnayeurs?** (ils, tu, il)   7. Il *lut* cet article avec un intérêt peu commun. (je, nous, elles)   8. Puis, il en *écrivit* un lui-même. (je, nous, ils)   9. Il faut que je *lise* cette pièce. (nous, vous, il)   10. J'avais peur que tu n'*écrivisses* un livre sacrilège. (il, ils, vous)

Exercice 10. Composition. *Décrivez, dans l'esprit des* **Médecins spécialistes,** *ce qui arriva lorsqu'un de vos amis, Daniel, se conforma aux ordonnances que lui avait données un médecin. Vous parlerez un peu du malade et de sa maladie, décrirez le traitement et inventerez un résultat burlesque. Répondez aux questions suivantes (150-200 mots); elles vous serviront de plan de composition. Employez le style «littéraire.» Imitez le modèle:*

   1. Quel était le malade et de quoi souffrait-il?
   2. Quels conseils lui avez-vous donnés?

Il y a plusieurs mois, mon ami Daniel vint me rendre visite. Vous le connaissez: c'est ce grand garçon blond qui habite au carrefour des Quatre Coins. Eh bien, il souffrait depuis un mois d'un rhume interminable. Je l'envoyai chez le Docteur Eternueur, grand spécialiste dans cette sorte de maladie.

paragraphe 1
   1. Quel était le malade et de quoi souffrait-il?
   2. Quels conseils lui avez-vous donnés?

paragraphe 2
   1. Quel fut le traitement ordonné par le médecin? (citronnade chaude? quelques jours au lit? un régime spécial? séjour à l'hôpital?)
   2. Votre ami suivit-il scrupuleusement les ordonnances du médecin?
   3. Guéri de son rhume, que lui arriva-t-il? (Décrivez en détail une nouvelle maladie dont il fut affligé.)

paragraphe 3
   1. Quel autre médecin lui donna des conseils?
   2. Quel fut le traitement?
   3. Quel en fut le résultat?

Exercice 11. *Traduisez les phrases suivantes:*

1. He is more intelligent than I. [§61B, 2]   2. You Americans are all alike! [§61B, 7, note 2]   3. Those who know him hate him. [§63A, 1]   4. He is the

best doctor in *(de)* the city. [*§63A, 3a*]   5. You may choose between this and that. [*§63B, 2a*]   6. These students work; those don't. [*§64, note 2*]   7. I'm the one who planted the tree; I alone should be punished. [*§61B, 5 and 7a*]   8. He likes coffee and he likes tea, but he prefers the former. [*§63B, 1, note 1*]   9. He said it himself. [*§61B, 7, note 1*]   10. To know her is to love her. [*§63A, 3f*]   11. What? *He* dared to do that? [*§61B, 7*]   12. What time is it? It's three o'clock. [*§63A, 4, note*]   13. Say hello to my wife and to Henry's. [*§63A, 1*]   14. The most striking thing is that this tree hasn't had leaves for three years. [*§63A, 3e*]   15. You should speak to him, not to her. [*§61B, 4*]

Exercice 12.   Thème d'imitation.

Although mockery will never disarm before medicine, we must admit *(avouer)* that doctors have never been as serious as they are today. But their treatments are not always followed[6].

However, it is true that curing this disease sometimes causes that one. Not every patient who goes to see a doctor is satisfied with the results. Mr. Smith, in *La Cantatrice chauve*, believed that if the sick person died, the doctor ought to die, too! That's a strange thing to believe, isn't it?

What should the sick person do? Should he do what the doctor would do if *he* were sick: go to another doctor and then refuse to follow his prescriptions? Siméon and I agree with this plan of action. That is to say, unless we're sick ourselves!

---

[6]Reword the sentence so that **on** is used as the subject.

DOUZIÈME LEÇON

Confessions   Jean-Jacques Rousseau

O vous, lecteurs curieux de la grande histoire du noyer[1] de la terrasse, écoutez-en l'horrible tragédie et vous abstenez[2] de frémir si vous pouvez!

Il y avait, hors[3] la porte de la cour, une terrasse à gauche en entrant, sur laquelle on allait souvent s'asseoir l'après-midi, mais qui n'avait point d'ombre. Pour lui en donner, M. Lambercier y fit planter un noyer. La plantation de cet arbre se fit avec solennité: les deux pensionnaires en furent les parrains[4]; et, tandis qu'on comblait le creux[5], nous tenions l'arbre chacun d'une main avec des chants de triomphe. On fit pour l'arroser une espèce de bassin tout autour du pied. Chaque jour, ardents spectateurs de cet arrosement, nous nous confirmions, mon cousin et moi, dans l'idée très naturelle qu'il était plus beau de planter un arbre sur la terrasse qu'un drapeau sur la brèche[6], et nous résolûmes de nous procurer cette gloire sans la partager avec qui que ce fût.

Pour cela nous allâmes couper une bouture[7] d'un jeune saule[8], et nous la plantâmes sur la terrasse, à huit ou dix pieds de l'auguste noyer. Nous n'oubliâmes pas de faire aussi un creux autour de notre arbre: la difficulté était d'avoir de quoi le remplir; car l'eau venait d'assez loin, et on ne nous laissait pas courir pour en aller prendre[9]. Cependant il en fallait absolument pour notre saule. Nous employâmes toutes sortes de ruses pour lui en fournir durant quelques jours, et cela nous réussit si bien, que nous le vîmes bourgeonner et pousser de petites

---

[1] le noyer *walnut tree*   [2] vous abstenez = abstenez-vous   [3] hors = en dehors de   [4] le parrain *godfather*   [5] combler le creux *to fill up the hole*   [6] la brèche = ouverture faite à un mur, un rempart   [7] la bouture *slip, cutting*   [8] le saule *willow*   [9] en aller prendre = aller en prendre

feuilles dont nous mesurions l'accroissement d'heure en heure, persuadés, quoiqu'il ne fût pas à un pied de terre, qu'il ne tarderait pas à nous ombrager.

Comme notre arbre, nous occupant tout entiers, nous rendait incapables de toute application, de toute étude, que nous étions comme en délire, et que, ne sachant à qui nous en avions[10], on nous tenait de plus court qu'auparavant, nous vîmes l'instant fatal où l'eau nous allait manquer, et nous nous désolions dans l'attente de voir notre arbre périr de sécheresse. Enfin la nécessité, mère de l'industrie, nous suggéra une invention pour garantir l'arbre et nous d'une mort certaine: ce fut de faire par-dessous terre une rigole[11] qui conduisît secrètement au saule une partie de l'eau dont on arrosait le noyer. Cette entreprise, exécutée avec ardeur, ne réussit pourtant pas d'abord. Nous avions si mal pris la pente, que l'eau ne coulait point; la terre s'éboulait et bouchait la rigole; l'entrée se remplissait d'ordures; tout allait de travers. Rien ne nous rebuta: *Omnia vincit labor improbus*[12]. Nous creusâmes davantage et la terre et notre bassin, pour donner à l'eau son écoulement; nous coupâmes des fonds de boîtes en petites planches étroites dont les unes mises de plat à la file, et d'autres posées en angle des deux côtés sur celles-là, nous firent un canal triangulaire pour notre conduit. Nous plantâmes à l'entrée de petits bouts de bois minces et à claire-voie[13], qui, faisant une espèce de grillage ou de crapaudine[14], retenaient le limon et les pierres sans boucher le passage à l'eau. Nous recouvrîmes soigneusement notre ouvrage de terre bien foulée[15]; et le jour où tout fut fait, nous attendîmes dans des transes[16] d'espérance et de crainte l'heure de l'arrosement. Après des siècles d'attente, cette heure vint enfin; M. Lambercier vint aussi à son ordinaire[17] assister à l'opération, durant laquelle nous nous tenions tous deux derrière lui pour cacher notre arbre, auquel très heureusement il tournait le dos.

A peine achevait-on de verser le premier seau d'eau que nous commençâmes d'en voir couler dans notre bassin. A cet aspect la prudence nous abandonna; nous nous mîmes à pousser des cris de joie qui firent retourner M. Lambercier, et ce fut dommage, car il prenait grand plaisir à voir comment la terre du noyer était bonne et buvait avidement son eau. Frappé de la voir se partager entre deux bassins, il s'écrie à son tour, regarde, aperçoit la friponnerie[18], se fait brusquement apporter une pioche[19], donne un coup, fait voler deux ou trois éclats de nos planches, et criant à pleine tête[20]: *Un aqueduc! un aqueduc!* il frappe de toutes parts des coups impitoyables, dont chacun portait au milieu de nos cœurs. En un moment, les planches, le conduit, le bassin, le saule, tout fut détruit, tout fut labouré[21], sans qu'il y eût, durant cette expédition terrible, nul autre mot prononcé sinon l'exclamation qu'il répétait sans cesse. *Un aqueduc!* s'écriait-il en brisant tout, *un aqueduc! un aqueduc!*

[10]à qui nous en avions *what we were getting at, up to*   [11]la rigole = petite tranchée creusée pour laisser couler l'eau   [12]LATIN: Le travail acharné vient à bout de tout. [13]à claire-voie *lattice-like*   [14]la crapaudine = grille qui arrête les ordures à l'entrée d'un tuyau   [15]fouler = marcher sur   [16]la transe = état d'appréhension   [17]à son ordinaire = comme il le faisait d'habitude   [18]la friponnerie *trick*   [19]la pioche *pick* [20]crier à pleine tête = crier de toutes ses forces   [21]labouré *plowed up*

On croira que l'aventure finit mal pour les petits architectes. On se trompera : tout fut fini. M. Lambercier ne nous dit pas un mot de reproche, ne nous fit pas plus mauvais visage, et ne nous en parla plus ; nous l'entendîmes même un peu après rire auprès de sa sœur à gorge déployée[22], car le rire de M. Lambercier s'entendait de loin, et ce qu'il y eut de plus étonnant encore, c'est que, passé le premier saisissement, nous ne fûmes pas nous-mêmes fort affligés. Nous plantâmes ailleurs un autre arbre, et nous nous rappelions souvent la catastrophe du premier, en répétant entre nous avec emphase : *Un aqueduc! un aqueduc!* Jusque-là j'avais eu des accès[23] d'orgueil par intervalles quand j'étais Aristide ou Brutus.
10 Ce fut ici mon premier mouvement de vanité bien marquée. Avoir pu construire un aqueduc de nos mains, avoir mis une bouture en concurrence avec un grand arbre, me paraissait le suprême degré de la gloire. A dix ans j'en jugeais mieux[24] que César à trente.

Questionnaire I

1. Où est-ce que Rousseau allait souvent s'asseoir l'après-midi?   2. Qu'est-ce qui manquait à cet endroit?   3. Qu'est-ce que M. Lambercier a fait faire?   4. Quel était le rôle des deux pensionnaires dans la cérémonie de la plantation de l'arbre?   5. Que faisait Rousseau tandis qu'on comblait le creux?   6. Pourquoi y avait-il une espèce de bassin tout autour du pied de l'arbre?   7. Qu'est-ce que Rousseau et son cousin ont décidé après avoir assisté au spectacle de l'arrosement de l'arbre?   8. Qu'est-ce que Rousseau et son cousin ont planté sur la terrasse? Où l'ont-ils planté?   9. Pourquoi était-il difficile d'arroser le jeune saule?   10. Comment ont-ils réussi à fournir de l'eau à l'arbre pendant quelques jours?   11. Pourquoi tenait-on Rousseau et son cousin de plus court qu'auparavant?   12. Qu'est-ce que la nécessité a suggéré à Rousseau et à son cousin?   13. Pourquoi l'eau ne coulait-elle point d'abord?   14. Qu'ont fait Rousseau et son cousin pour faire couler l'eau?   15. Pourquoi Rousseau et son cousin se tenaient-ils derrière M. Lambercier pendant qu'il assistait à l'arrosement?   16. Pour quelle raison la prudence a-t-elle abandonné Rousseau et son cousin?   17. Après avoir remarqué que son eau se partageait entre deux bassins, qu'a fait M. Lambercier?   18. Quel a été le résultat de son emportement?   19. Comment l'aventure a-t-elle fini pour les petits architectes?   20. Qu'est-ce que M. Lambercier faisait auprès de sa sœur? Pourquoi?   21. Les deux petits ont-ils été affligés pendant longtemps?   22. Comment expliquer le premier mouvement de vanité bien marquée de Rousseau?

Questionnaire II

1. Avez-vous pu vous abstenir de frémir à la lecture de cette histoire?   2. Avez-vous l'habitude d'aller vous asseoir à un certain endroit l'après-midi? où? pourquoi?   3. Vous mettez-vous souvent à l'ombre? pourquoi?   4. Arrive-t-il sou-

---

[22] rire... à gorge déployée = rire aux éclats   [23] l'accès (m)   *fit*   [24] j'en jugeais mieux *I thought more of myself*

vent que la plantation d'un arbre se fasse avec solennité? 5. Y a-t-il des arbres près de votre maison? 6. Qui s'occupe de les arroser? 7. Dans votre pays est-ce la coutume de faire faire un bassin autour du pied d'un arbre? 8. Avez-vous jamais planté un arbre quand vous étiez petit? une fleur? 9. Aviez-vous autant de plaisir à le faire que Rousseau? 10. Allez-vous souvent voir ce que vous avez planté pour en mesurer l'accroissement? 11. L'arbre de Rousseau l'occupait tellement qu'il était incapable d'étudier. Certaines distractions vous mettent-elles parfois hors d'état de vous appliquer à vos études? 12. M. Lambercier ne pouvait pas apprécier l'importance du saule pour le jeune Rousseau. Quand vous étiez petit, vous est-il arrivé d'être mal compris par un adulte? 13. Pourriez-vous raconter une histoire tirée de votre propre jeunesse qui ressemblerait à celle de Rousseau?

A. Expressions à étudier: La Végétation

la plante

la graine [*seed*], semer [*to sow*], germer [*to germinate*], le bourgeon [*bud*], bourgeonner [*to bud*], pousser [*to grow*], la bouture [*cutting*]

diverses plantes

le chanvre [*hemp*], le coton [*cotton*], le lin [*flax*], la vanille [*vanilla*], l'herbe *(f)* [*grass*], le gazon [*lawn*], les mauvaises herbes [*weeds*], un arbuste [*shrub*], la haie [*hedge*], les ronces *(f)* [*bramble*], une verge [*switch*]

les céréales [*cereal plants*]

l'avoine *(f)* [*oat, oats*], le blé [*wheat*], le maïs [*corn*], l'orge *(f)* [*barley*], le seigle [*rye*], le foin [*hay*], la moisson [*harvest*]

les fines herbes [*herbs*], les épices *(f)* [*spices*]

l'estragon *(m)* [*tarragon*], le gingembre [*ginger*], le clou de girofle [*clove*], la marjolaine [*marjoram*], la menthe [*mint*], la moutarde [*mustard*], le persil [*parsley*], le thym [*thyme*]

un arbre [*tree*]

une écorce [*bark*], la branche [*branch*], le rameau [*small branch, twig*], la feuille [*leaf*], le tronc [*trunk*], la racine [*root*], les bois [*woods*], la forêt [*forest*], le bosquet [*grove, thicket*], la jungle, le verger [*orchard*]

divers arbres

le bouleau [*birch*], le cèdre [*cedar*], le chêne [*oak*], un érable [*maple*], le laurier [*laurel*], le noyer [*walnut*], le micocoulier [*nettle tree*], un orme [*elm*], le palmier [*palm*], le peuplier [*poplar*], le pin [*pine*], le sapin [*fir*], le saule [*willow*]

divers arbres fruitiers [*fruit trees*]

le marronnier [*chestnut tree*], le mûrier [*mulberry tree*], un oranger [*orange tree*], le pêcher [*peach tree*], le poirier [*pear tree*], le pommier [*apple tree*], le prunier [*plum tree*]

la fleur

le bouton [*bud*], la pétale [*petal*], la tige [*stem*], une épine [*thorn*]

diverses fleurs

le coquelicot [*red poppy*], la rose, la tulipe, le lis [*lily*], le myosotis [*forget-me-not*], la marguerite [*daisy*], le souci [*marigold*], la pansée [*pansy*], un œillet [*carnation*], le narcisse [*daffodil*], le pissenlit [*dandelion*]

la vigne [*vine, vineyard*]

le raisin [*grape*], la grappe de raisin [*bunch of grapes*]

Questionnaire

1. Quelles sortes de plantes trouve-t-on dans votre région?   2. Y a-t-il beaucoup d'arbres? Quelles sortes d'arbres?   3. Y a-t-il beaucoup de fleurs sur votre campus? Quelles sortes de fleurs?   4. Aimez-vous un arbre plus qu'un autre? lequel? pourquoi?   5. Quelle est votre fleur préférée? Pourquoi l'aimez-vous?   6. De quelle couleur est la marguerite? la rose? l'œillet? le narcisse? la tulipe?   7. De quel arbre fait-on des meubles? du papier? des maisons?   8. Est-ce que les arbres fruitiers sont employés dans la construction des meubles? des maisons?   9. De quel arbre la pomme est-elle le fruit? l'orange? la pêche? la poire? le marron?   10. Y a-t-il des forêts dans votre région? à quelle distance de chez vous? Y allez-vous souvent?   11. Que fait-on dans une forêt?   12. Dans quelles régions des Etats-Unis trouve-t-on des palmiers? des érables? des noyers? des pêchers? des sapins?   13. Quels arbres perdent leurs feuilles en hiver? Lesquels ne les perdent pas?   14. Quels arbres ont une écorce rugueuse *(rough)*? Lesquels l'ont plutôt lisse?   15. A quoi servent les fines herbes?   16. Avec quelle nourriture emploie-t-on l'estragon? la menthe? la moutarde? le persil? la vanille?   17. Comment mange-t-on le blé? l'avoine? le maïs?   18. Comment emploie-t-on le lin? le chanvre? le coton?   19. Dans quelles régions des Etats-Unis trouve-t-on le maïs? le blé? l'orge? le coton?   20. Quels animaux trouve-t-on dans la jungle? dans une forêt de l'état que vous habitez?   21. Est-ce que les fines herbes poussent dans votre région?   22. Que feriez-vous si vous vouliez planter un arbre?   23. Que feriez-vous pour planter une fleur?   24. Y a-t-il des vergers près de chez vous? Quelles sortes de fruits y trouve-t-on?   25. Aimeriez-vous être botaniste? pourquoi?

B. *Etudiez les expressions suivantes; consultez la leçon pour l'emploi de ces expressions:*

avoir de quoi = avoir ce qu'il faut, ce qui est nécessaire   **tarder à** = ne pas aller vite   **tenir de plus court** = mettre une limite à la liberté de   **aller de travers** = aller mal   **à peine** = depuis très peu de temps   **pousser un cri** = jeter un cri   **faire mauvais visage à** = traiter froidement   **s'entendre de loin** = s'entendre d'une grande distance   **en concurrence avec** = en rivalité, en compétition avec

Exercice. Employez ces expressions dans les phrases suivantes:
1. Vous ne trouverez rien à redire à cette cloche, monsieur le Curé, elle _____.
2. Quand vous irez à Marseille, ne . . . pas _____ dire bonjour à M. Pappalardo de ma part.   3. Si vous ne revenez pas avant minuit, soyez sûr que je vais vous _____.   4. Je pourrais facilement vous aider, et j'ai _____ le faire, mais puisque vous vous êtes montré si antipathique, je prends plaisir à refuser.   5. _____ eus-je ouvert la porte que le seau d'eau se vida sur ma tête.   6. Si vous trouvez l'examen trop difficile, vous n'avez qu'à _____ de désespoir et votre professeur aura pitié de vous.   7. Quelle journée! Tout ce que j'ai essayé de faire _____.   8. Le jeune Oedipe est entré _____ son père; l'histoire ne pouvait que finir mal.   9. S'il vous _____, soyez patient; il sera plus sympathique après le repas.

§66 INDEFINITE ADJECTIVES AND INDEFINITE PRONOUNS
(ADJECTIFS INDÉFINIS, PRONOMS INDÉFINIS): **MEANING**

1. Indefinite adjectives add to the noun they modify a more or less vague idea of quantity or quality, of identity, resemblance or difference:
   Plusieurs filles sont venues me rendre visite. (quantity)
   Several girls came to visit me.
   Allons voir un film quelconque. (quality)
   Let's go see any picture at all.
   Il a parlé de je ne sais quel médecin. (identity)
   He spoke of some doctor or the other.

We don't know exactly how many girls came to visit me (except that more than two did), nor whether the movie we see will be good or not, nor which doctor he spoke of (was it Doctor Knock? or Doctor Schwartz?). The adjectives **plusieurs, quelconque,** and **je ne sais quel** are therefore called indefinite adjectives.

2. Indefinite pronouns designate, in a vague or indeterminate manner, the person or thing they represent:
   Il n'est venu personne.
   No one came.
   Il y en a qui aiment tout critiquer.
   Some people like to criticize everything.
   Dites-lui n'importe quoi, il en sera content.
   Tell him anything, and he'll be satisfied.

The identity of the people represented by **personne** and **il y en a qui** and of the thing represented by **n'importe quoi** is either not revealed or not known; it is kept vague and indeterminate. We do not know if the unnamed persons represented by **il y en a qui** are really **tous les professeurs de français** or some other people; the nature of the thing represented by **n'importe quoi** is not made known: you might, for example, tell him: **Tu peux patiner cet après-midi,** or anything else.

§67 INDEFINITE ADJECTIVES AND INDEFINITE PRONOUNS: FORMS AND USES

In the following sections, the indefinite adjectives and pronouns will be examined according to form: (A) Indefinite pronouns with forms identical to those of the corresponding adjectives; (B) Principal indefinite pronouns with forms somewhat different from those of the corresponding adjectives; (C) **Quelconque** and **quiconque;** and (D) Principal indefinite pronouns for which there are no corresponding adjectives. Also included is a section (E) on other indefinite pronouns for which there are no corresponding adjectives.

A. Indefinite pronouns with forms identical to those of the corresponding adjectives

1. aucun, aucune (see also §11A, 7)

This word is most frequently used with **ne**, and is rarely seen in the plural. The **ne** is always placed before the conjugated form of the verb, no matter where **aucun** occurs in the sentence.

    a. as an adjective:
        Je n'ai *aucune* idée de ce que tu veux dire par là.
        I don't have the slightest idea of what you mean by that.
        Jamais *aucun* homme n'a fait tant de sacrifices que lui.
        Never has any man made more sacrifices than he.

    b. as a pronoun:
        Des hommes? Je n'en ai vu *aucun*[1].
        Men? I didn't see a one.
        Il n'en a parlé à *aucun*[1].
        He didn't speak to any about it.
        Aucun n'est arrivé.
        None arrived.

---

[1]Notice that when **aucun** (also **nul** and **pas un**) follows the verb, **en** is required before the verb.

Note: **Nul (nulle)** and **pas un (pas une)** *are near synonyms of* **aucun (aucune)**. *They differ in that* **nul** *is more literary, and that* **pas un** *is stronger; furthermore,* **pas un** *cannot be used either with other negative words, such as* **jamais** *or* **plus,** *or with abstract nouns, like* **courage, beauté**:

    Je n'en ai nulle idée.   I don't have the slightest idea about it.
    Nul n'est arrivé.   None arrived.

    Je n'ai pas un ami.   I don't have a single friend.
    Pas un n'est arrivé.   Not a single one arrived.

    2. autre, autres

Autre is almost always preceded by an article (**l'autre, un autre, une autre**) or by a demonstrative adjective (**cet autre, cette autre**); **autres** is almost always preceded by an article (**les autres, d'autres**) or by a demonstrative adjective (**ces autres**).

    a. as an adjective:
        Nous plantâmes ailleurs un *autre* arbre.
          We planted another tree elsewhere.
        Je l'ai rencontrée l'*autre* jour.
          I met her the other day.

Note: In the expressions **quelque chose d'autre, rien d'autre, quelqu'un d'autre, personne d'autre,** the expression **d'autre** has the meaning of **de différent** ("else"):
    Elle ne veut lire *rien d'autre*.
        She doesn't want to read anything else.

    b. as a pronoun:
        Nous mîmes les unes de plat et à la file et d'*autres* en angle.
          We laid some flat and end to end, and others at an angle.
        Ce garçon est paresseux, mais cet *autre* est vif et éveillé.
          This boy is lazy but that other one is lively and alert.

Note: When **autre,** used as a pronoun, follows the verb, **en** is usually placed before the verb:
    Cette pomme n'est pas bonne; apportez-m'en une *autre*.
        This apple is no good; bring me another (one).

    3. certain (certains, certaine, certaines)

        a. as an adjective

Certain is an indefinite adjective when it precedes the noun it modifies; it attenuates or softens the absoluteness of an expression or of an idea:
        Je ferais cela dans *certaines* circonstances.
          I'd do that under certain circumstances.

>Nous sommes d'accord, mais jusqu'à un *certain* point.
>*We agree, although only up to a certain point.*

Used before a proper name, **certain** means **un homme nommé**; it means that the speaker does not know the person named:
>**Il a parlé avec un *certain* M. Duclos.**
>*He spoke with a certain M. Duclos.*

Following the noun, or used as a predicate adjective (with **être** most frequently), **certain** is a near synonym of **sûr**: it means that the fact reported is, or is thought of as being, true or verifiable:
>**Elle est *certaine* d'avoir raison.**
>*She's certain (sure, positive) that she's right.*
>**Cela garantit l'arbre d'une mort *certaine*.**
>*That protected the tree from sure death.*

>*b.* as a pronoun:

Only the plural form (**certains**, and less frequently, **certaines**) is used as a pronoun. It means something akin to **il y a des gens qui**, and functions only as subject of a verb:
>***Certains* prétendent que ce n'est pas vrai; d'autres n'en disent rien.**
>*Some claim it's not true; others don't say anything about it.*
>**Les femmes sont curieuses: *certaines* médisent de tout le monde, tandis que d'autres sont tout amour.**
>*Women are funny: certain of them gossip about everyone, while others are pure love.*

>*4.* **plusieurs**

Plusieurs is an indefinite pronoun or adjective indicating, vaguely, "more than two." Its form is invariable.

>*a.* as an adjective:
>***Plusieurs* hommes ont essayé cela avant vous.**
>*Several men have tried that before you.*
>**J'ai déjà fait construire *plusieurs* maisons.**
>*I've already had several houses built.*

>*b.* as a pronoun:
>***Plusieurs* ont déjà essayé de faire cela.**
>*Several have already tried to do that.*
>**J'en ai déjà fait construire *plusieurs*.**
>*I've already had several built.*

Note: Whenever **plusieurs**, *used as a pronoun, follows the verb*, **en** *must be placed before the verb:*
>   **J'en ai déjà mangé plusieurs.**
>   *I've already eaten several.*

Exercice 1. Changez les mots en italique en des adjectifs ou des pronoms indéfinis, selon le cas. Dans certains cas, il pourrait y avoir plus d'une bonne réponse. Faites tous les changements nécessaires; imitez le modèle:
>   **Il a parlé à *plus d'un* général.**
>   *Il a parlé à plusieurs généraux.*

1. Donnez-moi une *différente* secrétaire.   2. Il s'agit de faits *vérifiables*.   3. Elle n'a prononcé *nulle* parole compréhensible.   4. Il y avait là *un assez grand nombre de jolies dames*.   5. Ceux-ci disent cela; *ceux-là* ne sont pas d'accord avec eux.   6. *Pas un de vos amis* n'a pris votre défense.   7. La société est une sorte de contrat entre deux ou *plus de deux* personnes.   8. *Il y a des gens qui* paraissent plus forts qu'ils ne le sont.   9. Rousseau croyait être un *nouveau* César.   10. Elle l'aimait tendrement, mais le sort voulait qu'elle épouse *un différent homme*.

B. Indefinite pronouns with forms somewhat different from those of the corresponding adjectives

1. **chaque; chacun (chacune)**

These are used only in the singular.

a. adjective form: **chaque**

Chaque means "each" if the members of the group under consideration are seen separately:
>   **Chaque passion apporte un plaisir différent.**
>   *Each passion brings a different pleasure.*
>   **Chaque élève a son propre livre.**
>   *Each pupil has his own book.*

Chaque means "every" (and is a synonym of **tous les**) if the group is considered collectively, that is, as a whole:
>   **Chaque maison reste déserte.**
>   *Every house remains empty.*
>   **Chaque jour (= tous les jours) nous nous confirmions dans l'idée de planter un arbre.**
>   *Every day we became more and more set on planting a tree.*

Notes:

(1) You must say **tous les deux, tous les trois** *to express the idea rendered in English by "every other, every third."*
>   **Il partait en vacances *tous les deux* ans.**
>   *He went on vacation every other year.*

*(2) Grammarians insist that **chaque** always be followed immediately by a noun, but this rule is violated commonly in the marketplace, in stores, and in restaurants:*
>**Ces cravates coûtent dix francs *chaque*.**
>*These ties cost ten francs each (or, apiece).*

>*b.* pronoun form: **chacun (chacune)**
>>**Nous tenions l'arbre *chacun* d'une main.**
>>*We each held the tree with one hand.*
>>**Il frappait des coups dont chacun portait au milieu de nos cœurs.**
>>*He struck blows each of which hit us in our hearts.*

>2. **je ne sais quel (quels, quelle, quelles)**[2]; **je ne sais qui (quoi)**

These expressions have about the same meaning as **certain**.

>>*a.* adjective form: **je ne sais quel**
>>>**Elle souffre de *je ne sais quelle* maladie.**
>>>*She is suffering from some disease or other.*
>>>**Il les a pris pour *je ne sais quels* clochards.**
>>>*He took them for some kind of tramps.*

>>*b.* pronoun form

The pronoun form for *persons* is **je ne sais qui**:
>>>**Il parlait à *je ne sais qui* de malicieux.**
>>>*He was speaking to some malicious person or other.*

The pronoun form for *things* is **je ne sais quoi**:
>>>**Elle passe son temps à lire *je ne sais quoi*.**
>>>*She spends her time reading some kind of rubbish.*
>>>**Ce vin a un *je ne sais quoi* de déplaisant.**
>>>*This wine has something or other unpleasant about it.*

Note: *An adjective (always in the masculine singular) is joined to **je ne sais qui** and **je ne sais quoi** by the preposition **de**.*

>3. **n'importe quel (quels, quelle, quelles); n'importe qui (quoi)**

These expressions mean **quel (qui, quoi) que ce soit** [any(anyone, anything) what(so)ever].

>>*a.* adjective form: **n'importe quel**
>>>**Achète-lui *n'importe quel* bijou.**
>>>*Buy her any jewel whatsoever.*

---
[2]Also: **on ne sait quel**, etc., and **Dieu sait quel**, etc.

Il aime *n'importe quelle* symphonie de Beethoven.
He likes any Beethoven symphony whatever.

b. pronoun form

The pronoun form for *persons* is **n'importe qui**:
Crois-tu qu'il soit un *n'importe qui*?
Do you think he's unimportant (lit., an anyone whatever)?

The pronoun form for *things* is **n'importe quoi**:
Dites-lui *n'importe quoi*: il en sera content.
Tell him anything whatsoever and he'll be satisfied.

4. quelque, quelques; quelqu'un (quelques-uns, quelques-unes), quelque chose

a. adjective form

The *singular* form **quelque** has a meaning similar to that of **certain**:
***Quelque* chemin perdu serpentait le long de la rivière.**
Some untrod path wound alongside the stream.

The *plural* form **quelques**, which is far more frequently used than the singular form, expresses a vague but small number or quantity of persons or things. It is similar in meaning to **plusieurs**:
Prenez seulement *quelques* gouttes de ce médicament.
Just take a few drops of this medicine.

Note: **Quelques** differs from **des** in that **quelques** is a plural of the number **un** (one), whereas **des** is the plural of the article **un** (a):
***Quelques* étudiants sont venus vous voir.**
Some (or, A few) students have come to see you.
On voit *des* étudiants partout où on regarde.
You see (some) students everywhere you look.

b. pronoun forms

The pronoun forms for *persons* are **quelqu'un, quelques-uns (quelques-unes)**.

The *singular* form **quelqu'un** refers to a person, male or female, in a vague manner:
***Quelqu'un* (homme ou femme) est arrivé.**
Someone arrived.

The *plural* form **quelques-uns (quelques-unes)** has a meaning similar to that of **plusieurs** and **certains (certaines)**:

Quelques-uns **condamnent pourtant ce beau livre.**
Some people, however, condemn this beautiful book.
Tes amies? Oui, j'en ai fait la connaissance de *quelques-unes.*
Your girlfriends? Yes, I've met some of them.

Note: *When* **quelques-uns** *or* **quelques-unes** *follows the verb, place* **en** *before the verb.*

The pronoun form for *things* is **quelque chose**. It is invariable, which means that it never changes its form. It is masculine and singular:
    Quelque chose **est arrivé.**
    Something happened.

Note: *Both* **quelqu'un** *and* **quelque chose** *require* **de** *before an adjective:*
    quelqu'un de bon   *someone kind*
    quelque chose de merveilleux   *something wonderful*

C. *Quelconque* and *quiconque*

1. adjective form: **quelconque**

Quelconque is always placed after the word it modifies. It means **quel qu'il soit, n'importe lequel**; it can also mean **banal, médiocre**:
    Le chef? C'est un homme quelconque.
    The boss? He's a run-of-the-mill (or *mediocre*) *man.*

2. pronoun form: **quiconque**

Quiconque is always the subject of the clause it begins. It means **la personne qui, l'homme qui,** etc.:
    Quiconque **vous a dit cela a menti.**
    Whoever told you that has lied.
    Quiconque **a à se plaindre, qu'il parle!**
    Whoever has any complaints, let him speak!

Exercice 2. *Transformez les mots en italique en pronoms indéfinis. Dans certains cas, il pourrait y avoir plus d'une bonne réponse. Faites tous les changements nécessaires; imitez le modèle:*
    Quelques critiques **condamnent ce beau livre.**
    Quelques-uns condamnent ce beau livre.

1. Vous en dites autant à *chaque dame.* 2. Elle a *je ne sais quelle habitude* désagréable. 3. Donnez-moi *quelques oranges.* 4. A *chaque homme* son goût. 5. Il est sorti avec *Dieu sait quelle jeune fille.* 6. Pierre a enfin vendu *quelque bateau.* 7. *Quelques candidats* n'ont pas été reçus. 8. *Chaque pièce* est bien confortable.

Exercice 3. *Transformez les mots en italique en adjectifs indéfinis. S'il en est besoin, ajoutez un nom ou un substantif. Dans certains cas, il pourrait y avoir plus d'une bonne réponse. Faites tous les changements nécessaires; imitez le modèle:*
   Chacun croit tout savoir.
      Chaque critique croit tout savoir.

1. Donnez-lui *n'importe quoi.*   2. *Quelques-unes* sont en effet très jolies.   3. Il faisait cela *tous les* jours.   4. Avez-vous vu *quelqu'un?*   5. Elle a été séduite par le charme criminel de *je ne sais qui.*   6. On saurait lui inspirer des idées radicales, *n'importe lesquelles.*   7. *Quelqu'un* a parlé. Qui était-ce?   8. *Chacune* se croit la plus belle.   9. Elle a *un je ne sais quoi* qui plaît.

D. Principal indefinite pronouns for which there are no corresponding adjectives

1. on (l'on)

On is perhaps the most frequently used indefinite pronoun. It is sometimes replaced by **l'on**; **l'on** is out of place, however, in ordinary conversation, and is commonly used only in elegant speech and in literary writings.

On is used only as subject of the verb. It is somewhat more indefinite than **quelqu'un** in that **quelqu'un** usually refers to only one unknown or unnamed person, whereas **on** may refer to one or more such persons:
   On vient: qui est-ce?
      Someone's coming: who is it?
   On dit que César est mort.
      They say that Caesar is dead.

Notes:

*(1) Some grammarians insist that **l'on** be used after **que, si, et,** and **où,** but usage allows **on** in such cases both in speaking and in writing:*
   Je crois qu'*on* vous attend.
      I think someone's waiting for you.
   Si *on* a tort, qu'est-ce qu'*on* doit faire?
      If one is wrong, what must he do?

(2) **On** *is often used in conversation to replace any personal pronoun, but especially* **nous.** *Used in this sense, it is not an indefinite pronoun, of course, but rather a kind of personal pronoun:*
   On va en ville ce soir, non?
      We're going downtown tonight, aren't we?

2. personne, rien

Personne and **rien** have already been examined in some detail in §11A, 6 and 7. Review those sections carefully before continuing.

Notice that if **personne** or **rien** is to be modified by an adjective, **de** must be placed before the adjective. The adjective is always masculine singular:

>**Y as-tu vu quelque chose? —*Rien d'intéressant.***
>
>*Did you see anything there? —Nothing interesting.*
>
>**Comment sont les candidats? —Il n'y a *personne d'exceptionnel.***
>
>*How are the candidates? —There's no one outstanding.*

Personne is the negative form of **quelqu'un**; **rien** is the negative form of **quelque chose.**

E. Other indefinite pronouns for which there are no corresponding adjectives

1. autre chose, grand-chose, peu de chose

a. autre chose

Autre chose means **quelque chose d'autre, de différent**:

>**Voilà, monsieur. Et voulez-vous *autre chose*?**
>
>*There you are, sir. And do you want something else?*
>
>**D'accord pour le vol, Gaucher, mais le meurtre est *autre chose.***
>
>*Stealing's o.k. by me, Lefty, but murder is something else.*

b. grand-chose

Grand-chose is used only with negations and only as object of a verb or of a preposition. It means **pas beaucoup, pas cher,** etc.:

>**Je n'ai pas vu *grand-chose* depuis mon arrivée.**
>
>*I haven't seen much since arriving.*
>
>**Ça ne coûte pas *grand-chose.***
>
>*That doesn't cost much.*

c. peu de chose

Peu de chose is used only as the object of a verb or of a preposition. It replaces **grand-chose** in affirmative sentences:

>**Il s'intéresse à *peu de chose.***
>
>*He's interested in very little.*
>
>**J'ai vu *peu de chose* à Rome.**
>
>*I saw very little (or, I didn't see very much) in Rome.*

2. il y en a qui

Il y en a qui means **il y a des gens qui, certains.** It is always the subject of a verb, which must be in the third person plural:

>**Il y en a qui ne l'ont jamais vu.**
>
>*Some people have never seen him.*

Il y en a qui voudraient le voir président.
There are those who would like to see him president.

Exercice 4. *Remplacez par un pronom indéfini convenable les mots en italique:*
1. *Une personne* frappe à la porte. 2. *Il y a des gens qui* sont arrivés longtemps avant nous. 3. *Certains clients* m'ont parlé de ça. 4. Si *quelqu'un* me demande, dites-lui que je reviendrai dans dix minutes. 5. Il prétend qu'*un inconnu* lui a dit cela.

Exercice 5. *Mettez au négatif. Faites tous les changements nécessaires:*
1. J'ai vu quelque chose. 2. Quelqu'un est venu vous chercher. 3. Penses-tu à quelqu'un? 4. Je pense à quelque chose de gai. 5. Quelque chose vous rebuta.

Exercice 6. *Faites des phrases complètes en vous servant des mots suivants. Sauf indication contraire, mettez le verbe au passé composé ou à l'imparfait, selon le cas. Faites tous les changements nécessaires; imitez le modèle:*
   Elle / avoir / un je ne sais quoi / désarmant.
   Elle avait un je ne sais quoi de désarmant.

1. Nul / femme / ne jamais / monter / si haut. 2. Ils / le / donner / [n'importe quel] / manteaux. 3. Il y en a qui / arriver / de / France. 4. Nous / les / vendre / quelque / bicyclettes. 5. Vous / prendre / autres, / n'est-ce pas? 6. Certain / jeune femme / aller / à / fontaine. 7. Plusieurs / femme / se laisser séduire / par / un certain / Don Juan. 8. Que / en / dire (futur) / -on si / on / ne pas / vous y / voir? 9. Chaque / employé / recevoir / quelque chose / précieux.

§68 POSSESSIVE ADJECTIVES AND POSSESSIVE PRONOUNS: MEANING

"Possession" as used in this section must be understood in a very broad sense: it means not only real ownership *(his car)* but also relationship *(my father)* and other implied connection *(her assassin).*

actual possession:
    mon auto   *my car*
    nos livres   *our books*

relationship:
    ta famille   *your family*
    ses amis   *his (or her) friends*

implied connection:
    leur arrivée   *their arrival*
    votre naissance   *your birth*

§69 POSSESSIVE ADJECTIVES (ADJECTIFS POSSESSIFS)

A. Form and use

Possessive adjectives indicate "possession" of one or more persons or things by one or more other persons or things. Each grammatical person has a corresponding adjective form, which (like all adjectives) agrees in number and in gender with the noun it modifies (that is, with the thing "possessed").

possessor's grammatical person	Form of the possessive adjective if what is possessed is:		
	masculine singular	*feminine singular*	*masculine or feminine plural*
je	mon	ma (mon)	mes
tu	ton	ta (ton)	tes
il elle on	son	sa (son)	ses
nous	notre	notre	nos
vous	votre	votre	vos
ils elles	leur	leur	leurs

Notes:

(1) The feminine forms **mon, ton,** *and* **son** *are used before a noun or an adjective beginning with a vowel or with a mute h:*

    Mon idée me semble plus claire.
    Ton amie est jolie.
    Son étonnante découverte a bouleversé tous les chimistes.

(2) If it is necessary to indicate the sex or the gender of the possessor, place **à** *and the stressed form of the pronoun after the noun possessed:*

    son cousin **à lui**   his cousin
    son cousin **à elle**   her cousin
    leur arrivée **à eux**   their arrival
    leur arrivée **à elles**   their arrival

In most cases, this use of the pronoun form is unnecessary, since it is usually clear from the context who is the possessor:

    J'ai parlé à Robert et à *son* frère.
    Avez-vous vu Catherine et *son* frère?

B. Omission of the possessive adjective

1. The definite article (**le, la, les**) is *usually* used instead of the possessive adjective when there is no doubt at all as to the possessor's identity. This use is generally restricted to parts of the body, clothing, etc.:

J'ai mal à *la* tête.
I have a headache.
Le chien agite *la* queue.
The dog wags its tail.
Ouvrez *la* bouche quand vous parlez.
Open your mouth when you speak.
Ils sont entrés, *les* mains dans *les* poches, une cigarette *aux* lèvres.
They came in with their hands in their pockets and a cigarette in their lips.

In the first example above, it would be incorrect to say **ma tête;** in the second example, **sa queue** would be acceptable.

The definite article is used instead of the possessive adjective in numerous slang expressions, like:

Haut les mains!   *Stick 'em up!*

Note: Often, the definite article must be reinforced by an indirect object, which more clearly designates the possessor: (See also §50, 4.)
Elles *se* brossent *les* dents.
They are brushing their teeth.
Ils *m'*ont lié *les* pieds.
They tied up my feet.

2. Possession by things is usually shown by the use of **en**: (See §50, 4.)
On m'a expliqué l'usage de cette boîte.
On m'en a expliqué l'usage.
Il a fait la description de son pays.
Il en a fait la description.

Although the rule is not absolute, the use of **en** is considerably more common than the use of the possessive adjectives when the possessor is a thing.

Exercice 7. *Mettez les mots en italique au pluriel. Faites tous les changements nécessaires; imitez le modèle:*

Voilà mon *cousin*.
Voilà mes cousins.

1. Je me méfie de leur *projet*. 2. Il a déraciné notre *arbre*. 3. J'accepte ton *idée*. 4. Nous n'aimons pas votre *fils*. 5. Il avale son *poison*. 6. Elle a rejeté mon *tableau*. 7. Elle a repassé sa *chemise* à lui. 8. Un ver a mangé

mon *livre* préféré. 9. Des chiens ont déchiré son *foulard*. 10. Votre *enfant* a cassé ma *fenêtre*. 11. Ils tutoient leur *oncle*. 12. Mon *amie*, j'ai une triste nouvelle pour vous. 13. Il y avait une armoire dans leur *chambre*. 14. Don Quichotte a pensé à son *aventure*. 15. Notre *copain* a beaucoup de talent.

Exercice 8. *Mettez au singulier les mots en italique. Faites tous les changements nécessaires; imitez le modèle:*
    Voilà mes cousines.
      Voilà ma cousine.

1. Tes *fauteuils* sont commodes. 2. Ses *amis* sont bien connus de la police. 3. Mes autres *idées* sont moins grandioses. 4. Eh bien, monsieur, voilà vos *pantalons*. 5. L'odeur de ses *cigares* (m.) me déplaît. 6. Les pauvres Smith ont perdu leurs *enfants*. 7. Mes *singes* se grattent les côtes. 8. Sa grand-mère a raccommodé ses *chaussettes*. 9. Tout le monde parle de ses éclatantes *victoires*. 10. Ils ont coupé leurs *arbres*. 11. Comment vont vos *enfants*? 12. Nos *universités* deviennent de plus en plus grandes. 13. Dis donc, Antoine, tes *chevaux*, ça gagne toujours? 14. Leurs *fromages* sentent mal. 15. Nos petites *tragédies* sont sans importance.

Exercice 9. *Faites des phrases complètes en combinant les mots suivants. Si le possesseur est une chose, employez* **en** *et l'article défini; si c'est une personne, employez l'adjectif possessif ou l'article défini, selon le cas. Mettez le verbe aux temps du passé, sauf indication contraire. Faites tous les changements nécessaires; imitez le modèle:*
    Anne / ne pas / vouloir / préparer / son / leçons.
      Anne ne voulait pas préparer ses leçons.

1. Nous / planter / notre / noyers / loin de / ton / maison. 2. Ce / être / un / beau / arbre: / je / aimer / son / large / feuilles. 3. Ne rien / dire (impératif) / mon / frères. 4. Que / ton / volonté (f.) / être (impératif) / fait. 5. Son / fille / s'asseoir / à / son / pieds. 6. Votre / mœurs (f.) / être / crapuleux. 7. Le rat / manger / son /savon / et / son / noix (pl.). 8. Son / tours (f.) / être détruit. 9. Ils / décorer / leur / appartement / à / leur / propre / dépens. 10. Je / me laver / mon / figure.

§70 POSSESSIVE PRONOUNS (PRONOMS POSSESSIFS)

Possessive pronouns take the place of a noun which indicates "possession." They have the gender and the number of the thing "possessed":
    J'aime mieux sa maison que *la mienne.*
      I like his house better than mine.
    Elle a perdu son livre. Voudriez-vous bien lui prêter *le vôtre*?
      She lost her book. Would you please lend her yours?
    Occupez-vous de vos affaires: je m'occuperai *des miennes*.
      Look after your own business, I'll take care of mine.

Notice that the definite article is a part of the possessive pronoun:

possessor	Form of the possessive pronoun if the thing possessed is:			
	masculine singular	*feminine singular*	*masculine plural*	*feminine plural*
je	**le mien**	**la mienne**	**les miens**	**les miennes**
tu	**le tien**	**la tienne**	**les tiens**	**les tiennes**
il, elle, on	**le sien**	**la sienne**	**les siens**	**les siennes**
nous	**le nôtre**	**la nôtre**	**les nôtres**	**les nôtres**
vous	**le vôtre**	**la vôtre**	**les vôtres**	**les vôtres**
ils, elles	**le leur**	**la leur**	**les leurs**	**les leurs**

Notes:

(1) Used absolutely (that is, without reference to an already-named person or thing) the masculine plural form of the possessive pronoun designates one's family (or friends), or one's group.

J'ai perdu tous *les miens*.
I lost all my relatives.

Etes-vous *des nôtres* ou *des leurs*?
Are you on our side or theirs?

(2) Following the verb **être**, *the possessive pronoun is usually replaced by* **à** + *the stressed form of the pronoun. (See also §5A, 2 for the use of* **être à**.*)*

Cette maison est *à eux*.
That house is theirs.

La bibliothèque est *à elle*.
The library is hers.

If the subject is **ce**, *use the possessive pronoun; if the subject is a personal pronoun, use* **être à**.

C'est *la leur*.
Elle est *à eux*. } *It is theirs.*

Exercice 10. Remplacez les mots en italique par la forme convenable du pronom possessif. Faites tous les changements nécessaires; imitez le modèle:

J'aime cette maison et *la maison de Pierre*.
J'aime cette maison et la sienne.

1. Je préfère tes idées *à mes idées.* 2. Ils ont oublié leur pioche; prête-leur *ta pioche.* 3. Avez-vous parlé *aux parents de Marie?* 4. Vos enfants sont plus grands que *nos enfants.* 5. J'ai conduit sa voiture mais pas *votre voiture.* 6. Elle a employé votre récit et *le récit de Marc et Jean.* 7. Mon père est plus fort que *votre père.* 8. La forêt des Grandjean est à côté de *notre forêt.* 9. Mes petites sœurs aiment bien jouer avec *tes sœurs.* 10. J'ai vu tous *mes parents* récemment.

Exercice 11. *Indiquez la possession en imitant le modèle:*
C'est la maison de Pierre.
Elle est à lui. C'est la sienne.

1. C'est ma chambre. 2. C'est ton arbre. 3. C'est la terrasse de M. Lambercier. 4. Ce sont vos pioches. 5. C'est la faute des deux pensionnaires. 6. C'est le livre de Marie. 7. Ce sont tes chapeaux. 8. Ce sont les planches de Jean-Paul. 9. Ce sont leurs noyers. 10. C'est mon livre.

§71 RECEVOIR AND BOIRE

A. *Recevoir*

1. Summary of conjugations:

présent de l'indicatif:	je reçois	nous recevons
		ils reçoivent
futur et conditionnel:	je recevrai	je recevrais
passé composé:	j'ai reçu	
passé simple:	je reçus	

2. Like **recevoir**: apercevoir, s'apercevoir (de), concevoir, décevoir, percevoir

3. Some expressions with **recevoir**:

    a. **recevoir (avec ou sans complément)** = avoir société chez soi *to receive, to hold a reception, to be "at home"*
        Madame Cazaubon reçoit souvent.
        Madame Cazaubon often has guests.

    b. **recevoir à bras ouverts** = accueillir chaleureusement
        Ils m'ont reçu à bras ouverts.
        They welcomed me with open arms.

    c. **être reçu à un examen** = réussir à un examen
        J'ai été reçu à l'écrit; je passe l'oral demain.
        I passed the written exam; I take the orals tomorrow.

B. Boire

1. Summary of conjugations:
présent de l'indicatif:　　je bois　　　　nous buvons
　　　　　　　　　　　　　　　　　　　　　　ils boivent

passé composé:　　　　　j'ai bu
passé simple:　　　　　　je bus

2. Proverb: **Qui a bu boira.**   *Once a drunkard, always a drunkard.*

3. Some expressions with **boire**:

　　a. **donner à boire, donner qqch. à boire**
　　　　Il lui a donné du vin à boire.
　　　　He gave him wine to drink.

　　b. **chanson à boire** (i.e., celle qu'on chante en buvant)
　　　　«Les Chevaliers de la table ronde» est une chanson à boire bien connue.
　　　　"Les Chevaliers de la table ronde" is a well-known drinking song.

Exercice 12.   Mettez les phrases suivantes à la personne et au temps indiqués entre parenthèses. Faites tous les changements nécessaires; imitez le modèle:
　　Pierre le (recevoir) à bras ouverts. (passé composé: il, ils, nous)
　　　　Il l'a reçu à bras ouverts. Ils l'ont reçu à bras ouverts. Nous l'avons reçu à bras ouverts.

1. Marie (recevoir) une lettre tous les jours. (présent de l'indicatif: elle, je, vous)   2. Il (boire) sans cesse. (présent de l'indicatif: il, tu, ils)   3. Je (boire) un verre d'eau lorsqu'il est arrivé. (imparfait: je, nous, elles)   4. Tu (boire) trop de vin. (passé composé: tu, il, vous)   5. Nous (recevoir) tous les mardis. (imparfait: nous, elle, ils)   6. Ils (recevoir) une lettre demain. (futur: ils, tu, vous)   7. Vous (boire) du vin si vous pouviez. (conditionnel: vous, je, il)   8. Il veut que je ne (boire) que de l'eau. (présent du subjonctif: je, elle, vous)   9. Il se peut qu'elle (recevoir) un paquet demain. (présent du subjonctif: elle, tu, nous)   10. Il la (recevoir) à bras ouverts. (passé simple: il, je, elles)

Exercice 13. Composition.   Résumez, en 200 mots environ, la grande histoire du noyer de la terrasse. Pour faire cela, répondez aux questions qu'on vous pose. Employez le style «littéraire». Tâchez d'introduire dans vos réponses des pronoms et adjectifs indéfinis et possessifs. Imitez le modèle:
　　Pourquoi fit-on planter un arbre sur la terrasse?
　　　　On aimait s'asseoir sur la terrasse, mais il n'y avait pas d'ombre.
　　　　Pour lui en donner, on y fit planter un noyer.

Pourquoi fit-on planter un arbre sur la terrasse?
Que voulaient faire à leur tour les deux pensionnaires?
Quelle sorte d'arbre plantèrent-ils?
Y avait-il beaucoup d'eau près de l'arbre? Que firent-ils pour avoir de l'eau?
M. Lambercier s'aperçut-il de leur ruse tout d'abord? Comment sut-il enfin ce qu'ils avaient fait?
Quelle fut sa réaction?
Les enfants plantèrent-ils un autre arbre? où?

Exercice 14. Traduisez les phrases suivantes:

1. Something strange is happening. I'd like to know what it is. [§67B, 4b, note] 2. I didn't see anything exciting in the grocery store. [§67D, 2] 3. My tree is bigger than yours. [§69A; §70] 4. There isn't a single palm tree on that island. [§67A, 1] 5. Yes, I went to his lecture, but I didn't learn much. [§67E, 1b] 6. Do you have a headache? [§69B] 7. There are some roses near the door and others behind the house. [§67A, 2b] 8. I received my grades yesterday and felt like drinking a big glass of poison. [§71] 9. Write anything whatsoever, but at least write! [§67B, 3b] 10. If you want to know whose chair this is I'll tell you. It's mine! [§70, note 2] 11. Some say you don't like grass. Is it true? [§67A, 3b] 12. His garden is pretty, but I like mine better. [§69A; §70] 13. Her cousin is much younger than his. [§69A, note 2] 14. Each (man) has his passion. Mine is daisies. [§67B, 1b] 15. A few of the girls refused to help us. [§67B, 4b]

Exercice 15. Thème d'imitation.

Scarcely had the first pail of water been poured[1] when we saw a few drops enter (into) our basin. We uttered cries of joy, and then emptied *(vider)* another pail and yet *(encore)* others. Our aqueduct was a success! Naturally, we spoke of our aqueduct to no one.

After a few days, however, certain individuals began to suspect *(se douter de)* something. We played the innocents (see §36A for this expression). How come the tree needed (use *falloir)* several more pails of water than last week? How come we didn't need to pour water on our tree? "We know nothing about it," we would answer.

One day, our ruse was discovered. We weren't able to offer any excuse whatsoever for it. But no one said a single word of reproach to us. We were punished enough when M. Lambercier had our tree uprooted *(déraciner)*.

---

[1] Use an expression with **on** rather than a passive. "A pail of water was poured" would be **On a versé** (or, **on versa**) **un seau d'eau.**

TROISIÈME RÉVISION

I LECTURE

Le Petit Prince   Antoine de Saint-Exupéry

(Par suite d'une panne de moteur, l'auteur se trouve seul dans le désert du Sahara. Survient un petit bonhomme, un petit prince, venu d'une autre planète, qui lui parle de ses aventures.)

Il y avait toujours eu, sur la planète du petit prince, des fleurs très simples, ornées d'un seul rang de pétales, et qui ne tenaient point de place[1], et qui ne dérangeaient personne. Elles apparaissaient un matin dans l'herbe, et puis elles s'éteignaient le soir. Mais celle-là avait germé un jour, d'une graine apportée d'on ne sait où, et le petit prince avait surveillé de très près cette brindille[2] qui ne ressemblait pas aux autres brindilles. Ça pouvait être un nouveau genre de
10   baobab[3]. Mais l'arbuste cessa vite de croître, et commença de préparer une fleur. Le petit prince, qui assistait à l'installation d'un bouton énorme, sentait bien qu'il en sortirait une apparition miraculeuse, mais la fleur n'en finissait pas de se préparer à être belle, à l'abri de sa chambre verte. Elle choisissait avec soin ses couleurs. Elle s'habillait lentement, elle ajustait un à un ses pétales. Elle ne voulait pas sortir toute fripée[4] comme les coquelicots[5]. Elle ne voulait apparaître que dans le plein rayonnement de sa beauté. Eh! oui. Elle était très coquette! Sa

---

[1] ne tenaient point de place   *didn't take up much space*   [2] la brindille   *twig, sprig*   [3] le baobab = arbre immense des régions tropicales   [4] fripé(e)   *wrinkled*   [5] le coquelicot *poppy*

toilette mystérieuse avait donc duré des jours et des jours. Et puis voici qu'un matin, justement à l'heure du lever du soleil, elle s'était montrée.

Et elle, qui avait travaillé avec tant de précision, dit en bâillant:
—Ah! je me réveille à peine . . . Je vous demande pardon . . . Je suis encore toute décoiffée . . .

Le petit prince, alors, ne put contenir son admiration:
—Que vous êtes belle!
—N'est-ce pas, répondit doucement la fleur. Et je suis née en même temps que le soleil . . .

Le petit prince devina bien qu'elle n'était pas trop modeste, mais elle était si émouvante!

—C'est l'heure, je crois, du petit déjeuner, avait-elle bientôt ajouté, auriez-vous la bonté de penser à moi . . .

Et le petit prince, tout confus, ayant été chercher un arrosoir[6] d'eau fraîche, avait servi la fleur.

Ainsi l'avait-elle bien vite tourmenté par sa vanité un peu ombrageuse[7]. Un jour, par exemple, parlant de ses quatre épines, elle avait dit au petit prince:
—Ils peuvent venir, les tigres, avec leurs griffes!
—Il n'y a pas de tigres sur ma planète, avait objecté le petit prince, et puis les tigres ne mangent pas d'herbe.
—Je ne suis pas une herbe, avait doucement répondu la fleur.
—Pardonnez-moi . . .
—Je ne crains rien des tigres, mais j'ai horreur des courants d'air[8]. Vous n'auriez pas un paravent[9]?
«Horreur des courants d'air . . . ce n'est pas de chance[10], pour une plante, avait remarqué le petit prince. Cette fleur est bien compliquée . . . »
—Le soir vous me mettrez sous globe. Il fait très froid chez vous. C'est mal installé. Là d'où je viens . . .

Mais elle s'était interrompue. Elle était venue sous forme de graine. Elle n'avait rien pu connaître des autres mondes. Humiliée de s'être laissée surprendre à préparer un mensonge aussi naïf, elle avait toussé[11] deux ou trois fois, pour mettre le petit prince dans son tort:
—Ce paravent? . . .
—J'allais le chercher mais vous me parliez!
Alors elle avait forcé sa toux[12] pour lui infliger quand même des remords.

Ainsi le petit prince, malgré la bonne volonté de son amour, avait vite douté d'elle. Il avait pris au sérieux des mots sans importance, et était devenu très malheureux.

---

[6]l'arrosoir (m) *watering can*   [7]ombrageux = soupçonneux   [8]le courant d'air *draft*
[9]le paravent *folding screen*   [10]ce n'est pas de chance *it's too bad (rotten luck)*
[11]tousser *to cough*   [12]la toux *cough*

«J'aurais dû ne pas l'écouter, me confia-t-il un jour, il ne faut jamais écouter les fleurs. Il faut les regarder et les respirer. La mienne embaumait ma planète, mais je ne savais pas m'en réjouir. Cette histoire de griffes, qui m'avait tellement agacé, eût dû m'attendrir . . .»

Il me confia encore:

«Je n'ai alors rien su comprendre! J'aurais dû la juger sur les actes et non sur les mots. Elle m'embaumait et m'éclairait. Je n'aurais jamais dû m'enfuir! J'aurais dû deviner sa tendresse derrière ses pauvres ruses. Les fleurs sont si contradictoires! Mais j'étais trop jeune pour savoir l'aimer.»

* * *

10 Le petit prince traversa le désert et ne rencontra qu'une fleur. Une fleur à trois pétales, une fleur de rien du tout . . .

—Bonjour, dit le petit prince.

—Bonjour, dit la fleur.

—Où sont les hommes? demanda poliment le petit prince.

La fleur, un jour, avait vu passer une caravane:

—Les hommes? Il en existe, je crois, six ou sept. Je les ai aperçus il y a des années. Mais on ne sait jamais où les trouver. Le vent les promène. Ils manquent de racines, ça les gêne beaucoup.

—Adieu, fit le petit prince.

20 —Adieu, dit la fleur.

* * *

Le petit prince fit l'ascension d'une haute montagne. Les seules montagnes qu'il eût jamais connues étaient les trois volcans qui lui arrivaient au genou[13]. Et il se servait du volcan éteint comme d'un tabouret[14]. «D'une montagne haute comme celle-ci, se dit-il donc, j'apercevrai d'un coup toute la planète et tous les hommes . . .» Mais il n'aperçut rien que des aiguilles de roc bien aiguisées.

—Bonjour, dit-il à tout hasard[15].

—Bonjour . . . Bonjour . . . Bonjour . . . répondit l'écho.

—Qui êtes-vous? dit le petit prince.

—Qui êtes-vous . . . qui êtes-vous . . . qui êtes-vous . . . répondit l'écho.

30 —Soyez mes amis, je suis seul, dit-il.

—Je suis seul . . . je suis seul . . . je suis seul . . . répondit l'écho.

«Quelle drôle de planète, pensa-t-il alors! Elle est toute sèche, et toute pointue et toute salée. Et les hommes manquent d'imagination. Ils répètent ce qu'on leur dit . . . Chez moi j'avais une fleur: elle parlait toujours la première . . .»

* * *

Mais il arriva que le petit prince, ayant longtemps marché à travers les sables, les rocs et les neiges, découvrit enfin une route. Et les routes vont toutes chez les hommes.

---

[13]qui lui arrivaient au genou *which were knee-high*   [14]le tabouret *stool*   [15]à tout hasard *to be on the safe side*

—Bonjour, dit-il.
C'était un jardin fleuri de roses.
—Bonjour, dirent les roses.
Le petit prince les regarda. Elles ressemblaient toutes à sa fleur.
—Qui êtes-vous? leur demanda-t-il, stupéfait.
—Nous sommes des roses, dirent les roses.
—Ah! fit le petit prince . . .
Et il se sentait très malheureux. Sa fleur lui avait raconté qu'elle était seule de son espèce dans l'univers. Et voici qu'il en était cinq mille, toutes semblables, dans un seul jardin!

«Elle serait bien vexée, se dit-il, si elle voyait ça . . . elle tousserait énormément et ferait semblant de mourir pour échapper au ridicule. Et je serais bien obligé de faire semblant de la soigner, car, sinon, pour m'humilier moi aussi, elle se laisserait vraiment mourir . . .»

Puis il se dit encore «Je me croyais riche d'une fleur unique, et je ne possède qu'une rose ordinaire. Ça et mes trois volcans qui m'arrivent au genou, et dont l'un, peut-être, est éteint pour toujours, ça ne fait pas de moi un bien grand prince . . .» Et, couché dans l'herbe, il pleura.

* * *

C'est alors qu'apparut le renard:
—Bonjour, dit le renard.
—Bonjour, répondit poliment le petit prince, qui se retourna mais ne vit rien.
—Je suis là, dit la voix, sous le pommier . . .
—Qui es-tu? dit le petit prince. Tu es bien joli . . .
—Je suis un renard, dit le renard.
—Viens jouer avec moi, lui proposa le petit prince. Je suis tellement triste . . .
—Je ne puis pas jouer avec toi, dit le renard. Je ne suis pas apprivoisé.
—Ah! pardon, fit le petit prince.
Mais, après réflexion, il ajouta:
—Qu'est-ce que signifie «apprivoiser»?
—Tu n'es pas d'ici, dit le renard, que cherches-tu?
—Je cherche les hommes, dit le petit prince. Qu'est-ce que signifie «apprivoiser»?
—Les hommes, dit le renard, ils ont des fusils et ils chassent. C'est bien gênant! Ils élèvent aussi des poules. C'est leur seul intérêt. Tu cherches des poules?
—Non, dit le petit prince. Je cherche des amis. Qu'est-ce que signifie «apprivoiser»?
—C'est une chose trop oubliée, dit le renard. Ça signifie «créer des liens . . .»
—Créer des liens?
—Bien sûr, dit le renard. Tu n'es encore pour moi qu'un petit garçon tout semblable à cent mille petits garçons. Et je n'ai pas besoin de toi. Et tu n'as pas besoin de moi non plus. Je ne suis pour toi qu'un renard semblable à cent mille renards. Mais, si tu m'apprivoises, nous aurons besoin l'un de l'autre. Tu seras pour moi unique au monde. Je serai pour toi unique au monde . . .

—Je commence à comprendre, dit le petit prince. Il y a une fleur . . . je crois qu'elle m'a apprivoisé . . .
—C'est possible, dit le renard. On voit sur la terre toutes sortes de choses . . .
—Oh! ce n'est pas sur la Terre, dit le petit prince.
Le renard parut très intrigué:
—Sur une autre planète?
—Oui.
—Il y a des chasseurs, sur cette planète-là?
—Non.
—Ça, c'est intéressant! Et des poules?
—Non.
—Rien n'est parfait, soupira le renard.
Mais le renard revint à son idée:
—Ma vie est monotone. Je chasse les poules, les hommes me chassent. Toutes les poules se ressemblent, et tous les hommes se ressemblent. Je m'ennuie donc un peu. Mais, si tu m'apprivoises, ma vie sera comme ensoleillée. Je connaîtrai un bruit de pas qui sera différent de tous les autres. Les autres pas me font rentrer sous terre. Le tien m'appellera hors du terrier[16], comme une musique. Et puis regarde! Tu vois, là-bas, les champs de blé? Je ne mange pas de pain. Le blé pour moi est inutile. Les champs de blé ne me rappellent rien. Et ça, c'est triste! Mais tu as des cheveux couleur d'or. Alors ce sera merveilleux quand tu m'auras apprivoisé! Le blé, qui est doré, me fera souvenir de toi. Et j'aimerai le bruit du vent dans le blé . . .
Le renard se tut et regarda longtemps le petit prince:
—S'il te plaît . . . apprivoise-moi, dit-il!
—Je veux bien, répondit le petit prince, mais je n'ai pas beaucoup de temps. J'ai des amis à découvrir et beaucoup de choses à connaître.
—On ne connaît que les choses que l'on apprivoise, dit le renard. Les hommes n'ont plus le temps de rien connaître. Ils achètent des choses toutes faites chez les marchands. Mais comme il n'existe point de marchands d'amis, les hommes n'ont plus d'amis. Si tu veux un ami, apprivoise-moi!
—Que faut-il faire? dit le petit prince.
—Il faut être très patient, répondit le renard. Tu t'assoiras d'abord un peu loin de moi, comme ça, dans l'herbe. Je te regarderai du coin de l'œil et tu ne diras rien. Le langage est source de malentendus. Mais, chaque jour, tu pourras t'asseoir un peu plus près . . .
Le lendemain revint le petit prince.
—Il eût mieux valu revenir à la même heure, dit le renard. Si tu viens, par exemple, à quatre heures de l'après-midi, dès trois heures je commencerai d'être heureux. Plus l'heure avancera, plus je me sentirai heureux. A quatre heures, déjà, je m'agiterai et m'inquiéterai: je découvrirai le prix du bonheur! Mais si

[16]le terrier *hole*

tu viens n'importe quand, je ne saurai jamais à quelle heure m'habiller le cœur...
Il faut des rites.
　—Qu'est-ce qu'un rite? dit le petit prince.
　—C'est aussi quelque chose de trop oublié, dit le renard. C'est ce qui fait qu'un jour est différent des autres jours, une heure, des autres heures. Il y a un rite, par exemple, chez mes chasseurs. Ils dansent le jeudi avec les filles du village. Alors le jeudi est jour merveilleux! Je vais me promener jusqu'à la vigne. Si les chasseurs dansaient n'importe quand, les jours se ressembleraient tous, et je n'aurais point de vacances.

　Ainsi le petit prince apprivoisa le renard. Et quand l'heure du départ fut proche:
　—Ah! dit le renard . . . Je pleurerai.
　—C'est ta faute, dit le petit prince, je ne te souhaitais point de mal, mais tu as voulu que je t'apprivoise . . .
　—Bien sûr, dit le renard.
　—Mais tu vas pleurer! dit le petit prince.
　—Bien sûr, dit le renard.
　—Alors tu n'y gagnes rien[17]!
　—J'y gagne, dit le renard, à cause de la couleur du blé.
　Puis il ajouta:
　—Va revoir les roses. Tu comprendras que la tienne est unique au monde. Tu reviendras me dire adieu, et je te ferai cadeau d'un secret.

　Le petit prince s'en fut revoir les roses:
　—Vous n'êtes pas du tout semblables à ma rose, vous n'êtes rien encore, leur dit-il. Personne ne vous a apprivoisées et vous n'avez apprivoisé personne. Vous êtes comme était mon renard. Ce n'était qu'un renard semblable à cent mille autres. Mais j'en ai fait mon ami, et il est maintenant unique au monde.
　Et les roses étaient bien gênées.
　—Vous êtes belles, mais vous êtes vides, leur dit-il encore. On ne peut pas mourir pour vous. Bien sûr, ma rose à moi, un passant ordinaire croirait qu'elle vous ressemble. Mais à elle seule elle est plus importante que vous toutes, puisque c'est elle que j'ai arrosée. Puisque c'est elle que j'ai mise sous globe. Puisque c'est elle que j'ai abritée par le paravent. Puisque c'est elle dont j'ai tué les chenilles (sauf les deux ou trois pour les papillons). Puisque c'est elle que j'ai écoutée se plaindre, ou se vanter, ou même quelquefois se taire. Puisque c'est ma rose.

　Et il revint vers le renard:
　—Adieu, dit-il . . .
　—Adieu, dit le renard. Voici mon secret. Il est très simple: on ne voit bien qu'avec le cœur. L'essentiel est invisible pour les yeux.

[17]tu n'y gagnes rien *you gain nothing by it*

—L'essentiel est invisible pour les yeux, répéta le petit prince, afin de se souvenir.

—C'est le temps que tu as perdu pour ta rose qui fait ta rose si importante.

—C'est le temps que j'ai perdu pour ma rose . . . fit le petit prince, afin de se souvenir.

—Les hommes ont oublié cette vérité, dit le renard. Mais tu ne dois pas l'oublier. Tu deviens responsable pour toujours de ce que tu as apprivoisé. Tu es responsable de ta rose . . .

—Je suis responsable de ma rose . . . répéta le petit prince, afin de se souvenir.

Questionnaire

1. Où se trouve celui qui écrit cette histoire? 2. Que fait-il? 3. Qu'est-ce qu'il y avait sur la planète du petit prince? 4. D'où est venue la brindille qui ne ressemblait pas aux autres brindilles? 5. Après avoir cessé de croître, qu'a fait l'arbuste? 6. Pourquoi la fleur choisissait-elle avec soin ses couleurs, s'habillait-elle lentement, ajustait-elle un à un ses pétales? 7. Combien de temps a duré la toilette mystérieuse de la fleur? 8. Quelle moment de la journée a-t-elle choisi pour se montrer? 9. Pourquoi le petit prince pensait-il que la fleur n'était pas trop modeste? 10. Qu'est-ce que le petit prince a servi à la fleur pour le petit déjeuner? 11. Pourquoi la fleur s'est-elle mise à parler de tigres et de courants d'air? 12. Comment le petit prince aurait-il pu savoir que la fleur mentait quand elle parlait d'autres mondes? 13. Pourquoi le petit prince avait-il vite douté de la fleur? 14. Sur quoi le petit prince aurait-il dû juger la fleur? 15. Qu'est-ce que le petit prince a rencontré dans le désert? 16. De quoi le petit prince et la fleur ont-ils parlé? 17. Qu'est-ce que le petit prince a aperçu après avoir fait l'ascension d'une haute montagne? 18. Pourquoi a-t-il dit bonjour? 19. Qui lui a répondu? 20. Pourquoi le petit prince a-t-il pensé qu'il se trouvait sur une drôle de planète? 21. Où est-ce que le petit prince a trouvé un jardin fleuri de roses? 22. A quoi ressemblaient toutes les roses du jardin? 23. Pourquoi se sentait-il très malheureux alors? 24. Pourquoi le petit prince a-t-il pleuré? 25. Quel animal est apparu alors? 26. Pourquoi le petit prince ne le voyait-il pas? 27. Qu'est-ce que le petit prince lui a proposé? pourquoi? 28. Qu'est-ce que le renard lui a répondu? 29. Que signifie «apprivoiser»? 30. Qu'arriverait-il si le petit prince apprivoisait le renard? 31. Qu'est-ce que le petit prince commençait à comprendre à propos de sa fleur? 32. Qu'est-ce que le renard a demandé au petit prince quand il a appris que celui-ci venait d'une autre planète? 33. Pourquoi le renard ne trouve-t-il pas parfaite la planète du petit prince? 34. Quelle sorte de vie le renard mène-t-il? 35. Qu'est-ce qui arriverait si le petit prince apprivoisait le renard? 36. Selon le renard, que faut-il faire pour apprivoiser un ami? 37. Que pense le renard du langage? 38. Pourquoi le renard dit-il au petit prince qu'il aurait mieux valu revenir à la même heure? 39. Selon le renard, qu'est-ce que c'est qu'un rite? 40. Pourquoi le renard va-t-il pleurer? 41. Qu'est-ce que le renard a gagné à être apprivoisé? 42. Que dit le petit prince aux roses

lorsqu'il va les revoir? 43. Quel est le secret que le renard confie au petit prince? 44. Qu'est-ce qui fait importante la rose du petit prince?

RÉVISION DES QUESTIONNAIRES

Questionnaire I Demandez à un autre étudiant:
1. s'il a un chien à la maison   2. s'il aime les chats mieux que les oiseaux   3. si à son avis le chien est plus parfait que l'homme   4. quel est à son avis l'animal le plus utile à l'homme   5. quel est selon lui l'animal le plus intelligent   6. s'il y a un jardin zoologique dans sa ville   7. quel est selon lui l'oiseau le plus noble   8. quel est le poisson le plus grand   9. quels insectes sont organisés en communautés   10. quel oiseau est censé être orgueilleux   11. quels insectes sont les plus agaçants   12. s'il lui est jamais arrivé d'entendre parler d'orangers et de se mettre à penser à quelqu'un   13. ce qu'il ferait si un de ses amis se cassait le bras à la chasse   14. ce que c'est que la coquetterie   15. si c'est vrai qu'on n'est, avec dignité, épouse et veuve qu'une fois   16. si les femmes estiment l'effronterie dans les hommes   17. si le temps affaiblit l'amour   18. si l'amour et l'amitié s'excluent   19. s'il ne faut choisir pour épouse que la femme qu'on choisirait pour amie   20. s'il y a une perte qui se sent plus vivement que celle d'une femme aimée   21. s'il a jamais planté un arbre quand il était petit   22. s'il lui est jamais arrivé d'être mal compris   23. quelles sortes de plantes se trouvent dans sa région   24. s'il aime les fleurs   25. de quelle couleur est le narcisse   26. de quels arbres on fait des meubles   27. de quel arbre la pomme est le fruit   28. dans quelles régions des Etats-Unis on trouve des palmiers   29. ce qu'on fait dans une forêt   30. dans quelles régions des Etats-Unis on trouve des érables   31. quels arbres perdent leurs feuilles en hiver   32. s'il aimerait être botaniste   33. dans quelle région des Etats-Unis on trouve le maïs   34. dans quelles régions des Etats-Unis on trouve le coton   35. s'il obéit toujours aux prescriptions de son médecin   36. combien il pèse   37. s'il a jamais suivi un régime   38. s'il aimerait faire des exercices de marche prolongée   39. s'il lui arrive parfois d'avoir les pieds enflés   40. s'il souffre parfois de maux de gorge   41. ce qu'il fait quand il souffre de l'estomac   42. s'il aimerait être maigre ou gras, s'il avait le choix   43. quels sports sont bons pour les muscles du bras   44. ce que le singe peut faire que l'homme ne peut pas faire   45. quelle partie du corps se trouve entre la main et l'épaule   46. quelle partie du corps se trouve au milieu du dos   47. si on pourrait vivre sans certains organes   48. s'il y a certains sens dont on pourrait se passer

Questionnaire II Dites à un autre étudiant:
1. quelle sorte d'animal vous avez à la maison   2. que vous aimez les chiens mieux que les chats   3. quels produits la vache fournit   4. quel oiseau peut imiter le parler humain   5. quel animal vous voudriez être si vous étiez destiné à passer une deuxième vie sur la terre   6. quel oiseau nous fournit de nourriture surtout au mois de novembre   7. ce que vous feriez si un de vos amis se cassait

le bras à la chasse   8. ce que c'est que l'amour   9. que les femmes croient innocent tout ce qu'elles osent   10. qu'il y a des arbres près de votre maison   11. que certaines distractions vous mettent parfois hors d'état de vous appliquer à vos études   12. que vous aimiez planter les fleurs quand vous étiez petit   13. quelle est votre fleur préférée   14. de quel arbre la pêche est le fruit   15. dans quelles régions des Etats-Unis on trouve des sapins   16. comment on emploie le lin   17. avec quelle nourriture on emploie la moutarde   18. ce que vous feriez si vous vouliez planter un arbre   19. ce qu'on fait quand on veut maigrir   20. ce que vous faites quand vous avez mal à la gorge   21. à quel sens la langue est nécessaire   22. quel animal ressemble le plus à l'homme   23. ce que vous pouvez faire à l'aide de la pomme d'Adam   24. quelle partie du corps se trouve entre la bouche et les yeux   25. ce que nous pouvons faire à l'aide du jarret

Exercice. Ecrivez des phrases avec les expressions suivantes:

1. ça ne fait rien   2. au bout de   3. une espèce de   4. en effet   5. avoir besoin de   6. à force de   7. se faire   8. suivre à la lettre   9. se livrer en aveugle   10. aller de travers   11. le coup de foudre   12. à peine   13. avoir de quoi   14. au plus vite   15. en concurrence avec

II ÉTUDE DE VERBES

§72 MENTIR AND VALOIR

A. *Mentir*

1. Summary of conjugations:

présent de l'indicatif:	je mens	nous mentons
passé composé:	j'ai menti	
passé simple:	je mentis	

2. Like **mentir: démentir; se repentir; sentir, pressentir, ressentir; dormir, s'endormir; servir, se servir de; partir; sortir**

Note: When not accompanied by a direct object, **partir** and **sortir** use **être** as an auxiliary verb in all compound tenses: **je suis sorti, elle était partie de France**, etc. With a direct object, **sortir** uses **avoir** with its compound tenses, and means "to take out (of something)":

Il a sorti un couteau (de sa poche).

3. Some expressions with verbs in the **mentir** family:

a. **dormir à la belle étoile** = dormir en plein air
   Comme il aime dormir à la belle étoile!
   How he likes sleeping outdoors!

  b. **dormir sur les deux oreilles** = dormir paisiblement, dormir sans rien craindre

    Je m'occupe de ton affaire: tu peux dormir sur les deux oreilles.
     I'm taking care of your business: you can sleep in peace.

  c. **à partir de** = en commençant à (lieu); à dater de (temps)
    A partir du 11 mai, tous les employés recevront une augmentation de salaire.
     Beginning May 11, all employees will receive an increase in salary.

  d. **servir de** = être employé comme
    Une table, qui doit aussi servir de bureau, remplit la pièce.
     A table, which must also be used as a desk, fills the room.

B. *Valoir*

  1. Summary of conjugations:

présent de l'indicatif:	je vaux	nous valons
futur et conditionnel:	je vaudrai	je vaudrais
passé composé:	j'ai valu	
passé simple:	je valus	
présent du subjonctif:	je vaille	nous valions
		ils vaillent

Notes:

(1) In the present indicative, **-x** is used as the ending of the **je** and **tu** forms: **je vaux, tu vaux.**

(2) **Valoir** and its compounds are most frequently used in the third person **(il** and **ils** forms).

  2. Like **valoir**: **équivaloir, prévaloir**

  3. Some expressions with **valoir**:

  a. **mieux vaut** (or **il vaut mieux**) = il est préférable; il est plus avantageux
    Mieux vaut tard que jamais.
     Better late than never.

  b. **valoir la peine** (**de** with infinitive; **que** with clause) = **mériter la peine**
    Il vaudrait bien la peine d'écouter ce qu'il dit.
     It would be well worth listening to what he says.

c. **vaille que vaille** = **tant bien que mal**
   On va tout essayer, vaille que vaille.
   We're going to try everything, come what may.

III EXERCICES

Exercice 1. Mettez le verbe au temps et à la personne indiqués entre parenthèses. Faites tous les changements nécessaires; imitez le modèle:
   Il (valoir) mieux ne rien faire. (prés. de l'indic.: il)
   Il vaut mieux ne rien faire.

1. Je ne (mentir) jamais. (présent: je, il, nous)   2. Il (dormir) à la belle étoile. (passé composé: il, vous, ils)   3. Nous (partir) avec précipitation. (p.-c.: nous, je, elle)   4. Tu (valoir) autant qu'elle. (prés.: tu, je, vous)   5. La loi (prévaloir) sur l'injustice. (p.-c.: la loi, les lois)   6. Ce tableau (valoir) trois Cézannes dans dix années. (futur: ce tableau, ils)   7. Il lui (servir) de père. (conditionnel: il, je, vous)   8. Elle (sortir) avant mon arrivée. (plus-que-parfait: elle, ils, tu)   9. Ça ne (valoir) rien! (imparfait: ça, ces choses)   10. Je ne (se sentir) pas bien. (imp.: je, il, elles)   11. Il ne faut pas que cette idée (prévaloir) (prés. du subjonctif: cette idée, ces idées)   12. Pour mériter le pardon, il faut que tu (se repentir) de tes péchés. (prés. du subj.: tu, vous, elle)   13. La pièce (valoir) deux francs. (passé simple: la pièce, elles)   14. Pour signer, il (se servir) de la plume du roi. (p.-s.: il, je, ils)   15. J'avais peur qu'ils ne (partir) avant nous. (imparfait du subjonctif: ils, il, vous)

Exercice 2. Substituez pour les mots en italique le pronom personnel convenable. Faites tous les changements nécessaires; imitez le modèle:
   Paul et Virginie sont allés *à l'Ile de France*.
   Paul et Virginie y sont allés.

1. Il lécha *la main du Bon Dieu*.   2. L'objet aimé a alors de nouvelles *perfections*.   3. J'indique *à Siméon* l'adresse du docteur Belarthur.   4. M. Lambercier fit planter un noyer *sur la terrasse*.   5. La terre du noyer était *bonne*.   6. Il frappa *Pierre et moi*.   7. Je rencontrai *Siméon* dans l'escalier.   8. Je n'ai pas besoin *de chiens*.   9. Elle n'a plus rien dit *à toi et à Marie*.   10. Quand créeras-tu *les voleurs*, Seigneur?

Exercice 3. Substituez pour les mots en italique le pronom personnel convenable. Faites tous les changements nécessaires; imitez le modèle:
   Quel plaisir de donner *des baisers / à la femme qu'on aime*!
   Quel plaisir de lui en donner!

1. Je t'assure *de cela*.   2. L'amant doit s'occuper *de son bonheur*.   3. Il y a là trois *chats*.   4. Langlevent a fait prendre *du bromure / à Siméon*.   5. Reconnaissant? Combien je te suis *reconnaissant*!   6. Il ne parla plus *de cela / à mon cousin et moi*.   7. Il a offert *l'auto / à son fils*.   8. C'est le médecin qui a

ordonné *aux malades / de garder le lit.* 9. Je vous ai déjà prêté *ce livre-là.*
10. On peut envoyer *ce paquet / à M. Stendhal.*

Exercice 4. *Posez la question à laquelle répond chacune des phrases suivantes. Employez des pronoms ou des adjectifs interrogatifs. Imitez les modèles:*
   C'est Pierre qui a tout mangé.
     Qui est-ce qui a tout mangé?
   Sa chemise est blanche.
     De quelle couleur est sa chemise?

1. A vrai dire, je ne pense à rien. 2. Une boulangerie est un magasin où l'on vend du pain. 3. Il a dit que vous êtes folle. 4. J'ai besoin de Jeannot. 5. Je ne sais pas ce qui se passe au Japon. 6. Elle a appelé Mirliton. 7. Nous voulons lui parler tout de suite. 8. Il était en train de parler avec Fidel. 9. C'est Pierrette qui a cassé le pot au lait. 10. Je m'occupe de l'affaire Dreyfus.

Exercice 5. *Employez un pronom relatif pour combiner les phrases suivantes. Imitez le modèle:*
   Voilà sa fiancée. On a parlé d'elle.
     Voilà sa fiancée, dont on a parlé.

1. Il est arrivé alors. J'avais attendu jusqu'à ce moment-là. 2. Ils regardèrent les gâteaux. Je venais de faire ces gâteaux-là. 3. Je crois tout cela. Tu m'as dit tout cela. 4. Est-ce Marc? Marc entre dans le salon. 5. Quelle est cette idée? Tu doutes de cette idée-là. 6. Mon frère est un homme. Vous pouvez être sûr de sa discrétion. 7. Je ne sais pas. Il s'agit de quelque chose. 8. Il y a un arbre. Dans les branches de cet arbre, on a construit une hutte. 9. Il portait une cravate jaune et un complet rouge. Cela m'a frappé. 10. Elle a enfin fait la connaissance de Pierre. Elle voulait le connaître depuis longtemps.

Exercice 6. *Complétez les phrases suivantes par l'insertion du pronom relatif convenable. Faites tous les changements nécessaires. Imitez le modèle:*
   Mon frère est un homme sur la discrétion _____ vous pouvez compter.
     Mon frère est un homme sur la discrétion de qui vous pouvez compter.

1. J'ai fait _____ j'ai fait. 2. Aime donc la femme au cœur _____ une place t'est réservée. 3. _____ veut dire, en un mot, qu'on est prédestiné en amour. 4. C'est le jour _____ notre gloire est arrivée! 5. C'est là le traitement _____ a suivi mon Siméon. 6. Il s'agit de Siméon, _____ tu connais les manières bizarres. 7. _____ je rêve, c'est à mon village natal. 8. Il vint assister à l'opération durant _____ on se tenait derrière lui. 9. C'est Elisabeth _____ la table est tant réputée. 10. C'est un détail dans _____ je n'ai jamais eu le temps d'entrer.

Exercice 7. *Formez des phrases en employant les mots suivants. Sauf indication contraire, mettez les verbes au présent. Notez que* [*ce*] *indique: adjectif démonstratif, et que* [*ça*] *indique: pronom démonstratif. Faites tous les changements nécessaires; imitez le modèle:*

    [**ce**] **/ auto / être / plus petit que / [ça].**

    Cette auto-ci est plus petite que celle-là.

1. Pour faire / [ça] / nous / aller / couper un jeune saule. 2. [ce] / ciel, / [ce] / anges, / [ce] / étoiles, / [ça] / être / tout un tracas. 3. Regarder (impératif) / le / plus petit / branches, / [ça] / qui / être / là-bas. 4. [ça] / que / elle / aimer / être / un joli garçon. 5. Il / préférer / [ce] / médicaments / à / [ça]. 6. [ce] / homme / ne pas / être / aussi ... que / heureux / [ça]. 7. On / dire / [ça]: / Un tel / ne ... rien / me / faire (passé composé). / 8. [ça] / délabrer / le / estomac. 9. Il / raconter / son / meilleur / histoire, / [ça] / où / il / parler / de / son / expériences / en Asie. 10. A / [ce] / aspect, / le / prudence / nous / abandonner (passé simple).

Exercice 8. *Mettez à la forme accentuée le pronom indiqué entre parenthèses. Insérez-le dans la phrase et faites tous les changements nécessaires. Imitez le modèle:*

    ———— **qui suis innocent, je n'ai rien à craindre. (je)**

    Moi qui suis innocent, je n'ai rien à craindre.

1. Je voudrais, Seigneur, loger chez ————. (tu) 2. C'est ———— qui créa le monde. (il) 3. ———— n'en sais rien. (je) 4. Elle n'a vu que ———— dans la salle. (ils) 5. On ne pense qu'à ————. (on) 6. Il les a battues, dites, ————! (elles) 7. Charles est moins hardi que ————. (vous) 8. ———— n'a rien répondu. (elle) 9. ———— Français avons le cœur gai. (nous) 10. On s'entend bien, ———— et moi. (il)

Exercice 9. *Remplacez les mots en italique par des adjectifs ou des pronoms indéfinis. Remarquez qu'il pourrait y avoir plus d'une bonne réponse à chaque phrase. Faites tous les changements nécessaires; imitez les modèles:*

    En passant par la Lorraine, je rencontrai *trois* **capitaines.**

    En passant par la Lorraine, j'en rencontrai plusieurs (ou bien: quelques-uns).

    Ecoutez *la grande* **histoire** *du noyer de la terrasse.*

    Ecoutez n'importe quelle histoire.

1. En passant par la Lorraine, je rencontrai *trois* capitaines. 2. Il veut acheter *un* tableau de Cézanne. 3. Les Lejeune font une promenade *tous les* soirs. 4. *Quelques hommes* prétendent que la vie ne coûte pas cher. 5. Donne-lui *le même* livre. 6. *Charles* frappe à la porte. 7. Elle a vu *les Grosjean*. 8. Marie va porter une robe *rouge*. 9. Elle a *un sourire* triste.

Exercice 10. *Formez des phrases en combinant les mots suivants. Sauf indication contraire, mettez les verbes au passé composé. Imitez les modèles:*

Ce / gants / être (présent) / à / me.
Ces gants sont à moi.
Je / prendre / mon / gants / et / sien.
J'ai pris mes gants et les siens.

1. Anne / réparer / son / chaussettes. 2. Ce / artiste / s'inspirer / de / son / imagination. 3. Un / de / votre / amis / se casser / bras. 4. Fouetter (impératif) / ton chat; / je / déjà / fouetter / mien. 5. Te voilà fait, / te, / mon / meilleur / créature. 6. Ce / plaisirs / être (imparfait) / à / il. 7. Leur / carte de visite / me / plaire (présent) / moins que / tien. 8. Regarder (impératif) / ce / Cadillac (f.); / elle / être (présent) / plus grand / que / vôtre. 9. Le / chien / ne pas / trouver / autre / maître / dans ton genre. 10. Il / rendre / son / vitalité / à / ce / organe. 11. Sien (pl.) / mourir / tous / pendant / guerre. 12. Le / avenir / être (présent) / à / nous! 13. Notre / suggestions / être reçu / avec / leur. 14. Ce / arbre / être (imparfait) / à / ils. 15. Votre / maison / coûter / plus cher que / nôtre.

Exercice 11. Composition. *Résumez, en forme de composition unie (250 mots environ), les idées du renard sur le mot: apprivoiser, en répondant aux questions suivantes (et à d'autres questions que vous vous poserez). Imitez le modèle:*

Qu'est-ce que signifie «apprivoiser»? Comment peut-on créer des liens (donnez deux moyens de le faire)?

«Apprivoiser» signifie «créer des liens». On crée des liens en rendant unique au monde une personne ou une chose qui ressemble à cent mille autres de la même espèce (ainsi un petit chien devient un individu aux yeux de son maître). Pour ce faire, on peut . . .

premier alinéa
Qu'est-ce que signifie «apprivoiser»? Comment peut-on créer des liens (donnez deux moyens de le faire)? Donnez un exemple d'une chose qui soit capable de rappeler une personne à une autre (mais n'employez pas l'image du champ de blé qui rappelle les cheveux du petit prince).

deuxième alinéa
Est-ce qu'on connaît bien les choses qu'on n'a pas eu le temps d'apprivoiser? Quelle qualité faut-il avoir pour apprivoiser quelqu'un? En plus, faut-il des rites? Qu'est-ce que c'est qu'un rite? Qu'est-ce qu'on perd à l'heure du départ? Comment y gagne-t-on (tirez un exemple de votre image de la fin du premier alinéa)?

troisième alinéa
Terminez cette composition en racontant un petit incident personnel qui illustre la morale de ce qui précède.

Exercice 12. *Traduisez les phrases suivantes:*

1. Whom did you speak to and what did you see? [§51A, 1c and 2b] 2. That's the woman whose husband is ill. [§57] 3. It is not necessary to leave at three

o'clock. [§63A, 4b, note]   4. What would I be without you? [§48; §61B]   5. I am who am. [§55A]   6. Who wrote Romeo and Juliet? Not me! [§51A, 1; §61B]   7. Which of your sisters would have dared to tell you that? [§51C; §63B, 2]   8. This author is the most interesting one I know. [§64]   9. Tell him what you told me. [§50; §51B, 2b]   10. Give him your copy if you wish, but don't give him mine. [§69; §70]   11. What I would like to know is where you were between one and two. [§56B]   12. I haven't done much since my arrival. [§67E, 1b]   13. That's not the girl I was thinking about. [§55C]   14. Anybody could have written that letter. [§67B, 3b; §64]   15. What was the result of your actions [*démarches, f.*]? [§52]

Exercice 13. Thème d'imitation.   *Ecrivez au style «littéraire»:*

The rose yawned. She had put into her dressing *(à sa toilette)* a great deal of care: she was coquettish! But now, at sunrise[1], she was ready. She told the little prince that she had just awakened. But he, speechless with *(interdit de)* admiration, cried:

—How beautiful you are!

—Isn't that the truth? she replied.

The little prince guessed that she was not modest, but he did believe that she was unique in the world: he had never seen a rose before *(auparavant)*. And so he took care of *(s'occuper de)* her, served her, created bonds . . .

One day, however, he saw a garden of roses, all of which looked like[2] his flower. He wept when he saw them. But a fox taught *(apprendre)* him that his rose was more important than all the others. It is the time that he lost for his rose that made it so important. For *(Car)* the essential is invisible to the eyes. We are responsible for what we have tamed and for what we love: this is a truth which men have forgotten.

---

[1] at sunrise = at the rising of the sun
[2] looked like = resembled

TREIZIÈME LEÇON

La Vie en France au Moyen Âge   Geneviève d'Haucourt

Le Vêtement

    Le costume du moyen âge dérive des costumes antique et gaulois. De ce dernier, il a gardé, pour les hommes, l'usage de *braies* (caleçon, pantalon ou culotte, de toile ou de cuir maintenu à la taille par une ceinture, le *braiel;* les femmes n'en portent point, et, à la campagne, ont continué à n'en point avoir, jusqu'à nos jours) et, pour les deux sexes, le *bliaud* que le monde élégant laissera, au XIIIe siècle, tomber en désuétude[1], mais qui se conservera cependant jusqu'à nos jours dans le costume paysan: c'est la blouse.

    Le vêtement féminin a toujours été long; celui des hommes, court, sauf lorsqu'il s'agissait de costumes de cérémonie ou liturgiques, imités de l'antiquité, s'allongea vers 1140, malgré les critiques des moralistes (une telle mode leur paraissait efféminée) et se raccourcit à nouveau à partir du milieu du XIVe siècle, en dépit de[2] nouvelles censures incriminant cette fois l'indécence de vêtements qui épousaient[3] les lignes du corps. Seuls, à cette époque, restèrent fidèles à la robe longue les gens qui se devaient d'être graves: prêtres, professeurs, médecins, hommes de lois. Et ils y sont demeurés attachés: les premiers en tous temps, dans notre pays, les autres quand ils professent dans les Facultés ou paraissent au Tribunal.

[1]tomber en désuétude *to fall into disuse*   [2]en dépit de *in spite of*   [3]épouser = prendre la forme de

Entre 1180 et 1340, le costume du moyen âge a présenté sa plus grande beauté, qui vient de la simplicité des formes et de leur parfaite adaptation au corps humain, ainsi qu'aux matières employées: étoffes épaisses ou fines, dont on laisse jouer les plis. Hommes et femmes sont alors vêtus à peu près de la même façon: à même la peau une chemise à manches longues, tombant jusqu'à la cheville pour les femmes, et jusqu'à mi-mollet pour les hommes. Elle fut d'abord d'étoffe de laine (serge) et le resta chez les pauvres gens et les moines. Mais bientôt l'usage de la toile, fine ou grosse, se vulgarisa, et au XIVe siècle devint si courant que sous Charles V un valet de ferme normand peut laisser à sa mort un trousseau de 13 chemises. Les gens soigneux changent de linge[4] tous les quinze jours. On porte même des chemises de soie.

Par-dessous, les femmes qui tiennent à leur silhouette—la mode est aux poitrines hautes—se serrent dans un voile de mousseline que l'on épingle par derrière et qui est un véritable soutien-gorge. Quand elles se trouvent trop plates, elles fixent en bonne place des pelotes[5] «en forme de pommes d'orange».

* * *

Parfois l'on se serrait le buste et le ventre dans un gilet matelassé[6] et piqué: le *garde-corps* ou *corset*, à l'origine du vêtement actuel de même nom.

Le tablier ne fut en usage qu'à la fin du XIVe siècle.

Le vêtement de sortie était, comme de nos jours, le manteau, avec, ou plus souvent sans manches, muni ou non d'un capuchon[7], fermé sur la poitrine par une agrafe[8], simple crochet ou bijou travaillé. La forme du manteau médiéval subsiste dans le costume clérical et dans de nombreux costumes monastiques. Notre pèlerine, comme son nom l'indique, est, elle aussi, d'ancienne origine: c'était le manteau, fort pratique, des pèlerins[9] et voyageurs. Le manteau d'hiver était souvent fourré[10] de lapin ou d'écureuil, ou de pelages plus précieux. Contre la pluie, l'on portait des *chapes à aigue*, imperméables, en laine non dégraissée. Pour le cheval, l'on avait des manteaux ronds, les *cloches* fendues devant et derrière. Le manteau pouvait être brodé, orné de queues de fourrures disposées autour du bord inférieur, ou placées en semis[11] sur l'étoffe. La bienséance voulait qu'on retirât son manteau quand on paraissait devant un seigneur, et cette marque de politesse était due par les femmes comme par les hommes.

* * *

Pour la coiffure, les femmes gardaient les cheveux longs. Elles les tressaient en nattes[12] qu'elles n'hésitaient pas à grossir de postiches[13], empruntés à des cadavres, au grand scandale des prédicateurs[14]. Ces tresses, d'abord flottantes, furent relevées en cornes ou en cadenettes[15] sur les oreilles, enserrées dans une résille[16], massées en chignon sur le cou . . . Les jeunes filles, au moins quand elles étaient

[4]le linge *underwear, linens* [5]la pelote = boule [6]matelassé *padded* [7]un capuchon *hood* [8]l'agrafe (f) *hook* [9]le pèlerin *pilgrim* [10]fourré *lined* [11]en semis *scattered about* [12]les tressaient en nattes *put them in braids* [13]le postiche = cheveux faux [14]le prédicateur *preacher* [15]la cadenette = longue tresse de cheveux [16]la résille = filet

en costume de fête, portaient les cheveux flottants (et la Vierge est souvent représentée de cette façon, en signe de sa virginité, dans les tableaux anciens). Cette coiffure est conservée en certains de nos pays, notamment à Kernascléden et à Ouessant.

L'homme qui, au XIIIe siècle, se rasait complètement le visage comme de nos jours, se faisait couper les cheveux sur la nuque[17] et en relevait l'extrémité en rouleau. Pour les maintenir, ou en masquer l'absence, il usait d'un petit bonnet à trois pièces (conservé dans les costumes d'enfant de Bretagne, notamment à Plougastel). Les femmes mettaient un serre-tête[18] de lingerie, laissant voir les cheveux, ou, si elles étaient dénuées de coquetterie, âgées, veuves ou dévotes, une ample guimpe[19] enserrant le visage, couvrant parfois le menton, dissimulant un cou qui pouvait être flétri, et retombant sur la poitrine. Elle s'est conservée sous d'innombrables variantes, souple ou empesée, dans maints costumes monastiques.

*
* *

La vêtement était complété par des gants, d'étoffe ou de cuir, dont le moyen âge fit grand emploi. Les dames en brodaient, les seigneurs s'en faisaient offrir pour redevances féodales[20]. Jeter son gant était un défi, offrir son gant, signe de donation. Les chasseurs portaient leurs autours[21] ou leurs faucons sur leur poing couvert d'un épais gant de cuir. Les paysans avaient des *moufles cuirées* pour enlacer les ronces[22], barbelés[23] naturels, en palissades[24]. Comme les ouvriers américains, les maçons portaient des gants de travail dont les comptes nous révèlent qu'ils les usaient par douzaines.

Le costume médiéval, si bien compris[25], si pratique et en même temps si seyant, pouvait être fort riche, par sa matière ou par son ornementation. Cette recherche fut d'abord réservée aux vêtements sacerdotaux ou aux costumes d'apparat[26] des princes. Mais, à la fin du XIIIe siècle, les bourgeois rivalisaient d'élégances ruineuses que des lois somptuaires[27] essayèrent d'arrêter. On voulut aussi obliger, tantôt les femmes honnêtes, tantôt les «folles femmes» à des mises sans prétention. Et ces lois furent parfois observées.

Questionnaire I

1. De quels costumes dérive le costume français du moyen âge?   2. Quelle est l'origine de la blouse?   3. Voit-on des blouses aujourd'hui?   4. D'ordinaire, est-ce que le vêtement des hommes était court ou long?   5. Quand est-ce que le vêtement des hommes était long?   6. Qu'est-il arrivé au costume masculin vers 1140?   7. Qu'en ont dit les moralistes?   8. Quelle transformation le costume masculin a-t-il subie à partir du milieu du XIVe siècle?   9. Qu'en ont dit les

---

[17]la nuque *nape (of the neck)*   [18]le serre-tête *kerchief, headband*   [19]la guimpe *wimple*   [20]la redevance féodale *feudal rent (dues, fees)*   [21]l'autour (m) = oiseau de proie   [22]la ronce *bramble, blackberry bush*   [23]les barbelés (m) *barbed wire entanglements*   [24]la palissade *fence*   [25]compris = conçu   [26]d'apparat *formal, ceremonial*   [27]somptuaire = qui a pour but de restreindre le luxe et la dépense

moralistes? 10. Quelles sortes de gens sont restés fidèles à la robe longue à cette époque? 11. Pourquoi, entre 1180 et 1340, le costume du moyen âge a-t-il présenté sa plus grande beauté? 12. Comment les hommes et les femmes sont-ils vêtus à cette époque-là? 13. Pourquoi serait-ce surprenant qu'un valet de ferme normand laisse à sa mort un trousseau de 13 chemises? 14. Quand est-ce que les gens soigneux changeaient de linge? 15. Comment s'habillent les femmes qui tiennent à leur silhouette? 16. Quel était le vêtement de sortie au moyen âge? 17. Quelle était la forme de ce vêtement? 18. Qu'est-ce que c'est que la pèlerine? 19. Que fallait-il faire, selon les règles de la bienséance, quand on paraissait devant un seigneur? 20. Comment les femmes portaient-elles les cheveux? 21. Qu'est-ce qui scandalisait les prédicateurs? 22. Comment la Vierge est-elle représentée dans les tableaux anciens? 23. L'homme du XIIIe siècle portait-il une barbe? 24. Que portait-on quand on n'avait pas de cheveux? 25. Quelles femmes portaient une guimpe enserrant le visage? 26. Pouvez-vous nommer quelques-uns des emplois de gants au moyen âge? 27. Quelle sorte de costume portait le bourgeois de la fin du XIIIe siècle? 28. Que voulait-on que les femmes portent à cette époque?

Questionnaire II

1. D'où est dérivé le costume américain du XXe siècle? 2. Y a-t-il une différence de longueur aujourd'hui entre le costume masculin et le costume féminin? 3. Le vêtement masculin d'aujourd'hui est-il toujours court? 4. Est-ce que les moralistes du XXe siècle critiquent toujours les vêtements? 5. Selon vous, ont-ils raison de le faire? 6. Trouvez-vous certaines modes indécentes? 7. Y a-t-il des hommes au XXe siècle qui portent une robe longue? 8. Trouvez-vous que c'est une bonne coutume? 9. Aimeriez-vous voir adopter cette coutume par d'autres professions? lesquelles? pourquoi? 10. Selon vous, à quelle époque le costume a-t-il été le plus beau? 11. A votre avis, les hommes et les femmes devraient-ils s'habiller de la même façon? 12. Combien de chemises avez-vous? 13. Combien sont vraiment nécessaires? 14. Est-ce que, selon vous, les gens soigneux doivent changer de linge souvent? 15. Avez-vous des vêtements de soie? 16. Quelle est la mode en ce qui concerne les poitrines au XXe siècle? 17. Quel est le vêtement de sortie d'aujourd'hui? 18. Est-il muni d'un capuchon? 19. A-t-il des manches? 20. Qu'est-ce que vous portez par un temps de pluie? 21. Quelle sorte de coiffure ont les femmes aujourd'hui? 22. Les cheveux flottants se voient-ils souvent? 23. Quelle est la mode au XXe siècle en ce qui concerne les barbes? 24. Que pensez-vous des barbes? 25. Que pensez-vous des hommes qui ont les cheveux longs?

A. *Expressions à étudier: Les Vêtements*

les vêtements d'hommes [men's clothing]

le pantalon [trousers], une (des, une paire de) culotte [a pair of breeches], la cravate [tie], la chemise [shirt], le gilet [vest], la veste [jacket], le veston [jacket], le smoking [*dinner jacket*], le complet [*suit*], le chandail [*sweater*], le caleçon, le slip [*underwear*], le cilice [*hairshirt*]

les vêtements de femmes

la jupe [*skirt*], le jupon [*petticoat*], le tailleur [*suit*], la robe [*dress*], la robe de chambre [*bathrobe*], le corsage [*blouse*], le corset [*corset*], la blouse [*smock*], le voile [*veil*], le peignoir [*dressing gown*], la pelisse [*fur*], le tablier [*apron*], le collier [*necklace*], la bague [*ring*], les boucles *(f)* d'oreilles [*earrings*]

les vêtements d'hommes et de femmes

les chaussures *(f)* [*footwear*], les souliers *(m)* [*shoes*], les bottes *(f)* [*boots*], le lacet [*shoelace*], les pantoufles *(f)* [*slippers*], le bas [*stocking*], la chaussette [*sock*], le col [*collar*], la manche [*sleeve*], la manchette [*cuff*], la fermeture-éclair [*zipper*], la ceinture [*belt*], le bouton [*button*], la poche [*pocket*], le manteau [*coat*], le bonnet [*cap*], le feutre [*felt hat*], la casquette [*hat with visor*], le béret [*beret*], le maillot de bain [*bathing suit*], les bretelles *(f)* [*suspenders*], la jarretière [*garter*], le mouchoir [*handkerchief*], la montre [*watch*], le bracelet [*bracelet*], les lunettes *(f)* [*glasses*], le foulard [*scarf*]

l'étoffe (f) [*material, cloth*]

la soie [*silk*], la laine [*wool*], le tissu [*woven material*], le velours [*velvet*], la dentelle [*lace*], le ruban [*ribbon*], le drap [*cloth*], le satin [*satin*], le cuir [*leather*]

Questionnaire

1. Qu'est-ce que vous portez aujourd'hui? 2. Que porte la jeune fille assise à côté de vous? 3. Comment le professeur est-il habillé aujourd'hui? 4. De quelle couleur est sa chemise? 5. De quelle couleur est sa cravate? 6. De quelle couleur sont ses souliers? 7. De quelle couleur sont ses chaussettes? 8. Comment s'habille le jeune homme typique de votre université? 9. Comment s'habille la jeune fille typique de votre université? 10. Les jeunes gens de votre université s'habillent-ils tous de la même façon? 11. La plupart des jeunes filles portent-elles des robes ou des jupes et des corsages? 12. Portent-elles parfois un voile? 13. Portent-elles parfois un foulard? quand? 14. Y a-t-il une jeune fille en classe qui porte un collier? 15. Y a-t-il dans votre classe des jeunes filles qui portent des boucles d'oreilles? 16. Les jeunes hommes de votre université portent-ils parfois des bottes? quand? 17. Est-ce que les jeunes filles en portent? quand? 18. De quelle couleur sont vos souliers? 19. De quelle couleur sont ceux de l'étudiant(e) assis(e) à côté de vous? 20. La jeune fille la plus près de vous porte-t-elle des bas ou des chaussettes? 21. Son corsage a-t-il des manches? 22. Trouvez-vous que les poches sont utiles? 23. Que mettez-vous dans vos poches? 24. Aimeriez-vous avoir des pantalons sans

poches? 25. La plupart des jeunes gens de votre université portent-ils des bretelles ou une ceinture? 26. Portent-ils des jarretières? 27. Combien de boutons a votre chemise? 28. Qu'est-ce que vous portez en hiver que vous ne portez pas en été? 29. Qu'est-ce que vous portez en été que vous ne portez pas en hiver? 30. Porte-t-on les mêmes vêtements en automne et au printemps? 31. Qu'est-ce que vous portez quand il pleut? 32. Portez-vous un chapeau? 33. Certains jeunes hommes de votre université portent-ils un béret? 34. De quelle étoffe est faite votre chemise? 35. De quelle étoffe sont faits vos souliers? 36. De quelle étoffe est faite la jupe de la jeune fille assise à côté de vous? 37. De quelle étoffe est fait votre manteau? votre foulard? votre cravate? 38. Les jeunes hommes s'habillent-ils pour plaire aux jeunes filles? 39. Les jeunes filles s'habillent-elles pour plaire aux jeunes hommes ou aux autres jeunes filles? 40. Trouvez-vous que les jeunes filles sont trop influencées par la mode? les jeunes hommes? 41. Les vêtements d'hommes varient-ils autant que les vêtements de femmes? 42. Qu'est-ce que vous pensez des robes de papier? 43. Aimeriez-vous voir des chemises de papier? 44. Que pensez-vous des jeunes filles qui portent des vêtements d'hommes? 45. Diriez-vous la même chose à propos de jeunes hommes portant des vêtements de femmes? 46. Que pensez-vous des maillots de bain modernes? 47. Que pensez-vous des nudistes?

B. Etudiez les expressions suivantes; consultez la leçon pour l'emploi de ces expressions:

malgré = contre le gré de **en dépit de** = malgré **à nouveau** = d'une façon nouvelle **à partir de** = en commençant à **à peu près** = presque **de la même façon** = pareillement, de la même manière **à même** = tout contre **tenir à** = chérir, être attaché à **de nos jours** = dans le temps où nous vivons

Exercice. Employez ces expressions dans les phrases suivantes:

1. _____ le mauvais temps, le facteur m'a apporté mon courrier. 2. _____ ce jour, il ne l'a plus vue. 3. _____ les maillots de bain sont presque indécents. 4. _____ tellement à cette robe? Sinon je la donne aux pauvres. 5. Ma maison est bâtie _____ le trottoir. 6. Où donc est votre imagination? Faut-il que ces saucisses soient toujours préparées _____? 7. Attendez quelques instants. J'ai _____ fini. 8. Faites ce travail _____ si vous voulez que je le lise. 9. _____ du vieux carburateur, la voiture marchait toujours.

§73 THE ARTICLES

Nouns not preceded by a demonstrative or possessive adjective are almost always preceded by a kind of adjective called an article. Articles are classified as *definite*, *indefinite*, and *partitive*.

§74 THE DEFINITE ARTICLE (L'ARTICLE DÉFINI)

A. Forms

		preceded by:	
		de	à
Before a masculine singular noun or adjective beginning with a consonant or an aspirate h	le	du	au
Before a masculine singular noun or adjective beginning with a vowel or a mute h	l'	de l'	à l'
Before a feminine singular noun or adjective beginning with a consonant or an aspirate h	la	de la	à la
Before a feminine singular noun or adjective beginning with a vowel or a mute h	l'	de l'	à l'
Before any plural noun or adjective	les	des	aux

masculine singular:

  le président, *du* président, *au* président
  le hangar, *du* hangar, *au* hangar
  le même homme, *du* même homme, *au* même homme
  *l'*homme, *de l'*homme, *à l'*homme
  *l'*autre hangar, *de l'*autre hangar, *à l'*autre hangar

feminine singular:

  la chatte, *de la* chatte, *à la* chatte
  la hutte, *de la* hutte, *à la* hutte
  la belle Anglaise, *de la* belle Anglaise, *à la* belle Anglaise
  *l'*Anglaise, *de l'*Anglaise, *à l'*Anglaise
  *l'*autre chatte, *de l'*autre chatte, *à l'*autre chatte

masculine plural:

  les présidents, *des* présidents, *aux* présidents
  les hangars, *des* hangars, *aux* hangars
  les mêmes hommes, *des* mêmes hommes, *aux* mêmes hommes
  les hommes, *des* hommes, *aux* hommes
  les autres hangars, *des* autres hangars, *aux* autres hangars

feminine plural:
>   *les* chattes, *des* chattes, *aux* chattes
>   *les* huttes, *des* huttes, *aux* huttes
>   *les* belles Anglaises, *des* belles Anglaises, *aux* belles Anglaises
>   *les* Anglaises, *des* Anglaises, *aux* Anglaises
>   *les* autres chattes, *des* autres chattes, *aux* autres chattes

Note: *There is no elision with* **onze** *and* **onzième***:*
>   *le* onze février; *le* onzième homme, *la* onzième femme

B. Uses

The definite article is used:

1. to particularize a noun (that is, to individualize it, to refer to a particular person or thing or group of persons or things):
    >   *La* mode est aux poitrines hautes. (i.e., cette mode-là, la mode contemporaine)
    >   *Le* costume du moyen âge dérive *des* costumes antique et gaulois.
    >   . . . malgré *les* critiques des moralistes.

2. to generalize a noun (that is, to refer to a whole class of persons or of things):
    >   *Le* tablier n'était pas encore en usage.
    >   Pour *la* coiffure, les femmes gardaient les cheveux longs.
    >   *Les* femmes portent des robes.

3. with modified proper names and with titles preceding proper names:
    >   *le* grand Meaulnes, *le* petit André
    >   *le* président Lincoln, *le* cardinal Richelieu

Note: *A president or chairman is addressed formally as* **M. le président***; a countess as* **M**^{me} **la comtesse***; a doctor as* **M. le docteur***, etc.*

4. with nouns used distributively:
    >   **10 f *le* kilo, 5 f *la* livre**
    >   >   *10 francs a (per) kilo, 5 francs a (per) pound*
    >   **80 centimes *la* botte**
    >   >   *80 centimes a (per) bunch*

But with time expressions, **par** is commonly used:
>   **Il gagne 400 f *par* ou *la* semaine.**
>   >   *He earns 400 francs a or per week.*

5. with dates:
> *le* 18 avril, *le* premier mai, *le* mardi 15 février
> April 18th, May 1st, Tuesday, February 15th

Notes:

(1) Le is used before a day of the week to show habit or repetition:
> Ce magasin est fermé *le* lundi (= chaque lundi).

(2) A is used to show time within a century:
> *au* 20ᵉ siècle; (also) *au* moyen âge

6. before the names of certain geographical or political areas (continents, nations, provinces, states, mountains, rivers, some islands, etc.)[1]:
> *l'*Asie, *l'*Europe, *l'*Amérique du Nord
> *la* Chine, *la* France, *les* Etats-Unis
> *le* Dauphiné, *la* Bretagne, *le* Wisconsin, *la* Californie
> *le* Massif Central, *le* Mont Blanc, *les* Appalaches
> *la* Seine, *le* Mississippi, *le* Congo
> *la* Corse, *la* Sicile; *but:* Cuba, Java, Tahiti

Notes:

(1) To show motion to, into, or within; or existence within a continent or a feminine nation, province, or state; use **en** *without an article:*
> Il voyage *en* Afrique (*en* Chine, *en* Louisiane, *en* Provence).
> *He is traveling in Africa (China, Louisiana, Provence).*

To show motion or direction from a continent or a feminine nation, province, or state, use **de** *without an article:*
> Il m'écrit *d'*Afrique (*de* Chine, *de* Louisiane, *de* Provence).
> *He's writing me from Africa (China, Louisiana, Provence).*

(2) To show motion to, into, or within; or existence within a masculine nation, province, or state; use **à** *and the definite article:*
> Il voyage *aux* Etats-Unis (*au* Dauphiné, *au* Wisconsin).
> *He is traveling in the United States (Dauphiné, Wisconsin).*

To show motion or direction from a masculine nation, province, or state, use **de** *and the definite article:*
> Il m'écrit *des* Etats-Unis (*du* Dauphiné, *du* Wisconsin).
> *He's writing me from the United States (Dauphiné, Wisconsin).*[2]

---

[1] See also Lesson 1, Expressions à étudier.
[2] For most of the states of the United States, usage has not been established; although most use **en** or **au**, according to the gender, there are exceptions. You are usually safe if you say, for example, Il est né *dans l'état de* Nevada; il m'écrit *de l'état de* Colorado.

(3) To show motion to, into or within, or existence in a city or on an island which does not have an article, use à alone:
   Il voyage à Paris (à Chicago; à Cuba, à Tahiti).
   He is traveling to Paris (to Chicago; to Cuba, to Tahiti).

To show motion or direction from a city or from such an island, use de alone:
   Il m'écrit de Paris (de Chicago, de Cuba, de Tahiti).
   He's writing to me from Paris (Chicago, Cuba, Tahiti).

Exercice 1. Complétez les phrases suivantes en insérant l'article défini. Faites tous les changements nécessaires; imitez le modèle:
   _____ **roi parlait à** _____ **marquis.**
   Le roi parlait au marquis.

1. A _____ campagne, _____ femmes ne portent point de pantalons. 2. _____ blouse fait partie de _____ costume paysan. 3. Ils ont critiqué _____ usage des braies. 4. _____ honnête Hugo fut banni par Napoléon _____ petit. 5. _____ poires coûtent 2 f _____ kilo; ça fait 1 f _____ livre. 6. Il préfère _____ simplicité de _____ femmes de _____ campagne à _____ sophistication de _____ dames de _____ ville. 7. Ceux-ci professent dans _____ Facultés; ceux-là paraissent à _____ Tribunaux. 8. Il change de linge tous _____ quinze jours. 9. _____ forme de _____ manteau médiéval subsiste dans _____ costume clérical. 10. Cette recherche fut d'abord réservée à _____ vêtements de _____ prêtres. 11. _____ cheveux de _____ jeune fille sont blonds. 12. Elles faisaient cela à _____ grand scandale des prédicateurs. 13. A _____ moyen âge, plus exactement à _____ XIIIe siècle, _____ homme se rasait _____ visage. 14. _____ prince Michel habite à Paris depuis _____ 6 août. 15. Il a parlé à _____ Anglaise de _____ hôtel qui se trouve à _____ coin de _____ boulevard Saint-Michel et de _____ rue Saint-Séverin. 16. Je n'ai rien vu, M. _____ président, de _____ homme qui vous a bousculé. 17. On va rendre visite à _____ grand Rousseau _____ mardi 8 mars.

Exercice 2. Complétez les phrases suivantes par l'emploi de l'article défini ou de **à, en, au (aux)**, selon le cas. Imitez le modèle:
   Il aime _____ **Espagne, et il va passer deux mois** _____ **Madrid.**
   Il aime l'Espagne, et il va passer deux mois à Madrid.

1. _____ Etats-Unis, il faut voir _____ Californie; allez surtout _____ San Francisco. 2. Elle a voyagé _____ Asie et surtout _____ Japon, _____ Chine et _____ Inde. 3. _____ Brésil, _____ Argentine et _____ Colombie sont des pays de _____ Amérique du Sud. 4. _____ Congo, _____ Egypte et _____ Maroc se trouvent _____ Afrique. 5. _____ Mont Blanc se trouve dans _____ Alpes. 6. Il vient de (du, des) _____ Wisconsin et veut aller _____ Floride. 7. Elle a voyagé _____ Cuba et _____ Mexique. 8. Passez quelques jours _____ Rome lorsque vous serez _____ Europe.

§75 THE INDEFINITE ARTICLE (L'ARTICLE INDÉFINI)

A. Uses

The indefinite article is used:

1. to indicate a person or object distinct from all others of its type, but whose individuality or identity is not determined:

    Une femme est venue le voir.
    L'on se serrait dans *un* gilet matelassé et piqué.
    Contre la pluie, l'on portait *des* chapes à aigue, imperméables.
    Cet homme n'a pas *de* vices.

This is its usual meaning and usage. It is a sort of very weak indefinite adjective.

2. To express an exclamation, if an adjective such as **"extraordinaire,"** **"magnifique,"** or **"étonnant"** has been left out:

    Elle a dit ce rôle avec *une* grâce, *une* délicatesse!
    Ce bâtiment est d'*une* hauteur . . . !

B. Forms:

    Son poing fut couvert d'*un* épais gant de cuir.
    Le vêtement fut complété par *des* gants.
    Il met *une* chemise de soie.
    On porte même *des* chemises de soie.

	singular	*plural*
masculine	un (de, d')	des (de, d')
feminine	une (de, d')	des (de, d')

Notes:

(1) Before the object or complement of any verb used in the negative (except être*), the form of the indefinite article is* **de (d')**:

    Il veut *un* croissant.   Il ne veut pas *de* croissant.
    Il a mangé *des* pommes.   Il n'a pas mangé *de* pommes.

But:

    Il est *un* menteur.   Il n'est pas *un* menteur.

Pas un *can also be used (see § 67, 1a, note) with verbs other than* être. *But in such cases,* **un** *has a numerical value ("one" or "a single one"):*

    Je ne crois *pas un* mot de ce que vous dites.

*(2) The plural form **des** is usually shortened to **de** (**d'**) if the noun it modifies is preceded by an adjective:*

Il a mangé *des* pommes. **Il a mangé *de* grosses pommes.**
Il porte *des* gants. **Il porte *d'*énormes gants.**

Although this rule is not rigid and is often violated by even good writers and careful speakers, second-year students would do well to adhere to it.

Des *in this usage is often thought of as a partitive form; but see §76, below.*

*(3) Be careful to distinguish between **un**, indefinite article (plural: **des**), and **un**, the number (plural: **deux, trois**, etc.; or **quelques, plusieurs**, etc.).*

Exercice 3. *Faites des phrases en combinant les mots suivants. Sauf indication contraire, mettez les verbes au présent. Faites tous les changements nécessaires; imitez le modèle:*

Le / hommes / porter / un / chemises.
Les hommes portent des chemises.

1. Le / hommes / ne pas / porter / un / chemise. 2. Le / femme / ne pas / mettre / un / pantalons. 3. Un / valets / pouvoir / posséder / un / trousseau de treize chemises. 4. Le / manteau / subsister / dans / un / nombreux / costumes / monastique. 5. On / porter / un / chapes à aigue / imperméable. 6. Elle / se conserver (passé composé) / sous / un / innombrable / variantes. 7. Le / maçons / mettre / un / gants de travail. 8. Elle / ne pas / avoir / un / tabliers. 9. Nous / vouloir / acheter / un / meubles / et / un / petit / tableaux. 10. Ils / manger (passé composé) / un / tomates / et / un / œufs. 11. Elles / mettre / un / chemise / qui / tomber / à / le / cheville. 12. Il / ne jamais / voir (passé composé) / un / pièces. 13. Nous / vendre (passé composé) / un / grand / pommes / rouge. 14. Ils / mettre (passé composé) / un / long / manteau. 15. Elles / ne pas / avoir (imparfait) / un / véritable / soutien-gorge.

§76 THE PARTITIVE ARTICLE (L'ARTICLE PARTITIF)

A. Meaning

The partitive article is a kind of indefinite article. It is used before the name of objects which cannot be counted, and indicates that only a part or portion of the object named is being considered:

Il veut *du* café.
Donnez-lui *de l'*eau.

Because the partitive designates an indefinite quantity that cannot be counted, it has no plural.[3] What is often called the plural of the partitive is in reality the plural of the indefinite article. For example, in the sentence **L'on avait des manteaux ronds, des manteaux** is the plural form *not* of **du manteau** but of **un manteau**.

B. Forms

The partitive article has a "long form" and a "short form." The long form is composed of **de** and the definite article (***du*** **café,** ***de l'*orgueil,** ***de la*** **grâce,** ***de l'*eau**). It is the more common form, and is used whenever the short form is not required.

The short form consists of the word **de** (**trop *d'*orgueil, pas *de* café, tant *de* grâce, jamais *d'*eau-de-vie**). The short form of the partitive article is used only in the following cases (these rules apply also to indefinite articles):

    1. before the object or complement of any verb put in the negative (except **être**):

        Il veut *du* café. Il ne veut pas *de* café.
        Nous prenons *de l'*eau-de-vie. Nous ne prenons jamais *d'*eau-de-vie.

But:

        Ce n'est pas *du* bon tabac, ça.

    2. following most adverbs and nouns of quantity:

        Donnez-moi un verre *de* bière, s'il vous plaît.
        Charles a bu trop *de* vin.
        Beaucoup *d'*élèves ont été reçus à l'écrit.

But:

        On a déjà bu la plupart *du* vin.
        Donnez-moi encore *de la* bière.
        Il lui faut bien *de l'*argent.

La plupart de, encore de, and **bien de** are the principal expressions of quantity requiring the long form.

Reference list of some expressions of quantity requiring the short form of the indefinite and partitive articles:

[3] See Ferdinand Brunot and Charles Bruneau, who state, in their *Précis de Grammaire historique de la langue française*, 4th ed., Paris: Masson, 1956, p. 225: «**L'article partitif n'a pas de pluriel. Pour un Français, 'des croissants, des radis,' est le pluriel de 'un croissant, un radis.'**» However, the names of some non-countable things exist only in the plural and therefore have a partitive in **des: manger des épinards**. See also Grevisse, *Le Bon Usage*, 8th ed., Gembloux: Duculot, 1964, pp. 263-269.

assez de
autant de
beaucoup de
une bouteille (**cuiller, goutte, tasse, verre,** etc.) **de**
combien de?
un million de
moins de
(bon) nombre de
un grand nombre de
pas de
pas mal de
peu de
un peu de
plus de
une grande (**petite**) **quantité de**
que de!
tant de
trop de

§77 INDEFINITE AND PARTITIVE EN

En is used:
    1. to replace a noun preceded by an indefinite or a partitive article:
        Il veut *du café.*   **Il** *en* **veut.**
        Donnez-lui *du vin.*   **Donnez-lui-***en.*
        Il a mangé *des pommes.*   **Il** *en* **a mangé.**

The past participle never agrees with **en**:
        Il a bu *de l'*eau.   **Il** *en* **a bu.**

    2. with certain indefinite pronouns following the verb:
        Il a vu *plusieurs* **hommes.**   **Il** *en* **a vu** *plusieurs.*
        J'ai parlé à *quelques* **femmes.**   **J'***en* **ai parlé à** *quelques-unes.*

Pronouns requiring **en** when they follow the verb include **(ne) aucun [nul], (ne) pas un, plusieurs, quelques-uns.** (For **autre,** see §67A, 2b, note.)

    3. with a number and with an expression of quantity used alone after the verb:
        Elle a *six* **enfants.**   **Elle** *en* **a** *six.*
        J'ai acheté *beaucoup* **de pneus.**   **J'***en* **ai acheté** *beaucoup.*

Exercice 4. Combinez les mots suivants pour en former des phrases complètes. Remarquez que **de** signifie le partitif. Mettez les verbes au présent, sauf indica-

tion contraire. Faites tous les changements nécessaires; imitez le modèle:
Elle / vouloir / de / choucroute.
Elle veut de la choucroute.

1. Il y a / de / glace / sur / le / chaussée. 2. On / me / vendre (passé composé) / de / bon / tabac. 3. Je / acheter (futur) / une douzaine. 4. Prendre (impératif) / au moins / une cuillerée / de / soupe. 5. Elle / ne pas / boire (futur) / de / bière. 6. Mon / amis, / il / vous / falloir (futur) / de / courage— / beaucoup de / courage! 7. «De / musique / avant / tout / chose,» / écrire (passé composé) / Verlaine. 8. Tout le monde / apprendre (passé composé) / assez de / anglais / pour se faire entendre. 9. Le peuple / réclamer / de / pain / et / de / amusements. 10. Il / préférer / étudier / de / grammaire. 11. Moi, je / aimer mieux / prendre / un verre de / vin blanc. 12. Ce / ne pas / être / de / vin, / ça!— / ce / être / de / poison! 13. Elle / ne guère / avoir / de / esprit, / celle-là! 14. Elle / avoir / cependant / beaucoup de / grâce. 15. Il / commander (passé composé) / de / salade, / de / jambon, / de / lait, / et / de / pain.

§78 OMISSION OF ARTICLES

A. Principal uses

The articles are omitted:

1. before a word used in apposition to a noun: (An appositive is a word or phrase that explains or conveys information about the noun it refers to, in a sort of aside.)

Il fut créé pair de France, honneur que sa dévotion lui méritait.
He was made a peer of France, an honor merited by his devotion.
Le manteau était fermé par une agrafe, simple crochet ou bijou travaillé.
The cloak was closed by a clasp—a simple hook or a jewel.

Note: *An appositive occasionally does more than merely explain or convey information about the noun it refers to: it sometimes particularizes it or identifies it. In such a case, the definite article must be used:*
C'est Boismortier, l'épicier du quartier. (Boismortier is identified as a particular grocer.)

2. before predicate nouns. especially those designating nationality, religion, and occupation, if they are not modified:

Victor Hugo fut créé pair de France.
Victor Hugo was made a peer of France.
Tous les deux sont magistrats.
Both of them are magistrates.

If the noun is modified, the definite or indefinite article must be used:
>   **Victor Hugo était un grand poète.**
>   *Victor Hugo was a great poet.*
>   **Eux sont les magistrats qui ont réformé la cour.**
>   *They are the magistrates who reformed the court system.*

3. in numerous verbal or prepositional expressions, among which are the following:
>   **avoir peur (raison, tort, chaud,** etc.**)**
>   **demander pardon à qqn**
>   **donner congé à qqn**
>   **garder rancune à qqn**
>   **tenir parole**
>   **aller à cheval (à bicyclette, à vélo, en auto, par avion,** etc.**)**
>   **être en province (en ville,** etc.**)** [*But:* **à la campagne**]
>   **perdre de vue**
>   **avec soin (grâce, goût,** etc.**)** [Note that **avec** shows the manner in which a thing is done in this case.]
>   **d'origine gauloise**
>   **par hasard**
>   **en** + a noun: **en forme de, en combinaison avec,** etc. [*But:* **en l'air, en un an, en l'honneur**]

4. frequently after **sans** and **ne . . . ni . . . ni:**
>   **Il est *sans* feu et *sans* le sou.**
>   *He is homeless and penniless.*
>   **Il *n'*a donc plus *ni* amis *ni* demeure.**
>   *He has therefore neither friends nor lodging.*

Note: *In some expressions (***sans le sou***), the definite article can be and must be expressed; but the indefinite and partitive articles are regularly omitted after* **sans** *and* **ni.**

5. when the preposition **de** occurs before a noun taken partitively or before a plural noun requiring the indefinite article:
>   **Il s'agissait *de* costumes liturgiques.** [*not:* de des costumes liturgiques]
>   *It was a matter of liturgical dress.*
>   **. . . en dépit *de* nouvelles censures . . .** [*not:* de de nouvelles censures]
>   *. . . despite new censures . . .*
>   **Ils changent *de* linge tous les quinze jours.** [*not:* de du linge]
>   *They change underwear every two weeks.*

B. *Other uses*

The articles are also omitted:

1. in titles of books, postal addresses, headings, page references, and the like:

> **Elle demeure 122, avenue de Wagram.**
> *She lives at 122 Avenue de Wagram.*
> **Précis de Grammaire historique**
> *A Short Historical Grammar*
> **Consultez Jazinski, tome 2, page 89.**
> *Consult Jazinski, volume 2, page 89.*

2. in many proverbs:

> **De beau raisin souvent pauvre vin.**
> *From good grapes, often poor wine.*
> **Pauvreté n'est pas vice.**
> *Poverty is no vice.*

3. in enumerations (in formal writing):

> **Hommes et femmes étaient alors vêtus à peu près de la même façon.**
> *Men and women were at that time dressed pretty much alike.*
> **... les gens qui se devaient d'être graves: prêtres, professeurs, médecins, hommes de lois.**
> *... the people who had a duty to be serious: priests, teachers, doctors, lawyers.*

Exercice 5. Terminez les phrases suivantes en ajoutant un ou plusieurs mots qui en complètent le sens. Imitez le modèle:

> **Elle est française mais lui est _____.**
> *Elle est française mais lui est américain.*

1. Ma profession? Je suis _____. 2. Il a besoin de _____. 3. Il vous prend pour le Général de Gaulle, _____. 4. Hélas! dit-il, je n'ai ni _____ ni _____. 5. La campagne est couverte de _____. 6. Permettez-moi de vous présenter M. Stendhal, _____. 7. Il y a des femmes qui sont dénuées de _____. 8. On lui a laissé sans _____.

Exercice 6. Insérez dans les phrases suivantes la forme convenable de l'article défini, indéfini ou partitif, selon le cas et s'il en est besoin. Faites tous les changements nécessaires; imitez le modèle:

> **De _____ côté, _____ bêtes superbes et fières; de _____ autre, _____ homme laid et gras.**
> *D'un côté, des bêtes superbes et fières; de l'autre, un homme laid et gras.*

1. Seul _____ gentilhomme était capable de _____ telle commission. 2. Il le vit faire _____ tour de _____ jardin. 3. Il existe, pour _____ sujet britannique, _____ troisième manière. 4. Il y a _____ chances pour que je ne le sache jamais! 5. Je vais commencer _____ actives recherches. 6. «Je suis de _____ mauvaise herbe,» répète le chanteur. 7. Ce Parisien est en quête de _____ promenades dominicales. 8. Je ne veux pas _____ whiskey; apportez-moi plutôt _____ vin. 9. _____ parcours de _____ vallées est, en _____ général, très pittoresque. 10. _____ dernière fois, c'est à cause de _____ révolte à _____ Indes.

§79 NUMBERS (LES NOMBRES)

A. Cardinal numbers

1. Form and meaning:
Cardinal numbers are those used in counting or in reply to the question "How many?" These numbers are:

0	zéro	16	seize	70	soixante-dix
1	un	17	dix-sept	71	soixante et onze
2	deux	18	dix-huit	72	soixante-douze
3	trois	19	dix-neuf	79	soixante-dix-neuf
4	quatre	20	vingt	80	quatre-vingts
5	cinq	21	vingt et un	81	quatre-vingt-un
6	six	22	vingt-deux	82	quatre-vingt-deux
7	sept	23	vingt-trois	90	quatre-vingt-dix
8	huit	30	trente	91	quatre-vingt-onze
9	neuf	31	trente et un	97	quatre-vingt-dix-sept
10	dix	32	trente-deux	100	cent
11	onze	40	quarante	101	cent un
12	douze	50	cinquante	178	cent soixante-dix-huit
13	treize	60	soixante	1000	mille
14	quatorze	61	soixante et un	3000	trois mille
15	quinze	62	soixante-deux	100 000	cent mille

Note: *There is a type of cardinal number in French which we might call "an approximate number." It is followed by de, and a noun without an article:*

Un million *de* Français.   *One million Frenchmen.*
Une vingtaine *d'*amis.   *About twenty friends.*

The most common approximate numbers are:
une dizaine de *(about 10)*
une douzaine de *(a dozen)*
une quinzaine de *(about 15;* **une quinzaine** often means a period of two weeks, a fortnight)

    une vingtaine de *(about 20)*
    une trentaine de *(about 30)*
    une quarantaine de *(about 40)*
    une cinquantaine de *(about 50)*
    une soixantaine de[4] *(about 60)*
    une centaine de *(about 100)*
    un millier de *(about 1000)*
    un million de *(1 000 000)*
    trois millions *(3 000 000)* d'hommes

But:
    trois million deux cent mille *(3 200 000)* hommes

2. Special uses of cardinal numbers
   a. dates

Cardinal numbers are used for all days of the month except the first, which is expressed by **le premier**:

      le 1er juin   le premier juin
      le 8 décembre   le huit décembre
      le 11 mai   le onze mai

Note the form used when the day of the week is expressed with the date:
   C'est aujourd'hui le dimanche 20 février.
Or:
   C'est aujourd'hui dimanche, le 20 février.

      b. titles of sovereigns, except the first of a name, which is expressed by **premier**:

      Louis XIV   Louis Quatorze
      Napoléon III   Napoléon Trois

But:

      François Ier   François Premier
      Napoléon Ier   Napoléon Premier

B. *Ordinal numbers*

Ordinal numbers are those which indicate order or succession (first, second, third, etc.):

premier, première	troisième	sixième
second, seconde	quatrième	septième
deuxième	cinquième	huitième

---

[4] **La quarantaine, la cinquantaine,** and **la soixantaine** often refer to age:
    Il est arrivé à la soixantaine.
      He's in his sixties.

neuvième	dix-septième	cinquantième
dixième	dix-huitième	soixantième
onzième	dix-neuvième	soixante-dixième
douzième	vingtième	quatre-vingtième
treizième	vingt-et-unième	quatre-vingt-dixième
quatorzième	vingt-deuxième	centième
quinzième	trentième	cent unième
seizième	quarantième	millième

Notes:

(1) Deuxième has largely replaced *second* (pronounce the *c* like a *g*), except in certain expressions, such as **en second lieu** and **classe de seconde** [**année**] (*in school*).

(2) Used as a noun, the ordinal number usually refers to the floor of a building above the ground floor (**le rez-de-chaussée**): *le sixième,* the sixth floor or story; *au premier,* on the first floor (in the American way of counting, these examples would read "the seventh floor" and "on the second floor"; but there is no need to insist on such a detail).

C. Fractions

Denominators are as follows:

1/2	un demi			
1/3	un tiers	2/3	deux tiers	
1/4	un quart	3/4	trois quarts	
1/5	un cinquième	2/5	deux cinquièmes	
1/6	un sixième	5/6	cinq sixièmes	

For all further denominators, use the ordinal number:
- 1/25   un vingt-cinquième
- 7/82   sept quatre-vingt-deuxièmes

D. Mathematical operations

1. addition
   $20 + 13 = 33$ (vingt *et* treize *font* trente-trois)
   $1/2 + 2/3 = 1\ 1/6$ (un demi *et* deux tiers *font* un et un sixième)

2. subtraction
   $17 - 3 = 14$ (dix-sept *moins* trois *font* quatorze)
   $9/14 - 4/7 = 1/14$ (neuf quatorzièmes *moins* quatre septièmes *font* un quatorzième)

3. multiplication
   11 x 8 = 88 (onze *fois* huit *font* quatre-vingt-huit)
   8 x 2 1/2 = 20 (huit *fois* deux et [un] demi *font* vingt)

4. division
   12 ÷ 6 = 2 (douze *divisé par* six *fait* deux)
   1 3/8 ÷ 9/16 = 2 4/9 (un et trois huitièmes *divisé par* neuf seizièmes *fait* deux et quatre neuvièmes)

Exercice 7. Lisez, puis écrivez en français:
1. 1/2 x 18 = 9   2. 15 x 15 = 225   3. 900 ÷ 5/6 = 1080   4. 4444 ÷ 2 = 2222   5. 51 + 47 = 98   6. 3466 + 890 = 4356   7. 10 000 − 2 828 = 7 172   8. 15 533 − 4 307 = 11 226   9. 16 2/3 + 18 1/2 = 35 1/6   10. 89 3/4 − 11 5/6 = 77 11/12

Exercice 8. *Remplacez les mots entre parenthèses par des nombres d'approximation ou par des nombres ordinaux, selon le cas. Faites tous les changements nécessaires; imitez le modèle:*
   C'est le (25) anniversaire de leur mariage.
   C'est le vingt-cinquième (25ᵉ) anniversaire de leur mariage.

1. Il va passer (deux semaines) à Toulouse.   2. Mᵐᵉ Lafitte a (environ 40) ans. [ans→années]   3. Il y a (environ 20) étudiants dans notre classe de français.   4. Ton fils doit être brillant: c'est le (1) de sa classe!   5. J'en ai acheté (environ 10).   6. On n'a perdu que les (8), (17) et (21) matches; on en a gagné tous les autres.   7. C'est la (1000) fois que je te dis de ne pas exagérer!   8. Voilà le (11) couple qui se marie ce mois-ci.   9. Cette maison a gagné (1 000 000) francs l'année passée.   10. Ce journal entre dans sa (153) année de publication ininterrompue.

Exercice 9. *Répondez aux questions suivantes; imitez le modèle:*
   Quelle est la date de la naissance de George Washington?
   George Washington est né le 22 février 1732.

1. Quelle est la date de votre naissance?   2. Quelle est la date de la prise de la Bastille?   3. Quelle est la date de la fête de Noël?   4. Quelle est la date du jour de l'an?   5. Quelle est la date de la découverte de l'Amérique par Christophe Colomb?   6. Quelle est la date de la déclaration d'indépendance américaine?   7. Quelle est la date du premier jour du printemps?   8. Quelle est la date de votre examen de fin de semestre?   9. Quelle est la date du mariage de vos parents?   10. Quel jour sommes-nous (Quel jour est-ce) aujourd'hui?

§80 BATTRE AND OUVRIR

A. *Battre*

1. Summary of conjugations:

présent de l'indicatif:	je bats	nous battons
passé composé:	j'ai battu	
passé simple:	je battis	

2. Like **battre**: se battre, abattre, débattre, rabattre

3. Proverb:
   Il faut battre le fer pendant qu'il est chaud.
   Strike while the iron is hot.

B. *Ouvrir*

1. Summary of conjugations:

présent de l'indicatif:	j'ouvre	nous ouvrons
passé composé:	j'ai ouvert	
passé simple:	j'ouvris	

Notes:

(1) The present indicative uses the endings **-e, -es, -e** in the singular.

(2) **Ouvrir** and verbs like it have the past participle in **-ert: ouvrir, ouvert;** *offrir, offert; couvrir, couvert; souffrir, souffert.*

(3) The **-s** drops from the second person singular **(tu)** form of the imperative: **Ouvre la porte.**

2. Like **ouvrir**: entrouvrir, rouvrir; couvrir, découvrir, recouvrir; offrir, souffrir

3. Some expressions with **ouvrir** and verbs like it:
   a. **à bras ouverts** = **cordialement**
      Ils m'ont reçu à bras ouverts.
      They greeted me with open arms.

   b. **grand ouvert** = **tout ouvert**
      Les fenêtres sont grandes ouvertes.
      The windows are wide open.

   c. **se découvrir** = **ôter son chapeau**
      Yankel s'est enfin découvert.
      At last Yankel took his hat off.

d. **temps couvert = temps nuageux**
Le ciel était couvert.
It was cloudy (overcast).

Exercice 10. *Mettez le verbe entre parenthèses à la personne et au temps indiqués. Faites tous les changements nécessaires; imitez le modèle:*
Il (entrouvrir) la porte. (présent: il, je, vous)
Il entrouvre la porte. J'entrouvre la porte. Vous entrouvrez la porte.

1. D'abord, tu (battre) l'œuf. (prés.: tu, elle, ils)   2. Il (battre) ses enfants. (imparfait: il, nous, vous)   3. Il lui (offrir) un joli cadeau. (prés.: il, nous, ils)   4. Je (ouvrir) le cadeau à ce moment-là. (imparfait: je, il, vous)   5. (Souffrir) que les enfants s'approchent de lui. (impératif: tu, vous, nous)   6. (Couvrir) -tu d'injures le pauvre André? (passé composé: tu, elle, vous)   7. Il (souffrir) beaucoup d'un cancer. (passé composé: il, je, vous)   8. Les enfants (se battre). (p.c.: ils, nous, vous)   9. On (abattre) l'arbre. (futur: on, je, vous)   10. Tu (ouvrir) cela plus tard. (futur: tu, nous, ils)   11. Il (se couvrir) ainsi de honte. (conditionnel: il, vous, nous)   12. Le roi veut qu'on (se découvrir) devant lui. (prés. du subjonctif: on, vous, tu)   13. Il lui (offrir) un joli cadeau. (passé simple: il, je, elles)   14. Christophe Colomb (découvrir) un nouveau monde. (passé simple: il, ils, je)   15. Il faut que tu (battre) le fer. (prés. subj.: tu, on, nous)

Exercice 11. Composition. *Ecrivez une composition d'environ 200 mots sur la question A ou la question B, en suivant le plan proposé plus bas:*

A. Comparez le costume féminin de 1180 à 1340 avec celui de nos jours, en ce qui concerne la simplicité des formes et l'adaptation au corps humain. Pour votre discussion, choisissez **deux** d'entre: la robe (y compris la jupe, le jupon, le corsage); les sous-vêtements; la coiffure; les manteaux.

B. Comparez le costume masculin de 1180 à 1340 avec celui de nos jours, en ce qui concerne la simplicité des formes et l'adaptation au corps humain. Pour votre discussion, choisissez **deux** d'entre: le complet (pantalon, chemise, veste); les sous-vêtements; la coiffure et la barbe; les manteaux et les pardessus.

Plan à suivre:
   I Les vêtements du moyen âge
      A. leur simplicité de forme (faites-en la description)
      B. leur adaptation au corps humain
   II Les vêtements modernes
      A. leur simplicité de forme (faites-en la description)
      B. leur adaptation au corps humain
   III Conclusion
      A. similarités de conception; différences d'exécution
      B. vos préférences personnelles (avec les raisons pour lesquelles vous pensez ainsi)

Exercice 12. Traduisez les phrases suivantes:

1. What did he order? Bread, jam, and water. [§76B]   2. I have quite a few handkerchiefs in my drawer. [§76B, 2]   3. Do men in France always wear shirts? [§74B, 2; §76B]   4. My son is a lawyer, my daughter is a doctor, and my husband is a judge. [§78A, 2]   5. Most children in France do not drink a bottle of wine a day. [§74B, 6, note 1; §76B, 2]   6. Please hurry, doctor, the countess *(la comtesse)* has just hurt her arm. [§74B, 3, note]   7. A dinner will be given in honor of President Smith. [§74B, 3; §78A, 3]   8. If they haven't given him any yet, give him some. [§77, 1]   9. How much is steak this week? A dollar a pound. [§74B, 2 and 4]   10. I sent cards to about fifty of my friends. [§79A, 1, note]   11. Is today the first of March or the eleventh? It's the eighth. [§74A, note]   12. He has already seen several. [§77, 2]   13. He always wears pretty yellow shirts. [§75B, note 2]   14. How much is 3 1/25 and 4 6/17? Ask George. [§79C]   15. He wrote to me from Africa, but he hasn't written from South America yet. [§74B, 6, notes]

Exercice 13. Thème d'imitation.

—Do you mean that in the middle ages people *(on)* dressed comfortably?

—Certainly. They also wore practical clothing, with *(à)* simple forms, clothing adapted to the human body. Besides, the beauty of the costume was augmented by the use of wool, linen, and silk.

—Did they change their clothing often?

—No: careful people would change their underwear every other week.

—Speak a little about *(de)* the hairdos.

—Women wore long hair in tresses, which were either flowing, or else put in braids; girls wore their hair long and flowing, as a sign of their virginity.

—The men didn't shave, did they?

—Oh no, on the contrary. They shaved their faces completely; but they wore their hair rather long, although they had it cut on the nape.

—Those habits are indeed different from ours, but I think I'll start a new fashion *(mode, f.)* and imitate their manner of dressing.

QUATORZIÈME LEÇON

La Symphonie pastorale   André Gide

Personnages principaux du roman: Gertrude, jeune fille aveugle[1]; le Pasteur, qui se charge de l'instruire; son fils Jacques

L'instruction religieuse de Gertrude m'a amené à relire l'Évangile avec un œil neuf. Il m'apparaît de plus en plus que nombre des[2] notions dont se compose notre foi chrétienne relèvent non des paroles du Christ mais des commentaires de saint Paul.

Ce fut proprement le sujet de la discussion que je viens d'avoir avec Jacques. De tempérament un peu sec, son cœur ne fournit pas à sa pensée un aliment suffisant; il devient traditionaliste et dogmatique. Il me reproche de choisir dans la doctrine chrétienne "ce qui me plaît." Mais je ne choisis pas telle ou telle parole du Christ. Simplement entre le Christ et saint Paul, je choisis le Christ. Par crainte d'avoir à les opposer, lui se refuse à dissocier l'un de l'autre, se refuse à sentir de l'un à l'autre une différence d'inspiration, et proteste si je lui dis qu'ici j'écoute un homme tandis que là j'entends Dieu. Plus il raisonne, plus il me persuade de ceci: qu'il n'est point sensible[3] à l'accent uniquement divin de la moindre parole du Christ.

Je cherche à travers l'Évangile, je cherche en vain commandement, menace, défense... Tout cela n'est que de saint Paul. Et c'est précisément de ne le trouver point dans les paroles du Christ, qui gêne Jacques. Les âmes semblables à la sienne se croient perdues, dès qu'elle ne sentent plus auprès d'elles tuteurs, rampes et

---

[1]aveugle   *blind*   [2]nombre des = beaucoup   [3]sensible   *sensitive*

garde-fous[4]. De plus elles tolèrent mal chez autrui une liberté qu'elles résignent, et souhaitent d'obtenir par contrainte tout ce qu'on est prêt à leur accorder par amour.

—Mais, mon père, me dit-il, moi aussi je souhaite le bonheur des âmes.

—Non, mon ami: tu souhaites leur soumission.

—C'est dans la soumission qu'est le bonheur.

Je lui laisse le dernier mot parce qu'il me déplaît d'ergoter[5]; mais je sais bien que l'on compromet le bonheur en cherchant à l'obtenir par ce qui doit au contraire n'être que l'effet du bonheur—et que s'il est vrai de penser que l'âme aimante se réjouit de sa soumission volontaire, rien n'écarte plus du bonheur qu'une soumission sans amour.

Au demeurant, Jacques raisonne bien, et si je ne souffrais de rencontrer, dans un si jeune esprit, déjà tant de raideur doctrinale, j'admirerais sans doute la qualité de ses arguments et la constance de sa logique. Il me paraît souvent que je suis plus jeune que lui; plus jeune aujourd'hui que je n'étais hier, et je me redis cette parole: «Si vous ne devenez semblables à des petits enfants, vous ne sauriez entrer dans le Royaume.»

Est-ce trahir le Christ, est-ce diminuer, profaner l'Évangile que d'y voir surtout une *méthode pour arriver à la vie bienheureuse?* L'état de joie, qu'empêchent notre doute et la dureté de nos cœurs, pour le chrétien est un état obligatoire. Chaque être est plus ou moins capable de joie. Chaque être doit tendre à la joie. Le seul sourire de Gertrude m'en apprend plus là-dessus, que mes leçons ne lui enseignent.

Et cette parole du Christ s'est dressée lumineusement devant moi. «Si vous étiez aveugles, vous n'auriez point de péché.» Le péché, c'est ce qui obscurcit l'âme, c'est ce qui s'oppose à sa joie. Le parfait bonheur de Gertrude, qui rayonne de tout son être, vient de ce qu'elle ne connaît point le péché. Il n'y a en elle que de la clarté, de l'amour.

J'ai mis entre ses mains vigilantes les quatre évangiles, les psaumes, l'apocalypse et les trois épîtres de Jean où elle peut lire: «Dieu est lumière et il n'y a point en lui de ténèbres» comme déjà dans son évangile elle pouvait entendre le Sauveur dire: «Je suis la lumière du monde; celui qui est avec moi ne marchera pas dans les ténèbres.» Si je me refuse à lui donner les épîtres de Paul, car si, aveugle, elle ne connaît point le péché, que sert de l'inquiéter en la laissant lire: «Le péché a pris de nouvelles forces par le commandement» *(Romains VII, 13)* et toute la dialectique qui suit, si admirable soit-elle?

Questionnaire I

1. Pourquoi le Pasteur s'est-il mis à relire l'Évangile? 2. Qu'est-ce que le Pasteur remarque à propos de la foi chrétienne? 3. Pourquoi, selon le Pasteur, le cœur de Jacques ne fournit-il pas à sa pensée un aliment suffisant? 4. De

---

[4]tuteurs . . . garde-fous *supports, bannisters, and railings*   [5]ergoter = discuter sur des riens

quoi Jacques reproche-t-il son père? 5. Comment le Pasteur se défend-il? 6. Qu'est-ce que le Pasteur cherche à travers l'Évangile? 7. Selon lui, qu'est-ce qui gêne Jacques? 8. Quand est-ce que les âmes semblables à celle de Jacques se croient perdues? 9. Qu'est-ce qu'elles tolèrent mal chez autrui? 10. Qu'est-ce que le Pasteur dit au sujet de la soumission? 11. Qu'en dit son fils? 12. Comment compromet-on le bonheur selon le Pasteur? 13. Selon lui, que fait une soumission sans amour? 14. Qu'est-ce qui empêche le Pasteur d'admirer les arguments et la logique de son fils? 15. Pourquoi le Pasteur cite-t-il cette parole: «Si vous ne devenez semblables à des petits enfants . . .»? 16. Que dit le Pasteur au sujet de la joie? 17. Qu'est-ce que le sourire de Gertrude apprend au Pasteur au sujet de la joie? 18. Qu'est-ce que c'est que le péché selon le Pasteur? 19. D'où vient, selon lui, le parfait bonheur de Gertrude? 20. Qu'a mis le Pasteur entre les mains de Gertrude? 21. Que peut lire Gertrude dans les épîtres de Jean? 22. Que peut-elle entendre dire au Sauveur dans son Évangile? 23. Pourquoi le Pasteur ne donne-t-il pas à Gertrude les épîtres de Paul? 24. Pourquoi la Phrase «Le péché a pris de nouvelles forces par le commandement» inquiéterait-elle Gertrude? 25. Que pense le Pasteur de la dialectique de Paul?

Questionnaire II

1. Vous êtes-vous jamais chargé de l'instruction religieuse de quelqu'un? Si oui, qu'avez-vous fait? Si non, aimeriez-vous le faire? 2. Pensez-vous que beaucoup de notions dont se compose la foi chrétienne relèvent des commentaires de saint Paul plutôt que des paroles du Christ? 3. Quel est le rôle du cœur dans la religion? 4. Quel est le rôle de la pensée? 5. Pourriez-vous nommer une religion traditionaliste? 6. Pourriez-vous en nommer une qui ne l'est pas? 7. Si vous êtes chrétien, choisissez-vous dans la doctrine chrétienne ce qui vous plaît? 8. Connaissez-vous des gens qui le font? 9. Faut-il faire un choix, si on est chrétien, entre le Christ et saint Paul? 10. Vous refusez-vous à dissocier l'un de l'autre comme le fait Jacques, ou faites-vous plutôt comme le Pasteur? 11. Le Pasteur a-t-il raison de dire que commandement, menace, défense, tout cela n'est que de saint Paul? 12. Êtes-vous de ceux qui se croient perdus dès qu'ils ne sentent plus auprès d'eux tuteurs, rampes et garde-fous? 13. Qu'est-ce que vous pensez de la soumission de l'individu? 14. Pensez-vous, comme le Pasteur, que l'âme aimante se réjouit de la soumission volontaire et qu'une soumission sans amour écarte le bonheur? 15. Que pensez-vous de la phrase «Si vous ne devenez semblables à des petits enfants vous ne sauriez entrer dans le Royaume»? Quelle signification lui donnez-vous? 16. Voyez-vous dans l'Évangile une *méthode pour arriver à la vie bienheureuse?* 17. Pensez-vous que le doute et la dureté de nos cœurs empêchent l'état de joie? 18. Selon vous, que veut dire le Pasteur quand il dit «le seul sourire de Gertrude m'en apprend plus là-dessus, que mes leçons ne lui enseignent»? 19. Que pensez-vous de la phrase citée par le Pasteur: «Si vous étiez aveugles, vous n'auriez point de péchés»?

20. Le Pasteur veut-il dire que les aveugles sont meilleurs que les sourds-muets, par exemple?   21. Est-ce que le péché s'oppose toujours à la joie de l'âme?   22. Que pensez-vous du procédé du Pasteur de ne donner à Gertrude que les quatre évangiles, les psaumes, l'apocalypse et les épîtres de Jean?   23. Quelle est votre interprétation de la phrase: «Je suis la lumière du monde; celui qui est avec moi ne marchera pas dans les ténèbres.»   24. Pensez-vous que le Pasteur agit d'une façon malhonnête en refusant de donner à Gertrude les épîtres de Paul?   25. Comment interprétez-vous la phrase «Le péché a pris de nouvelles forces par le commandement»?

A. Expressions à étudier: La Vie religieuse

les cultes (m)

le monothéisme, un monothéiste; le polythéisme, un polythéiste; l'athéisme *(m)*, un athée; l'agnosticisme *(m)*, un agnostique; le croyant [*believer*], le libre penseur [*free thinker in matters of religion*], le moraliste, le christianisme, le chrétien; le judaïsme, le juif; le mahométisme, le mahométan; le bouddhisme, le bouddhiste; les catholiques, les protestants, les baptistes, les épiscopaux, les luthériens, les méthodistes, les presbytériens, les unitaires

vocations religieuses

le pape [*Pope*], le cardinal, l'évêque *(m)* [*bishop*], l'archevêque *(m)* [*archbishop*], le curé [*pastor*], le prêtre [*priest*], le moine [*monk*], l'abbé *(m)* [*abbot, parish priest*], la religieuse [*nun*], la sœur [*nun*], le pasteur [*protestant minister*], le prêcheur, le prédicateur [*preacher*], le rabbin [*rabbi*]

le service religieux

la cathédrale, l'église *(f)*, le temple, la synagogue, le diocèse, la paroisse, le paroissien [*parishioner*], le service religieux, la messe, le sermon, la prédication [*preaching*], l'autel *(m)* [*altar*], le banc [*pew*], la chaire [*pulpit*], le cierge [*candle*], la croix, le bénitier [*holy water basin*], le paroissien [*prayer book*], encenser [*to cense*], la liturgie [*liturgy*], liturgique, le psaume [*psalm*], la prière [*prayer*], une hymne [*hymn*], le cantique [*hymn*], la cérémonie

les fêtes religieuses

Noël [*Christmas*], Pâques [*Easter*], la Pentecôte [*Pentecost, Whitsuntide*], la Toussaint [*All Saints' Day*], le Jour de l'An [*New Year's Day*], la saint Jean, la saint Eloi, le carême [*Lent*]

les livres sacrés

la Bible (L'Ancien et le Nouveau Testament), le Talmud, le Coran

noms et termes bibliques

Dieu, Jésus Christ *(kri)*, le Christ *(krist)*, le Seigneur [*the Lord*], la Sainte Vierge [*the Blessed Virgin*], La Création, Adam, Eve, le Paradis terrestre [*the Garden of Eden*], Caïn, Abel, Noé, Moïse, Abraham, le saint, la sainte, le diable, Satan, le ciel [*heaven*], l'enfer *(m)* [*hell*], le purgatoire [*purgatory*], céleste [*celestial*], spirituel, le patriarche, l'ermite *(m)*, le martyre, un apôtre [*apostle*], l'apostolat *(m)* [*apostleship*], le disciple, le miracle, la vocation, les élus *(m)* [*the elect*]

termes religieux divers

clérical, monastique, sacerdotal, bénir [*to bless*], absoudre [*to absolve*], l'absolution *(f)*, pénitent, le pèlerinage [*pilgrimage*], le pèlerin [*pilgrim*], l'austérité *(f)*, le jeûne [*fast*], jeûner, se convertir [*to become converted*], prier [*to pray*], dévot [*devout*], exalté [*impassioned*], le péché [*sin*], la grâce [*grace*], excommunier [*to excommunicate*], un sacrement, le baptême, la confession, la confirmation, l'eucharistie *(f)*, la communion, la pénitence, l'extrême-onction, les ordres *(m)*, le mariage

Questionnaire

1. Qu'est-ce que c'est que le monothéisme?   2. Pouvez-vous donner un exemple d'une religion monothéiste?   3. Qu'est-ce que le polythéisme?   4. Pouvez-vous nommer une religion polythéiste?   5. Qu'est-ce que l'athéisme?   6. Connaissez-vous des athées?   7. En quoi consistent leurs croyances?   8. Qu'est-ce que c'est que l'agnosticisme?   9. Qu'est-ce que c'est qu'un croyant?   10. Qu'est-ce que c'est qu'un libre penseur?   11. A votre avis, le libre penseur peut-il être aussi bon que le croyant?   12. Qu'est-ce que c'est que le christianisme?   13. Pouvez-vous donner quelques exemples de religions chrétiennes?   14. En quoi le christianisme et le judaïsme se ressemblent-ils?   15. Qu'est-ce que le mahométisme?   16. Le christianisme et le mahométisme se ressemblent-ils? le mahométisme et le judaïsme?   17. Pourquoi les protestants s'appellent-ils ainsi?   18. Quelles différences y a-t-il entre les différents groupes protestants? Par exemple, entre les luthériens et les épiscopaux? entre les méthodistes et les baptistes? entre les presbytériens et les unitaires?   19. Qu'est-ce que c'est que l'œcuménisme?   20. Qu'est-ce que vous pensez de l'esprit œcuménique?   21. Comment l'église catholique est-elle organisée? l'église épiscopale? l'église luthérienne?   22. Qu'est-ce que c'est qu'un rabbin? un curé? un pasteur? un évêque?   23. Comment s'appelle le livre sacré des chrétiens? des juifs? des mahométans?   24. Qu'est-ce que le bouddhisme?   25. En quoi consiste le service religieux des juifs? des baptistes? des catholiques? des unitaires?   26. Qu'est-ce que c'est qu'un sermon? En entendez-vous souvent? Qu'en pensez-vous?   27. Pourriez-vous raconter une histoire de la Bible? (par exemple: l'enfant prodigue; Noé, son arche, le déluge; Moïse, Aaron, les pharaons, la Terre promise; Abraham, Isaac, le sacrifice; Abel et Caïn; une parabole, etc.)   28. Qu'est-ce que c'est qu'un apôtre?   29. Pouvez-vous nommer quelques-uns des

douze apôtres? 30. Qu'est-ce que c'est qu'un martyre? 31. Pouvez-vous nommer un martyre et dire comment il est mort? 32. Les vacances correspondent parfois à des fêtes religieuses. A quelles fêtes religieuses? 33. Une université d'état devrait-elle tenir compte de ces fêtes religieuses? 34. Est-ce que la prière devrait être interdite dans les écoles publiques? 35. Qu'est-ce que c'est que le carême? 36. Que fait-on pendant le carême? 37. Pourriez-vous décrire l'intérieur d'une synagogue? d'un temple? d'une église? 38. Qu'est-ce que c'est que la liturgie? 39. Qu'est-ce que c'est que le jeûne? 40. Qu'est-ce que c'est que le péché? 41. Qu'est-ce que c'est que la grâce? 42. Que veut-on dire par l'expression «Dieu est mort»? 43. Est-ce que l'homme seul a une âme?

B. *Etudiez les expressions suivantes; consultez la leçon pour l'emploi de ces expressions:*

se charger de = prendre le soin de qqch. **à travers** = d'un bout à l'autre, de part en part **au demeurant** = au reste, en somme **se dresser** = se lever, monter **que sert de . . . ?** = à quoi bon . . . ?

Exercice. *Employez ces expressions dans les phrases suivantes:*

1. _____ lui demander des renseignements? Il refuse de parler. 2. Je l'ai cherché _____ la ville, et n'ai pu le trouver nulle part. 3. Lancelot sortit de la forêt et vit un énorme château _____ devant lui. 4. Je n'ai pas le temps de le faire. Pourriez-vous _____? 5. Il m'a pris mon argent et mon cheval. Il est, _____, le meilleur fils du monde.

§81 GENDER OF NOUNS (LE GENRE DES NOMS)

A noun is a word or group of words used to designate a person, a thing, a place, or an idea. Nouns that designate ideas are called abstract nouns. All nouns in French have *gender.* Gender originally referred to sex, but few people find a chair particularly feminine or an armchair particularly masculine; you must learn to say **la chaise** but **le fauteuil.**

There is no easy, iron-clad rule which lets you know the gender of a French noun; any "rule" that is given is invalidated by numerous exceptions. What follows is a series of *tendencies,* which might help you make an intelligent guess at a noun's gender.

A. *Masculine and feminine gender*

The masculine gender is normally used for males and the feminine gender for females:

Un homme est arrivé me voir, accompagné d'une femme coiffée à la Cléopâtre.

A man came to see me, accompanied by a woman with a Cleopatra hairdo.

Nous avons deux enfants : un garçon et une fille.
We have two children: a boy and a girl.
Marc a acheté un chat (une chatte). Il aimerait mieux avoir un chien (une chienne).
Mark bought a cat. He would have preferred having a dog.

But there are exceptions, among which are:
une personne:
Trois personnes sont entrées : Laurent, André et Théodore.
Three people entered: Lawrence, Andrew, and Theodore.

une sentinelle:
La sentinelle me fixa ; puis elle signala machinalement.
The sentinel looked at me; then he signaled mechanically.

un professeur:
Son professeur de français s'appelle Mme Doyen.
His French professor's name is Madame Doyen.

un médecin:
Votre femme est un médecin extraordinaire.
Your wife is an extraordinary doctor.

B. Noun endings that indicate gender

The gender of a noun is usually indicated by its ending.

1. Nouns ending in mute -e are usually feminine:
Le pasteur choisit ce qui lui plaît dans la doctrine.
The pastor chooses what he likes in the doctrine.
Non, il ne choisit pas telle ou telle parole du Christ.
No, he does not select (only) this or that word of Christ.

But the following categories of words end with a mute *e* and are masculine:
    a. words ending in **-age**:

un apprentissage	*apprenticeship*
un usage	*use*

But:

une image	*image, picture*
une plage	*beach*

    b. words ending in **-ège**:

le collège	*prep school*
le manège	*merry-go-round, trick*

c. words ending in **-ème**:
    le thème   *theme*
    le stratagème   *stratagem*

d. words ending in **-isme**:
    le catholicisme   *Catholicism*
    le protestantisme   *Protestantism*
    le républicanisme   *Republicanism*
    le communisme   *Communism*

e. many individual words:
    le monde   *world*   **le foie**   *liver*
    le contraire   *opposite*   **un homme**   *man*
    le sexe féminin   *the feminine sex*   **un être**   *being*
    un évangile   *gospel*   **un psaume**   *psalm*

2. Nouns ending in **-eur** are masculine or feminine, according to what **-eur** means.

    a. If **-eur** means "**celui qui**," then the noun is masculine:
        le chercheur = **celui qui cherche**
        C'est un chercheur d'antiquités.
            He is a seeker of antiques.
        le sauveur = **celui qui sauve**
        Le Sauveur est venu, selon la doctrine divine.
            The Savior has come, according to holy doctrine.

    b. If **-eur** means "**la qualité d'être**," then the noun is feminine:
        la blancheur = **la qualité d'être blanc**
        Sa chemise est d'une blancheur éclatante.
            His shirt is sparkling white.
        la ferveur = **la qualité d'être fervent**
        La ferveur de ces gens est admirable.
            The fervor of these people is admirable.

    c. Often, **-eur** does not mean either "**celui qui**" or "**la qualité d'être**." In such a case, the gender must be learned with each noun:
        le bonheur (malheur), un honneur, le pasteur, le tuteur
        C'est dans la soumission qu'est le bonheur.
            Happiness resides in submission.
        C'est le pasteur qui parle.
            The pastor is speaking.

But: **la douleur** *(pain)*, **la vapeur** *(steam)*, **la rumeur** *(noise)*

3. Most nouns ending in **-té** are feminine:
   J'admirais la qualité de ses arguments.
   I admired the quality of his arguments.
   La dureté de nos cœurs empêche l'état de joie.
   The hardness of our hearts prevents the state of happiness.
   Il n'y a en elle que de la clarté.
   In her there is only brightness.

But: **comté** *(county)* and **traité** *(treaty)* are masculine.

4. Most nouns ending in a consonant are masculine:
   Ce fut le sujet de notre discussion.
   It was the subject of our discussion.
   Son cœur ne fournit pas à sa pensée un aliment suffisant.
   His heart does not provide his thought with sufficient nourishment.

There are, however, many cases when nouns ending in a consonant are usually feminine:

   a. ending in **-son** and **-çon**:
   La maison de Robert est ouverte aux pauvres.
   Robert's house is open to the poor.
   La façon dont tu étudies ta leçon m'amuse.
   The way you are studying your lesson strikes me as funny.

   b. ending in **-ion** (**-tion, -sion, -gion**):
   L'instruction religieuse de Gertrude m'a amené à relire l'Évangile.
   Gertrude's religious instruction has led me to reread the Gospel.
   Tu souhaites la soumission des âmes.
   You are wishing for the submission of souls.
   Le catholicisme est la religion dominante en France.
   Catholicism is the leading religion in France.

   c. ending in **-eur** (see §B2, above)
   La ferveur de ces gens est admirable.
   The fervor of these people is admirable.

   d. numerous individual words:
   Le Docteur Schweitzer habitait la forêt primitive.
   Dr. Schweitzer lived in the primitive forest.
   Je vous le dis une fois pour toutes.
   I am telling you this once and for all.
   On lui a coupé la main droite.
   They cut off his right hand.

5. Most nouns ending in a vowel (except mute **-e** or **-té**) are masculine:
> **Elle ne connaît point le péché.**
> *She has nothing to do with sin.*
> **Il y fit planter un bouleau.**
> *He had a birch tree planted there.*
> **Louis XIV s'appelait le Roi-Soleil.**
> *Louis XIV called himself "The Sun King."*

But: **l'eau** *(f)* [*water*], **la peau** [*skin*], **la foi** [*faith*], **la loi** [*law*]

C. Infinitives used as nouns

Infinitives used as nouns are masculine:
> **Le seul sourire de Gertrude me rend heureux.**
> *Just Gertrude's smile makes me happy.*
> **C'est un être parfait.**
> *He is a perfect being.*

§82 GENDER OF COMPOUND NOUNS (GENRE DES NOMS COMPOSÉS)

It is not always easy to determine the gender of a compound noun. When in doubt, consult a dictionary. The following tendencies might be noted, however.

A. The combination noun + adjective

In the combination noun + adjective, the gender tends to be that of the noun:
> **un bas-relief**   *a bas-relief*
> **une chauve-souris**   *a bat*

B. The combination noun + verb or preposition

In the combination noun + verb, the gender is usually masculine:
> **un gratte-ciel**   *skyscraper*
> **un porte-plume**   *penholder*
> **un abat-jour**   *lampshade*

But if the verb is connected to the noun by a preposition, the gender of the noun is unchanged:
> **la salle à manger**   *dining room*

C. The combination noun + noun

In the combination noun + noun, the gender is that of the first noun:
> **la porte-fenêtre**   *French door*
> **le chou-fleur**   *cauliflower*

In this respect, note:
>
> | le chef d'œuvre | *masterpiece* |
> | la salle de bains | *bathroom* |
> | la leçon de français | *French lesson* |

§83 FEMININE OF NOUNS DESIGNATING PERSONS OR ANIMALS

The feminine of nouns designating persons or animals may be found by:

A. *Adding an -e to the masculine singular noun*

Generally speaking, the feminine of nouns designating persons or animals is formed by adding an **-e** to the masculine singular noun:

> | étudiant, étudiante | *student* |
> | ami, amie | *friend* |

Often, this addition of an *-e* requires a vowel or consonant change:

1. **-er** becomes **-ère:**

> | ouvrier, ouvrière | *worker* |
> | berger, bergère | *shepherd, shepherdess* |

2. **-t** and **-n** are doubled:

> | sot, sotte | *stupid person* |
> | chat, chatte | *cat* |
> | lion, lionne | *lion, lioness* |
> | paysan, paysanne | *peasant, peasant woman* |

3. **-p** and **-f** become **-v:**

> | loup, louve | *wolf, she-wolf* |
> | veuf, veuve | *widower, widow* |

4. **-x** becomes **-se:**

> époux, épouse   *spouse*

5. **-eau** becomes **-elle:**

> chameau, chamelle   *camel*

6. **-eur** becomes **-euse:**

> | pêcheur, pêcheuse | *fisherman, fisherwoman* |
> | liseur, liseuse | *man reading, woman reading* |

But: masculine words ending in **-teur** usually have feminine forms ending in **-trice**. See §83, B2, below.

B. *Adding a suffix to the masculine singular*

The feminine is often formed by means of a suffix added to the masculine singular; the most commonly used feminine suffixes are **-esse** and **-trice:**

1. **-esse:**

un maître, une maîtresse	*master, mistress*
un prince, une princesse	*prince, princess*

2. **-trice:**

un acteur, une actrice	*actor, actress*
un lecteur, une lectrice	*lecturer (reader)*

3. altered suffix:

un dindon, une dinde	*tom turkey, hen turkey*
un compagnon, une compagne	*companion*
un copain, une copine	*pal (buddy)*
un canard, une cane	*drake, duck*

C. Using a different word

Masculine and feminine forms are often different words:

1. for persons:

un homme, une femme	*man, woman*
un oncle, une tante	*uncle, aunt*
un père, une mère	*father, mother*
un garçon, une fille	*boy, girl*

2. for animals:

un coq, une poule	*rooster (cock), hen (chicken)*
un mouton[1], une brebis	*sheep (ram), sheep*
un bouc, une chèvre	*he-goat, she-goat*
un bœuf[2] (taureau), une vache	*ox (bull), cow*

D. Using the same form

Occasionally, masculine and feminine use the same word or form:

un (une) enfant	*child*
un (une) élève	*pupil*

Note: *Sometimes, where there are no separate masculine and feminine forms, a word must be added to indicate the sex of the individual.*

(1) For animals, **femelle** *is added to a masculine word to indicate the female of the species:*

un éléphant femelle	*female elephant*
un singe femelle	*female monkey*

---

[1]The French use **mouton** to refer to sheep as a class of animals.
[2]The French use **bœuf** to refer to cows as a class of animals.

(2) For animals, **mâle** *is added to a feminine word to indicate the male of the species:*

une girafe mâle   *male giraffe*
une grenouille mâle   *male frog*

(3) For persons, **femme** *is often added to indicate a woman professional:*
un professeur femme   *woman (lady) professor, judge*
un magistrat femme   *woman (lady) judge, magistrate*

Exercice 1. Complétez les phrases suivantes en insérant l'article défini ou indéfini, selon le sens:

1. Le rouge-gorge est _____ oiseau. 2. Les paysans vont faire _____ moisson. 3. On lui a coupé _____ main gauche. 4. Pierre est _____ travailleur acharné. 5. _____ bonheur de la nation dépend de lui. 6. Salomon de Caus eut, dès 1615, l'idée d'employer _____ vapeur comme force motrice. 7. Quel est _____ sexe de cette personne aux cheveux longs et qui porte un pantalon? 8. Je n'aime pas _____ façon dont vous me posez cette question. 9. Qu'est-ce que c'est qu'_____ garde-fou? 10. Qui a signé _____ traité de Versailles? 11. La Constitution nous garantit _____ liberté de nous exprimer. 12. Il est sorti par _____ porte-fenêtre. 13. Ce personnage est _____ porte-parole de l'auteur. 14. C'est là _____ blouse de paysan. 15. Est-ce que _____ socialisme a gagné du terrain? 16. Que pensez-vous de _____ religion? 17. Charlot a reçu _____ acclamation soutenue. 18. Jeannot lui met _____ joie au cœur. 19. C'est _____ foie qui lui fait mal. 20. Mon enfant, avez-vous perdu _____ foi? 21. Il faut vous découvrir devant _____ roi. 22. Je veux que vous lui donniez _____ leçon de mathématiques. 23. Elle vient de donner naissance à _____ garçon. 24. Ce n'est pas _____ maison; c'est _____ gratte-ciel! 25. Pourquoi cherchez-vous _____ vache au milieu de Boston?

Exercice 2.

(A) Donnez le féminin de:

1. acteur 2. instituteur 3. chercheur 4. ami 5. ouvrier 6. homme 7. roi 8. marquis 9. boulanger 10. chat 11. dindon 12. loup 13. chameau 14. chien 15. tigre 16. crocodile 17. veuf 18. époux 19. garçon 20. oncle 21. cousin 22. professeur 23. médecin 24. gorille 25. prisonnier

(B) Donnez le masculin de:

1. élève 2. girafe 3. jumelle 4. fille 5. baleine 6. mère 7. compagne 8. grenouille 9. étrangère 10. dame

Exercice 3. Composez des phrases avec les mots suivants. Mettez les verbes au présent sauf indication contraire. Faites tous les changements nécessaires. Imitez le modèle:

Il / construire / un / maison.
Il construit une maison.

1. Je / aller / vous donner / un / couteau. 2. Combien / valoir / le / peau / de / un / girafe? 3. Comment / s'appeler / le / professeur / de / histoire? 4. Regarder (impératif: [tu]) / -me / le / blancheur / de / ce / chemise! 5. A / quel / bête / est-ce que / le / chauve-souris / ressembler? 6. Ce / sourire / me / rendre / le / joie / à / le / cœur. 7. Le / forêt / être / si dense que / le / soleil / ne pas / y / pénétrer. 8. Qui / être (passé composé) / le / nouveau / victime / de / le / meurtrier / inconnu? 9. Il / prétendre / que / un arc-en-ciel / ressembler / à / un / genou.

§84 PLURAL OF NOUNS

In general, nouns form their plurals by adding **-s** to the singular:

    la chose, les choses   *thing, things*
    le mot, les mots   *word, words*
    le comité, les comités   *committee, committees*

Their plural forms are identical with their singular forms, however, if the singular ends in **-s**, **-x**, or **-z**:

    le mois, les mois   *month, months*
    la perdrix, les perdrix   *partridge, partridges*
    le nez, les nez   *nose, noses*

These general rules are true for almost all *feminine* nouns; important exceptions will be noted in the following sub-sections. Certain *masculine* nouns form their plurals differently, however, as is shown in §84A, following. (Special attention will be given to the plural form of compound nouns in §85.)

A. *Masculine plural nouns formed in other ways*

1. Words ending in **-au** (**-eau**) and **-eu** form their plural by adding **-x** to the singular:

    un tuyau, des tuyaux   *pipe, pipes*
    un couteau, des couteaux   *knife, knives*
    un neveu, des neveux   *nephew, nephews*

But:

    un pneu, des pneus   *tire, tires*

Note that the following *feminine* nouns form their plural in the same manner as the masculine:

    une eau, des eaux   *water, waters*
    une peau, des peaux   *skin (hide), skins (hides)*

2. Words ending in **-al** have plurals in **-aux**:
    l'animal, les animaux   *animal, animals*
    le rival, les rivaux   *rival, rivals*

But:
    le bal, les bals   *dance (ball), dances (balls)*
    le carnaval, les carnavals   *carnival, carnivals*
    le festival, les festivals   *festival, festivals*

3. Many words ending in **-ail** have plurals in **-aux**:
    le travail, les travaux   *work, works*
    le vitrail, les vitraux   *stained glass window (windows)*

But others have plurals in **-ails**:
    le détail, les détails   *detail, details*
    le portail, les portails   *portal, portals*
    le chandail, les chandails   *sweater, sweaters*

4. Most words ending in **-ou** add an **-s** to form the plural:
    un clou, des clous   *nail, nails*
    un Hindou, des Hindous   *Hindu, Hindus*

But these fairly common nouns add **-x**:
    le bijou, les bijoux   *jewel, jewels*
    le caillou, les cailloux   *pebble, pebbles*
    le chou, les choux   *cabbage, cabbages*
    le genou, les genoux   *knee, knees*
    le hibou, les hiboux   *owl, owls*
    le joujou, les joujoux   *toy, toys*
    le pou, les poux   *louse, lice*

5. Some words do not fit into the above categories:
    le ciel, les cieux   *sky, skies*
    l'œil, les yeux   *eye, eyes*
    l'aïeul, les aïeuls   *grandfather, grandparents*
    l'aïeul, les aïeux   *ancestor, ancestors*

B. Some peculiarities of the plural

1. **Mœurs** *(f) (morals, customs)* and **environs** *(m) (vicinity, area around)* are among a small group of words used only in the plural.

2. Some words have a different meaning in the singular and the plural:
    la vacance   *vacancy*   **les vacances**   *vacancies, vacation, holidays*
    le ciseau   *chisel*   **les ciseaux**   *chisels, scissors*

§85 PLURAL OF COMPOUND NOUNS

The plural of compound nouns is formed in an illogical and inconsistent manner. Frenchmen consult a dictionary before writing the plural of a compound noun; we Americans should do so, too. Use a Larousse or a Robert dictionary, for although they sometimes disagree, they are the standard authorities. The following tendencies can be noted, however, in forming the plural of compound nouns:

A. Compound nouns written as one word
Compound nouns written as one word add **-s** to form the plural:

    le gendarme, les gendarmes   *state trooper(s)*
    le pourboire, les pourboires   *tip(s)*

But there are some important exceptions:

    monsieur [M.], messieurs [MM.]   *sir (gentleman), sirs (gentlemen)*
    madame [Mme], mesdames [Mmes]   *madam (lady), ladies*
    mademoiselle [Mlle], mesdemoiselles [Mlles]   *miss, misses*
    le bonhomme, les bonshommes   *fellow, fellows*
    le gentilhomme, les gentilshommes   *gentleman, gentlemen*

B. The combination noun + noun

Here, only the principal noun is put into the plural; the other noun is invariable:

    un bain-marie, les bains-marie   *double boiler(s)*
    un timbre-poste, des timbres-poste   *(postage) stamp(s)*
    une année-lumière, des années-lumière   *light-year(s)*
    un chef-d'œuvre, des chefs-d'œuvre   *masterpiece(s)*
    un arc-en-ciel, des arcs-en-ciel   *rainbow(s)*

But if the nouns are coordinated (i.e., both are the principal noun), both are put in the plural:

    une porte-fenêtre, des portes-fenêtres   *French door(s)*
    un chef-lieu, des chefs-lieux   *county seat(s), chief town(s)*

Sometimes, however, both nouns are invariable:

    un pot-au-feu, des pot-au-feu   *boiled beef dish(es)*
    un tête-à-tête, des tête-à-tête   *private conversation(s)*

C. The combination noun + adjective or adjective + noun

In this combination, both words are put in the plural:

    le grand-père, les grands-pères   *grandfather(s)*
    un arc-boutant, des arcs-boutants   *flying buttress(es)*
    la basse-cour, les basses-cours   *farmyard(s)*
    le franc-maçon, les francs-maçons   *Mason(s)*

But note the following:
    la grand-mère[3]**, les grand-mères**   *grandmother(s)*
    le saint-bernard, les saint-bernards   *Saint Bernard(s)*

D. The combination adjective + adjective

In this combination, both words are put in the plural:
    un sourd-muet, des sourds-muets   *deaf mute(s)*
    le nouveau riche, les nouveaux riches   *nouveau(x) riche(s)*
    le dernier né, les derniers-nés   *last-born*

But note the following:
    le nouveau-né, les nouveau-nés   *newborn baby, babies*
    la nouveau-née, les nouveau-nées   *newborn baby, babies*

E. The combination verb + direct object

In this combination, there is no logical rule; the best thing to do is turn to a dictionary. In any case, the verb never varies; the noun sometimes does.

    1. noun does not vary:
        un abat-jour, des abat-jour   *lampshade(s)*
        un gratte-ciel, des gratte-ciel   *skyscraper(s)*
        un essuie-main(s), des essuie-main(s)   *towel(s)*

    2. noun changes:
        un cure-dent, des cure-dents   *toothpick(s)*
        un garde-fou, des garde-fous   *guard rail(s)*
        une garde-robe, des garde-robes   *wardrobe(s)*
        un pique-nique, des pique-niques   *picnic(s)*
        un tire-bouchon, des tire-bouchons   *corkscrew(s)*

    3. noun always in plural:
        un porte-cigarettes   *cigarette holder*
        un presse-papiers   *paperweight*

F. Combination adverb + noun and preposition + noun

In the combinations adverb + noun and preposition + noun, the noun usually varies in the plural:
    un haut-parleur, des haut-parleurs   *loudspeaker(s)*
    une arrière-boutique, des arrière-boutiques   *back shop(s)*

---

[3]Some grammarians prefer to write **la grand'mère, les grand'mères**. The difference seems slight and relatively unimportant.

G. When there is no noun

When there is no noun, there is no variation in the plural:
    un laissez-passer, des laissez-passer   *pass(es), permit(s)*
    un on-dit, des on-dit   *rumor(s)*
    un passe-partout, des passe-partout   *master key(s)*

§86 PLURAL OF PROPER NAMES

A. Family names

Family names are invariable:
    Dupont   **les Dupont**
    Smith   **les Smith**

But some *dynasty* names vary:
    les Stuarts, les Tudors, les Bourbons, les Capets, les Plantagenets, etc.

B. Given names

Given names can be varied or not, at the speaker's whim:
    les deux Marie   (or) **les deux Maries**

Exercice 4. Mettez les mots en italique au pluriel. Faites tous les changements nécessaires; imitez le modèle:
    Ils s'appuient sur *un garde-fou*.
        Ils s'appuient sur des garde-fous.

1. Il me fixait de *son grand œil bleu*. 2. *Un hibou* huait toute la nuit. 3. Pierre aime *le carnaval*. 4. *Elle* a mis *un chandail noir*. 5. Le gitan sortit *un couteau* de sa poche. 6. Ton mari a remporté *une perdrix*, tu dis? 7. Elle a donné du pain à *ce pauvre diable*. 8. Je n'ai pas eu le temps d'entrer dans *ce détail*. 9. Le garçon aime jeter *un caillou* dans l'eau. 10. *Son aïeul* vint de Hollande il y a 300 ans. 11. Elle a acheté *un nouveau joujou* pour *son enfant*. 12. Allez à Chartres; vous y admirerez *le vitrail* de la cathédrale. 13. *Le dernier-né* doit avoir quinze ans. 14. Est-ce que *votre grand-père* va bien? Et *votre grand-mère?* 15. L'artiste déplore le goût *du nouveau-riche*. 16. Allons construire *un bonhomme de neige*. 17. Cet été nous pourrions faire *un pique-nique*. 18. On construit *un gratte-ciel*, n'est-ce pas? 19. Voltaire se fiait peut-être trop *à l'on-dit* de ses amis. 20. *L'agent de police* n'est pas *un gendarme*.

Exercice 5. Complétez chacune des phrases suivantes en écrivant une proposition contenant les mots entre parenthèses, que vous mettrez au pluriel. Imitez le modèle:
    Elle a peur que _____ **(chauve-souris).**
        Elle a peur que les chauves-souris ne s'installent dans la mansarde.

1. Pour ouvrir des bouteilles, _____ (tire-bouchon). 2. Dans la maison de ses rêves, _____ (porte-fenêtre). 3. Il n'a pas pu finir son travail, car _____ (clou). 4. Elle avait un penchant pour les enfants de sa sœur, _____ (neveu). 5. L'artiste a bien travaillé: _____ (chef d'œuvre). 6. Il m'a offert un cadeau utile: _____ (presse-papiers). 7. Elle vient de voir sa fille, _____ (nouveau-née). 8. La nature lui semble belle; _____ (arc-en-ciel). 9. M. Lepic est très occupé depuis le matin: _____ (tête-à-tête). 10. André est à l'âge des collections: _____ (timbre-poste).

Exercice 6. *Composez des phrases avec les mots suivants. Mettez les noms et substantifs en italique au pluriel. Sauf indication contraire, mettez les verbes au passé simple. Faites tous les changements nécessaires; imitez le modèle:*

Le / gentilhomme / parler / longtemps.

Les gentilshommes parlèrent longtemps.

1. Il / être question / hier / de / ce / *Mademoiselle Lagrange*. 2. Pierre / installer / un / *tuyau d'eau*. 3. On / faire / un / *sculpture en pierre* / autour de / le / portail. 4. Le / paysan / planter / un / *chou*. 5. Le / *étoile* / se trouver (prés.) / à / sept / *année-lumière* / de / la / terre. 6. Ils / avoir peur de / le / *franc-maçon*. 7. Son / *neveu* / le / rendre visite / l'année / précédent. 8. Le / *haut-parleur* / se mettre à / crier. 9. Elle / recouvrir / tout / le / *lampe* / avec / un / nouveau / *abat-jour*. 10. Ils / aller (présent) / passer / leur / *vacance* / en étudiant / le / *vitrail* / de / plusieurs / *cathédrale*.

§87 S'ASSEOIR AND CUEILLIR

A. *S'asseoir*

1. Summary of conjugations[4]:

présent de l'indicatif:	je m'assieds	nous nous asseyons
futur et conditionnel:	je m'assiérai	je m'assiérais
passé composé:	je me suis assis	
passé simple:	je m'assis	

2. Like **s'asseoir**: asseoir (passé composé: **j'ai assis**)

B. *Cueillir*

1. Summary of conjugations:

présent de l'indicatif:	je cueille	nous cueillons
futur et conditionnel:	je cueillerai	je cueillerais
passé composé:	j'ai cueilli	
passé simple:	je cueillis	

[4]There is an alternate stem for the present indicative and present subjunctive as well as for the future and conditional tenses of **s'asseoir**, which can be derived from the following forms:

présent de l'indicatif:	je m'assois	nous nous assoyons
		ils s'assoient
futur et conditionnel:	je m'assoirai	je m'assoirais

Notes:

(1) For the **je, tu,** *and* **il** *forms, use the endings* **-e, -es, -e.**
(2) The **tu** *form of the imperative is* **cueille.**

   2. Like **cueillir**: **accueillir, recueillir, se recueillir**

   3. Some expressions with **recueillir**:
     a. **recueillir le fruit de son travail = obtenir comme résultat de son travail**
         Il a enfin recueilli le fruit de son travail.
         At last he's reaped the rewards of his labor.

     b. **recueillir ses forces ou ses idées = les rassembler avec énergie**
         On croyait Voltaire atterré; on avait tort; il ne faisait que recueillir ses forces.
         They thought that Voltaire was beaten; they were wrong; he was just gathering his strength.

Exercice 7. Mettez le verbe entre parenthèses à la personne et au temps indiqués. Faites tous les changements nécessaires; imitez le modèle:
   Il (s'asseoir) dans une chaise (présent de l'indicatif: il, je, ils)
     Il s'assied dans une chaise. Je m'assieds dans une chaise. Ils s'asseyent dans une chaise.[5]

1. (S'asseoir) ici. (impératif: tu, vous, nous)   2. Elle (s'asseoir) à côté de moi. (futur: elle, tu, ils)   3. Nous (s'asseoir) près de la porte. (passé composé: nous, vous, elle)   4. On (s'asseoir) à table lorsqu'arriva le désastre. (imparfait: on, nous, ils)   5. Pierre est fatigué; il faut qu'il (s'asseoir). (présent du subjonctif: il, nous, vous)   6. Tout le monde (s'asseoir) aussitôt. (passé simple: il, nous, elles)   7. Avant de manger, on (s'asseoir) sur l'herbe. (passé antérieur: on, ils, nous)   8. Il (se recueillir) avant de se coucher. (présent de l'indicatif: il, je, ils)   9. (Cueillir) dès aujourd'hui les roses de la vie. (impératif: tu, vous, nous)   10. Ils me (accueillir) à bras ouverts. (passé composé: ils, elle, tu)   11. Camus (recueillir) ses idées. (imparfait: Camus, je, nous)   12. Il (recueillir) le fruit de son travail. (futur: il, vous, elles)   13. Si les pommes étaient mûres, il les (cueillir). (conditionnel: il, nous, ils)   14. Il veut que je le (accueillir). (présent du subjonctif: je, tu, elles)   15. Le fisc (cueillir) les impôts. (passé simple: le fisc, je, ils)

---

[5]Ou bien, il s'assoit..., je m'assois..., ils s'assoient....

Exercice 8. Composition. Ecrivez une composition sur un des sujets suivants. Choisissez I ou II.

I. Plan à suivre:

    A. Présentez l'interprétation de l'histoire d'Adam et Eve en personne qui croit à la lettre de la Bible.

        1. Racontez l'histoire d'Adam et Eve.

        2. l'effet de leur chute

    B. Présentez l'interprétation de cet épisode de la Bible en personne qui y voit une allégorie, un mythe.

        1. le sens de la création d'Adam et d'Eve

        2. la signification de l'arbre de la Connaissance du Bien et du Mal (symboliserait-il, par exemple, la responsabilité personnelle, l'éveil de la conscience, ou quelque chose d'autre?)

        3. l'effet de la chute d'Adam et d'Eve

II. Commentez cette phrase: «Ce n'est que dans la soumission qu'est le bonheur.»

    A. Donnez des exemples qui montrent la vérité de ce propos. Tirez vos exemples de quelques expériences personnelles—en famille, dans la vie sociale, etc. (*Note:* Vous pouvez discuter les droits civiques, la désobéissance civique, le pacifisme, les manifestations d'étudiants, les grèves, etc., si vous préférez ne pas «parler religion.»)

    B. Montrez que cette maxime est parfois fausse. Tirez vos exemples de quelques expériences personnelles—en famille, dans la vie sociale, etc.

    C. Quelle est votre conclusion? Soumission totale, liberté totale? Y a-t-il une autre solution à ce problème?

Exercice 9. *Traduisez les phrases suivantes:*

1. The princess was holding two cabbages on her knees. [§*83B, 1*; §*84A, 4*]   2. Could a bat fly to the top of a skyscraper? [§*82A and B*]   3. Who succeeded the Bourbons? [§*86*]   4. French stamps are little masterpieces. [§*85B*]   5. Is Protestantism or Catholicism the leading religion in France? [§*81B, 1d*]   6. The grandmother often came to my house for coffee. [§*85C*]   7. There once was a shepherdess who watched over her sheep. [§*83A, 1*]   8. Female students must be in their rooms by midnight. [§*83A*]   9. There they are running after me now, doctor: one dog, one cat, one giraffe, and one female elephant. [§*83D*]   10. How many months have thirty-one days? [§*84*]   11. My professor's name is Mrs. Dupont. [§*81A*]   12. Must we learn all these details? [§*84A, 3*]   13. Are horses more useful than cows? [§*84A, 2*]   14. How many knives do your nephews have? [§*84A, 1*]   15. I have three corkscrews and I can't find any of them. [§*85E*]

Exercice 10. Thème d'imitation.

    —When I look in the Gospel, I cannot find commandments, threats, or prohibitions: all of that comes from Saint Paul, the Pastor says. What you need, it seems to me, are supports, ramps, guard-rails; without them, you feel *(se croire)* lost.

—That's not entirely true, father. But men are so weak and so imperfect that they need restraints *(la contrainte)*. Freedom does not make men happy; on the contrary, it permits them to be even more evil.

—You want to force them to good, but you do not understand that (the) Christ grants them happiness through love.

—But I too want men to be happy.

—No, son, you want their submission; but happiness comes only through freedom. We *(on)* cannot force people to be happy.

—You are wrong, father. Happiness exists only in submission.

QUINZIÈME LEÇON

Candide   Voltaire

Visite chez le seigneur Pococuranté, noble Vénitien

Candide et Martin allèrent en gondole sur la Brenta et arrivèrent au palais du noble Pococuranté. Les jardins étaient bien étendus et ornés de belles statues de marbre; le palais, d'une belle architecture. Le maître du logis, homme de soixante ans, fort riche, reçut très poliment les deux curieux, mais avec très peu d'empressement, ce qui déconcerta Candide et ne déplut point à Martin.

D'abord deux filles jolies et proprement mises servirent du chocolat qu'elles firent très bien mousser[1]. Candide ne put s'empêcher de les louer sur leur beauté, sur leur bonne grâce et sur leur adresse. «Ce sont d'assez bonnes créatures, dit le sénateur Pococuranté; je les fais quelquefois coucher dans mon lit, car je suis bien las des dames de la ville, de leurs coquetteries, de leurs jalousies, de leurs querelles, de leurs humeurs, de leurs petitesses, de leur orgueil, de leurs sottises, et des sonnets qu'il faut faire ou commander pour elles; mais, après tout, ces deux filles commencent fort à m'ennuyer.»

Candide, après le déjeuner, se promenant dans une longue galerie, fut surpris de la beauté des tableaux. Il demanda de quel maître étaient les deux premiers. «Ils sont de Raphaël, dit le sénateur; je les achetai fort cher par vanité il y a quelques années; on dit que c'est ce qu'il y a de plus beau en Italie, mais ils ne me plaisent point du tout: la couleur en est rembrunie[2]; les figures ne sont pas assez arrondies et ne sortent point assez; les draperies ne ressemblent en rien à une étoffe; en un mot, quoi qu'on en dise, je ne trouve point là une imitation

[1] mousser   *to whip*   [2] rembrunir = devenir plus brun

vraie de la nature elle-même. Je n'aimerai un tableau que quand je croirai voir la nature elle-même: il n'y en a point de cette espèce. J'ai beaucoup de tableaux, mais je ne les regarde plus.»

Pococuranté, en attendant le dîner, se fit donner un concerto. Candide trouva la musique délicieuse. «Ce bruit, dit Pococuranté, peut amuser une demi-heure; mais, s'il dure plus longtemps, il fatigue tout le monde, quoique personne n'ose l'avouer. La musique aujourd'hui n'est plus que l'art d'éxecuter des choses difficiles, et ce qui n'est que difficile ne plaît point à la longue[3].

«J'aimerais peut-être mieux l'opéra, si on n'avait pas trouvé le secret d'en faire un monstre qui me révolte. Ira voir qui voudra[4] de mauvaises tragédies en musique, où les scènes ne sont faites que pour amener, très mal à propos, deux ou trois chansons ridicules qui font valoir le gosier[5] d'une actrice; se pâmera[6] de plaisir qui voudra, ou qui pourra, en voyant un châtré[7] fredonner[8] le rôle de César et de Caton et se promener d'un air gauche sur des planches; pour moi, il y a longtemps que j'ai renoncé à ces pauvretés, qui font aujourd'hui la gloire de l'Italie, et que des souverains paient si chèrement.» Candide disputa un peu, mais avec discrétion. Martin fut entièrement de l'avis du sénateur.

On se mit à table, et, après un excellent dîner, on entra dans la bibliothèque. Candide, en voyant un Homère magnifiquement relié, loua l'illustrissime sur son bon goût. «Voilà, dit-il, un livre qui faisait les délices du grand Pangloss[9], le meilleur philosophe de l'Allemagne. —Il ne fait pas les miennes, dit froidement Pococuranté; on me fit accroire[10] autrefois que j'avais du plaisir en le lisant; mais cette répétition continuelle de combats qui se ressemblent tous, ces dieux qui agissent toujours pour ne rien faire de décisif, cette Hélène qui est le sujet de la guerre, et qui à peine est une actrice de la pièce; cette Troie qu'on assiège et qu'on ne prend point, tout cela me causait le plus mortel ennui. J'ai demandé quelquefois à des savants s'ils s'ennuyaient autant que moi à cette lecture. Tous les gens sincères m'ont avoué que le livre leur tombait des mains, mais qu'il fallait toujours l'avoir dans sa bibliothèque, comme un monument de l'antiquité, et comme ces médailles rouillées[11] qui ne peuvent être de commerce.

—Votre Excellence ne pense pas ainsi de Virgile? dit Candide. —Je conviens, dit Pococuranté, que le second, le quatrième et le sixième livre de son *Enéide* sont excellents; mais pour son pieux Enée, et le fort Cloanthe, et l'ami Achates, et le petit Ascanius, et l'imbécile roi Latinus, et la bourgeoise Amata, et l'insipide Lavinia, je ne crois pas qu'il y ait rien de si froid et de plus désagréable. J'aime mieux le Tasse et les contes à dormir debout de l'Arioste. (...)

—Ah! voilà quatre-vingts volumes de recueils d'une académie des sciences, s'écria Martin; il se peut qu'il y ait là du bon. —Il y en aurait, dit Pococuranté, si un seul des auteurs de ces fatras[12] avait inventé seulement l'art de faire des

---

[3]à la longue = avec le temps   [4]Ira voir qui voudra = Celui qui veut aller voir peut aller voir   [5]le gosier *throat*   [6]se pâmer *to faint, to swoon*   [7]le châtré = le castrat   [8]fredonner *to hum*   [9]Pangloss = précepteur de Candide   [10]faire accroire = faire croire ce qui n'est pas   [11]rouiller *to rust*   [12]le fatras *rubbish*

épingles; mais il n'y a dans tous ces livres que de vains systèmes et pas une seule chose utile.

—Que de pièces de théâtre je vois là! dit Candide; en italien, en espagnol, en français! —Oui, dit le sénateur, il y en a trois mille, et pas trois douzaines de bonnes. Pour ces recueils de sermons, qui tous ensemble ne valent pas une page de Sénèque, et tous ces gros volumes de théologie, vous pensez bien que je ne les ouvre jamais, ni moi ni personne.»

Martin aperçut des rayons chargés de livres anglais. «Je crois, dit-il, qu'un républicain doit se plaire à la plupart de ces ouvrages écrits si librement. —Oui, répondit Pococuranté, il est beau d'écrire ce qu'on pense; c'est le privilège de l'homme. Dans toute notre Italie, on n'écrit que ce qu'on ne pense pas; ceux qui habitent la patrie des Césars et des Antonins n'osent avoir une idée sans la permission d'un jacobin[13]. Je serais content de la liberté qui inspire les génies anglais si la passion et l'esprit de parti[14] ne corrompaient pas tout ce que cette précieuse liberté a d'estimable.»

Après avoir fait ainsi la revue de tous les livres, ils descendirent dans le jardin. Candide en loua toutes les beautés. «Je ne sais rien de si mauvais goût, dit le maître: nous n'avons ici que des colifichets[15]; mais je vais dès demain en faire planter un d'un dessin plus noble.»

Quand les deux curieux eurent pris congé de Son Excellence: «Or çà[16], dit Candide à Martin, vous conviendrez que voilà le plus heureux de tous les hommes, car il est au-dessus de tout ce qu'il possède. —Ne voyez-vous pas, dit Martin, qu'il est dégoûté de tout ce qu'il possède? Platon a dit, il y a longtemps, que les meilleurs estomacs ne sont pas ceux qui rebutent tous les aliments.

—Mais, dit Candide, n'y a-t-il pas du plaisir à tout critiquer, à sentir des défauts où les autres hommes croient voir des beautés? —C'est-à-dire, reprit Martin, qu'il y a du plaisir à n'avoir pas de plaisir? —Oh bien! dit Candide, il n'y a donc d'heureux que moi, quand je reverrai Mlle Cunégonde[17]. —C'est toujours bien fait d'espérer», dit Martin.

Questionnaire I

1. En quel pays se passe l'action de cet extrait?   2. Comment Candide et Martin se sont-ils rendus au palais de Pococuranté?   3. Comment Pococuranté a-t-il accueilli les deux voyageurs?   4. Qu'ont fait les deux jeunes filles proprement mises?   5. Qu'a dit Candide à leur sujet?   6. Qu'est-ce que Pococuranté pense d'elles?   7. Que pense Pococuranté des dames de la ville?   8. Qu'a fait Candide après le déjeuner?   9. De qui sont les deux tableaux que Candide admire?   10. Que pense Pococuranté de ces deux tableaux?   11. Quand est-ce que Pococuranté aimera un tableau?   12. Qu'ont fait Pococuranté et Candide avant le dîner?   13. Qu'est-ce que Candide a pensé de la musique?   14. Qu'en dit

---

[13]le jacobin = religieux de la règle de Saint Dominique   [14]l'esprit de parti = disposition favorable envers tout ce qui est de son parti   [15]le colifichet = la bagatelle   [16]Or çà Now then!   [17]Mlle Cunégonde = la bien aimée de Candide

Pococuranté? 15. Que pense Pococuranté de l'opéra? 16. Pourquoi Pococuranté a-t-il renoncé à ce genre de spectacle? 17. Qu'ont fait Pococuranté, Candide et Martin après le dîner? 18. Que pense Candide d'Homère? et Pococuranté? 19. Que dit Pococuranté au sujet d'Hélène? 20. Selon Pococuranté, que disent les gens sincères à propos d'Homère? 21. Que pense Pococuranté de Virgile? 22. Qu'est-ce qu'il trouve de désagréable dans l'*Enéide*? 23. Que dit-il du Tasse et de l'Arioste? 24. Pourquoi, selon Pococuranté, n'y a-t-il rien de bon dans les quatre-vingts volumes de recueils d'une académie des sciences? 25. Combien de pièces de théâtre a Pococuranté? Combien sont bonnes, selon Pococuranté? 26. Que dit Pococuranté à propos de la littérature italienne? de la littérature anglaise? 27. Pococuranté aime-t-il son jardin? 28. Pourquoi Candide dit-il que Pococuranté est le plus heureux de tous les hommes? 29. Que lui répond Martin?

Questionnaire II

1. Avez-vous vu un jardin orné de belles statues? 2. En voit-on souvent en Amérique? 3. Aimeriez-vous en voir davantage? 4. Qu'est-ce que vous servez à boire à vos invités le plus souvent? 5. Que pensez-vous de l'attitude de Pococuranté envers les femmes? 6. Les hommes font-ils toujours des sonnets pour les femmes? 7. Y a-t-il un endroit près de chez vous où vous pouvez regarder des tableaux? 8. Selon vous, quel est le peintre le mieux connu? 9. Quel est, à votre avis, le meilleur peintre américain? 10. Les tableaux du vingtième siècle sont-ils une imitation vraie de la nature elle-même? 11. Avez-vous souvent l'occasion d'entendre un concert? 12. Pensez-vous comme Pococuranté qu'il y a de la musique qui peut amuser une demi-heure, mais qui fatigue si elle dure plus longtemps? 13. Pourrait-on dire à propos de la musique du vingtième siècle ce que dit Pococuranté à propos de la musique du sien, que ce n'est que l'art d'exécuter des choses difficiles? 14. Que pensez-vous de l'opéra? 15. Connaissez-vous Homère? Que pensez-vous de son œuvre? 16. Connaissez-vous l'*Enéide*? 17. Connaissez-vous le latin et le grec? 18. Pour être bien éduqué, faut-il qu'un homme connaisse les langues et les littératures anciennes? 19. Est-ce que les recueils des académies des sciences contiennent toujours des choses peu utiles? 20. Avez-vous lu beaucoup de pièces de théâtre? 21. De quel pays sont les pièces qui vous plaisent le plus? 22. Peut-on publier aux Etats-Unis tout ce qu'on pense? 23. Y a-t-il des pays où cela ne peut pas se faire? 24. Seriez-vous heureux de posséder ce que possède Pococuranté? 25. Comment expliquez-vous l'attitude de Pococuranté envers les arts? 26. Y a-t-il du plaisir à tout critiquer? 27. Peut-on avoir du plaisir à n'avoir point de plaisir?

A. *Expressions à étudier: Les Beaux-Arts* [fine arts]

l'art (m)

une œuvre [*finished work*], le chef-d'œuvre [*masterpiece*], le genre

l'architecture (f)

un architecte, le bâtiment [*building*], un édifice, le gratte-ciel [*skyscraper*], le château, le palais [*palace*], la chapelle [*chapel*], un arc [*arch*], la façade [*front*], la tour [*tower*], la colonne [*column*], l'architecture romane (baroque, gothique, byzantine) [*romanesque (baroque, gothic, byzantine) architecture*]

les matériaux (m)

la brique [*brick*], une maison en briques [*a brick house*], la pierre [*stone*], le bois [*wood*], le marbre [*marble*], la tuile [*tile*], le béton [*concrete*], le béton armé [*reinforced concrete*]

la littérature

le livre, la revue [*magazine*], un écrivain [*writer*], l'homme de lettres [*man of letters*], le talent, la prose, la poésie, le poème, le poète, la poésie lyrique (narrative, dramatique, épique), le vers [*line of poetry*], la strophe [*stanza*], la rime, le rythme, l'histoire (f) [*history, story*], l'historien (m), le roman [*novel*], le roman policier [*detective story*], le romancier [*novelist*], l'essai (m), l'essayiste (m), la maxime [*maxim*], la morale, le proverbe [*proverb*], le dicton [*saying*], le roman épistolaire, le conte [*tale, short story*], la fable, la nouvelle [*short novel*], le récit [*narration*], l'intrigue (f) [*plot*], le dénouement [*ending*]

le théâtre

la pièce de théâtre [*play*], le drame [*drama*], le dramaturge [*playwright*], la tragédie, la comédie, la farce, le comédien [*play actor*], le tragédien [*tragedian*], un acteur [*actor*], une actrice [*actress*], le héros, l'héroïne (f), les personnages (m) [*characters*], l'acte (m), la scène, l'entr'acte (m) [*intermission*], la scène [*stage*], la mise en scène [*setting*], les décors (m) [*scenery*], les coulisses [*wings*], les costumes, le metteur en scène [*producer*], la salle

la musique

le musicien, le compositeur [*composer*], la note, la partition [*score*], la voix [*voice*], le chant [*singing*], le chanteur [*singer*], le chœur [*chorus*], le ténor, le baryton, le soprane, le contralto, la basse, chanter juste (faux) [*to sing in tune (out of tune)*], accorder les instruments (m) [*to tune the instruments*], un opéra, une opérette, une symphonie, une sonate, la musique de chambre, un orchestre, un alto [*viola*], le basson, la clarinette, la contrebasse [*double bass*], le cor [*horn*], la flûte, la guitare, la harpe, le hautbois [*oboe*], l'orgue (m) [*organ*], le piano, le saxophone, le tambour [*drum*], la trompette, le violon, le violoncelle

la peinture

le peintre [*painter*], le tableau [*picture, painting*], une estampe [*print*], le portrait [*portrait, picture*], la toile [*canvas*], l'esquisse (f) [*sketch*], le dessin [*drawing*], la peinture à l'huile [*oil painting*], la peinture à l'aquarelle [*water color painting*], la gravure [*engraving*], l'ébauche *(f)* [*rough sketch*], le cadre [*frame*], le pinceau [*paint brush*], la couleur [*color*], un atelier [*studio, workshop*]

la sculpture

le sculpteur, la statue, le monument, le bas-relief

Questionnaire

(sur l'architecture) 1. Quel est le rôle de l'architecte dans la société moderne? 2. Pouvez-vous nommer quelques édifices célèbres de l'antiquité? Quels matériaux (de construction) les architectes de cette époque employaient-ils? 3. Pouvez-vous nommer quelques édifices de style roman? 4. Pouvez-vous en nommer de style gothique? 5. Qu'est-ce qui caractérise l'architecture romane? byzantine? gothique? 6. Que pensez-vous de l'architecture moderne? 7. Peut-on trouver aux Etats-Unis des constructions de style gothique? 8. L'architecture des Etats-Unis varie-t-elle d'une région à une autre? Où trouve-t-on des maisons en bois? en briques? en pierre? 9. Quels sont les avantages, les inconvénients, d'une maison en bois? d'une maison en pierre? 10. Emploie-t-on les tuiles dans la construction américaine? 11. Pour quelle sorte de constructions emploie-t-on le béton armé? 12. Quel est le bâtiment le plus frappant de votre ville? Pourquoi le trouvez-vous frappant? 13. Y a-t-il des gratte-ciel dans votre ville? Les trouvez-vous beaux ou laids? pourquoi? 14. Pourriez-vous nommer quelques architectes célèbres? 15. Aimeriez-vous être architecte? pourquoi? 16. Pourriez-vous décrire les bâtiments de votre campus du point de vue architecturale?

(sur la littérature) 17. Si vous deviez limiter votre bibliothèque à dix livres, lesquels choisiriez-vous? pourquoi? 18. Quelles sont les caractéristiques d'un poème épique? d'un poème lyrique? d'un poème narratif? 19. Pourriez-vous donner un exemple de chacun de ces genres? 20. Y a-t-il un poème épique américain? 21. Pourriez-vous nommer quelques poètes américains et dire ce qu'ils ont écrit? quelques romanciers et leurs œuvres? quelques dramaturges? 22. Qu'est-ce que c'est qu'un essai? 23. Qu'est-ce que c'est qu'une maxime? 24. Qu'est-ce que c'est qu'un proverbe? 25. Pouvez-vous citer quelques proverbes français? 26. Combien de vers a un sonnet? combien de strophes? 27. Selon vous, est-ce que l'histoire est un genre littéraire? pourquoi? 28. Pourriez-vous nommer des écrivains célèbres pour leurs lettres? 29. Quelle sorte de livre lisez-vous pour vous distraire? 30. Qu'est-ce que vous pensez du théâtre moderne? 31. Le théâtre américain contemporain vous intéresse-t-il? 32. Aimez-vous les pièces de théâtre en vers? 33. Y a-t-il un genre littéraire typiquement américain? 34. Qu'est-ce que c'est qu'une tragédie? une comédie? 35. Est-ce aussi agréable de voir une comédie au théâtre que de la voir à la télévision? 36. Qu'est-ce que c'est que la farce? Qu'en pensez-vous? 37. Que pensez-vous des pièces de Shakespeare où les personnages portent des costumes du vingtième siècle?

(sur la musique) 38. Diriez-vous que la musique est le plus parfait de tous les arts? pourquoi? 39. Quel instrument, selon vous ressemble le plus à la voix humaine? 40. Jouez-vous d'un instrument? duquel? 41. D'après ce que vous avez entendu dire, de quel instrument joue-t-on le moins facilement? 42. Pourriez-vous nommer quelques instruments de l'orchestre? 43. Qu'est-ce que c'est qu'une symphonie? une sonate? 44. Aimez-vous l'opéra? pourquoi? 45. Selon vous, qui est le plus grand compositeur? 46. Aimez-vous la musique de chambre? 47. Pour quels instruments les quatuors sont-ils écrits le plus souvent? 48. Que pensez-vous de la musique électronique? 49. Vous intéressez-vous à la musique japonaise? à la musique arabe? 50. Quels pays ont le plus contribué au développement de la musique? 51. Que pensez-vous du jazz? 52. Que pensez-vous de la musique folklorique?

(sur la peinture) 53. Y a-t-il un musée près de chez vous? Y allez-vous souvent? 54. Que peut-on y voir? 55. La peinture vous intéresse-t-elle autant que la musique ou la littérature? 56. Est-ce que la photographie peut remplacer la peinture? 57. Quel peintre connaissez-vous le mieux? 58. Certains tableaux se vendent de nos jours à un prix astronomique. Selon vous, une œuvre d'art peut-elle avoir la valeur d'un million de dollars? 59. Vous intéressez-vous à la peinture moderne? 60. Une peinture qui ne représente rien de reconnaissable peut-elle être intéressante? Peut-elle être belle? 61. Quelle sorte de peinture aimez-vous? 62. Qu'est-ce que vous pensez de la peinture à l'aquarelle? 63. Aimeriez-vous être peintre?

(sur la sculpture) 64. Pouvez-vous nommer quelques sculpteurs américains du vingtième siècle? 65. Pouvez-vous nommer quelques sculpteurs célèbres? 66. Quelle sorte de statues aimez-vous? 67. Y a-t-il des statues dans votre ville? Qu'en pensez-vous? 68. De quoi sont faites les statues?

B. *Etudiez les expressions suivantes; consultez la leçon pour l'emploi de ces expressions:*

en un mot = enfin   **mal à propos** = à contretemps   **faire valoir** = vanter   **d'un air gauche** = d'une façon maladroite

Exercice. Employez ces expressions dans les phrases suivantes:
1. D'habitude il me plaît de vous voir, mais ce soir vous arrivez _____. 2. En effet, cette chanson _____ votre voix. 3. Je ne veux plus vous voir, et je n'ai aucun désir de vous parler: _____ je ne vous aime plus. 4. Vous téléphonez bien _____; je suis en train de me raser. 5. Ce n'est pas qu'il manque de grâce, mais il semble s'obstiner à tout faire _____.

§88 ADJECTIVES, CONTINUED (SEE §66, §67, §68, and §69)

An adjective is a word used with a noun. It denotes a quality or an attribute of the noun (**un homme** *sage*), it distinguishes it from other nouns in the same class (**une robe *rouge***), or in other ways modifies it or limits its range of application.

Adjectives have the same number and gender as the noun they refer to: if the noun is feminine and singular (**une robe**), the adjective must be feminine and singular (**nouvelle: une *nouvelle* robe**).

§89 FEMININE OF ADJECTIVES

The feminine singular of most adjectives can be formed by adding **-e** to the masculine singular, unless the masculine singular already ends in **-e**:

    Paul est *certain*.   Virginie est *certaine*.
    Le ciel est *bleu*.   L'eau est *bleue*.
    Il est *fort*.   Elle est *forte*.

But:
    du vin *rouge*   une auto *rouge*
    un homme *aimable*   une femme *aimable*

The addition of **-e** sometimes brings about changes in the consonant, the stressed vowel, or both.

    1. **-er** becomes **-ère** and **-et** becomes **-ète**:

cher	chère	*dear; expensive*
fier	fière	*proud*
premier	première	*first*
complet	complète	*complete, full*
discret	discrète	*discreet*
inquiet	inquiète	*worried*
secret	secrète	*secret*

But:
muet	muette	*mute*
net	nette	*clear, spotless*

    2. stem consonant is often doubled:

-as > -asse		bas	basse	*low*
		gras	grasse	*fat*
-eil > -eille		pareil	pareille	*similar*
		vermeil	vermeille	*ruddy, rosy*
-el > -elle		cruel	cruelle	*cruel*
		réel	réelle	*real*
-en > -enne		ancien	ancienne	*ancient; former*
		parisien	parisienne	*Parisian*

Other adjectives which double the stem consonant are:

bon	bonne	*good*
épais	épaisse	*thick*
gros	grosse	*heavy*
gentil	gentille	*gentle*
nul	nulle	*no, not one*
paysan	paysanne	*peasant*

3. **-f** becomes **-ve**:

actif	active	*active*
neuf	neuve	*brand-new*
vif	vive	*lively*

4. **-teur** becomes **-trice**:

destructeur	destructrice	*destructive*
indicateur	indicatrice	*indicating (sign)*

But:

enchanteur	enchanteresse	*enchanting*
menteur	menteuse	*lying* (i.e., not telling the truth)

5. **-eux** becomes **-euse** and **-eur** becomes **-euse**:

courageux	courageuse	*courageous*
heureux	heureuse	*happy, fortunate*
causeur	causeuse	*chatty, talkative*
trompeur	trompeuse	*deceitful, deceiving*

But the following add **-e** to form the feminine:

antérieur, postérieur	*anterior, posterior*
extérieur, intérieur	*exterior, interior*
majeur, mineur	*major, minor*
supérieur, inférieur	*superior, inferior*
meilleur	*better*

6. **-c** becomes **-que** or **-che**:

public	publique	*public*
turc	turque	*Turk*

But:

grec	grecque	*Greek*

blanc	blanche	*white*
franc	franche	*frank*

But:

sec	sèche	*dry*

7. **Beau, fou, mou, nouveau, vieux** have an alternative masculine form in **-l**, which is doubled in the feminine:

beau	bel	belle	*beautiful, handsome*
fou	fol	folle	*mad, crazy*
mou	mol	molle	*soft*
nouveau	nouvel	nouvelle	*new, novel*
vieux	vieil	vieille	*old*

The alternate masculine form of these adjectives is used before a singular noun beginning with a vowel or a mute **h**; **mol** and **fol** are rarely encountered:

un *bel* hôtel
le *nouvel* an
mon *vieil* ami

8. The following adjectives are among those which do not fit into the above classifications:

aigu	aiguë	*sharp*
ambigu	ambiguë	*ambiguous*
doux	douce	*sweet*
faux	fausse	*false*
favori	favorite	*favorite*
frais	fraîche	*fresh, cool*
long	longue	*long*
malin	maligne	*malignant, mischievous, clever*
roux	rousse	*red-haired*
sot	sotte	*foolish*

Note: **Chic, kaki** (*or* **khaki**), **bien,** *and* **snob** *have no separate feminine forms:*

une fille chic	*an elegant girl*
une jaquette kaki	*a khaki jacket*
une femme snob	*a snobbish woman*
une famille bien	*a "good" family*

§90 PLURAL OF ADJECTIVES (LE PLURIEL DES ADJECTIFS)

1. To form the plural of feminine adjectives, add **-s** to the singular:

la mode *parisienne*   les modes *parisiennes*
une *belle* fille   de *belles* filles

2. To form the plural of *most* masculine adjectives, add **-s** to the singular:

un *jeune* élève   de *jeunes* élèves
un homme *petit*   des hommes *petits*

unless the singular form already ends in **-s** or **-x**:
  un *bas* prix   de *bas* prix
  un homme *heureux* des hommes *heureux*

Exceptions:
  a. Adjectives ending in **-eau** add **-x** to form the plural:
    mon frère *jumeau* des frères *jumeaux*
    un *nouveau* magasin de *nouveaux* magasins
    un *beau* jour   de *beaux* jours

Note:
    un *bel* homme de *beaux* hommes
    un *nouvel* ami de *nouveaux* amis

  b. Most adjectives ending in **-al** form their plural in **-aux**:
    un détail *trivial* des détails *triviaux*
    un homme *cordial* des hommes *cordiaux*

But a small group of adjectives has endings in **-als**:
    un compliment *banal* des compliments *banals*
    un événement *fatal* des événements *fatals*
    le résultat *final*   les résultats *finals*
    un combat *naval* des combats *navals*

  c. Some adjectives do not change in the plural:
    un homme *chic*   des hommes *chic*
    un uniforme *k(h)aki* des uniformes *k(h)aki*
    une personne *bien* des gens *bien*

Note: des femmes *chic*; les chemises *k(h)aki*; des filles *bien*.

§91 SOME DIFFICULTIES IN AGREEMENT OF ADJECTIVES
(QUELQUES PROBLÈMES DE L'ACCORD DES ADJECTIFS)

  1. Adjectives modifying two or more nouns of different genders are put in the masculine plural:
    la musique et l'art *italiens*
    des filles et des garçons *intelligents*
When possible, put the adjective as close as possible to the masculine noun.

  2. Adjectives of color agree in the normal manner:
    des yeux *bleus*, la page *blanche*, la *verte* espérance

But compound adjectives of color are invariable:
    des yeux *bleu gris*, une robe *vert foncé*, des chemises *jaune clair*

3. Adjectives can agree with either the singular collective noun or the plural noun in such cases as the following:

un groupe d'hommes enragés   *a group of enraged men*
un groupe d'hommes enragé   *an enraged group of men*

une troupe de soldats disciplinés   *a troop of disciplined soldiers*
une troupe de soldats disciplinée   *a disciplined troop of soldiers*
[*Académie française*]

But sometimes adjectives can logically modify only one of the two nouns:
un grand nombre de tableaux *bizarres* (not the number but the paintings are bizarre)
un nombre de fautes *incalculable* [*Académie française*] (not the mistakes but the number is large)

Exercice 1. Faites l'accord des adjectifs dans les phrases suivantes. Faites tous les changements nécessaires; imitez le modèle:

Il a mis un_____ chemise blanc_____ et un_____ pantalon gris_____.

Il a mis une chemise blanche et un pantalon gris.

1. Ses paroles sont ambigu_____; il a l'esprit fau_____. 2. Ces détails sont trivia_____ et bana_____. 3. Quel_____ sont l_____ personnages principa_____ du roman? 4. En quoi consiste l_____ doctrine chrétien_____? 5. Pour son instruction religieu_____, il doit lire l_____ Nouv_____ Testament. 6. Il cherche un_____ liberté total_____. 7. Il va perdre son âme immortel_____. 8. Il y a déjà dans son esprit tant de raideur doctrinal_____. 9. Marie est gros_____ mais elle est bien gentil_____. 10. Ils parlaient à voix bas_____. 11. Nul_____ femme ne saura garder un_____ tel_____ secret. 12. C'est un_____ vieil_____ écharpe grec_____. Elle est chic_____, n'est-ce pas? 13. Descendons à ce_____ bel_____ auberge. 14. De quel_____ couleur est s_____ robe? Bleu_____ ou vert_____? 15. Voilà un_____ régiment de soldats bien fatigué_____. 16. Les filles et les garçons sont prêt_____ et heureu_____. 17. M_____ tragédie favori_____, c'est *Phèdre*. 18. Bien qu'elle soit rou_____, elle a les yeux brun_____ foncé_____. 19. Messieurs, vous êtes tou_____ des snob_____. 20. Goûtez-moi cet_____ eau frai_____.

Exercice 2. Complétez les phrases suivantes en insérant la forme convenable d'un adjectif choisi de la liste ci-dessous. Choisissez l'adjectif avec soin: que votre choix convienne au sens de la phrase.

a.	**doux**	f.	**rouge**	k.	**cruel**
b.	**aigu**	g.	**bleu pâle**	l.	**public**
c.	**malin**	h.	**muet**	m.	**nouveau**
d.	**sot**	i.	**inquiet**	n.	**bien**
e.	**humble**	j.	**fier**	o.	**chic**

1. Nini lui fait les yeux _____. 2. C'est une _____ chanson que vous chantez là. 3. Il vaut mieux que tu restes _____, Monique. 4. Comme ils sont _____, ces messieurs! 5. Elle fut _____, car sa vie devint tout d'un coup _____. 6. C'est une tumeur _____, dit le médecin d'une voix _____. 7. Elle est _____ de ses yeux _____. 8. Ils attendent une _____ vie. 9. Cette fille _____ vient d'une famille _____. 10. C'est une suite de chansons _____. 11. Pierre est intelligent mais ses frères sont _____. 12. C'est un _____ client qui a la voix _____. 13. Joséphine aime torturer les faibles: elle est _____. 14. Elles ne prononçaient pas un mot: Marie et Louise étaient _____. 15. Les rideaux _____ font contraste avec les fauteuils _____.

Exercice 3. *Combinez les mots suivants pour en faire des phrases complètes. Sauf indication contraire, mettez les verbes au passé composé ou à l'imparfait, selon le cas. Faites tous les changements nécessaires; imitez le modèle:*
   Le / usage / de / le / toile / gros / devenir / commun.
   L'usage de la toile grosse est devenu commun.

1. Son / grand / beauté / venir / de / la / parfait / adaptation / à / le / corps / humain. 2. Le / forme / de / le / manteaux / médiéval / ressembler / à / celui / de / nombreux / costumes / monastique. 3. Le / auto / être / ancien / mais Parpalaid / le / trouver / beau. 4. Elle / porter / un / nouveau / coiffure / très chic. 5. Le / tresses / long / et / flottant / être / un / signe / de / son / virginité. 6. On / vouloir / obliger / le / fou / femmes / à / un / mises / simple. 7. Le / époque / postérieur / être / moins / courageux. 8. Il / porter / un / chemise / bleu clair. 9. Son / fille / être / actif / et / gentil. 10. Il / raconter / un / histoire / enchanteur.

§92 POSITION OF ADJECTIVES (LA PLACE DES ADJECTIFS)

The position of adjectives is, for educated Frenchmen, often a matter of taste; it is frequently dictated by questions of sound or rhythm, or by a desire to give extra stress or force to a particular adjective (this might be called an "affective" consideration, one dealing in part with the emotions). Consequently, you will read and hear adjectives placed differently than according to the "rules" which follow; but you would be unwise to violate these "rules" until your command of French is thorough and your ability to speak or write it is fluent.

A. Adjectives following the noun

Most adjectives follow the noun they modify:
    deux ou trois chansons *ridicules*   *two or three ridiculous songs*
    se promener d'un air *gauche*   *to walk clumsily (awkwardly)*

This is especially true if the adjective:
    1. is formed from a past participle or a present participle:
        deux filles bien *habillées*   *two well-dressed girls*
        un jardin *orné*   *an ornate garden*
        une histoire *intéressante*   *an interesting story*
        ses mains *vigilantes*   *his vigilant hands*

    2. indicates nationality, religion, official function, or is derived from a proper name:
        un écrivain *français*   *a French writer*
        une automobile *américaine*   *an American automobile*
        un philosophe *catholique*   *a Catholic philosopher*
        une jeune fille *juive*   *a Jewish girl*
        l'auto *présidentielle*   *the presidential car*
        le palais *royal*   *the royal palace*
        une tragédie *cornélienne*   *a Cornelian tragedy*
        les idées *voltairiennes*   *the Voltairean ideas*

    3. indicates color or form:
        des figures *arrondies*   *rounded faces*
        des yeux *verts*   *green eyes*

    4. is modified by an adverb:
        l'accent uniquement *divin*   *the uniquely divine accent*
        des variantes presque *innombrables*   *almost innumerable variants*

But see §92C, note, below.

B. Adjectives that always precede the noun

The following kinds of adjectives always precede the noun:
    1. articles:
        ***les* jardins**   *the gardens*
        ***de* belles statues**   *(some, any) beautiful statues*

    2. demonstrative adjectives:
        ***cette* répétition continuelle**   *this (that) continuous repetition*
        ***ces* gros volumes de théologie**   *these (those) heavy volumes of theology*

3. possessive adjectives:
    leur orgueil   *their pride*
    sa bibliothèque   *his (her) library*

4. numbers and indefinite adjectives:
    quatre-vingts chasseurs   *eighty hunters*
    le ***dix-huitième*** siècle   *the eighteenth century*
    plusieurs femmes   *several women*
    certaines personnes   *certain persons*

But:
    Louis XV   *Louis Fifteenth*
    Lisez à la page ***dix-neuf***.   *Read on page nineteen.*

5. interrogative adjectives:
    Quelle heure est-il?   *What time is it?*
    Quels romans . . . ?   *Which (what) books . . . ?*

6. adjectives modifying a proper name:
    le ***noble*** Pococuranté   *noble Pococuranté*
    le ***grand*** Pangloss   *the great Pangloss*

C. Adjectives which habitually precede the noun

The following are among those adjectives which habitually precede the noun. They tend to be *short, unstressed,* and *frequently used*:

autre	*other*	**jeune**	*young*
beau	*beautiful, handsome*	**joli**	*pretty, good-looking, attractive*
bon	*good*	**long**	*long*
chaque	*each*	**mauvais**	*bad*
court	*short*	**nouveau**	*new*
fou	*mad, crazy*	**petit**	*little*
gentil	*gentle, nice*	**vieux**	*old*
grand	*big, tall, great*	**vilain**	*mischievous, nasty*
gros	*heavy, heavy-set*		

    un ***gentil*** garçon   *a nice boy*
    une ***longue*** course   *a long race*
    la ***folle*** journée   *the mad day*

To give more stress to these adjectives, place them after the noun.
    C'est un monde ***fou***.   *It's a mad world.*
    Deux filles ***jolies*** . . .   *Two pretty girls . . .*

Note: *Modified by a short adverb* **(fort, bien, très, plus, assez,** *etc.), these adjectives can be placed either before or after the noun:*

    un *fort* bel homme, un homme *fort* beau   *a very handsome man*

    une *très* longue histoire, une histoire *très* longue   *a very long story*

But if an adverb is long, the adjective follows the noun:
    un homme extrêmement *beau*   *an extremely handsome man*
    une histoire excessivement *longue*   *an excessively long story*

§93 SOME PROBLEMS WITH THE POSITION OF ADJECTIVES

A. *Position of adjectives as it affects meaning*

Some adjectives have a different meaning if they precede or follow the noun; among them are the following:

un *ancien* élève	a *former* student, an alumnus
l'histoire *ancienne*	*ancient* history
le *brave* homme	the *good* man
un homme *brave*	a *brave* man
une *certaine* tendance	a *certain* tendency
des tendances *certaines*	*certain* (well-established) tendencies
un *cher* enfant	a *dear* child
une chemise *chère*	an *expensive* shirt
une *curieuse* femme	a *curious* (odd, eccentric) woman
une femme *curieuse*	a *curious* (inquisitive) woman
différentes idées	*various* ideas
des idées *différentes*	*different* ideas
un *grand* homme	a *great* man
un homme *grand*	a *tall* man
la *même* foi	the *same* faith
la foi *même*	faith *itself*; the *very* faith
Le *pauvre* homme!	The *poor* man!
l'homme *pauvre*	the *poor* (penniless) man
sa *propre* chemise	his *own* shirt
sa chemise *propre*	his *clean* shirt

Notice that many of these adjectives have a *literal* sense and a *figurative* sense. **Curieux,** in its literal sense, means "inquisitive" and follows the noun: **un enfant curieux;** in its figurative sense it means "odd" and usually precedes the noun: **un curieux procès.** So also: **un veston noir, un noir chagrin; un écrivain méchant, un méchant** (= mauvais) **écrivain;** etc.

Prochain and **dernier** follow the noun in time expressions using such words as **an, année, mois, semaine:**
    l'année *dernière*   *last year*
    la semaine *prochaine*   *next week*

But they precede the noun if they indicate position in a series:
    La *prochaine* fois je saurai le vaincre.
        The next time I'll know how to beat him.
    Enfin il arriva au *dernier* nom de la liste.
        At last he reached the last name on the list.

B. *Two adjectives modifying the same noun*

When two adjectives modify the same noun, each one is placed in its usual position:
    une *jolie* cravate *bleue*   *a pretty blue tie*
    de *petits* enfants *mal peignés*   *little unkempt children*

But note the following special cases:

1. If two adjectives have the same usual position and the same importance, they are generally joined by the word **et**:
    des jardins *étendus* et *ornés* de statues
        extensive gardens adorned with statues
    les costumes *antique* et *gaulois*
        ancient and Gallic costumes
    une *bonne* et *gentille* jeune fille
        a good, sweet girl
    une *longue* et *belle* galerie
        a beautiful, long gallery

2. If two adjectives have the same position but do not have the same importance, one of them unites with the noun to form a kind of compound noun:
    un *costume français* paysan
        Paysan modifies the "compound noun" **costume français.**
    un *costume paysan* français
        Français modifies the "compound noun" **costume paysan.**

The adjective farther from the noun is the stronger. This is particularly noticeable when the adjectives precede the noun:
    une jolie *petite* fille
    un vrai *grand* homme

Exercice 4. Dans les phrases suivantes mettez à sa place ordinaire l'adjectif entre parenthèses. Faites tous les changements nécessaires; imitez les modèles:
Aimez-vous la musique? (italien)
Aimez-vous la musique italienne?
Aimez-vous les filles? (joli)
Aimez-vous les jolies filles?

1. C'est sa sœur. (petit)   2. Il vit des tableaux. (beau)   3. Elle acheta une étoffe de laine. (vert pâle)   4. Cette femme s'appelle Charlotte. (orgueilleux)   5. Il publia un *Traité de grammaire*. (raisonné)   6. Il ne sait faire qu'un tango. (vieux)   7. Martin aperçut des rayons chargés de livres. (anglais)   8. «Mes enfants,» commença-t-il à écrire. (cher)   9. Les chemises ne se voient plus. (kaki)   10. Allez vous rendre à l'église de ce village. (protestant)   11. On s'asseyait à une table. (rond)   12. J'ai passé une semaine à Arles. (dernier)   13. C'est de la boustifaille. (dégoûtant)   14. Vous avez une fille. (bien rusé)   15. Il a pris des habitudes. (nouveau)

Exercice 5. Combinez les phrases suivantes pour en faire une. Faites attention à la place des adjectifs. Imitez les modèles:
Tu es un bon copain. Tu es un vieux copain.
Tu es un bon vieux copain.
Il vit deux filles jolies. Il vit deux filles bien mises.
Il vit deux filles jolies et bien mises.

1. Il lisait le même livre. Il lisait un livre ennuyeux.   2. Respirez cet air frais. Respirez cet air vivifiant.   3. J'aime tes jolies petites cousines. J'aime tes cousines charmantes.   4. J'ai une petite voiture. J'ai une voiture grise.   5. C'est une Protestante anglaise. C'est une Protestante dévote.   6. Il acheta un tableau ancien. Il acheta un tableau rembruni.   7. L'Auvergne est une province pittoresque. L'Auvergne est une province montagneuse.   8. «Mes bons amis,» commença-t-il. «Mes chers amis,» commença-t-il.   9. Regarde ce triste paysage. Regarde ce morne paysage.   10. Marie est une fille très intéressante. C'est une fille très sympathique.   11. Devant la maison se trouve un jardin bizarre. Devant la maison se trouve un jardin énorme.   12. La vieille femme est morte. La pauvre femme est morte.   13. Voilà un foulard bien banal. Voilà un foulard violet et jaune.   14. C'était par une nuit étoilée. C'était par une nuit claire.   15. Elle servait un repas plantureux. Elle servait un repas délicieux.

Exercice 6. Ecrivez des phrases complètes en combinant les mots suivants. Insérez dans la phrase les adjectifs entre parenthèses. Mettez les verbes au futur, sauf indication contraire. Faites tous les changements nécessaires; imitez le modèle:
Anne / servir / un / repas. (grand)
Anne servira un grand repas.

1. On / cueillir / un / roses. (frais, éclos)   2. Daniel / être / un jour / un homme. (courageux, honnête)   3. Elle / mettre / son / robe. (rouge, neuf)

4. Edouard / être / un / ami. (faux, méchant)   5. Nous / faire / un / choses. (pareil, important)   6. Elles / croire / voir / un / garçon. (subtil, malin)   7. Son / parole / gagner / le cœur d'Alfred. (menteur, enchanteur)   8. Ce / être (présent) / une / femme. (doux, franc)   9. Il / mener (imparfait) / un / vie. (mou, mondain)   10. Vous / les / trouver. (chic, gentil)   11. Le / résultats / être (présent). (final, encourageant)   12. Le / personnes / la / traiter de / sot. (indiscret, léger)   13. Il / aimer (présent) / le / musique. (grec, africain)   14. Nous / acheter / un / maison. (blanc, carré)   15. Ils / ne pas / vouloir / écouter / ce / critique. (aigu, amer)

§94 ENVOYER AND FUIR

A. *Envoyer*

1. Summary of conjugations[1]

present indicative	j'envoie	nous envoyons
		ils envoient
future and conditional	j'enverrai	j'enverrais

2. Like **envoyer**: renvoyer

3. Some expressions with **envoyer**:
    a. **envoyer chercher** = **faire aller chercher**
       Je l'enverrai chercher un médecin.
        I'll have him go get a doctor.
       J'enverrai chercher un médecin.
        I'll send for a doctor.

    b. **envoyer promener** = **congédier avec rudesse ou avec colère; renvoyer**
       Il m'a envoyé promener.
        He sent me about my business.

B. *Fuir*

1. Summary of conjugations[2]

present indicative	je fuis	nous fuyons
		ils fuient
passé composé	j'ai fui	
passé simple	je fuis	

2. Like **fuir**: s'enfuir (de)

---

[1] See §16B, note 2.
[2] See §16B, note 1.

3. Some expressions with **fuir**:

 a. **fuir le travail (le danger)** = éviter le travail (ou le danger, en s'en éloignant)

  Alceste, qui fuit le danger, ne fuit pas le travail.

  Alceste, who avoids danger, does not shrink from work.

 b. **fuir la destinée** = *to escape destiny*

  On ne peut fuir sa destinée.

  We cannot escape our destiny.

Exercice 7. Remplacez le tiret par le temps convenable du verbe **envoyer** ou **renvoyer**:

1. _____-lui ce chapeau. (tu) 2. Je lui _____ ce chapeau hier. 3. "Quand me l'_____ vous?" "Je vous l'_____ demain." 4. Je ne veux pas que tu _____ chercher le médecin. 5. Il _____ chercher le docteur s'il était malade. 6. Le proviseur le tança vertement, puis l'_____ promener. 7. Elle m'_____ les fleurs que je lui _____ hier. 8. Elle n'est pas contente que vous lui en _____. 9. _____ une lettre à André. 10. Cet enfant est malade, il faut que vous _____ chercher le médecin.

Exercice 8. Remplacez le tiret par le temps convenable du verbe **fuir** ou **s'enfuir**:

1. Ne _____ pas le travail, ne sois pas paresseux. 2. Coupe-Gorge _____ de prison hier. 3. S'ils ne _____ pas, on ne les aurait pas pris. 4. _____! _____! Le barrage a crevé! 5. Il vaudrait mieux que je _____ avec elle. 6. Si tu n'avais pas battu ce chien, il n'_____ pas _____. 7. Il a peur? Qu'il _____. 8. Je regrette que vous _____ comme un lâche. 9. Où ira-t-il quand il _____? 10. C'est en s'endormant qu'elle _____ (passé simple) le travail.

Exercice 9. Composition. Ecrivez une composition d'environ 200 mots sur un des sujets suivants:

A. Les beaux-arts

 Défendez la musique, la littérature et la peinture contre les jugements sévères de Pococuranté. Consacrez un paragraphe à la défense de chaque art.

B. Le théâtre et le cinéma

premier paragraphe:

 Le théâtre et le cinéma ont-ils une mauvaise influence sur les mœurs? La valeur artistique d'une pièce (ou d'un film) peut-elle en excuser l'immoralité? (Appuyez vos jugements.)

deuxième paragraphe:

 Si vous aviez une fille, voudriez-vous qu'elle devienne actrice? La vie des acteurs et des actrices est-elle scandaleuse? (Donnez des preuves de votre jugement.)

troisième paragraphe:

Les pièces et les films immoraux sont-ils plus dangereux que les livres immoraux? Pourquoi? Le théâtre et le cinéma doivent-ils être soumis à la censure?

Exercice 10. *Traduisez les phrases suivantes:*

1. Is it the last time I'll be seeing you? [§89, 1]   2. What a foolish idea! [§89, 8]   3. You are a very courageous little girl. [§89, 5]   4. She certainly is an inquisitive old woman. [§93]   5. Rabelais imagined a monastery where there would be only handsome men and beautiful women. [§90, 1 and 2]   6. I said Baudelaire's former mistress, not his ancient mistress. [§93]   7. Should all students study Greek and Roman literature? [§89, 6]   8. His very faith has been shaken *(ébranlé)*. [§93]   9. This play is similar to the last one he wrote. [§89, 1 and 2]   10. I'll send you a bottle of dry red wine. [§93]   11. We have just published an important collection of his poems. [§91, 3]   12. Eighty happy hunters were at the table. [§92]   13. Is this the first time you've read this poem? [§89, 1]   14. What pretty little blue eyes you have! *(Que vous avez . . . !)* [§93]   15. What a handsome elephant! [§89, 7]

Exercice 11. Thème d'imitation.

—Pococuranté must be the happiest of all men, for he is above all he possesses.

—Ah, no, he is, on the contrary, very unhappy: he's disgusted with all he possesses.

—But just *(donc)* think of the pleasure he has in *(à)* criticizing everything, in finding fault where we see beauty.

—Pleasure, my friend, is not in criticism but in enjoyment *(la jouissance)*. Pococuranté is bored with life, with literature, with art, with music . . . even with love. Or, perhaps, his taste is too delicate. But the best stomachs are not the ones that refuse all food.

—Even if he is not happy, I am: for I'm ignorant and, besides, I know that Mlle Cunégonde loves me.

SEIZIÈME LEÇON

Émile ou De l'éducation Jean-Jacques Rousseau

Hors de la société, l'homme isolé, ne devant rien à personne, a droit de vivre comme il lui plaît; mais dans la société, où il vit nécessairement aux dépens des autres, il leur doit en travail le prix de son entretien; cela est sans exception. Travailler est donc un devoir indispensable à l'homme social. Riche ou pauvre, puissant ou faible, tout citoyen oisif[1] est un fripon[2].

Or, de toutes les occupations qui peuvent fournir la subsistance à l'homme, celle qui le rapproche le plus de l'état de nature est le travail des mains; de toutes les conditions, la plus indépendante de la fortune et des hommes est celle de l'artisan. L'artisan ne dépend que de son travail; il est libre, aussi libre que le laboureur est esclave: car celui-ci tient à son champ, dont la récolte[3] est à la discrétion d'autrui. L'ennemi, le prince, un voisin puissant, un procès, lui peut enlever ce champ; par ce champ on peut le vexer en mille manières: mais partout où l'on veut vexer l'artisan, son bagage est bientôt fait; il emporte ses bras et s'en va. Toutefois l'agriculture est le premier métier de l'homme: c'est le plus honnête, le plus utile, et par conséquent le plus noble qu'il puisse exercer. Je ne dis pas à Émile: «Apprends l'agriculture»; il la sait. Tous les travaux rustiques lui sont familiers; c'est par eux qu'il a commencé; c'est à eux qu'il revient sans cesse. Je lui dis donc: «Cultive l'héritage de tes pères. Mais si tu perds cet héritage, ou si tu n'en as point, que faire? Apprends un métier.» (...)

Souvenez-vous que ce n'est point un talent que je vous demande; c'est un métier, un vrai métier, un art purement mécanique, où les mains travaillent plus

[1] oisif *idle, unoccupied*   [2] le fripon *rogue, rascal*   [3] la récolte *harvesting*

que la tête, et qui ne mène point à la fortune, mais avec lequel on peut s'en passer[4]. Dans des maisons fort au-dessus du danger de manquer de pain, j'ai vu des pères pousser la prévoyance jusqu'à joindre au soin d'instruire leurs enfants celui de les pourvoir de connaissances dont, à tout événement, ils pussent tirer parti pour vivre. Ces pères prévoyants croient beaucoup faire; ils ne font rien, parce que les ressources qu'ils pensent ménager à leurs enfants dépendent de cette même fortune au-dessus de laquelle ils les veulent mettre[5]. En sorte qu'avec tous ces beaux talents, si celui qui les a ne se trouve dans des circonstances favorables pour en faire usage, il périra de misère comme s'il n'en avait aucun.

Dès qu'il est question de manège et d'intrigues, autant vaut les employer à se maintenir dans l'abondance qu'à regagner, du sein de la misère, de quoi remonter à son premier état. Si vous cultivez des arts dont le succès tient à[6] la réputation de l'artiste; si vous vous rendez propre à des emplois qu'on n'obtient que par la faveur, que vous servira tout cela, quand, justement dégoûté du monde, vous dédaignerez les moyens sans lesquels on n'y peut réussir? Vous avez étudié la politique et les intérêts des princes: voilà qui va fort bien; mais que ferez-vous de ces connaissances, si vous ne savez parvenir aux ministres, aux femmes de la cour, aux chefs des bureaux; si vous n'avez le secret de leur plaire, si tous ne trouvent en vous le fripon qui leur convient? Vous êtes architecte ou peintre: soit; mais il faut faire connaître votre talent. Pensez-vous aller de but en blanc exposer un ouvrage au salon? Oh! qu'il n'en va[7] pas ainsi? Il faut être de l'Académie; il y faut même être protégé pour obtenir au coin d'un mur quelque place obscure. Quittez-moi la règle et le pinceau[8]; prenez un fiacre[9], et courez de porte en porte: c'est ainsi qu'on acquiert la célébrité. Or vous devez savoir que toutes ces illustres portes ont des suisses[10] ou des portiers qui n'entendent que par geste, et dont les oreilles sont dans leurs mains. Voulez-vous enseigner ce que vous avez appris, et devenir maître de géographie, ou de mathématiques, ou de langues, ou de musique, ou de dessin; pour cela même il faut trouver des écoliers, par conséquent des prôneurs[11]. Comptez qu'il importe plus d'être charlatan qu'habile, et que, si vous ne savez de métier que le vôtre, jamais vous ne serez qu'un ignorant. (...)

Mais, au lieu de recourir pour vivre à ces hautes connaissances qui sont faites pour nourrir l'âme et non le corps, si vous recourez, au besoin, à vos mains et à l'usage que vous en savez faire[12], toutes les difficultés disparaissent, tous les manèges deviennent inutiles; la ressource est toujours prête au moment d'en user, la probité, l'honneur, ne sont plus un obstacle à la vie: vous n'avez plus besoin d'être lâche et menteur devant les grands, souple et rampant devant les fripons, vil complaisant de tout le monde, emprunteur ou voleur, ce qui est à peu près la même chose quand on n'a rien: l'opinion des autres ne vous touche point; vous

---

[4]s'en passer = s'en abstenir   [5]les veulent mettre = veulent les mettre   [6]tenir à = dépendre de   [7]qu'il ... ainsi = que ce n'est pas ainsi que les choses se passent   [8]le pinceau *paintbrush*   [9]le fiacre *cab*   [10]le suisse = portier d'une grande maison   [11]le prôneur *preacher*   [12]en savez faire = savez en faire

n'avez à faire votre cour à personne, point de sot à flatter, point de suisse à fléchir, point de courtisane à payer, et, qui pis est, à encenser. Que des coquins mènent des grandes affaires, peu vous importe: cela ne vous empêchera pas, vous, dans votre vie obscure, d'être honnête homme et d'avoir du pain. Vous entrez dans la première boutique du métier que vous avez appris. «Maître, j'ai besoin d'ouvrage. —Compagnon, mettez-vous là, travaillez.» Avant que l'heure du dîner soit venue, vous avez gagné votre dîner: si vous êtes diligent et sobre, avant que huit jours se passent, vous aurez de quoi vivre huit autres jours: vous aurez vécu libre, sain, vrai, laborieux, juste. Ce n'est pas perdre son temps que d'en gagner ainsi.

Je veux absolument qu'Émile apprenne un métier. Un métier honnête, au moins, direz-vous? Que signifie cet mot? Tout métier utile au public n'est-il pas honnête? Je ne veux point qu'il soit brodeur, ni doreur, ni vernisseur[13], comme le gentilhomme de Locke; je ne veux qu'il soit ni musicien, ni comédien, ni faiseur de livres. A ces professions près et les autres qui leur ressemblent, qu'il prenne celle qu'il voudra; je ne prétends le gêner en rien. J'aime mieux qu'il soit cordonnier que poète, j'aime mieux qu'il pave les grands chemins que de faire des fleurs de porcelaine. Mais, direz-vous, les archers, les espions, les bourreaux, sont des gens utiles. Il ne tient qu'au gouvernement qu'ils ne le soient point. Mais passons; j'avais tort: il ne suffit pas de choisir un métier utile, il faut encore qu'il n'exige pas des gens qui l'exercent des qualités d'âme odieuses et incompatibles avec l'humanité. Ainsi, revenant au premier mot, prenons un métier honnête: mais souvenons-nous toujours qu'il n'y a point d'honnêteté sans l'utilité.

Questionnaire I

1. Que dit Rousseau de l'homme isolé et de l'homme dans la société? 2. Que pense-t-il du citoyen oisif? 3. Quelle occupation selon Rousseau rapproche le plus de l'état de nature? 4. Que dit-il à propos de l'artisan? 5. Que dit-il à propos du laboureur? 6. Que pense Rousseau de l'agriculture? 7. Pourquoi, selon Rousseau, doit-on apprendre un métier? 8. Selon Rousseau, faut-il avoir un talent pour exercer un métier? 9. Que font certains pères prévoyants, selon Rousseau? 10. Que dit Rousseau à propos du manège et des intrigues? 11. Si on est peintre, comment expose-t-on un ouvrage au salon? 12. Comment, selon Rousseau, acquiert-on la célébrité? 13. Quels inconvénients ont les maîtres de géographie, de mathématiques, de langues ou de dessin? 14. Que dit Rousseau à propos de la richesse et des riches? 15. Comment disparaissent toutes les difficultés si on recourt à ses mains et à l'usage qu'on sait en faire? 16. Que fait-on pour gagner son pain quand on a un métier? 17. Rousseau pense-t-il que tout métier utile au public soit un métier honnête? 18. Que pense Rousseau des métiers de musicien, de comédien, de faiseur de livres? 19. Que dit-il des archers, des espions, et des bourreaux?

---

[13]le brodeur, le doreur, le vernisseur *embroiderer, gilder, varnisher*

Questionnaire II

1. Pensez-vous comme Rousseau que l'homme dans la société doit en travail aux autres le prix de son entretien? pourquoi?   2. Selon vous, est-ce que tout citoyen oisif est un fripon? pourquoi?   3. Si un homme riche ne veut pas travailler, est-il un fripon?   4. Etes-vous d'accord que de toutes les conditions, la plus indépendante de la fortune et des hommes est celle de l'artisan? pourquoi?   5. Est-ce vrai que l'artisan est aussi libre que le laboureur est esclave?   6. Pensez-vous, comme Rousseau, que l'agriculture est le métier le plus honnête que l'homme puisse exercer? pourquoi?   7. Quel est selon vous le métier le plus utile?   8. Quel est le plus noble?   9. Que dit Rousseau des pères prévoyants? A-t-il raison de les critiquer?   10. Que pensez-vous des arts dont le succès tient à la réputation de l'artiste?   11. Pourrait-on dire à propos des architectes et des peintres du vingtième siècle ce que dit Rousseau à propos de ceux du dix-huitième siècle?   12. Comment acquiert-on la célébrité au vingtième siècle?   13. Pensez-vous, comme Rousseau, que vous êtes ignorant si vous ne savez de métier que le vôtre?   14. Selon Rousseau, toutes les difficultés disparaissent si vous recourez, au besoin, à vos mains et à l'usage que vous savez en faire au lieu de recourir aux hautes connaissances faites pour nourrir l'âme et non le corps. Qu'en pensez-vous?   15. Quand vous avez besoin d'argent que faites-vous?   16. Vous est-il arrivé d'essayer de trouver un emploi? Qu'avez-vous fait?   17. Rousseau dit qu'il aime mieux qu'Émile soit cordonnier que poète. Qu'en pensez-vous?   18. A votre avis, les espions et les bourreaux sont-ils utiles?   19. Aimeriez-vous être espion ou bourreau?   20. Selon vous, qu'est-ce que c'est qu'un métier honnête?   21. Pensez-vous, comme Rousseau, qu'il n'y ait point d'honnêteté sans utilité?

A. *Expressions à étudier: La Profession*

professions scientifiques

le chimiste [*chemist*], les corps simples [*elements*], la molécule, la réaction
le dentiste [*dentist*]
le docteur [*doctor*], le médecin [*doctor*], le chirurgien [*surgeon*], un infirmier [*male nurse*], une infirmière, la santé [*health*], la maladie [*sickness*], le stéthoscope, le scalpel, la plaie [*wound*], le bandage, le pansement [*bandage*], soigner [*to look after, to attend to*]
un ingénieur [*engineer*], le pont [*bridge*], la chaussée [*roadway*], la machine, la mine
le mathématicien, les mathématiques *(f)*, l'algèbre *(f)*, le calcul [*arithmetic*], la géométrie, le nombre
un oculiste [*oculist*]
le physicien [*physicist*], la matière, le mouvement, une expérience [*experiment*], une équation

professions académiques, etc.

un avocat [*lawyer*]

un économiste, une économie, la courbe [*graph*], la hausse des prix [*inflation*], la déflation

un instituteur [*teacher*], le professeur [*teacher*], instruire [*to teach*], une instruction, un enseignement [*teaching*]

le journaliste, le journal [*newspaper*]

le musicien

le philosophe, la théologie, un être [*being*], le principe [*principle*], la cause, le système, la raison, la morale [*ethics*], la logique, la métaphysique

professions militaires et civiles

le facteur [*mailman*], le courrier [*mail*]

le gendarme [*policeman (in the country)*], un agent [*policeman (in the city)*]

le matelot [*sailor*], le marin [*seafaring man*], le vaisseau [*vessel*], le navire [*ship*], le bateau [*boat*], la marine (de guerre) [*Navy*]

le pompier [*fireman*], une incendie [*fire*], la pompe d'incendie [*fire engine*]

le soldat [*soldier*], le militaire [*soldier*], le service militaire, l'armée *(f)*, les armes *(f)* [*weapons*], l'infanterie *(f)*, la cavalerie, le bataillon, le régiment, un uniforme, le revolver, le fusil [*rifle*], la mitrailleuse [*machine gun*], le canon, la baïonnette, la bombe, la grenade, le char [*tank*], le général, le colonel, le lieutenant, la défaite, la victoire

un ouvrier [*workman*], **un artisan** [*craftsman*], **le marchand** [*merchant*]

le bijoutier [*jeweler*], le bijou [*jewel*], la bijouterie [*jewelry, jewelry shop*]

le coiffeur [*hairdresser*], le peigne [*comb*], la brosse [*brush*]

le commis [*clerk*], le commis voyageur [*traveling salesman*], un échantillon [*sample*]

le couturier [*dressmaker*], coudre [*to sew*], la couture [*sewing*], les ciseaux *(m)* [*scissors*], le fil [*thread*], le dé [*thimble*], une épingle [*pin*], une aiguille *(egɥij)* [*needle*], la machine à coudre [*sewing machine*]

le domestique [*servant*], la bonne [*maid*], le cuisinier [*cook*], le chauffeur, le concierge [*caretaker*], le jardinier [*gardener*], la gouvernante [*governess*]

un électricien, le fil [*wire*], la prise [*wall plug*], les pinces *(f)* [*pliers*]

le fermier [*farmer*], le laboureur [*farm laborer*], le journalier [*day laborer*], le moulin [*mill*]

le fleuriste [*florist*], la culture [*cultivation*], la fleur [*flower*]

le forgeron [*blacksmith*], le fer [*iron*], le marteau [*hammer*], le charbon [*coal*]

un horloger [*clock and watch maker*], une horloge [*clock*], la pendule [*clock*], la montre [*watch*]

un imprimeur [*printer*], l'imprimerie *(f)* [*printing*]

le maçon, la construction

le mécanicien, la machine
le menuisier [*carpenter, cabinetmaker*], la planche [*board*], un étau [*vise*], le marteau [*hammer*], le rabot [*plane*], le clou [*nail*], la vis (*vis*) [*screw*], le tournevis *(vis)* [*screwdriver*]
le pêcheur [*fisherman*]
le plombier [*plumber*], la clef anglaise [*monkey wrench*]
le restaurateur, le restaurant
le (la) secrétaire, le fonctionnaire [*office worker*], le (la) dactylographe [*typist*], la machine à écrire [*typewriter*], le bureau [*office*]
le serrurier [*locksmith*], la serrure [*lock*], la clé [*key*], le ressort [*spring*]

métiers divers

le chômeur [*unemployed workman*]
le mendiant [*beggar*], le souteneur [*pimp*], le voleur [*thief*], le vol [*theft*]

Questionnaire

1. Pourquoi choisit-on une profession? un métier?   2. Pour quelles professions peut-on se préparer à l'université? Pour lesquelles ne peut-on pas se préparer à l'université?   3. Comment se fait-on chimiste? ingénieur? soldat? philosophe?   4. Que fait l'économiste? le journaliste? le physicien?   5. Dans quelles professions peut-on gagner beaucoup d'argent? Dans lesquelles en gagne-t-on très peu?   6. Il y a des syndicats pour les électriciens. Y en a-t-il pour les professeurs? les docteurs? Devrait-il y en avoir?   7. Devrait-il être interdit aux docteurs de faire grève? aux professeurs?   8. Quand vous allez consulter le dentiste, que fait-il?   9. Que font les mathématiciens? les musiciens? les philosophes?   10. En quoi consiste le travail d'un soldat? d'un matelot? d'un pompier?   11. Que fait le bijoutier? l'horloger? le menuisier?   12. Qui appelez-vous quand vous avez perdu votre clé? quand votre voiture ne marche pas? quand vous voulez faire réparer un meuble? quand votre montre ne marche pas?   13. Que pensez-vous des syndicats ouvriers? Etes-vous pour ou contre?   14. Pensez-vous que certains ouvriers sont trop bien payés? lesquels?   15. De quels instruments ou outils se servent les menuisiers? les soldats? les mécaniciens? les électriciens? les chirurgiens?   16. Qu'est-ce que c'est qu'un infirmier? un marin? une bonne? un coiffeur?   17. Le commis voyageur est le héros de nombre d'histoires. Pourquoi est-ce le commis voyageur plutôt que le facteur?   18. Que fait une gouvernante? un jardinier? une dactylographe? une secrétaire? une bonne?   19. Pouvez-vous nommer quelques émissions de télévision dont le héros est un docteur ou un avocat? Pouvez-vous en nommer dont le héros est un menuisier ou un forgeron? Croyez-vous que l'association médicale joue un rôle dans le choix de héros pour ces programmes?   20. Croyez-vous que les professions médicales ou légales soient plus nobles que les autres?   21. Que faut-il faire pour devenir ministre, rabbin ou prêtre?   22. Les médecins devraient-ils

seuls décider combien un malade doit payer ou est-ce que l'état devrait établir les honoraires? 23. L'état devrait-il donner de l'argent à ceux qui ne travaillent pas? 24. Combien d'heures par semaine l'ouvrier devrait-il travailler? 25. Pourriez-vous établir une hiérarchie des différentes professions? des différents métiers? 26. La vie du fermier est-elle plus saine que celle d'un bijoutier? pourquoi? 27. La vie du pêcheur est-elle plus saine que celle du physicien? pourquoi? 28. Qu'allez-vous faire quand vous aurez fini vos études? Pourquoi avez-vous choisi cette profession? ce métier? 29. Les jeunes gens doivent-ils décider seuls de leur avenir? 30. Aimeriez-vous être professeur de français? pourquoi?

B. *Etudier les expressions suivantes; consultez la leçon pour l'emploi de ces expressions:*

aux dépens de = aux frais de   **n'importe** = ce n'est pas important   **tirer parti de** = utiliser   **autant vaut** = il est aussi convenable   **du sein de** = du centre, du milieu de   **de but en blanc** = brusquement   **faire usage de** = employer   **au besoin** = s'il le faut, en cas de nécessité   **avoir de quoi vivre** = avoir ce qu'il faut pour vivre   **à (ces professions) près** = excepté

Exercice. *Employez ces expressions dans les phrases suivantes:*
1. Il ne m'aime plus? _____. Il n'est pas unique au monde. 2. L'homme intelligent sait _____ de ses talents. 3. Vivre sans liberté? _____ être mort. 4. Il a offert _____ de me conduire chez moi. 5. Toutes les professions sont nobles, _____ celle-là _____. 6. _____de la misère je t'ai appelé, et tu n'es pas venu à mon secours. Comment oses-tu t'appeler mon ami? 7. Comment peut-on _____ de cette ficelle? 8. Si _____ il vous faut de l'argent, demandez-le-moi. 9. Que m'importe qu'il ait pris ma bourse! J'ai toujours _____. 10. L'homme dans la société vit nécessairement _____ autres.

§95   COMPARISON OF ADJECTIVES (LA COMPARAISON DES ADJECTIFS)

Most often, a noun modified by an adjective is in no way compared with another noun; the adjective simply states the fact that the quality it designates (brightness, beauty, truth, etc.) is possessed by the noun. This is the *absolute* (i.e., non-compared) *degree* of possession of a quality:

Cette fleur est *belle*.
   This flower is beautiful.
Votre ami est *très gentil*.
   Your friend is very nice.
C'est *tout ce qu'il y a de plus facile*.
   It's the easiest thing imaginable.

Frequently, however, a noun is compared with another noun, or one adjective is compared with another. This is the *relative degree* of possession of a quality:
> **Robert est *aussi intelligent que* Louis.**
> *Robert is as intelligent as Louis.*
> **Elle est *plus riche que* sa sœur.**
> *She is richer than her sister.*
> **Il est *moins sage que* savant.**
> *He is less wise than learned.*

§96 ABSOLUTE COMPARISON (LE DEGRÉ ABSOLU DE COMPARAISON)

A. Positive (le positif)

The positive simply designates the quality possessed by the noun:
> **Cette maison est *vieille*.**
> *This house is old.*
> **Sa philosophie est *profonde*.**
> *His philosophy is profound.*
> **Voltaire était *spirituel*.**
> *Voltaire was witty.*

B. Absolute superlative (le superlatif absolu)

The absolute superlative indicates that the quality is possessed to a marked degree by the noun, but without thought of comparing it with another noun or adjective:
> **Cette maison est *fort vieille*.**
> *This house is very old.*
> **Sa philosophie est *bien profonde*.**
> *His philosophy is very profound.*
> **Voltaire était *on ne peut plus spirituel*.**
> *Voltaire was as witty as a person can be.*

C. Principal means of forming the absolute superlative

1. The absolute superlative is usually formed by placing **très, fort, bien, tout à fait**, or an adverb ending in **-ment** (**extrêmement, incroyablement, infiniment**, etc.) before the adjective:
> **Son père est *très aimable*.**
> *Her father is very likeable.*
> **Cela est *tout à fait son genre*.**
> *That's entirely his sort of thing.*
> **C'est un art *purement mécanique*.**
> *It's a purely mechanical art.*
> **Deux filles *proprement mises* servirent du chocolat.**
> *Two correctly dressed girls served chocolate.*

2. The absolute superlative is frequently formed by the use of expressions like **tout ce qu'il y a de (plus)** . . . , **on ne peut** (or **saurait**) **plus** . . . , **des plus** . . . , **des moins** . . . , **au possible:**

>Cet enfant est *tout ce qu'il y a de plus méchant.*
>*That child is the naughtiest you can imagine.*
>
>Sa philosophie est *tout ce qu'il y a de profond.*
>*His philosophy is the most profound thing imaginable.*
>
>**Elle est *on ne peut plus insupportable.***
>*She couldn't be more unbearable (i.e., she is as unbearable as a person can be).*
>
>**C'est une soirée *on ne saurait plus élégante.***
>*It couldn't be a more elegant party (i.e., it's as elegant as a party can be).*
>
>**C'est un homme *des plus habiles.***
>*He's a very skillful man (i.e., he's among the most skillful of men).*
>
>**Il m'en a fait un portrait *des moins flatteurs.***
>*He painted a very unflattering portrait of it for me.*
>
>**Voltaire était spirituel *au possible.***
>*Voltaire was extremely witty (i.e., as witty as a person can possibly be).*

D. Other means of forming the absolute superlative

The absolute superlative is also formed by:

  1. the use of a prefix (**archi-, extra-, super-, sur-, ultra-**), especially in familiar conversation:

>**Louis est *archi-gaulliste.***
>*Louis is an arch-Gaullist.*
>
>**C'est une liqueur *extra-fine.***
>*It is an extra fine liqueur.*
>
>**Notre produit est *super-parfait.***
>*Our product is super-perfect.*
>
>**Ce sucre est *surfin.***
>*This sugar is superfine.*
>
>**Les royalistes sont *ultra-conservateurs.***
>*The royalists are ultra-conservatives.*

  2. doubling the adjective or by using a noun preceded by **d'un(e):**

>**Toi, son singe, marche derrière, /** ***Petit, petit.*** (Hugo)
>*You, his monkey, march along behind him, / You little tiny thing.*
>
>**Cette maison est *d'une hauteur!***
>*This house is tremendously high.*

Exercice 1. Remplacez **bien, très, fort** ou **extrêmement** par **tout ce qu'il y a de plus**; imitez le modèle:
   Cette maison est *fort* pittoresque.
   *Cette maison est **tout ce qu'il y a de plus** pittoresque.*

1. L'homme est bien isolé dans le monde.   2. Ce citoyen est très oisif.   3. L'agriculture est extrêmement utile.   4. Le travail des mains lui est fort familier.   5. L'esprit est bien vivifiant.

Exercice 2. Remplacez **bien** ou **très** par **des plus**. Notez que dans cette expression il faut mettre l'adjectif au pluriel. Imitez le modèle:
   C'est un homme *bien* méchant.
   *C'est un homme **des plus** méchants.*

1. C'est un devoir bien indispensable à l'homme social.   2. C'est un travail très nécessaire.   3. C'est un art bien rare.   4. Ces pères sont bien prévoyants.   5. Les circonstances actuelles sont très favorables.

§97   RELATIVE COMPARISON (LE DEGRÉ RELATIF DE COMPARAISON)

A. *Comparative* (le comparatif)

One person or thing compared to another is judged to be *equal, inferior* or *superior* to it.

   1. comparative of equality (*le comparatif d'égalité*):
      L'artisan est *aussi* libre *que* le poète.
         The artisan is as free as the poet.
      Mon travail est *aussi* noble *qu'*utile.
         My work is as noble as (it is) useful.

   2. comparative of inferiority (*le comparatif d'infériorité*):
      L'artisan est *moins* libre *que* le poète.
         The artisan is less free than the poet.
      Mon travail est *moins* noble *qu'*utile.
         My work is less noble than useful.

   3. comparative of superiority (*le comparatif de supériorité*):
      L'artisan est *plus* libre *que* le poète.
         The artisan is freer than the poet.
      Mon travail est *plus* noble *qu'*utile.
         My work is more noble than useful.

Notes:

*(1) The word **que** always precedes the second "term" of the comparison (in our examples, **le poète** and **utile**).*

(2) Followed by a number, **plus** *and* **moins** *require* **de:**
> **Le film est interdit aux moins de vingt ans.**
> *The movie is forbidden to teen-agers.*

Notice that in the following sentence, **plus** *functions both as an adverb of quantity (* **plus de filles, plus de garçons** *) and as a sign of the comparative of superiority (* **plus de filles** *que de* **garçons** *):*
> **Il y a** *plus de* **filles** *que de* **garçons ici.**
> *There are more girls than boys here.*

(3) **Bon** *has a special form for its comparative form:*
> **Pierre est un** *meilleur* **élève qu'Alain.**
> *Pierre is a better pupil than Alain.*
> **Marie est** *meilleure que* **lui.**
> *Marie is better than he (him).*

Note also the following:
> **Il est** *plus petit que* **son frère.**
> *He is smaller than his brother.* (concrete, literal meaning)
> **Ceci est** *d'une moindre*[1] **importance que cela.**
> *This is of lesser importance than that.* (degree)
> **C'est bien** *la pire peine.* *(Verlaine)*
> *It is indeed the worse evil.*
> **Sa vue est** *plus mauvaise que* **jamais.**
> *His sight is worse than ever.*

Pire *is more literary than* **plus mauvais,** *but the two expressions are practically interchangeable.*

(4) There also exists what we might call a "progressive comparative," a few examples of which follow:
> **Les lois devenaient** *de moins en moins justes.*
> *The laws were becoming less and less just.*
> **Il est** *de moins en moins sûr* **de sa pensée.**
> *He is less and less sure of his thought.*
> **Ses propos devenaient** *de plus en plus libres.*
> *His remarks were becoming freer and freer.*
> **Mon père est** *de plus en plus méfiant.*
> *My father is more and more distrustful.*

B. Relative superlative *(le superlatif relatif)*

1. use

The relative superlative can indicate superiority or inferiority:
> **C'est** *le pire état* **où l'homme puisse tomber.**
> *It's the worst state that man can fall into.*

---

[1]**Moindre** is used almost exclusively in formal writing.

C'est *le plus noble métier* que l'homme puisse exercer.
   It's the noblest trade that man can exercise.
C'est *le meilleur état* de tous.
   It's the best state of all.
Quelle est *la plus belle ville* du monde?
   What's the most beautiful city in the world?

Notes:

(1) If the relative superlative is followed by a clause, the verb of the clause is usually put into the subjunctive.

*(2) If the relative superlative is followed by a noun or pronoun, use **de** before the noun or pronoun. Notice that "the best (biggest) ... in the ..." is expressed in French by "le meilleur (le plus grand) de ..."*
   le *meilleur* élève de la classe
      the best pupil in the class
   l'homme *le plus honnête* de ma connaissance
      the most honest man I know (lit., *of my knowledge*)

2. form

The relative superlative is formed by placing the definite article before the comparative form:

comparative:	**Pierre est *plus honnête*.**	
	Pierre is more honest.	
superlative:	**Pierre est *le plus honnête*.**	
	Pierre is the most honest.	
comparative:	**C'est un métier *plus noble*.**	
	It's a nobler trade.	
superlative:	**C'est le métier *le plus noble*.**	
	It's the noblest trade.	

But notice that if the superlative is placed before the noun, only one article is used: (When the adjective precedes, there is no difference between the comparative and the superlative.)
   C'est *la plus belle* femme du monde.
      She's the most beautiful woman in the world.
   Ce sont *les plus grands* bâtiments que j'aie jamais vus.
      These are the biggest buildings I've ever seen.

But:

   C'est *le meilleur* ami qu'il ait (qu'il a).
      He's the best friend he has.
   C'est *son meilleur* ami.
      He's his best friend.

Exercice 3. *Combinez les phrases suivantes en employant le comparatif d'égalité (aussi . . . que). Imitez le modèle:*
> **Pierre est aventurier. Paul est aventurier.**
> *Paul est aussi aventurier que Pierre.*

1. Voltaire est un célèbre écrivain. Rousseau est un célèbre écrivain.   2. Cela est utile. Ceci est utile.   3. L'agriculture est un noble métier. L'artisanat est un noble métier.   4. Le maître est laborieux. Le compagnon est laborieux.   5. Anatole est malheureux. Sa sœur est malheureuse.

Exercice 4. *Combinez les phrases suivantes en employant le comparatif d'infériorité (moins . . . que). Imitez le modèle:*
> **Pierre est aventurier. Paul est aventurier.**
> *Paul est moins aventurier que Pierre.*

1. Le dîner a été délicieux. Le déjeuner a été délicieux.   2. Votre argument est sot. Vos idées sont sottes.   3. Martin est un homme honorable. Jean-Jacques est un homme honorable.   4. *La Chute* est un livre intéressant. *La Porte étroite* est un livre intéressant.   5. Vous êtes diligent et sobre. Moi je suis diligent et sobre.

Exercice 5. *Combinez les phrases suivantes en employant le comparatif de supériorité (plus . . . que). Imitez le modèle:*
> **Pierre est aventurier. Paul est aventurier.**
> *Paul est plus aventurier que Pierre.*

1. Jean-Paul est petit. André est petit.   2. Marc est un homme de petite conséquence. Antoine est un homme de petite conséquence.   3. Jean est fou. Renée est folle.   4. Albertine est une bonne élève. Jacqueline est une bonne élève.   5. Le sénateur est puissant. Le président est puissant.   6. Anne-Marie est belle. Stéphanie est belle.   7. L'industrie est nécessaire à la vie moderne. L'agriculture est nécessaire à la vie moderne.   8. Ce fromage-là est mauvais. Ce fromage-ci est mauvais.   9. Son premier ouvrage fut mauvais. Son second ouvrage fut mauvais.   10. J'habite une maison ancienne. Tu habites une maison ancienne.

Exercice 6.

A. *Mettez les adjectifs en italique au comparatif de progression (de plus en plus). Imitez le modèle:*
> **Il est sûr de lui.**
> *Il est de plus en plus sûr de lui.*

1. Les circonstances sont *favorables*.   2. Ces garçons deviennent *coquins*.   3. Vous serez *dégoûté du monde*.   4. Rousseau devenait *sauvage*.   5. Cette affaire devient *embrouillée*.

B. *Même exercice, mais remplacez* **de plus en plus** *par* **de moins en moins.**

Exercice 7. *Complétez les phrases suivantes en employant un superlatif relatif. Terminez la phrase par une proposition ou par un tour prépositionnel, en imitant les modèles:*
 Marc est intelligent, mais André ...
  Marc est intelligent, mais André est le garçon le plus intelligent que je connaisse.
 Rome est une belle ville, mais Paris ...
  Rome est une belle ville, mais Paris est la plus belle ville du monde.

1. Le général est lâche, mais vous... 2. Cet état est mauvais, mais cet autre... 3. Le métier de l'artisan est utile, mais celui du paysan ... 4. Le ski est un sport dangereux, mais la boxe ... 5. Les universités d'Oxford et de Cambridge sont anciennes, mais celle de Paris ... 6. Haydn et Mendelssohn sont de bons compositeurs, mais Mozart ... 7. Les pièces de Corneille sont excellentes, mais celles de Racine ... 8. Ce qu'il fait est nécessaire, mais ce que fait le Président ... 9. Le tigre est un animal courageux, mais le lion ... 10. L'Argentine est un pays lointain, mais l'Australie ...

Exercice 8. *Combinez les mots suivants pour en faire des phrases complètes. Sauf indication contraire, mettez les verbes de la proposition principale aux temps du passé (passé composé, imparfait, conditionnel, etc.). Mettez les mots en italique au superlatif absolu. Mettez les adjectifs entre crochets ([ ]) au comparatif ou au superlatif relatif. Faites tous les changements nécessaires; imitez le modèle:*
 Suzanne / être / *intelligent.*
  Suzanne était on ne peut plus intelligente.
 Mon / grand-mère / être / [vieux] / le vôtre.
  Ma grand-mère était plus vieille que la vôtre.

1. Il / trouver / Ionesco / un / [bon] / écrivain / que Tristan Bernard. 2. Versailles / être / [grand] / et / [beau] / que / le Louvre. 3. Chrétien de Troyes / être / un / poète / *extraordinaire.* 4. Si / il / s'occuper / de / détails, / il / être / le / [bon] / écrivain / de / le / monde. 5. Le / président / entrer / de / un / air / *confident.* 6. Il / parler / à / le / étudiant / [travailleur] / que / je / connaître. 7. Paul-Edouard / être / [avancé] / dans / son / carrière / que / me. 8. Quel / beau / chanson! / —Elle / être / [joyeux] / que / le / autre. 9. Il / avoir / un / idées / *compliqué.* 10. Le / océan / Pacifique / être (présent) / [profond] / de / tout / le / océans. 11. Marie / être / [gros] / que / son / frères. 12. Théo / être / [jeune] / et / [petit] / de / son / famille. 13. Quel / chef d'œuvre! / Ce / être (présent) / *beau!* 14. Marie de France / être / [gracieux] / que / Robert de Blois. 15. Ce / femme / être / *impertinent!*

§98 ADJECTIVES USED AS NOUNS (ADJECTIFS EMPLOYÉS COMME SUBSTANTIFS)

Adjectives are frequently used as nouns in French to indicate the person who possesses the quality expressed by the adjective. An American student would not be surprised to see **les pauvres, les aveugles** (= **ceux qui sont pauvres, aveugles**), but might not immediately understand the meaning of **le pauvre, l'aveugle** (= **celui qui est pauvre, aveugle**) [the poor person, the blind person]. The following sections, although short, suggest possible meanings of adjectives used as nouns which might be of help to you.

A. *In the masculine and the feminine*

1. **les misérables** (= **ceux qui sont misérables, qui vivent dans la misère**)   *the downtrodden, the poverty-stricken*

2. **Tout citoyen oisif est un fripon.** (= **une personne friponne**) *a rogue, a knave*

3. **C'est le plus honnête, le plus utile, le plus noble [métier] qu'il puisse exercer.** (= **celui qui est le plus honnête**, etc.) *It's the most honest [one], the most useful [one], the most noble (or the noblest) trade he can have.*

4. **un ignorant** (= **celui qui ignore, qui n'est pas instruit**)   *an ignorant person*

5. **un tout-petit** (= **un tout petit enfant**)   *a tot, a toddler*

B. *In the neuter*

1. **Faites le nécessaire.** (= **Faites ce qui est nécessaire**) *Do what is necessary, what you must.*

2. **L'expérience est le passé qui parle au présent.** (= **ce qui est passé parle à ce qui est présent, à ce qui existe actuellement**) *Experience is the past speaking to the present.*

3. **Baudelaire tient beaucoup au bizarre, à l'horrible.** (= **à ce qui est bizarre, à ce qui est horrible**) *Baudelaire is very fond of the bizarre, of the horrible.*

4. **L'humain, ce serait de «faire endormir» ce pauvre chien.** (=**ce qui serait humain**)   *The humane thing to do would be to put this poor dog to sleep.*

5. **Il s'occupe du beau, de l'éternel.** (= **de ce qui est beau, de ce qui est éternel**)   *He is concerned with the beautiful, with the eternal.*

§99 NOUNS DERIVED FROM ADJECTIVES (SUBSTANTIFS DÉRIVÉS D'ADJECTIFS)

Abstract nouns (nouns denoting a quality) are often derived by adding a suffix (frequently causing a stem alteration) to an adjective. Among important suffixes of this type are:

A. -eur

The suffix **-eur** is added to the feminine singular form of certain adjectives, from which the final **-e** has been dropped. The resulting noun is feminine:

blanche	**la blancheur**	*whiteness*
épaisse	**l'épaisseur**	*thickness*
grande	**la grandeur**	*grandeur, greatness*
haute	**la hauteur**	*height*

B. -esse

The suffix **-esse** is added to the feminine singular form of certain adjectives, from which the final **-e** has been dropped. The resulting noun is feminine:

basse	**la bassesse**	*baseness, lowness*
molle	**la mollesse**	*softness, flabbiness, indolence*
noble	**la noblesse**	*nobility*
riche	**la richesse**	*wealth*

C. -ité

The suffix **-ité** is added to the masculine singular form of certain adjectives. The resulting noun is feminine:

égal	**l'égalité**	*equality*
probe	**la probité**	*uprightness*
un	**l'unité**	*unity*
utile	**l'utilité**	*usefulness*

(The final **-e** of the adjective is dropped before adding the suffix **-ité**.)

The addition of the suffix **-ité** is often accompanied by an alteration of the stem:

célèbre	**la célébrité**	*fame, celebrity*
fraternel	**la fraternité**	*brotherhood, fraternity*
généreux	**la générosité**	*generosity*
humain	**l'humanité**	*humanity*
inconstitutionnel	**l'inconstitutionnalité**	*unconstitutionality*
nécessaire	**la nécessité**	*need, necessity*
simple	**la simplicité**	*simplicity*
vrai	**la vérité**	*truth*

D. -té

The suffix **-té** is added to the masculine singular form of certain adjectives. The resulting noun is feminine:

beau	**la beauté**	*beauty*
bon	**la bonté**	*goodness, kindness*
honnête	**l'honnêteté**	*honesty*
pauvre	**la pauvreté**	*poverty*

The addition of the suffix **-té** is often accompanied by an alteration of the stem:

cruel	**la cruauté**	*cruelty*
libre	**la liberté**	*freedom, liberty*
royal	**la royauté**	*royalty*
sain	**la santé**	*health*

Exercice 9. *Transformez la forme du superlatif absolu en imitant le modèle. Si vous n'êtes pas sûr de la forme du nom tiré de l'adjectif, consultez un dictionnaire. Imitez le modèle:*

Ce gratte-ciel est bien haut.
Ce gratte-ciel est d'une hauteur!

1. Marie est excessivement lente. 2. Pierre est bien simple d'esprit. 3. Je trouve cette maison très laide. 4. Qu'il est fort petit, cet homme-là! 5. Tu vois comme c'est bien nouveau! 6. Sa femme est extrêmement généreuse. 7. Ses jugements sont fort inégaux. 8. Misérable de moi! Tu est trop cruelle! 9. Monique, tes draps sont bien blancs. 10. Cette pièce est extrêmement longue. 11. Ils vous trouvent très grand d'esprit. 12. Ouf! cette armoire est bien lourde. 13. Paresseux! oisif! tu es incroyablement mou! 14. Il est impoli, que dis-je, tout ce qu'il y a de plus grossier. 15. Vos conseils sont des plus utiles.

Exercice 10. *Remplacez les mots en italique par un adjectif pris nominalement. Imitez le modèle:*

Baudelaire tient beaucoup *aux choses bizarres*.
Baudelaire tient beaucoup au bizarre.

Vous êtes, monsieur, *une personne qui ignore tout et tout*!
Vous êtes, monsieur, un ignorant!

1. Ce poète préfère décrire *les choses laides*. 2. C'est *une femme bien pauvre*. 3. *Ce qui serait plus pratique*, ce serait de le flanquer à la porte tout de suite. 4. Occupez-vous plutôt *des gens qui sont malheureux et misérables*. 5. Croyez-vous que *ceux qui sont riches* mériteront le paradis? 6. Vous le voyez, il n'est pas orgueilleux, c'est *un homme humble, un homme sincère*. 7. Il se voyait entouré d'une foule *de gens curieux*. 8. *Les gens sobres* n'aiment pas *les gens frivoles*. 9. Moi, j'aime mieux *ce qui est élégant* que *ce qui est utile*. 10. *La chose la plus difficile* à comprendre, c'est son attitude intransigeante. 11. Rousseau prétend que *ce qui est indispensable* à l'homme social, c'est le travail. 12.

L'homme injuste réclame toujours de la justice. 13. Quel drôle de petit homme! Il n'aime parler qu'à *des personnes sourdes.* 14. Beaucoup de lecteurs ne cherchent en Rabelais que *ce qui est ordurier.* 15. *Ce qui est plus agréable,* ce sera de lui trouver un petit défaut quelconque.

§100 NAÎTRE AND MOURIR

A. Naître

1. summary of conjugations:

présent de l'indicatif:	je nais	nous naissons
	il naît	
passé composé:	je suis né	
passé simple:	je naquis	

2. like **naître: renaître**

3. some meanings of **naître**:

    a. **naître (commencer à vivre)**   *to be born*
       Il est né le 4 juillet.
       He was born on the 4th of July.

    b. **naître (= commencer à pousser)**   *to rise, to spring up, to come up*
       Les fleurs naissent au printemps.
       The flowers come up in the spring.

    c. **faire naître (= amener, causer)**   *to cause, to bring about*
       Pierre a fait naître en lui le désir de tout connaître.
       Pierre inspired him with the desire to know everything.

B. Mourir

1. summary of conjugations:

présent de l'indicatif:	je meurs	nous mourons
		ils meurent
futur et conditionnel:	je mourrai	je mourrais
passé composé:	je suis mort	
passé simple:	je mourus	

2. like **mourir: se mourir**

3. some expressions with **mourir**:

    a. **faire mourir quelqu'un à petit feu (= prolonger cruellement ses inquiétudes)**   *to worry somebody to death*

Ce n'est pas un bon fils, va! Il fait mourir sa mère à petit feu.
He's not a good son, you know. He worries his mother to death.

b. **mourir de** (= **souffrir beaucoup de**)   *to die of*
Hé! de quoi manger, alors! On meurt de faim!
Hey! Bring us something to eat! We're starving to death!

c. **mourir** (= **perdre son activité, s'affaiblir graduellement**)
to die out
Le feu meurt.
The fire is dying out.

Exercice 11. Mettez le verbe à la personne et au temps indiqués entre parenthèses. Faites tous les changements nécessaires; imitez le modèle:
  Sans cela, ils (naître) malheureux. (conditionnel: ils, elle)
    Sans cela, ils naîtraient malheureux. Sans cela, elle naîtrait malheureuse.

1. On (naître) sot ou intelligent. (présent: on, nous, vous)   2. Je (naître) en Amérique. (passé composé: je, elles, tu)   3. Jeanne d'Arc (naître) en France. (passé simple: Jeanne d'Arc, vous, ils)   4. Il voulait que son fils (naître) bientôt après la guerre. (présent du subjonctif: son fils, nous, ils)   5. Hélas! je (se mourir)! (présent: je, elle, vous)   6. Elle (mourir) de soif. (imparfait: elle, elles, nous)   7. Nous (mourir) un jour. (futur: nous, vous, il)   8. La reine (mourir). (passé composé: la reine, ils, vous)   9. Louis XIV (mourir) vieux. (passé simple: Louis XIV, ils)   10. Il voulait qu'Edouard (mourir). (imparfait du subjonctif: Edouard, je, elles)

Exercice 12. Composition. Ecrivez une composition d'environ 200 ou 250 mots sur l'un des sujets suivants. Servez-vous du plan proposé:

I La nécessité du travail
  A. Qui doit travailler? Pourquoi? Quel est le citoyen oisif? L'homme isolé a-t-il le droit de ne rien faire? Peut-il ne rien faire? Comment cela (ou pourquoi pas)?
  B. Expliquez pourquoi l'artisanat est le plus libre et le plus indépendant des métiers.
  C. Pourquoi l'agriculture est-elle le plus noble métier qu'un homme puisse exercer? Pourquoi le laboureur est-il esclave?
  D. Tirez une ou deux conclusions de ce qui précède.

II Comparaison de l'état d'artiste-peintre de cour avec celui d'artisan libre
  A. l'état d'artiste-peintre de cour
    1. comment on se fait artiste-peintre de cour
    2. les bénéfices de cet état
    3. ce qu'on peut faire si on est dégoûté de la vie mondaine, de la vie de cour

B. l'état d'artisan libre
      1. comment on se fait artisan
      2. les bénéfices de cet état
      3. ce qu'on peut faire si on est dégoûté du lieu ou du milieu de son travail
   C. Conclusion: ayant pesé les avantages et les désavantages des deux états (apprentissage, bénéfices, liberté), êtes-vous d'accord avec Rousseau? Pourquoi ou pourquoi pas?

Exercice 13. Traduisez les phrases suivantes:

1. Should rich people protect poor ones? [§98A] 2. Is algebra less difficult than geometry? [§97A, 2] 3. His latest pronouncement is the height of absurdity. [§96C, 1] 4. Theodore is the best soldier in the army. [§97A, note 3] 5. John is the most honest musician I know. [§97B, 2] 6. Beauty without modesty is worth little. [§99D] 7. This surgeon is very good. [§96B] 8. I haven't the slightest idea of what he's doing. [§97A, note 3] 9. I would like to buy this machine gun, sir. Does it cost more than fifty dollars? [§97A, note 2] 10. Her father died on the day she was born. [§100A and B] 11. In general, doctors are as rich as dentists. [§97A, 1] 12. What a child! He is constantly worrying his mother to death. [§100B] 13. The hairdresser is cutting off more and more of her hair. [§97A, note 4] 14. The army is killing fewer and fewer civilians. [§97A, note 4] 15. What is the worst state that can befall a man (into which a man can fall)? [§97B, 1]

Exercice 14. Thème d'imitation.

   —I absolutely want Émile to learn a trade.
   —At least, let it be an honest trade.
   —What does that word mean? Isn't every trade useful to the public good?
   —It's not a question of usefulness. He should learn a trade proper to the rich—for he has wealth.
   —Not at all! He should learn a trade proper to the poor. I prefer him to be a shoemaker rather than a poet. I don't want him to learn odious habits which are incompatible with humanity. I want...
   —Are you claiming *(prétendre)* that poets have qualities of the soul which are odious? On the contrary, their trade is the noblest of all, their work is beautiful—and therefore of the greatest usefulness. If you liked society and humanity more, Mr. Rousseau, you would find that people can be good, and that most, in fact, are better than you—you who abandoned five children!

QUATRIÈME RÉVISION

I LECTURE

Le Livre de mon ami Anatole France

L'Ermitage du Jardin des Plantes

Je ne savais pas lire, je portais des culottes fendues[1], je pleurais quand ma bonne me mouchait et j'étais dévoré par l'amour de la gloire. Telle est la vérité: dans l'âge le plus tendre, je nourrissais le désir de m'illustrer sans retard et de durer dans la mémoire des hommes. J'en cherchais les moyens tout en déployant mes soldats de plomb sur la table de la salle à manger. Si j'avais pu, je serais allé conquérir l'immortalité dans les champs de bataille et je serais devenu semblable à quelqu'un de ces généraux que j'agitais dans mes petites mains et à qui je dispensais la fortune des armes sur une toile cirée[2].

Mais il n'était pas en moi d'avoir un cheval, un uniforme, un régiment et des ennemis, toutes choses essentielles à la gloire militaire. C'est pourquoi je pensai devenir un saint. Cela exige moins d'appareil et rapporte beaucoup de louanges[3]. Ma mère était pieuse. Sa piété—comme elle était aimable et sérieuse—me touchait beaucoup. Ma mère me lisait souvent la *Vie des Saints,* que j'écoutais avec délices et qui remplissait mon âme de surprise et d'amour. Je savais donc comment les hommes du Seigneur s'y prenaient pour rendre leur vie précieuse et pleine de mérites. Je savais quelle céleste odeur répandent les roses du martyre. Mais le

---

[1]fendu *split*   [2]la toile cirée *oilcloth*   [3]la louange *praise*

martyre est une extrémité à laquelle je ne m'arrêtai pas. Je ne songeai pas non plus à l'apostolat et à la prédication, qui n'étaient guère dans mes moyens. Je m'en tins aux[4] austérités, comme étant d'un usage facile et sûr.

Pour m'y livrer sans perdre de temps, je refusai de déjeuner. Ma mère, qui n'entendait rien à ma nouvelle vocation, me crut souffrant et me regarda avec une inquiétude qui me fit de la peine. Je n'en jeûnai pas moins. Puis, me rappelant saint Siméon Stylite, qui vécut sur une colonne, je montai sur la fontaine de la cuisine; mais je ne pus y vivre, car Julie, notre bonne, m'en délogea promptement. Descendu de ma fontaine, je m'élançai avec ardeur dans le chemin de la perfection et résolus d'imiter saint Nicolas de Patras, qui distribua ses richesses aux pauvres. La fenêtre du cabinet de mon père donnait sur le quai. Je jetai par cette fenêtre une douzaine de sous qu'on m'avait donnés parce qu'ils étaient neufs et qu'ils reluisaient; je jetai ensuite des billes et des toupies[5] et mon sabot avec son fouet de peau d'anguille[6].

—Cet enfant est stupide! s'écria mon père en fermant la fenêtre.

J'éprouvai de la colère et de la honte à m'entendre juger ainsi. Mais je considérai que mon père, n'étant pas saint comme moi, ne partagerait pas avec moi la gloire des bienheureux, et cette pensée me fut une grande consolation.

Quand vint l'heure de m'aller promener[7], on me mit mon chapeau; j'en arrachai la plume, à l'exemple du bienheureux Labre, qui, lorsqu'on lui donnait un vieux bonnet tout crasseux, avait soin de le traîner dans la fange[8] avant de le mettre sur sa tête. Ma mère, en apprenant l'aventure des richesses et celle du chapeau, haussa les épaules et poussa un gros soupir. Je l'affligeais vraiment.

Pendant la promenade, je tins les yeux baissés pour ne pas me laisser distraire par les objets extérieurs, me conformant ainsi à un précepte souvent donné dans la *Vie des Saints*.

C'est au retour de cette promenade salutaire que, pour achever ma sainteté, je me fis un cilice[9] en me fourrant dans le dos le crin d'un vieux fauteuil. J'en éprouvai de nouvelles tribulations, car Julie me surprit au moment où j'imitais ainsi les fils de saint François. S'arrêtant à l'apparence sans pénétrer l'esprit, elle vit que j'avais crevé un fauteuil et me fessa[10] par simplicité.

En réfléchissant aux pénibles incidents de cette journée, je reconnus qu'il est bien difficile de pratiquer la sainteté dans la famille. Je compris pourquoi les saints Antoine et Jérôme s'en étaient allés au désert parmi les lions et les ægipans[11]; et je résolus de me retirer dès le lendemain dans un ermitage. Je choisis, pour m'y cacher, le labyrinthe du Jardin des Plantes. C'est là que je voulais vivre dans la contemplation, vêtu, comme saint Paul l'Ermite, d'une robe de feuilles de palmier. Je pensais: «Il y aura dans ce jardin des racines pour ma nourriture.

---

[4]s'en tenir à qqch. = ne vouloir rien de plus   [5]les billes (f) et les toupies (f) *marbles and tops*   [6]mon sabot ... anguille = jouet en forme de toupie qu'on fait tourner en le frappant avec une lanière de peau d'anguille   [7]de m'aller promener = d'aller me promener   [8]la fange *mire*   [9]le cilice *hairshirt*   [10]fesser *to spank*   [11]l'ægipan (m) = animal mythologique

On y découvre une cabane au sommet d'une montagne. Là, je serai au milieu de toutes les bêtes de la création; le lion qui creusa de ses ongles la tombe de sainte Marie l'Égyptienne viendra sans doute me chercher pour rendre les devoirs de la sépulture à quelque solitaire des environs. Je verrai, comme saint Antoine, l'homme aux pieds de bouc et le cheval au buste d'homme. Et peut-être que les anges me soulèveront de terre en chantant des cantiques.»

Ma résolution paraîtra moins étrange quand on saura que, depuis longtemps, le Jardin des Plantes était pour moi un lieu saint, assez semblable au Paradis terrestre, que je voyais figuré sur ma vieille Bible en estampes. Ma bonne m'y menait souvent en j'y éprouvais un sentiment de sainte allégresse. Le ciel même m'y semblait plus spirituel et plus pur qu'ailleurs, et, dans les nuages qui passaient sur la volière[12] des aras[13], sur la cage du tigre, sur la fosse de l'ours et sur la maison de l'éléphant, je voyais confusément Dieu le Père avec sa barbe blanche et dans sa robe bleue, le bras étendu pour me bénir avec l'antilope et la gazelle, le lapin et la colombe; et, quand j'étais assis sous le cèdre du Liban, je voyais descendre sur ma tête, à travers les branches, les rayons que le Père éternel laissait échapper de ses doigts. Les animaux qui mangeaient dans ma main en me regardant avec douceur me rappelaient ce que ma mère m'enseignait d'Adam et des jours de l'innocence première. La Création réunie là, comme jadis dans la maison flottante du patriarche, se reflétait dans mes yeux, toute parée de grâce enfantine. Et rien ne me gâtait mon Paradis. Je n'étais pas choqué d'y voir des bonnes, des militaires et des marchands de coco. Au contraire, je me sentais heureux près de ces humbles et de ces petits, moi le plus petit de tous. Tout me semblait clair, aimable et bon, parce que, avec une candeur souveraine, je ramenais tout à mon idéal d'enfant.

Je m'endormis dans la résolution d'aller vivre au milieu de ce jardin pour acquérir des mérites et devenir l'égal des grands saints dont je me rappelais l'histoire fleurie.

Le lendemain matin, ma résolution était ferme encore. J'en instruisis ma mère. Elle se mit à rire.

—Qui t'a donné l'idée de te faire ermite sur le labyrinthe du Jardin des Plantes? me dit-elle en me peignant les cheveux et en continuant de rire.

—Je veux être célèbre, répondis-je, et mettre sur mes cartes de visite: «Ermite et saint du calendrier», comme papa met sur les siennes: «Lauréat de l'Académie de médecine et secrétaire de la Société d'anthropologie.»

A ce coup, ma mère laissa tomber le peigne qu'elle passait dans mes cheveux.

—Pierre! s'écria-t-elle, Pierre! quelle folie et quel péché! Je suis bien malheureuse! Mon petit garçon a perdu la raison à l'âge où l'on n'en a pas encore.

Puis, se tournant vers mon père:

—Vous l'avez entendu, mon ami; à sept ans il veut être célèbre!

—Chère amie, répondit mon père, vous verrez qu'à vingt ans, il sera dégoûté de la gloire.

[12]la volière *cage*   [13]l'ara (m) = gros perroquet

—Dieu le veuille! dit ma mère; je n'aime point les vaniteux.

Dieu l'a voulu et mon père ne se trompait pas. Comme le roi d'Yvetot, je vis fort bien sans gloire et n'ai plus la moindre envie de graver le nom de Pierre Nozière dans la mémoire des hommes.

Toutefois, quand maintenant je me promène, avec mon cortège de souvenirs lointains, dans ce Jardin des Plantes, bien attristé et abandonné, il me prend une incompréhensible envie de conter aux amis inconnus le rêve que je fis jadis d'y vivre en anachorète[14], comme si ce rêve d'un enfant pouvait, en se mêlant aux pensées d'autrui, y faire passer la douceur d'un sourire.

C'est aussi pour moi une question de savoir si vraiment j'ai bien fait de renoncer dès l'âge de six ans à la vie militaire; car le fait est que je n'ai pas songé depuis à être soldat. Je le regrette un peu. Il y a, sous les armes, une grande dignité de vie. Le devoir y est clair et d'autant mieux déterminé que ce n'est pas le raisonnement qui le détermine. L'homme qui peut raisonner ses actions découvre bientôt qu'il en est peu d'innocentes. Il faut être prêtre ou soldat pour ne pas connaître les angoisses du doute.

Quant au rêve d'être un solitaire, je l'ai refait toutes les fois que j'ai cru sentir que la vie était foncièrement mauvaise: c'est dire que je l'ai fait chaque jour. Mais, chaque jour, la nature me tira par l'oreille et me ramena aux amusements dans lesquels s'écoulent les humbles existences.

Questionnaire

1. Quel désir avait l'auteur de cette histoire lorsqu'il était jeune? 2. Que faisait-il tout en déployant ses soldats de plomb? 3. Qu'aurait-il fait s'il avait pu? 4. Pourquoi le petit pensait-il devenir un saint? 5. Que dit l'auteur à propos de sa mère? 6. Que lui lisait-elle? De cette lecture, qu'apprenait-il? 7. Pourquoi le petit a-t-il décidé de s'en tenir aux austérités de la vie d'un saint? 8. Pourquoi le petit a-t-il refusé de déjeuner? 9. Qu'a pensé sa mère de cette décision? 10. Qu'a fait le petit sur la fontaine de la cuisine? 11. Pourquoi le petit a-t-il dû quitter la fontaine? 12. Comment le petit a-t-il imité saint Nicolas de Patras? 13. Quelle a été la réaction de son père? 14. Comment le petit s'en est-il consolé? 15. Qu'a fait le bienheureux Labre? 16. En quoi le petit l'a-t-il imité? 17. Pourquoi, pendant la promenade, le petit a-t-il tenu les yeux baissés? 18. Comment le petit a-t-il imité les fils de saint François? 19. Pourquoi, selon le petit, les saints Antoine et Jérôme s'en sont-ils allés au désert? 20. Que voulait faire le petit dans le Jardin des Plantes? 21. Qui viendrait le voir dans le Jardin? 22. Pourquoi le petit a-t-il choisi le Jardin des Plantes pour se retirer du monde? 23. Qu'est-ce qu'il comptait manger dans le jardin? 24. Comment allait-il s'abriter? 25. Qu'est-ce qu'il y verrait? 26. Qu'a fait la mère quand le petit lui a parlé de son intention? 27. Que voulait-il mettre sur ses cartes de visite? Pourquoi? 28. Qu'a dit le père quand il a appris que son fils voulait devenir célèbre? Avait-il raison de le dire?

---

[14]l'anachorète (m)   *anchorite, hermit*

29. Qu'est-ce que Pierre Nozière a envie de faire maintenant quand il se promène dans le Jardin des Plantes? pourquoi?   30. Qu'est-ce qu'il pense maintenant de la vie militaire?   31. Quels hommes, selon lui, ne connaissent point le doute?   32. Qu'est-ce qui arrive quand il sent que la vie est mauvaise?

RÉVISION DES QUESTIONNAIRES

Questionnaire I. *Demandez à un autre étudiant:*
1. s'il y a au vingtième siècle des hommes qui portent une robe longue   2. combien de chemises il a   3. si les gens soigneux doivent changer de linge souvent   4. quelle est la mode au vingtième siècle en ce qui concerne les barbes   5. ce qu'il pense des hommes qui portent les cheveux longs   6. ce qu'il porte aujourd'hui   7. comment s'habille le jeune homme typique de l'université   8. comment s'habille la jeune fille typique de l'université   9. si les jeunes gens s'habillent tous de la même façon   10. ce qu'il met dans ses poches   11. si les jeunes hommes s'habillent pour plaire aux jeunes filles   12. s'il trouve que les jeunes filles sont trop influencées par la mode   13. ce qu'il pense des jeunes filles qui portent des vêtements d'homme   14. de vous nommer une religion traditionaliste   15. ce que c'est que le monothéisme   16. ce que c'est que l'agnosticisme   17. ce que c'est que le christianisme   18. quelles différences il y a entre les méthodistes et les baptistes   19. ce que c'est qu'un rabbin   20. ce que c'est qu'un apôtre   21. si une université d'état devrait tenir compte des fêtes religieuses   22. si la prière devrait être interdite dans les écoles publiques   23. de décrire l'intérieur d'une église   24. ce que c'est que le péché   25. si l'homme seul a une âme   26. si on voit souvent en Amérique des jardins ornés de belles statues   27. ce qu'il pense de l'opéra   28. s'il faut qu'un homme connaisse les langues et les littératures anciennes pour être bien éduqué   29. si on peut publier aux Etats-Unis tout ce qu'on pense   30. si l'architecture des Etats-Unis varie d'une région à l'autre   31. où on trouve des maisons de pierre   32. quel bâtiment de votre ville est le plus frappant   33. de vous nommer quelques poètes américains et de dire ce qu'ils ont écrit   34. ce que c'est qu'un essai   35. quelle sorte de peinture il aime   36. s'il s'intéresse à la peinture moderne   37. quelles sortes de statues il aime   38. quel est le métier le plus noble   39. comment on acquiert la célébrité au vingtième siècle   40. ce qu'il fait quand il a besoin d'argent   41. ce que c'est qu'un métier honnête   42. ce que fait l'économiste   43. si on devrait interdire aux professeurs de faire grève   44. ce qu'il fait quand sa montre ne marche pas   45. ce qu'il pense des syndicats   46. ce que c'est qu'un marin   47. si l'état devrait donner de l'argent à ceux qui ne travaillent pas   48. s'il aimerait être professeur de français   49. ce qu'il va faire quand il aura fini ses études   50. combien d'heures par semaine l'ouvrier devrait travailler

Questionnaire II. *Dites à un autre étudiant:*
1. que vous trouvez certaines modes indécentes   2. ce que vous portez par un temps de pluie   3. quelle sorte de coiffure les femmes ont aujourd'hui   4. ce que

vous pensez des barbes   5. comment le professeur est habillé aujourd'hui   6. ce que vous pensez des maillots de bain modernes   7. ce que c'est que l'athéisme   8. ce que c'est qu'un libre penseur   9. ce que c'est que l'œcuménisme   10. ce que c'est qu'un martyre   11. ce que c'est que le carême   12. ce que c'est que le jeûne   13. ce que c'est que la grâce   14. ce que vous servez à boire à vos invités   15. de quel pays sont les pièces de théâtre qui vous plaisent le plus   16. quels sont les avantages et les inconvénients d'une maison de bois   17. quelle sorte de livre vous lisez pour vous distraire   18. pourquoi vous aimez (ou n'aimez pas) l'opéra   19. ce que vous pensez de la peinture moderne   20. pour quelles professions on peut se préparer à l'université   21. en quoi consiste le travail d'un soldat   22. ce que fait le menuisier   23. ce que fait une secrétaire   24. ce que vous allez faire après l'université   25. que vous aimeriez être professeur de français

Exercice.   *Ecrivez des phrases avec les expressions suivantes:*
1. tenir à   2. à peu près   3. à partir de   4. malgré   5. se charger de   6. se dresser   7. à travers   8. mal à propos   9. avoir de quoi vivre   10. tirer parti de   11. faire usage   12. au besoin   13. aux dépens de   14. au sein de   15. n'importe

II   ÉTUDE DE VERBES

§101   SUIVRE AND VAINCRE

A. *Suivre*

   1. summary of conjugations:
présent de l'indicatif: je suis   nous suivons
passé composé: j'ai suivi
passé simple: je suivis

   2. like **suivre: poursuivre**

   3. some expressions with **suivre**:
     a. **suivre un cours** (= **y assister**)   *to take a course*
        A Paris, il suivait un cours de civilisation française.
         (While) in Paris, he took a French civilization course.

     b. **suivre l'usage, la mode** (= **s'y conformer**)   *to follow custom, fashion*
        Les jeunes suivent les modes les plus récentes.
        Young people keep up with the latest fashions.

B. Vaincre

    1. summary of conjugations:

présent de l'indicatif:	je vaincs	nous vainquons
passé composé:	j'ai vaincu	
passé simple:	je vainquis	

Note: *The third person singular of the present indicative has an unusual form:* **il vainc.**

    2. like **vaincre: convaincre**

    3. a figurative meaning of **vaincre** and of **convaincre**:
        a. **vaincre en générosité**, etc. = **surpasser en générosité**, etc. *to outdo in generosity, etc.*
            Cet homme vainc en générosité bien des millionnaires.
            That man outdoes many millionaires in generosity.

        b. **convaincre** = **persuader** *to persuade*
            Il s'est laissé convaincre de son honnêteté.
            He let himself be persuaded that he was honest.

III EXERCICES

Exercice 1.   *Remplacez le tiret par la forme convenable du verbe indiqué entre parenthèses:*

1. Maintenant, je _____ un cours de français. (suivre)   2. Quand tu étais jeune, _____-tu toujours les conseils de tes parents? (suivre)   3. _____-vous _____ le cours du professeur Jasinski? (suivre)   4. Oui, et mon frère le _____ en même temps que moi, il y a plusieurs années. (suivre)   5. Quand ils pourront, ils _____ ce criminel. (poursuivre)   6. Si je pouvais, je _____ cette affaire. (poursuivre)   7. Je veux que vous _____ mes conseils. (suivre)   8. Il fallut qu'il _____ l'usage, même s'il le trouvait désagréable. (suivre)   9. Ils le _____ tant et si bien qu'il fut jugé coupable. (poursuivre)   10. Est-ce que ton père est content que tu _____ ce cours le semestre dernier? (suivre)

Exercice 2.   *Remplacez le tiret par la forme convenable du verbe indiqué entre parenthèses:*

1. Nous ne _____ pas toujours nos ennemis. (vaincre)   2. L'année passée il m'_____ de son innocence. (convaincre)   3. Maintenant il me _____ de votre culpabilité. (convaincre)   4. Je vins, je vis, je _____. (vaincre)   5. Si vous continuez ainsi, vous le _____ en zèle. (vaincre)   6. Ne me _____ pas par la force de ses arguments, il essaya de me gagner par la force de son poing. (convaincre)   7. Pendant que les uns _____, les autres, nécessaire-

ment, perdaient. (vaincre)   8. Il faut que nous nous _____, c'est-à-dire que nous nous maîtrisions. (vaincre)   9. Je ne connais personne qui _____ tant d'obstacles comme il le fit. (vaincre)   10. De nos jours ils _____ les incrédules par leur vie exemplaire. (convaincre)

Exercice 3. *Mettez les noms en italique au pluriel. Faites tous les changements nécessaires; imitez le modèle:*
    La *fontaine* de la cuisine était bien élevée.
    Les fontaines de la cuisine étaient bien élevées.

1. Ce *détail* est banal.   2. Le *général* se battait contre un nouvel *ennemi*.   3. Un *hibou* s'assit à côté de moi.   4. Ce *dernier* est bleu vert.   5. J'ai un beau *cheval*.   6. C'est une *famille* bien.   7. Voilà mon *frère* jumeau.   8. Il vient d'acheter un *abat-jour* chic.   9. La fenêtre s'ouvrait sur un *bas-relief* célèbre.   10. C'est un *chef d'œuvre* exquis!   11. J'ai mal au *genou*.   12. Il s'amuse à peindre un *arc-en-ciel*.   13. C'est un *gentilhomme* cordial et joyeux.   14. Le *prix* de ce *tableau* est bien bas.   15. Mon *fils* veut faire construire un *gratte-ciel* en pleine campagne. Il est fou!

Exercice 4. *Mettez au masculin les noms ou pronoms en italique. Faites tous les changements nécessaires; imitez le modèle:*
    Ma *mère* n'entendait rien à ma nouvelle vocation.
    Mon père n'entendait rien à ma nouvelle vocation.

1. Ma *tante* était pieuse.   2. Il a fait de nouvelles *amies*.   3. Vous n'êtes qu'une *sotte*, qu'une *coquine*, qu'une *fourbe*!   4. Sa *cousine* est jolie, heureuse, et d'une *élégance*!   5. Sa *sœur* est on ne peut plus sérieuse.   6. Toutes ces *filles*-là sont égales en intelligence.   7. Son *épouse* n'est pas si vieille que la tienne.   8. *Celles-ci* sont bonnes; *celles-là* sont médiocres.   9. Gentille douce *compagne*, ne te sens plus abandonnée.   10. Quelle belle *lionne*!   11. *Elle* devient de plus en plus ennuyeuse.   12. Une *jeune fille* juive chantait un psaume.   13. Cette *actrice* fut, autrefois, *institutrice* dans notre village.   14. C'est une fausse *élégante*, une *snob*, que cette *rousse* qui te plaît.   15. C'est une folle *enchanteresse*, que cette petite *Turque*-là.

Exercice 5. *Complétez l'extrait suivant en mettant (ou en omettant, selon le cas) l'article convenable là où vous trouvez le symbole [ ], et en faisant l'accord des adjectifs et des noms. Si vous n'êtes pas sûr du genre ou du pluriel d'un nom ou d'un adjectif, consultez votre dictionnaire. Faites tous les changements nécessaires; imitez le modèle:*
    [ ] gants de peau brun_____ et brodé_____ de noir protégeaient s_____ mains.
    Des gants de peau bruns et brodés de noir protégeaient ses mains.

    [ ] gants de peau brun_____ et brodé_____ de noir protégeaient s_____ mains, qui tenaient ce_____ couverture. S_____ chapeau, d'un _____ feutre aussi fin_____ que [ ] soie, s'abaissait sur ses œil_____.

Rien que ces détail_____ représentaient un_____ sorte de [ ] existence bien différent_____ de [ ] nôtre, de [ ] pauvre ... économie de notre intérieur que [ ] propreté méticuleu_____ de ma mère sauvait seul_____ de [ ] misère. ... Je vous aurai tracé un_____ portrait complet_____ de m_____ âme à ce_____ moment si j'ajoute que je m'étais promis, un _____ fois pour tout_____, de rayer [ ] amour du programme de m_____ vie. J'avais eu, depuis m_____ premier_____ aventure avec Marianne, [ ] autre petit_____ histoire que je vous ai passée sous [ ] silence, avec [ ] femme de [ ] professeur de [ ] lycée, si absolument sot_____ et avec cela si ridiculement prétentieu_____ que j'en étais sorti raffermi plus que jamais dans m_____ mépris pour [ ] intelligence de [ ] «Dame», ... et aussi dans m_____ dégoût pour [ ] sensualité. J'attribue à [ ] profond_____ influences de [ ] discipline catholique ce_____ répulsion à [ ] égard de [ ] chair qui a survécu en moi à [ ] dogmes de [ ] spiritualité.

d'après Paul Bourget, **Le Disciple**

Exercice 6. *Mettez à leur place ordinaire les adjectifs entre parenthèses. Faites tous les changements nécessaires; imitez les modèles:*

Girgenti (f.) s'élève sur l'acropole de l'Agrigenti. (moderne, antique)

La moderne Girgenti s'élève sur l'acropole de l'antique Agrigenti.

J'aime les maisons. (étroit, serré)

J'aime les maisons étroites et serrées.

1. Il voit une cathédrale. (sombre, espagnol)   2. C'était un homme dont le nez, le menton et les yeux formaient une physionomie. (petit; busqué; saillant; remarquablement expressif [mettez un adjectif en rapport avec un nom, en suivant l'ordre indiqué, et à partir du mot *homme*])   3. Il me fit voir ensuite quelques tableaux d'un style ... (vieux, meilleur)   4. Je répare les tableaux. (ancien)   5. Mes malles encombraient la salle à manger. (encore plein; petit)   6. M. Rafaello était là comme l'âme de ces formes. (unique; tout, disparate, confus)   7. C'est un paquet. (très gros)   8. M. Douloir nous sourit avec une grâce. (énorme; enjoué)   9. Mais vous épousâtes M. Achille Allier, campagnard. (nivernais, riche)   10. Son père était homme et bibliophile. (galant; distingué)   11. J'ai vu, sur le cadre de la glace, des crochets. (blanc; assombri; taché de cuivre)   12. Le soleil entrait par les fenêtres. (sans rideaux, haut)   13. J'éprouvais une torpeur dont je ne sortis que par un effort. (assez agréable; violent)   14. Cette terre nous recevra tous dans son sein. (natal; maternel)   15. L'histoire est l'histoire de l'homme. (seul, vrai; naturel)

d'après Anatole France, **Le Crime de Sylvestre Bonnard**

Exercice 7. *Combinez les phrases suivantes. Faites-en d'abord une phrase au comparatif, puis une seconde phrase au superlatif relatif. Imitez le modèle:*

Marie est une jolie fille. Anne est une jolie fille.
Anne est une plus jolie fille que Marie. Anne est la plus jolie fille du monde (que je connaisse, de toutes, etc.)

1. Ma mère était une femme pieuse. Ma tante était une femme pieuse.   2. Elle mourut une avare austère. Il mourut un avare austère.   3. Léon mena une vie simple. Marthe mena une vie simple.   4. Un régiment est une chose essentielle. Des ennemis sont des choses essentielles.   5. Julie poussa un gros soupir. Maman poussa un gros soupir.   6. J'ai pris une résolution étrange. Tu as pris une résolution étrange.   7. Je m'assis sous un grand cèdre. Vous vous assîtes sous un grand cèdre.   8. Ces hommes sont petits. Je suis petit.   9. Cet ermite est un anachorète célèbre. Cet autre est un anachorète célèbre.   10. Il a fait des actions innocentes. Elle a fait des actions innocentes.

Exercice 8. Mettez les adjectifs en italique au superlatif absolu. Employez deux formes du superlatif absolu pour chaque adjectif: une forme simple (**bien, très, fort**, un adverbe en **-ment**) et une forme plus longue (**tout ce qu'il y a de, des plus, on ne peut plus**). Imitez le modèle:
Cette odeur est *céleste*.
Cette odeur est bien céleste. Cette odeur est tout ce qu'il y a de plus céleste.

1. Cette fille est *mystérieuse*.   2. Sa vie m'est *précieuse*.   3. Cet enfant est *stupide*!   4. On lui donnait un vieux bonnet *crasseux*.   5. Les incidents de la journée étaient *pénibles*.   6. On y découvre une *petite* cabane.   7. Le ciel me semblait *spirituel* et *pur*.   8. Je me sentais *heureux*.   9. Je ramenais tout à mon idéal d'enfant, avec une candeur *souveraine*.   10. A vingt ans, il sera *dégoûté* de la gloire.

Exercice 9. Composition. Choisissez un des sujets suivants en vous servant du plan indiqué:

I Rêves de gloire d'un petit garçon
   A. ses jeux avec ses soldats de plomb
      1. la victoire de l'une des armées de plomb
      2. la célébrité du général vainqueur
   B. les qualités de la vie militaire selon le petit garçon
      1. renommée et gloire des officiers courageux
      2. leur prestige lorsqu'ils montent à cheval pour passer en revue leur régiment, lorsqu'ils gagnent une bataille, etc.
   C. la déception du garçon
      1. le refus de son père de lui acheter un cheval et un uniforme
      2. la nécessité de choisir une nouvelle carrière glorieuse

II Le petit saint contre les grandes personnes
   A. Les grandes personnes ne comprennent pas les enfants (Pourquoi? Sont-elles trop pratiques, trop peu poétiques? Les enfants ont-ils raison d'être rêveurs?)

B. Incidents dans la vie du petit saint (Racontez deux ou trois incidents que vous pouvez inventer ou tirer de la lecture)

C. La fin de la sainteté (Inventez une conclusion différente de celle d'Anatole France)

Exercice 10. Traduisez les phrases suivantes:

1. How many tires does a car have? [§*76B, 2;* §*84A, 1*]   2. Her eyes are as brown as yours. [§*97A*]   3. For dessert we have apples, oranges, cake, and cheese. [§*76B*]   4. He gave many flowers to his spouse. [§*76B, 2;* §*83A, 4*]   5. I have about ten blue shirts. [§*79, note*]   6. I'm going to the United States, to Milwaukee, which is in Wisconsin. [§*74B, 6, notes*]   7. Where is my dark blue dress? [§*91, 2*]   8. I've said that many times. [§*76B*]   9. That's a mighty fat frog you have there. [§*89, 2*]   10. Little Henry is talking to big Robert. [§*74B, 3*]   11. Every time I see him he is less and less happy. [§*97A, 3, note 4*]   12. Here is the new student, sir. [§*89, 7*]   13. This wasn't done in the nineteenth century. [§*74B, 5, note 2*]   14. Liberty, equality, fraternity? Where have I seen that before? [§*99C*]   15. I've already eaten some, thank you. [§*77, 1*]

Exercice 11. Thème d'imitation.

—Why does little Pierre's mother think he's committed a sin? After all, he only wants to be a hermit and a calendar saint.

—That's true, but saints are supposed *(censé)* to be humble. And Pierre is proud.

—Yes; but we should not be harsh with the little boy: his father, whom he adores, has put his title *(titre, m.)* on his calling cards. Pierre is only imitating him.

—I find the mother's exclamation very funny: "My little boy has lost his reason at an age when he doesn't have it yet!" All (of) that because he wants to be famous even though he's only seven!

—Well, he'll be disgusted with glory when he's twenty. Or will his love of glory only begin then?

—If I knew the answer to that question, I'd give it to you.

DIX-SEPTIÈME LEÇON

De l'Esprit des lois Montesquieu

Du gouvernement républicain et des lois relatives à la démocratie

Lorsque, dans la république, le peuple en corps a la souveraine puissance, c'est une *Démocratie*. Lorsque la souveraine puissance est entre les mains d'une partie du peuple, cela s'appelle une *Aristocratie*.

Le peuple, dans la démocratie, est, à certains égards, le monarque; à certains autres, il est le sujet.

Il ne peut être monarque que par ses suffrages qui sont ses volontés. La volonté du souverain est le souverain lui-même. Les lois qui établissent le droit de suffrage sont donc fondamentales dans ce gouvernement. En effet, il est aussi important d'y régler comment, par qui, à qui, sur quoi, les suffrages doivent être donnés, qu'il l'est dans une monarchie de savoir quel est le monarque, et de quelle manière il doit gouverner.

Libanius dit que *à Athènes un étranger qui se mêlait dans l'assemblée du peuple, était puni de mort*. C'est qu'un tel homme usurpait le droit de souveraineté.

Il est essentiel de fixer le nombre des citoyens qui doivent former les assemblées; sans cela, on pourrait ignorer si le peuple a parlé, ou seulement une partie du peuple. A Lacédémone, il fallait dix mille citoyens. A Rome, née dans la petitesse pour aller à la grandeur; à Rome, faite pour éprouver toutes les vicissitudes de la fortune; à Rome, qui avait tantôt presque tous ses citoyens hors de ses murailles, tantôt toute l'Italie et une partie de la terre dans ses murailles, on n'avait point fixé ce nombre; et ce fut une des grandes causes de sa ruine.

Le peuple qui a la souveraine puissance doit faire par lui-même tout ce qu'il peut bien faire; et ce qu'il ne peut pas bien faire, il faut qu'il le fasse par ses ministres.

Ses ministres ne sont point à lui s'il ne les nomme: c'est donc une maxime fondamentale de ce gouvernement, que le peuple nomme ses ministres, c'est-à-dire ses magistrats.

Il a besoin, comme les monarques, et même plus qu'eux, d'être conduit par un conseil ou sénat. Mais, pour qu'il y ait confiance, il faut qu'il en élise les membres; soit qu'il les choisisse lui-même, comme à Athènes; ou par quelque magistrat qu'il a établi pour les élire, comme cela se pratiquait à Rome dans quelques occasions.

Le peuple est admirable pour choisir ceux à qui il doit confier quelque partie de son autorité. Il n'a à se déterminer que par des choses qu'il ne peut ignorer, et des faits qui tombent sous les sens. Il sait très bien qu'un homme a été souvent à la guerre, qu'il y a eu tels ou tels succès; il est donc très capable d'élire un général. Il sait qu'un juge est assidu[1]; que beaucoup de gens se retirent de son tribunal contents de lui; qu'on ne l'a pas convaincu de corruption; en voilà assez[2] pour qu'il élise un préteur[3]. Il a été frappé de la magnificence ou des richesses d'un citoyen; cela suffit pour qu'il puisse choisir un édile[4]. Toutes ces choses sont des faits dont il s'instruit mieux dans la place publique, qu'un monarque dans son palais. Mais saura-t-il conduire une affaire, connaître les lieux, les occasions, les moments, en profiter? Non: il ne le saura pas.

Si l'on pouvait douter de la capacité naturelle qu'a le peuple pour discerner le mérite, il n'y aurait qu'à jeter les yeux sur cette suite continuelle de choix étonnants que firent les Athéniens et les Romains; ce qu'on n'attribuera pas sans doute au hasard.

On sait qu'à Rome, quoique le peuple se fût donné le droit d'élever aux charges les plébéiens, il ne pouvait se résoudre à les élire; et quoiqu'à Athènes on pût, par la loi d'Aristide, tirer les magistrats de toutes les classes, il n'arriva jamais, dit Xénophon, que le bas peuple demandât celles qui pouvaient intéresser son salut ou sa gloire.

Comme la plupart des citoyens, qui ont assez de suffisance pour élire, n'en ont pas assez pour être élus; de même le peuple, qui a assez de capacité pour se faire rendre compte de la gestion[5] des autres, n'est pas propre à gérer par lui-même.

Il faut que les affaires aillent, et qu'elles aillent un certain mouvement qui ne soit ni trop lent ni trop vite. Mais le peuple a toujours trop d'action, ou trop peu. Quelquefois avec cent mille bras il renverse tout; quelquefois avec cent mille pieds il ne va que comme les insectes. . . .

Sans doute que, lorsque le peuple donne ses suffrages, ils doivent être publics; et ceci doit être regardé comme une loi fondamentale de la démocratie. Il faut que le petit peuple soit éclairé par les principaux, et contenu par la gravité de

---

[1]assidu *assiduous, diligent* [2]en voilà assez = cela suffit [3]le préteur = magistrat romain [4]l'édile (m) = magistrat romain [5]la gestion *administration*

certains personnages. Ainsi, dans la république romaine, en rendant les suffrages secrets, on détruisit tout; il ne fut plus possible d'éclairer une populace qui se perdait. Mais lorsque dans une aristocratie le corps des nobles donne les suffrages, ou dans une démocratie le sénat; comme il n'est là question que de prévenir les brigues[6], les suffrages ne sauraient être trop secrets.

La brigue est dangereuse dans un sénat; elle est dangereuse dans un corps de nobles: elle ne l'est pas dans le peuple, dont la nature est d'agir par passion. Dans les Etats où il n'a point de part au gouvernement, il s'échauffera pour un acteur, comme il aurait fait pour les affaires. Le malheur d'une république, c'est lorsqu'il n'y a plus de brigues; et cela arrive lorsqu'on a corrompu le peuple à prix d'argent: il devient de sang-froid, il s'affectionne à l'argent, mais il ne s'affectionne plus aux affaires: sans souci du gouvernement et de ce qu'on y propose, il attend tranquillement son salaire.

C'est encore une loi fondamentale de la démocratie, que le peuple seul fasse des lois. Il y a pourtant mille occasions où il est nécessaire que le sénat puisse statuer; il est même souvent à propos d'essayer une loi avant de l'établir. La constitution de Rome et celle d'Athènes étaient très sages. Les arrêts du sénat avaient force de loi pendant un an; ils ne devenaient perpétuels que par la volonté du peuple.

Questionnaire I

1. Quand est-ce qu'une république est une démocratie?   2. Qu'est-ce qu'une aristocratie?   3. Comment le peuple peut-il être monarque dans une démocratie?   4. Qu'est-ce qu'il est important de régler dans une démocratie?   5. Que faisait-on à Athènes à un étranger qui se mêlait dans l'assemblée du peuple? pourquoi?   6. Pourquoi, selon Montesquieu, est-il essentiel de fixer le nombre de citoyens qui doivent former les assemblées?   7. Que fut, selon Montesquieu, une des grandes causes de la ruine de Rome?   8. Quel est le rôle des ministres dans la démocratie?   9. Quelle est une des maximes fondamentales de ce gouvernement?   10. De quelles manières différentes choisit-on ses ministres?   11. Pourquoi le peuple est-il admirable pour choisir ceux à qui il doit confier une partie de son autorité?   12. Où est-ce que le peuple s'instruit?   13. Y a-t-il des inconvénients dans ce système?   14. Quelle conclusion tire-t-on de la suite continuelle de choix étonnants que firent les Athéniens et les Romains?   15. Qu'est-ce que le peuple ne pouvait se résoudre à faire à Rome?   16. Qu'est-ce que le bas peuple n'a jamais fait à Athènes?   17. Pourquoi le peuple n'est-il pas propre à gérer par lui-même?   18. Qu'est-ce que nous devons regarder comme une loi fondamentale de la démocratie? pourquoi?   19. Qu'est-ce qui a tout détruit dans la république romaine?   20. Quand, selon Montesquieu, les suffrages doivent-ils être secrets?   21. Pourquoi la brigue n'est-elle pas dangereuse dans le peuple? Où est-ce qu'elle est dangereuse?   22. Pourquoi est-ce malheureux, selon Montesquieu, qu'une république n'ait plus de brigues?   23.

---

[6] la brigue = cabale, faction

Quelle est une autre loi fondamentale de la démocratie, selon Montesquieu?
24. Comment faisait-on la loi à Athènes et à Rome?

Questionnaire II

1. Comment peut-on dire que les Etats-Unis sont une république?   2. Pouvez-vous nommer quelques pays dont le gouvernement pourrait s'appeler une aristocratie?   3. Est-il juste d'attribuer aux suffrages, comme le fait Montesquieu, beaucoup d'importance? pourquoi?   4. Est-ce que les étrangers peuvent se mêler dans l'assemblée du peuple aux Etats-Unis?   5. Pensez-vous, comme Montesquieu, qu'il est essentiel de fixer le nombre des citoyens qui doivent former les assemblées? pourquoi?   6. Montesquieu dit que le peuple doit faire par lui-même tout ce qu'il peut bien faire. Selon vous, qu'est-ce que le peuple peut bien faire? Qu'est-ce qu'il ne peut pas bien faire?   7. Est-ce qu'aux Etats-Unis le peuple nomme ses ministres?   8. Croyez-vous, comme Montesquieu, que le peuple soit admirable pour choisir ceux à qui il doit confier une partie de son autorité?   9. Aux Etats-Unis, comment le peuple choisit-il ses représentants?   10. Si le peuple s'instruisait autrefois dans la place publique, où s'instruit le peuple aujourd'hui?   11. Peut-on douter, selon vous, de la capacité naturelle qu'a le peuple pour discerner le mérite?   12. En général, de quelle classe viennent ceux qu'on élit aux Etats-Unis?   13. Que pensez-vous des idées de Montesquieu sur le suffrage secret?   14. Que pensez-vous des idées de Montesquieu sur la brigue?   15. Le peuple pourrait-il être corrompu aux Etats-Unis à prix d'argent?   16. Peut-on dire qu'aux Etats-Unis le peuple seul fait les lois?   17. Montesquieu a-t-il raison de dire que c'est une loi fondamentale de la démocratie?   18. Serait-ce une bonne idée que de ne donner force à une loi que pendant un an?

A. Expressions à étudier: Le Gouvernement, La Politique, Le Système judiciaire

le gouvernement républicain
la république, le gouvernement démocratique, la démocratie, le chef [*head, chief, leader*], le partisan, le citoyen [*citizen*], la liberté, la constitution, la patrie [*native country*]

le gouvernement monarchique
la monarchie, le monarque, le roi [*king*], la reine [*queen*], le prince, la princesse, le dauphin [*first son of the king*], le royaume [*kingdom*], la cour [*court*], la royauté [*royalty*], la noblesse [*nobility*], l'empire *(m)*, un empereur, une impératrice, le règne [*reign*], régner [*to rule*], le souverain [*sovereign*], la souveraine, le sujet [*subject*]

le gouvernement despotique
le despotisme, le despote, le tyran, la servitude, l'esclavage *(m)* [*slavery*], l'esclave *(m)* [*slave*]

le pouvoir exécutif

le président, le gouverneur, le cabinet, le ministère [*ministry*], le Ministre des Affaires Etrangères (de l'Intérieur, de la Défense Nationale, du Travail, du Commerce, de l'Agriculture, des Finances)

le pouvoir législatif

le congrès, le membre du congrès, le sénat, le sénateur, la chambre des députés, le député, le parlement, l'assemblée nationale

le pouvoir judiciaire

le magistrat [*justice, judge*], le juge [*judge*], un avocat [*lawyer*], le notaire [*notary*], un homme de loi [*lawyer*], la loi, légal, illégal, la justice, la prison, condamner, la sentence, décapiter [*to decapitate*], la barre des témoins [*witness stand*], le jury, le réquisitoire [*indictment*], le procès [*trial*], la censure [*censorship, censure*], la cour supérieure [*supreme court*], le palais de justice [*courthouse*], le tribunal [*court of law*]

le parti politique

le parti démocratique (républicain, socialiste, communiste), une élection, élire quelqu'un, un électeur, le vote, voter, le suffrage universel

Questionnaire

1. Qu'est-ce que c'est qu'une démocratie?   2. Qu'est-ce que c'est qu'une république?   3. Qu'est-ce que c'est qu'une monarchie?   4. Qu'est-ce que c'est que le despotisme?   5. Qu'est-ce que c'est qu'un monarque?   6. Qu'est-ce que c'est qu'un roi?   7. Qu'est-ce que c'est qu'un empereur?   8. Qu'est-ce que c'est qu'un dauphin?   9. A votre avis, y a-t-il un gouvernement idéal?   10. Quelle sorte de gouvernement ont les Etats-Unis?   11. Quelle sorte de gouvernement a la France? l'Angleterre? l'Espagne? la Russie?   12. La démocratie est-elle l'idéal pour tous les pays?   13. Un gouvernement démocratique pourrait-il marcher aussi bien à Cuba qu'en France?   14. Combien de sénateurs y a-t-il aux Etats-Unis? Pour combien de temps sont-ils élus?   15. Que fait le sénateur?   16. Qu'est-ce que c'est qu'un député?   17. Pour combien de temps est-il élu?   18. Croyez-vous que le gouvernement des Etats-Unis soit le plus parfait qui puisse s'imaginer? Si non, comment pourrait-il être amélioré?   19. Quel est le rôle du roi, de la reine, en Angleterre?   20. Qu'est-ce que c'est qu'un empire?   21. Les empires existent-ils aujourd'hui?   22. L'esclavage existe-t-il aujourd'hui?   23. Aimeriez-vous avoir des esclaves?   24. Quelles sont les fonctions du Ministre de la Défense Nationale? du Ministre du Travail? du Ministre de l'Agriculture?   25. A votre avis, l'impôt est-il juste aux Etats-Unis?   26. Croyez-vous que les riches soient favorisés?   27. Est-ce que le gouvernement fédéral aux Etats-Unis intervient là où il ne devrait pas intervenir?   28. Que

pensez-vous de la sécurité sociale? 29. Le gouvernement devrait-il intervenir dans le domaine de la médecine? dans l'enseignement? 30. Qu'est-ce que c'est que le socialisme? 31. Qu'est-ce que c'est que le communisme? 32. Quelles différences y a-t-il entre le communisme et le socialisme? 33. En France le gouvernement contrôle les chemins de fer. Serait-ce une bonne idée aux Etats-Unis? 34. En Angleterre certaines industries appartiennent au gouvernement. Serait-ce une bonne idée aux Etats-Unis? 35. Y a-t-il des éléments démocratiques dans le gouvernement de la Russie? 36. Le gouvernement y contrôle-t-il tout? 37. Qui peut voter aux Etats-Unis? 38. Le vote de chaque citoyen devrait-il être égal? Le vote du professeur de science politique par exemple devrait-il être égal à celui de l'ouvrier qui ne s'intéresse guère à la politique? 39. Le suffrage universel est-il l'idéal pour tous les pays? 40. Combien de partis politiques y a-t-il aux Etats-Unis? 41. Croyez-vous qu'un plus grand nombre soit préférable? 42. Combien de membres a le parti communiste aux Etats-Unis? 43. Le parti communiste est-il complètement libre aux Etats-Unis? 44. Comment devient-on avocat? Comment devient-on juge aux Etats-Unis? 45. Croyez-vous que les juges soient trop puissants? 46. Qu'est-ce que c'est qu'un notaire? 47. Qu'est-ce que c'est que la censure? 48. Un juge devrait-il avoir le pouvoir de décider si un livre peut être lu ou non? 49. Les juges à votre avis ont-ils le droit de décider si les prières devraient être permises dans les écoles? 50. Est-ce qu'on devrait abolir la peine de mort? 51. Un juge devrait-il avoir le pouvoir de condamner un homme à mourir?

B. *Etudiez les expressions suivantes; consultez la leçon pour l'emploi de ces expressions:*

à certains égards = sous quelques rapports, par certains côtés **une partie de** = une portion de **tantôt . . . tantôt** = une fois . . . une autre fois **avoir besoin de qqch.** = être dans la nécessité de se servir de qqch. **rendre compte de qqch.** = raconter, expliquer qqch. **sans doute** = probablement **avoir part à qqch.** = participer à qqch. **à prix de qqch.** = pour ce qu'il faut pour obtenir qqch. **sang-froid** = tranquillité d'esprit **sans souci** = sans inquiétude

Exercice. *Employez ces expressions dans les phrases suivantes:*

1. Le roi de Prusse n'espérait pas avoir d'ennuis. C'est _____ pour cette raison qu'il a appelé son château _____. 2. Faut-il vraiment qu'un soldat ait beaucoup de _____? 3. Vous avez raison _____, mais cela ne veut pas dire que j'ai toujours tort. 4. _____ argent? Adressez-vous au richissime M. Dupont. 5. _____ il s'amusait à faire des promenades à cheval, _____ il s'asseyait tranquillement au coin du feu. 6. Il_____ de ses actions à son supérieur. 7. Il a obtenu son diplôme _____ argent. 8. _____ assez importante de l'assemblée nationale a refusé de participer à la réunion. 9. Qui _____ à son succès?

§102 PASSIVE VOICE: MEANING (LE PASSIF)

Voice is the form of the verb indicating whether an action is performed *by* the subject of the sentence (= active voice) or *on* the subject (= passive voice). For a verb to be in the passive voice, an *action* must be performed: a verb is said to be in the passive voice when its subject receives the action rather than performs it. The agent (the "doer" or the performer of the action) may be expressed or omitted:

active voice:
    L'ennemi a blessé Joseph.
        The enemy wounded Joseph.
passive voice:
    Joseph a été blessé par l'ennemi.
        Joseph was wounded by the enemy.

active voice:
    Henri bat Michèle.
        Henri is beating Michèle.
passive voice:
    Michèle est battue par Henri.
        Michèle is beaten by Henri.

§103 FORM OF THE PASSIVE VOICE

The passive voice is formed by using **être** as an auxiliary verb and the past participle of the main verb:
    Joseph a été blessé.
        Joseph was wounded.
    Michèle a été abandonnée.
        Michèle was abandoned.

A. Use of *par* with expressed agent

The agent, if mentioned, is usually preceded by **par**:
    Joseph a été blessé par l'ennemi.
        Joseph was wounded by the enemy.
    Michèle est battue par Henri.
        Michèle is beaten by Henri.

B. Use of *de* to introduce instrument

The instrument (the thing used by the agent to perform the act) is regularly introduced by **de**:
    Joseph a été blessé d'une balle.
        Joseph was wounded by a bullet. (The bullet is the instrument used by a marksman to wound Joseph.)

Il fut éclairé des lumières de la foi.
He was enlightened by the light of faith. (The light of faith is the instrument used by God to enlighten him.)

Notice that when the instrument is named, the agent is usually not named.

C. Use of *de* to indicate the agent

De is usually used to indicate the agent in the following situations:
 1. when the agent is an inanimate being
   Il a été frappé des richesses d'un citoyen.
   He was struck by the wealth of a citizen.
   Avignon est battu du mistral.
   Avignon is beaten by the mistral.
(This rule is not absolute. If the mistral [a strong wind blowing down the Rhône valley] is personified, **battu par le mistral** would be correct.)

 2. with verbs denoting an action of the mind, such as **être aimé (respecté, estimé, haï, craint, détesté, honoré,** and the like):
   Jeanne d'Arc est aimée des Français.
   Joan of Arc is loved by the French.
   Dieu est craint de tous les croyants.
   God is feared by all believers.

 3. when the verb denotes a habitual action, especially with such verbs as **être suivi (précédé, accompagné, escorté,** and the like):
   M. Maigret passa, suivi de son chien.
   M. Maigret passed by, followed by his dog.
   Le Président partait, escorté de plusieurs agents de police.
   The president was leaving, escorted by several policemen.

Sometimes, of course, verbs in categories C, 2 and C, 3 denote a particular incident rather than a general state or habitual action. In such a case, **par** is used before the agent:
   Il est détesté de tout le monde et en ce moment-ci même par sa femme.
   He is detested by everyone and at this moment even by his wife.
   Lorsqu'il fait une promenade en auto, Deschamps est accompagné de sa famille. Mais une fois, ayant dépassé la limite de vitesse, il a dû se rendre au commissariat de police; il a été accompagné par deux agents.
   When he goes for a ride, Deschamps is accompanied by his family. But once, having broken the speed limit, he had to go to the police station; he was accompanied by two policemen.

§104 PASSIVE VOICE AND STATE OF BEING

When the agent is not mentioned, be careful to distinguish between **être** as the auxiliary verb of the passive voice and **être** followed by a past participle used as an adjective. This is especially important in the past tenses:

> *passive voice:* **La porte *a été (fut) ouverte*.**
> *state of being:* **La porte *était* ouverte.**

> *passive voice:* **Il *a été (fut) considéré* pour le poste.**
> *state of being:* **Il *était* beaucoup *considéré* dans le quartier.**

An act (thus the true passive) is usually expressed in the past by the **passé composé** or the **passé simple**; the imperfect usually expresses a state of being (or false passive).

§105 REMARKS ON THE USE OF THE PASSIVE

Frenchmen prefer the active voice to the passive and use the passive considerably less than do native speakers of English. Follow their example and try to use the active voice whenever possible in French. Here are some suggestions for avoiding the passive construction:

1. Use **on** with a verb in the active voice if no agent is expressed:
   On l'a congédié sur-le-champ.
   He was fired right away (i.e., *on the spot*).
   On n'a pas convaincu le juge de corruption.
   The judge was not convicted of corruption.

2. Use a reflexive verb if no agent is implied:
   Elle s'est persuadée de leur innocence.
   She became convinced of their innocence.
   Cela ne se fait pas.
   That is not done.

3. Use an active construction if the agent is expressed:
   Le peuple tient la souveraine puissance.
   The sovereign power is held by the people.
   . . . cette suite continuelle de choix étonnants que firent les Athéniens
   . . . that continual series of surprising choices made by the Athenians

The indirect object or the object of a preposition cannot become the subject of a verb in the passive voice:
   On répondit *à sa question*.
   His question was answered.

Son fils *lui* succédera.
He will be succeeded by his son.
On *m'*a donné une pomme.
I was given an apple. (An apple was given to me.)
Jean *m'*a donné une pomme.
I was given an apple by John. (John gave me an apple.)

Exercice 1. *Mettez les phrases suivantes au passif; imitez les modèles:*
Robert l'a frappée.
Elle a été frappée par Robert.
Tous les vents de l'hiver ont battu le village.
Le village a été battu de tous les vents de l'hiver.

A.
1. Le conseil l'a conduit. 2. Le peuple l'a élu. 3. Marcel l'a accusé de corruption. 4. Le ministre a corrompu le peuple à prix d'argent. 5. Julie me fessa. 6. Sa bonne l'a mouché. 7. Sa piété me toucha. 8. Nous affligeons nos parents. 9. Il vous a trouvés le lendemain. 10. Les anges les soulèveront de terre.

B.
1. Ma mère m'y a mené souvent. 2. Rien ne me gâta mon Paradis. 3. J'en instruisis mes parents. 4. Marcel le suivit partout. 5. Elle ne les a pas bien préparées. 6. Les bruits l'ont agacée. 7. Cet homme nous a volés. 8. Ce bruit imaginaire t'avait préoccupée. 9. Jean les a cassés. 10. Zénaïde Fleuriot l'a décrit dans un de ses plus beaux romans.

Exercice 2. *Transformez les phrases suivantes de constructions passives en constructions actives par l'emploi de* **on.** *Imitez le modèle:*
Il a été congédié sur-le-champ.
On l'a congédié sur-le-champ.

1. Il a été accusé de corruption. 2. Cela est attribué au hasard. 3. Les magistrats sont tirés de toutes les classes. 4. Ce nombre n'avait point été fixé. 5. Tout a été détruit. 6. Il faut que le petit peuple soit éclairé. 7. Ceci doit être considéré comme une loi fondamentale. 8. Le peuple est sans souci de ce qui est proposé au gouvernement. 9. Une cabane a été découverte au sommet d'une montagne. 10. Le capot n'a pas été fermé.

Exercice 3. *Remplacez les constructions passives par une construction pronominale; imitez le modèle:*
Cela était pratiqué à Rome.
Cela se pratiquait à Rome.

1. Cela n'est pas fait ici. 2. Les journaux sont vendus au kiosque. 3. Cela est appelé une aristocratie. 4. Il a été déterminé. 5. Nous avons été instruits

de cela dans la place publique. 6. Je n'étais pas choqué d'y voir des bonnes. 7. Cela est souvent bu. 8. Un bateau ne peut être comparé à un malade. 9. Vous êtes ennuyé de tout cela, n'est-ce pas? 10. On est empoisonné dans de tels restaurants.

Exercice 4. *Dites en français:*

1. He was struck by the citizen's wealth. 2. I was given that by the grocer on the corner. 3. He was liked by everybody. 4. Our questions were finally answered. 5. That's what you were told?

§106 INVERSION OF SUBJECT AND VERB (L'INVERSION)

Inversion of subject and verb is a grammatical necessity in the following situations:

1. after certain conjunctions, the most important of which are **aussi**[1], **à peine ... que, peut-être,** and **sans doute:**
  Aussi a-t-il répondu de la sorte.
   Therefore he answered in that way.
  A peine ai-je vu cela que je voulais te l'acheter.
   No sooner had I seen that than I wanted to buy it for you.
  Peut-être avez-vous raison.
   Perhaps you are right.

2. after reporting a direct quotation:
  «**C'est tout ce que je peux faire,**» **dit-il.**
   "That's all I can do," he said.
  «**Eh bien, quand pourrez-vous me le rendre?**» **lui ai-je demandé.**
   "Well, when can you return it to me?" I asked him.

3. in questions (see §4A):
  Qu'avez-vous fait?
   What did you do?
  Robert a-t-il répondu à votre question?
   Did Robert answer your question?

§107 INVERSION AS A POINT OF STYLE

Inversion of subject and verb is very common in French. It is often almost mandatory, *providing that the noun subject with its modifiers is longer than the verb,* when:

---

[1] **Aussi** means "therefore" when it is used at the head of a sentence or a clause; in this position it *never* means "also." Use **de plus** to express "also" in this position, or put **aussi** after the verb.

1. the relative pronoun introducing a subordinate clause is not the subject of the verb: (see also pertinent sections in §54-§58)

Au moment *où* commence / cette histoire . . .
At the moment this story begins . . .

C'est ma sœur *qu'*a vue / M. de Caumartin.
It's my sister (whom) M. de Caumartin saw.

Pesez ce *que* veut dire / cette expression populaire: donner sa parole d'honneur.
Consider what this popular expression means: to give one's word of honor.

2. the sentence or clause begins with an adverb or adverbial expression and contains an intransitive verb (that is, a verb which does not take a direct object):

En cet instant, près de moi, passa / la divine Béatrice.
At that instant, the divine Beatrice passed near me.

Derrière s'étendait / un jardin où poussaient toutes sortes de légumes.
In the back there was a garden where all kinds of vegetables were growing.

Note: *When the subject is considerably longer than the verb (as in the last example immediately above), inversion is mandatory in French. In the other cases it is usually preferred, and, in fact, is the normal word order.*

§108 IMPROPER USE OF INVERSION

Inversion should not be used in the following instances:

1. when the subject with its modifiers is shorter than the verb with its modifiers:

incorrect:
    Le dernier mot que doit ajouter avant de conclure l'auteur, c'est . . .

correct:
    Le dernier mot que l'auteur doit ajouter avant de conclure, c'est . . .
    The last word the author must add before concluding is . . .

2. when inversion would cause a lack of clarity:

incorrect:
    Je m'étonne de ce que vous a dit hier soir Pierre.

correct:
    Je m'étonne de ce que Pierre vous a dit hier soir.
    I'm surprised at what Pierre told you last night.

Exercice 5. *Transformez les phrases suivantes de discours indirect en discours direct. Imitez le modèle:*

Marc prétend que ses croyances sont orthodoxes.
«Mes croyances sont orthodoxes,» prétend Marc.

1. Il dit que Rome était une république.   2. Il a dit que Rome était une république.   3. Mon père m'a demandé pourquoi j'avais donné de l'argent aux pauvres.   4. Je lui ai répondu que je l'avais fait pour les aider à vivre.   5. Elle se demande pourquoi il y a du mal dans le monde.   6. En fait, j'ai deviné que Paul aime Rousseau de plus en plus.   7. Vous m'avez demandé la date de notre arrivée en France.   8. Marie dit que son cousin est un sot.   9. Jean espère que mon travail universitaire me donne satisfaction.   10. Tu prétends que les croisades avaient une origine toute économique.   11. Elle m'avertit que Léonard revenait de Chamonix.   12. Ils insinuent que vous êtes un oisif et un fripon.   13. Il a rétorqué que seuls les oisifs savent en trouver un autre.   14. J'ai remarqué qu'il y a beaucoup de jolies jeunes filles ici.   15. Elles répondent que non à ses impertinences.

Exercice 6. *Justifiez l'emploi ou le non-emploi de l'inversion dans les phrases suivantes. Corrigez les phrases dont le style peut être amélioré:*

1. C'est la maison qu'ont achetée mes amis Tort.   2. J'ai visité le village où est né cet auteur célèbre.   3. Là-dedans se trouvent toutes les choses de valeur qu'il possède.   4. Peut-être a-t-il voulu vous faire plaisir.   5. Comment et pourquoi a-t-il pu agir ainsi?   6. C'est ta sœur Eulalie qu'a vue tout d'abord et avant que tu en aies pris conscience Edouard.   7. A cet amour paternel une teinte d'admiration pour mes actes en général se mêlait.   8. Sur les fourneaux cuisait une belle truite du lac d'Alloz.   9. «La chair est triste, hélas! et j'ai lu tous les livres,» a écrit Mallarmé.   10. A l'angle de la cheminée une grande bûche de chêne brûlait.   11. C'est dans la famille, dans l'éducation et dans le milieu qu'est l'explication de ses actions.   12. A sa gauche la Plaine des Jarres, maintenant déserte, s'étendait.   13. «Le diable m'emporte si je ne dis pas la vérité!» il s'écria.   14. C'était du pain que réclamaient tous les malheureux grévistes.   15. Il achète aussi un journal tous les jours.   16. C'est ce qu'a dit l'évêque du Puy, frère du marquis.   17. Pendant que toutes ces terribles atrocités dont je vous ai parlé se passaient, j'étais en prison.   18. C'est dans la soumission qu'est le bonheur.   19. Là-dessus, au fond de la forêt, l'emporta le loup.   20. L'état de joie, que notre doute et la dureté de nos cœurs empêchent, est un état obligatoire. (Gide)

§109 CRAINDRE AND RIRE

A. *Craindre*

1. Summary of conjugations:

présent de l'indicatif:	je crains	nous craignons
passé composé:	j'ai craint	
passé simple:	je craignis	

2. Like **craindre: contraindre, plaindre, se plaindre de; atteindre, éteindre, étreindre, peindre (j'ai atteint, éteint,** etc.); **joindre, rejoindre (j'ai joint, j'ai rejoint)**

3. Some meanings of verbs in this category:

    a. **plaindre** = témoigner de la compassion   *to pity*
       Je plains ce pauvre aveugle.
       I pity that poor blind man.

    b. **se plaindre (de)** = témoigner du mécontentement (contre); rouspéter   *to complain (about)*
       Il se plaint de sa femme.
       He's complaining about his wife.

    c. **éteindre** = faire cesser de briller, de brûler   *to turn off, to put out*
       Eteignez (les lampes) avant de sortir de la chambre.
       Turn off the lights before leaving the room.

    d. **s'éteindre** = mourir doucement   *to pass away (peacefully), to die*
       Il s'éteint.
       His life is flickering out. (He is dying [peacefully].)

    e. **joindre les deux bouts** = arriver à faire les frais d'un ménage   *to make ends meet*
       Je n'ai jamais su joindre les deux bouts.
       I never learned how to make ends meet.

B. Rire

1. Summary of conjugations:
présent de l'indicatif:	je ris	nous rions
passé composé:	j'ai ri	
passé simple:	je ris	

2. Like **rire: sourire**

3. Some expressions with **rire:**

    a. **Rira bien qui rira le dernier.**
       He who laughs last laughs best.

    b. **rire aux éclats (aux larmes)**   *to roar with laughter, to weep with laughter*
       A ce propos, mon père rit aux éclats.
       At that remark, my father roared with laughter.

c. **rire au nez de quelqu'un**   *to laugh in someone's face*
Il m'a ri au nez.
He laughed in my face.

Exercice 7.   *Remplacez le tiret par le temps convenable du verbe indiqué entre parenthèses:*

1. (craindre) Quand vous étiez jeune, _____-vous vos parents?   2. (plaindre) Maintenant, je _____ les pauvres.   3. (se plaindre) Nous _____ de vous hier devant le magistrat.   4. (atteindre) Ils n'_____ plus toujours le but.   5. (éteindre) _____ la lumière, je te dis!   6. (étreindre) Il l'_____; puis, il s'en alla.   7. (peindre) _____-t-il _____ ce joli tableau?   8. (s'éteindre) Pendant trois jours elle _____; puis, elle est morte.   9. (joindre) Le mois prochain nous _____ les deux bouts pour la première fois.   10. (rejoindre) Je te _____ tout à l'heure.   11. (craindre) Il faut qu'un garçon _____ un peu son père.   12. (peindre) Qui _____ cela? demanda-t-il. (passé composé)   13. (rejoindre) _____-moi chez Fifi.   14. (se plaindre) A l'avenir il _____, comme il l'a fait dans le temps.   15. (rire) Comment! Vous me _____ au nez! C'est une insulte!   16. (sourire) Elle _____ quand je suis entré.   17. (rire) Je _____ de cela si ce n'était pas si important.   18. (rire) Et puis, nous _____ aux éclats.   19. (sourire) Il se leva, il me _____, il partit.   20. (rire) Nous _____ aux larmes toutes les fois qu'il imite le professeur.

Exercice 8. Composition.   *Ecrivez une composition d'environ 200 à 250 mots sur l'un des sujets suivants. Si vous voulez, vous pouvez combinez deux ou plusieurs sujets.*

A. Il faut limiter le droit du vote.

B. Aux Etats-Unis, c'est le peuple qui est le souverain monarque à certains égards; à certains autres, il est le sujet.

C. Le peuple est admirable pour choisir ceux à qui il doit confier quelque partie de son autorité: la preuve en est que les politiciens sont d'habitude des hommes très honnêtes.

D. Les seuls militaires savent gouverner.

E. La brigue est dangereuse dans le Sénat et dans la Chambre des Représentants.

Exercice 9.   *Traduisez les phrases suivantes:*

1. He is detested by all who know him. [§*103C, 2*]   2. That wasn't done in Rome before Caesar's reign. [§*105*]   3. Perhaps I would like to know why the congressman took the trip to Miami. [§*106, 1*]   4. The kingdom was founded in the fifteenth century. [§*102*, §*103*]   5. The lands along which the Mississippi

flows are very fertile. [§*107, 1*]   6. The president went out for his morning stroll preceded by his dogs. [§*103C, 3*]   7. The door was closed by the last person to leave the building. [§*103A*]   8. On the horizon the smoke from the Chicago fire could be seen *(se voir)*. [§*107, 2*]   9. The prime minister was killed by his guards. [§*103A*]   10. He is always complaining about the government. [§*109A, 3*]   11. I had scarcely left the room when she called me. [§*106, 1*]   12. The door was closed, but the window was open. [§*104*]   13. When I told her what had happened, my mother roared with laughter. [§*109B, 3*]   14. "Is Nero *(Néron)* going to play the violin tonight?" I asked her. [§*106, 2*]   15. The senator was given some good advice. [§*105*]

Exercice 10. Thème d'imitation.

—According to Montesquieu, what is a democracy? I asked.

—It is a republic in which the people as a body have the sovereign power, the professor replied.

—Therefore the United States can be called both *(et)* a democracy and a republic, can't it? I continued.

—Yes. And perhaps you've noticed, he added, that following the principles of Montesquieu, we regulate not only the number of citizens who form the assemblies, but also the right to vote—which, in principle, is a right of all citizens.

—We can still learn a great deal from the past, I said, especially from those men whom the people of the twentieth century, always in a rush and unaware *(inconscient)* of their traditions, forget.

DIX-HUITIÈME LEÇON

Le Nœud de vipères François Mauriac

(Louis écrit une longue lettre à sa femme Isa. Il espère qu'elle la lira après sa mort.)

Il ne me semble pas que je t'ai haïe dès la première année qui suivit la nuit désastreuse[1]. Ma haine est née peu à peu, à mesure que je me rendais mieux compte de ton indifférence à mon égard, et que rien n'existait à tes yeux hors ces petits êtres vagissants[2], hurleurs et avides. Tu ne t'apercevais même pas qu'à moins de trente ans j'étais devenu un avocat d'affaires surmené et salué déjà comme un jeune maître dans ce barreau[3], le plus illustre de France après celui de Paris. A partir de l'affaire Villenave (1893) je me révélai en outre comme un grand
10 avocat d'assises (il est très rare d'exceller dans les deux genres) et tu fus la seule à ne pas te rendre compte du retentissement universel de ma plaidoirie. Ce fut aussi l'année où notre mésentente devint une guerre ouverte.

Cette fameuse affaire Villenave, si elle consacra mon triomphe, resserra l'étau[4] qui m'étouffait: peut-être m'était-il resté quelque espoir; elle m'apporta la preuve que je n'existais pas à tes yeux.

Ces Villenave,—te rappelles-tu seulement leur histoire?—après vingt ans de mariage, s'aimaient d'un amour qui était passé en proverbe. On disait «unis comme les Villenave». Ils vivaient avec un fils unique, âgé d'une quinzaine d'années, dans leur château d'Ornon, aux portes de la ville, recevaient peu, se

---

[1] la nuit désastreuse = (où elle avoua qu'elle avait aimé quelqu'un avant lui)   [2] vagissant *wailing*   [3] le barreau *bar*   [4] l'étau (m) *vise*

414

suffisaient l'un à l'autre: «Un amour comme on en voyait dans les livres», disait ta mère, dans une de ces phrases toutes faites dont sa petite-fille Geneviève a hérité le secret. Je jurerais que tu as tout oublié de ce drame. Si je te le raconte, tu vas te moquer de moi, comme lorsque je rappelais, à table, le souvenir de mes examens et de mes concours . . . mais tant pis! Un matin, le domestique, qui faisait les pièces du bas, entend un coup de revolver au premier étage, un cri d'angoisse; il se précipite; la chambre de ses maîtres est fermée. Il surprend des voix basses, un sourd remue-ménage; des pas précipités dans le cabinet de toilette. Au bout d'un instant, comme il agitait toujours le loquet, la porte s'ouvrit. Villenave était étendu sur le lit, en chemise, couvert de sang. Mme de Villenave, les cheveux défaits, vêtue d'une robe de chambre, se tenait debout au pied du lit un revolver à la main. Elle dit:

—J'ai blessé M. de Villenave, ramenez en hâte le médecin, le chirurgien et le commissaire de police. Je ne bouge pas d'ici.

On ne put rien obtenir d'elle que cet aveu: «J'ai blessé mon mari», ce qui fut confirmé par M. de Villenave, dès qu'il fut en état de parler. Lui-même se refusa à tout autre renseignement.

L'accusée ne voulut pas choisir d'avocat. Gendre d'un de leurs amis, je fus commis d'office[5] pour sa défense, mais, dans mes quotidiennes visites à la prison, je ne tirai rien de cette obstinée. Les histoires les plus absurdes couraient la ville à son sujet; pour moi, dès le premier jour, je ne doutai pas de son innocence: elle se chargeait elle-même et le mari qui la chérissait acceptait qu'elle s'accusât. Ah! le flair des hommes qui ne sont pas aimés pour dépister[6] la passion chez autrui! L'amour conjugal possédait entièrement cette femme. Elle n'avait pas tiré sur son mari. Lui avait-elle fait un rempart de son corps, pour le défendre contre quelque amoureux éconduit[7]? Personne n'était entré dans la maison depuis la veille. Il n'y avait aucun habitué qui fréquentât chez eux . . . enfin, je ne vais tout de même pas te rapporter cette vieille histoire.

Jusqu'au matin où je devais plaider, j'avais décidé de m'en tenir à une attitude négative et de montrer seulement que Mme de Villenave ne pouvait pas avoir commis le crime dont elle s'accusait. Ce fut, à la dernière minute, la déposition du jeune Yves, son fils, ou plutôt (car elle fut insignifiante et n'apporta aucune lumière) le regard suppliant et impérieux dont le couvait sa mère, jusqu'à ce qu'il eût quitté la barre des témoins, et l'espèce de soulagement qu'elle manifesta alors, voilà ce qui déchira soudain le voile: je dénonçai le fils, cet adolescent malade, jaloux de son père trop aimé. Je me jetai, avec une logique passionnée, dans cette improvisation aujourd'hui fameuse où le professeur F . . . a, de son propre aveu, trouvé en germe l'essentiel de son système, et qui a renouvelé à la fois la psychologie de l'adolescence et la thérapeutique de ses névroses[8].

Si je rappelle ce souvenir, ma chère Isa, ce n'est pas que je cède à l'espérance de susciter, après quarante ans, une admiration que tu n'as pas ressentie au

---

[5]d'office = sans en être requis [6]dépister *to track down* [7]éconduit *rejected (that they had tried to get rid of)* [8]la névrose *neurosis*

moment de ma victoire, et lorsque les journaux des deux mondes[9] publièrent mon portrait. Mais en même temps que ton indifférence, dans cette heure solennelle de ma carrière, me donnait la mesure de mon abandon et de ma solitude, j'avais eu pendant des semaines, sous les yeux, j'avais tenu entre les quatre murs d'une cellule cette femme qui se sacrifiait, bien moins pour sauver son propre enfant, que pour sauver le fils de son mari, l'héritier de son nom. C'était lui, la victime, qui l'avait suppliée: «Accuse-toi . . .» Elle avait porté l'amour jusqu'à cette extrémité de faire croire au monde qu'elle était une criminelle, qu'elle était l'assassin de l'homme qu'elle aimait uniquement. L'amour conjugal, non l'amour maternel, l'avait poussée . . . (Et la suite l'a bien prouvé: elle s'est séparée de son fils et sous divers prétextes a vécu toujours éloignée de lui.) J'aurais pu être un homme aimé comme l'était Villenave. Je l'ai beaucoup vu, lui aussi, au moment de l'affaire. Qu'avait-il de plus que moi? Assez beau, racé[10], sans doute, mais il ne devait pas être bien intelligent. Son attitude hostile à mon égard, après le procès, l'a prouvé. Et moi, je possédais une espèce de génie. Si j'avais eu, à ce moment, une femme qui m'eût aimé, jusqu'où ne serais-je pas monté? On ne peut tout seul garder la foi en soi-même. Il faut que nous ayons un témoin de notre force: quelqu'un qui marque les coups[11], qui compte les points, qui nous couronne au jour de la récompense,—comme autrefois, à la distribution des prix, chargé de livres, je cherchais des yeux maman dans la foule et, au son d'une musique militaire, elle déposait des lauriers d'or sur ma tête frais tondue[12].

Questionnaire I

1. Que dit Louis à propos de la haine?   2. Quelle est la profession de Louis?   3. Qu'est-ce qui est arrivé à partir de l'affaire Villenave?   4. De quoi Louis accuse-t-il Isa?   5. Qu'est-ce qu'on disait des Villenave après vingt ans de mariage?   6. Combien d'enfants avaient-ils?   7. Quelle sorte de vie menaient-ils?   8. Que faisait Isa quand Louis parlait de ses examens?   9. Qu'est-ce qui est arrivé un matin pendant que le domestique faisait les pièces du bas?   10. Quelle scène s'est présentée à ses yeux après qu'il a été entré dans la chambre des Villenave?   11. Qu'est-ce que Mme de Villenave a demandé au domestique de faire? pourquoi?   12. Qu'a dit M. de Villenave dès qu'il a été en état de parler?   13. Comment Louis est-il devenu l'avocat de l'accusée?   14. Pourquoi Louis a-t-il décidé que Mme de Villenave était innocente?   15. Jusqu'au matin où il devait plaider, qu'est-ce que Louis avait l'intention de faire?   16. Qu'est-ce qui a fait changer d'avis à Louis?   17. Qu'est-ce que le professeur F . . . a trouvé en germe dans cette histoire?   18. Pourquoi Louis rappelle-t-il ce souvenir?   19. Qu'est-ce que Louis avait trouvé d'admirable chez Mme de Villenave?   20. Qu'est-ce qui est arrivé au jeune Villenave après le procès?   21. Louis semble-t-il jaloux de M. de Villenave?   22. Pourquoi dit-il que M. de Villenave ne devait pas être très intelligent?   23. Selon Louis, qu'est-ce qu'il

---

[9]les deux mondes = l'ancien et le nouveau   [10]racé *blue-blooded*   [11]marquer les coups *to keep track*   [12]tondu = dont les cheveux sont coupés

serait devenu s'il avait eu une femme qui l'eût aimé?   24. Pourquoi, selon Louis, une telle femme est-elle nécessaire?   25. A la fin de cet extrait, que dit Louis à propos de sa mère?

Questionnaire II

1. En général, la haine naît-elle peu à peu ou subitement?   2. Qu'est-ce qui nous fait haïr une autre personne?   3. Arrive-t-il souvent qu'une femme s'intéresse à ses enfants au point où elle oublie son mari?   4. Arrive-t-il souvent qu'un avocat devienne célèbre à trente ans? un médecin? un professeur?   5. Connaissez-vous des couples qui, après vingt ans de mariage, s'aiment toujours d'un amour qui pourrait passer en proverbe?   6. Avez-vous lu récemment qu'un mari a essayé de tuer sa femme, ou une femme son mari?   7. Y a-t-il des crimes où le criminel n'est jamais arrêté?   8. Y a-t-il des crimes parfaits?   9. Un accusé peut-il refuser aux Etats-Unis de choisir un avocat?   10. Arrive-t-il souvent qu'un jeune homme soit jaloux de son père? une jeune fille de sa mère?

A. *Expressions à étudier: La Famille*

les parents (parents, relatives)

le père, la mère, l'enfant *(m* ou *f)* [*child*], le bébé [*baby, infant*], le fils (unique) [*(only) son*], la fille [*daughter*], des jumeaux *(m)* [*twin boys*], des jumelles [*twin girls*], l'aîné [*the oldest child*], le cadet [*the youngest child*], le frère, la sœur, un oncle, la tante, le cousin, la cousine, le cousin germain [*first cousin*], le neveu [*nephew*], la nièce, les grands-parents, le grand-père, la grand-mère, les aïeuls *(m)* [*grandparents*], l'aïeul *(m)*, l'aïeule *(f)*, les petits-enfants [*grandchildren*], le petit-fils, la petite-fille, le beau-frère [*brother-in-law*], la belle-sœur [*sister-in-law*], le beau-père [*father-in-law*], la belle-mère [*mother-in-law*], le gendre [*son-in-law*], la bru [*daughter-in-law*], la marâtre [*(cruel) stepmother*], le parrain [*godfather*], la marraine [*godmother*], le filleul [*godson*], la filleule [*goddaughter*], un orphelin [*orphan*], être mineur [*to be a minor*], être majeur [*to be an adult*]

fêtes de famille

la naissance [*birth*], un anniversaire [*birthday*], faire la cour [*to court*], le futur [*intended husband*], la future [*intended wife*], demander la main d'une jeune fille, les fiançailles *(f)* [*engagement*], la bague de fiançailles [*engagement ring*], le fiancé, la fiancée, se marier avec ou à qqn [*to marry s.o.*], épouser qqn [*to marry s.o.*], le mariage, le contrat de mariage, une alliance [*wedding ring*], la dot [*dowry*], le mariage civil, le mariage religieux, un mariage d'inclination (d'argent, de convenance, de raison), le mari [*husband*], la femme [*wife*], un époux, une épouse, l'homme marié, les nouveaux mariés *(m)* [*newlyweds*], le voyage de noces [*wedding trip*], la lune de miel [*honeymoon*], un ménage sans enfants [*childless family*], être enceinte [*to be pregnant*], accoucher de (donner naissance à) un bébé [*to give birth to a child*], un nouveau-né, se séparer de qqn, la séparation, l'infidélité *(f)*, l'amant [*lover*], la maîtresse [*mistress*], l'adultère *(m)*, l'incompatibilité *(f)*, se divorcer d'avec qqn [*to divorce s.o.*], le divorce, le célibat [*bachelorhood, unmarried state*], le célibataire (endurci) [*(hardened, confirmed) bachelor*], la vieille fille [*spinster*], la mort [*death*], le veuf [*widower*], la veuve [*widow*], le deuil [*mourning*]

Questionnaire

1. Comment s'appelle la sœur de votre père? le frère de votre père? la femme de votre père? la mère de votre père?   2. Comment s'appelle le fils de votre tante? la fille de votre tante?   3. Qu'est-ce que vous appelez les enfants de vos enfants?   4. Qu'appelle-t-on deux bébés qui naissent en même temps?   5. Qu'appelle-t-on le fils le plus âgé? le fils le plus jeune? le seul fils d'une famille?   6. Comment s'appelle la sœur de votre mari? le frère de votre mari? sa mère? son père?   7. Comment s'appelle la femme de votre fils? le mari de votre fille?   8. Comment s'appelle l'homme choisi pour tenir l'enfant sur les fonts baptismaux? la femme?   9. Comment appelle-t-on un enfant qui n'a ni père ni mère?   10. Comment appelle-t-on l'homme dont la femme est morte? la femme dont le mari est mort?   11. Que fait le garçon qui tombe amoureux d'une jeune fille?   12. Comment s'appelle le voyage que font les nouveaux mariés?   13. Que pensez-vous des mariages arrangés par la famille?   14. Que pensez-vous de la coutume dans certains pays de fiancer de tout jeunes enfants?   15. A quel âge peut-on se marier dans votre état sans la permission des parents?   16. A votre avis, à quel âge une jeune fille devrait-elle se marier? un jeune homme?   17. Pour quelles raisons se marie-t-on d'habitude?   18. A votre avis, le mariage d'inclination est-il préférable au mariage de raison?   19. Pour quelles raisons peut-on se divorcer dans votre Etat?   20. Combien de temps faut-il pour qu'un divorce soit final?   21. Devrait-il être plus facile de se divorcer ou plus difficile?   22. Devrait-il être plus facile de se marier ou plus difficile?   23. Les familles d'aujourd'hui sont moins nombreuses que celles d'autrefois; pourquoi?   24. Les jeunes gens devraient-ils se permettre des intimités avant le mariage?   25. Est-il vrai que deux sortes de moralités existent pour les jeunes—une pour les jeunes filles, une autre pour les jeunes gens?   26. Que pensez-vous de l'amour libre?   27. Devrait-on permettre des mariages provisoires?   28. Dans certaines sociétés les hommes s'occupent du ménage pendant que les femmes sortent travailler. Que pensez-vous de ce système?   29. La mère de petits enfants devrait-elle travailler?   30. Est-ce une bonne idée que de vivre avec ses beaux-parents?   31. Le célibat est-il contre la nature?   32. Connaissez-vous des hommes qui ne s'intéressent aucunement au mariage?   33. Qu'est-ce que c'est qu'une marâtre? A-t-on raison de l'appeler ainsi?   34. A quel âge un jeune homme devient-il majeur?   35. A quel âge devrait-on permettre aux jeunes gens de prendre des boissons alcooliques?   36. Est-ce immoral pour un jeune homme de seize ans de boire de la bière ou du vin pendant son repas?   37. A quel âge devrait-on avoir le droit de voter?   38. Est-ce parfois une bonne idée pour un homme d'avoir une maîtresse? une femme un amant?

B. *Etudiez les expressions suivantes; consultez la leçon pour l'emploi de ces expressions:*

à mesure que = à proportion et en même temps que **à (mon) égard** = relativement à (moi) **en outre** = de plus **se tenir debout** = être sur ses pieds **à (son) sujet** = à propos de (lui) **douter de qqch.** = être dans l'incertitude sur la vérité, la réalité de qqch. **s'en tenir à qqch.** = se contenter de qqch., se limiter à qqch. **en même temps que** = pendant que **une espèce de** = quelque chose comme un(e), une sorte de

Exercice. *Employez ces expressions dans les phrases suivantes:*
1. J'avais, à trente ans, une excellente situation. _____, mes rentes me permettaient de vivre comme un riche. C'est pourquoi je n'arrivais pas à comprendre pourquoi tout le monde me fuyait. 2. Avez-vous jamais essayé de siffler _____ vous mangiez un biscuit? 3. Je le connais mieux que toi. C'est pourquoi _____ la vérité de son histoire. 4. L'intérêt que témoignait Alfred _____ me laissait penser que tout espoir n'était pas perdu. 5. Vous avez entendu parler de Sylvie? On raconte des tas d'histoires _____. 6. Le petit reculait _____ Théodore s'avançait. 7. Pour ne pas être vu, il _____ tranquillement derrière la porte. 8. J'ai raconté tout ce que j'en sais, monsieur l'Inspecteur, et _____ ce que j'ai dit. 9. Il a une _____ pilule qui lui permet de disparaître à volonté.

§110 MEANING AND CLASSIFICATION OF ADVERBS (L'ADVERBE)

Adverbs are words or groups of words which modify verbs, adjectives, other adverbs, and occasionally prepositions:
    Il fait *bien* tout ce qu'il fait. (modifies a verb)
       Everything he does, he does well.
    Pierre est *bien* petit. (modifies an adjective)
       Pierre is very (quite) little.
    Marie parle *bien* vite. (modifies an adverb)
       Marie speaks very (quite) fast.
    Cela est tombé *bien* près de moi. (modifies a preposition)
       That fell very (quite) near me.

Adverbs fall into the following general categories:

    1. adverbs of manner

These show *how* a thing was done, replying to the question **Comment?** Included in this group are words like **bien, très, fort, mal, extrêmement, familièrement,** etc.

    2. adverbs of time

These show *when* a thing was done, replying to the question **Quand?** Common adverbs of time are **tôt, bientôt, de bonne heure, tard, en retard, hier, demain, cet après-midi, toujours, parfois,** etc.

    3. adverbs of place

These show *where* a thing was done, replying to the question **Où?** Common adverbs of place are **là, ici, en, y, près, là-dedans, où,** etc.

    4. adverbs of quantity

These show *how much, how many,* or *to what extent* a thing was done, replying to the question **Combien?** Common adverbs of quantity are **plus, moins, beaucoup, pas mal, assez, autant,** etc. A noun following these adverbs must be preceded by **de: plus de pain, assez d'argent, pas mal d'amis, beaucoup d'influence, autant de regrets, moins d'études.**

Note: **Plus** *is used to modify a verb only in comparisons:*
   Il aime lire *plus* **que (de) jouer.**
      He likes reading more than playing.
   Je travaille *plus* **que toi.**
      I work more than you.

In a comparison, **plus** *must be followed by* **que** *or* **de;** *otherwise it is replaced by* **davantage:**
   Il lit *davantage,* **mais il joue moins.**
      He reads more but he plays less.
   Je fais du progrès depuis que je travaille *davantage.*
      I've been making progress ever since I've been working more.

    5. adverbs of opinion

The adverbs of negation in this category include **non, ne . . . pas, ne . . . point, ne . . . jamais, ne . . . plus,** etc.
The adverbs of affirmation include **oui, certes, assurément, sans aucun doute, volontiers,** etc.
The adverbs of doubt include **probablement, possiblement, sans doute, peut-être.**

§111 FORM OF ADVERBS OF MANNER

The adverbs of manner (except for a few like **ainsi, bien, comme, comment, debout, ensemble, exprès, fort, mal, mieux, pis, plutôt,** and **vite; à tort, à propos, de même;** and **bon, bas, cher, haut** [used with verbs]), are formed by adding **-ment** to the feminine singular of the adjective:

beau	**bellement**
doux	**doucement**
merveilleux	**merveilleusement**
vif	**vivement**

But:

gentil	**gentiment**

The following cases are exceptions to the rule:

1. **-ment** is usually added to the masculine singular form of adjectives ending in a vowel:

aisé	**aisément**
obstiné	**obstinément**
poli	**poliment**
infini	**infiniment**
vrai	**vraiment**
éperdu	**éperdument**

But:

gai	**gaiement** or **gaîment**
assidu	**assidûment**
cru	**crûment**
goulu	**goulûment**
incongru	**incongrûment**

2. Certain adverbs take an ending in **-ément**:

aveugle	**aveuglément**
(in)commode	**(in)commodément**
commun	**communément**
conforme	**conformément**
confus	**confusément**
énorme	**énormément**
obscur	**obscurément**
précis	**précisément**
profond	**profondément**
uniforme	**uniformément**

3. Adjectives ending in **-ant** or **-ent** in the masculine singular form their corresponding adverb by changing **-ant** to **-amment** and **-ent** to **-emment**:

constant	**constamment**
courant	**couramment**
indépendant	**indépendamment**
puissant	**puissamment**
intelligent	**intelligemment**
prudent	**prudemment**
violent	**violemment**

Exceptions are:

lent	**lentement**
présent	**présentement**
véhément	**véhémentement**

Exercice 1. *Complétez la phrase en employant l'adverbe de manière correspondant à l'adjectif donné entre parenthèses. Imitez les modèles:*

    Il travaille _____. (bon)
        Il travaille bien.
    Il la possède _____. (entier)
        Il la possède entièrement.

1. Parlez plus _____, s'il vous plaît. (lent) 2. Marinette! Habille-toi plus _____, nom de nom! (décent) 3. Ce cours est _____ difficile. (vache) 4. Marc l'aime _____. (éperdu) 5. Il travaille _____. (assidu) 6. Réfléchissez-y plus _____. (profond) 7. Il répondit _____, _____. (violent, véhément) 8. Il lui a _____ pris la main. (gentil) 9. _____, je ne sais que faire avec ce petit. (vrai) 10. Doit-on obéir _____? (aveugle) 11. On est _____ d'accord. (manifeste) 12. C'est _____ ce à quoi je m'oppose. (précis) 13. Vous avez _____ raison. (certain) 14. Il a _____ travaillé que toi. (meilleur) 15. J'ai acheté cela _____. (cher) 16. C'est _____ compliqué, ça. (diable) 17. Maintenant nous voyons comme dans une glace, _____. (obscur) 18. _____, tu es venu à l'heure. (heureux) 19. Il faut participer _____. (actif) 20. Pierre s'est _____ conduit hier soir. (fou)

Exercice 2. *Répondez aux questions suivantes en vous servant d'adverbes choisis de la liste que voici:*

assez	là	quelquefois
assurément	là-dessus	sans doute
autant	la nuit	souvent
bientôt	moins	tard
certes	ne . . . jamais	toujours
de bonne heure	non	tout près
demain	peut-être	volontiers
hier	plus	y

1. Où habitez-vous? 2. Quand allez-vous étudier? 3. Combien de fois par semaine allez-vous au cinéma? 4. Voulez-vous bien m'accompagner en ville? 5. Avez-vous le même nombre d'amis que Jeanne? 6. Il prétend que votre père serait heureux. Est-ce vrai? 7. A quelle heure voulez-vous que je sois là? 8. Où a-t-il mis ses paquets? 9. Etes-vous content de ce que vous faites? 10. Ne trouves-tu pas bon qu'on fasse sans cesse des progrès? 11. Où ai-je mis mon parapluie? 12. Combien de travail avons-nous à faire? 13. Quand doit-il être de retour? 14. Ne faites-vous jamais cela? 15. Quand est-ce que Marie a épousé Pierre?

§112 POSITION OF ADVERBS

There is no absolute rule for the position of adverbs, but the following tendencies should be noted:

1. An adverb modifying a verb is usually placed after the conjugated part of the verb (in compound tenses, therefore, between the auxiliary verb and the past participle):

Je me révélai *en outre* comme un grand avocat d'assises.
I showed, furthermore, that I was a great courtroom lawyer.
L'amour conjugal possédait *entièrement* cette femme.
Conjugal love entirely possessed that woman.
Je l'ai *beaucoup* vu au moment de l'affaire.
I saw him a great deal at the time of the trial.

For stress, adverbs are sometimes placed at the beginning or at the end of a sentence, or after the past participle:

***En outre,* je me révélai comme un grand avocat d'assises.**
Furthermore, I showed that I was a great courtroom lawyer.
L'amour conjugal possédait cette femme *entièrement*.
Conjugal love possessed that woman entirely.
Je l'ai vu *beaucoup* au moment de l'affaire.
I saw him a great deal at the time of the trial.

2. An adverb modifying an adjective, an adverb, or a preposition is placed in front of the word it modifies:

adjective:
Il ne devait pas être *bien* intelligent.
He must not have been very (too) intelligent.
Villenave était *assez* beau.
Villenave was rather (quite) handsome.

adverb:
Tu ne t'apercevais *même* pas de cela.
You did not even notice that.
Elle se sacrifiait *bien* moins pour sauver son enfant que pour sauver le fils de son mari.
She sacrificed herself much less to save her child than to save her husband's son.

preposition:
Il est allé *tout* au fond du jardin.
He went right to the end of the garden (backyard).
Tu traînais *bien* derrière nous.
You were dragging far behind us.

3. Most adverbs of time and of place can be put at the beginning or at the end of the sentence or clause, or after the verb (after the past participle in compound tenses):

time:

Hier, je l'ai rencontré sur les Champs-Élysées.
Yesterday I met him on the Champs-Élysées.
Je l'ai rencontré sur les Champs-Élysées *hier*.
I met him on the Champs-Élysées yesterday.
Je l'ai rencontré *hier* sur les Champs-Élysées.
I met him yesterday on the Champs-Elysées.

place:

Vous seriez malheureux *là-bas; ici*, vous ne l'êtes guère.
You'd be unhappy there; here you aren't at all [unhappy].
***Là-bas*, vous seriez malheureux; vous ne l'êtes guère *ici*.**
There, you'd be unhappy; you aren't at all [unhappy] here.

Notes:

(1) **Déjà, souvent,** *and* **toujours** *are usually placed before the past participle in compound tenses:*
Je te l'ai *déjà* dit.
I've already told you so.
Il me l'a *souvent* répété.
He often repeated it to me.

(2) **Puis** *usually comes before the subject of the verb:*
Tu es devenue indifférente; *puis*, je t'ai haïe.
You became indifferent; then, I began to hate you.

4. Adverb phrases (**d'aujourd'hui en huit, à neuf heures, tout de suite,** etc.) and adverbs modified by adverbs usually follow the verb they modify, or are placed at the end of the sentence:

Elle est arrivée *à neuf heures du soir*.
She arrived at nine in the evening.
Pierre a répondu *bien prudemment* à ma question.
Pierre answered my question very prudently.
Viens m'apporter ta réponse *d'ici en huit*.
Come with your answer a week from today.

5. Interrogative and exclamatory adjectives begin the sentence:

Quand l'avez-vous vu?
When did you see him?
Combien en a-t-il acheté?
How many did he buy?

Que de gens!
  How many people [there are]!
Comme elle est belle!
  How beautiful she is!

6. Adverbs are almost never placed between the subject and the verb:
  Il vint *vite* au fait.
    He quickly came to the point.
  Elle l'a fermé *sans bruit*.
    She quietly (noiselessly) closed it.

Exercice 3. *Insérez dans la phrase et dans deux positions différentes l'adverbe indiqué entre parenthèses, et expliquez pourquoi vous avez choisi ces positions. Imitez le modèle:*
  Elle traversait la rue de la Huchette. (lentement)
    Elle traversait lentement la rue de la Huchette. (C'est la place normale de l'adverbe.)
    Lentement, elle traversait la rue de la Huchette. (Cette position met en valeur l'adverbe: **lentement**.)

1. Louis a écrit une longue lettre à sa femme Isa. (hier) 2. Ma haine est née pendant de longues années. (peu à peu) 3. Voilà ce qui déchira le voile. (soudain) 4. Je cherchais maman des yeux. (autrefois) 5. Elle aimait son mari. (uniquement) 6. Elle a vécu éloignée de lui. (toujours) 7. L'usage de la toile se vulgarisa. (bientôt) 8. Le manteau d'hiver était fourré de lapin. (souvent) 9. Cette parole du Christ s'est dressée devant moi. (lumineusement) 10. Il ne fait pas les miennes, dit Pococurante. (froidement) 11. L'homme vit aux dépens des autres. (nécessairement) 12. Vous dépendez des riches. (maintenant) 13. Je serai au milieu de toutes les bêtes de la création. (là) 14. Je vis sans gloire et sans soucis. (confortablement) 15. Il poussa un gros soupir. (là-dessus)

§113 COMPARISON OF ADVERBS: COMPARATIVE DEGREE

A. Use

An adverb may be equal, inferior, or superior to another one with which it is compared in intensity:

no comparison:
  Marie parle *bien* et Jean parle *bien*.
    Marie speaks well and Jean speaks well.
equality:
  Marie parle *aussi bien* que Jean.
    Marie speaks as well as Jean.

inferiority:
> **Marie parle *moins bien* que Jean.**
> *Marie doesn't speak as well as* (lit., *speaks less well than*) *Jean.*

superiority:
> **Marie parle *mieux* que Jean.**
> *Marie speaks better than Jean.*

B. Form

1. The comparative of equality is formed by placing **aussi** before the adverb and **que** before the second term of the comparison:
> **Elle la traite *aussi gentiment que* lui.**
> *She treats her as nicely as* [*she treats*] *him.*
> **J'ai vu ce film *aussi récemment que* toi.**
> *I saw that film as recently as you* [*did*].

Note: In negative sentences, **aussi** is often replaced by **si**:
> **Elle ne la traite pas *si gentiment que* lui.**
> *She doesn't treat her as nicely as him.*
> **Je n'ai pas vu ce film *aussi (si) récemment que* toi.**
> *I did not see that film as recently as you.*

2. The comparative of inferiority is formed by placing **moins** before the adverb and **que** before the second term of the comparison:
> **Elle la traite *moins gentiment que* lui.**
> *She treats her less nicely than him.* (i.e., *She doesn't treat her as nicely as she treats him.*)
> **J'ai vu ce film *moins récemment que* toi.**
> *I saw this film less recently than you.*

3. The comparative of superiority is formed by placing **plus** before the adverb and **que** before the second term of the comparison:
> **Elle la traite *plus gentiment que* lui.**
> *She treats her more nicely than him.*
> **J'ai vu ce film *plus récemment que* toi.**
> *I saw this film more recently than you.*

C. Beaucoup, bien, mal, peu

The adverbs **beaucoup, bien, mal,** and **peu** have the following comparative forms:

beaucoup	**plus (davantage)** *(see §110, 4, note)*
bien	**aussi bien**
	moins bien
	mieux

mal	aussi mal
	moins mal
	pis (plus mal) *(pis is more literary than plus mal)*
peu	aussi peu
	moins

§114 COMPARISON OF ADVERBS: SUPERLATIVE DEGREE

A. Use

1. relative superlative:
    Robert parle *le mieux* de tous.
    Robert speaks the best of (them) all.
    J'y vais *le moins souvent* possible.
    I go there as seldom as possible.
    C'est l'homme *le moins intellectuellement* orienté que je connaisse.
    He's the least intellectually oriented man I know.

2. absolute superlative:
    Robert parle très (fort, tout à fait, etc.) bien.
    Robert speaks very well.
    J'y vais bien peu (fort peu, etc.) souvent.
    I go there very seldom.
    C'est un homme très peu (assez peu, etc.) intellectuellement orienté.
    He's a very (rather) unintellectually oriented man.

B. Form

1. The relative superlative is formed by placing **le** before the comparative: **plus parfaitement, le plus parfaitement; mieux, le mieux; moins mal, le moins mal.**

2. The absolute superlative is formed by placing an intensifying adverb (**bien, très, tout à fait, fort, assez,** etc.) before the adverb: **joyeusement, fort joyeusement; bien, très bien; mal, assez mal.**

Exercice 4. *Combinez les phrases suivantes; employez la comparaison d'égalité, d'infériorité ou de supériorité d'après les indications. Imitez les modèles:*
   Paul court vite. Théo court vite. (supériorité)
       Paul court plus vite que Théo.
   Roselyne crie fort. Anne-Marie crie fort. (infériorité)
       Roselyne crie moins fort qu'Anne-Marie.

1. Yvonne écrit bien. Marguerite écrit bien. (supériorité)   2. Je conduis souvent. Tu conduis souvent. (infériorité)   3. Marc l'aime passionnément. Antoine l'aime passionnément. (égalité)   4. Il fait les choses uniformément. Elle fait les choses uniformément. (supériorité)   5. Guillaume travaille assidûment. Robert travaille assidûment. (supériorité)   6. Jacques a continué obstinément. Charles a continué obstinément. (infériorité)   7. J'ai peu compris. Tu as peu compris. (égalité)   8. J'ai mal expliqué la leçon. Tu as mal expliqué la leçon. (infériorité)   9. Sylvie réfléchissait profondément. Gauthier réfléchissait profondément. (supériorité)   10. Jean-Paul répondit prudemment. Henri répondit prudemment. (égalité)   11. Les Lenoir les saluèrent gaiement. Les Castin les saluèrent gaiement. (infériorité)   12. Il imite parfaitement le président. J'imite parfaitement le président. (supériorité)   13. Les Brun nous accueillent amicalement. Les Tort nous accueillent amicalement. (égalité)   14. Marie-Jeanne fait la cuisine merveilleusement. Jacqueline fait la cuisine merveilleusement. (supériorité)   15. Jeanne mange goulûment. Catherine mange goulûment. (infériorité)

Exercice 5.

A.   Mettez les adverbes en italique au superlatif relatif en ajoutant une expression convenable (e.g., **de tous, que je connaisse***, etc.). Imitez le modèle:*
   Elle me consola *doucement*.
      Elle me consola le plus doucement possible.

1. Louis et Martin sont des amis *étroitement* liés.   2. Ils ont *courageusement* résisté.   3. Tu t'es conduite *imprudemment*.   4. Il m'a répondu *personnellement*.   5. En fait, je n'ai creusé que *superficiellement* la question.   6. Proust procédait *introspectivement*.   7. Sa mère mourut *saintement*.   8. Mon père répondit *sèchement* à ce solliciteur.   9. Il était *parfaitement* innocent.   10. Il dépensait *follement* tout son argent.

*B.   Mettez les adverbes en italique dans les phrases précédentes au superlatif absolu. Employez plusieurs adverbes d'intensité (***bien, fort, très, assez, tout à fait***, etc.) au cours de l'exercice. Imitez le modèle:*
   Elle me consola *doucement*.
      Elle me consola bien doucement.

§115   TOUT AS AN ADJECTIVE, PRONOUN, AND ADVERB

A. *Tout as an adjective*

   Il a mangé *tout* un gâteau.
      He ate a whole cake.
   J'ai perdu *tous* mes amis.
      I lost all (of) my friends.

Toute cette troupe est arrivée.
> *All (of) that troop [that whole troop] arrived.*

Nous achèterons **toutes** les écharpes que vous avez.
> *We'll buy all (of) the scarves you have.*

Notes:

(1) The masculine plural of **tout** is formed irregularly: **tous**.

(2) The adjective **tout** is usually followed by a definite or indefinite article or by a demonstrative or possessive adjective.

(3) The adjective **tout** is used in certain idiomatic expressions such as **tout le temps, tous les jours, tous les deux**, etc.:

Il se plaint **tout le temps**.
> *He complains all the time.*

Je la vois **tous les jours**.
> *I see her every day.*

Lisez **tous les deux** [**quatre**] livres de cette liste.
> *Read every other [every fourth] book on this list.*

B. *Tout as a pronoun*

Tout est près.
> *Everything is ready.*

Tu as **tout** oublié de ce drame.
> *You've forgotten everything about this drama.*

Tous sont arrivés.
> *All have arrived.*

Ils sont **tous** arrivés.
> *All of them have arrived. (They have all arrived.)*

Ce beau jeune homme leur plaira à **toutes**.
> *This handsome young man will please them all.*

Je les ai **toutes** vues.
> *I saw all of them. (I saw them all.)*

Notes:

(1) **Toute** is almost never used as a pronoun.

(2) The pronoun **tout**, etc., used as a direct object of the verb (or in apposition to the direct object **les**) is placed in the normal position of an adverb: **Il a tout dit; je les vois toutes; je les ai toutes vues.**

(3) The final **-s** of the pronoun **tous** is pronounced.

C. *Tout* as an adverb

As an adverb, **tout** is a reinforcing word meaning **tout à fait** or **entièrement, bien, fort**, etc.:

Il habite *tout* près de moi.
He lives very near me.
Nous étions *tout* seuls.
We were all alone.
Elles sont *tout* en larmes, *tout* étonnées, *tout* hébétées. (Grevisse)
They are all (lit., *completely*) *in tears, very surprised, completely dazed.*

Note: The adverb **tout** varies before a feminine word beginning with a consonant or an aspirate **h**:

Elle est *toute* honteuse, *toute* malheureuse.
She is utterly ashamed, very unhappy.
Une de ces phrases *toutes* faites.
One of those ready-made sentences.

Exercice 6. Combinez les mots suivants pour en faire des phrases complètes. Sauf indication contraire, mettez les verbes aux temps du passé convenables (passé composé, imparfait, etc.). Imitez les modèles:

Tout / son / amis / mourir / avant / le.
Tous ses amis moururent avant lui.
Je / faire la connaissance de / ce / femme / tout / sec / et / tout / antipathique.
J'ai fait la connaissance de cette femme toute sèche et tout antipathique.

1. On / ne ... pas / pouvoir / garder / tout / seul / le / foi en soi-même. 2. Ils / répondre / tout / sortes / de / choses / tout / à la fois. 3. Il / la / insulter / en / tout / occasion, / en / tout / lieu. 4. Il / s'arrêter / tout / le cent mètres. 5. Ce / être (présent) / un / science / tout / récemment / acquis. 6. Il / me / rejeter / tout / contre / ce / muraille / blanche. 7. Tout / hôtelière / que / elle / être, / elle / être / honnête. 8. Tout / directrice / que / vous / être (présent), / vous / avoir tort (présent). 9. Elle / être / un / tout / ancien / amie. 10. Elles / être / tout / honteux, / tout / étonné. 11. Elle / se promener / tout / à côté de / son / mari. 12. La / flamme / être / tout / prêt. 13. Jésus-Christ / mourir / pour / le / salut / de / tout (pluriel). 14. Il / comprendre (plus-que-parfait) / tout. 15. Tout / le / fables / ne ... pas / être destiné (présent) / à / le / seul / enfants.

§116 CONCLURE AND HAÏR

A. *Conclure*

1. Summary of conjugations:

présent de l'indicatif:	je conclus	nous concluons
passé composé:	j'ai conclu	
passé simple:	je conclus	

2. Like **conclure**: **exclure**

B. Haïr

1. Summary of conjugations:
présent de l'indicatif: je hais   nous haïssons
passé composé: j'ai haï
passé simple: je haïs

Note: *In the **passé simple** the first and second persons plural lose their circumflex accent:* **nous haïmes, vous haïtes**; *in the imperfect subjunctive, the third person singular loses its circumflex accent:* **qu'il haït.** *These forms are not often used.*

2. Expression with **haïr**: **haïr qqn comme la peste** = haïr beaucoup qqn
Je le hais comme la peste.
I hate him like the plague. (I loathe him.)

Exercice 7. *Complétez les phrases suivantes en donnant la forme convenable du verbe. Quand il en est besoin, on vous indique le temps du verbe qu'il faut employer. Imitez le modèle:*
    Elle ne me (haïr) pas, (conclure) -il. (présent; passé simple)
    Elle ne me hait pas, conclut-il.

1. Je (conclure) que vous ne me (haïr) pas. (présent; présent)   2. Nous (conclure) qu'elles ne le (haïr) pas. (passé composé; imparfait)   3. Ils (conclure) qu'elles ne le croyaient pas. (passé simple)   4. Si elle me (haïr), elle me l'aurait dit.   5. Il faut bien que vous nous (haïr), autrement vous vous conduiriez mieux à notre égard.   6. Si tu fais un tel choix, je te (haïr) toute ma vie.   7. (Haïr) tes ennemis, et tu perdras tes amis.   8. Il voulait qu'ils nous (haïr). (imparfait du subjonctif)   9. Je te (haïr) dès cette nuit désastreuse, Isa. (passé composé; puis, passé simple)   10. Quand l'URSS et les USA (conclure)-ils un traité d'alliance? (futur)   11. Matson, (conclure) cette affaire toute de suite!   12. Afin que je (conclure) cette affaire, il me conseilla de me fléchir un peu.   13. Je suis content que l'orateur (conclure) son discours de bonne heure.   14. S'ils en (conclure) que vous avez tort, les (haïr)-vous? (imparfait; conditionnel)   15. On le (exclure) de la Chambre. (passé composé)

Exercice 8. Composition. *Ecrivez une composition d'environ 200 à 250 mots sur l'un des sujets suivants:*

A.

Développez cette idée de Louis: «On ne peut tout seul garder la foi en soi-même. Il faut que nous ayons un témoin de notre force.»

B.

Imaginez la scène chez les Villenave pendant laquelle Yves tire sur son père, le blesse, et les parents cherchent un moyen de cacher au monde le crime de leur fils.

C.

Parlez de la psychologie de l'adolescence lorsqu'il s'agit d'une famille telle que les Villenave, où le fils est jaloux de son père trop aimé.

Exercice 9. *Traduisez les phrases suivantes:*

1. She has always thought her son would become a lawyer. [§112, 3, note 1]   2. I hate the common people and I flee from them. [§116]   3. My twin boys always work independently. [§111, 3]   4. A marriage for love is made as easily as a marriage for money. [§111, 1; §113A]   5. This poem is the most perfectly written of all the poems I have ever read. [§114]   6. You wouldn't have enough to eat there; here you are eating well. [§112, 3]   7. My daughter-in-law sings better than my daughter. [§113A]   8. My granddaughter is thoroughly ashamed of what she has done. [§115C]   9. She likes Henry, but she likes John more. [§110, 4, note]   10. He always prepares his lessons less badly than his cousin. [§113C]   11. All's well that ends well. [§115B]   12. My son-in-law writes marvelously well. [§111; §114]   13. Did he sing your favorite songs? He sang them all. [§115B]   14. He ran after the dog as blindly as his sister [did]. [§111, 2; §113A]   15. That is precisely what my godmother intends to do. [§111, 2]

Exercice 10. Thème d'imitation.

Louis hated her almost all his life, and especially since that disastrous night. His hatred was born little by little, as he understood better her indifference to him. In fact, her indifference was as great as his hatred; but his vanity was greater than his love for his wife. She once loved him completely madly *(éperdument)*; she was totally happy and totally satisfied to be his wife. But disillusionment *(déception, f.)* followed love, and she became indifferent to him.

Soon, every third or fourth month, he would spend a week or two in Paris, where he breathed *(respirer)* more freely than in Bordeaux. Is there need to continue the story? He found once again the thrill *(frémissement, m.)* of his youth; he was often unfaithful to her. She thought at first that, although he was fast *(léger)*, he still loved her. How easy it is to be misguided *(égaré)* by the emotions!

DIX-NEUVIÈME LEÇON

Germinal   Émile Zola

Du côté de Marchiennes, la route déroulait[1] ses deux lieues de pavé, qui filaient droit comme un ruban trempé de cambouis[2], entre les terres rougeâtres. Mais, de l'autre côté, elle descendait en lacet[3] au travers de Montsou, bâti sur la pente d'une large ondulation de la plaine. Ces routes du Nord, tirées au cordeau[4] entre des villes manufacturières, allant avec des courbes douces, des montées lentes, se bâtissent peu à peu, tendent à ne faire d'un département qu'une cité travailleuse. Les petites maisons de briques, peinturlurées[5] pour égayer[6] le climat, les unes jaunes, les autres bleues, d'autres noires, celles-ci sans doute afin d'arriver tout de suite au noir final, dévalaient à droite et à gauche, en serpentant jusqu'au bas
10 de la pente. Quelques grands pavillons à deux étages, des habitations de chefs d'usine, trouaient la ligne pressée des étroites façades. Une église, également en briques, ressemblait à un nouveau modèle de haut fourneau, avec son clocher carré, sali déjà par les poussières volantes du charbon. Et, parmi les sucreries, les corderies, les minoteries[7], ce qui dominait, c'étaient les bals, les estaminets, les débits de bière[8], si nombreux, que, sur[9] mille maisons, il y avait plus de cinq cents cabarets.

Comme elle approchait des Chantiers de la Compagnie, une vaste série de magasins et d'ateliers, la Maheude se décida à prendre Henri et Lénore par la main, l'un à droite, l'autre à gauche. (...)

---

[1]dérouler = étendre   [2]le cambouis *dirty oil or grease*   [3]en lacet(s) *twisting, winding, zigzagging*   [4]tiré au cordeau *in a straight line*   [5]peinturlurer *to paint in all the colors of the rainbow*   [6]égayer *to brighten*   [7]la sucrerie, la corderie, la minoterie *sugar refinery, rope-making industry, flour mill*   [8]le bal, l'estaminet (m), le débit de bière *ball, tavern, pub*   [9]sur *for every*

—Marchez donc, traînards! gronda la Maheude, en tirant les deux petits, qui s'abandonnaient dans la boue.

Elle arrivait chez Maigrat, elle était tout émotionnée. Maigrat habitait à côté même du directeur, un simple mur séparait l'hôtel de sa petite maison; et il avait là un entrepôt, un long bâtiment qui s'ouvrait sur la route en une boutique sans devanture. Il y tenait de tout, de l'épicerie, de la charcuterie, de la fruiterie, y vendait du pain, de la bière, des casseroles. Ancien surveillant au Voreux, il avait débuté par une étroite cantine; puis, grâce à la protection de ses chefs, son commerce s'était élargi, tuant peu à peu le détail de Montsou. Il centralisait les marchandises, la clientèle considérable des corons[10] lui permettait de vendre moins cher et de faire des crédits plus grands. D'ailleurs, il était resté dans la main de la Compagnie, qui lui avait bâti sa petite maison et son magasin.

—Me voici encore, monsieur Maigrat, dit la Maheude d'un air humble, en le trouvant justement debout devant sa porte.

Il la regarda sans répondre. Il était gros, froid et poli, et il se piquait de ne jamais revenir sur une décision.

—Voyons, vous ne me renverrez pas comme hier. Faut que nous mangions du pain d'ici à samedi . . . Bien sûr, nous vous devons soixante francs depuis deux ans.

Elle s'expliquait, en courtes phrases pénibles. C'était une vieille dette, contractée pendant la dernière grève. Vingt fois, ils avaient promis de s'acquitter, mais ils ne le pouvaient pas, ils ne parvenaient pas à lui donner quarante sous par quinzaine. Avec ça, un malheur lui était arrivé l'avant-veille, elle avait dû payer vingt francs à un cordonnier, qui menaçait de les faire saisir. Et voilà pourquoi ils se trouvaient sans un sou. Autrement, ils seraient allés jusqu'au samedi, comme les camarades.

Maigrat, le ventre tendu, les bras croisés, répondait non de la tête, à chaque supplication.

—Rien que deux pains, monsieur Maigrat. Je suis raisonnable, je ne demande pas du café . . . Rien que deux pains de trois livres par jour.

—Non! cria-t-il enfin, de toute sa force.

Sa femme avait paru, une créature chétive qui passait les journées sur un registre, sans même oser lever la tête. Elle s'esquiva[11], effrayée de voir cette malheureuse tourner vers elle des yeux d'ardente prière. On racontait qu'elle cédait le lit conjugal aux herscheuses[12] de la clientèle. C'était un fait connu: quand un mineur voulait une prolongation de crédit, il n'avait qu'à envoyer sa fille ou sa femme, laides ou belles, pourvu qu'elles fussent complaisantes.

La Maheude, qui suppliait toujours Maigrat du regard, se sentit gênée, sous la clarté pâle des petits yeux dont il la déshabillait. Ça la mit en colère, elle aurait compris, avant d'avoir eu sept enfants, quand elle était jeune. Et elle

[10]le coron *mining village*   [11]s'esquiver = se retirer   [12]la herscheuse *coal haulage girl*

partit, elle tira violemment Lénore et Henri, en train de ramasser des coquilles de noix[13], jetées au ruisseau, et qu'ils visitaient.

—Ça ne vous portera pas chance, monsieur Maigrat, rappelez-vous!

Maintenant, il ne lui restait que les bourgeois de la Piolaine. Si ceux-là ne lâchaient pas cent sous, on pouvait tous se coucher et crever. Elle avait pris à gauche le chemin de Joiselle. La Régie était là, dans l'angle de la route, un véritable palais de briques, où les gros messieurs de Paris, et des princes, et des généraux, et des personnages du gouvernement, venaient chaque automne donner de grands dîners. Elle, tout en marchant, dépensait déjà les cent sous: d'abord du pain, puis du café; ensuite, un quart de beurre, un boisseau[14] de pommes de terre, pour la soupe du matin et la ratatouille du soir; enfin, peut-être un peu de fromage de cochon, car le père avait besoin de viande.

Questionnaire I

1. Dans quelle région de la France se passe cette histoire?   2. Selon le premier paragraphe, quelle sorte de terrain trouve-t-on dans cette partie de la France?   3. Comment sont peintes les maisons de cette région?   4. Quels bâtiments se trouvent dans la ville?   5. Quels personnages se présentent sur cette scène?   6. Que font-ils?   7. Qui est Maigrat?   8. Qu'est-ce qu'il vend?   9. Comment est-il devenu commerçant?   10. Quelle sorte de rapport existe entre Maigrat et la Compagnie?   11. Pourquoi la Maheude est-elle allée chez Maigrat?   12. Combien d'argent la Maheude doit-elle à Maigrat? Depuis quand le lui doit-elle?   13. Pourquoi se trouvait-elle sans un sou?   14. Comment Maigrat reçoit-il les demandes de la Maheude?   15. Que fait la femme de Maigrat?   16. Qu'est-ce qu'on raconte à son sujet?   17. Que faisait le mineur qui voulait une prolongation de crédit?   18. Pourquoi la Maheude se sentait-elle gênée?   19. Qu'est-ce qui a mis la Maheude en colère?   20. Où va-t-elle après avoir quitté Maigrat?   21. Qu'est-ce qu'elle compte faire?

Questionnaire II

1. Y a-t-il des villes aux Etats-Unis qui ressemblent à la ville décrite par Zola?   2. Trouve-t-on aux Etats-Unis des maisons jaunes, bleues, noires?   3. Pourquoi, à votre avis, y a-t-il tant d'estaminets et de débits de bière dans la ville décrite par Zola?   4. Met-on une limite au nombre de bars que peut avoir une ville aux Etats-Unis?   5. Arrive-t-il souvent aux Etats-Unis qu'une femme se trouve sans les moyens de se procurer du pain?   6. Comment le sort de l'ouvrier a-t-il amélioré depuis 50 ans?   7. Le gouvernement devrait-il aider les personnes qui se trouvent sans argent?   8. Trouve-t-on aux Etats-Unis des magasins qui ressemblent à celui de Maigrat?   9. Comment le petit commerçant peut-il se défendre contre le grand commerçant?   10. Peut-il arriver aux Etats-Unis qu'une compagnie contrôle une ville entière?   11. Certaines compagnies améri-

---

[13]les coquilles de noix (f)   *nutshells*   [14]le boisseau   *bushel (13 liters)*

caines construisent-elles des maisons pour leurs employés? 12. Est-ce que le monopole est bon? 13. Le gouvernement devrait-il mettre une limite à la grandeur d'une compagnie?

A. *Expressions à étudier: La Vie économique, Les Poids, Les Mesures*

le commerce (*business, commerce*)

le commerçant [*tradesman*], acheter, vendre (en gros, au détail), [*to sell (wholesale, retail)*], marchander [*to bargain, to haggle over price*], les marchandises *(f)*, l'échantillon *(m)* [*sample*], l'acheteur *(m)* [*buyer*], commander [*to order*], la commande [*order*], le consommateur [*consumer*], consommer [*to consume*], la consommation [*consumption*], le patron [*owner*], le client, la clientèle, le vendeur [*salesman, seller of goods*], la vendeuse [*salesgirl*], le comptoir [*counter*], la sélection, envelopper [*to wrap*], emballer [*to pack (well)*], le papier [*paper*], la ficelle [*string*], le sac [*bag*], cher [*expensive*], bon marché [*inexpensive*], un prix intéressant [*reasonable price*], un article de réclame [*sale item*], la remise [*discount*], la vente [*sale*], le sou [*penny*], l'argent *(m)* [*money*], la monnaie [*change*], l'argent comptant [*ready cash*], acheter au comptant [*to pay cash*], acheter à crédit [*to buy on credit*], le crédit, faire (refuser) crédit à qqn, acheter qqch. d'occasion [*to buy sth. second-hand*], la vente aux enchères (à tempérament) [*auction (installment) selling*], le caissier [*cashier*], la facture [*bill of sale*], le reçu [*receipt*]

les finances (f)

faire saisir [*to attach (s.o.'s property)*], la Bourse [*stock exchange*], la banque [*bank*], le chèque [*check*], la caisse d'épargne [*savings institution*], l'intérêt *(m)*, le principal, dépenser [*to spend*], épargner [*to save*], faire de grosses dépenses, faire des économies [*to save*], retirer (emprunter, prêter) de l'argent [*to withdraw (borrow, lend) money*], la rente [*revenue, income*], le riche, le pauvre, la richesse, le dénuement [*destitution*], la pauvreté [*poverty*], s'enrichir [*to become rich*], s'apauvrir [*to become poor*], le compte [*account*], la comptabilité [*bookkeeping*], le comptable [*bookkeeper*], le régistre [*account book*], tenir les livres, ouvrir un compte, additionner, l'addition, faire l'addition, soustraire, la soustraction, multiplier, la multiplication, diviser, la division, un inventaire, le paiement, la liquidation, la banqueroute [*bankruptcy*], faire banqueroute [*to go bankrupt*], la faillite [*bankruptcy*], faire faillite [*to go bankrupt*], la dette [*debt*], le créancier [*creditor*], la créance [*debt*]

le plein-emploi (*full employment*)

le salaire [*pay*], le traitement [*salary*], l'impôt *(m)* sur le revenu [*income tax*], le monopole, la grève [*strike*], faire (la) grève [*to go on strike*], le chômage [*unemployment*], être en chômage, être chomeur [*to be unemployed*], le mendiant [*beggar*], mendier [*to beg*], faire l'aumône *(f)* [*to give alms*], prendre sa retraite [*to retire*]

les poids (m), *les mesures* (f)

le pouce [*inch*]; le pied [*foot*]; un mètre [*meter*] = 39 1/3 pouces; un kilomètre [*one kilometer = 1094 yards*]; un mille = 1,609 kilomètres [*one mile = 1.609 kilometers*]; la lieue [*league*]; l'hectare (m) [*one hectare = 2.471 acres*]; un litre [*one liter = 1.056 quarts*]; le gallon américain = 3.787 litres; le gramme [*gram*]; la livre [*pound*] = 454 grammes; un kilo(gramme) = 2,205 livres [*one kilogram = 2.205 pounds*]

Questionnaire

1. Comment sont distribuées les richesses aux Etats-Unis? Quel est le pourcentage de pauvres? de riches?   2. Cette distribution ressemble-t-elle à celle des autres pays? à celle du Mexique, par exemple? à celle de la Russie?   3. Peut-on facilement devenir riche aux Etats-Unis si on est né pauvre?   4. Quel métier, quelle profession choisit-on si on veut s'enrichir?   5. Qu'est-ce que c'est que la Bourse?   6. Que veut dire «vendre en gros»?   7. Qu'est-ce que c'est que la comptabilité?   8. Qu'est-ce que c'est que la banqueroute?   9. Qu'est-ce que c'est que la caisse d'épargne?   10. Qu'est-ce que c'est que le monopole?   11. Est-ce que le gouvernement en voulant aider les pauvres leur enlève la dignité? l'initiative?   12. Pourriez-vous décrire le travail fait par une caissière? un banquier? un homme d'affaires? un commis voyageur? une vendeuse?   13. Que pensez-vous de l'achat à crédit?   14. Le système des impôts aux Etats-Unis vous semble-t-il juste?   15. Si vous pouviez le changer que feriez-vous?   16. Y a-t-il des ventes spéciales selon la saison?   17. Que pensez-vous du monopole? Le gouvernement devrait-il intervenir en cas de monopole?   18. Trouve-t-on souvent aux Etats-Unis de la publicité frauduleuse?   19. De quelles façons différentes le commerçant peut-il tromper l'acheteur?   20. Certains pays sont-ils renommés pour la bonne qualité de leurs marchandises? lesquels? pourquoi?   21. Avez-vous l'impression que les manufacturiers construisent des machines destinées à ne pas marcher après quelques années?   22. Serait-ce une bonne idée pour l'économie de le faire?   23. Y a-t-il une limite à l'intérêt que vous payez quand vous empruntez de l'argent?   24. Combien coûte une voiture? une douzaine d'oranges? les œufs? le biftek? une chemise? les souliers? le lait? les gants? les pommes? les petits pois? les pommes de terre? le raisin? un journal? les timbres? un bon stylo? le beurre? le pain? une ceinture? un matelas? un paquet de cigarettes? le vin? une boîte d'aspirines? l'encre? le papier à lettres? le savon? un livre de poche?   25. Combien gagne le médecin moyen? le dentiste? le professeur? le plombier? l'avocat? le mécanicien? le banquier? la secrétaire? le cordonnier? l'horloger? le juge? le président des Etats-Unis? un membre célèbre d'une équipe professionnelle de baseball?   26. Quelle est la longueur, la largeur de votre salle de classe? d'un court de tennis? d'un terrain de football? de votre chambre?

Exercice I. Lisez les chiffres suivants:

a. 574 392 618   b. 628 451 369   c. 934 268 571   d. 612 493 827   e. 817 364 592

Exercice II. *Ecrivez les chiffres suivants:*

a. 304 520 061   b. 951 962 438   c. 756 931 157   d. 835 476 201   e. 540 609 070

Exercice III. *Complétez les suivants oralement:*

a. 307 + 79 =   b. 2907 + 1047 =   c. 406 + 601 =   d. 539 + 88 =
e. 69 + 54 =   f. 800 − 59 =   g. 7000 − 528 =   h. 2000 − 601 =
i. 60 200 − 21 493 =   j. $75.90 − $18.75 =   k. 37 × 6 =   l. 523 × 5 =
m. 65 × 784 =   n. 8 × 47 =   o. 5 × 915 =   p. 1770 ÷ 5 =
q. 4395 ÷ 6 =   r. 2032 ÷ 4 =   s. 2520 ÷ 2 =   t. 32448 ÷ 6 =
u. 1/2 + 3/4 =   v. 9/18 × 1/2 =   w. 9/16 − 1/3 =   x. 6/27 ÷ 1/4 =

Exercice IV. *Répondez aux questions suivantes:*

1. Dans 37 usines françaises il y a 76 590 ouvriers. Combien d'ouvriers y a-t-il par usine?   2. Si une lampe coûte $19.00, combien de lampes peut-on acheter pour $200?   3. La laine coûte 68 cents le mètre. Combien de mètres Mme Hachard a-t-elle acheté pour ses $37.06?   4. M. Parent a fait 1120 kilomètres en 20 heures. Quelle a été sa moyenne?   5. Si je mange 3/5 d'une tarte aux coings et aux haricots verts, combien en reste-t-il?   6. Le boulanger a vendu 84, 3 kilos de pain cette semaine. La semaine passée il en a vendu 81, 5. Combien de kilos a-t-il vendus en tout?   7. J'ai acheté 4 2/3 mètres de coton pour faire cette chemise et il m'en reste 1 1/6 mètres. Combien de mètres de coton m'a-t-il fallu pour faire cette chemise?   8. Le train va de Chicago à Denver en 15 1/4 heures, l'avion en 4 1/2. Combien de temps faut-il de plus pour le train?   9. M. Thibault a acheté 15 gallons de peinture. Il ne lui en a fallu que 7 1/2 gallons pour sa maison. Combien de peinture lui reste-t-il?   10. Un morceau de bœuf pèse 8 livres. Le boucher en coupe 2 morceaux, un de 3 1/2 livres, un autre de 2 5/8. Combien de livres reste-t-il?

B. *Etudiez les expressions suivantes; consultez la leçon pour l'emploi de ces expressions:*

du côté de = dans le voisinage de   **à côté (de)** = auprès (de)   **au travers de** = par le milieu de   **tout de suite** = sur-le-champ, immédiatement   **se décider à faire qqch.** = prendre la résolution de faire qqch.   **d'ailleurs** = de plus, du reste   **se piquer de qqch.** = se glorifier de qqch.   **revenir sur une décision** = changer d'avis   **crever** = mourir

Exercice. *Employez ces expressions dans les phrases suivantes:*

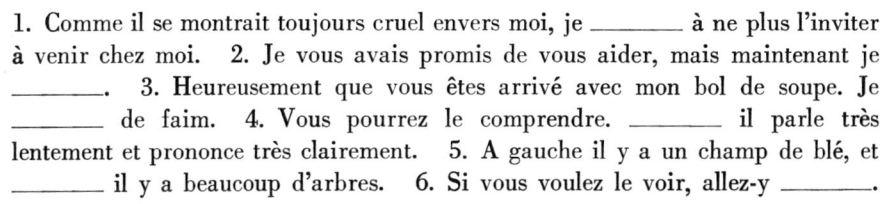

1. Comme il se montrait toujours cruel envers moi, je _____ à ne plus l'inviter à venir chez moi.   2. Je vous avais promis de vous aider, mais maintenant je _____.   3. Heureusement que vous êtes arrivé avec mon bol de soupe. Je _____ de faim.   4. Vous pourrez le comprendre. _____ il parle très lentement et prononce très clairement.   5. A gauche il y a un champ de blé, et _____ il y a beaucoup d'arbres.   6. Si vous voulez le voir, allez-y _____.

Autrement vous risquez de le manquer. 7. Quel imbécile! Vous pensez avoir perdu vos lunettes et elles se trouvent _____ vous. 8. Je voulais le voir. Je me lançai donc à sa poursuite _____ la foule. 9. Ne parlez jamais de musique devant lui. Il _____ sa belle voix, et c'est le prétexte qu'il lui faut pour vous chanter pendant deux heures.

§117 QUE AS A CONJUNCTION (QUE: CONJONCTION)

Que is the subordinating conjunction *par excellence;* it introduces subordinate clauses, it replaces other conjunctions used repetitively, it acts as a correlative in comparisons, and has numerous other functions[1], many of which are of a purely literary nature.

1. **Que** introduces subordinate clauses:
    J'ai peur *qu*'il ne vienne.
    I'm afraid he's coming.
    Je crois *que* Maigrat est un homme assez cruel.
    I think Maigrat is a rather cruel man.

Notice that **que**, introducing a subordinate clause, must be expressed in French, even though its English equivalent (*that, who, whom*) can be and usually is omitted.

2. **Que** replaces a conjunction used repetitively:
    Lorsqu'elle nous rend visite et *qu*'elle raconte des histoires drôles, nous rions de bon cœur avec elle.
    When she visits us and tells us funny stories, we laugh heartily with her.
    Comme il s'approchait de moi et *qu*'il me fixait sans mot dire, j'ai commencé à avoir peur.
    As he was coming up to me and staring at me without saying a word, I began to be afraid.

As you can see from the preceding examples, if a conjunction formed with **que** (or the conjunction **quand, comme, si,** or **comme si**) is to be repeated several times in a sentence, it is usually replaced by **que** after the first usage. (Of course, an author or a speaker still may choose to repeat the conjunction for stylistic purposes.)

    a. If the conjunction being replaced by **que** requires a subjunctive, **que** will require a subjunctive:

---

[1]One of these functions, the formation of subordinating conjunctions by combining with a preposition or an adverb, is examined in §118 and §119.

Bien que Jean soit raisonnable et *que* je n'aie rien à craindre de sa part, je ne suis pas à mon aise devant lui.
Although Jean is reasonable and although I have nothing to fear from him, I don't feel comfortable in his presence.

    b. When **que** replaces **si** or **comme si**, the verb following it is put in the subjunctive:

Si vous y allez et *que* vous le trouviez, dites-lui de revenir chez nous le plus tôt possible.
If you go there and if you find him, tell him to come back as soon as possible.

Il nous a engueulés comme si nous étions des enfants, et *qu*'il nous ait pris en train de chicher du chocolat.
He bawled us out as if we were children and (as if) he had caught us swiping some chocolate.

  3. **Que** is used as a correlative in comparisons (preceding the second term), and after **autre, même, quel,** and **tel:**

Il pèse plus (moins, autant) *que* moi.
He weighs more (less) than I (as much as I).

Elle a lu un autre livre *que* moi.
She read a different book than the one I did.

J'ai acheté le même livre *que* vous.
I bought the same book you did.

Quel *que* soit votre avis, il ne vous écoutera pas.
Whatever your opinion might be, he won't listen to you.

Un homme tel *que* vous ne devrait pas supporter sa présence.
A man like you shouldn't put up with his presence.

§118 CONJUNCTIONS FORMED FROM PREPOSITIONS (CONJONCTIONS DÉRIVÉES DE PRÉPOSITIONS)

Certain conjunctions can be formed by adding **que** (or, in some cases, **ce que**) to a preposition. Among such conjunctions are:

preposition	*conjunction*
afin de *in order to*	**afin que** (+ subj.[2]) *so that*
après (+ past inf.[3]) *after*	**après que** *after*
d'après *according to*	**d'après ce que** *according to what*
avant de *before*	**avant que . . . (ne)** (+ subj.) *before*
depuis *since, for, from*	**depuis que** *since* (in expressions of time)

---
[2] subj. = subjunctive
[3] inf. = infinitive

dès *since, starting from*	**dès que** *as soon as*
jusqu'à *until*	**jusqu'à ce que** (sometimes + subj.) *until*
lors de *at the time of*	**lorsque** *when, at the time (that or when)*
malgré *in spite of, despite*	**malgré que** (+ subj.) *although, in spite of the fact that*
à moins de *unless*	**à moins que . . . (ne)** (+ subj.) *unless*
pendant *while, during*	**pendant que** *while*
de peur (or **crainte**) **de** *fearing to, being afraid to*	**de peur** (or **crainte**) **que . . . (ne)** (+ subj.) *fearing that, afraid that*
pour *for, in order to*	**pour que** (+ subj.) *in order that*
sans *without*	**sans que** (+ subj.) *without*
selon *according to*	**selon ce que** *according to what*
	selon que *according to whether*

Notice that the **de** present in some prepositions is dropped before adding **que** to form the conjunction: **afin de, afin que.**

Examples:

Afin de lui plaire, . . .
  In order to please her, . . .
Afin qu'il lui plaise, . . .
  In order that he might please her, . . .
D'après vous, . . .
  According to you, . . .
D'après ce que vous dites, . . .
  According to what you say, . . .
Depuis son mariage, . . .
  Since his marriage, . . .
Depuis qu'il est marié, . . .
  Since he's been married, . . .
Lors de votre arrivée, . . .
  At the time of your arrival, . . .
Lorsque vous arriviez, . . .
  When you were arriving, . . .
De peur de le réveiller, . . .
  Being afraid to wake him up, . . .
De peur que je ne le réveille, . . .
  Afraid that I'd wake him up, . . .

§119 CONJUNCTIONS FORMED FROM ADVERBS (CONJONCTIONS DÉRIVÉES D'ADVERBES)

Certain conjunctions can be formed by adding **que** (or, in some cases, **où**) to an adverb. Among such conjunctions are:

adverb
- **aussitôt**   *immediately*
- **bien**   *well, indeed, very*
- **là**   *there*
- **tant**   *so much, so many*
- **où**   *where*

conjunction
- **aussitôt que**   *as soon as*
- **bien que** (+ subj.)   *although*
- **là où**   *where*
- **tant que**   *as long as*
- **où que** (+ subj.)   *wherever*

Examples:

Le trésor est là.
The treasure is there.

Là où vous trouvez le trésor, vous trouverez le malheur.
Where you find the treasure, you'll find misfortune.

Je sais où tu es.
I know where you are.

Où que tu sois, sors!
Wherever you are, come out!

Exercice 1. *Transformez la proposition prépositionnelle en une proposition conjonctive. (Beaucoup d'entre ces phrases seront plus lourdes, mais plus explicites.) Imitez le modèle:*

On les avait peintes en noir afin d'arriver tout de suite au noir final.

On les avait peintes en noir afin qu'elles arrivent tout de suite au noir final.

1. D'après sa pensée, c'est vous qui devez partir.   2. A moins de manger, les Maheu ne survivront au week-end.   3. Depuis votre départ, elle ne vit plus, elle vivote.   4. Sans votre aide, je ne pourrai rien faire.   5. Il a dit cela pour vous faire peur.   6. Quoi faire pendant les vacances? Selon vos désirs, vous pouvez aller vous baigner à la Côte d'Azur ou faire de l'alpinisme en Autriche.   7. Il ne savait que faire jusqu'à l'arrivée de Catherine.   8. Je réfléchissais pendant cette longue attente.   9. Malgré votre jugement défavorable, on s'est décidé à continuer.   10. Il n'a rien dit, de crainte de faire renaître la haine de son père.   11. Après avoir vu ce film, il sera moins gai.   12. Elle ne fera rien sans votre approbation.   13. Ils se brouillent dès le jour où ils deviennent rivaux.   14. Elle se décida à aller chez Maigrat avant de faire le parcours jusqu'à la Piolaine.   15. Ils ont été réduits à s'humilier afin d'avoir de quoi manger.

Exercice 2. *Complétez les phrases suivantes en ajoutant une proposition subordonnée. Parfois on vous indique une conjonction à employer. Imitez les modèles:*

Ils nous faisaient travailler dur pour que nous apprenions quelque chose et . . .

Ils nous faisaient travailler dur pour que nous apprenions quelque chose et que nous gagnions honorablement notre vie.

Elle sortait avec lui . . . (bien que)

Elle sortait avec lui bien que son père lui ait défendu de le faire.

1. On a peinturluré les petites maisons . . . 2. Il y aura du vice . . . (tant
3. Comme elle marchait vite et . . . elle est bientôt arrivée à la Piolaine
Nous y viendrons certainement, pourvu qu'il fasse beau et . . . 5. Confo
vous aux mœurs du pays, . . . (où que) 6. . . . , il a découvert de l'or (là
7. Elle parle à son fils . . . 8. Vous aurez beau l'appeler, il n'en courra
plus vite . . . (aussitôt que) 9. Rappelez-vous . . . 10. Vous ne diriez
cela si c'était vous le père et . . .

Exercice 3. Combinez les mots suivants pour en faire des phrases comp
Mettez au futur le verbe de la proposition principale. Evitez la répétition
conjonction ou d'une locution conjonctive. Imitez le modèle:
> Il / vous / suivre / après / vous / faire / votre / devoirs /
> après / il / lire / ce / roman.
>
> *Il vous suivra après que vous aurez fait vos devoirs et qu'il aura
> roman.*

1. Elle / aller / tout / droit / jusqu'à / arrive / à / la Piolaine. 2. Si /
/ avoir / peur / et si / vous / ne pas / vouloir / continuer, / nous / pouv
s'arrêter. 3. Ils / acheter / un / nouveau / voiture / pour / la Maher
pouvoir / travailler / plus loin. 4. Je / vous / voir / dès / je / être /
5. On / construire / un / nouveau / école / afin / le / enfants / apprendre
6. Vous / voir / si / je / mentir / aussitôt / se passer / tout / ce / ch
7. Maigrat / ne pas / vendre / de / pain / sans / on / le lui / payer. 8.
/ gronder / son / enfants / quand / elle / revenir. 9. Le / bâtiment / s'o
/ sur / le / route / à moins / on / construire / un / muraille. 10. Com
elle / s'approcher de / Le Havre, / elle / trouver / un / petit / boutique.

§120 INFINITIVES AS OBJECTS OF VERBS AND VERBAL EXPRESSIONS (L'INFINITIF COMPLÉMENT DE VERBE ET DE LOCUTIONS VERBALES)

Some verbs or verbal expressions require **à** before a dependent (i.e., obje
complement) infinitive; more require **de**; a certain number require no pre
tion at all. The following lists are provided for reference:

*A. Principal verbs and verbal expressions followed by an infin
with no preposition*

aimer	daigner	être censé
aimer mieux	désirer	faillir
aller	devoir	faire
assurer	dire	falloir
avoir beau	écouter	laisser
compter	entendre	mener
courir	envoyer	mettre
croire	espérer	monter

oser	regarder	supposer
paraître	rentrer	se trouver
penser	retourner	valoir mieux
pouvoir	revenir	venir
préférer	savoir	voir
prétendre	sembler	voler
se rappeler	sentir	vouloir
reconnaître	soutenir	

Examples:
    Il *aime chanter*.
        He likes to sing.
    Je *compte le voir* à Paris.
        I intend to see him in Paris.
    Ils *n'ont pas daigné nous répondre*.
        They did nothing to answer us.
    Elle *t'écoutait chanter*.
        She was listening to you sing.
    Nous *regardons travailler* les autres.
        We are watching the others work.

B. Principal verbs and verbal expressions requiring *à* before a dependent infinitive

aider à	consister à	pencher à
aimer à	continuer à	se plaire à
amener à	se décider à	pousser à
s'amuser à	demander à	prendre plaisir à
s'appliquer à	encourager à	se prendre à
apprendre à	(s')engager à	recommencer à
arriver à	enseigner à	réduire à
aspirer à	forcer à	renoncer à
s'attendre à	(s')habituer à	se résoudre à
avoir à	hésiter à	réussir à
avoir (de la) peine à	(s')intéresser à	servir à
chercher à	inviter à	songer à
commencer à	jouer à	suffire à
condamner à	se mettre à	tarder à
conduire à	obliger à	tendre à
se consacrer à	parvenir à	tenir à
consentir à	passer (du temps) à	travailler à
		venir à (en venir à)

Examples:
    Il *s'amuse à lire* des romans.
        He has fun (or, *passes his time*) *reading novels.*

Vous *attendiez-vous à nous voir?*
    Were you expecting to see us?
On *s'est mis à travailler.*
    They began to work.
Je n'*ai pas pris plaisir à le gronder.*
    I did not enjoy scolding him.
Tu *tiens toujours à aller* voir ce film?
    Do you still insist on going to see that movie?

C. Principal verbs and verbal expressions requiring de before a dependent infinitive

accepter de	défendre de	négliger de
(s')accuser de	demander de	obtenir de
achever de	se dépêcher de	s'occuper de
s'agir de	dire de	offrir de
s'apercevoir de	se donner la peine de	ordonner de
s'arrêter de	écrire de	oublier de
s'aviser de	s'efforcer de	pardonner de
avoir l'air de	empêcher de	parler de
avoir besoin de	entreprendre de	se passer de
avoir envie de	essayer de	(se) permettre de
avoir honte de	s'étonner de	(se) persuader de
avoir l'intention de	être obligé de	(se) plaindre de
avoir peur de	éviter de	prier de
avoir raison de	s'excuser de	promettre de
avoir tort de	faire bien de	(se) proposer de
blâmer de	faire semblant de	punir de
cesser de	se fatiguer de	refuser de
(se) charger de	finir de	regretter de
choisir de	forcer de	remercier de
commander de	se garder de	(se) reprocher de
commencer de	gêner de	résoudre de
conseiller de	se hâter de	rire de
se contenter de	s'impatienter de	risquer de
continuer de	interdire de	souffrir de
convaincre de	manquer de	se souvenir de
convenir de	menacer de	tâcher de
craindre de	mériter de	trouver bon de
crier de	se moquer de	valoir la peine de
décider de	mourir de	venir de

Examples:
    Il *s'agit d'apprendre* un métier.
        It's a matter of learning a trade.

J'ai l'intention de vous accompagner.
   I intend to accompany you.
Il nous *a commandé de ne rien faire*.
   He ordered us not to do anything.
Vous lui *avez dit d'y aller*.
   You told him to go there.
Nous *avons essayé de réparer* votre auto.
   We've tried to repair your car.
Ils *se plaignent de devoir* travailler.
   They are complaining about having to work.
Enfin, *tu me reproches d'avoir trop fait* pour toi.
   So you reproach me for having done too much for you.

D. Distinctions

1. aimer, aimer à
Aimer à is a bit old-fashioned and distinctly literary:
   J'aime bien parler français. (conversation)
      I like speaking French very much.
   J'aime bien à parler français. (literary style)
      I like speaking French very much.

2. commencer à, commencer de
Commencer de is more formal and more elegant than **commencer à**:
   Il a commencé à écouter attentivement. (informal)
      He began to listen attentively.
   Il a commencé d'écouter attentivement. (elegant)
      He began to listen attentively.

3. continuer à, continuer de
Continuer de is more literary and more formal than **continuer à**:
   Il continue à frapper sa femme. (conversation)
      He is continuing to strike his wife.
   Il continue de frapper sa femme. (formal style)
      He is continuing to strike his wife.

4. demander à, demander de
Demander à means "to ask permission to, to want to"; **demander de** means "to ask (someone else) to":
   Elle demande à voir le château.
      She asks if she can see the castle.
   Elle lui demande d'y aller.
      She asks him to go there.

5. dire, dire de

Dire without a preposition before the infinitive reports something the speaker has said; **dire de** is an indirect statement of a command:

    Il dit l'avoir vu.   *He says he saw him.*
    Il me dit de le voir.   *He tells me to see him.*

6. venir, venir à, en venir à, venir de

Venir without a preposition reports an act; **venir à** means "to happen to, to chance to"; **en venir à** means "to go so far as to"; **venir de** means "to have just":

    Il vient me voir.
        He's coming to see me.
    Une belle dame vint à passer.
        A beautiful lady chanced to pass by.
    Il en est venu à me maudire.
        He went so far as to curse me.
    Il vient de me voir.
        He has just seen me.

§121 INFINITIVES AS COMPLEMENTS OF NOUNS AND ADJECTIVES (L'INFINITIF COMPLÉMENT DE NOMS ET D'ADJECTIFS)

An infinitive depending on a noun or an adjective is usually introduced by either **à** or **de**.

A. À used to introduce the infinitive

À is used to introduce the infinitive in the following cases:

    1. to show the function or purpose of the noun preceding it:

une chambre à coucher	*bedroom*
un fer à repasser	*iron*
une maison à vendre (à louer)	*a house for sale (for rent)*
une machine à écrire (à laver)	*typewriter (washing machine)*
une salle à manger	*dining room*
une tendance à se croire grand	*a tendency to think he's great*

    2. to show the actual or probable result of the noun preceding it:

un conte à dormir debout	*a terribly boring story*
un bruit à casser les fenêtres	*a window-shattering noise*
un problème à rendre fou	*a maddening problem*
un spectacle à faire peur	*a frightening spectacle*

    3. after **dernier, seul,** or an ordinal number:

        Il n'est pas le seul à le dire.
            He's not the only one to say it.

Tu ne seras pas la dernière à t'en plaindre.
You'll not be the last to complain about it.
Voilà le quatrième à se casser la jambe.
There's the fourth one who's broken his leg.
Pierre est le premier garçon à remporter le prix.
Pierre is the first boy to have won the prize.

4. to show fitness, tendency, or purpose of the adjective preceding it:

bon à manger	*good (fit) to eat*
prêt à servir	*ready to serve*
facile à faire	*easy to do (or to make)*
impossible à comprendre	*impossible to understand*
utile à savoir	*useful to know*
commode à porter	*handy to carry*

5. to show the actual or probable result of the adjective preceding it:

laide à faire peur	*frighteningly ugly*
drôle à en mourir	*killingly funny*
triste à en pleurer	*sad enough to make you cry*
brillant à aveugler	*so brilliant it (he, she, etc.) blinds you*

B. *De* used to introduce the infinitive

De is used to introduce the infinitive in the following cases:

1. after an expression of sentiment, emotion, or opinion:
    Jean a été content (heureux, malheureux, ravi, enthousiasmé, satisfait, etc.) de faire sa connaissance.
    Jean was glad (happy, unhappy, delighted, enthusiastic, satisfied, etc.) to meet him.
    Il n'est pas digne (propre, bon, etc.) de vivre ainsi.
    It is not dignified (correct, good, etc.) to live like that.
    Tu ferais mieux (mal) d'y rester.
    You'd be better off (You'd make a mistake) if you stayed there.
    J'ai honte (raison, tort, besoin, etc.) de chercher votre appui.
    I'm ashamed (right, wrong, I need) to seek your support.

2. as the complement of most nouns:

le désir de vous aider	*the desire to help you*
la nécessité de manger	*the necessity of eating*
la force de vivre	*the strength to live*
la folie d'écrire un roman	*the madness to write a novel*

C. Distinction between *il est ... de ...* and *c'est ... à ...*

1. The impersonal **il** + **être** + adjective is followed by **de** + infinitive:
    Il est facile (normal, impossible, important, ennuyeux, etc.) de faire cela.
    It's easy (normal, impossible, important, boring, etc.) to do that.

Il sera nécessaire (difficile, possible, gênant, etc.**) de partir à temps.**
> *It will be necessary (difficult, possible, inconvenient, etc.) to leave on time.*

In conversation, **ce** replaces **il** in this sense:
C'est dommage (inutile, juste, désirable) d'obéir à ses parents.
> *It's a shame (It's useless, just, desirable) to obey one's parents.*

2. When **ce** means **cela, ce que je viens de dire**, etc., use **à** before the infinitive:
C'est facile (difficile, impossible, aisé, etc.**) à faire.**
> *That is easy (hard, impossible, simple, etc.) to do.*
C'est bon (mauvais, dangereux, désagréable, etc.**) à manger.**
> *That's good (bad, dangerous, unpleasant, etc.) to eat.*

Exercice 4. Complétez les phrases suivantes en remplaçant le tiret par **à, de** *ou rien du tout:*

1. Elle va ———— chercher son livre et revenir.   2. Il n'a pas l'air ———— entendre ce qu'on lui dit.   3. Elle ne demande jamais ———— boire de la bière anglaise.   4. Je regrette ———— n'avoir pas conseillé à Mary d'y ajouter un peu d'anis.   5. Il fait toujours très exactement ce qu'il doit ———— faire.   6. On aurait bien fait peut-être ———— prendre un petit verre de vin.   7. Notre petit garçon aurait bien voulu ———— boire de la bière.   8. Il faut leur apprendre ———— être sobre et mesuré dans la vie.   9. Je viens ———— acheter ce flacon.   10. Vous ne m'offrez plus ———— m'aider.   11. Je vous prie ———— garder ce flacon.   12. Il aimera ———— s'en mettre plein la lampe.   13. C'est délicieux ———— avoir un secret.   14. Jean commence ———— empiler les bagages de Knock.   15. J'avais entendu ———— crier au secours!   16. Vous ne pourriez pas ———— vous déranger?   17. Je vais vous demander ———— me rendre mes devoirs.   18. On n'a rien ———— faire.   19. Il est concevable ———— suivre un cirque.   20. Nous prétendons ———— descendre de Saint Jean.   21. J'avais beau ———— leur envoyer mon pied au derrière.   22. Il avait passé la nuit ———— songer aux moyens ———— executer son dessein.   23. Il eut envie ———— partir en même temps que M. de Nemours.   24. Elle se mit ———— regarder ce portrait.   25. Cela se réduit ———— s'exagérer une propriété superbe.

Exercice 5. Combinez les phrases suivantes pour en faire une. Imitez les modèles:

Il a commencé. Il a chanté.
> *Il a commencé à chanter.*

Il en est content. Il vous a vu.
> *Il est content de vous avoir vu.*

A.
1. Il a peur. Il vous fâche. 2. Il a un penchant naturel. Il corrige les devoirs. 3. Topaze a réussi. Il a ôté le bouchon. 4. J'en serai capable. Je vous désobéirai. 5. Je vous l'avais dit. «Ne quittez pas d'ici.» 6. Laissez moi le temps. Je traduirai. 7. Il voit l'Ile-de-France. L'Ile-de-France s'ouvre devant lui. 8. M. de Clèves le crut. Il vit ce qui se passait dans l'esprit du prince. 9. Il résolut cela. Il se fiait à un gentilhomme de ses amis. 10. Il n'eut pas de peine. Il démêla où était Mme de Clèves. 11. Il vaut mieux. Je m'en tiendrai là. 12. Je continuais. Je créais. 13. La nature nous commande: «Ayez du plaisir.» 14. On se plaît. On orne de mille perfections cette femme. 15. Siméon est venu. Il m'a vu.

B.
1. Elle ne réussit pas. Elle ne feint pas. 2. On cesse. On obéit à leurs prescriptions. 3. Nous n'oubliâmes pas. Nous fîmes un creux autour de votre arbre. 4. Je me hâtai. Je lui indiquai le docteur Cholamel. 5. M. Lambercier vint. Il assista à l'opération. 6. Nous en vîmes. De l'eau coulait dans notre bassin. 7. Il prenait grand plaisir. Il voyait comment la terre du noyer était bonne. 8. Nous l'entendîmes un peu après. Il rit à gorge déployée. 9. Il est vrai. On pense que l'âme aimante se réjouit de sa soumission. 10. Cela est bon. Cela fait endormir tout le monde.

Exercice 6. *Combinez les mots suivants pour en faire des phrases complètes. Mettez au présent le verbe de la proposition principale. S'il en est besoin, mettez la préposition convenable devant l'infinitif complément. Imitez le modèle:*
  Elle / se décider / prendre / les / petits / par / le / main.
  Elle se décide à prendre les petits par la main.

1. Combray / être / un peu / triste / habiter. 2. Je / se permettre / appeler / ce / phenomène / le / cristallisation. 3. Il / ne pas / falloir / hésiter / voir / le / médecin. 4. Julien / être obligé / s'absenter / de plus en plus. 5. On / achever / verser / le / premier / seau / de / eau. 6. Il / être frappé / voir / la / eau / se partager / entre deux bassins. 7. Il / être bon / écrire / ce que / on / penser. 8. Ce / être / toujours / bien fait / espérer. 9. Je / être content / inspirer / le / génies / anglais. 10. Ce / être / un préjugé / vaincre. 11. Rousseau / ne pas / être / le / premier / dire / cela. 12. Elle / être / beau / faire envie. 13. Je / la / acheter / un / fer / repasser. 14. Ils / se donner (passé composé) / le / peine / être né. 15. Votre / idées / être / difficile / suivre.

§122 CONDUIRE AND PLAIRE
A. *Conduire*
  1. Summary of conjugations:
présent de l'indicatif: je conduis   nous conduisons
passé composé: j'ai conduit
passé simple: je conduisis

2. Like **conduire**: **construire, détruire, produire, reproduire, séduire, traduire**

3. Expressions with some of these verbs:
 a. **se conduire** = se comporter d'une certaine manière *to behave, to act*
  Marie se conduit comme une grande personne.
  Marie acts like a grown-up.

 b. **séduire** = plaire par quelque trait *to attract, to charm, to fascinate*
  Sa beauté a séduit plus d'un homme.
  Her beauty has fascinated more than one man.

 c. **se traduire** = être exprimé *to be expressed or shown*
  Votre indignation se traduisait par des écrits satiriques.
  Your indignation was expressed in satirical writings.

B. Plaire

1. Summary of conjugations:
présent de l'indicatif: je plais   nous plaisons
        il plaît
passé composé: j'ai plu
passé simple: je plus

2. Like **plaire**: **(se) complaire, déplaire, se plaire** (**plaire** and its compounds require an indirect object); **taire, se taire**[4]

3. Some expressions with **plaire** and **taire**:
 a. **se plaire** = prendre plaisir *to enjoy, to take pleasure in*
  Il se plaisait à la taquiner.
  He enjoyed teasing her.

 b. **faire ce qui vous plaît** = faire ce que vous voulez *to do as you please*
  Je fais ce qui me plaît. (Elle fait ce qui lui plaît, etc.)
  I do as I please. (She does as she pleases, etc.)

 c. **taire qqch. à qqn** = cacher qqch. à qqn *to hide sth. or to keep sth. back from s.o.*
  Il lui a tu la triste vérité.
  He kept the sad truth from her.

---

[4]**Taire** is conjugated like **plaire** except that the third person singular form of the present indicative has no circumflex accent: **il se tait.**

Exercice 7. Remplacez le tiret par le temps convenable du verbe entre parenthèses:

1. Quand _____-vous ce poème? (traduire)   2. J'en _____ déjà _____ la moitié. (traduire)   3. Où me _____-tu maintenant? (conduire)   4. Si vous voulez, je vous _____ au parc. (conduire)   5. Si j'avais de l'argent, je _____ une maison. (construire)   6. Il faut que je la _____ dès cette année-ci. (construire)   7. Si on _____ cette photo? (reproduire)   8. Don Juan _____ bien des femmes quand il vécut en Espagne. (séduire)   9. Je veux que tu _____ comme une adulte. (se conduire)   10. Ses frères sont des entrepreneurs: ils _____ des maisons. (construire)   11. Ils font ce qui leur _____. (plaire)   12. Il commence à parler, il se ravise, il _____. (se taire)   13. Vos filles _____ à tout le monde. (plaire)   14. Du temps de ma jeunesse, je _____ à ne rien faire. (se plaire)   15. Nous sommes heureux que vous lui _____. (plaire)   16. Vous lui _____ beaucoup si vous lui apportez des fleurs. (plaire)   17. _____-vous, je vous en prie. (se taire)   18. Ils seront obligés de partir à moins qu'ils ne _____. (se taire)   19. Enfin, il _____, puis il s'est assis. (se taire)   20. S'il fallait, il lui _____ ces choses vraiment trop choquantes. (taire)

Exercice 8. Composition. Ecrivez une composition sur l'un des sujets suivants. Combinez, si vous voulez, deux ou plusieurs de ces sujets:

A. Commentez le dicton: "Pauvreté n'est pas vice."

B. Le rôle de l'église dans la lutte pour la justice sociale

C. La bourgeoisie devrait faire face à sa responsabilité d'être juste envers la classe ouvrière.

D. Des classes sociales en Amérique

E. L'argent ouvre toutes les portes, même celles qui mènent à une bonne éducation.

Exercice 9. Traduisez les phrases suivantes:
1. Without his realizing it, the bank had refused to give him credit. [§118]   2. They are supposed to go on strike today. [§120A]   3. He persuaded me to go to the auction. [§120C]   4. Take the trouble to sit down. [§121B, 2]   5. If he gives you the money and (if) you refuse to give him change, he will punish you. [§117, 2]   6. Ask him to let you go out. [§120D, 4]   7. It is impossible to understand him most of the time. [§121C, 1]   8. In spite of the fact that he had ready cash, the salesgirl refused to give him what he wanted. [§118]   9. The professor was satisfied with my work. [§121B, 1]   10. I'm going to buy myself a new typewriter. [§121A, 1]   11. I understand that he has gone bankrupt. [§117, 1]   12. Is it good to eat? [§121C, 2]   13. He has always done his work conscientiously, and you're the first to complain about him. [§121A, 3]   14. You'll lose money as long as you continue to speculate on the stock exchange

(jouer à la Bourse). [§*119*]   15. My mother is constantly encouraging me to save my money. [§*120B*]

Exercice 10. Thème d'imitation.

—How dark this city is! It makes *(rendre)* you sad.

—Nature, like the factories, helps make it dark, for the sky is often covered with gray clouds, and it rains a lot here.

—Look at that tight line of narrow façades: it's ugly enough to frighten you. I'm beginning to understand why the people who live here have no hope. They don't even have enough money to *(pour)* buy bread.

—And they're ashamed to ask for the charity of the bourgeois. They seem to have decided to depend only on themselves.

—What do people (use *on*) do here?

—They are factory workers *(ouvriers).* When there is work to do, their day is long, and they earn very little. If they continue to earn so little, they might leave town, for they have many heavy debts, contracted during the last strike.

—Life is certainly difficult for them. What can we do to help the poor? We've been wrong for so long not to help them. It's a question of being just.

—Careful! Some people will accuse you of being a socialist *(socialiste, m.)* if you continue to say such things!

VINGTIÈME LEÇON

L'Arlésienne Alphonse Daudet

Pour aller au village, en descendant de mon moulin, on passe devant un *mas*[1] bâti près de la route au fond d'une grande cour plantée de micocouliers[2]. C'est la vraie maison du *ménager*[3] de Provence, avec ses tuiles rouges, sa large façade brune irrégulièrement percée, puis tout en haut la girouette du grenier, la poulie[4] pour hisser les meules[5], et quelques touffes de foin[6] brun qui dépassent. . .

Pourquoi cette maison m'avait-elle frappé? Pourquoi ce portail fermé me serrait-il le cœur? Je n'aurais pas pu le dire, et pourtant ce logis me faisait froid. Il y avait trop de silence autour. . . Quand on passait, les chiens n'aboyaient pas, les pintades[7] s'enfuyaient sans crier. . . A l'intérieur, pas une voix! Rien,
10 pas même un grelot de mule. . . Sans les rideaux blancs des fenêtres et la fumée qui montait des toits, on aurait cru l'endroit inhabité.

Hier, sur le coup de midi, je revenais du village, et, pour éviter le soleil, je longeais les murs de la ferme, dans l'ombre des micocouliers. . . Sur la route, devant le *mas*, des valets silencieux achevaient de charger une charrette de foin . . . Le portail était resté ouvert. Je jetai un regard en passant, et je vis, au fond de la cour, accoudé, —la tête dans ses mains, —sur une large table de pierre, un grand vieux tout blanc, avec une veste trop courte et des culottes en lambeaux. . . Je m'arrêtai. Un des hommes me dit tout bas:

—Chut! c'est le maître. . . Il est comme ça depuis le malheur de son fils.

---

[1] le mas = maison de campagne, ferme dans le midi de la France   [2] le micocoulier *nettle tree*   [3] le ménager = le métayer *(farmer)*   [4] la poulie *pulley*   [5] hisser les meules *to pull up the haystacks*   [6] les touffes (f) de foin *tufts of hay*   [7] la pintade *guinea hen*

A ce moment une femme et un petit garçon, vêtus de noir, passèrent près de nous avec de gros paroissiens[8] dorés, et entrèrent à la ferme.

L'homme ajouta:

—...La maîtresse et Cadet qui reviennent de la messe. Ils y vont tous les jours, depuis que l'enfant s'est tué... Ah! monsieur, quelle désolation!... Le père porte encore les habits du mort; on ne peut pas les lui faire quitter... Dia![9] hue![10] la bête!

La charrette s'ébranla[11] pour partir. Moi, qui voulais en savoir plus long, je demandai au voiturier de monter à côté de lui, et c'est là-haut, dans le foin, que j'appris toute cette navrante histoire...

Il s'appelait Jan. C'était un admirable paysan de vingt ans, sage comme une fille, solide et le visage ouvert. Comme il était très beau, les femmes le regardaient; mais lui n'en avait qu'une en tête, —une petite Arlésienne, toute en velours et en dentelles, qu'il avait rencontrée sur la Lice d'Arles, une fois. —Au *mas*, on ne vit pas d'abord cette liaison avec plaisir. La fille passait pour coquette, et ses parents n'étaient pas du pays. Mais Jan voulait son Arlésienne à toute force. Il disait:

—Je mourrai si on ne me la donne pas.

Il fallut en passer par là[12]. On décida de les marier après la moisson[13].

Donc, un dimanche soir, dans la cour du *mas*, la famille achevait de dîner. C'était presque un repas de noces. La fiancée n'y assistait pas, mais on avait bu en son honneur tout le temps... Un homme se présente à la porte, et, d'une voix qui tremble, demande à parler à maître Estève, à lui seul. Estève se lève et sort sur la route.

—Maître, lui dit l'homme, vous allez marier votre enfant à une coquine[14], qui a été ma maîtresse pendant deux ans. Ce que j'avance, je le prouve: voici des lettres!... Les parents savent tout et me l'avaient promise; mais depuis que votre fils la recherche, ni eux ni la belle ne veulent plus de moi... J'aurais cru pourtant qu'après ça elle ne pouvait pas être la femme d'un autre.

—C'est bien! dit maître Estève quand il eut regardé les lettres; entrez boire un verre de muscat.

L'homme répond:

—Merci! j'ai plus de chagrin que de soif.

Et il s'en va.

Le père rentre, impassible; il reprend sa place à table; et le repas s'achève gaiement...

---

[8]le paroissien *prayer book*   [9]Dia! = cri des charretiers pour faire aller leurs chevaux à gauche   [10]hue! = cri des charretiers pour faire avancer les chevaux et pour les faire tourner à droite   [11]s'ébranler *to get underway, to start*   [12]Il fallut en...là. *They had to go along with it (his attitude).*   [13]On décida...la moisson. *It was decided that they would marry after the harvest time.*   [14]la coquine *hussy*

Ce soir-là, maître Estève et son fils s'en allèrent ensemble dans les champs. Ils restèrent longtemps dehors; quand ils revinrent, la mère les attendait encore.

—Femme, dit le *ménager*, en lui amenant son fils, embrasse-le! il est bien malheureux...

Jan ne parla plus de l'Arlésienne. Il l'aimait toujours cependant, et même plus que jamais, depuis qu'on la lui avait montrée dans les bras d'un autre. Seulement il était trop fier pour rien dire; c'est ce qui le tua, le pauvre enfant!... Quelquefois il passait des journées entières seul dans un coin, sans bouger. D'autres jours, il se mettait à la terre avec rage et abattait à lui seul le travail de dix journaliers... Le soir venu, il prenait la route d'Arles et marchait devant lui jusqu'à ce qu'il vît monter dans le couchant les clochers grêles[15] de la ville. Alors il revenait. Jamais il n'alla plus loin.

De le voir ainsi, toujours triste et seul, les gens du *mas* ne savaient plus que faire. On redoutait un malheur... Une fois, à table, sa mère, en le regardant avec des yeux pleins de larmes, lui dit:

—Eh bien! écoute, Jan, si tu la veux tout de même, nous te la donnerons...

Le père, rouge de honte, baissait la tête...

Jan fit signe que non, et il sortit...

A partir de ce jour, il changea sa façon de vivre, affectant d'être toujours gai, pour rassurer ses parents. On le revit au bal, au cabaret, dans les ferrades[16]. A la vote de Fonvieille, c'est lui qui mena la farandole[17].

Le père disait: «Il est guéri.» La mère, elle, avait toujours des craintes et plus que jamais surveillait son enfant... Jan couchait avec Cadet, tout près de la magnanerie[18], la pauvre vieille se fit dresser un lit à côté de leur chambre... Les magnans[19] pouvaient avoir besoin d'elle, dans la nuit.

Vint la fête de saint Éloi, patron des ménagers.

Grande joie au *mas*... Il y eut du châteauneuf[20] pour tout le monde et du vin cuit comme s'il en pleuvait. Puis des pétards[21], des feux sur l'aire, des lanternes de couleur plein les micocouliers[22]... Vive saint Éloi! On farandola à mort. Cadet brûla sa blouse neuve... Jan lui-même avait l'air content; il voulut faire danser sa mère; la pauvre femme en pleurait de bonheur. A minuit, on alla se coucher. Tout le monde avait besoin de dormir... Jan ne dormit pas, lui. Cadet a raconté depuis que toute la nuit il avait sangloté... Ah! je vous réponds qu'il était bien mordu, celui-là...

Le lendemain, à l'aube, la mère entendit quelqu'un traverser sa chambre en courant. Elle eut comme un pressentiment:

---

[15]grêle *thin* [16]la ferrade = fête provençale célébrée à l'occasion de marquer les bœufs au fer rouge [17]la farandole = danse provençale [18]la magnanerie *silkworm breeding house* [19]le magnan *silkworm* [20]le châteauneuf = une sorte de vin [21]le pétard *firecracker* [22]lanternes...micocouliers *nettle trees filled with colored lanterns*

—Jan, c'est toi?
Jan ne répond pas; il est déjà dans l'escalier.
Vite, vite la mère se lève:
—Jan, où vas-tu?
Il monte au grenier; elle monte derrière lui:
—Mon fils, au nom du ciel!
Il ferme la porte et tire le verrou.
—Jan, mon Janet, réponds-moi. Que vas-tu faire?
A tâtons, de ses vieilles mains qui tremblent, elle cherche le loquet. . . Une fenêtre qui s'ouvre, le bruit d'un corps sur les dalles de la cour, et c'est tout. . .
Il s'était dit, le pauvre enfant: «Je l'aime trop. . . Je m'en vais. . .» Ah! misérables cœurs que nous sommes! C'est un peu fort pourtant que le mépris ne puisse pas tuer l'amour! . . .
Ce matin-là, les gens du village se demandèrent qui pouvait crier ainsi, là-bas, du côté du *mas* d'Estève. . .
C'était, dans la cour, devant la table de pierre couverte de rosée et de sang, la mère toute nue qui se lamentait, avec son enfant mort sur ses bras.

Questionnaire I

1. Où se passe cette histoire?   2. D'après ce qu'en dit l'auteur, qu'est-ce que c'est qu'une vraie maison de ménager de Provence?   3. Pourquoi la maison avait-elle frappé l'auteur?   4. Pourquoi aurait-on cru l'endroit inhabité?   5. Pourquoi l'auteur avait-il pris la route qui passe par la maison?   6. Qu'a-t-il vu au fond de la cour?   7. D'où vient la maîtresse de la maison? Pourquoi y est-elle allée?   8. Pourquoi l'auteur a-t-il demandé au voiturier à monter à côté de lui?   9. Quel portrait l'auteur nous fait-il de Jan?   10. Qui est-ce que Jan aime? D'où vient-elle?   11. Où a-t-il fait sa connaissance?   12. Pourquoi les parents n'étaient-ils pas très contents d'apprendre que Jan voulait se marier à l'Arlésienne?   13. Qui se présente à la porte un dimanche soir?   14. Pourquoi parle-t-il d'une voix tremblante?   15. Que dit-il à maître Estève?   16. Après avoir lu les lettres, que fait maître Estève?   17. L'homme accepte-t-il de boire un verre de muscat? Pourquoi?   18. Comment Jan a-t-il reçu la nouvelle que l'Arlésienne était la maîtresse d'un autre?   19. De quoi les gens du *mas* avaient-ils peur?   20. A partir de quel moment Jan a-t-il changé sa façon de vivre? Pourquoi?   21. Pourquoi la mère s'est-elle fait dresser un lit à côté de la chambre de Jan et de Cadet?   22. Qu'est-il arrivé le jour de la fête de saint Éloi?   23. Qu'est-il arrivé le lendemain à l'aube?   24. Qu'est-ce que les gens du village ont entendu ce matin-là?

Questionnaire II

1. Qu'est-ce que c'est qu'un moulin? En trouve-t-on aux Etats-Unis?   2. Trouve-t-on aux Etats-Unis des maisons qui ressemblent au *mas* décrit par Daudet?   3. Trouve-t-on aux Etats-Unis des fermes entourées de murs?   4. Aux Etats-Unis est-ce que les habitants d'une ferme peuvent facilement aller à l'église?   5. Dans

cette histoire, le père porte les habits du mort. Pourquoi le fait-il, à votre avis? Cela se fait-il aux Etats-Unis?   6. Les parents de Jan ne voient pas la liaison de l'Arlésienne avec plaisir parce que les parents de la jeune fille ne sont pas du pays. Les parents d'un jeune Américain pourraient-ils avoir des sentiments pareils?   7. Que feriez-vous si vous étiez maître Estève et si quelqu'un se présentait avec des lettres prouvant que la fiancée de votre fils était sa maîtresse?   8. Que feriez-vous si vous étiez Jan et que vous appreniez que votre fiancée avait été la maîtresse d'un autre?   9. Une jeune fille qui apprend que son fiancé a eu des relations intimes avec une autre devrait-elle lui pardonner?   10. Le jeune homme peut-il supporter l'idée que sa fiancée a été dans les bras d'un autre? 11. La virginité est-elle considérée comme elle l'était autrefois?   12. Pourquoi Jan refuse-t-il d'accepter l'Arlésienne après que sa mère lui dit qu'elle la lui donne? Que feriez-vous si vous étiez lui?   13. Y a-t-il des fêtes aux Etats-Unis qui ressemblent à la fête décrite par Daudet?   14. Pourquoi, à votre avis, Jan a-t-il choisi ce moment pour se tuer?   15. Que veut dire Daudet par: «C'est un peu fort pourtant que le mépris ne puisse pas tuer l'amour»?   16. Marguerite de Navarre a dit que la maladie d'amour ne tue que ceux qui doivent mourir dans l'année. Qu'en pensez-vous?

A. *Expressions à étudier: Les États de santé et Les Maladies*

les âges de la vie

la jeunesse, l'adolescence *(f)*, l'âge mûr [*years of maturity*], la vieillesse [*old age*], un (une) adulte

états de santé

être en bonne (mauvaise) santé [*to be in good (bad) health*], être bien portant, se porter bien [*to be in good health*], avoir bonne (mauvaise) mine [*to look good (bad)*], être pâle (robuste, vigoureux, costaud) [*to be pale (robust, vigorous, strapping)*], perdre connaissance [*to lose consciousness*], s'évanouir [*to faint*], la maladie [*illness*], la crise [*attack*], la crise de nerfs [*attack of nerves, fit of hysterics*], l'insomnie *(f)*, le malaise [*discomfort, indisposition*], la douleur [*pain*]

les maladies

l'anémie *(f)*, l'angine *(f)* [*tonsillitis*], l'angine striduleuse [*croup*], l'angine de poitrine [*angina pectoris*], l'appendicite *(f)*, avoir des frissons [*to have the shivers*], un mal de tête, un mal de gorge, un mal de dents, avoir mal à la tête (à la gorge, aux dents), le cancer, la crampe, la fièvre [*fever*], fiévreux [*feverish*], la grippe [*flu*], la pneumonie, les oreillons *(m)* [*mumps*], la poliomyélite, le rhumatisme, le rhume [*cold*], tousser [*to cough*], la toux [*cough*], éternuer [*to sneeze*], attraper un rhume [*to catch a cold*], la rougeole [*measles*], la scarlatine [*scarlet fever*], la tuberculose, la typhoïde, la variole [*smallpox*], être aveugle (sourd, muet) [*to be blind (deaf, mute)*], la dépression nerveuse [*nervous breakdown*], garder le lit [*to be laid up*], la guérison [*cure*], être guéri [*to be cured*], être rétabli [*to have recovered one's health*]

la mort

la mort, le trépas [*death*], se noyer [*to drown*], s'empoisonner, se suicider, le suicide, se pendre, se tuer, le cadavre, l'enterrement *(m)* [*burial*], les funérailles *(f)* [*funeral*], le cimetière, le monument funéraire [*tombstone*]

Questionnaire

1. A quel âge est-on le moins sujet à attraper une maladie? A quel âge est-on le plus sujet?   2. De quelle maladie souffrez-vous le plus souvent? Que faites-vous pour y remédier?   3. Qu'est-ce que c'est que la jeunesse? l'adolescence? l'âge mûr? la vieillesse?   4. Quelle maladie est caractérisée par un gonflement des glandes situées de chaque côté de la tête derrière les oreilles?   5. Quelle maladie est caractérisée par une inflammation de la gorge?   6. Quelle maladie qui atteint surtout les enfants est caractérisée par une éruption de taches rouges sur la peau?   7. Quand votre température est élevée, qu'est-ce que vous avez?   8. Qu'est-ce que nous avons quand nous avons une inflammation de l'appendice?   9. Quelle maladie contagieuse attaque surtout les poumons?   10. Qu'appelle-t-on l'incapacité de dormir?   11. Qu'appelle-t-on les contractions convulsives des muscles?   12. Quelle maladie produit la toux?   13. Contre quelles maladies une vaccine confère-t-elle une immunité?   14. Quelles maladies attaquent surtout les enfants?   15. Lesquelles attaquent surtout les vieux?   16. Y a-t-il des maladies qui sont presque inconnues aux Etats-Unis?   17. Que fait-on pour se guérir d'un rhume? de l'anémie? de l'insomnie? des oreillons? de la tuberculose?   18. Il est défendu aux croyants de certaines religions de profiter de la médecine moderne. Pourquoi leur est-il défendu?   19. Si l'enfant d'un de ces croyants tombait malade, un juge devrait-il avoir le droit d'exiger que les parents, sous peine d'emprisonnement, profitent de cette médecine?   20. Il devient de plus en plus difficile de déterminer le moment précis où une personne meurt. Quand, selon vous, une personne est-elle vraiment morte?   21. Qu'est-ce que c'est que l'euthanasie?   22. Un médecin a-t-il le droit d'abréger la vie d'un mourant?   23. Le suicide est-il un crime?   24. L'homme a-t-il le droit de prendre sa propre vie?

B. *Etudiez les expressions suivantes; consultez la leçon pour l'emploi de ces expressions:*

au fond de = à la partie la plus reculée, la plus éloignée de   **sur le coup de (midi, etc.)** = au moment où (midi) sonne   **en savoir long** = être très instruit   **avoir en tête** = avoir à l'esprit   **passer pour** = être réputé pour   **à toute force** = à tout prix, absolument   **tout le temps** = continuellement   **avoir l'air** = paraître   **à tâtons** = en aveugle, sans savoir ce qu'on fait

Exercice. *Employez ces expressions dans les phrases suivantes:*
1. Ne me regardez pas de cet air suffisant. Si vous _____ que moi, dites-le-moi sans délai.   2. Est-ce vrai qu'il _____ le meilleur élève de la classe?   3. Demain _____ neuf heures, je me trouverai devant le musée.   4. Il a vu un tableau de Léonard de Vinci qu'il veut avoir _____.   5. Tu _____ si triste qu'on dirait que tu viens de recevoir une mauvaise note.   6. Son départ me causa un chagrin que je sentis jusqu'au _____ mon cœur.   7. A minuit il se leva et s'avança _____ vers sa tente.   8. Si vous continuez à m'interrompre _____, vous pouvez vous attendre à recevoir une bonne fessée.   9. Son père voulait lui donner une Cadillac, mais il _____ toujours sa Ford _____.

§123   CLARITY AS AN ELEMENT OF STYLE

«**Tout ce qui n'est pas clair n'est pas français,**» said Rivarol in 1784, and although his statement is an exaggeration—French *is* occasionally ambiguous—it is nonetheless true as a generalization. As a tool of expression, French has few peers—providing, of course, it is used properly. There is more than one way of using it properly, which is why there is more than one correct style; but in any given situation, there is usually only one best style, one best way of expressing what you want to express. Or, as Pascal said over 300 years ago, «**Quand on joue au paume [au tennis], c'est une même balle dont on joue l'un et l'autre; mais l'un la place mieux.**» As with the ball on the tennis court, so with words and phrases in a French sentence.

Following are some of the principal elements of clarity, which are presented here as a matter of review (for they apply to English as well as to French):

1. Put each idea in a separate clause or in a separate sentence, and make a natural transition from sentence to sentence within the paragraph.

In the following sentence, two unrelated events are linked together:
> **Notre nouvelle auto marche bien et nous avons acheté la ferme des Grosdidier.**

Correct this by isolating the two thoughts in separate sentences, or better yet, in separate paragraphs:
> **Notre nouvelle auto marche bien.**
> **Nous avons acheté la ferme des Grosdidier.**

2. Put each word in its logical place.

Normally, this means:
> subject—attributes   verb—direct object noun—indirect object noun—adverbial adjuncts

(However, adverbs of time and place can be put at the beginning of the sentence; see §112, 3.)
Examples:
>**Le père, rouge de honte, baissait la tête.**
>**Ce matin-là, les gens du village se demandèrent qui pouvait crier ainsi, là-bas, du côté du *mas* d'Estève . . .**

3. Put every clause in its proper place, grouping the subordinate clauses to show their relation to the principal clause.

This means, of course, that you must arrange the sentence logically and that you must avoid ambiguity, such as that in the following sentence:
>**N'ayant plus d'argent, je ne lui ai pas vendu l'auto.**

The sentence above is meaningless, illogical; it seems to imply that since I had no more money, I did not sell him the car. It is easily corrected:
>**Comme il n'avait plus d'argent, je ne lui ai pas vendu l'auto.**

Exercice 1. *Corrigez les phrases suivantes en les rendant plus claires; imitez le modèle:*
>**N'ayant plus d'argent, je ne lui ai pas vendu l'auto.**
>*Comme il n'avait plus d'argent, je ne lui ai pas vendu l'auto.*

1. N'ayant que trois ans, mon père m'assura que le chien vivrait longtemps. 2. Je veux acheter quelque chose pour un ami qui n'est pas trop cher. 3. Mon fils va mieux et nous venons d'acheter une nouvelle maison. 4. Sortant en plein orage, le froid me perça au vif. 5. Le père baissait la tête rouge de honte. 6. L'aventure m'intéressait, n'ayant pas peur de l'inconnu. 7. Les soldats ont tiré sur les citoyens; ils ont dû s'enfuir. 8. Effrayé des images que je présente à sa cupidité, j'ai la satisfaction de voir un avare répandre ses trésors. 9. Les gens, en rentrant de leur travail, pensaient que la vie était facile longeant les hautes grilles. 10. Diderot fut l'éditeur de l'*Encyclopédie* et il vivait au dix-huitième siècle. 11. Cachée dans sa cave, elle gardait une bouteille de vin. 12. On la voyait conduire sa voiture dans la ville; qu'elle était énorme! 13. Il parlait du chien de Robert; celui-ci aboyait lamentablement. 14. Un chasseur tira sur un renard armé d'un fusil. 15. Martin apporta un pneumatique adressé à M. de Chauvigny qui était l'objet de quelque curiosité.

§124 CAREFUL SPEECH AND ELEGANT WRITING

By following the principles given in §123, you should be able to express yourself clearly and correctly in speech and in writing—expressing ideas, making statements, analyzing facts, and even indicating shades of feeling or degrees of emotional intensity. But elegance (the art as well as the science of using a language) requires something more than mere correctness and clarity: the content must be pleasing to the ear. In elegant prose, sentences and paragraphs are well balanced and carefully arranged in accordance with the accent patterns of French speech, and the style is appropriate to the subject matter.

The inventor, so to speak, of the modern French sentence—short, unaffected, expressive—was Voltaire. Journalists, novelists, and all other writers seeking to express facts or to expose ideas make use of this kind of sentence. Their style is lively and alert; sentences follow each other rapidly, each one making its point, each following the other logically. For a sample of this style, re-read any part of the selection from *Candide* in Lesson 15, for example, the following one:

Ils sont de Raphaël, dit le sénateur; je les achetai fort cher par vanité il y a quelques années; on dit que c'est tout ce qu'il y a de plus beau en Italie, mais ils ne me plaisent point du tout: la couleur en est rembrunie, les figures ne sont pas assez arrondies et ne sortent point assez; les draperies ne ressemblent en rien à une étoffe; en un mot, quoi qu'on en dise, je ne trouve pas là une imitation vraie de la nature elle-même. Je n'aimerai un tableau que quand je croirai voir la nature elle-même: il n'y en a point de cette espèce. J'ai beaucoup de tableaux, mais je ne les regarde plus.

All the principles of clarity have been observed in this passage: separation of ideas into clauses and sentences; words placed logically, with clauses clearly relating to the preceding word or idea; unaffected, expressive, and short sentences (the long opening sentence is really a series of short sentences separated by semicolons). In addition to the observation of those rules, the author has brought an art learned through patient practice. The words flow naturally, the sentences and clauses are arranged according to the stress pattern of French speech, and the vocabulary is appropriate both to the subject matter and to the speaker and his listeners. You may never be a Voltaire, but with patient practice and earnest effort you can learn to express yourself in beautiful and elegant French.

§125 RHYTHM AS AN ELEMENT OF STYLE

An understanding of the rhythmic pattern of the French language will help you to speak and write it more naturally and more elegantly. Generally speaking, the tonic accent, or stress, falls on the last syllable of a word or a thought group. Where possible, longer elements tend to be placed near the end of the sentence. So, when arranging a sentence, count the number of syllables in each thought group and, when possible, put the longer elements towards the end. Thus Voltaire, in the passage quoted, wrote:

4 (syllables)　　　2　　　　4　　　　　　6
je les achetai / fort cher / par vanité / il y a quelques années

Notice that the three thought groups following the verb are arranged in such a manner that the shorter ones precede the longer. Although grammatically possible, any other arrangement would have destroyed the natural rhythm of the sentence, and would have appeared inelegant.

The same comment might be made concerning this sentence taken from a famous passage in Chateaubriand's *René:*

>   4   6   6
> **Ainsi disant,** / **je marchais à grands pas,** / **le visage enflammé,** /
>   8   9
> **le vent sifflant dans ma chevelure,** / **ne sentant ni pluie ni frimas,** /
>   3   3   5   7
> **enchanté,** / **tourmenté,** / **et comme possédé** / **par le démon de mon cœur.**

In this sentence there are two groups of modifiers, the first referring to the physical appearance of the speaker, and the second (beginning with **enchanté**) referring to his mental state. Notice that in each group, the longer units are placed near the end.

Try reading these two sentences aloud, first as they are printed, and then changing the order of the rhythmic units. You will see right away that in the changed version the rhythm of the sentence has been broken; far from being smooth and building up in a kind of crescendo, the sentences sound choppy and somewhat disjointed.

Following are some ways to achieve a natural rhythmic pattern in **French:**

    1. inversion of subject and verb (see §106–§108), if the subject is longer than the verb

        a. in a clause begun by a relative pronoun which is not the subject of the verb:

> **Celui** / **qui règne** / **dans les cieux,** / **et de qui //**
> 2 [verb]   4 [subject]
> **relèvent // tous les empires . . .** *(Bossuet)*
>
> **. . . cet entassement** / **de malles et de valises,** / **que //**
>   4   5
> **faisait danser // la trépidation . . .** *(Zola)*

        b. in a sentence or clause beginning with an adverb or an adverbial expression, and containing an intransitive verb:

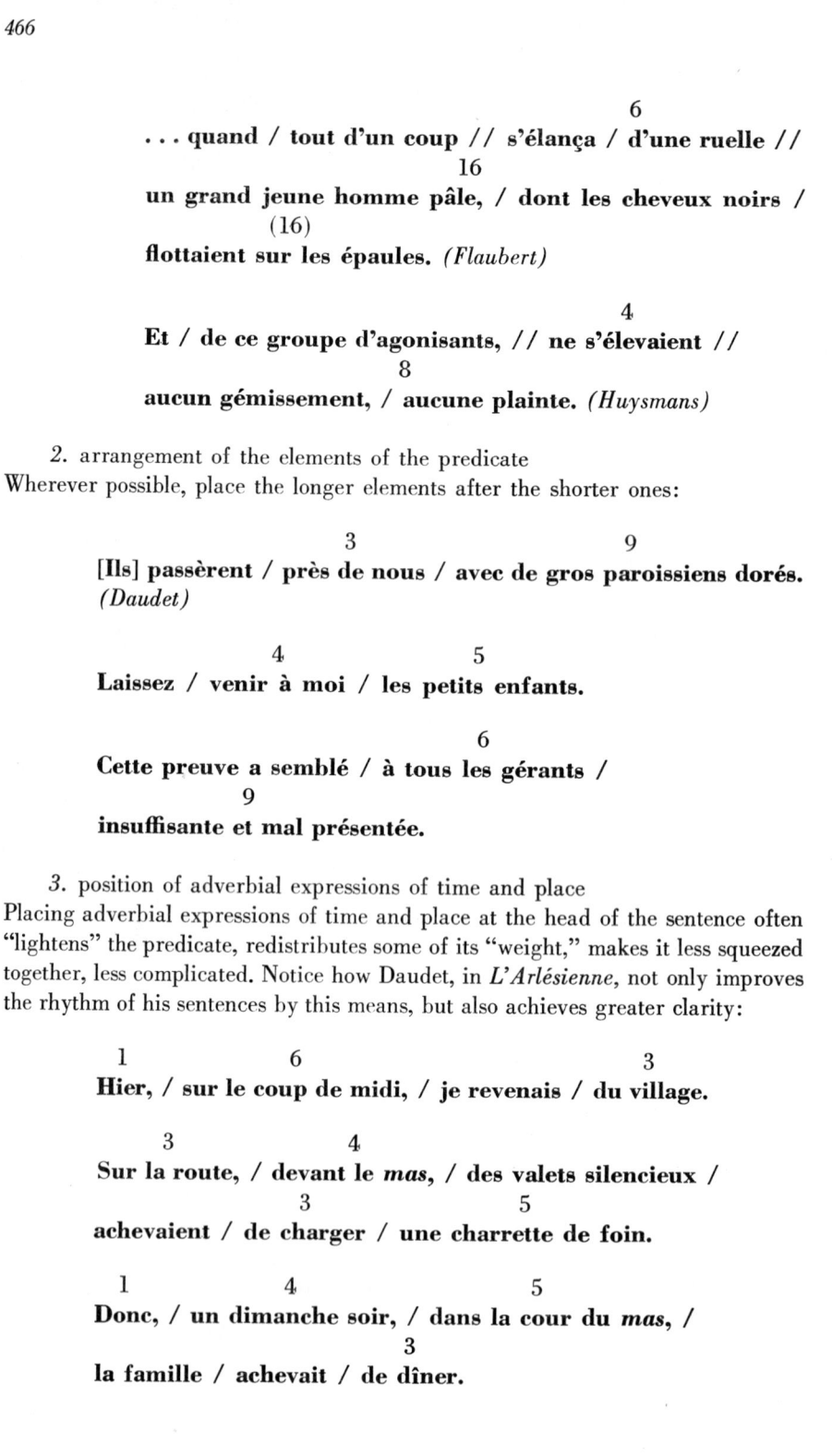

               6
... quand / tout d'un coup // s'élança / d'une ruelle //
        16
un grand jeune homme pâle, / dont les cheveux noirs /
   (16)
flottaient sur les épaules. *(Flaubert)*

              4
Et / de ce groupe d'agonisants, // ne s'élevaient //
     8
aucun gémissement, / aucune plainte. *(Huysmans)*

2. arrangement of the elements of the predicate
Wherever possible, place the longer elements after the shorter ones:

      3   9
[Ils] passèrent / près de nous / avec de gros paroissiens dorés.
(Daudet)

    4   5
Laissez / venir à moi / les petits enfants.

         6
Cette preuve a semblé / à tous les gérants /
  9
insuffisante et mal présentée.

3. position of adverbial expressions of time and place
Placing adverbial expressions of time and place at the head of the sentence often "lightens" the predicate, redistributes some of its "weight," makes it less squeezed together, less complicated. Notice how Daudet, in *L'Arlésienne*, not only improves the rhythm of his sentences by this means, but also achieves greater clarity:

 1   6   3
Hier, / sur le coup de midi, / je revenais / du village.

  3   4
Sur la route, / devant le *mas,* / des valets silencieux /
  3   5
achevaient / de charger / une charrette de foin.

 1   4   5
Donc, / un dimanche soir, / dans la cour du *mas,* /
   3
la famille / achevait / de dîner.

In each sentence, groups of the adverbs and adverb phrases are arranged according to the principles of the French rhythmic pattern, with the longer elements following the shorter ones. Daudet has broken up the predicate (which would have been unduly long and heavy if all its elements had followed the verb) and therefore has produced clear, rhythmical, and unobtrusively elegant sentences.

Exercice 2. *Rendez les phrases suivantes plus élégantes et plus idiomatiques, en améliorant le rythme. Imitez le modèle:*
  Je n'étais pas choqué d'y voir des marchands de coco, des militaires et des bonnes.
   Je n'étais pas choqué d'y voir des bonnes, des militaires et des marchands de coco.

A.

1. Ces flots de poésie romantique, ces chants de grands lyriques de la musique, ruissellent enfin.   2. La fête de Saint Eloi, patron des ménagers, vint.   3. Le renard se tut et regarda le petit prince longtemps.   4. Vous êtes comme mon renard était.   5. Je savais quelle céleste odeur les roses du martyre répandent.   6. Je jetai une douzaine de sous qu'on m'avait donnés par cette fenêtre.   7. Ma mère poussa un gros soupir et haussa les épaules.   8. Il y aura des racines pour ma nourriture dans ce jardin.   9. Je voyais descendre les rayons que le Père éternel laissait échapper de ses doigts, à travers les branches, sur ma tête.   10. J'ai envie de conter le rêve que je fis jadis d'y vivre en anachorète aux amis inconnus.

B.

1. La nature me ramena aux amusements dans lesquels les humbles existences s'écoulent.   2. Ces excellents ouvrages ont enrichi d'une foule d'expressions mon vocabulaire.   3. Je la vis au milieu d'un groupe de connaisseurs à l'entracte.   4. On ne vit pas cette liaison avec plaisir d'abord.   5. De ses vieilles mains qui tremblent, à tâtons, elle cherche le loquet.   6. Mes livres me semblent de vieux amis à présent.   7. C'était à Mme Lejeune que ce soin d'endormir le grand enfant était réservé.   8. Elle vit dans la seule compagnie d'une bonne maintenant.   9. Habillé d'un vieux veston, malpropre, je marchais dans les champs.   10. Ils le laisseront dans un placard pendant trente ans de nouveau.

§126 CONCISENESS AS AN ELEMENT OF STYLE

Conciseness means expressing a thought in as few words as possible. The easiest way to be concise is to avoid using a heavy dependent clause. To do this, use one of the following suggested means.

A. *An infinitive*

Use an infinitive

1. when the *subject* of the main clause and the dependent clause would be the same:

>**Pour aller au village, on passe devant un *mas* bâti près de la route.** *(Daudet)* (*instead of:* Pour qu'on aille au village, on passe . . .)
>**Il se croit fort.** (*instead of:* Il croit qu'il est fort).
>**Je voulais en savoir plus long.** (*instead of:* Je voulais que j'en susse plus long.)

2. when the *object* of the verb in the main clause would be the same as the subject of a dependent clause introduced by **que** or **pour que**:

>**Il nous faut aller en ville.** (*instead of:* Il faut que nous allions en ville.)
>**Elle lui donna de l'argent pour en acheter.** (*instead of:* Elle lui donna de l'argent pour qu'il en achetât.)

B. *A present participle or a gerund* (see §22)

A gerund (form using **en**) refers to the subject of the main clause; a present participle refers to the nearest noun or pronoun:

>**En descendant de mon moulin, on passe devant un *mas*.** *(Daudet)* (*instead of:* Lorsqu'on descend de mon moulin, on passe . . .)
>**Je jetai un regard en passant.** *(Daudet)* (*instead of:* Comme je passais, je jetai un regard.)
>**Ne voyant pas son amie, elle s'en est allée toute seule.** (*instead of:* Elle s'en est allée toute seule, car elle ne voyait pas son amie.)
>**Ils ont trouvé des gens tremblant de peur.** (*instead of:* Ils ont trouvé des gens qui tremblaient de peur.)

C. *A past or present participle, used absolutely*

>**Le soir venu, il prenait la route d'Arles.** (*instead of:* Quand le soir fut venu, il prenait . . .)
>**Son deuil ayant pris fin, Estève se remettait au travail.** (*instead of:* Comme son deuil avait pris fin, Estève . . .)
>**Lui mort, sa pauvre mère se lamentait à sanglots.** (*instead of:* Sa pauvre mère se lamentait à sanglots parce qu'il était mort.)

D. *An entirely different construction*

>**Depuis son départ, je ne sais plus que faire.** (*instead of:* Depuis qu'elle est partie, je . . .)
>**Tu t'opposes à sa nomination?** (*instead of:* Tu t'opposes à ce qu'on le nomme?)

Sans les rideaux blancs, on aurait cru l'endroit inhabité. *(Daudet)*
(*instead of:* Sans qu'on vît les rideaux blancs, on aurait . . .)

E. The omission of qui est *or* que . . . est

To be concise in sentences with adjectival clauses, omit **qui est** or **que . . . est** where clarity allows such an omission:
  Je crois Louise une femme difficile. (*instead of:* Je crois que Louise est une femme difficile.)
  Ses idées, très claires, se traduisent facilement en actes. (*instead of:* Ses idées, qui sont très claires, se traduisent . . .)

Exercice 3. *Rendez plus concises les phrases suivantes. Imitez les modèles:*
  Ils trouvaient que la vie était facile.
    Ils trouvaient la vie facile.
  Lorsque l'homme sera rendu parfait, il pourra construire une nouvelle société.
    L'homme, rendu parfait, pourra construire une nouvelle société.

A.

1. Après qu'il aura vu votre sœur, il fera ce qu'il voudra. 2. Jusqu'au moment où il est brusquement entré, on partageait le butin tranquillement. 3. Ils vont à la messe tous les jours depuis que l'enfant est mort. 4. Quand nous nous promenions le long du lac, nous regardions les bateaux à l'horizon. 5. Quand nous avons eu fini de nous en occuper, nous menions une vie beaucoup plus paisible. 6. Je connais des hommes qui sont fort capables de faire cela. 7. Elle espère qu'elle ira voir l'Europe cet été. 8. Avez-vous parlé ainsi afin que vous le convainquiez? 9. J'ai rencontré Catherine quand j'entrais dans le magasin. 10. Elle trouve que Janet est en effet bien mordu.

B.

1. Lorsqu'il eut traversé la chambre de sa mère, il courut jusqu'au grenier. 2. Il y en a beaucoup qui sont appelés mais bien peu qui sont élus. 3. N'as-tu pas peur que tu t'égares? 4. On est frappé, quand on passe par cette rue, du silence qui enveloppe le *mas*. 5. Après qu'on a eu emprisonné le vrai coupable, on a libéré les innocents. 6. Puisque son fils était mort, la pauvre mère n'avait plus aucune attache à la vie. 7. Je ne croyais pas que Marie-Chantal était si gentille. 8. Ils sont allés en France pour qu'ils voient eux-mêmes tout ce dont on leur avait parlé. 9. Vous n'avez rien vu de bon, car vous ne cherchiez que du mauvais. 10. Il fallut qu'on en passât par là.

§127 FURTHER HELPS IN SPEAKING AND WRITING GOOD FRENCH

In this section, we will study French *idiom*, that is, the way the structure of French is different from the structure of other languages. We Americans can learn a great deal about French idiom by comparing the way Frenchmen express thoughts with the way we do. Following are examples of typically French ways of expressing thoughts, with English equivalents. Sometimes, of course, the thoughts could have been expressed identically in the two languages, as if it were a matter of a word-for-word translation; but in fact the versions we provide are more idiomatic, and are therefore more distinctively French (and English).

A. *Idiomatic use of nouns*

Very often a noun is used in French where in English an adjective, an adverb, or a verb would be used. Add to the following short lists expressions you have observed in your reading.

1. French noun—English adjective (see §98 and §99):

d'une grande *importance*	very **important**
d'une *longueur* extrême	extremely **long**
des sentiments de *justice* et d'*humanité*	**just** and **humane** sentiments
sa *clarté* d'esprit	his **clear** mind
pour avoir plus de *sûreté*	to be **surer**
dans sa *première enfance*	when she was **very little**
un esprit de *modération*	a **moderate** spirit
avoir [de la] *peine* à être compris	to find it **hard** (or **difficult**) to be understood
être à la *hauteur* de la tâche	to be **equal** (or **up**) to the task
un danseur de *profession*	a **professional** dancer

2. French noun in prepositional phrase—English adverb:

il trouva *avec justice* que ...	he **justly** believed that ...
tu as *sans doute* raison	you're **probably** right
je l'aime *à tel point* que ...	I love her **so much** that ...
avec moins de vigueur et de sévérité	**less vigorously and severely**
Il s'avança *sans peur*.	He went forward **fearlessly**.
Il s'avança *non sans peur*.	He went forward **somewhat fearfully**.
il se mettait à la terre *avec rage*	he would work **furiously**
Par malheur, il prit la mauvaise route.	**Unfortunately**, he took the wrong road.

3. French noun—English verb (see also §126, 4)

à la *rentrée* des classes	when school **begins again**
j'ai la *certitude* que ...	I'm **certain** that ...
On redoutait *un malheur*.	They were afraid **something terrible would happen**.

On farandola *à mort.*	*They danced the farandola **until they were dead tired.***
sur le coup de midi	*as the clock struck twelve*
il a *de bonnes intentions*	he *means well*

In this category might go French verbal expressions containing a noun, among which are:

avoir faim, avoir soif	*to hunger, to thirst*
avoir peur	*to fear*
donner un coup de poing (de pied, de coude) à	*to punch (to kick, to nudge)*
faire la cour à	*to court*
faire peur à	*to frighten*
prendre plaisir à	*to enjoy*

Exercice 4. Changez les mots en italique en constructions nominales (i.e., contenant des substantifs, des noms) et complétez la phrase. Imitez les modèles:
  Depuis que Laurent est malade, Hélène . . .
    Depuis la maladie de Laurent, Hélène travaille avec courage.
  Je trouve difficile de . . .
    J'ai de la peine à vous comprendre.

1. *Heureusement,* mon ami Martin . . . 2. *Quand elle était toute petite,* sa mère . . . 3. Il a *probablement* dit que . . . 4. *Lorsque la cloche sonna dix heures,* . . . 5. Je *crains* que . . . 6. Il *aimait* taquiner sa sœur, qui . . . 7. Vous m'avez répondu—*très spirituellement,* d'ailleurs—que . . . 8. La chambre était *très haute* et . . . 9. Il fut reconnu non seulement pour *ses idées claires* mais aussi . . . 10. *Depuis que Marc s'est installé* chez elle, . . . 11. J'aperçus *confusément* . . . 12. *Il eut beau crier,* quatre hommes . . . 13. Il répond *parfaitement* à cette question, puis . . . 14. Tu n'as pas agi *bien prudemment,* Marcel, tu aurais dû . . . 15. Ils *sont certains* que . . .

B. Idiomatic use of reflexives

The range of meanings of the French reflexive is very broad, and its use is extensive. Its meanings, in addition to those seen in §9, should be studied carefully.

  1. The reflexive often has a similar meaning to the English *get, turn,* or *become:*
    Il *s'enivrait* fréquemment.
      *He frequently **got drunk.***
    Les feuilles *se font* rouges et jaunes.
      *The leaves **are turning** yellow and red.*

Pierre voulait *se faire* ermite.
*Pierre wanted **to become** a hermit.*

2. The reflexive is often used as an intransitive verb:
Tout cela *se passa* en quelques secondes.
*All that **happened** (**took place**) in a few seconds.*
Elle *s'assura* de la vérité.
*She **made sure** of the truth.*
une fenêtre qui *s'ouvre* . . .
*a window **being opened** . . .*

Note: **Se trouver** *is often used in place of* **être**, *sometimes without any idea of location:*
Il *s'est trouvé* dans cette bataille.
*He **was** in that battle.*
La maison paternelle *se trouve* à Aix.
*The family home **is** in Aix.*
But:
Il *se trouva* fort embarrassé.
*He **was** very embarrassed.*
La bourse *s'est trouvée* moins importante que je n'avais pensé.
*The scholarship **was** (**turned out to be**) smaller than I had thought.*

3. A passive idea can often be expressed by using an infinitive after **se faire, se laisser,** and **se sentir,** or a past participle after **se croire** and **se voir:**

  a. **se faire** (see also §36A, 3)
  En ce moment, une odeur âcre *se fit sentir*.
  *At that instant, a sharp odor **was** (**could be**) **noticed**.*
  Les actions les moins humaines *se font voir* de toutes parts.
  *The most inhuman acts **can be seen** on all sides.*

  b. **se laisser**
  Ils *se laissent* enfin *persuader* de la vérité.
  *They **are** finally **persuaded** of the truth.*
  Elle *s'est laissé entraîner* dans l'erreur.
  *She **was led** astray.*

Note that when followed by an infinitive **laisser** and **se laisser** do not normally agree with the preceding direct object. However, the rule is not inflexible, for even a careful author like Saint-Exupéry writes: «**Humiliée de *s'être laissée surprendre* . . .**».

c. **se sentir**
> Rousseau *se sentit persécuter* de tout le monde.[1]
> *Rousseau felt he was being persecuted by everyone.*
> Il *se sent entraîner* vers elle.
> *He is [irresistibly] drawn towards her.*

d. **se croire**
> Nous *nous croyons perdus.*
> *We feel lost (we feel that we are lost).*
> Elle *s'est crue* un moment aimée du peuple.
> *For an instant she felt loved by the populace.*

e. **se voir**
> *Se voyant ridiculisé* par Voltaire, Le Franc se retira dans ses terres.
> *Made to look ridiculous by Voltaire, Le Franc withdrew to his estates.*
> Il *se vit* souvent *réduit* à se plaindre d'elle.
> *He was often reduced to complaining about her.*

Exercice 5. Substituez un verbe pronominal pour les mots en italique. Imitez les modèles:
> **Elle a été entraînée** dans l'erreur sans difficulté.
> *Elle s'est laissé entraîner dans l'erreur sans difficulté.*
> **Les feuilles deviennent rouges en automne.**
> *Les feuilles se font rouges en automne.*

1. *On ouvre* la fenêtre. 2. *Il est occupé* à faire travailler les employés. 3. Nous *avons pris nos inscriptions* à l'université. 4. Il *devient ivre* tous les week-ends. 5. Vous *êtes* dans le Café de la Place? 6. Cela *a eu lieu* devant plusieurs témoins oculaires. 7. *On l'a facilement persuadé* que fumer des cigarettes est un vice. 8. Je *sens qu'elle m'entraîne.* 9. Puis, *on remarqua une lumière éclatante.* 10. Le comte *montre qu'il est* intransigeant. 11. Ils *croient qu'ils sont* archi-importants. 12. Je *sens que vous me gagnez* par vos charmes. 13. Tilly *ne fut pas facilement convaincu* de sa valeur. 14. *Comme il voyait qu'il était exposé* aux rires de tout le monde, Isadore a quitté Paris. 15. Sa fortune va *bientôt être dissipée* dans des frivolités.

§128 MISCELLANEOUS TYPES OF EXPRESSIONS IDIOMATICALLY DIFFERENT IN FRENCH AND IN ENGLISH

The following sentences are grouped by similarities in the French (1–9) or in the English (10 and 11). The list is far from complete; add your own categories and examples to it, as you discover them in your reading.

---

[1]**Se sentir** can also be constructed with a past participle:
> Il *se sentit persécuté.*
> *He felt he was persecuted.*

1. indefinite pronoun and **dire**
    Il y en a qui la disent (qui disent qu'elle est) coupable.
    Some say that she is guilty.
    On dirait qu'il veut détruire la vie de famille.
    It would seem to be his idea to destroy family life.

2. **jusqu'à**
    Il veut détruire jusqu'aux fondements de la société.
    He wants to destroy the very foundations of society.
    Je l'ignore jusqu'au nom.
    I know absolutely nothing about her.

3. **finir (commencer,** etc.**) par**
    Il finit par fléchir (céder).
    In the end (at length) he yielded.
    Il commença par rétablir la justice.
    The first thing he did was to reëstablish justice.

4. **seul**
    Les ronflements de Jean-Jacques troublaient seuls mon sommeil.
    Jean-Jacques' snoring was all that disturbed my sleep.
    Ils ont détruit l'auto dans le seul but de s'amuser.
    They destroyed the car just to have (merely [only] for the sake of having) some fun.

5. French verbal expression—English adverbial expression
    Il leur arrivait d'agir avec vigueur.
    They occasionally acted vigorously.
    Il y allait de tout le mouvement philosophique.
    The whole philosophical movement was at stake.

6. **faire** + infinitive
    Churchill a fait apparaître des vertus héroïques.
    Churchill called forth heroic virtues.
    La peur elle-même fait naître une sorte de courage.
    Fear itself produces a kind of courage.

7. **C'est** + adverb—*That's* + adverb
    C'est ainsi que la vertu se venge.
    That's how virtue takes its vengeance.
    C'est là où toute la dispute eût dû rester dès le début.
    That's where the whole argument should have stayed from the beginning.

8. idiomatic use of the definitive article in French
   Il avait la figure pâle.
   His face was pale.
   Je me ferai couper les cheveux.
   I'll get a haircut.

9. the expression **ce qu'il y a (ce que j'ai, tu as,** etc.) **de** + adjective
   Ce que ses remarques avaient d'amer . . .
   The bitterness of his remarks . . .
   C'étaient (tout) ce qu'ils avaient de plus drôle.
   That was the funniest thing about them.
   Ce qu'il y avait de nouveau dans l'idée, c'était justement . . .
   The novelty of the idea was precisely . . .

10. impersonal constructions with *to be*
    It was with a great deal of difficulty that they brought him back safe and sound.
    Ils ont eu beaucoup de peine à le ramener sain et sauf.
    It would be impossible to condemn one's contemporaries more clearly.
    On ne saurait condamner plus nettement ses contemporains.

11. English adverbs of emotion
    Unfortunately (fortunately), he took the wrong road.
    Par malheur (par bonheur), il prit la mauvaise route.
    Unfortunately (fortunately), he did not show the same moderate spirit then.
    C'est dommage (il est heureux) qu'il n'ait pas montré alors le même esprit de modération.

Exercice 6. Exprimez d'une autre façon les phrases suivantes. Imitez les modèles:
   Il n'y avait que les ronflements de Jean-Jacques qui troublaient le silence de la nuit.
   Les ronflements de Jean-Jacques troublaient seuls le silence de la nuit.
   La première chose que fit le roi, ce fut de libérer les prisonniers.
   Le roi commença par libérer les prisonniers.

1. Avant de faire la connaissance de Marie, je ne savais même pas son nom. 2. A grand'peine ils ont achevé la nef de la cathédrale. 3. Il ne serait pas possible de parler plus clairement. 4. A la fin, elle répondit à mes vœux. 5. Oh! je n'ai écrit cette bagatelle que pour vous faire plaisir. 6. Parfois il comprenait ce qu'on lui disait. 7. Ses cheveux sont aussi noirs que ses yeux. 8. Il a perdu sa fortune de cette façon. 9. La foi produit de telles vertus. 10. La beauté de son langage consiste en une sorte de poésie non-rimée. 11.

Quelques-uns prétendent que Jan s'est suicidé.   12. Cette triste histoire le touche au fond de son cœur.   13. La grande importance de son discours, c'est qu'il a ravivé la conscience du peuple.   14. Jean l'a vu là-bas.

§129   COURIR AND RÉSOUDRE

A. Courir

1. Summary of conjugations:

présent de l'indicatif:	je cours	nous courons
futur et conditionnel:	je courrai	je courrais
passé composé:	j'ai couru	
passé simple:	je courus	

2. Like **courir: accourir, concourir, discourir, parcourir, recourir, secourir**

3. Some expressions with **courir**:

    a. **courir le risque** = s'exposer au risque   *to run the risk*
    Il court le risque de tout perdre.
    He's running the risk of losing everything.

    b. **Le bruit court que ...** = On dit que ...   *Rumor has it that ... (They say that ..., I heard that ...)*

    c. **courir les femmes** = rechercher les femmes   *to run after women, to chase women*
    Ils ne font que courir les femmes, les jeunes gens d'aujourd'hui.
    The young men of today do nothing but chase women.

B. Résoudre

1. Summary of conjugations:

présent de l'indicatif:	je résous	nous résolvons
passé composé:	j'ai résolu[2]	
passé simple:	je résolus	

2. Like **résoudre: absoudre**[3]**, dissoudre**[3]

3. Some expressions with **résoudre**:

---

[2]**Résoudre** also has a past participle in **résous**, meaning *"changed, dissolved, resolved,"* as in §129B, 3a.
[3]These verbs do not have a **passé simple** or imperfect subjunctive.

a. **(se) résoudre en** = (se) transformer en   *to change, to resolve, to dissolve, to reduce (into, to)* [scientific term]
  Le feu résout le bois en cendres.
  Fire changes (reduces) wood to ashes.

b. **résoudre** = trouver la solution   *to solve, to answer*
  Il a résolu ce problème difficile.
  He solved that difficult problem.

Exercice 7. Complétez les phrases suivantes en mettant le verbe entre parenthèses à la personne et au temps indiqués. Imitez le modèle:
  (Résoudre) ce problème. (impératif: tu, vous, nous)
  Résous ce problème. Résolvez ce problème. Résolvons ce problème.

1. Il m'(absoudre) de toute complicité. (présent de l'indicatif: il, ils, vous)
2. (se résoudre) -tu à ne plus rien me cacher? (passé composé: tu, on, elles)
3. Je veux que vous (résoudre) ce problème. (prés. du subjonctif: vous, il, ils)
4. Enfin je (se résoudre) à quitter l'assemblée. (passé simple: je, elle, ils)   5. Il (courir) à toutes jambes. (passé simple: il, nous, ils)   6. (courir) -vous encore un risque? (prés de l'indic.: vous, tu, elle)   7. Si le veilleur arrive, nous (courir) à la sortie. (futur: nous, je, tu)   8. On prétend qu'il (courir) les femmes. (imparfait: il, tu, vous)   9. Il insiste pour que je (parcourir) toute la campagne. (prés. du subjonctif: je, vous, on)   10. Si un nageur périssait, le (secourir) -vous? (conditionnel: vous, ils, elle)

Exercice 8. Composition. Ecrivez une composition sur l'un des sujets indiqués. Si vous voulez, combinez deux on trois sujets. Employez le style «littéraire».

1. L'amour: passion funeste et destructrice

2. L'obéissance n'est pas toujours une vertu: parfois il faut se révolter.

3. Jan se parle, la veille de son suicide.

4. Les parents ne savent vraiment pas ce dont leurs enfants ont besoin.

Exercice 9. Traduisez les phrases suivantes:
1. His face was pale. He obviously wasn't feeling well. [§128, 8]   2. At that instant, a noise was heard. [§127B, 3a]   3. It would be impossible to faint as easily as she does. [§128, 10]   4. It was with a great deal of difficulty that he refrained from coughing [§128, 10]   5. I find it hard to believe that he did that. [§127A, 1]   6. At length he died. [§128, 3]   7. Unfortunately, he caught a cold. [§128, 11]   8. Does he frequently get drunk? [§127B, 1]   9. Stay in bed! Your life is at stake. [§128, 5]   10. He has probably had another nervous breakdown. [§127A, 2]   11. She pretended to have a headache only to avoid him.

[§*128, 4*] 12. I was afraid something terrible would happen, so I stayed in bed. [§*127A, 3*] 13. They occasionally had the shivers. [§*128, 5*] 14. I know absolutely nothing about him. [§*128, 2*] 15. I always feel sick when I have an exam to take. [§*127B, 3c*]

Exercice 10. Thème d'imitation.

—What happened after the *Arlésienne*'s lover spoke to Jan's father?

—Old Estève and his son went out into the fields together. They spoke for a long time, and returned late at night.

—I suppose that Jan docilely accepted the new burden imposed on him by his parents.

—If you mean that he did not complain, you're right; but he nevertheless continued to love her, even more than ever since she had been shown to him in someone else's arms. Because he was denied the woman he loved, he would occasionally spend days without doing a thing; sometimes, on the other hand *(d'autre part)*, he would do the work of ten journeymen. And every day, when evening had come, he would walk to Arles, without seeing his beloved, however.

—How long did he do that?

—He did that for months. Unfortunately, he could not forget his *Arlésienne*, whom he loved more and more; he felt irresistibly drawn toward her. At length he yielded to despair *(le désespoir)*: he resolved that he would commit suicide *(se suicider)*.

—Was he able to overcome this resolution?

—No. One night he ran to the barn, went up to the granary, and, without saying a word, opened a window and jumped. . . . In the yard, his mother, in front of a stone table covered with dew and with blood, wept ceaselessly, with her dead child in her arms.

CINQUIÈME RÉVISION

I LECTURE

La Chute   Albert Camus

Oh! avez-vous bien fermé la porte? Oui? Vérifiez, s'il vous plaît. Pardonnez-moi, j'ai le complexe du verrou[1]. Au moment de m'endormir, je ne puis jamais savoir si j'ai poussé le verrou. Chaque soir, je dois me lever pour vérifier. On n'est sûr de rien, je vous l'ai dit. Ne croyez pas que cette inquiétude du verrou soit chez moi une réaction de propriétaire apeuré. Autrefois, je ne fermais pas mon appartement à clé, ni ma voiture. Je ne serrais[2] pas mon argent, je ne tenais pas à ce que je possédais. A vrai dire, j'avais un peu honte de posséder. Ne m'arrivait-il pas, dans mes discours mondains, de m'écrier avec conviction: «La propriété, messieurs, c'est le meurtre!» N'ayant pas le cœur assez grand pour
10 partager mes richesses avec un pauvre bien méritant, je les laissais à la disposition des voleurs éventuels[3], espérant ainsi corriger l'injustice par le hasard. Adjourd'hui, du reste, je ne possède rien. Je ne m'inquiète donc pas de ma sécurité, mais de moi-même et de ma présence d'esprit. Je tiens aussi à condamner la porte du petit univers bien clos dont je suis le roi, le pape et le juge.

A propos, voulez-vous ouvrir ce placard, s'il vous plaît. Ce tableau, oui, regardez-le. Ne le reconnaissez-vous pas? Ce sont *Les Juges intègres*. Vous ne sursautez pas? Votre culture aurait donc des trous? Si vous lisiez pourtant les journaux, vous vous rappelleriez le vol, en 1934, à Gand, dans la cathédrale

---

[1] j'ai le complexe du verrou *I have a complex about locking up*   [2] serrer = placer en lieu sûr   [3] éventuel = possible

Saint-Bavon, d'un des panneaux du fameux retable[4] de Van Eyck, *L'Agneau mystique.* Ce panneau s'appelait *Les Juges intègres.* Il représentait des juges à cheval venant adorer le saint animal. On l'a remplacé par une excellente copie, car l'original est demeuré introuvable. Eh bien, le voici. Non, je n'y suis pour rien. Un habitué de *Mexico-City*[5], que vous avez aperçu l'autre soir, l'a vendu pour une bouteille au gorille[6], un soir d'ivresse. J'ai d'abord conseillé à notre ami de l'accrocher en bonne place et longtemps, pendant qu'on les recherchait dans le monde entier, nos juges dévots ont trôné à *Mexico-City,* au-dessus des ivrognes et des souteneurs. Puis le gorille, sur ma demande, l'a mis en dépôt ici. Il rechignait[7] un peu à le faire, mais il a pris peur quand je lui ai expliqué l'affaire. Depuis, ces estimables magistrats font ma seule compagnie. Là-bas, au-dessus du comptoir, vous avez vu quel vide ils ont laissé.

Pourquoi je n'ai pas restitué le panneau? Ah! ah! vous avez le réflexe policier, vous! Eh bien, je vous répondrai comme je le ferais au magistrat instructeur, si seulement quelqu'un pouvait enfin s'aviser que ce tableau a échoué dans ma chambre. Premièrement, parce qu'il n'est pas à moi, mais au patron de *Mexico-City* qui le mérite bien autant que l'évêque de Gand. Deuxièmement, parce que parmi ceux qui défilent devant *L'Agneau mystique,* personne ne saurait distinguer la copie de l'original et qu'en conséquence nul, par ma faute, n'est lésé[8]. Troisièmement, parce que, de cette manière, je domine. De faux juges sont proposés à l'admiration du monde et je suis seul à connaître les vrais. Quatrièmement, parce que j'ai une chance, ainsi, d'être envoyé en prison, idée alléchante[9], d'une certaine manière. Cinquièmement, parce que ces juges vont au rendez-vous de l'Agneau, qu'il n'y a plus d'agneau, ni d'innocence, et qu'en conséquence, l'habile forban[10] qui a volé le panneau était un instrument de la justice inconnue qu'il convient de ne pas contrarier. Enfin, parce que de cette façon, nous sommes dans l'ordre. La justice étant définitivement séparée de l'innocence, celle-ci sur la croix, celle-là au placard, j'ai le champ libre pour travailler selon mes convictions. Je peux exercer avec bonne conscience la difficile profession de juge-pénitent où je me suis établi après tant de déboires[11] et de contradictions, et dont il est temps, puisque vous partez, que je vous dise enfin ce qu'elle est.

Permettez auparavant que je me redresse pour mieux respirer. Oh! que je suis fatigué! Mettez mes juges sous clé, merci. Ce métier de juge-pénitent, je l'exerce en ce moment. D'habitude, mes bureaux se trouvent à *Mexico-City.* Mais les grandes vocations se prolongent au-delà du lieu de travail. Même au lit, même fiévreux, je fonctionne. Ce métier-là, d'ailleurs, on ne l'exerce pas, on le respire, à toute heure. Ne croyez pas en effet que, pendant cinq jours, je vous aie fait de si longs discours pour le seul plaisir. Non, j'ai assez parlé pour ne rien dire, autrefois. Maintenant mon discours est orienté. Il est orienté par l'idée, évidemment,

---

[4]le retable *altar piece*   [5]Mexico-City = nom d'un bar d'Amsterdam   [6]le gorille *owner of the Mexico-City bar*   [7]rechigner = *to balk, to look sullen*   [8]léser = faire tort   [9]alléchant *attractive, tempting*   [10]le forban *pirate, bandit*   [11]le déboire *disappointment, frustration*

de faire taire les rires, d'éviter personnellement le jugement, bien qu'il n'y ait, en apparence, aucune issue. Le grand empêchement à y échapper n'est-il pas que nous sommes les premiers à nous condamner? Il faut donc commencer par étendre la condamnation à tous, sans discrimination, afin de la délayer déjà.

Pas d'excuses, jamais, pour personne, voilà mon principe, au départ. Je nie la bonne intention, l'erreur estimable, le faux pas, la circonstance atténuante. Chez moi, on ne bénit pas, on ne distribue pas d'absolution. On fait l'addition, simplement, et puis: «Ça fait tant. Vous êtes un pervers, un satyre, un mythomane, un pédéraste[12], un artiste, etc.» Comme ça. Aussi sec. En philosophie comme en politique, je suis donc pour toute théorie qui refuse l'innocence à l'homme et pour toute pratique qui le traite en coupable. Vous voyez en moi, très cher, un partisan éclairé de la servitude.

Sans elle, à vrai dire, il n'y a point de solution définitive. J'ai très vite compris cela. Autrefois, je n'avais que la liberté à la bouche. Je l'étendais au petit déjeuner sur mes tartines[13], je la mastiquais toute la journée, je portais dans le monde une haleine délicieusement rafraîchie à la liberté. J'assenais[14] ce maître mot à quiconque me contredisait, je l'avais mis au service de mes désirs et de ma puissance. Je le murmurais au lit, dans l'oreille endormie de mes compagnes et il m'aidait à les planter là. Je le glissais . . . Allons, je m'excite et je perds la mesure. Après tout, il m'est arrivé de faire de la liberté un usage plus désintéressé et même, jugez de ma naïveté, de la défendre deux ou trois fois, sans aller sans doute jusqu'à mourir pour elle, mais en prenant quelques risques. Il faut me pardonner ces imprudences· je ne savais pas ce que je faisais. Je ne savais pas que la liberté n'est pas une récompense, ni une décoration qu'on fête dans le champagne. Ni d'ailleurs un cadeau, une boîte de chatteries propres à vous donner des plaisirs de babines[15]. Oh! non, c'est une corvée, au contraire, et. une course de fond[16], bien solitaire, bien exténuante. Pas de champagne, point d'amis qui lèvent leur verre en vous regardant avec tendresse. Seul dans une salle morose, seul dans le box[17], devant les juges, et seul pour décider, devant soi-même ou devant le jugement des autres. Au bout de toute liberté, il y a une sentence; voilà pourquoi la liberté est trop lourde à porter, surtout lorsqu'on souffre de fièvre, ou qu'on a de la peine, ou qu'on n'aime personne.

Ah! mon cher, pour qui est seul, sans dieu et sans maître, le poids des jours est terrible. Il faut donc se choisir un maître, Dieu n'étant plus à la mode. Ce mot d'ailleurs n'a plus de sens; il ne vaut pas qu'on risque de choquer personne. Tenez, nos moralistes, si sérieux, aimant leur prochain et tout, rien ne les sépare, en somme, de l'état de chrétien, si ce n'est qu'ils ne prêchent pas dans les églises. Qu'est-ce qui les empêche, selon vous, de se convertir? Le respect, peut-être, le respect des hommes, oui, le respect humain. Ils ne veulent pas faire scandale, ils gardent leurs sentiments pour eux. J'ai connu ainsi un romancier athée qui priait

---

[12]le pédéraste *pansy*   [13]la tartine *slice of bread and butter*   [14]assener *to strike, to deal*   [15]les babines (f) = lèvres pendantes de certains animaux   [16]une course de fond *long distance race*   [17]le box *witness stand*

tous les soirs. Ça n'empêchait rien: qu'est-ce qu'il passait à Dieu[18] dans ses livres! Quelle dérouillée[19], comme dirait je ne sais plus qui! Un militant libre penseur à qui je m'en ouvris[20] leva, sans mauvaise intention d'ailleurs, les bras au ciel: «Vous ne m'apprenez rien, soupirait cet apôtre, ils sont tous comme ça.» A l'en croire, quatre-vingts pour cent de nos écrivains, si seulement ils pouvaient ne pas signer, écriraient et salueraient le nom de Dieu. Mais ils signent, selon lui, parce qu'ils s'aiment, et ils ne saluent rien du tout, parce qu'ils se détestent. Comme ils ne peuvent tout de même pas s'empêcher de juger, alors ils se rattrapent sur la morale. En somme, ils ont le satanisme vertueux. Drôle d'époque, vraiment! Quoi d'étonnant à ce que les esprits soient troublés et qu'un de mes amis, athée lorsqu'il était un mari irréprochable, se soit converti en devenant adultère!

Ah! les petits sournois[21], comédiens, hypocrites, si touchants avec ça! Croyez-moi, ils en sont tous, même quand ils incendient le ciel. Qu'ils soient athées ou dévots, moscovites ou bostoniens, tous chrétiens, de père en fils. Mais justement, il n'y a plus de père, plus de règle! On est libre, alors il faut se débrouiller et comme ils ne veulent surtout pas de la liberté, ni de ses sentences, ils prient qu'on leur donne sur les doigts[22], ils inventent de terribles règles, ils courent construire des bûchers pour remplacer les églises. Des Savonarole[23], je vous dis. Mais ils ne croient qu'au péché, jamais à la grâce. Ils y pensent, bien sûr. La grâce, voilà ce qu'ils veulent, le oui, l'abandon, le bonheur d'être et qui sait, car ils sont sentimentaux aussi, les fiançailles, la jeune fille fraîche, l'homme droit, la musique. Moi, par exemple, qui ne suis pas sentimental, savez-vous ce dont j'ai rêvé: un amour complet de tout le cœur et le corps, jour et nuit, dans une étreinte incessante, jouissant et s'exaltant, et cela cinq années durant, et après quoi la mort. Hélas!

Alors, n'est-ce pas, faute de fiançailles ou de l'amour incessant, ce sera le mariage, brutal, avec la puissance et le fouet[24]. L'essentiel est que tout devienne simple, comme pour l'enfant, que chaque acte soit commandé, que le bien et le mal soient désignés de façon arbitraire, donc évidente. Et moi, je suis d'accord, tout sicilien et javanais que je sois, avec ça pas chrétien pour un sou, bien que j'aie de l'amitié pour le premier d'entre eux. Mais sur les ponts de Paris[25], j'ai appris moi aussi que j'avais peur de la liberté. Vive donc le maître, quel qu'il soit, pour remplacer la loi du ciel. «Notre père qui êtes provisoirement ici . . . Nos guides, nos chefs délicieusement sévères, ô conducteurs cruels et bien-aimés . . .» Enfin, vous voyez, l'essentiel est de n'être plus libre et d'obéir, dans le repentir, à plus coquin que soi. Quand nous serons tous coupables, ce sera la démocratie. Sans compter, cher ami, qu'il faut se venger de devoir mourir seul. La mort est solitaire tandis que la servitude est collective. Les autres ont leur compte aussi,

---

[18]qu'il passait à Dieu *what he handed God* [19]dérouiller *to polish (up)* [20]s'ouvrir = découvrir sa pensée [21]le sournois *sneak, sly fellow* [22]donner sur les doigts *to punish* [23]Savonarole (1452-1498) = dominicain italien qui essaya d'établir à Florence une constitution moitié théocratique, moitié démocratique [24]le fouet *whip, rod* [25]les ponts de Paris = (où quelqu'un s'est suicidé; Clamence [celui qui parle] ne l'a pas empêché; cf. la fin de cet extrait)

et en même temps que nous, voilà l'important. Tous réunis, enfin, mais à genoux, et la tête courbée.

N'est-il pas bon aussi bien de vivre à la ressemblance de la société et pour cela ne faut-il pas que la société me ressemble? La menace, le déshonneur, la police sont les sacraments de cette ressemblance. Méprisé, traqué, contraint, je puis alors donner ma pleine mesure, jouir de ce que je suis, être naturel enfin. Voilà pourquoi, très cher, après avoir salué solennellement la liberté, je décidai en catimini[26] qu'il fallait la remettre sans délai à n'importe qui. Et chaque fois que je le peux, je prêche dans mon église de *Mexico-City*, j'invite le bon peuple à se soumettre et à briguer[27] humblement les conforts de la servitude, quitte à la présenter comme la vraie liberté.

Mais je ne suis pas fou, je me rends bien compte que l'esclavage n'est pas pour demain. Ce sera un des bienfaits de l'avenir, voilà tout. D'ici là, je dois m'arranger du présent et chercher une solution, au moins provisoire. Il m'a donc fallu trouver un autre moyen d'étendre le jugement à tout le monde pour le rendre plus léger à mes propres épaules. J'ai trouvé ce moyen. Ouvrez un peu la fenêtre, je vous prie, il fait ici une chaleur extraordinaire. Pas trop, car j'ai froid aussi. Mon idée est à la fois simple et féconde. Comment mettre tout le monde dans le bain pour avoir le droit de se sécher soi-même au soleil? Allais-je monter en chaire, comme beaucoup de mes illustres contemporains, et maudire l'humanité? Très dangereux, ça! Un jour, ou une nuit, le rire éclate sans crier gare. La sentence que vous portez sur les autres finit par vous revenir dans la figure, tout droit, et y pratique quelques dégâts[28]. Alors? dites-vous. Eh bien, voilà le coup de génie. J'ai découvert qu'en attendant la venue des maîtres et de leurs verges, nous devions, comme Copernic[29], inverser le raisonnement pour triompher. Puisqu'on ne pouvait condamner les autres sans aussitôt se juger, il fallait s'accabler soi-même pour avoir le droit de juger les autres. Puisque tout juge finit un jour en pénitent, il fallait prendre la route en sens inverse et faire métier de pénitent pour pouvoir finir en juge. Vous me suivez? Bon. Mais pour être encore plus clair, je vais vous dire comment je travaille.

J'ai d'abord fermé mon cabinet d'avocat, quitté Paris, voyagé; j'ai cherché à m'établir sous un autre nom dans quelque endroit où la pratique ne me manquerait pas. Il y en a beaucoup dans le monde, mais le hasard, la commodité, l'ironie, et la nécessité aussi d'une certaine mortification, m'ont fait choisir une capitale d'eaux et de brumes, corsetée de canaux, particulièrement encombrée, et visitée par des hommes venus du monde entier. J'ai installé mon cabinet dans un bar du quartier des matelots. La clientèle des ports est diverse. Les pauvres ne vont pas dans les districts luxueux[30], tandis que les gens de qualité finissent toujours par échouer, une fois au moins, vous l'avez bien vu, dans les endroits mal famés. Je guette particulièrement le bourgeois, et le bourgeois qui s'égare; c'est

---

[26]en catimini *en cachette*   [27]briguer *to court, to solicit*   [28]les dégâts (m) *damage, havoc*   [29]Copernic (1473-1543) = astronome qui démontra le double mouvement des planètes sur elles-mêmes et autour du soleil   [30]luxueux = plein de luxe

avec lui que je donne mon plein rendement. Je tire de lui, en virtuose, les accents les plus raffinés.

J'exerce donc à *Mexico-City*, depuis quelque temps, mon utile profession. Elle consiste d'abord, vous en avez fait l'expérience, à pratiquer la confession publique aussi souvent que possible. Je m'accuse, en long et en large. Ce n'est pas difficile, j'ai maintenant de la mémoire. Mais attention, je ne m'accuse pas grossièrement, à grands coups sur la poitrine. Non, je navigue souplement, je multiplie les nuances, les digressions aussi, j'adapte enfin mon discours à l'auditeur, j'amène ce dernier à renchérir[31]. Je mêle ce qui me concerne et ce qui regarde les autres. Je prends les traits communs, les expériences que nous avons ensemble souffertes, les faiblesses que nous partageons, le bon ton, l'homme du jour enfin, tel qu'il sévit[32] en moi et chez les autres. Avec cela, je fabrique un portrait qui est celui de tous et de personne. Un masque, en somme, assez semblable à ceux du carnaval, à la fois fidèles et simplifiés, et devant lesquels on se dit: «Tiens, je l'ai rencontré, celui-là!» Quand le portrait est terminé, comme ce soir, je le montre, plein de désolation: «Voilà, hélas! ce que je suis.» Le réquisitoire est achevé. Mais, du même coup, le portrait que je tends à mes contemporains devient un miroir.

Couvert de cendres, m'arrachant lentement les cheveux, le visage labouré par les ongles, mais le regard perçant, je me tiens devant l'humanité entière, récapitulant mes hontes, sans perdre de vue l'effet que je produis, et disant: «J'étais le dernier des derniers.» Alors, insensiblement, je passe, dans mon discours, du «je» au «nous». Quand j'arrive au «voilà ce que nous sommes,» le tour est joué, je peux leur dire leurs vérités[33]. Je suis comme eux, bien sûr, nous sommes dans le même bouillon. J'ai cependant une supériorité, celle du savoir, qui me donne le droit de parler. Vous voyez l'avantage, j'en suis sûr. Plus je m'accuse et plus j'ai le droit de vous juger. Mieux, je vous provoque à vous juger vous-même, ce qui me soulage d'autant. Ah! mon cher, nous sommes d'étranges, de misérables créatures et, pour peu que nous revenions sur nos vies, les occasions ne manquent pas de nous étonner et de nous scandaliser nous-mêmes. Essayez. J'écouterai, soyez-en sûr, votre propre confession, avec un grand sentiment de fraternité.

Ne riez pas! Oui, vous êtes un client difficile, je l'ai vu du premier coup. Mais vous y viendrez, c'est inévitable. La plupart des autres sont plus sentimentaux qu'intelligents; on les désoriente tout de suite. Les intelligents, il faut y mettre le temps. Il suffit de leur expliquer la méthode à fond. Ils ne l'oublient pas, ils réfléchissent. Un jour ou l'autre, moitié par jeu, moitié par désarroi[34], ils se mettent à table. Vous, vous n'êtes pas seulement intelligent, vous avez l'air rodé[35]. Avouez cependant que vous vous sentez, aujourd'hui, moins content de vous-même que vous ne l'étiez il y a cinq jours? J'attendrai maintenant que vous m'écriviez ou que vous reveniez. Car vous reviendrez, j'en suis sûr! Vous me trouverez inchangé. Et pourquoi changerais-je puisque j'ai trouvé le bonheur qui me con-

---

[31]à renchérir = à parler (plus que moi)   [32]sévir *to flow, to well up*   [33]leur dire leurs vérités *to tell them their faults, to be outspoken with them*   [34]le désarroi *disarray, disorder*   [35]roder *to break in, to polish*

vient? J'ai accepté la duplicité au lieu de m'en désoler. Je m'y suis installé, au contraire, et j'y ai trouvé le confort que j'ai cherché toute ma vie. J'ai eu tort, au fond, de vous dire que l'essentiel était d'éviter le jugement. L'essentiel est de pouvoir tout se permettre, quitte à professer de temps en temps, à grands cris, sa propre indignité. Je me permets tout, à nouveau, et sans rire, cette fois. Je n'ai pas changé de vie, je continue de m'aimer et de me servir des autres. Seulement, la confession de mes fautes me permet de recommencer plus légèrement et de jouir deux fois, de ma nature d'abord, et ensuite d'un charmant repentir.

Depuis que j'ai trouvé ma solution, je m'abandonne à tout, aux femmes, à l'orgueil, à l'ennui, au ressentiment, et même à la fièvre qu'avec délices je sens monter en ce moment. Je règne enfin, mais pour toujours. J'ai encore trouvé un sommet, où je suis seul à grimper et d'où je peux juger tout le monde. Parfois, de loin en loin, quand la nuit est vraiment belle, j'entends un rire lointain, je doute à nouveau. Mais, vite, j'accable toutes choses, créatures et création, sous le poids de ma propre infirmité, et me voilà requinqué[36].

J'attendrai donc vos hommages à *Mexico-City*, aussi longtemps qu'il le faudra. Mais ôtez cette couverture, je veux respirer. Vous viendrez, n'est-ce pas? Je vous montrerai même les détails de ma technique, car j'ai une sorte d'affection pour vous. Vous me verrez leur apprendre à longueur de nuit qu'ils sont infâmes. Dès ce soir, d'ailleurs, je recommencerai. Je ne puis m'en passer, ni me priver de ces moments où l'un d'eux s'écroule, l'alcool aidant, et se frappe la poitrine. Alors je grandis, très cher, je grandis, je respire librement, je suis sur la montagne, la plaine s'étend sous mes yeux. Quelle ivresse de se sentir Dieu le père et de distribuer des certificats définitifs de mauvaise vie et mœurs. Je trône parmi mes vilains anges, à la cime du ciel hollandais, je regarde monter vers moi, sortant des brumes et de l'eau, la multitude du jugement dernier. Ils s'élèvent lentement, je vois arriver déjà le premier d'entre eux. Sur sa face égarée, à moitié cachée par une main, je lis la tristesse de la condition commune, et le désespoir de ne pouvoir y échapper. Et moi, je plains sans absoudre, je comprends sans pardonner et surtout, ah, je sens enfin que l'on m'adore.

Oui, je m'agite, comment resterais-je sagement couché? Il me faut être plus haut que vous, mes pensées me soulèvent. Ces nuits-là, ces matins plutôt, car la chute se produit à l'aube, je sors, je vais, d'une marche emportée, le long des canaux. Dans le ciel livide, les couches de plumes s'amincissent, les colombes remontent un peu, une lueur rosée annonce, au ras des[37] toits, un nouveau jour de ma création. Sur le Damrak[38], le premier tramway fait tinter son timbre dans l'air humide et sonne l'éveil de la vie à l'extrémité de cette Europe où, au même moment, des centaines de millions d'hommes, mes sujets, se tirent péniblement du lit, la bouche amère, pour aller vers un travail sans joie. Alors, planant par la pensée au-dessus de tout ce continent qui m'est soumis sans le savoir, buvant le jour d'absinthe qui se lève, ivre enfin de mauvaises paroles, je suis heureux, je

[36]requinqué *recovered*   [37]au ras de *(on a) level with*   [38]le Damrak = grande rue d'Amsterdam

suis heureux, vous dis-je, je vous interdis de ne pas croire que je suis heureux, je suis heureux à mourir! Oh, soleil, plages, et les îles sous les alizés[39], jeunesse dont le souvenir désespère!

Je me recouche, pardonnez-moi. Je crains de m'être exalté; je ne pleure pas, pourtant. On s'égare parfois, on doute de l'évidence, même quand on a découvert les secrets d'une bonne vie. Ma solution, bien sûr, ce n'est pas l'idéal. Mais quand on n'aime pas sa vie, quand on sait qu'il faut en changer, on n'a pas le choix, n'est-ce pas? Que faire pour être un autre? Impossible. Il faudrait n'être plus personne, s'oublier pour quelqu'un, une fois, au moins. Mais comment? Ne m'accablez pas trop. Je suis comme ce vieux mendiant qui ne voulait pas lâcher ma main, un jour, à la terrasse d'un café: «Ah! monsieur, disait-il, ce n'est pas qu'on soit mauvais homme, mais on perd la lumière.» Oui, nous avons perdu la lumière, les matins, la sainte innocence de celui qui se pardonne à lui-même.

Regardez, la neige tombe! Oh, il faut que je sorte! Amsterdam endormie dans la nuit blanche, les canaux de jade sombre sous les petits ponts neigeux, les rues désertes, mes pas étouffés, ce sera la pureté, fugitive, avant la boue de demain. Voyez les énormes flocons[40] qui s'ébouriffent[41] contre les vitres. Ce sont les colombes, sûrement. Elles se décident enfin à descendre, ces chéries, elles couvrent les eaux et les toits d'une épaisse couche de plumes, elles palpitent à toutes les fenêtres. Quelle invasion! Espérons qu'elles apportent la bonne nouvelle. Tout le monde sera sauvé, hein, et pas seulement les élus, les richesses et les peines seront partagées et vous, par exemple, à partir d'aujourd'hui, vous coucherez toutes les nuits sur le sol, pour moi. Toute la lyre[42], quoi! Allons, avouez que vous resteriez pantois[43] si un char descendait du ciel pour m'emporter, ou si la neige soudain prenait feu. Vous n'y croyez pas? Moi non plus. Mais il faut tout de même que je sorte.

Bon, bon, je me tiens tranquille, ne vous inquiétez pas! Ne vous fiez pas trop d'ailleurs à mes attendrissements, ni à mes délires. Ils sont dirigés. Tenez, maintenant que vous allez me parler de vous, je vais savoir si l'un des buts de ma passionnante confession est atteint. J'espère toujours, en effet, que mon interlocuteur sera policier et qu'il m'arrêtera pour le vol des *Juges intègres*. Pour le reste, n'est-ce pas, personne ne peut m'arrêter. Mais quant à ce vol, il tombe sous le coup de la loi et j'ai tout arrangé pour me rendre complice; je recèle ce tableau et le montre à qui veut le voir. Vous m'arrêteriez donc, ce serait un bon début. Peut-être s'occuperait-on ensuite du reste, on me décapiterait, par exemple, et je n'aurais plus peur de mourir, je serais sauvé. Au-dessus du peuple assemblé, vous élèveriez alors ma tête encore fraîche, pour qu'ils s'y reconnaissent et qu'à nouveau je les domine, exemplaire. Tout serait consommé, j'aurais achevé, ni vu ni connu, ma carrière de faux prophète qui crie dans le désert et refuse d'en sortir.

Mais, bien entendu, vous n'êtes pas policier, ce serait trop simple. Comment? Ah! je m'en doutais, voyez-vous. Cette étrange affection que je sentais pour vous

[39]les alizés (m) *tradewinds*   [40]le flocon *snowflake*   [41]s'ébouriffer *to flurry*   [42]toute la lyre *the whole range of emotions*   [43]pantois = stupéfait

avait donc du sens. Vous exercez à Paris la belle profession d'avocat! Je savais bien que nous étions de la même race. Ne sommes-nous pas tous semblables, parlant sans trêve[44] et à personne, confrontés toujours aux mêmes questions bien que nous connaissions d'avance les réponses? Alors, racontez-moi, je vous prie, ce qui vous est arrivé un soir sur les quais de la Seine et comment vous avez réussi à ne jamais risquer votre vie. Prononcez vous-même les mots qui, depuis des années, n'ont cessé de retentir dans mes nuits, et que je dirai enfin par votre bouche: «O jeune fille, jette-toi encore dans l'eau pour que j'aie une seconde fois la chance de nous sauver tous les deux!» Une seconde fois, hein, quelle imprudence! Sup-
10 posez, cher maître, qu'on nous prenne au mot? Il faudrait s'exécuter. Brr...! l'eau est si froide! Mais rassurons-nous! Il est trop tard, maintenant, il sera toujours trop tard. Heureusement!

Questionnaire

1. Que dit celui qui parle à propos de son complexe du verrou?   2. Que faisait-il autrefois? Pourquoi?   3. Qu'est-ce qui se trouve dans le placard?   4. D'où vient le panneau?   5. Qu'est-ce qu'il représente?   6. Comment celui qui parle a-t-il obtenu le panneau?   7. Pourquoi ne l'a-t-il pas restitué?   8. Quelle difficile profession exerce-t-il en ce moment?   9. Où se trouvent ses bureaux d'habitude?   10. Depuis combien de temps parle-t-il à son invité?   11. Par quoi son discours est-il orienté maintenant?   12. Pourquoi se dit-il un partisan éclairé de la servitude?   13. Que disait-il autrefois à propos de la liberté?   14. Qu'est-ce qu'il dit à propos de la liberté maintenant?   15. Selon lui, pourquoi faut-il se choisir un maître?   16. Qu'est-ce qui empêche les moralistes de se convertir, selon celui qui parle?   17. Que dit-il au sujet de son ami athée qui est devenu adultère?   18. Qui est-ce qu'il appelle des Savonarole? pourquoi?   19. Que veut-il dire par «l'essentiel est que tout devienne simple»?   20. De quelle ressemblance la menace, le déshonneur et la police sont-ils les sacrements?   21. Pourquoi celui qui parle dit-il qu'il faut inverser le jugement pour triompher? Que veut-il dire par cela?   22. Qu'a-t-il fait après avoir fermé son cabinet d'avocat?   23. Où a-t-il installé son nouveau cabinet?   24. Pourquoi a-t-il choisi cette ville, ce port?   25. Qui est-ce qu'il guette particulièrement? pourquoi?   26. En quoi consiste son utile profession?   27. Qu'est-ce qu'il amène l'auditeur à faire?   28. Pourquoi passe-t-il du «je» au «nous»? Qu'arrive-t-il à ce moment?   29. Quels sont ses clients difficiles? Pourquoi le sont-ils?   30. Que fait-il depuis qu'il a trouvé sa solution? Comment peut-il le faire?   31. En quoi celui qui parle se compare-t-il à Dieu?   32. Quand est-ce qu'il se sent heureux?   33. Que faut-il faire, selon lui, pour être un autre? Peut-on le faire?   34. Pourquoi a-t-il tout arrangé pour se faire complice du vol du panneau?   35. Quelle profession exerce celui à qui il parle?   36. Que veut dire celui qui parle par «Il est trop tard, maintenant, il sera toujours trop tard. Heureusement!»?

---

[44]sans trêve *unceasingly*

RÉVISION DES QUESTIONNAIRES

Questionnaire I *Demandez à un autre étudiant:*

1. ce que c'est qu'une aristocratie   2. comment aux Etats-Unis le peuple choisit ses représentants   3. si le peuple aux Etats-Unis pourrait être corrompu à prix d'argent   4. ce que c'est qu'une république   5. ce que c'est qu'un dauphin   6. quelle sorte de gouvernement a la France   7. ce que fait un senateur   8. si les empires existent aujourd'hui   9. s'il aimerait avoir des esclaves   10. ce qu'il pense de la sécurité sociale   11. qui peut voter aux Etats-Unis   12. combien de partis politiques il y a aux Etats-Unis   13. si on devrait abolir la peine de mort   14. si la haine naît peu à peu ou subitement   15. s'il y a des crimes parfaits   16. comment s'appelle le fils de sa tante   17. comment on appelle les bébés qui naissent en même temps   18. comment on appelle un enfant qui n'a ni père ni mère   19. comment s'appelle la femme de son fils   20. ce que fait le garçon qui tombe amoureux d'une jeune fille   21. à quel âge une jeune fille devrait se marier   22. si le mariage d'inclination est préférable au mariage de raison   23. si la mère de petits enfants devrait travailler   24. si le célibat est contre la nature   25. à quel âge on devrait avoir le droit de voter   26. si on met une limite au nombre de bars que peut avoir une ville   27. si le gouvernement doit aider les personnes qui se trouvent sans argent   28. si le monopole est bon   29. si on peut facilement devenir riche aux Etats-Unis   30. de décrire le travail d'un commis voyageur   31. combien coûte une voiture   32. si on trouve souvent aux Etats-Unis de la publicité frauduleuse   33. quels pays sont renommés pour la bonne qualité de leur marchandise   34. ce qu'il pense de l'achat à crédit   35. combien gagne le président des Etats-Unis   36. quelle est la longueur d'un terrain de football   37. s'il y a une limite à l'intérêt qu'on paie quand on emprunte de l'argent   38. ce que c'est qu'un moulin   39. ce qu'il ferait s'il apprenait que sa fiancée avait été la maîtresse d'un autre   40. de quelle maladie il souffre le plus souvent   41. ce qu'il a quand sa température est élevée   42. ce que nous avons quand nous avons une inflammation de l'appendice   43. ce qu'on appelle les contractions convulsives des muscles   44. quelles maladies attaquent surtout les enfants   45. ce qu'on fait pour se guérir d'un rhume   46. ce qu'on appelle l'incapacité de dormir   47. ce que c'est que l'euthanasie   48. si le suicide est un crime

Questionnaire II *Dites à un autre étudiant:*

1. ce que c'est qu'une démocratie   2. ce que c'est que le despotisme   3. combien de sénateurs il y a aux Etats-Unis   4. quelles sont les fonctions du Ministre de la Défense Nationale   5. quelles différences il y a entre le communisme et le socialisme   6. comment on devient avocat   7. ce que c'est que la censure   8. ce qui nous fait haïr une autre personne   9. ce qu'on appelle un homme dont la femme est morte   10. comment s'appelle un homme non marié   11. à quel âge un jeune homme devient majeur   12. que c'est une bonne idée pour un homme d'avoir une maîtresse, une femme un amant   13. à quel âge on

devrait permettre aux jeunes gens de prendre des boissons alcooliques   14. quelle profession on choisit si on veut devenir riche   15. ce que veut dire «vendre en gros»   16. ce que c'est que la banqueroute   17. combien coûte une douzaine d'œufs   18. combien gagne un professeur   19. à quel âge on est le moins sujet à attraper une maladie   20. ce que c'est que la jeunesse   21. quelle maladie est caractérisée par un gonflement des glandes situées de chaque côté de la tête   22. quelle maladie produit la toux   23. quelles maladies attaquent surtout les vieux   24. ce qu'on fait pour se guérir des oreillons

Exercice. *Ecrivez des phrases avec les expressions suivantes:*
1. avoir part à qqch.   2. à certains égards   3. rendre compte de qqch.   4. à prix de qqch.   5. à mesure que   6. douter de qqch.   7. s'en tenir à qqch.   8. en outre   9. du côté de   10. se décider à   11. se piquer de qqch.   12. d'ailleurs   13. passer pour   14. au fond de   15. à tâtons

II   ÉTUDE DE VERBES

§130   ACQUÉRIR AND VÊTIR

A. *Acquérir*

1. Summary of conjugations:

présent de l'indicatif:	j'acquiers	nous acquérons
		ils acquièrent
futur et conditionnel:	j'acquerrai	j'acquerrais
passé composé:	j'ai acquis	
passé simple:	j'acquis	

2. Like **acquérir: conquérir, requérir**

3. Proverbe: **Bien mal acquis ne profite jamais.** *Ill-gotten wealth never prospers.*

B. *Vêtir*

1. Summary of conjugations:

présent de l'indicatif:	je vêts	nous vêtons
passé composé:	j'ai vêtu	
passé simple:	je vêtis	

2. Like **vêtir: dévêtir, (se) revêtir**

3. **revêtir** *(figurative)* = couvrir, décorer   *to give a character or form to;* [*reflexive: to take on (a character), to assume (a form)*]

Il revêt ses pensées d'une forme précise.
He couches his thoughts in precise terms.
Le Malin revêtit le mal des apparences du bien.
The Devil cloaked evil in the appearance of good.

III EXERCICES

Exercice 1. Mettez le verbe entre parenthèses au temps convenable. Imitez le modèle:
Chaque année le printemps (revêtir) les champs d'un tapis de fleurs.
Chaque année le printemps revêt les champs d'un tapis de fleurs.

1. Si tu sors, quelle robe (vêtir)-tu?   2. Ils se levèrent et chacun (se vêtir) sans mot dire.   3. Si on (se revêtir) en marquis du 18e siècle?   4. Mes parents veulent que je (se vêtir) correctement.   5. Si vous (vêtir) cette chemise sale, je ne sortirai pas avec vous.   6. Nous (vêtir) les pauvres hier, non par charité, mais par justice. (passé composé)   7. Il (acquérir) toujours de nouvelles maisons.   8. (Acquérir)-vous une bonne prononciation? (présent)   9. Elles (acquérir) toutes une bonne prononciation. (présent)   10. Si nous allions en France, (acquérir)-nous une bonne prononciation?   11. Si nous allons en France, (acquérir)-nous une bonne prononciation?   12. César alla en Gaule; il la (conquérir) en huit ans.   13. Il fallut que les Romains (conquérir) la Gaule.   14. «Il faut que je (conquérir) ce pays,» se dit César.   15. Elle (acquérir) la fortune immense de son oncle. (passé composé)

Exercice 2. Changez le verbe dans les phrases suivantes de la voix active à la voix passive. Imitez le modèle:
Il a poussé le verrou.
Le verrou a été poussé par lui.

1. Le gorille l'a mis en dépôt chez moi.   2. L'idée de faire taire les rires a orienté mon discours.   3. Cette théorie refuse l'innocence à l'homme.   4. Clamence a solennellement salué la liberté.   5. L'auteur exerce cette utile profession.   6. Il amène son client à renchérir.   7. Ce dernier saisit facilement la nuance.   8. Une lueur rose annonce un nouveau jour de ma création.   9. Le premier tramway sonne l'éveil de la vie.   10. Ils ont découvert les secrets d'une bonne vie.

Exercice 3. Remplacez le passif dans les phrases suivantes par une construction en **on**. Imitez le modèle:
Ce tableau a été vendu pour une bouteille.
On a vendu ce tableau pour une bouteille.

1. Il a été remplacé par une excellente copie.   2. De faux juges sont proposés à l'admiration du monde.   3. La justice est définitivement séparée de l'innocence.   4. L'absolution n'est pas distribuée.   5. Le bien et le mal sont désignés de façon

arbitraire, donc évidente.   6. Le bon peuple est invité à se soumettre.   7. Les autres ne peuvent pas être condamnés sans se juger.   8. Mon cabinet d'avocat a été fermé.   9. Le réquisitoire est achevé.   10. Ils sont tout de suite désorientés.

Exercice 4.   *Remplacez le passif dans les phrases suivantes par un verbe pronominal. Imitez le modèle:*
J'ai une chance d'être envoyé en prison.
J'ai une chance de me faire envoyer en prison.

1. J'ai été établi dans la difficile profession de juge-pénitent.   2. On n'exerce plus ce métier.   3. Nous sommes les premiers à être condamnés.   4. Ils sont aimés les uns par les autres.   5. Un de mes amis a été converti en devenant adultère.   6. On ne peut condamner les autres sans être jugé soi-même.   7. Je guette le bourgeois qui est égaré.   8. Il arrache ses propres cheveux.   9. Vous sentez que vous êtes moins content de vous-même que vous ne l'étiez il y a cinq jours.   10. Je n'en suis pas désolé.

Exercice 5.   *Formez un adverbe de l'adjectif entre parenthèses et insérez-le dans la phrase. Imitez le modèle:*
Ce sont les colombes. (sûr)
Ce sont les colombes, sûrement.

1. Il est trop tard pour recommencer. (heureux)   2. Il a cherché une seconde occasion de la sauver. (imprudent)   3. Le sénateur est intervenu dans cette querelle. (puissant)   4. Vous avez choisi un nouveau chef d'état. (admirable)   5. Ils ont dansé et causé toute la soirée. (gai)   6. Il faut se hâter. (lent)   7. Enfin, vous avez parlé au président? (suffisant)   8. Et surtout, n'obéissez jamais à aucune loi! (aveugle)   9. L'église, en briques, ressemblait à un nouveau modèle de haut fourneau. (égal)   10. Marie m'a répondu ce jour-là. (gentil)

Exercice 6.   *Faites la comparaison de l'adverbe d'après les indications entre parenthèses, en ajoutant un deuxième terme de comparaison. Imitez le modèle:*
Marc écrit bien. (égalité)
Marc écrit aussi bien que Mathieu.

1. Louis hait Isa amèrement. (supériorité)   2. Il m'a vivement tancé. (infériorité)   3. Elle parlait souvent. (infériorité)   4. Elle aimait parfaitement son mari. (égalité)   5. Ils sont étroitement liés. (supériorité)

Exercice 7.   *Insérez dans les phrases suivantes les adverbes et les locutions adverbiales indiqués entre parenthèses. Justifiez la position que vous avez choisie. Imitez le modèle:*
Ma haine est née à mesure que je me rendais mieux compte de ton indifférence. (peu à peu)
Ma haine est née, peu à peu, à mesure que je me rendais mieux compte de ton indifférence.

(**Peu à peu,** qui qualifie le verbe **est née,** est plus court que la proposition qui commence par **à mesure que** et qui elle aussi qualifie le verbe **est née:** il s'agit donc du rythme de la phrase.)

1. Mais elle descendait en lacet au travers de Montsou. (de l'autre côté) 2. A partir de ce jour-là, il se révéla comme un grand avocat. (en outre) 3. Alors, je passe, dans mon discours, du «je» «au» «nous». (insensiblement) 4. Vous avez vu le voleur. (l'autre soir) 5. On doit professer sa propre indignité. (de temps en temps) 6. A midi, je revenais du village en passant devant leur *mas*. (hier) 7. Celui qui a couru a remporté le prix. (le plus vite) 8. Parfois, quand la nuit est belle, j'entends un rire lointain. (de loin en loin) 9. Cet homme a été à la guerre. (souvent) 10. Ainsi, en rendant les suffrages secrets, on détruisit tout. (dans la république romaine)

Exercice 8. *Faites des phrases complètes en combinant les mots suivants. Mettez le verbe de la proposition principale au présent, sauf indication contraire. Faites tous les changements nécessaires; imitez le modèle:*
   Elle / courir / tout / le / journée.
   Elle court toute la journée.

1. Il / vouloir / nous / se taire / tout. 2. Tout / le / jours, / Marie / suivre / le / même / rues. 3. Elle / rester / tout / silencieux. 4. Le / Gaulois? / César / le / vaincre (passé composé) / tout. 5. Marie / et / son / grand'mère / être tout / étonné / voir / cela. 6. On / peindre / le / maisons / tout / blanc. 7. Mon / parents / être / tout / désolé. 8. Nous / haïr / tout (pronom) / le / esclavage. 9. Tout / le / hommes / honnête / se résoudre / résister / le / lois / oppressif. 10. Elle / être / tout / émotionné.

Exercice 9. *Rendez les phrases suivantes plus idiomatiques en remplaçant les mots en italique par un tour ayant le même sens. Faites tous les changements nécessaires; imitez les modèles:*
   Il m'a répondu *très spirituellement*.
   Il m'a répondu avec beaucoup d'esprit.
   Il a perdu sa fortune *de cette façon*.
   C'est ainsi qu'il a perdu sa fortune.

1. Elle croit *qu'elle peut* faire cela toute seule. 2. *Afin que vous voyiez* ce tableau, je le sortirai du placard. 3. *Comme la couleur de l'auto lui déplaisait,* le client hésitait à se décider. 4. *Avant qu'on ne se fasse* juge, on doit avoir été pénitent. 5. *Avant que l'hiver ne vienne,* vous reviendrez à Amsterdam. 6. A Lacédémone, *on avait besoin de* dix mille citoyens. 7. *Après qu'il eut résolu le problème,* il s'assit. 8. *Ils ne connaissent absolument rien de* cette fille. 9. *Parfois ils prenaient* le tramway. 10. *La raison en est* que le peuple a la souveraine puissance. 11. Nous attendions *que vinssent* les maîtres et leurs verges. 12. *La cruauté de ses remarques,* c'était dans sa manière plutôt que dans les paroles dont il usait. 13. *Malheureusement,* vous n'y croyez pas. 14.

*Il serait impossible d'*être plus méprisable que cet homme-là.   15. *La première chose que fait Clamence, c'est de* se confesser.

Exercice 10.   *Combinez les mots suivants pour en faire des phrases complètes. Mettez les verbes au passé simple sauf indication contraire. Faites tous les changements nécessaires; imitez le modèle:*
   Il / monter / le / escalier / faire résonner / tout / le / maison.
      Il monta l'escalier à faire résonner toute la maison.
1. Ce / être / un / expérience / faire.   2. Le / méchant / femme / être (imparfait) / laid / faire peur.   3. Le / petit / fille / pleurer / faire pitié.   4. Votre / manière / parler / le / déplaire.   5. Alors / me / piquer / le / folie / écrire / un / romans.   6. Ils / avoir (imparfait) / un / tendance / se croire / important.   7. Il / être / nécessaire / partir / Paris.   8. Je / avoir / honte / la / voir / ainsi / vêtu.   9. Ce / professeurs / devenir / impossible / comprendre.   10. Elles / être / le / dernier / s'en plaindre.

Exercice 11.   *Combinez les mots suivants pour en faire des phrases complètes. Mettez les verbes au futur, sauf indication contraire. Faites tous les changements nécessaires; imitez le modèle:*
   Il / craindre / échouer.
      Il craindra d'échouer.
1. Il / ne pas / pouvoir / être / monarque.   2. Un / valets / achever / charger / un / charrette.   3. Ils / ne pas / s'empêcher / juger.   4. Tu / avoir peur / parler / avec / les.   5. Nous / se mettre / causer / avec / le / voisins.   6. On / tenir / disposer / de / le / puissance / gouvernemental.   7. De / quel / manière / devoir / -il / gouverner?   8. Je / demander / à / le / voiturier / monter / à côté de / le.   9. Vous / s'attendre (présent) / sans doute / faire / son / connaissance.   10. Il / ne jamais / se résoudre / les / élire.   11. Elles / essayer / acheter / ce / livres.   12. Le / accusée / ne pas / vouloir (passé composé) / choisir / un / avocat.   13. On / négliger / faire / venir / le / médecin.   14. Ils / avoir besoin / dormir.   15. Marie / envoyer / chercher / un / femme de ménage.

Exercice 12.   *Rendez les phrases suivantes plus élégantes et plus idiomatiques, en améliorant le rythme. Imitez les modèles:*
   Toutes vos peines viennent de là.
      De là viennent toutes vos peines.
   Elle se levait sur son séant tout à coup alors.
      Alors, elle se levait tout à coup sur son séant.
1. Craignez les dieux, ô Télémaque; avec cette crainte la sagesse, la justice et la paix vous viendront. (Fénelon)   2. Pour faire un peu de feu, il allait cueillir des herbes sèches la nuit souvent. (Mansion)   3. Le vieux professeur parlait ainsi.   4. Tout droit, devant la terrasse du château, un immense parc s'étend.   5. J'ai appris que j'avais peur il y a longtemps sur les ponts de Paris une nuit

d'automne.   6. Je me tiens devant l'humanité entière, le visage labouré par les ongles, m'arrachant lentement les cheveux, couvert de cendres.   7. Ils vivent tous comme leurs ancêtres vivaient.   8. Tous les grands hommes du monde littéraire se retrouvent là.   9. Le matin, dès l'aube, cinq millions de Parisiens de toutes les conditions, de toutes les classes, se lèvent.   10. La vie se déplace vers cette ligne mobile où la recherche parvient à un moment donné et où tout le poids de l'effort porte. (d'après N. Sarraute)   11. Sur la droite, celui des deux garçons qui est légèrement plus petit marche. (d'après Robbe-Grillet)   12. Il y en a au milieu de tous ces récits grâce auxquels notre monde quotidien se constitue. (Butor)   13. Au delà, sur la rive gauche, cinq ou six vallées au fond desquelles il y a de petits ruisseaux serpentent. (d'après Stendhal)   14. Les médecins de Paris envoyèrent en basse Normandie, en 1822, au commencement du printemps, un jeune homme tuberculeux. (d'après Balzac)   15. C'était pour me parler de toi, Jean, que M. le curé est venu. (Mauriac)

Exercice 13. Composition. *Choisissez un ou plusieurs d'entre les sujets proposés, et écrivez là-dessus une composition d'environ 250 mots.*

A. Etes-vous d'accord avec les raisonnements par lesquels Jean-Baptiste Clamence (le narrateur) s'excuse de ne pas avoir restitué le panneau des *Juges intègres?*

B. Qu'est-ce qu'un juge-pénitent?

C. Commentez ces mots de Clamence: «Au bout de toute liberté, il y a une sentence; voilà pourquoi la liberté est trop lourde à porter.»

D. Pensez-vous, comme Clamence, que Dieu est mort?

E. A-t-on jamais une seconde fois la chance de se sauver, la chance de faire ce qu'on aurait dû faire auparavant?

Exercice 14.   *Traduisez les phrases suivantes:*
1. Yesterday I met him in the park, but I don't think he'll be there tomorrow. [§*112, 3*]   2. He has trouble making himself understood. [§*120B*]   3. John opened the door and was promptly bitten by the dog. [§*103*]   4. They all did what they were supposed to do. [§*115B*]   5. He complains about the weather all the time. [§*115A, note 3*]   6. Henrietta talks a lot less frequently than her sister. [§*113A*]   7. I prefer to stay at home. [§*120A*]   8. After his death, the house was sold. [§*105, 1*]   9. He is afraid of catching a cold. [§*120C*]   10. Although John speaks well, and although he is a good student, I don't think he will succeed. [§*117, 2*]   11. Is that very hard to do? [§*121C, 2*]   12. He refused to answer her question, so she refused to see him. [§*106, 1*]   13. They all wore mustaches; that was the funniest thing about them. [§*128, 9*]   14. I'll see you a week from today. [§*112, 4*]   15. Andrew is constantly looking for something he can't find. [§*111, 3*]

Exercice 15. Thème d'imitation.

—You'll come, won't you?

—Yes, if you want me to.

—I'll even show you certain details of my technique. You'll see me teaching them far into the night that they're infamous. In fact, I'll begin again starting tonight.

—You'll acquire a reputation as a sort of evil moralist.

—Ha! They'll even call me God the father, if they don't do so already. For I am adored, although I pity without absolving, and I understand without forgiving.

—If I understand you well, you put on ashes, tear out your hair—so to speak—and confess your sins publicly. Then you make people believe that what is true of you is true of them also. That's how you feel that you have the right to judge others. Is what I'm saying correct?

—Nearly. In any case, it's the story of Adam and Eve, the fall of man, the loss of innocence.

—And if people don't believe you?

—They all do. Except, of course, you . . . and me.

INDEX

à: + def. art. §74; before inf. complements (of verbs) §120B, D, (of nouns and adjectives) §121A
à condition que: requiring subjunctive §29, 3
à moins que (... ne): requiring subjunctive §30, 3
à peine ... que: requiring **passé surcomposé** §20B, 1; requiring **passé antérieur** §34, 1; requiring inversion §106, 1
abattre: §80A
absoudre: §129B
accourir: §129A
accueillir: §87B
acheter: §16C
acquérir: §130A
adjectives: agreement of §88, (difficulties) §91; comparison of §95-§97; defined §88; demonstrative (meaning) §62, (forms and uses) §64; feminine of §89; indefinite (meaning) §66, (forms and uses) §67; plural of §90; position of §92, (problems) §93; possessive (meaning) §68, (forms and uses) §69A, (omission) §69B; used as nouns §98; verbal (form) §21, (uses) §23
advenir: 36B
adverbs: comparison of §113-§114; exclamatory §112, 5; interrogative §112, 5; inversion following §107, 2; §125, 3; kinds and classification of §110; meaning §110; position of §112, (as a point of style) §125, 3
afin que: requiring subjunctive §28, 3
aller (s'en aller): §31A
apercevoir (s'apercevoir de): §71A
appartenir: §36B
appeler (s'appeler): §16C
apprendre: §46B
appuyer: §16B
après que: requiring **passé surcomposé** §20B, 1; requiring **passé antérieur** §34, 1
articles: defined and classified §73; definite §74 [see also *definite article*]; indefinite §75 [see also *indefinite article*]; omission of §78; partitive §76 [see also *partitive article*]; with geographical names §74B, 6, Notes; and Lesson 1, **Expressions à étudier**
asseoir (s'asseoir): §87A
atteindre: §109A
attendre: §24A
aucun, aucune: indef. adj. and pron. §11A, 7; §67A, 1

aussi: (= **donc, c'est pourquoi,** etc.), causing inversion §106, 1
aussitôt que: requiring future §14B, 1; requiring conditional, §14B, 2; requiring **passé surcomposé** §20B, 1; requiring **passé antérieur** §34, 1
autre: indef. adj. and pron. §67A, 2
autre chose: indef. pron. §67E, 1
autres: reinforcing **nous** and **vous** §61, Note 2
avant que (... ne): requiring subjunctive §29, 3
avenir: §36B
avoir: §5B; **avoir beau** §5B, c; **y avoir (il y a)** §5B, i; (used with **depuis**) §1A, 3; §18B, 2b

battre: §80A
beaucoup: adv. of quantity §110, 4 [see also *indefinite* and *partitive articles*]; comparative degree of §113C
become: expressed by French reflexive §127B, 1
bien: adv. of quantity §110, 4 [see also *indefinite* and *partitive articles*]; comparative degree of §113C
bien que: requiring subjunctive §30, 3
boire: §71B

ça: demonstr. pron. §63B
ce: demonstr. adj. §64; demonstr. pron. §63A; distinction between **C'est ... à** + inf. and **Il est ... de** + inf. §121, 3
ce à quoi: rel. pron. §56C
ce dont: rel. pron. §56C, §57
ce que: rel. pron. §56B; interr. pron. §51B, 2
ce qui: interr. pron. §51B, 2; rel. pron. §56A
ceci: demonstr. pron. §63B
cela: demonstr. pron. §63B
celle: demonstr. pron. §63
celui: demonstr. pron. §63
-cer verbs: §16A
certain, certaine: indef. adj. and pron. §67A, 3
ces: demonstr. adj. §64
cet: demonstr. adj. §64
ceux: demonstr. pron. §63
chacun: indef. pron. §67B, 1
chaque: indef. adj. §67B, 1
clarity: as an element of style §123
commettre: §46A
comparison: of adjectives §95-§97, (absolute) §96A, (relative) §97A, (progressive) §97A, Note 4; of adverbs §113-§114, (comparative degree) §113, (superlative degree) §114

complaire (se complaire): §122B
comprendre: §46B; requiring subjunctive §29, 2, Note
concevoir: §71A
conciseness: as an element of style §126
conclure: §116A
concourir: §129A
conditional: endings §12A; stems §12B, ("irregular") §12B, §16C; uses (principal) §14, (with **si** clauses) §14C, §18A, 5, (other) §15
conditional perfect (past conditional): formation §13; uses (principal) §14, (other) §15; replaced by pluperfect subjunctive §44
conduire: §122A
conjunctions: formed from adverbs §119; formed from prepositions §118; **que** as a conjunction §117; requiring subjunctive §28-§30, §37
connaître: §45B
conquérir: §130A
construire: §122A
contenir: §36B
contraindre: §109A
convaincre: §101B
convenir: §36B
corriger: §16A
courir: §129A
couvrir: §80B
craindre: §109A
croire: §53B; followed by subj. or ind. §30, 2, Note; spelling change §16B, Note; **se croire** expressing passive idea §127B, 3
cueillir: §87B

dates: §79A, 2
davantage: comparative of **beaucoup** §113C; used instead of **plus** §110, 4
de: definite article §74; indefinite article §75; introducing agent of passive §103C; introducing instrument of passive §103B; partitive article §76; before inf. complements of verbs §120C, D; before inf. complements of nouns and adjectives §121B
de façon que: requiring subj. or ind. §28, 3
de peur que (... ne): requiring subj. §28, 3
de plus en plus: indicating progressive comparison §97A, Note 4
de sorte que: requiring subj. or ind. §28, 3
débattre: §80A
décevoir: §71A
découvrir: §80B
décrire: §65B
défendre: §24A

definite article: forms §74A; omission of §78; uses §74B; with geographical names §74B, 6, Notes; and Lesson 1, **Expressions à étudier**
démentir: §72A
déplaire: §122B
depuis (depuis quand, depuis combien de temps): used with present tense §1A, 3; used with imperfect tense §18B, 2b
descendre: §24A
dès que: requiring future §14B, 1; requiring conditional §14B, 2; requiring **passé surcomposé** §20B, 1; requiring **passé antérieur** §34, 1
détenir: §36B
détruire: §122A
devenir: §36B
dévêtir: §130B
devoir: §60A; compared with **falloir** §60C
d'ici que: requiring subjunctive §29, 3
dire: §31B; **vouloir dire** §41A, 3b
discourir: §129A
dissoudre: §129B
dont: rel. pron. §57; **ce dont** §56C, §57
dormir: §72A

-e (consonant) **er** verbs: §16, 1
-é (consonant) **er** verbs: §16, 2
écrire: §65B
élire: §65A
employer: §16B
en: indef. and partitive pron. §77; object pronoun §47, Note 2; showing possession by things §50D; with geographical terms §74
en attendant que: requiring subj. §29, 3
encore que: requiring subjunctive §30, 3
s'endormir: §72A
s'enfuir: §94B
entendre: §24A
entreprendre: §46B
entretenir: §36B
entrouvrir: §80B
envoyer: §16B, §94A
s'éprendre (de): §46B
équivaloir: §72B
espérer: §16C, 2; not followed by subjunctive §27, 2, Note 3
est-ce que: used to ask a question §4B
éteindre (s'éteindre): §109A
étendre: §24A
être: §5A; used as auxiliary verb in **passé composé** (with intransitive verbs of motion) §6, 3; (agreement of past participles) §7; with reflexive verbs §10; **être à** (sign of possession) §5A, 2; **c'est que** §5A, 2
étreindre: §109A

faire (se faire, faire faire [causal faire]):
§36A; se faire (expressing passive idea) §127B, 3
falloir: §60B; compared with devoir §60C
fractions: §79C
fuir: §94B; spelling change §16B, Note
future: endings §12A; stems §12B, ("irregular") §12B, §16C; uses (principal) §14; (with si clauses) §14C; (other) §15
future perfect: formation §13; uses (principal) §14, (other) §15

gender: of nouns §81; of compound nouns §82; irregular feminine forms §83A
-ger verbs: §16A
gerund: formation §21; uses (general) §22A, (for conciseness of expression) §126B
get: expressed by French reflexive §127B, 1
grand-chose: indef. pron. §67E, 1
guère (ne ... guère): §11A, 4

haïr: §116B

il: impersonal (subject of verbs used impersonally) §48, Note; subject of être used impersonally §63A, 4, Note; distinction between il est ... de + inf. and c'est ... à + inf. §121C
il y a ... que: used with present tense §1A, 3; il y avait ... que (used with imperfect tense) §18B, 2b
il y en a qui: indef. pron. §67E, 2
imperative: meaning §39; forms (regular and irregular) §40A, 1 and 2; expressed by future §15B, 1; §40C, 5; expressed by conditional to soften or attenuate §15B, 2; expressed by subjunctive §38, §40B; expressed by infinitive §40A, 3; of je, il, ils §40B
imperfect indicative: formation §17; in si clauses §18A, 5 [see also §14C]; past tense of descriptive verbs §18A, Notes 1 and 2 [see also §8, 5]; uses (principal) §18A, (other) §18B; with depuis and il y avait §18B, 2b [see also §1A, 3]; with venir de §18B, 2a [see also §1B, 3]
imperfect subjunctive: forms §42A; tense sequence §43
indefinite article: uses §75A; forms §75B; omission of §78
indefinite pronouns and adjectives: [see *pronouns* and *adjectives*]
infinitives: as objects of verbs and verbal expressions §120, (following verb directly) §120A, (preceded by à) §120B, (preceded by de) §120C; as complements of nouns and adjectives §121; used for conciseness of expression §126A
inscrire (s'inscrire): §65B
interrogation: §4
inversion of subject and verb: after certain conjunctions §106, 1; after reporting direct quotation §106, 2; as a point of style §107; §125, 1; improper use of §108; in questions §4A; §106, 3

jamais (ne ... jamais): §11A, 2
je ne sais quel: indef. adj. §67B, 2
je ne sais qui (quoi): indef. pron. §67B, 2
jeter: §16C
joindre (se joindre): §109A
jusqu'à ce que: requiring subj. or ind. §29, 3

se laisser + inf.: expressing passive idea §127B, 3; agreement of p.p. with §127B, 3
le: neuter pers. pron. obj. §49C [see also *pronouns, personal* and *definite articles*]
lequel (lesquels, laquelle, lesquelles): as interr. pron. §51C; as rel. pron. §55C
lire: §65A
loin que: requiring subjunctive §30, 3
lorsque: requiring future §14B, 1; requiring conditional §14B, 2; requiring passé surcomposé §20B, 1; requiring passé antérieur §34, 1

maintenir: §36B
mal: comparative degree of §113C
malgré que: requiring subjunctive §30, 3
manger: §16A
-même(s): with stressed forms of pronouns §61, Note 1
mentir: §72A
mettre: §46A
mieux: comparative of bien §113C
moins: adv. of quan. §110, 4; comparative of peu §113C
mordre: §24A
mourir (se mourir): §100B

naître: §100A
ne: sign of negation and of restriction §11; expletive, non-negative uses of §26, footnote
negation: §11A and B
n'est-ce pas: sign of interrogation §4C
ni (ne ... ni ... ni): §11A, 8; partitive omitted after ni §11A, 8; §78
n'importe quel: indef. adj. §67B, 3
n'importe qui (quoi): indef. pron. §67B, 3

non que: requiring subjunctive §30, 3
nouns: abstract §99; adjectives used as §98; derived from adjectives §99; feminine of nouns designating persons or animals §83; gender §81A and B, (of compound nouns) §82; idiomatic use of §127A; infinitives used as §81C; irregular feminine of nouns §83A; plural §84, (of compound nouns) §85, (of proper names) §86
nous autres: §61, Note 2
nul, nulle: indef. adj. and pron. §11A, 7; §67A, 1
numbers: approximate §79A, 1, Note; cardinal §79A; fractions §79C; mathematical operations §79D; ordinal §79B

obtenir: §36B
offrir: §80B
omettre: §46A
on: indef. pron. §67D; used with verb in active voice in preference to passive construction §105, 1
orthographical changing verbs in the -er conjugation: §16
où: rel. pron. §58
où que: requiring subjunctive §37, 1
ouvrir: §80B

par: introducing agent of passive §103A
parcourir: §129A
participles: past (formation of) §6, 2; (list of) §6, 2c; (agreement of) §7, §10; (used absolutely for conciseness of expression) §126C; present (formation of) §21; (uses) §22B; (used for conciseness of expression) §126B and C
partir: §72A
partitive article: forms §76B; meaning §76A; omission of §11A, 8; §78
parvenir: §36B
pas (ne...pas): §11A, 1
pas du tout: §11A, 1
pas un, pas une: indef. adj. and pron. §67A, 1
passé antérieur: formation §35; uses §34
passé composé: agreement of past participle §7, §10; formation §6; meaning of (with descriptive verbs) §8, 5 (see also §18A, Notes 1 and 2); replacing **passé simple** in conversation §32, Note; uses §8; with reflexive verbs §9
passé défini: [see **passé simple**]
passé indéfini: [see **passé composé**]
passé simple: formation §33; list of stems §33, 2b; meaning of (with descriptive verbs) §32, 4 [see also §18A, Notes 1 and 2]; replaced in conversation by **passé composé** §32, Note; uses §32

passé surcomposé: §20; replaced in formal style by **passé antérieur** §34
passive voice: distinguished from "false passive" §104; form §103; meaning §102; **on** used with verb in active voice in preference to passive §105, 1; passive idea expressed by reflexive §9D; §105, 2; §127B, 3
past conditional: [see *conditional perfect*]
payer: §16B
peindre: §109A
peine: à peine que §20B, 1; §34, 1; §106, 1; **c'est à peine si** §11A, 4
penser: followed by ind. or subj. §30, 2, Note
percevoir: §71A
perdre: §24A
perfect subjunctive: forms §26; tense sequence §26, §43
permettre: §46A
personne (ne...personne): §11A, 6; §67D, 2
peu: adverb of quantity §110, 4; comparative degree of §113C
peu de chose: indef. pron. §67E, 1
peut-être: causing inversion §106, 1
pis: comparative of **mal** §113C
placer: §16A
plaindre (se plaindre): §109A
plaire (se plaire): §122B
pluperfect indicative: §19
pluperfect subjunctive: forms §42B; special uses of §44; tense sequence §43
plus: adv. of quantity §110, 4; comparative of **beaucoup** §113C; negative element (ne...plus) §11A, 3; replaced by **davantage** §110, 4
plusieurs: indef. adj. and pron. §67A, 4
point (ne...point): §11A, 1
position of personal pronoun objects: §50A and E
possession: shown by definite article §69B, 1; shown by **en** (with things) §69B, 2; shown by **être à** + stressed form of pron. §5A, 2; §70, Note 2; shown by poss. adj. §68-§69; shown by poss. pron. §68, §70
pour...que: requiring subjunctive §30, 3
pour que: requiring subjunctive §28, 3
poursuivre: §101A
pourvu que: requiring subjunctive §29, 3
pouvoir: §41B
predicate: arrangement of predicate elements for style §125, 2
prendre: §46B
present indicative: expressing vigorous command §40C, 4; forms §2 [see also verb

study sections in individual lessons and in reviews; verbs are enumerated in Index]; used after **si** in conditional sentences §1A, 4
present subjunctive: form and meaning §25-§26; uses §27-§30; §37-§38
pressentir: §72A
prévaloir: §72B
prévenir: §36B
probable: il est probable (followed by ind.) §29, 2, Note 3
produire: §122A
promettre: §46A
pronouns: demonstrative (meaning) §62, (simple forms) §63A, (compound forms) §63B; indefinite (meaning) §66, (uses) §67; interrogative (direct questions) §51A, (indirect questions) §51B; personal (meaning and forms) §47, (stressed forms) §61, (direct object of verb) §49, (indirect object of verb) §50, (showing possession) §50D, (position of object pronouns) §50A and E, (subject of verb) §48; possessive (meaning) §68; (forms) §70; relative (meaning) §54, (simple forms) §55, (compound forms) §56, **dont** §57, **où** §58, (résumé of forms) §59, (inversion after) §107, 1

quand: requiring future §14B, 1; requiring conditional §14B, 2; requiring **passé surcomposé** §20B, 1; requiring **passé antérieur** §34, 1
que: as conjunction §117; (introducing subordinate clauses) §117, 1, (replacing conjunctions used repetitively) §117, 2, (used as correlative in comparisons) §117, 3; as interrogative pronoun §51A, 2; as relative pronoun §55B, (omitted) §126E; as restrictive element (**ne ... que**) §11C; meaning **afin que** and requiring the subjunctive §28, 3; **que ... (ou) que** and **que ... ou non** (requiring the subjunctive) §37, 3
quel: interr. adj. §52
quelque, quelques: indef. adj. §67B, 4
quelque ... que: requiring subjunctive §30, 3; §37, 1
quelqu'un (quelques-uns, quelques-unes): indef. pron. §67B, 4
qu'est-ce que, qu'est-ce que c'est que: §52, Note 1
qu'est-ce qui: interr. pron. §51A, 2
qui: as interr. pron. §51A, 1; §51B, 1; as rel. pron. §55A and C; (omitted) §126E
qui est-ce qui, qui est-ce que: interr. pronouns §51A, 1

qui que (ce soit): requiring subjunctive §37, 1
quoi: as interr. pron. §51A, 2; §51B, 2; as rel. pron. §55C
quoi ... que: requiring subjunctive §37, 1
quoique: requiring subjunctive §30, 3

rabattre: §80A
recevoir: §71A; use of cedilla §16A, 1, Note
recourir: §129A
recouvrir: §80B
recueillir (se recueillir): §87B
reflexive verbs: equivalent to English *get, turn, become* §127B, 1; kinds of and classification §9; **passé composé** of §10; passive meaning of §9D; §105, 2; §127B, 3; used as intransitive verb §127B, 2
rejoindre (se rejoindre): §109A
remettre: §46A
renaître: §100A
rendre: §24A
renvoyer: §94A
se repentir: §72A
répondre: §24A
reprendre: §46B
reproduire: §122A
requérir: §130A
résoudre: §129B
ressentir: §72A
restriction: §11C
retenir: §36B
revenir: §36B
revêtir (se revêtir): §130B
rhythm: an element of style §123
rien (ne ... rien): §11A, 5; §67D, 2
rire: §109B
rompre: §24A
rouvrir: §80B

sans doute: causing inversion §106, 1
sans que: requiring subjunctive §30, 3
savoir: §45A
secourir: §129A
séduire: §122A
sembler (il semble, il me semble): followed by subjunctive or indicative §37, 2
sentir: §72A; **se sentir** expressing passive idea §127B, 3
servir (se servir): §72A
si: followed by present or imperfect in conditional sentence §14C; §18A, 5
si ... que: requiring subjunctive §30, 3
soit que ... soit (or ou) que: requiring subjunctive §37, 3
souffrir: §80B

soumettre: §46A
sourire: §109B
souscrire: §65B
soutenir: §36B
se souvenir (de): §36B
spelling changes in **-er** verbs: §16
stressed forms of pronouns: §61
style: §123-§128; careful speech and elegant writing §124; clarity §123; conciseness §126; rhythm §125
subjunctive: §25-§30; §37-§38; §42-§44; forms (present) §25, (perfect) §26, (imperfect) §42A, (pluperfect) §42B; tense sequence §26, §43; uses (general) §27, (with antecedents of volition or sentiment) §28, (with antecedents expressing possibility, supposition, or outcome) §29, (with antecedents of negation or doubt) §30, (with antecedents indicating indetermination or uncertainty) §37, (without antecedents) §38, (expressing imperative) §38, §40B
suivre: §101A
superlative: of adjectives (absolute) §96B, C, and D; (relative) §97B; of adverbs §114
supposé que: requiring subjunctive §29, 3
surprendre: §46B
survenir: §36B
survivre: §24B

taire (se taire): §122B
tant que: requiring future §14B, 1; requiring conditional §14B, 2
tendre: §24A
tenir: §36B
tordre: §24A
tous les [jours], tous les [deux (trois)]: indef. adj. §67B, 1; §115A, Note 3

tout (tous, toute, toutes): as adjective §67B, 1; §115A; as pronoun §115B; as adverb §115C
tout ce qu'il y a de plus: §96C, 2
tout . . . que: followed by indicative or subjunctive §30, 3, Note
traduire: §122A
transcrire: §65B
transmettre: §46A
se trouver: used in place of **être** §127B, 2, Note
tu: use §3
turn: expressed by French reflexive §127B, 1

unstressed forms of pronouns: [see *pronouns, personal*]

vaincre: §101B
valoir: §72B
vendre: §24A
venir: §36B; **venir de** §1B, 3; §18B, 2a; §36B, 3
verbal adjective: formation §21; uses §23
vêtir: §130B
vivre: §24B
voilà . . . que: with present tense §1A, 3
voir: §53A; spelling change §16B, Note; **se voir** (expressing passive idea) §127B, 3
vouloir (vouloir bien, vouloir dire, en vouloir à, etc.**):** §41A
vous: use §3
vous autres: §61, Note 2

y: §47, Note 2
y avoir (il y a): §5B, i; used with **depuis** §1A, 3; §18B, 2b
-yer verbs: §16B

WARNER MEMORIAL LIBRARY
EASTERN COLLEGE
ST. DAVIDS, PA. 19087